この1冊で合格!

LEC専任講師 **水野健** 著

宅建試験ドットコム 執筆協力

KADOKAWA

本書には、「**赤色チェックシート**」がついています。

はじめに

こんにちは！　LEC 宅建士講師の水野です。数ある宅建士試験の問題集から本書をお手に取っていただきありがとうございます！

本書では、試験合格のための必修の問題について、20年以上にわたる講師経験と過去問サイト「宅建試験ドットコム」の利用者の正答率・選択率などをもとに、**およそ過去30年分の本試験問題（一部改題）から選定**しました。基本から応用まで、試験合格に必須な重要問題を網羅していますので、初学者や過去に受験経験のある方など、誰にでもご活用いただけます。

勉強をスタートする際の大事な心構えは、**「絶対に受かる」と決める**ことです。「受かりたいな」「受かればいいな」程度の気持ちでは、いつまでも試験に受かることはできません。

また、**努力すれば、その分だけ合格に近づきます**。モチベーションが上がらないときでも1問でも問題を解けば合格に近づきますし、あきらめたら合格は遠のきます。自分を信じて、本書を活用して勉強を進めていきましょう。

効率よく勉強を進める方法としては、本書を使って**「早めにアウトプット（問題演習）に取り組む」**ことです。インプットに時間をかけすぎて過去問に取り組む時間があまり取れなくなるのは、もったいないです。

テキストを読んで知識をインプットしたら、「練習問題」を一通り解いてみましょう。そのうえで、間違えた問題や明確に正解がつけられなかった問題は、しっかりと解答できるようになるまで、問題の解説、「Ken's Point」、テキストを読み返しながら何回も繰り返し解いてください。

また、本書では「一問一答」も掲載しています。**近年の過去問を解くだけでは不足しがちな内容を補うことができます**ので、ぜひチャレンジしてください。

最終的な目標は、本書の**練習問題を95%以上正解**できるようになることです。

本書を活用して1人でも多くの方が宅建士試験に合格し、宅建士として活躍されることを心から祈念しております。応援しています！

LEC 専任講師／宅地建物取引士　水野 健

本書の特徴

LECで大人気の水野講師が最短＆独学合格をナビゲート！

独学・一発合格
を目指して一緒に
頑張りましょう！

本書は、資格の総合スクールのLECで大人気の水野健講師が、宅建士試験の過去問サイトとして人気の「宅建試験ドットコム」の協力のもと、執筆しています。合格に必須な問題が掲載されていて、多くの受験者を合格に導いてきたわかりやすい解説により、合格レベルの知識が初学者や独学者でも楽しく着実に身につきます！

LEC専任講師
宅地建物取引士　水野 健

4大・神ポイント！

1 LECの人気講師が必修問題をセレクト

LECの宅建士講座で23年の講師歴を誇るエース講師が、これまでの講師経験と宅建試験ドットコムの利用者データ（正答率・選択率）などをもとに「練習問題」をセレクト！　受かるために必須な問題が解けます！

2 一問一答で応用力も着実にアップ！

「練習問題」に加え、各出題テーマに即した「一問一答」も掲載。練習問題とは違う視点で問われているため、各テーマについてより幅広い知識が得られ、応用力も上がります。直前期での復習にも最適です！

3 選択肢の正誤がわかりやすい解説

法律の条文の記載などを割愛し、受験者が間違えやすいポイントや正誤の理由などが明確にわかるように、シンプルに解説しています。解説を読むだけでも、合格に必須な知識を優先的に学ぶことができます！

4 赤シート付＋見開き完結

付属の赤シートを使って解説の重要語句（赤字）を隠しながら覚えることができます。また、各問題が見開き完結のため、テンポよく問題を解くことが可能です。必修問題を繰り返し解いて合格をゲット！

本書の使い方①

練習問題＋ Ken's Point ＋一問一答で必修知識が身につくから独学でも一発で合格！

合格に必須なテーマの問題を水野講師が厳選して掲載。「練習問題」を解き、わかりやすい「解説」を読み、さらに問題の解き方などを解説した「Ken's Point」、応用力が身につく「一問一答」で、合格まで一直線！

①練習問題

合格レベルまで得点力がアップできる過去問題(一部改題)。間違えた問題などはチェックしておき、正解できるようになるまで繰り返し解こう

②問題解説

各選択肢の正誤をわかりやすく解説。重要語句は赤シートで隠しながら覚えよう。
解説終わりの○×の脇にある★はとくに重要な選択肢を表す。しっかり理解しよう！

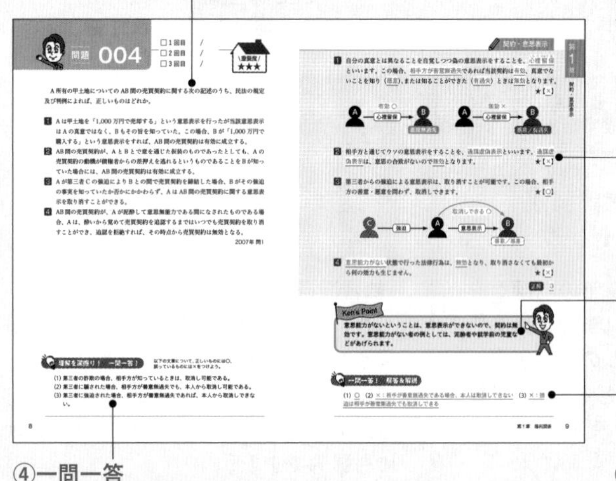
問題 004
□1回目 /
□2回目 /
□3回目 /
重要度 ★★★

A所有の甲土地についてのAB間の売買契約に関する次の記述のうち、民法の規定及び判例によれば、正しいものはどれか。

1 Aは甲土地を「1,000万円で売却する」という意思表示を行ったが当該意思表示はAの真意ではなく、Bもその旨を知っていた。この場合、Bが「1,000万円で購入する」という意思表示をすれば、AB間の売買契約は有効に成立する。
2 AB間の売買契約が、AとBとで意を通じた仮装のものであったとしても、Aの売買契約の動機が債権者からの差押えを逃れるというものであることをBが知っていた場合には、AB間の売買契約は有効に成立する。
3 Aが第三者Cの強迫によりBとの間で売買契約を締結した場合、Bがその強迫の事実を知っていたか否かにかかわらず、AはAB間の売買契約に関する意思表示を取り消すことができる。
4 AB間の売買契約が、Aが泥酔して意思無能力である間になされたものである場合、Aは、酔いから覚めて売買契約を追認するまではいつでも売買契約を取り消すことができ、追認を拒絶すれば、その時点から売買契約は無効となる。

2007年 問1

理解を深掘り！ 一問一答！
以下の文章について、正しいものには○、誤っているものには×をつけよう。
(1) 第三者の詐欺の場合、相手方が知っているときは、取消し可能である。
(2) 第三者に騙された場合、相手方が善意無過失でも、本人から取消し可能である。
(3) 第三者に強迫された場合、相手方が善意無過失であれば、本人から取消しできない。

8

契約・意思表示

1 自分の真意とは異なることを自覚しつつ偽の意思表示をすることを、心裡留保といいます。この場合、相手方が善意無過失であれば当該契約は有効、真意でないことを知り（悪意）、または知ることができた（有過失）ときは無効となります。 ★【×】

2 相手方と通じてウソの意思表示をすることを、通謀虚偽表示といいます。通謀虚偽表示は、意思の合致がないので無効となります。 ★【×】

3 第三者からの強迫による意思表示は、取り消すことが可能です。この場合、相手方の善意・悪意を問わず、取消しできます。 ★【○】

4 意思能力がない状態で行った法律行為は、無効となり、取り消さなくても最初から何の効力も生じません。 ★【×】

正解 3

Ken's Point
意思能力がないということは、意思表示ができないので、契約は無効です。意思能力がない者の例としては、泥酔者や就学前の児童などがあげられます。

一問一答！ 解答＆解説
(1) ○ (2) ×：相手が善意無過失である場合、本人は取消しできない (3) ×：強迫は相手が善意無過失でも取消しできる

第1章 権利関係 9

③ Ken's Point

練習問題に関連した解き方のコツや補足情報などを掲載。要チェック！

④一問一答

練習問題とは違う視点の問題などを一問一答形式で掲載。応用力が着実にアップ！　直前期にも活用しよう

⑤一問一答・解答＆解説

一問一答問題を解いたらココをチェック！

宅建試験ドットコム（https://takken-siken.com/）

スマートフォンやPCを利用して、法改正に対応した過去問に無料でチャレンジできるサイトです。年度別の問題にチャレンジでき、苦手分野の強化もできます。解説が丁寧で、試験の概要なども掲載されています。本書と組み合わせて活用し、応用力アップに役立ててみてください。

※本サービスは予告なく終了することがあります。「宅建試験ドットコム」の利用などに関する問い合わせは、本サイトの「お問い合わせ」からお願いします。

本書の使い方②

受験者、必見！「KADOKAWA 宅建士シリーズ」はこう使う！

本書は問題集として単独で使うこともできますが、『この１冊で合格！ 水野健の宅建士 神テキスト 2024 年度版』(2024 年１月発売予定)に対応しており、初学者・独学者でも以下の４ステップで効果的に学習を進めることができます。

Step 1 『神テキスト』に目を通して理解を深めよう

最初はざっとで OK。試験の必修テーマについて詳しく解説されていますので、実際に講義を受けているようなイメージで目を通してみましょう。

↓

Step 2 問題を解いて知識を定着させよう

一通り知識が身についたら、本書で問題をどんどん解いていきましょう。早い段階でアウトプットする(問題を解く)ことで、知識の定着を図ることができます。また、本試験でどこが問われるか、どういう問われ方をされるかがわかるため、学習すべきテーマが明確になり、効率よく勉強を進められます。

↓

Step 3 『神テキスト』をもう一度読んでインプット

自分の苦手分野を中心に、テキストをしっかり読み込みましょう。アウトプットに取り組んだことで、合格レベルに足りない知識をメリハリをつけてインプットすることができます。

↓

Step 4 問題を解きまくって合格レベルまで引き上げよう

『神テキスト』でインプットしたら、再び本書にチャレンジ。前に解けなかった問題、間違えた問題を中心に解けるようになるまでトライして、知識を確実なものにしましょう。

↓

『神テキスト』とセットで
学べば効果抜群！
楽しく学んで必須の知識を
身につけよう！

試験の概要

試験内容などをチェックして合格への準備も万全！

宅建士試験は例年、「10月の第3日曜日」（2024年度は10月20日の予定）、13～15時に行われます。受験資格はなく、「50問の四肢択一式」です。選択肢が4つあるなかから、正しいもの、または誤っているものを1つ選ぶ形式になります。

合格率は例年「15％前後」で、合格ラインは50点中、例年「33～37点」となっています。ただし、登録講習修了者は「科目免除の対象」となり、試験の46～50問目の問題が免除され、その分、合格ラインが5点引き下げられます（試験時間も10分短縮）。本書では、免除科目に該当する問題を第3章に掲載しています。

試験申込期間などは、試験実施機関である「一般財団法人 不動産適正取引推進機構」のウェブサイト等で公表されますので、受験に際しては必ず確認しておきましょう。

受験資格	原則として誰でも受験が可能 学歴・国籍・年齢などの制限はなし
試験方法	50問・四肢択一式による筆記試験 （合格率：15％前後、合格点：33～37点前後）
試験地	原則として、本人が住所を有する都道府県
試験申込期間	【郵送】2024年7月1日～31日（予定） 【インターネット】2024年7月1日～19日（予定）
試験日時	2024年10月20日（日）／13～15時（予定）
合格発表	2024年11月下旬（予定）
試験実施機関	一般財団法人 不動産適正取引推進機構
試験の内容	❶土地の形質、地積、地目および種別ならびに建物の形質、構造および種別に関すること ❷土地および建物についての権利および権利の変動に関する法令に関すること ❸土地および建物についての法令上の制限に関すること ❹宅地および建物についての税に関する法令に関すること ❺宅地および建物の需給に関する法令および実務に関すること ❻宅地および建物の価格の評定に関すること ❼宅地建物取引業法および同法の関係法令に関すること
2022年度試験結果	受験者数：226,048人　合格者数：38,525人 合格率：17.0％　合格点：36点

※宅建業に従事している人で登録講習機関が実施する講習を修了し、その修了試験に合格した人は登録講習修了者として、修了試験の合格日から3年以内に行われる試験の上記❶と❺が免除されます

Contents

各章は持ち運びに便利
な分冊形式です。本体
からゆっくりと取り外
して、ご活用ください！

校閲　宮嵜晋矢（宅建みやざき塾）　校正　群企画
本文デザイン　Isshiki　本文イラスト　寺崎愛
本文 DTP　エヴリ・シンク　編集協力　高橋一喜

本書は原則として、2023 年 10 月時点の情報をもとに原稿執筆・編集を行っています。
試験に関する最新情報は、試験実施機関のウェブサイト等でご確認ください。

水野　健（みずの　けん）
1972年6月5日、東京都新宿区生まれ。モットーは「勉強嫌いを、勉強好きに」。LEC東京リーガルマインドにて、宅建講師歴23年目になる受験指導界のカリスマ。宅建士試験に対する分析と独特な語り口調で多くの受験者を魅了する。さらに、自身で不動産会社と行政書士事務所を開業しており、実務経験も兼ね備えている。宅建士試験合格発表後は、毎年「宅建登録実務講習」も担当しており、定員締切クラスを量産するほどの人気講師。趣味は温泉で、過去には某テレビ番組の温泉チャンピオンに輝いたこともある異色の経歴の持ち主。主な著書に『ゼロからスタート！ 水野健の宅建士1冊目の教科書』（KADOKAWA）がある。

ブログ更新中！「水野健の宅建・合格魂！ 養成ブログ」
https://ameblo.jp/takkenken1972/
YouTubeにて宅建試験の動画配信中「たっけんけん宅建合格研究所by宅建水野塾」
X（旧Twitter）アカウントは@takkenken2000
Instagramユーザーネームはtakkenkenでフォロワー募集中！

宅建試験ドットコム
宅建士試験の解説No.1を目指し、「いつでも・どこでも」をコンセプトにPCやスマートフォンで過去問学習ができるWebサイト。平成12年から最新回まで最新法令に対応した1,200問を超える問題と解説が無料で利用でき、学習管理システムの「過去問道場®」(@kakomon_doujou)は多数の資格試験で人気を博している。宅建士やFP、情報処理技術者試験に独学で合格してきた管理人が1問1問丁寧に解説しており、年間6,000万PVを超える利用実績がある。

宅建試験ドットコム：https://takken-siken.com/

この1冊で合格！　水野健の宅建士 神問題集 2024年度版

2023年11月29日　初版発行
2024年 6 月25日　再版発行

著者／水野 健

執筆協力／宅建試験ドットコム

発行者／山下 直久

発行／株式会社KADOKAWA
〒102-8177　東京都千代田区富士見2-13-3
電話　0570-002-301（ナビダイヤル）

印刷所／株式会社リーブルテック
製本所／株式会社リーブルテック

本書の無断複製（コピー、スキャン、デジタル化等）並びに
無断複製物の譲渡及び配信は、著作権法上での例外を除き禁じられています。
また、本書を代行業者などの第三者に依頼して複製する行為は、
たとえ個人や家庭内での利用であっても一切認められておりません。

●お問い合わせ
https://www.kadokawa.co.jp/（「お問い合わせ」へお進みください）
※内容によっては、お答えできない場合があります。
※サポートは日本国内のみとさせていただきます。
※Japanese text only

定価はカバーに表示してあります。

©Ken Mizuno, takken-siken.com 2023　Printed in Japan
ISBN 978-4-04-606140-9　C3030

この1冊で合格！
水野健の宅建士 神問題集
2024年度版

第1章
権利関係
（第1分冊）

矢印の方向に引くと取り外せます

この別冊は本体に糊付けされています。
別冊を外す際の背表紙の剥離等については交換いたしかねますので、
本体を開いた状態でゆっくり丁寧に取り外してください。

KADOKAWA

権利関係

本章では、意思表示、時効、債務不履行、相続、借地借家法などの権利関係全般の問題を掲載しています。宅建業法に次いで出題数が多い科目ですので(例年14問)、間違えた問題などを中心に繰り返し解いて得点できるようになりましょう。

契約・意思表示	問題 001 ～問題 006
制限行為能力者	問題 007 ～問題 009
時効	問題 010 ～問題 013
条件	問題 014 ～問題 015
代理	問題 016 ～問題 021
債務不履行・解除・危険負担	問題 022 ～問題 025
弁済	問題 026 ～問題 027
契約不適合責任	問題 028 ～問題 031
相続	問題 032 ～問題 037
物権変動	問題 038 ～問題 043
不動産登記法	問題 044 ～問題 048
抵当権・根抵当権	問題 049 ～問題 055
保証・連帯保証・連帯債務	問題 056 ～問題 060
共有	問題 061 ～問題 063
区分所有法	問題 064 ～問題 068
賃貸借・使用貸借	問題 069 ～問題 072
借地借家法（借家）	問題 073 ～問題 079
借地借家法（借地）	問題 080 ～問題 085
不法行為	問題 086 ～問題 090
請負	問題 091
委任	問題 092
債権譲渡	問題 093
相殺	問題 094
地役権	問題 095
相隣関係	問題 096
留置権	問題 097
占有権	問題 098
贈与	問題 099

AがBに甲土地を売却し、Bが所有権移転登記を備えた場合に関する次の記述のうち、民法の規定及び判例によれば、誤っているものはどれか。

1 AがBとの売買契約をBの詐欺を理由に取り消した後、CがBから甲土地を買い受けて所有権移転登記を備えた場合、AC間の関係は対抗問題となり、Aは、いわゆる背信的悪意者ではないCに対して、登記なくして甲土地の返還を請求することができない。

2 AがBとの売買契約をBの詐欺を理由に取り消す前に、Bの詐欺について悪意のCが、Bから甲土地を買い受けて所有権移転登記を備えていた場合、AはCに対して、甲土地の返還を請求することができる。

3 Aの売却の意思表示に要素の錯誤がある場合、Aに重大な過失がなければ、Aは、Bから甲土地を買い受けた悪意のCに対して、錯誤による当該意思表示を取り消して、甲土地の返還を請求することができる。

4 Aの売却の意思表示に要素の錯誤がある場合、Aに重大な過失があったとしても、AはBに対して、錯誤による当該意思表示を取り消して、甲土地の返還を請求することができる。

2019年 問2（改題）

理解を深掘り！ 一問一答！

以下の文章について、正しいものには○、誤っているものには×をつけよう。

(1) 取消後、解除後及び時効完成後の第三者には登記なくして対抗できない。

(2) 買主が建物を、詐欺について善意無過失の第三者に転売して所有権移転登記を済ませても、売主は詐欺による取消しをして、第三者から建物の返還を求めることができる。

(3) 錯誤が、売却の意思表示の内容の重要な部分に関するものであり、法律行為の要素の錯誤と認められる場合であっても、この売却の意思表示を原則取り消すことはできない。

1 取消し後に登場した**第三者**と取消権者は、二重譲渡と同じになり、**対抗関係**に立ちます。Aは登記を備えたCに対して返還を請求することはできません。★【○】

2 詐欺による取消しは、善意無過失の第三者に対抗することができません。**悪意**や**有過失**の第三者に対しては詐欺による取消しを対抗できるので、取消権者Aは悪意のCに甲土地の返還を請求することができます。★【○】

3 錯誤（さくご）による取消しは、**善意無過失**の第三者には対抗できません。第三者Cは悪意ですので、重過失のないAはCに対して取消しを対抗することができます。★【○】

4 意思表示に要素の錯誤がある場合、表意者に重大な過失がなければ意思表示を取り消すことができます。重大な過失がある場合でも、相手方が**悪意**もしくは**重過失**、または相手方が同一の**錯誤**に陥っていたときには取消しできますが、本肢はどちらの記述もないので取り消せません。★【×】

正解 4

Ken's Point

善意無過失（落ち度なく知らない）で取引関係に入った人は取引の安全に配慮して保護されることが多いです。詐欺や錯誤は過失があるため、「過失有 VS. 善意無過失」の場合、善意無過失を保護します。なお、選択肢**1**は詐欺ではありますが、取消後の第三者は対抗関係となります。意思表示の考え方ではなくなる点に注意してください。

一問一答！ 解答＆解説

(1) ○ (2) ×：第三者は善意無過失なので対抗できない (3) ×：法律行為の要素の錯誤と認められる場合は原則取り消せる

AとBとの間で令和6年7月1日に締結された売買契約に関する次の記述のうち、民法の規定によれば、売買契約締結後、AがBに対し、錯誤による取消しができるものはどれか。

1 Aは、自己所有の自動車を100万円で売却するつもりであったが、重大な過失によりBに対し「10万円で売却する」と言ってしまい、Bが過失なく「Aは本当に10万円で売るつもりだ」と信じて購入を申し込み、AB間に売買契約が成立した場合

2 Aは、自己所有の時価100万円の壺を10万円程度であると思い込み、Bに対し「手元にお金がないので、10万円で売却したい」と言ったところ、BはAの言葉を信じ「それなら10万円で購入する」と言って、AB間に売買契約が成立した場合

3 Aは、自己所有の時価100万円の名匠の絵画を贋作だと思い込み、Bに対し「贋作であるので、10万円で売却する」と言ったところ、Bも同様に贋作だと思い込み「贋作なら10万円で購入する」と言って、AB間に売買契約が成立した場合

4 Aは、自己所有の腕時計を100万円で外国人Bに売却する際、当日の正しい為替レート（1ドル100円）を重大な過失により1ドル125円で計算して「8,000ドルで売却する」と言ってしまい、Aの錯誤について過失なく知らなかったBが「8,000ドルなら買いたい」と言って、AB間に売買契約が成立した場合

2020年10月 問6

理解を深掘り！ 一問一答！

以下の文章について、正しいものには○、誤っているものには×をつけよう。

(1) 売主Aに法律行為の目的及び取引上の社会通念に照らして重要な錯誤がある場合、Aに重大な過失がないときは、AB間の契約を取り消すことはできるが、Bからの転得者でAの錯誤について善意無過失のCに対して所有権を主張することはできない。

(2) Bは、代金をローンで支払うと定めて契約したが、Bの重大な過失によりローン融資を受けることができない場合、Bは、錯誤を理由に売買契約を取り消すことはできない。

(3) AのBに対する売却の意思表示につき法律行為の目的及び取引上の社会通念に照らして重要な錯誤があった場合、Aは、売却の意思表示を取り消すことができるが、Aに重大な過失があったときは、一切取り消すことができない。

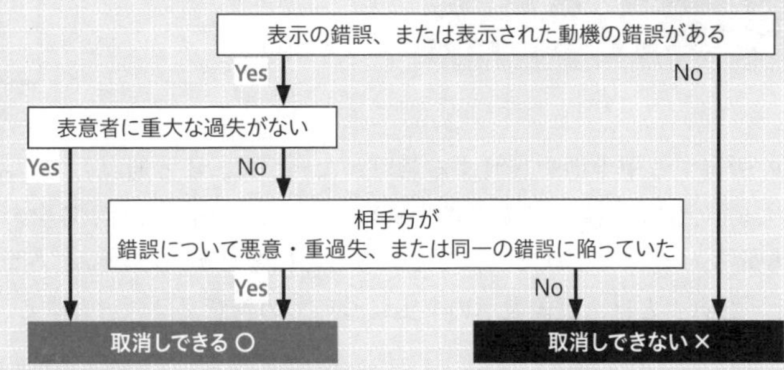

1 Aは意思に反して「10万円で売る」と意思表示しているので、契約上重要な部分に錯誤が認められますが、**重大な過失**があり、相手方Bは**善意無過失**ですから、Aは錯誤による取消しができません。 ★【×】

2 Aは誤った思い込みをしていますが、10万円で売る意思と意思表示は合致しているので**錯誤**はありません。この場合、取引の安全に配慮して相手方Bを保護するため、Aは錯誤による取消しができません。 ★【×】

3 「10万円で売る」という意思表示をするに至った**動機に思い違いがあり**、それが**相手方に表示されています**。Aの過失の有無は明らかではありませんが、Bも同一の**錯誤**(**共通錯誤**)に陥っていたので、Aは錯誤による取消しができます。★【〇】

4 Aの錯誤は**重大な過失**によるものであり、相手方Bは**善意無過失**ですから、Aは錯誤による取消しができません。 ★【×】

正解 3

Ken's Point

社会通念に照らして重要な錯誤（常識で考えて、契約の重要なところに勘違い）があると取消しができますが、その際に重大な過失がある場合は取消しできません。ただし、相手が勘違いしてるのを知っていた場合（悪意）や、同じ勘違いをしていた場合（共通錯誤）は取消しできる点に注意しましょう。

一問一答！ 解答&解説

(1) 〇 (2) 〇 (3) ×：相手方が悪意・重過失・共通錯誤の場合は取消しできる

□1回目　/
□2回目　/
□3回目　/

Aは、その所有する甲土地を譲渡する意思がないのに、Bと通謀して、Aを売主、Bを買主とする甲土地の仮装の売買契約を締結した。この場合に関する次の記述のうち、民法の規定及び判例によれば、誤っているものはどれか。なお、この問において「善意」又は「悪意」とは、虚偽表示の事実についての善意又は悪意とする。

1 善意のCがBから甲土地を買い受けた場合、Cがいまだ登記を備えていなくても、AはAB間売買契約の無効をCに主張することができない。

2 善意のCが、Bとの間で、Bが甲土地上に建てた乙建物の賃貸借契約（貸主B、借主C）を締結した場合、AはAB間の売買契約の無効をCに主張することができない。

3 Bの債権者である善意のCが、甲土地を差し押さえた場合、AはAB間の売買契約の無効をCに主張することができない。

4 甲土地がBから悪意のCへ、Cから善意のDへと譲渡された場合、AはAB間の売買契約の無効をDに主張することができない。

2015年 問2

理解を深掘り！　一問一答！

以下の文章について、正しいものには○、誤っているものには×をつけよう。

(1) Aが所有する甲土地につき、AとBが通謀の上で売買契約を仮装し、AからBに所有権移転登記がなされた場合に、B名義の甲土地を差し押さえたBの債権者Cは、通謀虚偽表示における「第三者」に該当する。

(2) Aが所有する甲土地につき、AとBの間には債権債務関係がないにもかかわらず、両者が通謀の上でBのために抵当権を設定し、その旨の登記がなされた場合に、Bに対する貸付債権を担保するためにBから転抵当権の設定を受けた債権者Cは、通謀虚偽表示における「第三者」に該当する。

(3) Aが所有する甲土地につき、AとBが通謀の上で売買契約を仮装し、AからBに所有権移転登記がなされた場合に、Bが甲土地の所有権を有しているものと信じてBに対して金銭を貸し付けたCは、通謀虚偽表示における「第三者」に該当する。

1 相手方と通じて行った虚偽の意思表示は無効ですが、善意の第三者には対抗することができません。第三者は善意であればよく、**無過失**や**登記**は要求されていません。したがって、善意のCに対して、Aは売買契約の無効を主張することはできません。 ★【○】

2 **通謀虚偽表示における第三者**とは、その表示の目的につき法律上利害関係を有するに至った者をいいます。Cは建物の賃借人であり、通謀虚偽表示が行われたのは土地の売買契約ですから、Cは土地の売買契約について法律上の利害関係を有するとは認められず、第三者に該当しません。したがって、AはCに対して売買契約の無効を主張することができます。 【×】

3 判例では、不動産の仮装譲受人から**抵当権**の設定を受けた者や仮装債権の**譲受人**も「第三者」に該当するとしています。つまり、虚偽表示の目的物を差し押さえた債権者Cも第三者に該当します。したがって、Aは善意の第三者であるCに対して、売買契約の無効を主張することはできません。 ★【○】

4 **善意の第三者**が現れた場合には、その者が完全な権利を取得します。Dは善意の第三者に当たりますから、AはDに売買契約の無効を主張することはできません。 ★【○】

正解 2

Ken's Point

通謀虚偽表示（仮装譲渡）と知らないで取引関係に入ると保護されます。善意でありさえすれば、過失があっても登記がなくても保護されます。保護される第三者は、買った人だけではなく、抵当権の設定を受けた者や差押えをした者なども含まれます。

一問一答！ 解答&解説

(1) ○ (2) ○ (3) ×：金銭を貸し付けただけのCは「第三者」に該当しない

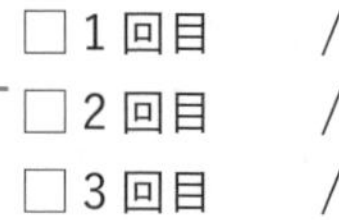

A所有の甲土地についてのAB間の売買契約に関する次の記述のうち、民法の規定及び判例によれば、正しいものはどれか。

1 Aは甲土地を「1,000万円で売却する」という意思表示を行ったが当該意思表示はAの真意ではなく、Bもその旨を知っていた。この場合、Bが「1,000万円で購入する」という意思表示をすれば、AB間の売買契約は有効に成立する。

2 AB間の売買契約が、AとBとで意を通じた仮装のものであったとしても、Aの売買契約の動機が債権者からの差押えを逃れるというものであることをBが知っていた場合には、AB間の売買契約は有効に成立する。

3 Aが第三者Cの強迫によりBとの間で売買契約を締結した場合、Bがその強迫の事実を知っていたか否かにかかわらず、AはAB間の売買契約に関する意思表示を取り消すことができる。

4 AB間の売買契約が、Aが泥酔して意思無能力である間になされたものである場合、Aは、酔いから覚めて売買契約を追認するまではいつでも売買契約を取り消すことができ、追認を拒絶すれば、その時点から売買契約は無効となる。

2007年 問1

理解を深掘り！　一問一答！

以下の文章について、正しいものには○、誤っているものには×をつけよう。

(1) 第三者の詐欺の場合、相手方が知っているときは、取消し可能である。
(2) 第三者に騙された場合、相手方が善意無過失でも、本人から取消し可能である。
(3) 第三者に強迫された場合、相手方が善意無過失であれば、本人から取消しできない。

1 自分の真意とは異なることを自覚しつつ偽の意思表示をすることを、**心裡留保**（しんりりゅうほ）といいます。この場合、**相手方が善意無過失**であれば当該契約は**有効**、真意でないことを知り（**悪意**）、または知ることができた（**有過失**）ときは**無効**となります。

★【×】

2 相手方と通じてウソの意思表示をすることを、**通謀虚偽表示**といいます。**通謀虚偽表示**は、意思の合致がないので**無効**となります。

★【×】

3 第三者からの強迫による意思表示は、取り消すことが可能です。この場合、相手方の善意・悪意を問わず、取消しできます。

★【○】

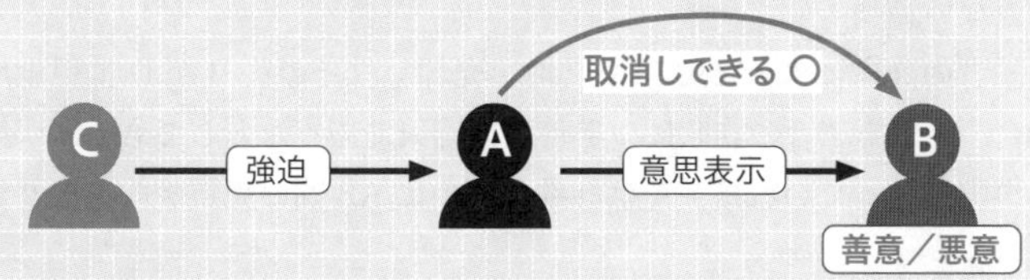

4 **意思能力がない**状態で行った法律行為は、**無効**となり、取り消さなくても最初から何の効力も生じません。

★【×】

3

Ken's Point

意思能力がないということは、意思表示ができないので、契約は無効です。意思能力がない者の例としては、泥酔者や就学前の児童などがあげられます。

一問一答！ 解答&解説

(1) ○　(2) **×：相手が善意無過失である場合、本人は取消しできない**　(3) **×：強迫は相手が善意無過失でも取消しできる**

□1回目　　/
□2回目　　/
□3回目　　/

AがBに甲土地を売却した場合に関する次の記述のうち、民法の規定及び判例によれば、誤っているものはどれか。

1 甲土地につき売買代金の支払と登記の移転がなされた後、第三者の詐欺を理由に売買契約が取り消された場合、原状回復のため、BはAに登記を移転する義務を、AはBに代金を返還する義務を負い、各義務は同時履行の関係となる。

2 Aが甲土地を売却した意思表示に錯誤があった場合、Aの錯誤が重大な過失によるものではなかったとしても、BはAの錯誤を理由として取消しをすることはできない。

3 AB間の売買契約が仮装譲渡であり、その後BがCに甲土地を転売した場合、Cが仮装譲渡の事実を知らなければ、Aは、Cに虚偽表示による無効を対抗することができない。

4 Aが第三者の詐欺によってBに甲土地を売却し、その後BがDに甲土地を転売した場合、Bが第三者の詐欺につき善意無過失であったとしても、Dが第三者の詐欺の事実を知っていれば、Aは詐欺を理由にAB間の売買契約を取り消すことができる。

2018年 問1（改題）

理解を深掘り！　一問一答！

以下の文章について、正しいものには○、誤っているものには×をつけよう。

(1) 売買契約が詐欺を理由として有効に取り消された場合における当事者双方の原状回復義務は、同時履行の関係に立つ。

(2) 売却の意思表示に錯誤がある場合で、意思表示者であるAがその錯誤を認めていないときでも、Bはこの売却の意思表示を取り消すことができる。

(3) 詐欺による取消前の第三者、虚偽表示による無効および錯誤による取消前の第三者いずれの場合も、善意無過失の第三者であるCが買主Bから甲土地を買い受けた場合、Cがいまだ登記を備えていなくても、売主AはAB間の売買契約の取消又は無効をCに主張することができない。

1 詐欺を理由として、売買契約が取り消された場合、登記抹消義務と代金返還義務は同時履行の関係となります。 ★【〇】

2 無効は誰でも主張できるのに対して、取消しは瑕疵(かし)のある意思表示をした者又はその代理人・承継人しかすることができません。錯誤があった場合は取消しをすることができますが、表意者のAが取消しをすることができる状況であっても、その相手方であるBが取消しをすることはできません。 ★【〇】

3 虚偽表示による意思表示の無効は、善意の第三者に対抗することができません。よって、Cが仮装譲渡の事実を知らなければ、Aは、Cに虚偽表示による無効を対抗することができません。 ★【〇】

4 第三者の詐欺による意思表示は、意思表示の相手方が詐欺の事実を知っていた、または知ることができた（有過失）場合には取り消すことができます。Bは第三者の詐欺について善意無過失でAから甲土地を購入したので、Aは詐欺を理由にAB間の売買契約を取り消すことができません。 ★【×】

正解 **4**

Ken's Point

同時履行の抗弁権の出題は具体的事例で出題されます。代表的な下記のものは覚えましょう。

同時履行の関係が肯定される場合	同時履行の関係が否定される場合
・解除による原状回復義務の履行 ・弁済と受取証書（領収書）の交付 ・錯誤・詐欺・強迫によって契約が取り消された場合の相互の返還義務 ・請負の目的物の引渡しと報酬の支払い	・被担保債務の弁済と抵当権の登記抹消手続き（弁済が先） ・弁済と債権証書（借用書等）の交付（弁済が先） ・敷金の返還と明渡し（明渡しが先） ・請負の目的物の完成と報酬の支払い（完成が先）

一問一答！ 解答&解説

(1) 〇 (2) ×：表意者Aが認めていない場合は、相手方は錯誤とならない
(3) 〇

□1回目　　/
□2回目　　/
□3回目　　/

A所有の土地につき、AとBとの間で売買契約を締結し、Bが当該土地につき第三者との間で売買契約を締結していない場合に関する次の記述のうち、民法の規定によれば、正しいものはどれか。

1 Aの売渡し申込みの意思は真意ではなく、BもAの意思が真意ではないことを知っていた場合、AとBとの意思は合致しているので、売買契約は有効である。

2 Aが、強制執行を逃れるために、実際には売り渡す意思はないのにBと通謀して売買契約の締結をしたかのように装った場合、売買契約は無効である。

3 Aが、Cの詐欺によってBとの間で売買契約を締結した場合、Cの詐欺をBが知っているか否かにかかわらず、Aは売買契約を取り消すことはできない。

4 Aが、Cの強迫によってBとの間で売買契約を締結した場合、Cの強迫をBが知らなければ、Aは売買契約を取り消すことができない。

2004年 問1

以下の文章について、正しいものには○、誤っているものには×をつけよう。

(1) 強制執行を逃れるため、売り渡す意思がないのに買主と通謀して売買契約を装った場合、契約を取消しすることができる。

(2) 第三者の詐欺の場合、相手方が知っていたとしても、取消しできない。

(3) Aが、Cの強迫によってBとの間で売買契約を締結した場合、Cの強迫についてBが善意の場合、有過失でなければ売買契約を取り消すことができない。

1 心裡留保による意思表示は原則として有効ですが、相手方がその**真意**を知り、または**知ることができた**場合は無効となります。 ★【×】

2 **通謀虚偽表示**に該当し、無効となります。 ★【○】

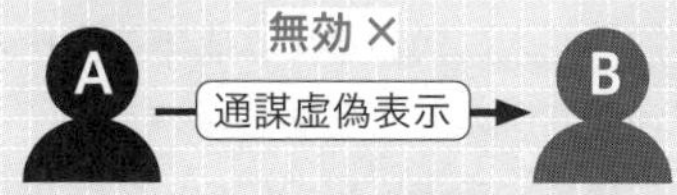

3 第三者詐欺は、意思表示の相手方が**悪意・善意有過失**の場合に限り、当該意思表示を取り消すことができます。 ★【×】

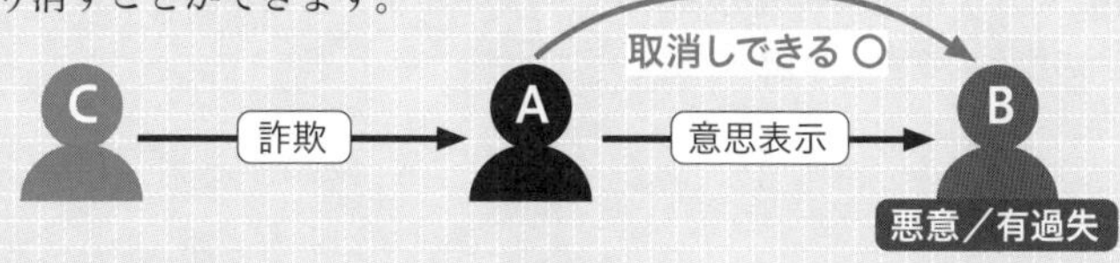

4 強迫による意思表示は、**善意無過失**の相手でも取り消すことができます。 ★【×】

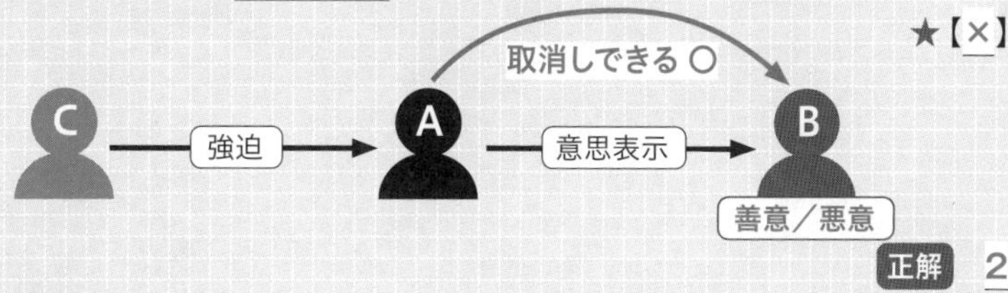

正解 2

Ken's Point

悪意（知っている）の人は、取引の安全を保護する必要性が低いため保護されにくいです。また、悪い人は法律で保護されないという考え方は、さまざまな場面で出てきます。

一問一答！ 解答&解説

(1) **×：契約は無効である** (2) **×：相手が知っていたら取消しできる** (3) **×：強迫による意思表示は、相手が善意無過失でも取り消すことができる**

後見人制度に関する次の記述のうち、民法の規定によれば、正しいものはどれか。

1 成年被後見人が第三者との間で建物の贈与を受ける契約をした場合には、成年後見人は、当該法律行為を取り消すことができない。

2 成年後見人が、成年被後見人に代わって、成年被後見人が居住している建物を売却する場合には、家庭裁判所の許可を要しない。

3 未成年後見人は、自ら後見する未成年者について、後見開始の審判を請求することはできない。

4 成年後見人は家庭裁判所が選任する者であるが、未成年後見人は必ずしも家庭裁判所が選任する者とは限らない。

2014年 問9

以下の文章について、正しいものには○、誤っているものには×をつけよう。

(1) 成年被後見人が成年後見人の事前の同意を得て土地を売却する意思表示を行った場合、成年後見人は、当該意思表示を取り消すことができる。

(2) 成年後見人が、成年被後見人を代理して、成年被後見人が所有するオフィスビルへの第三者の抵当権の設定を行う場合、家庭裁判所の許可を得なければならない。

(3) 19歳の者は未成年であるので、携帯電話サービスの契約や不動産の賃貸借契約を1人で締結することはできない。

1 成年被後見人が第三者との間で**建物の贈与**を受ける契約をした場合、成年後見人は、当該法律行為を取り消すことができます。ただし、成年被後見人の**日用品購入**等の行為は、成年後見人であっても取り消すことができません。 ★【×】

2 成年後見人が、成年被後見人に代わって、**成年被後見人が居住している建物**を売却する場合、**家庭裁判所の許可**が必要となります。 ★【×】

3 未成年後見人は、自ら後見する未成年者について、**後見開始**の審判を請求することができます。 ★【×】

4 成年後見人は家庭裁判所に選任された者ですが、**未成年後見人**は必ずしも家庭裁判所が選任する者とは限りません。**未成年後見人**は最後の親権者が**遺言**で指定することができ、家庭裁判所による選任はその指定がない場合や必要に応じて行うことになっています。 ★【○】

正解 4

Ken's Point

成年後見人、保佐人、補助人を選任する際は、家庭裁判所が選びます。親族がなる場合もあれば、弁護士、司法書士などの専門家を選ぶ場合もあります。誰を成年後見人等に選任するかについては、家庭裁判所が職権で判断する事項であり、これについて不服申立ての規定はありません。それに対して、未成年後見人は親権者が遺言で選任できる点に注意しましょう。

一問一答！ 解答&解説

(1) ○ (2) ×：居住の用に供するものではないので、家庭裁判所の許可は不要である (3) ×：19歳は成年である

□１回目　　/
□２回目　　/
□３回目　　/

制限行為能力者に関する次の記述のうち、民法の規定及び判例によれば、正しいものはどれか。

1 古着の仕入販売に関する営業を許された未成年者は、成年者と同一の行為能力を有するので、法定代理人の同意を得ないで、自己が居住するために建物を第三者から購入したとしても、その法定代理人は当該売買契約を取り消すことができない。

2 被保佐人が、不動産を売却する場合には、保佐人の同意が必要であるが、贈与の申し出を拒絶する場合には、保佐人の同意は不要である。

3 成年後見人が、成年被後見人に代わって、成年被後見人が居住している建物を売却する際、後見監督人がいる場合には、後見監督人の許可があれば足り、家庭裁判所の許可は不要である。

4 被補助人が、補助人の同意を得なければならない行為について、同意を得ていないにもかかわらず、詐術を用いて相手方に補助人の同意を得たと信じさせていたときは、被補助人は当該行為を取り消すことができない。

2016年 問2

以下の文章について、正しいものには○、誤っているものには×をつけよう。

(1) 成年者Aが精神上の障害により事理を弁識する能力を欠く常況になった場合、Aの推定相続人はAの法定代理人となる。

(2) 成年後見人が、成年被後見人に代わって、成年被後見人が居住している建物を売却するときだけでなく、(根) 抵当権の設定、取壊し、賃貸、賃貸借の解除の際も家庭裁判所の許可が必要である。

(3) 被補助人が法律行為を行うためには、常に補助人の同意が必要である。

1 本肢の未成年者は古着の仕入販売に関する営業については**成年**とみなされます。しかし、**自己が居住するために建物を第三者から購入**することは、古着の仕入れ販売に関する**営業に含まれません**。よって、法定代理人は当該売買契約を取り消すことが可能です。
★【×】

2 被保佐人の権利や財産を守るため、被保佐人が財産上の重要な行為をする際には**保佐人の同意**を得なければなりません。贈与の申込みを拒絶すると被保佐人の財産に不利益となる可能性があるため、**保佐人の同意**が必要な行為となっています。
【×】

3 成年後見人が、成年被後見人に代わりその居住の用に供する建物等を売却するには、**家庭裁判所**の許可を得なければなりません。また、これは**後見監督人**の許可では足りません。
★【×】

4 **詐術**を用いて相手方に補助人の同意を得たと信じさせていたときは、被補助人は当該行為を取り消すことができません。
★【○】

正解 4

Ken's Point

成年後見人が成年被後見人（本人）の居住用不動産を処分するには、家庭裁判所の許可が必要です。成年後見人が家庭裁判所の許可を得ないで本人の居住用不動産を処分した場合、その行為は無効となります。さらに、本人の居住用不動産については、売却だけでなく、賃貸借契約の締結、賃貸借契約の解除、抵当権の設定やこれらに準ずる処分をする場合にも、家庭裁判所の許可が必要です。介護施設に入所するために住んでいた賃貸マンションの契約を解除する場合なども、居住用不動産の処分に該当します。許可が必要なのは、本人の居住用不動産の処分についてであり、居住用以外の不動産の処分については、家庭裁判所の許可は不要です。

一問一答！ 解答&解説

(1) ×：自動的にはならない　(2) ○　(3) ×：常に必要なわけではない

問題 009

□1回目　/
□2回目　/
□3回目　/

行為能力に関する次の記述のうち、民法の規定によれば、正しいものはどれか。

1 成年被後見人が行った法律行為は、事理を弁識する能力がある状態で行われたものであっても、取り消すことができる。ただし、日用品の購入その他日常生活に関する行為については、この限りではない。

2 未成年者が、その法定代理人の同意を得ずに行った法律行為は、無効となる。ただし、単に権利を得、又は義務を免れる法律行為については、この限りではない。

3 精神上の障害により事理を弁識する能力が不十分である者につき、四親等内の親族から補助開始の審判の請求があった場合、家庭裁判所はその事実が認められるときは、本人の同意がないときであっても同審判をすることができる。

4 被保佐人が、保佐人の同意又はこれに代わる家庭裁判所の許可を得ないでした土地の売却は、被保佐人が行為能力者であることを相手方に信じさせるため詐術を用いたときであっても、取り消すことができる。

2008年 問1（改題）

理解を深掘り！　一問一答！

以下の文章について、正しいものには○、誤っているものには×をつけよう。

(1) 未成年後見人は、最後に親権を行う者が遺言で指定するが、指定がない場合、家庭裁判所は、検察官の請求によって、親族の中から未成年後見人を選任する。

(2) 意思能力を欠いている者が土地を売却する意思表示を行った場合、その親族が当該意思表示を取り消せば、取消しの時点から将来に向かって無効となる。

(3) 営業を許可された未成年者が、その営業のための商品を仕入れる売買契約を有効に締結するには、父母双方がいる場合、父母のどちらか一方の同意が必要である。

1 成年被後見人が**成年後見人**の代理によらずした法律行為は、取り消すことができます。ただし、成年被後見人が行った法律行為のうち、**日用品の購入**その他**日常生活に関する行為**については取り消すことができません。 ★【○】

2 原則として、未成年者が**法定代理人**の同意を得ずにした法律行為は取り消すことができます。当初から無効ではありません。 ★【×】

3 **補助開始の審判**は、本人、配偶者、四親等内の親族、後見（保佐）人、後見（保佐）監督人又は検察官が請求することができますが、**補助開始**は本人の行動を制限するものであるため、**本人以外からの請求**である場合は**本人の同意**が要件とされています。 ★【×】

4 土地等の重要な財産の売買には**保佐人**の同意が必要であるため、これを得ずに売買をした場合は、取り消すことができます。ただし、被保佐人が**詐術**を用いたときは**取り消すことができません**。 ★【×】

正解 1

Ken's Point

補助開始の審判の請求は、本人以外からの請求である場合は、本人の意思の尊重のため、本人の同意が要件とされていますが、後見開始の審判や保佐開始の審判では同意不要な点に注意しましょう。

一問一答！ 解答＆解説

(1) **×：指定がない場合には、未成年被後見人又はその親族その他の利害関係人の請求によって、家庭裁判所が選任する** (2) **×：最初から無効である** (3) **×：営業を許可された未成年者について親の同意は不要である**

Aは、Bに対し建物を賃貸し、月額10万円の賃料債権を有している。この賃料債権の消滅時効に関する次の記述のうち、民法の規定及び判例によれば、誤っているものはどれか。

1 Aが、Bに対する賃料債権につき支払督促の申立てをしたときは、消滅時効の完成は猶予される。

2 Bが、Aとの建物賃貸借契約締結時に、賃料債権につき消滅時効の利益はあらかじめ放棄する旨約定したとしても、その約定に法的効力は認められない。

3 Aが、Bに対する賃料債権につき内容証明郵便により支払を請求したときは、その請求により消滅時効は更新される。

4 Bが、賃料債権の消滅時効が完成した後にその賃料債権を承認したときは、消滅時効の完成を知らなかったときでも、その完成した消滅時効の援用をすることは許されない。

2009年 問3（改題）

理解を深掘り！ 一問一答！

以下の文章について、正しいものには○、誤っているものには×をつけよう。

(1) 訴えの提起後に訴えが取り下げられた場合、訴えの却下の判決が確定した場合又は裁判上の和解が成立した場合には、時効の更新の効力は生じない。

(2) 債権者Aが債務者Bの不動産に抵当権を有している場合に、他の債権者Cがこの不動産に対して強制執行の手続を行ったときは、Aがその手続に債権の届出をしただけで、Aの債権の時効は更新される。

(3) 訴えの提起前6月以内に、債権者が債務者に債務の履行の催告をしても、時効が更新されるのは、訴えを提起したときである。

1 裁判所に支払督促の申立てを行うと、その事由が終了するまで**時効の完成が猶予**されます。その後、確定判決等により権利が確定した場合、時効はその時から新たに進行を始めることになります（時効の更新）。 ★【○】

2 時効の利益は、あらかじめ**放棄**することができません。本規定は**強行法規**と解されているので、これに反する本肢のような特約はできません。 ★【○】

3 **内容証明郵便による支払の請求は、催告に該当**します。**催告**は時効の完成猶予事由ですが、その後何もしなければ時効が**更新**されることはありません。よって、時効を更新するためには、その催告とあわせて**6か月**以内に裁判上の請求等をする必要があります。内容証明郵便の送付のみでは、時効は更新しません。 ★【×】

4 消滅時効の完成**後**に**債務の承認**を行った場合、当該債務者が消滅時効の完成について**善意**であったとしても、消滅時効の**援用権**がなくなります。 ★【○】

正解 3

Ken's Point

時効の完成猶予は「一時停止」、時効の更新は「リセット」です。内容証明郵便は催告に当たり6か月の「完成猶予」となりますが、更新はしません。承認は「更新」となる点に注意してください。

一問一答！ 解答＆解説

(1) **×：裁判上の和解が成立したら時効の更新の効力が生じる** (2) **×：強制執行手続での債権届出をしただけでは、時効は更新されない** (3) **×：催告してから6か月と裁判中は完成が猶予となり、債権者が勝訴の判決を受ければ、その時点で消滅時効が更新される**

□ 1回目　　/
□ 2回目　　/
□ 3回目　　/

Aが甲土地を所有している場合の時効に関する次の記述のうち、民法の規定及び判例によれば、誤っているものはどれか。

1 Bが甲土地を所有の意思をもって平穏かつ公然に17年間占有した後、CがBを相続し甲土地を所有の意思をもって平穏かつ公然に3年間占有した場合、Cは甲土地の所有権を時効取得することができる。

2 Dが、所有者と称するEから、Eが無権利者であることについて善意無過失で甲土地を買い受け、所有の意思をもって平穏かつ公然に3年間占有した後、甲土地がAの所有であることに気付いた場合、そのままさらに7年間甲土地の占有を継続したとしても、Dは、甲土地の所有権を時効取得することはできない。

3 Dが、所有者と称するEから、Eが無権利者であることについて善意無過失で甲土地を買い受け、所有の意思をもって平穏かつ公然に3年間占有した後、甲土地がAの所有であることを知っているFに売却し、Fが所有の意思をもって平穏かつ公然に甲土地を7年間占有した場合、Fは甲土地の所有権を時効取得することができる。

4 Aが甲土地を使用しないで20年以上放置していたとしても、Aの有する甲土地の所有権が消滅時効にかかることはない。

2020年10月 問10

理解を深掘り！ 一問一答！

以下の文章について、正しいものには○、誤っているものには×をつけよう。

(1) 占有者Aが11年間所有の意思をもって平穏かつ公然に甲土地を占有した後、Bが売買でも相続でもその占有を承継し、引き続き9年間所有の意思をもって平穏かつ公然に占有すれば、Bは、時効によって甲土地の所有権を取得することができる。

(2) 善意無過失で占有を開始し7年間占有を続けた後、その土地が他人所有のものと知った場合、その後3年間占有を続ければ、所有権を時効取得できる。

(3) Aが所有の意思をもって5年間占有した後、BがAから土地の譲渡を受けて平穏・公然に5年間占有した場合、Bが占有の開始時に善意・無過失であれば、Aの占有に瑕疵があるかどうかにかかわらず、Bは10年の取得時効を主張できる。

1 占有者は、**自己の占有のみを主張すること**も、自己の占有に**前の占有者の占有をあわせて主張すること**もできます。また、占有は相続により承継されます。よって、Cは自己の3年とBの17年をあわせて20年の占有継続を主張し、甲土地の所有権を時効取得することができます。 ★【○】

2 **占有開始時に善意無過失**であれば、その後悪意に転じたとしても**10年**で時効取得が可能です。Dは占有開始時に善意無過失だったので、「3年＋7年＝10年」の占有継続で甲土地を時効取得することができます。 ★【×】

3 **前の占有者の占有をあわせて主張するとき**は、**悪意や過失等の瑕疵（かし）も一緒に承継します**。前の占有者と後の占有者の主観的要件や過失が異なる場合には、最初の占有者につき**占有開始**の時点においてこれを判定します。前の占有者であるDは占有開始時点で**善意無過失**ですから、Fは自己の7年とDの3年をあわせて10年の占有継続を主張し、甲土地の所有権を時効取得できます。 ★【○】

4 **所有権が消滅時効にかかることはありません**。時効取得により**喪失**することはあっても、自然に権利が**消滅**することはありません。 ★【○】

正解 **2**

Ken's Point

前の占有者の期間を算入すると、事情（善意無過失か悪意か）も引継ぐと考えてください。前占有者が善意無過失なら、期間算入したほうが短い期間で後の占有者は時効取得できますが、前占有者が悪意だと、期間算入すると逆に長くなることもあります。

一問一答！ 解答＆解説

(1) ○ (2) ○ (3) **×：時効による取得は、Aの占有に瑕疵（悪意等）があった場合、20年の占有が必要で、10年で足りるとは限らない**

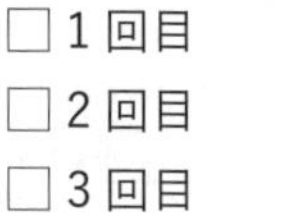

A所有の甲土地を占有しているBによる権利の時効取得に関する次の記述のうち、民法の規定及び判例によれば、正しいものはどれか。

1 Bが父から甲土地についての賃借権を相続により承継して賃料を払い続けている場合であっても、相続から20年間甲土地を占有したときは、Bは、時効によって甲土地の所有権を取得することができる。

2 Bの父が11年間所有の意思を持って平穏かつ公然に甲土地を占有した後、Bが相続によりその占有を承継し、引き続き9年間所有の意思を持って平穏かつ公然に占有していても、Bは、時効によって甲土地の所有権を取得することはできない。

3 Aから甲土地を買い受けたCが所有権の移転登記を備えた後に、Bについて甲土地所有権の取得時効が完成した場合、Bは、Cに対し、登記がなくても甲土地の所有者であることを主張することができる。

4 甲土地が農地である場合、BがAと甲土地につき賃貸借契約を締結して20年以上にわたって賃料を支払って継続的に耕作していても、農地法の許可がなければ、Bは、時効によって甲土地の賃借権を取得することはできない。

2015年 問4

以下の文章について、正しいものには○、誤っているものには×をつけよう。

(1) Aが20年間平穏かつ公然に占有を続けた場合においても、その占有が賃借権に基づくもので所有の意思がないときは、土地所有者が賃料を請求せず、Aが支払っていないとしても、Aは、その土地の所有権を時効取得することができない。

(2) Aから土地を借りていたBが死亡し、借地であることを知らない相続人Cがその土地を相続により取得したと考えて利用していたとしても、CはBの借地人の地位を相続するだけなので、土地の所有権を時効で取得することはない。

(3) 時効期間は、時効の基礎たる事実が開始された時を起算点としなければならず、時効援用者において起算点を選択し、時効完成の時期を早めたり遅らせたりすることはできない。

1 時効によって所有権を取得するには、**所有の意思**を持っている必要があります。賃料を払い続けているBには**所有の意思**はないと判断されるため、Bは甲土地の所有権を時効取得できません。

★【×】

2 占有が承継された場合、自己の占有期間のみを主張することも、**前占有者の占有期間**も自己の占有期間に算入して主張することもできます。Bの父の11年間とBの9年間をあわせると占有期間は20年間となり、Bは甲土地の所有権を時効取得できます。

★【×】

3 Bの時効完成前に所有権移転登記を備えたCは、Bにとって**時効完成前の第三者**に当たります。したがって、対抗関係は生じず、BはCに対し、登記を備えていなくても甲土地の所有権を主張できます。

★【○】

4 土地の賃借権も条件を満たせば**時効取得**することができます。農地の賃貸借には、**農地法**の許可が**必要**となりますが、時効取得の場合には、**農地法**の**許可**は不要です。継続的に耕作をしてきた事実がある場合には、その者に時効取得を認めても、不耕作目的の農地の取得等を規制するという**農地法**の目的に反しないからです。

【×】

正解 3

時効などと第三者の登場時期による主張の可否

	時効の完成・取消し・契約解除の**前**に第三者が登場	時効の完成・取消し・契約解除の**後**に第三者が登場
時効の完成	時効取得者が権利を主張できる	二重譲渡と同様の関係になるため、先に登記したほうが権利を主張できる
取消し	取消権者が権利を主張できる ※詐欺・錯誤による取消しは善意無過失の第三者に対抗できない	
契約解除	第三者が登記していれば第三者が権利を主張できる	

一問一答！ 解答&解説

(1) ○ (2) ×：相続人Cが借地であることにつき善意で利用している場合、所有の意思が認められ、期間経過により土地の所有権の取得時効が認められることもある
(3) ○

□1回目　/
□2回目　/
□3回目　/

ＡがＢに対して金銭の支払を求めて訴えを提起した場合の時効の更新に関する次の記述のうち、民法の規定及び判例によれば、誤っているものはどれか。

1 訴えの提起後に当該訴えが取り下げられた場合には、特段の事情がない限り、時効の更新の効力は生じない。

2 訴えの提起後に当該訴えの却下の判決が確定した場合には、時効の更新の効力は生じない。

3 訴えの提起後に請求棄却の判決が確定した場合には、時効の更新の効力は生じない。

4 訴えの提起後に裁判上の和解が成立した場合には、時効の更新の効力は生じない。

2019年 問9

理解を深掘り！　一問一答！

以下の文章について、正しいものには○、誤っているものには×をつけよう。

(1) 債権者が債務者に対して訴訟により弁済を求めても、その訴えが却下された場合は、時効更新の効力は生じない。

(2) 金銭債権の債権者Ａが訴えを取り下げた場合、Ａの金銭債権は、Ａがその取下げをした日から10年間権利を行使しないとき、消滅する。

(3) 債務者が時効の完成の事実を知らずに弁済の猶予を求めた場合、債務の承認となって時効は更新するので、債務者はその完成した消滅時効を援用することはできない。

1 裁判上の請求をすると時効の完成が猶予され、その後確定判決を受けたときには時効が更新されます。しかし、訴えの**却下**又は**取下げ**の場合には、時効の更新の効力を生じません。【○】

2 **訴えの却下**とは、手続き上の不備や申立て事由の不適法などにより審理せずに訴えを退けることです。訴えの却下又は取下げの場合には、時効の更新の効力を生じません。【○】

3 **請求棄却**とは、訴えの内容を審理したうえで退けることです。訴えの提起後に請求棄却の判決が確定した場合には、訴えを提起した者に権利がないことが確定するので、時効の更新の効力は生じません。【○】

4 裁判上の**和解**や**調停**は、確定判決と同一の効力を有するものに含まれます。よって、訴えの提起後に和解が成立した場合、時効の更新の効力が生じます。★【×】

正解 4

Ken's Point

次の言葉の違いを理解しておきましょう。
- **完成猶予　⇒カウントストップ（一時停止）**
- **時効の更新⇒リセット（最初から）**

なお、裁判等の裁判所での手続中は時効の完成猶予となり、権利が確定すると更新になる点と、それに対して裁判が却下などで終了すると更新しない、というイメージをもっておくとよいでしょう。

一問一答！　解答＆解説

(1) ○　(2) **×：訴えを取り下げると、６か月間は時効の完成が猶予されるが、時効が更新されるわけではないため、猶予されている６か月間が過ぎてしまえば、訴えを提起する前の状況となり、当初の権利行使できることを知った時から５年、行使できる時から１０年で消滅時効が完成する**　(3) ○

□1回目　　/
□2回目　　/
□3回目　　/

Aは、自己所有の甲不動産を3か月以内に、1,500万円以上で第三者に売却でき、その代金全額を受領することを停止条件として、Bとの間でB所有の乙不動産を2,000万円で購入する売買契約を締結した。条件成就に関する特段の定めはしなかった。この場合に関する次の記述のうち、民法の規定によれば、正しいものはどれか。

1. 乙不動産が値上がりしたために、Aに乙不動産を契約どおり売却したくなくなったBが、甲不動産の売却を故意に妨げたときは、Aは停止条件が成就したものとみなしてBにAB間の売買契約の履行を求めることができる。
2. 停止条件付法律行為は、停止条件が成就した時から効力が生ずるだけで、停止条件の成否が未定である間は、相続することはできない。
3. 停止条件の成否が未定である間に、Bが乙不動産を第三者に売却し移転登記を行い、Aに対する売主としての債務を履行不能とした場合でも、停止条件が成就する前の時点の行為であれば、BはAに対し損害賠償責任を負わない。
4. 停止条件が成就しなかった場合で、かつ、そのことにつきAの責に帰すべき事由がないときでも、AはBに対し売買契約に基づき買主としての債務不履行責任を負う。

2011年 問2

以下の文章について、正しいものには○、誤っているものには×をつけよう。

(1) Aは、Bとの間で、A所有の山林の売却について買主のあっせんを依頼し、その売買契約が締結され履行に至ったとき、売買代金の2％の報酬を支払う旨の停止条件付の報酬契約を締結した時点で、既にAが第三者Cとの間で当該山林の売買契約を締結して履行も完了していた場合でも、Bの報酬請求権が効力を生ずる。
(2) AとBの間で、A所有の山林の売却について買主のあっせんを依頼し、その売買契約が締結され履行に至ったとき、売買代金の2％の報酬を支払う旨の停止条件付の報酬契約を締結した場合、当該山林の売買契約が締結されていない時点であっても、Bは停止条件付の報酬請求権を第三者Cに譲渡することができる。
(3) 停止条件での売買契約の成否未定の間は、契約の効力が生じていないので、売主買主ともに、売買契約を解除できる。

1 条件の成就によって不利益を受ける者が、**故意に条件の成就を妨げた**場合、相手方はその**条件が成就したものとみなす**ことが可能です。よって、AはBに対して売買契約の履行を求めることができます。 ★【○】

2 停止条件付法律行為の条件について**成否が未定の間**であっても、当事者の権利義務は、一般の規定に従い、**処分・相続等をすることができます**。 ★【×】

3 条件付法律行為の当事者は、条件の**成否が未定**である間でも、条件が成就した場合にその法律行為から生ずべき相手方の利益を害することができません。Bが乙不動産を第三者に売却し、移転登記をしたのは、Aの利益を害する行為なので、BはAに対して損害賠償責任を負います。 【×】

4 停止条件付契約の効力は**停止条件が成就**したときに生じるので、停止条件が成就する前は引渡し債務・代金支払債務は生じていません。Aは停止条件の成就を妨げたわけではないので、買主としての債務不履行責任を負うこともありません。 【×】

正解 1

Ken's Point

次の言葉を理解しておきましょう。

- **停止条件⇒条件成就によって契約の効力が発生すること**
- **解除条件⇒条件成就によって契約が解除となること**

一問一答！ 解答＆解説

(1) **×：条件が成就しないことが既に確定していた場合、条件が停止条件であるときはその法律行為は無効となる** (2) **○** (3) **×：契約の効力は生じていないが、契約の拘束力は発生しているので解除できない**

□1回目　/
□2回目　/
□3回目　/

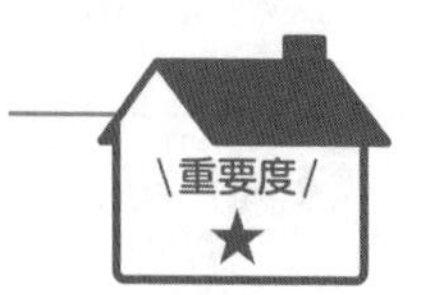

ＡとＢとの間で、５か月後に実施される試験（以下この問において「本件試験」という。）にＢが合格したときにはＡ所有の甲建物をＢに贈与する旨を書面で約した(以下この問において「本件約定」という。)。この場合における次の記述のうち、民法の規定及び判例によれば、誤っているものはどれか。

1 本件約定は、停止条件付贈与契約である。
2 本件約定の後、Ａの放火により甲建物が滅失し、その後にＢが本件試験に合格した場合、ＡはＢに対して損害賠償責任を負う。
3 Ｂは、本件試験に合格したときは、本件約定の時点にさかのぼって甲建物の所有権を取得する。
4 本件約定の時点でＡに意思能力がなかった場合、Ｂは、本件試験に合格しても、本件約定に基づき甲建物の所有権を取得することはできない。

2018年 問3

以下の文章について、正しいものには○、誤っているものには×をつけよう。

(1)「某日までにローンが成立しないとき、契約は解除される」旨の条項があった場合、ローンがその日までに成立しなければ、解除の意思表示をしなくても、契約は効力を失う。
(2) 売買契約のあっせん成立を停止条件とする報酬契約で、受託者があっせん期間が長期に及んだことを理由に、報酬の一部前払いを要求しても、委託者は支払う義務はない。
(3) ＡとＢは、Ａ所有の土地をＢに売却する契約を締結し、その契約に「Ａが第三者のＣからマンションを購入する契約を締結すること」を停止条件として定めた場合、停止条件の成否未定の間は、ＡＢ間の契約の効力は生じない。

1 本件約定は、試験に合格した場合に効力が生じる契約であるため、**停止条件付贈与契約**になります。【○】

2 条件付き契約の各当事者は、条件の**成否が未定**である間に相手方の利益を害することはできません。本肢の場合、Aは、停止条件付贈与契約の対象である甲建物を、本件約定の後、条件の成否が未定である間に滅失（めっしつ）させたため、Bに対して不法行為による損害賠償責任を負うことになります（**期待権の侵害**）。また、Bが試験に合格し契約の効力が生じた際は、Aの有責により**履行不能**となっているので債務不履行による損害賠償責任を負います。【○】

3 停止条件付契約は、その**停止条件が成就した時**から効力を生じます。よって、Bが建物所有権を取得するのは、約定時点ではなく、**試験に合格**した時点です。★【×】

4 **意思能力**がない状態でした法律行為は**無効**となります。よって、Bは本件試験に合格しても、所有権を取得することはできません。★【○】

正解 3

Ken's Point

意思能力がない（意思無能力者）は意思が合致できないので、そもそも契約は無効となる点に注意しましょう。なお、民法は暗記ではなく、感覚で解くことも大切です。たとえば、選択肢2は「合格したらあげると約束したものを滅失させたのだから、損害賠償の責任はあるだろう」と考えるのです。「ハートで解いて正解したら覚えない」というやり方も試してみてください。

一問一答！　解答&解説

(1) ○　(2) ○　(3) ○

□1回目　　/
□2回目　　/
□3回目　　/

AがBに対して、A所有の甲土地を売却する代理権を令和6年7月1日に授与した場合に関する次の記述のうち、民法の規定及び判例によれば、正しいものはどれか。

1 Bが自己又は第三者の利益を図る目的で、Aの代理人として甲土地をDに売却した場合、Dがその目的を知り、又は知ることができたときは、Bの代理行為は無権代理とみなされる。

2 BがCの代理人も引き受け、AC双方の代理人として甲土地に係るAC間の売買契約を締結した場合、Aに損害が発生しなければ、Bの代理行為は無権代理とはみなされない。

3 AがBに授与した代理権が消滅した後、BがAの代理人と称して、甲土地をEに売却した場合、AがEに対して甲土地を引き渡す責任を負うことはない。

4 Bが、Aから代理権を授与されていないA所有の乙土地の売却につき、Aの代理人としてFと売買契約を締結した場合、AがFに対して追認の意思表示をすれば、Bの代理行為は追認の時からAに対して効力を生ずる。

2020年12月 問2

理解を深掘り！　一問一答！

以下の文章について、正しいものには○、誤っているものには×をつけよう。

(1) 代理人が売買代金を着服する意図で土地の売買契約を締結し、相手方が契約の締結時点でこのことを知っていた場合であっても、契約の効果は当然に本人に帰属する。

(2) 登記申請については、代理人は売主・買主双方を代理できる。

(3) Aが、BにA所有土地を担保として、借金をすることしか代理権を与えていない場合、CがBに土地売却の代理権があると信じ、それに正当な理由があっても、AC間に売買契約は成立しない。

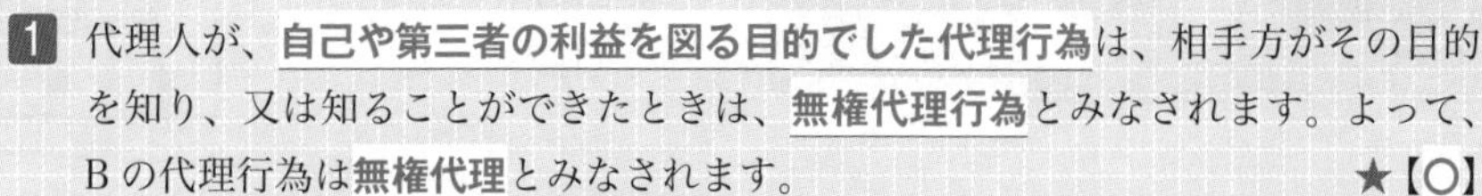

1 代理人が、**自己や第三者の利益を図る目的でした代理行為**は、相手方がその目的を知り、又は知ることができたときは、**無権代理行為**とみなされます。よって、Bの代理行為は**無権代理**とみなされます。 ★【**○**】

2 同一の法律行為について双方の代理人としてした行為は、**双方代理に当たり、無権代理人がした行為であるとみなされます**。**損害**の有無を問いません。 ★【**×**】

3 代理権を有していた人（元代理人）が、代理権消滅後にその代理権の対象行為を第三者との間でした場合、第三者が代理行為の消滅につき善意無過失であるときは、その代理効果は**本人**に帰属します。よって、**Eが善意無過失のとき**には、AはEに甲土地を引き渡す責任を負うことがあります。 ★【**×**】

4 無権代理行為は本人が追認をすると**契約時にさかのぼって効力を生じます**。本肢は「追認の時から」としているので誤りです。 ★【**×**】

正解 **1**

Ken's Point

追認をすると無権代理でも有効となりますが、追認の時から有効となるのではなく、契約時にさかのぼって有効となる点に注意しましょう。

一問一答！　解答&解説

(1) **×：相手方が知っていた場合は帰属しない**　(2) **○**　(3) **×：代理権があると信じたことに正当な理由（善意無過失）があれば表見代理が成立する**

問題 017

□ 1 回目　/
□ 2 回目　/
□ 3 回目　/

AがBの代理人としてB所有の甲土地について売買契約を締結した場合に関する次の記述のうち、民法の規定及び判例によれば、正しいものはどれか。

1 Aが甲土地の売却を代理する権限をBから書面で与えられている場合、A自らが買主となって売買契約を締結したときは、Aは甲土地の所有権を当然に取得する。

2 Aが甲土地の売却を代理する権限をBから書面で与えられている場合、AがCの代理人となってBC間の売買契約を締結したときは、Cは甲土地の所有権を当然に取得する。

3 Aが無権代理人であってDとの間で売買契約を締結した後に、Bの死亡によりAが単独でBを相続した場合、Dは甲土地の所有権を当然に取得する。

4 Aが無権代理人であってEとの間で売買契約を締結した後に、Aの死亡によりBが単独でAを相続した場合、Eは甲土地の所有権を当然に取得する。

2008年 問3

理解を深掘り！　一問一答！

以下の文章について、正しいものには○、誤っているものには×をつけよう。

(1) AがBからB所有地の売却の代理権を与えられている場合、Aは、Bの同意がなければ、自ら買主となることができない。

(2) Bが売主Aの代理人であると同時に買主Cの代理人としてAC間で売買契約を締結しても、あらかじめ、A又はCの承諾を受けていれば、この売買契約は有効である。

(3) 本人が死亡し無権代理人が他の相続人と共同で相続した場合、他の相続人が追認しない限り、無権代理人の相続分についても当然有効にはならない。

1 代理人が自ら買主となるように、本人と代理人の利益が相反する行為が行われた場合、**無権代理行為**とみなされます。よって、所有権を当然に取得するわけではなく、Bの**事前同意**または**追認**が必要となります。 ★【×】

2 本人の許諾なく当事者双方の代理人となってした行為は、**無権代理行為**とみなされます。よって、CはBの**追認**がなければ甲土地を取得することはできません。 ★【×】

3 本人の死亡により**無権代理人が本人を単独で相続**した場合、無権代理行為の**追認を拒絶**することはできません。Bを単独で相続したAは無権代理行為を**拒絶**できないため、代理行為は有効となり、Dは甲土地の所有権を取得します。★【○】

4 無権代理人の死亡により、**本人が単独で無権代理人を相続**した場合、本人は無権代理行為を**拒絶**することができます。Aを単独で相続したBは無権代理行為を**拒絶**できるため、Bが**追認**をしない限り、Eは甲土地の所有権を取得することはできません。 ★【×】

Ken's Point

本人が無権代理人に契約をされた際の相続の問題は重要です。本人が亡くなって無権代理人が相続した場合、つまり生き残ったのが無権代理人の場合は拒絶できない点と、それに対して無権代理人が亡くなって本人が相続した場合、つまり生き残ったのが本人の場合は追認拒絶できる点は、最低限覚えましょう。

一問一答！ 解答&解説

(1) ○ (2) ×：「A又はC」一方ではなく、「A及びC」双方の承諾が必要である
(3) ○

□1回目　/
□2回目　/
□3回目　/

Aは不動産の売却を妻の父であるBに委任し、売却に関する代理権をBに付与した。この場合に関する次の記述のうち、民法の規定によれば、正しいものはどれか。

1 Bは、やむを得ない事由があるときは、Aの許諾を得なくとも、復代理人を選任することができる。

2 Bが、Bの友人Cを復代理人として選任することにつき、Aの許諾を得たときは、Bはその選任に関し過失があったとしても、Aに対し責任を負わない。

3 Bが、Aの許諾及び指名に基づき、Dを復代理人として選任したときは、Bは、Dの不誠実さを見抜けなかったことに過失があった場合でも、Aに対し責任を負わない。

4 Bが復代理人Eを適法に選任したときは、EはAに対して、代理人と同一の権利を有し、義務を負うため、Bの代理権は消滅する。

2007年 問2（改題）

理解を深掘り！　一問一答！

以下の文章について、正しいものには○、誤っているものには×をつけよう。

(1) 復代理人が委任事務を処理するに当たり金銭を受領し、これを代理人に引き渡したときは、特段の事情がない限り、代理人に対する受領物引渡義務は消滅するが、本人に対する受領物引渡義務は消滅しない。

(2) 法定代理人は、自己の責任で復代理人を選任することができる。この場合において、やむを得ない事由があるときは、本人に対してその選任及び監督についての責任のみを負う。

(3) 任意代理人は、自己の責任により、自由に復代理人の選任ができる。

1 任意代理人の場合、**やむを得ない事由があるとき**、または**本人の許諾**を得た場合に限り復代理人を選任することができます。 ★【○】

2 任意代理人が復代理人を選任した場合の本人に対する責任は、委任契約に関する債務不履行の一般原則に従って判断されます。よって本人の許諾がある場合でも、復代理人の**選任・監督につき**善管注意義務を怠(おこた)った等の**過失**があれば、Bは債務不履行責任を負います。 【×】

3 任意代理人が復代理人を選任した場合の本人に対する責任は、委任契約に関する債務不履行の一般原則に従って判断されます。よって、本人の指名による場合でも、復代理人の選任・監督につき善管注意義務を怠ったなどの**過失**があれば、Bは債務不履行責任を負います。 【×】

4 復代理人を選任した場合であっても、代理人の**代理権は消滅しません**。復代理人の選任後も、BはAの代理権を有したままです。 ★【×】

正解 1

第1章 代理

法定代理人と任意代理人における復代理人の選任

	法定代理人（例：子どもの親）	任意代理人（例：契約でお願いした弁護士）
選任できるとき	・いつでも	・本人の許諾を得たとき ・やむを得ない事由があるとき ⇒どちらか一方があればできる
選任についての代理人の責任	本人に対してすべての責任を負う	本人に対して選任・監督の責任を負う

やむを得ない事由があるときは
選任・監督のみに責任を負う

一問一答！ 解答&解説

(1) **×：代理人に引き渡せば本人に対しても消滅する** (2) **○** (3) **×：本人が許諾したときか、やむを得ない事由があれば選任できる。自由にできるわけではない**

問題 019

□1回目　／
□2回目　／
□3回目　／

ＡがＡ所有の土地の売却に関する代理権をＢに与えた場合における次の記述のうち、民法の規定によれば、正しいものはどれか。

1 Ｂが自らを「売主Ａの代理人Ｂ」ではなく、「売主Ｂ」と表示して、買主Ｃとの間で売買契約を締結した場合には、Ｂは売主Ａの代理人として契約しているとＣが知っていても、売買契約はBC間に成立する。

2 Ｂが自らを「売主Ａの代理人Ｂ」と表示して買主Ｄとの間で締結した売買契約について、Ｂが未成年であったとしても、ＡはＢが未成年であることを理由に取り消すことはできない。

3 Ｂは、自らが選任及び監督するのであれば、Ａの意向にかかわらず、いつでもＥを復代理人として選任して売買契約を締結させることができる。

4 Ｂは、Ａに損失が発生しないのであれば、Ａの意向にかかわらず、買主Ｆの代理人にもなって、売買契約を締結することができる。

2009年 問2

以下の文章について、正しいものには○、誤っているものには×をつけよう。

(1) 顕名がなくても、相手方が、代理人が本人のためにすることを知っていれば、代理による契約が成立する。

(2) 未成年者が代理人となって締結した契約の効果は、当該行為を行うにつき当該未成年者の法定代理人による同意がなければ、有効に本人に帰属しない。

(3) 夫婦の一方は、個別に代理権の授権がなくとも、日常家事に関する事項について、他の一方を代理して法律行為をすることができる。

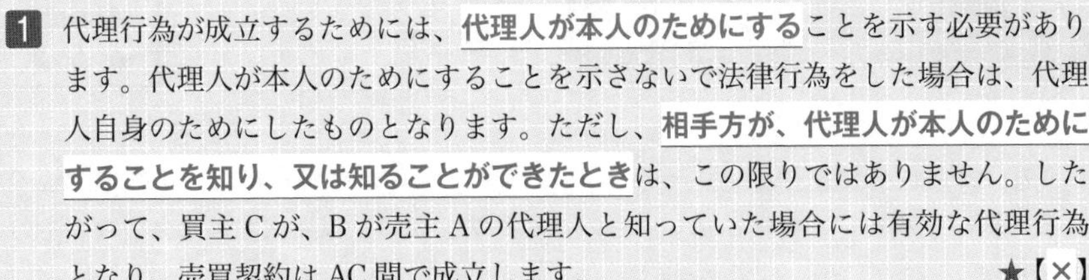

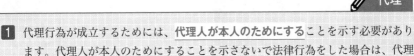

1 代理行為が成立するためには、**代理人が本人のためにする**ことを示す必要があります。代理人が本人のためにすることを示さないで法律行為をした場合は、代理人自身のためにしたものとなります。ただし、**相手方が、代理人が本人のためにすることを知り、又は知ることができたとき**は、この限りではありません。したがって、買主Cが、Bが売主Aの代理人と知っていた場合には有効な代理行為となり、売買契約はAC間で成立します。 ★【×】

2 未成年者などの**制限行為能力者**であっても、**代理人になることは可能**です。よって、Bが未成年であることを理由に取り消すことはできません。 ★【○】

3 任意代理人の場合、復代理人を選任できるのは、**本人の許諾**があるとき、または**やむを得ない事由**があるときに限定されています。本肢は「Aの意向にかかわらず」としているため誤りです。 ★【×】

4 **本人の許諾**がある場合と**債務の履行**をする場合を除き、損失の発生に関係なく、**双方代理はできません**。本肢は「Aの意向にかかわらず」としているため誤りです。 ★【×】

正解 2

Ken's Point

未成年者や制限行為能力者に代理権を与えるのは、有効です。代理人が変な契約をしても、責任を負うのは本人だからです。逆に代理人に選任した人が制限行為能力者になった場合は、代理権が消滅します。ちゃんとした人に代理権を与えたのに、その代理人が制限行為能力者になると、本人に不測の損害を与える可能性があるからです。

一問一答！ 解答&解説

(1) ○ (2) ×：未成年者の法定代理人による同意がなくても帰属する (3) ○

□1回目　/
□2回目　/
□3回目　/

AがA所有の甲土地の売却に関する代理権をBに与えた場合における次の記述のうち、民法の規定によれば、正しいものはどれか。なお、表見代理は成立しないものとする。

1 Aが死亡した後であっても、BがAの死亡を知らず、かつ、知らないことにつき過失がない場合には、BはAの代理人として有効に甲土地を売却することができる。

2 Bが死亡しても、Bの相続人はAの代理人として有効に甲土地を売却することができる。

3 17歳であるBがAの代理人として甲土地をCに売却した後で、Bが17歳であることをCが知った場合には、CはBが未成年者であることを理由に売買契約を取り消すことができる。

4 Bが売主Aの代理人であると同時に買主Dの代理人としてAD間で売買契約を締結しても、あらかじめ、A及びDの承諾を受けていれば、この売買契約は有効である。

2010年 問2

以下の文章について、正しいものには○、誤っているものには×をつけよう。

(1) 任意代理人の破産後も、相手方が代理権消滅につき善意無過失で代理人と契約した場合、契約は有効である。

(2) 売主の代理人が売主に隠れて当該土地の売買について買主からも代理権を与えられていた場合は、当該契約は効力を生じない。

(3) 本人又は代理人が死亡したとき又は後見開始の審判を受けたときは、代理権が消滅する。

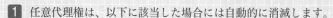

1 任意代理権は、以下に該当した場合には自動的に消滅します。

①**本人・代理人**の死亡
②代理人の**後見開始**
③本人・代理人の破産

Aの死亡につき善意無過失であったとしても、Bの**代理権は消滅**します。よって、Bは**無権代理人**になり、甲土地の売却は**無権代理行為**になります。 ★【×】

2 代理人が**死亡した**時点で**代理権が消滅**するため代理権の相続は生じません。よって、相続人はAを代理して土地を売却することはできません。 ★【×】

3 行為能力者でなくても代理人になることは可能です。**未成年者**であっても**有効な代理人**であるため、Cは、Bが**未成年者**であることを理由に**売買契約を取り消すことはできません**。 ★【×】

4 原則として**双方代理**は禁止されていますが、当事者双方が許諾した行為や債務の履行をするだけであれば認められます。本肢の場合、Bが、AとDからの**承諾**を受けていれば、双方代理による売買契約は有効になります。 ★【○】

正解 4

Ken's Point

代理人が後見開始の審判を受けると、本人からすると代理人に対する信用はなくなるので代理権が消滅します。しかし、本人が後見開始の審判を受けても、以前から信用されている代理人がそのまま代理人として仕事をするのは問題ないので、代理権は消滅しません。この点に注意しましょう。

代理権が消滅する場合

		死亡	後見開始の審判	破産手続開始の決定
法定代理（親権者・成年後見人など）	本人	○	×	×
	代理人	○	○	○
任意代理（委任による場合）	本人	○	×	○
	代理人	○	○	○

○ 消滅する　× 消滅しない

一問一答！ 解答&解説

(1) ○　(2) ○　(3) ×：本人が後見開始の審判を受けても代理権は消滅しない

□1回目　/
□2回目　/
□3回目　/

代理に関する次の記述のうち、民法の規定及び判例によれば、誤っているものはいくつあるか。

ア　代理権を有しない者がした契約を本人が追認する場合、その契約の効力は、別段の意思表示がない限り、追認をした時から将来に向かって生ずる。

イ　不動産を担保に金員を借り入れる代理権を与えられた代理人が、本人の名において当該不動産を売却した場合、相手方において本人自身の行為であると信じたことについて正当な理由があるときは、表見代理の規定を類推適用することができる。

ウ　代理人は、行為能力者であることを要しないが、代理人が後見開始の審判を受けたときは、代理権が消滅する。

エ　代理人の意思表示の効力が意思の不存在、詐欺、強迫又はある事情を知っていたこと若しくは知らなかったことにつき過失があったことによって影響を受けるべき場合には、その事実の有無は、本人の選択に従い、本人又は代理人のいずれかについて決する。

1　一つ
2　二つ
3　三つ
4　四つ

2014年 問2

以下の文章について、正しいものには○、誤っているものには×をつけよう。

(1) 本人が無権代理行為の追認を拒絶した場合、その後は本人であっても無権代理行為を追認して有効な行為とすることはできない。
(2) 無権代理行為は無効であるが、本人が追認すれば、新たな契約がなされたとみなされる。
(3) 法人が代理人により取引を行った場合、即時取得の要件である善意・無過失の有無は、代理人を基準に判断される。

ア　追認の効力は、「追認をした時から将来に向かって」ではなく、**契約時にさかのぼって**生じます。　★【×】

イ　代理人が権限外の行為をしたとき、代理人にその権限があると信じる正当な理由が相手方にあるときは**表見代理**（ひょうけんだいり）が成立します。　★【○】

ウ　本人又は代理人が**死亡**又は**破産**、代理人が**後見開始の審判**のいずれかに該当することとなった場合、代理権（任意代理）は消滅します。　★【○】

エ　代理行為についての意思表示の瑕疵などの事実は、**代理人**を基準に決まります。よって、「本人の選択に従い、本人又は代理人のいずれかについて決する」という本肢は誤りです。　★【×】

正解　2

Ken's Point

代理人が詐欺、強迫されると本人は取消しができます。本人が詐欺、強迫されたかどうかは関係ありません。契約したのは代理人だからです。「代理人基準」という言葉を念頭に置きましょう。

一問一答！　解答&解説

(1) ○　(2) ×：新たな契約にはならない　(3) ○

問題 022

□1回目　／
□2回目　／
□3回目　／

共に宅地建物取引業者であるAB間でA所有の土地について、令和6年9月1日に売買代金3,000万円（うち、手付金200万円は同年9月1日に、残代金は同年10月31日支払う。）とする売買契約を締結した場合に関する次の記述のうち、民法の規定及び判例によれば、正しいものはどれか。

1. 本件売買契約に正当な利益を有しないCは、同年10月31日を経過すれば、Bの意思に反しても残代金をAに対して支払うことができる。
2. 同年10月31日までにAが契約の履行に着手した場合には、手付が解約手付の性格を有していても、Bが履行に着手したかどうかにかかわらず、Aは、売買契約を解除できなくなる。
3. Bの債務不履行によりAが売買契約を解除する場合、手付金相当額を損害賠償の予定とする旨を売買契約で定めていた場合には、特約がない限り、Aの損害が200万円を超えていても、Aは手付金相当額以上に損害賠償請求はできない。
4. Aが残代金の受領を拒絶することを明確にしている場合であっても、Bは同年10月31日には2,800万円をAに対して現実に提供しなければ、Bも履行遅滞の責任を負わなければならない。

2004年 問4（改題）

理解を深掘り！　一問一答！

以下の文章について、正しいものには○、誤っているものには×をつけよう。

(1) 借地上の建物の賃借人が土地賃借人に代わって地代を弁済した場合、土地賃貸人は地代不払を理由に借地契約を解除できない。
(2) 売主Aと買主Bとの間で締結した売買契約に関し、BがAに対して手付を交付した場合、Aは、Bが契約の履行に着手するまでは、手付の倍額を提供する旨を口頭で申し出ることで売買契約を解除することができる。
(3) 損害賠償額の予定条項があっても、債務者が履行遅滞について帰責事由のないことを主張・立証すれば、免責される。

1 債務の弁済は、第三者でも行うことができます。ただし、**正当な利益を有しない第三者**は、**債務者の意思に反して**弁済することは**できません**。よって、CはBの意思に反して弁済することはできません。 ★【×】

2 手付解除は**相手方が契約の履行に着手するまで**に行う必要があります。よって、Aが契約の履行に着手した後であっても、Bが契約の履行に着手していなければ、Aから手付解除を申し入れることは可能です。 ★【×】

3 損害賠償額の予定をした場合には、実際の損害額が大きくても小さくても原則として**増減額**請求をすることはできません。 ★【○】

4 債権者が明確に受領を拒絶している場合、債務者は**弁済の準備**をしたことを通知して、**その受領の催告**をすれば履行遅滞の責任を免れます。この場合は催告で足り、現実に提供する必要はありません。 ★【×】

正解 3

手付解除の仕組み

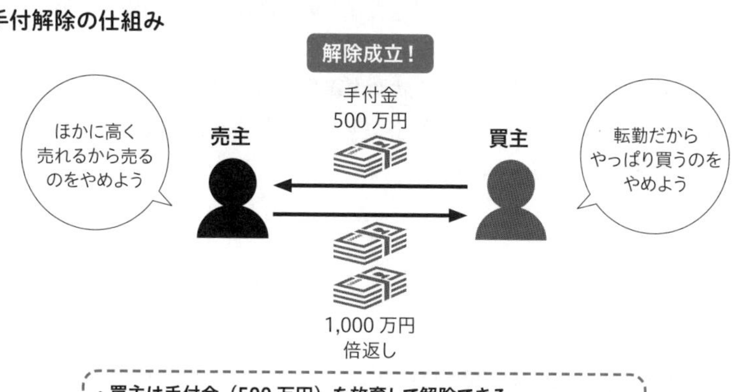
解除成立！
手付金
500万円
ほかに高く
売れるから売る
のをやめよう
売主
買主
転勤だから
やっぱり買うのを
やめよう
1,000万円
倍返し

- **買主は手付金（500万円）を放棄して解除できる**
- **売主は手付金の倍額（1,000万円）を払って解除できる**
  （預かった手付金500万円に自腹の500万円を足して計1,000万円）

一問一答！ 解答&解説

(1) ○　(2) **×：現実に提供する必要があり、口頭の申出では足りない**　(3) ○

□１回目　／
□２回目　／
□３回目　／

売主Ａは、買主Ｂとの間で甲土地の売買契約を締結し、代金の３分の２の支払と引換えに所有権移転登記手続と引渡しを行った。その後、Ｂが残代金を支払わないので、Ａは適法に甲土地の売買契約を解除した。この場合に関する次の記述のうち、民法の規定及び判例によれば、正しいものはどれか。

1 Ａの解除前に、ＢがＣに甲土地を売却し、ＢからＣに対する所有権移転登記がなされているときは、ＢのＡに対する代金債務につき不履行があることをＣが知っていた場合においても、Ａは解除に基づく甲土地の所有権をＣに対して主張できない。

2 Ｂは、甲土地を現状有姿の状態でＡに返還し、かつ、移転登記を抹消すれば、引渡しを受けていた間に甲土地を貸駐車場として収益を上げていたときでも、Ａに対してその利益を償還すべき義務はない。

3 Ｂは、自らの債務不履行で解除されたので、Ｂの原状回復義務を先に履行しなければならず、Ａの受領済み代金返還義務との同時履行の抗弁権を主張することはできない。

4 Ａは、Ｂが契約解除後遅滞なく原状回復義務を履行すれば、契約締結後原状回復義務履行時までの間に甲土地の価格が下落して損害を被った場合でも、Ｂに対して損害賠償を請求することはできない。

2009年 問8

理解を深掘り！　一問一答！

以下の文章について、正しいものには○、誤っているものには×をつけよう。

(1) Aが、Bに建物を3,000万円で売却した。Bが建物の引渡しを受けて入居したが、２か月経過後契約が解除された場合、Bは、Aに建物の返還とともに、２か月分の使用料相当額を支払う必要がある。

(2) マンションの売買契約がマンション引渡し後に債務不履行を理由に解除された場合、契約は遡及的に消滅するため、売主の代金返還債務と、買主の目的物返還債務は、同時履行の関係に立たない。

(3) 売主Aは、買主Bに対し相当の期間を定めて履行を催告し、その期間内にBの履行がないときは、その契約を解除し、あわせて損害賠償の請求をすることができる。

1 契約解除前に利害関係をもった人（解除前の第三者）がいる場合、契約解除に伴う原状回復によってその人の権利を害することはできません。解除前の第三者として保護されるためには、善意・悪意は問われませんが、**登記**などの対抗要件を得ていなければなりません。Cは所有権移転登記をしているので、AがBとの契約を解除したとしても、Cの所有権取得を否定することはできません。★【○】

2 契約解除前に目的物を使用して得た収入がある場合には、契約解除に伴う原状回復義務のひとつとして、それを**売主に返還しなければなりません**。【×】

3 解除後の代金返還義務と原状回復義務とは**同時履行**の関係にあるため、**同時履行の抗弁権**の主張が可能です。★【×】

4 解除権を行使すると契約はなかったことになりますが、解除権の行使と損害賠償請求は別個の権利ですから、損害が生じている場合には**損害賠償**の請求をすることができます。本肢のケースでは、契約締結後、原状回復義務履行時までの間に目的物の価格が下落したので、AはBへの売却により、契約が履行されていたならば得られたはずの利益（**履行利益**）に相当する額を、Bに対して損害賠償請求することが可能です。【×】

正解 1

Ken's Point

取消も解除も契約をなかったことにする手段ですが、「取消」は契約成立過程に問題（詐欺・強迫・錯誤等）があった際に使う道具で、「解除」は契約成立過程に問題なく完全に有効に成立した後、契約成立後の事情（債務不履行・契約不適合・手付）で使う道具と考えてください。

一問一答！ 解答&解説

(1) ○ (2) ×：同時履行の関係に立つ (3) ○

AはBに甲建物を売却し、AからBに対する所有権移転登記がなされた。AB間の売買契約の解除と第三者との関係に関する次の記述のうち、民法の規定及び判例によれば、正しいものはどれか。

1. BがBの債権者Cとの間で甲建物につき抵当権設定契約を締結し、その設定登記をした後、AがAB間の売買契約を適法に解除した場合、Aはその抵当権の消滅をCに主張できない。
2. Bが甲建物をDに賃貸し引渡しも終えた後、AがAB間の売買契約を適法に解除した場合、Aはこの賃借権の消滅をDに主張できる。
3. BがBの債権者Eとの間で甲建物につき抵当権設定契約を締結したが、その設定登記をする前に、AがAB間の売買契約を適法に解除し、その旨をEに通知した場合、BE間の抵当権設定契約は無効となり、Eの抵当権は消滅する。
4. AがAB間の売買契約を適法に解除したが、AからBに対する甲建物の所有権移転登記を抹消する前に、Bが甲建物をFに賃貸し引渡しも終えた場合、Aは、適法な解除後に設定されたこの賃借権の消滅をFに主張できる。

2004年 問9

以下の文章について、正しいものには○、
誤っているものには×をつけよう。

(1) 売主が甲建物を売却し買主に所有権移転登記をした後、売主が売買契約を適法に解除したが、所有権移転登記を抹消する前に、買主が甲建物を第三者に賃貸したが登記も引渡しもしていない場合、売主は、所有権移転登記を抹消すれば適法な解除後に設定されたこの賃借権の消滅を第三者に主張できる。
(2) 買主が土地を転売した後、売主が売買契約を解除した場合、登記を受けた第三者は、所有権を売主に対抗できる。
(3) 解除前の第三者が所有権移転登記を備えていても、その第三者が解除原因につき悪意であった場合には、売主に対し所有権を対抗できない。

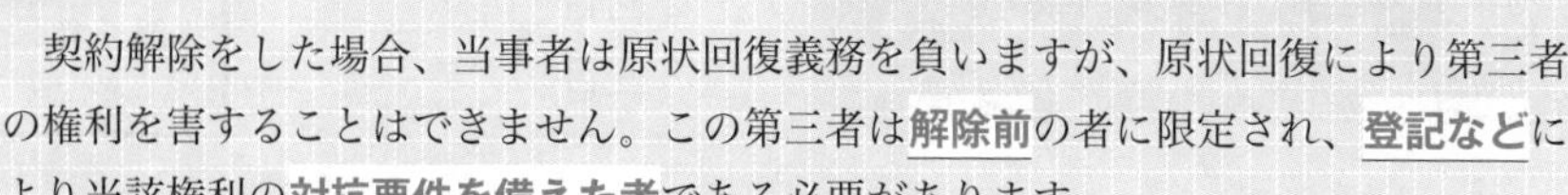

契約解除をした場合、当事者は原状回復義務を負いますが、原状回復により第三者の権利を害することはできません。この第三者は**解除前**の者に限定され、**登記など**により当該権利の**対抗要件を備えた者**である必要があります。

1 Cは**抵当権設定登記**を備えています。よって、Aは抵当権の消滅をCに主張できません。 ★【○】

2 賃借人Dは建物の引渡しを受けているため**建物賃借権**の対抗要件を備えています。よって、Aは賃借権の消滅をDに主張できません。 ★【×】

3 抵当権の登記を備えていないため、EはAに抵当権の設定を対抗することはできません。しかし、**BE間の抵当権設定契約までもが無効になるわけではありません**。このケースでは、解除権者Aと抵当権者Eの対抗問題となり、**所有権移転登記**の抹消または**抵当権**の設定登記を先にしたほうが、他方に対して権利を主張できます。 ★【×】

4 契約解除後に現れた賃借人Fと売主Aは**対抗関係**に立ちます。本肢の場合、移転登記の抹消前に**Fが賃借権の対抗要件を備えている**ので、Aは賃借権の消滅をFに主張できません。 ★【×】

正解 1

Ken's Point

解除前の第三者と解除後の第三者では、権利保護要件と対抗要件とで根拠は異なりますが、宅建試験では「解除は登記で決める！」で正解できますので、まずは覚えてしまいましょう。

一問一答！ 解答&解説

(1) ○ (2) ○ (3) ×：登記を備えたら対抗できる

□1回目　／
□2回目　／
□3回目　／

令和6年9月1日にA所有の甲建物につきAB間で売買契約が成立し、当該売買契約において同年9月30日をもってBの代金支払と引換えにAは甲建物をBに引き渡す旨合意されていた。この場合に関する次の記述のうち、民法の規定によれば、正しいものはどれか。

1. 甲建物が同年8月31日時点でAB両者の責に帰すことができない火災により滅失していた場合、甲建物の売買契約は無効となる。
2. 甲建物が同年9月15日時点でAの責に帰すべき火災により滅失した場合、有効に成立していた売買契約は、Aの債務不履行によって無効となる。
3. 甲建物が同年9月15日時点でBの責に帰すべき火災により滅失した場合、Aの甲建物引渡し債務も、Bの代金支払債務も共に消滅する。
4. 甲建物が同年9月15日時点で自然災害により滅失した場合、Aの甲建物引渡し債務は消滅し、Bは代金支払債務の履行を拒むことができる。

2007年 問10（改題）

以下の文章について、正しいものには○、誤っているものには×をつけよう。

(1) ＡＢ間でＢ所有の甲不動産の売買契約を締結した後、Ｂが甲不動産をＣに二重譲渡してＣが登記を具備した場合、ＡはＢに対して債務不履行に基づく損害賠償請求をすることができる。
(2) 普通建物賃貸借契約で、借主が貸主との間の信頼関係を破壊し、契約の継続を著しく困難にした場合、貸主は必ず相当の期間を定めて催告しなければ契約を解除することができない。
(3) 建物の売買契約後に、建物が売主の責に帰すべき火災により滅失した場合、有効に成立していた売買契約は、売主の債務不履行によって無効となり、損害賠償請求はできない。

1 契約日が9月1日であり、契約前の8月31日時点で建物が滅失していたということなので**原始的不能**な契約、すなわち不可能な事項を目的とする契約となりますが、**原始的不能であったとしても契約は有効に成立します**。よって、無効となるとする本肢は誤りです。
★【×】

2 契約後に目的物が滅失した場合は**後発的不能**となります。滅失の原因がAにあるので、**Aは債務不履行責任を負いますが、契約自体は無効とはなりません**。このときBは、Aに対して契約解除及び損害賠償請求ができます。
★【×】

3 契約後に目的物が滅失した場合は**後発的不能**となります。**滅失の原因がBにある**ので、Aの引渡し債務は消滅しますが、**Bの代金支払債務は消滅しません**。
【×】

4 契約から引渡しまでの間に発生した自然災害等による建物滅失の危険（リスク）は、**売主が負担**します。買主Bは履行不能となった債務の履行を請求できないので売主Aの引渡し債務は消滅し、買主Bは引渡し債務の反対給付たる**代金支払いを拒むことができます**。もちろん履行不能を理由に**契約解除**を申入れすることも**可能です**。
★【〇】

Ken's Point

原始的不能の契約は、以前は無効とされ、損害賠償の余地がなかったのですが、民法大改正で有効とし、損害賠償できると明文化されました。原始的不能な契約も有効に成立する点と、危険負担は売主が負担するという知識は、2020年の民法改正点なので注意しましょう。

一問一答！ 解答&解説

(1) **〇** (2) **×：催告は不要である** (3) **×：無効ではなく、契約は有効で解除可能であり、売主に帰責事由があるので損害賠償請求できる**

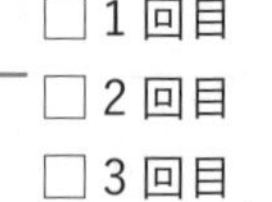

Aを売主、Bを買主として甲建物の売買契約が締結された場合におけるBのAに対する代金債務（以下「本件代金債務」という。）に関する次の記述のうち、民法の規定及び判例によれば、誤っているものはどれか。

1 Bが、本件代金債務につき受領権限のないCに対して弁済した場合、Cに受領権限がないことを知らないことにつきBに過失があれば、Cが受領した代金をAに引き渡したとしても、Bの弁済は有効にならない。

2 Bが、Aの代理人と称するDに対して本件代金債務を弁済した場合、Dに受領権限がないことにつきBが善意かつ無過失であれば、Bの弁済は有効となる。

3 Bが、Aの相続人と称するEに対して本件代金債務を弁済した場合、Eに受領権限がないことにつきBが善意かつ無過失であれば、Bの弁済は有効となる。

4 Bは、本件代金債務の履行期が過ぎた場合であっても、特段の事情がない限り、甲建物の引渡しに係る履行の提供を受けていないことを理由として、Aに対して代金の支払を拒むことができる。

2019年 問7

以下の文章について、正しいものには○、誤っているものには×をつけよう。

(1) 債権者の代理人と称する者に対して弁済した場合、その者に弁済受領権限の外観があり、弁済者が善意でありさえすれば、弁済は有効である。

(2) Aは、Bの媒介により中古建物をCに1,000万円で売却した。Bが報酬を得て売買の媒介を行っている場合、CはAから建物の引渡しを受ける前に、1,000万円をAに支払わなければならない。

(3) 売主が、履行期に所有権移転登記はしたが、引渡しをしない場合、買主は、少なくとも残金の半額を支払わなければならない。

1 受領権者以外の者にした弁済でも、債権者がその弁済により**利益を受けた限度**において有効となります。本肢は、**Cが債権者であるAに代金を引き渡している**ので、Bに過失があったとしてもAが受領した額を限度としてBの弁済は有効となります。 【×】

2 Dのような受領権者としての外観を有する者に対してした弁済は、**弁済者が善意無過失のときに限り有効**となります。Bは善意無過失ですからDに対する弁済は有効となり、代金支払債務は消滅します。 ★【○】

3 Eのような受領権者としての外観を有する者に対してした弁済は、**弁済者が善意無過失のときに限り有効**となります。Bは善意無過失ですからEに対する弁済は有効となり、代金支払債務は消滅します。 ★【○】

4 売買契約は双務契約（互いに債務を負担する契約）であり、双務契約の債務は**同時履行の関係**に立ちます。よって、Bは同時履行の抗弁権を主張してAへの代金支払いを拒むことができます。 ★【○】

正解 1

Ken's Point

善意無過失の場合、取引の安全の保護のため本来無効なものが有効になる点は、さまざまなところに出てきます。心裡留保や表見代理、そして本問での弁済等です。

一問一答！ 解答&解説

(1) **×：善意かつ無過失でなければ有効にならない** (2) **×：売買は同時履行なので引渡しを受ける前に払う必要はない** (3) **×：引渡しと同時履行である**

□1回目　／
□2回目　／
□3回目　／

Aは、土地所有者Bから土地を賃借し、その土地上に建物を所有してCに賃貸している。AのBに対する借賃の支払債務に関する次の記述のうち、民法の規定及び判例によれば、正しいものはどれか。

1 Cは、借賃の支払債務に関して正当な利益を有しないので、Aの意思に反して、債務を弁済することはできない。

2 Aが、Bの代理人と称して借賃の請求をしてきた無権限者に対し債務を弁済した場合、その者に弁済受領権限があるかのような外観があり、Aがその権限があることについて善意、かつ、無過失であるときは、その弁済は有効である。

3 Aが、当該借賃を額面とするA振出しに係る小切手（銀行振出しではないもの）をBに提供した場合、債務の本旨に従った適法な弁済の提供となる。

4 Aは、特段の理由がなくとも、借賃の支払債務の弁済に代えて、Bのために弁済の目的物を供託し、その債務を免れることができる。

2005年 問7（改題）

理解を深掘り！　一問一答！

以下の文章について、正しいものには○、誤っているものには×をつけよう。

(1) BのAからの借入金100万円の弁済について、Bの兄Cは、Bが反対しても、Aの承諾があれば、Aに弁済することができる。

(2) Aに対して金銭債務を負っているBが、Aと当該金銭債務の給付に代えてB所有の不動産で代物弁済する際は、債権者Aの承諾とBからAへの所有権移転登記を完了することで債務を消滅させることができる。

(3) 債務者は、特段の理由の有無にかかわらず、供託によって債務を免れることができる。

1 弁済は第三者でもすることができますが、**正当な利益を有しない第三者は、債務者の意思に反して弁済することができません**。判例によれば、**借地上の建物の賃借人であるCは、正当な利益**（旧法では法律上の利害関係）**を有する第三者に該当します**。よって、CはAの意思に反してBに弁済することができます。★【×】

2 受領権者の外観を有する者に対して弁済を行った場合、弁済者が**善意無過失**の場合に限り有効となります。本肢の無権限者は、受領権者としての外観があり、Aは**善意無過失なので弁済は有効**となります。★【○】

3 小切手等の**有価証券**による弁済でも有効となることがあります。しかし、**自分振出しの小切手**は口座残高がなくても発行可能であり、不渡りになる可能性があるため、債務の本旨に従った弁済の提供といえません。★【×】

4 供託（きょうたく）は、①弁済を提供しても**債権者が受領を拒んだ**場合、②債権者が**受領**できない場合、③**債権者を確知することができない場合**、でなければすることはできません。**理由なく、**弁済に代えて**供託をすることで債務を消滅させることはできません**。★【×】

正解 **2**

Ken's Point

供託は理由がなければできないという点は覚えておきましょう。宅建業法で、免許をもらってから供託するという手続きがありますが、「免許をもらう前に供託できない」という知識につながります。

一問一答！ 解答＆解説

(1) **×：債務者Bが反対しているときは、兄Cは正当な利益を有しないため弁済できない** (2) **○** (3) **×：理由がないと供託はできないので債務を免れることはできない**

Aを売主、Bを買主として甲土地の売買契約を締結した場合における次の記述のうち、民法の規定及び判例によれば、正しいものはどれか。

1. A所有の甲土地にAが気付かなかった契約不適合があり、その不適合については、Bも不適合であることに気付いておらず、かつ、気付かなかったことにつき過失がないような場合には、Aは担保責任を負う必要はない。
2. BがAに解約手付を交付している場合、Aが契約の履行に着手していない場合であっても、Bが自ら履行に着手していれば、Bは手付を放棄して売買契約を解除することができない。
3. 甲土地がAの所有地ではなく、他人の所有地であった場合には、AB間の売買契約は無効である。
4. A所有の甲土地に契約の内容に適合しない抵当権の登記があり、Bが当該土地の抵当権消滅請求をした場合には、Bは当該請求の手続が終わるまで、Aに対して売買代金の支払を拒むことができる。

2009年 問10（改題）

理解を深掘り！　一問一答！

以下の文章について、正しいものには○、誤っているものには×をつけよう。

(1) 品質の不適合に売主Aの帰責性もなく、それに気付いていない場合で、買主Bも不適合であることに善意無過失の場合、Aは担保責任を負う必要はない。

(2) 契約の内容との不適合が存在しており、この不適合が売主の責めに帰すべき事由により生じたものであることを証明した場合に限り、買主はこの不適合に基づき行使できる権利を主張できる。

(3) 売主Aと買主Bとの間で締結した売買契約に関し、BがAに対して手付を交付した場合、Aは、目的物を引き渡すまではいつでも、手付の倍額を現実に提供して売買契約を解除することができる。

1 売買の目的物に契約不適合があった場合、売主は契約に基づき、買主からの**追完**請求、**代金減額**請求、**契約**解除、**損害賠償**請求の担保責任を負います。 ★【×】

2 解約手付を交付している場合、相手方が履行に着手するまでは、買主は**手付を放棄して**、売主は**手付の倍額**を買主に**現実に提供**することで契約を解除できます。「相手方が契約の履行に着手するまでは」なので、たとえ買主Bが契約の履行に着手していたとしても、相手方である売主Aが着手していなければ、買主Bは手付放棄による契約解除をすることができます。 ★【×】

3 **他人物売買**であっても売買契約は**有効**です。その場合、売主は**目的物の権利**を取得して買主に引き渡さなければなりません。それができなければ債務不履行責任を負います。 ★【×】

4 売買目的物の不動産に契約の内容に適合しない抵当権の登記があり、当該抵当権の消滅請求をした場合、**抵当権消滅の手続き**が終わるまでは、**代金支払債務の履行を拒むことができます**。 ★【○】

正解 4

Ken's Point

契約不適合責任を追及する際は、①追完請求、②代金減額請求、③契約解除、④損害賠償請求ができるとなっていますが、損害賠償に関しては売主の帰責事由が必要となる点に注意してください。

一問一答！ 解答&解説

(1) **×：売主Aは無過失責任なので担保責任を負う** (2) **×：買主は売主の帰責事由を証明しなくても担保責任を追及できる** (3) **×：買主が履行に着手するまでであり、いつでも手付解除できるわけではない**

□ 1 回目　/
□ 2 回目　/
□ 3 回目　/

宅地建物取引業者でも事業者でもないAB間の不動産売買契約における売主Aの責任に関する次の記述のうち、民法の規定及び判例によれば、誤っているものはどれか。

1 売買契約に、契約不適合についてのAの担保責任を全部免責する旨の特約が規定されていても、Aが知りながらBに告げなかった契約不適合については、Aは担保責任を負わなければならない。

2 Bが不動産に契約不適合があることを発見しても、当該不適合が売買契約をした目的を達成することができないとまではいえないような不適合である場合には、Aは担保責任を負わない。

3 Bが不動産に契約不適合があることを契約時に知っていた場合や、Bの過失により不動産に不適合があることに気付かず引渡しを受けてから不適合があることを知った場合でも、Aは担保責任を負うことがある。

4 売買契約に、担保責任を追及できる期間について特約を設けていない場合、Bが担保責任を追及するときは、契約不適合があることを知ってから1年以内にAに通知しなければならない。

2007年 問11（改題）

以下の文章について、正しいものには○、誤っているものには×をつけよう。

(1) 建物の構造耐力上主要な部分で売主に帰責事由があっても、軽微な契約不適合については、買主はその不適合を理由に売買契約を解除することも損害賠償を請求することもできない。

(2) 買主が契約時に甲土地に欠陥があることを知っており、契約不適合責任を負わない特約をした場合には、売主はその欠陥を担保すべき責任を負わない。

(3) Aを売主、Bを買主として、甲土地の売買契約が締結された。甲土地の実際の面積が本件契約の売買代金の基礎とした面積より少なかった場合、Bはそのことを知った時から2年以内にその旨をAに通知しなければ、代金の減額を請求することができない。

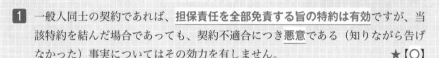

1 一般人同士の契約であれば、**担保責任を全部免責する旨の特約は有効**ですが、当該特約を結んだ場合であっても、契約不適合につき**悪意**である（知りながら告げなかった）事実についてはその効力を有しません。 ★【○】

2 契約不適合が「売買契約をした目的を達成することができない」とまではいえない場合であっても、契約内容に適合するように**履行の追完**を請求でき、不適合の内容が軽微でない場合は**契約解除**や、売主に帰責事由がある場合は**損害賠償**請求ができます。よって、担保責任を負わないわけではありません。 ★【×】

3 買主が担保責任を追及するために、主観的要件（**善意**や**無過失**）は要求されません。よって、その**欠陥につき契約で合意していない、すなわち欠陥がないことが前提の契約であれば**、買主が契約不適合の事実を契約時に知っていた場合であっても、過失により知らなかった場合でも、売主に対して担保責任を追及できることがあります。 ★【○】

4 売買契約で担保責任の追及期間につき特約がない場合、売主の担保責任を追及したい買主は、**契約不適合**があることを**知った時から１年以内**にその旨を売主に通知する必要があります。 ★【○】

正解 **2**

Ken's Point

契約不適合責任を免責する旨の特約は有効ですが、不適合につき売主が知りながら告げなかった場合、特約は無効になります。あと、種類または品質に関して買主が責任追及する際は、契約不適合があることを知った時から１年以内にその旨を売主に通知する必要がある点は、確実に押さえておきましょう。

一問一答！　解答＆解説

(1) **×：軽微だと解除はできないが、売主に帰責事由があれば損害賠償請求は可能である**　(2) **○**　(3) **×：知った時から１年以内に通知が必要なのは、種類・品質に関する不適合だけであり、数量の不適合の場合は、通知期間の制限なく消滅時効にかかるまで請求できる**

□1回目　　/
□2回目　　/
□3回目　　/

Aは、中古自動車を売却するため、Bに売買の媒介を依頼し、報酬として売買代金の3%を支払うことを約した。Bの媒介によりAは当該自動車をCに100万円で売却した。この場合に関する次の記述のうち、民法の規定及び判例によれば、正しいものはどれか。

1 Bが報酬を得て売買の媒介を行っているので、CはAから当該自動車の引渡しを受ける前に、100万円をAに支払わなければならない。

2 当該自動車が種類又は品質に関して契約の内容に適合しない場合、CはAに対しても、Bに対しても、契約不適合を担保すべき責任を追及することができる。

3 売買契約が締結された際に、Cが解約手付として手付金10万円をAに支払っている場合には、Aはいつでも20万円を現実に提供して売買契約を解除することができる。

4 売買契約締結時には当該自動車がAの所有物ではなく、Aの父親の所有物であったとしても、AC間の売買契約は有効に成立する。

2017年 問5（改題）

理解を深掘り！　一問一答！

以下の文章について、正しいものには○、誤っているものには×をつけよう。

(1) 宅地の売買契約における買主が、弁済期の到来後も、代金支払債務の履行の提供をしない場合、売主は、宅地の引渡しと登記を拒むことができる。

(2) 土地付中古建物の売買契約が、宅地建物取引業者の媒介により契約締結に至ったものである場合、売主に対して担保責任が追及できるのであれば、買主は宅地建物取引業者に対しても担保責任を追及できる。

(3) 売主は、自らが履行に着手するまでは、買主が履行に着手していても、契約を手付解除できる。

1 特段の取り決めがなければ、売買目的物の**引渡しと代金の支払いは同時履行**の関係に立ちます。よって、本件の場合も同様に、Aから自動車の引渡しを受ける際に代金を支払います。 ★【×】

2 契約不適合を担保すべき責任は、売買契約の**売主**が負います。よって、売買を**媒介したBに対して追及することはできません**。 ★【×】

3 手付解除は、相手方が**契約の履行に着手**するまでに行わなくてはならないので、いつでも解除できるわけではありません。Cが契約の履行に着手した後は、Aから手付解除をすることができなくなります。 ★【×】

4 他人物売買であっても契約自体は有効に成立します。このとき、Aは父親の自動車の**所有権**を取得して、Cに移転する義務を負います。 ★【○】

正解 4

Ken's Point

同時履行の抗弁権とは、相手がやらなければ自分もやらないと拒否できる権利です。下の図でイメージを持っておきましょう。

払ってくれるまでは土地を引き渡しません
売主
代金債権
買主
引き渡してくれるまでは代金を支払いません
不動産引渡債権

- **売主は、買主が代金を支払うまでは不動産の引渡しを拒める**
- **逆に買主は、売主が不動産を引き渡すまでは代金の支払いを拒める**

一問一答！ 解答&解説

(1) ○ (2) **×：媒介した宅建業者にはできない** (3) **×：買主が履行に着手していたら売主から手付解除はできない**

□ 1回目　/
□ 2回目　/
□ 3回目　/

事業者ではないAが所有し居住している建物につきAB間で売買契約を締結するに当たり、Aは建物引渡しから3か月に限り担保責任を負う旨の特約を付けたが、売買契約締結時点において当該建物の構造耐力上主要な部分に契約不適合が存在しており、Aはそのことを知っていたがBに告げず、Bはそのことを知らなかった。この場合に関する次の記述のうち、民法の規定によれば、正しいものはどれか。

1 Bが当該契約不適合の存在を建物引渡しから1年が経過した時に知った場合、当該契約不適合の存在を知った時から2年後にその旨をAに通知しても、BはAに対して担保責任を追及することができる。

2 建物の構造耐力上主要な部分の契約不適合については、契約及び取引上の社会通念に照らして軽微であるか否かにかかわらず、Bは契約不適合を理由に売買契約を解除することができる。

3 Bが契約不適合を理由にAに対して損害賠償請求をすることができるのは、契約不適合を理由に売買契約を解除することができない場合に限られる。

4 AB間の売買をBと媒介契約を締結した宅地建物取引業者Cが媒介していた場合には、BはCに対して担保責任を追及することができる。

2019年 問3（改題）

理解を深掘り！　一問一答！

以下の文章について、正しいものには○、誤っているものには×をつけよう。

(1) 売買契約の目的物である土地の8割が都市計画街路の区域内にあることが容易に分からない状況にあったため、買主がそのことを知らなかった場合は、買主は、売主に対して契約を解除することができる。

(2) 売主Aと買主Bとの土地の売買契約が成立したが、土地が第三者Cの所有物であった場合、Aが甲土地の所有権を取得してBに移転することができないときは、BはAに対して、損害賠償を請求することができる。

1 本問は売主が一般人なので、宅地建物取引業法ではなく民法の規定に則って考える必要があります。契約自由の原則から、契約不適合に関して売主に**通知する期間を３か月とする特約自体は有効**ですが、売主が知りながら告げなかった不適合については、特約の有無にかかわらず責任を免れることができません。契約不適合担保責任を追及するための通知期間は、**買主が知った時から１年**が原則ですが、引渡し時に売主が**悪意または善意重過失である不適合**については、**１年という制限は適用されません**。Ａは、建物引渡し時に契約不適合の存在を知っていたのですから、買主は知った時から１年以内でなくても、当該請求権が消滅時効にかかるまでは売主に責任を追及できます。【○】

2 契約不適合が契約及び取引上の社会通念に照らして**軽微**でなければ、買主は契約解除を申し出ることができます。契約不適合が軽微である場合は契約解除できませんが、本肢は「軽微であるか否かにかかわらず」としているので誤りです。★【×】

3 契約不適合を理由に売買契約を**解除することができる場合**でも、**それに加えて損害賠償請求**をすることができます。★【×】

4 担保責任の追及は**売主**に対してのみ可能です。媒介をした宅地建物取引業者に対してはできません。★【×】

正解 1

Ken's Point

不適合が軽微な場合と、買主に責任がある（買主が壊したなど）場合には、解除はできません。軽微な欠陥で解除させる必要もないですし、買主が壊したことに対して売主が責任を負うのは、おかしいからです。

一問一答！ 解答&解説

(1) ○　(2) ○

□1回目　/
□2回目　/
□3回目　/

Aは未婚で子供がなく、父親Bが所有する甲建物にBと同居している。Aの母親Cは令和4年3月末日に死亡している。AにはBとCの実子である兄Dがいて、DはEと婚姻して実子Fがいたが、Dは令和5年3月末日に死亡している。この場合における次の記述のうち、民法の規定及び判例によれば、正しいものはどれか。

1 Bが死亡した場合の法定相続分は、Aが2分の1、Eが4分の1、Fが4分の1である。
2 Bが死亡した場合、甲建物につき法定相続分を有するFは、甲建物を1人で占有しているAに対して、当然に甲建物の明渡しを請求することができる。
3 Aが死亡した場合の法定相続分は、Bが4分の3、Fが4分の1である。
4 Bが死亡した後、Aがすべての財産を第三者Gに遺贈する旨の遺言を残して死亡した場合、FはGに対して遺留分を主張することができない。

2012年 問10

理解を深掘り！　一問一答！

以下の文章について、正しいものには○、誤っているものには×をつけよう。

(1) Aに配偶者Bと子C・D・E及び父Fがいる時、Aが死亡した場合の法定相続分は、Bが2分の1であり、Dは6分の1である。
(2) 共有者は、他の共有者との協議に基づかないで当然に共有物を排他的に占有する権原を有する。
(3) 1億2,000万円の財産を有するAが死亡した。Aの長男の子であるB及びC、Aの次男の子Dのみが相続人になる場合の法定相続分は、B及びCがそれぞれ3,000万円、Dが6,000万円である。

1 AはBの子であるため相続が可能です。また、FはDを代襲(だいしゅう)相続することができます。しかし、EはDの配偶者であり、代襲相続はしません。よって、Eが相続分を有している時点で本肢は誤りです。なお、本肢における法定相続人と法定相続分の組合せは次のとおりです。 ★【×】

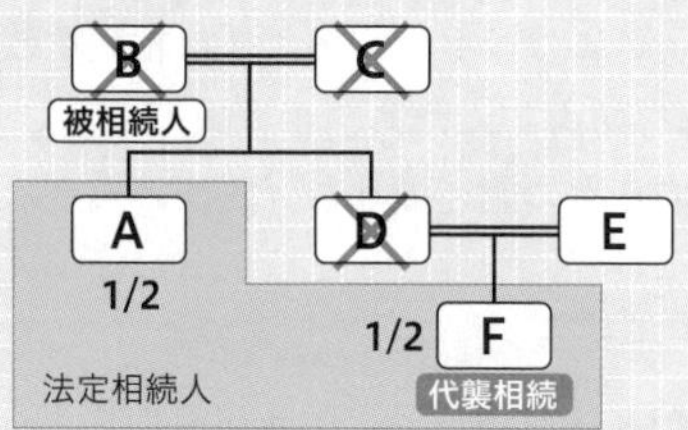

2 Aも法定相続人ですから、遺産分割までは甲建物はA及びFの共有物ということになります。よって、Fは当然には甲建物の明渡しを請求することはできません。 ★【×】

3 Aには配偶者と子がいないため、第二順位の相続人であるBが全財産を相続することになります。 ★【×】

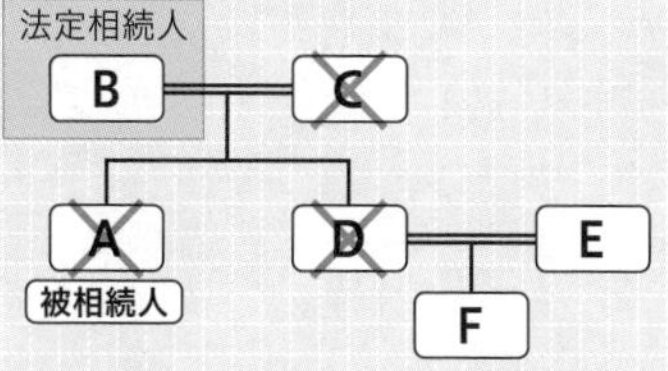

4 AとDは兄弟姉妹関係に当たります。兄弟姉妹には遺留分はないため、Aの兄Dの代襲相続人であるFにも遺留分は認められません。 ★【○】

Ken's Point

兄弟姉妹には遺留分がないという点は、重要な知識です。確実に覚えておきましょう。

一問一答！ 解答＆解説

(1) ○ (2) ×：共有者に認められているのは、「持分に応じた使用」であり、他の共有者と協議することなく、共有物を排他的に占有することはできない (3) ○

□１回目　／
□２回目　／
□３回目　／

1億2,000万円の財産を有するAが死亡した。Aには、配偶者はなく、子B、C、Dがおり、Bには子Eが、Cには子Fがいる。Bは相続を放棄した。また、Cは生前のAを強迫して遺言作成を妨害したため、相続人となることができない。この場合における法定相続分に関する次の記述のうち、民法の規定によれば、正しいものはどれか。

1 Dが4,000万円、Eが4,000万円、Fが4,000万円となる。
2 Dが1億2,000万円となる。
3 Dが6,000万円、Fが6,000万円となる。
4 Dが6,000万円、Eが6,000万円となる。

2017年 問9

以下の文章について、正しいものには○、誤っているものには×をつけよう。

(1) 1億2,000万円の財産を有するAが死亡した。Aの父方の祖父母E及びF、Aの母方の祖母Gのみが相続人になる場合の法定相続分は、それぞれ4,000万円である。
(2) Aには死亡した夫Bとの間に子Cがおり、Dには離婚した前妻Eとの間に子F及び子Gがいる。Fの親権はEが有し、Gの親権はDが有している。AとDが婚姻した後にDが死亡した場合における法定相続分は、Aが2分の1、Cが6分の1、Fが6分の1、Gが6分の1となる。
(3) Aが死亡し、相続人がBとCの2名であった場合、BがAの配偶者でCがAの子である場合と、BとCがいずれもAの子である場合とでは、Bの法定相続分は異なる。

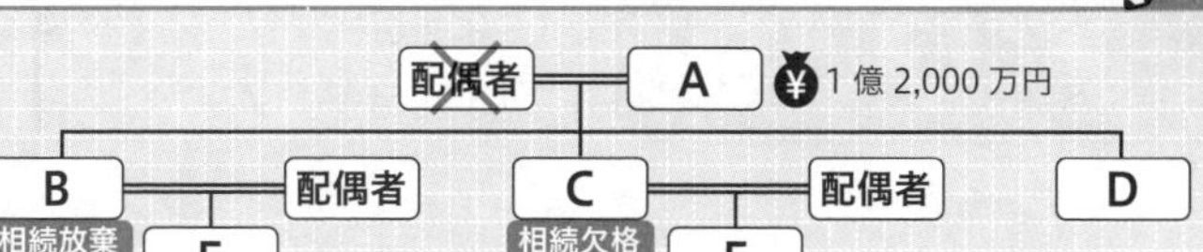

1 代襲相続は**死亡**・**廃除**・**相続欠格**の3つのいずれかに当てはまる場合のみ発生し、**相続放棄**した場合は代襲相続できません。Bが相続放棄をしているため、Bの子であるEは相続人となることができません。 ★【×】

2 Fの父であるCは**相続欠格**のため、**代襲相続によりFが相続人となります**。よって相続人がDのみである本肢は誤りです。 ★【×】

3 Bは相続放棄のため相続人になれません。同じく、Bが**相続放棄**をしているためEも相続人にはなれません。Cは**相続欠格**のためなれません。残るDとFでそれぞれ**2分の1**ずつ相続するため、本肢は正解です。 ★【○】

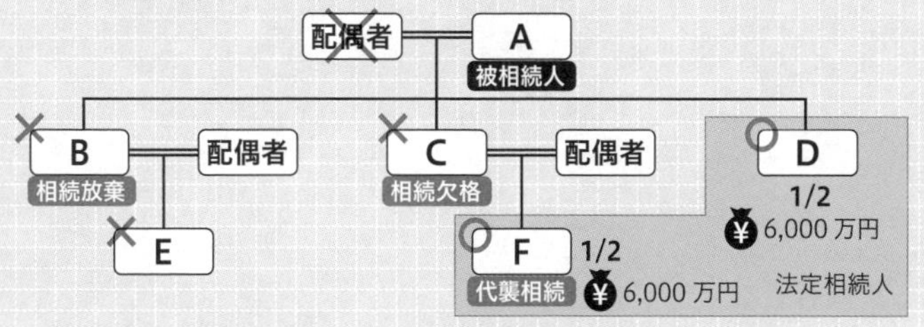

4 Eの父であるBは**相続放棄**をしているため、Eは相続人になれません。 ★【×】

正解 3

第1章 相続

Ken's Point

相続欠格も廃除も、悪い相続人だから相続できないというイメージを持ってください。ただし、その子どもは悪くないので代襲相続はできるのです。反対に相続放棄すると、最初から相続人ではなかったことになるので、その子どもは代襲相続できません。

一問一答！ 解答&解説

(1) ○ (2) ×：前配偶者との間の子は親権に関係なく子として相続人となり、DとCは血縁関係がなく養子縁組もしていないことからCは相続人とならないので、Aが2分の1、Fが4分の1、Gが4分の1となる (3) ×：法定相続分2分の1ずつとなり、同じである

□1回目　／
□2回目　／
□3回目　／

遺言及び遺留分に関する次の記述のうち、民法の規定によれば正しいものはどれか。

1 自筆証書による遺言をする場合、証人二人以上の立会いが必要である。

2 自筆証書による遺言書を保管している者が、相続の開始後、これを家庭裁判所に提出してその検認を経ることを怠り、そのままその遺言が執行された場合、その遺言書の効力は失われる。

3 適法な遺言をした者が、その後更に適法な遺言をした場合、前の遺言のうち後の遺言と抵触する部分は、後の遺言により撤回したものとみなされる。

4 法定相続人が配偶者Aと子Bだけである場合、Aに全財産を相続させるとの適法な遺言がなされた場合、Bは遺留分権利者とならない。

2005年 問12（改題）

理解を深掘り！　一問一答！

以下の文章について、正しいものには○、誤っているものには×をつけよう。

(1) 自筆証書遺言の内容を遺言者が一部削除する場合、遺言者が変更する箇所に二重線を引いて、その箇所に押印するだけで、一部削除の効力が生ずる。

(2) 自筆証書による遺言をする場合、遺言書の本文の署名下に押印がなければ、署名と離れた箇所に押印があっても、押印の要件として有効となることはない。

(3) 自筆証書遺言は、その内容をパソコン等で印字していても、日付と氏名を自書し、押印すれば、有効な遺言となる。

1 作成時に**証人２人以上の立会いが必要**なのは**公正証書遺言**です。**自筆証書遺言**では**証人の立会いは不要**です。 ★【×】

2 **自筆証書**遺言及び**秘密証書**遺言の場合、相続開始後、遅滞なく家庭裁判所の**検認**を受ける必要があります。ただし、**検認**手続きを怠り、そのままその遺言が執行されたとしても、適法な遺言書が**無効となるわけではありません**。 ★【×】

3 適法な方式で遺言をした者が、その後さらに遺言をした場合、前の遺言と抵触する部分は、**後の遺言により撤回**したものとみなされます。 ★【○】

4 遺留分は遺族の生活保障を考慮し、相続財産の一定割合を、一定範囲の相続人に留保する制度ですから、特定の相続人に全財産を相続させる旨の遺言がなされた場合でも失われません。この場合、全財産の**２分の１**が遺留分全体となり、これにＢの法定相続分を乗じた**４分の１**がＢの遺留分となります。 ★【×】

正解 3

遺言のポイント

遺言の方式	法律上定められた方式に従って行わなければならない。普通の方式として、 ①**自筆証書**遺言 ②**公正証書**遺言 ③**秘密証書**遺言 の3つがあるほか、船舶の遭難時のような危急時遺言という特別の方式もある ・自筆証書遺言では、遺言者が全文、日付及び氏名を自書し、押印しなければならない ・財産目録においては、自署でなくとも目録の毎葉（すべての用紙）に署名押印すれば印刷でもかまわない ・遺言は2人以上の者が同一証書ではできない
遺言能力	**満15歳**に達した者は遺言をすることができる
遺言の撤回	・遺言はいつでも自由に撤回できる ・遺言者が前にした遺言と抵触するときは、その部分については**後の遺言で前の遺言を撤回**したものとみなされる
検認	・自筆証書遺言（遺言書保管所に保管されているものを除く）と秘密証書遺言の場合、遺言書の保管者または発見者が、遺言書を家庭裁判所に提出して、**検認**を請求しなければならない ・検認は、遺言の有効・無効を判定するものではなく、遺言書の形式などを検査・確認し、保存を確実にすることを目的としたもの ⇒検認が行われなかったとしても、**遺言は無効にはならない**

一問一答！ 解答&解説

(1) **×：変更場所を指示して変更した旨を付記し、署名かつ押印しなければ効力は生じない** (2) **×：有効となることがある** (3) **×：内容は直筆でないと無効である**

AがBに対して1,000万円の貸金債権を有していたところ、Bが相続人C及びDを残して死亡した場合に関する次の記述のうち、民法の規定及び判例によれば、誤っているものはどれか。

1 Cが単純承認を希望し、Dが限定承認を希望した場合には、相続の開始を知った時から3か月以内に、Cは単純承認を、Dは限定承認をしなければならない。

2 C及びDが相続開始の事実を知りながら、Bが所有していた財産の一部を売却した場合には、C及びDは相続の単純承認をしたものとみなされる。

3 C及びDが単純承認をした場合には、法律上当然に分割されたAに対する債務を相続分に応じてそれぞれが承継する。

4 C及びDが相続放棄をした場合であっても、AはBの相続財産清算人の選任を請求することによって、Bに対する貸金債権の回収を図ることが可能となることがある。

2007年 問12

以下の文章について、正しいものには○、誤っているものには×をつけよう。

(1) Aが死亡し、相続人として、妻Bと子C・D・Eがいる場合、Cが相続を放棄したとき、DとEの相続分は増えるが、Bの相続分については変わらない。

(2) 2人の相続人のうち、一方が単純承認をしたときは、他方は限定承認をすることができない。

(3) 被相続人は、遺言によって遺産分割を禁止することはできず、共同相続人は、遺産分割協議によって遺産の全部又は一部の分割をすることができる。

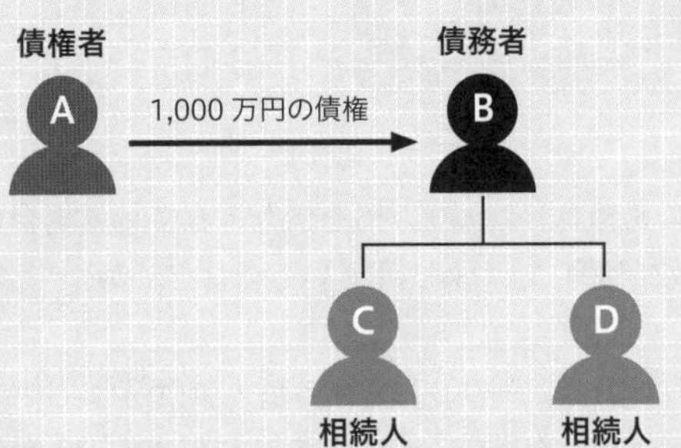

1 **限定承認**は、**共同相続人全員が共同**して行わなければなりません。よって、Dのみが限定承認を選択することはできません。 ★【×】

2 相続人が相続財産の**全部または一部を処分**した場合は、**単純承認**をしたものとみなされます。 ★【○】

3 各共同相続人は、**相続分に応じて被相続人の権利義務を承継します**。権利義務には被相続人が有していた**債務も含まれる**ので、CとDは、Aに対する債務を相続分に従って**承継**することとなります。 ★【○】

4 相続人全員が相続放棄をし、**承継者がいない場合**であっても、利害関係者は家庭裁判所に**相続財産清算人**の選任を請求することで、債権の回収が可能となります。 【○】

正解 1

Ken's Point

限定承認は、共同相続人全員で行わなければなりません。放棄した人がいたときは、放棄した人は相続人ではなくなるため、放棄した人以外の全員ですることができます。

一問一答！ 解答&解説

(1) ○ (2) ○ (3) ×：遺産分割を遺言で禁止することができる

□ 1回目　/
□ 2回目　/
□ 3回目　/

AがBから事業のために、1,000万円を借り入れている場合における次の記述のうち、民法の規定及び判例によれば、正しいものはどれか。

1 AとBが婚姻した場合、AのBに対する借入金債務は混同により消滅する。

2 AがCと養子縁組をした場合、CはAのBに対する借入金債務についてAと連帯してその責任を負う。

3 Aが死亡し、相続人であるDとEにおいて、Aの唯一の資産である不動産をDが相続する旨の遺産分割協議が成立した場合、相続債務につき特に定めがなくても、Bに対する借入金返済債務のすべてをDが相続することになる。

4 Aが死亡し、唯一の相続人であるFが相続の単純承認をすると、FがBに対する借入金債務の存在を知らなかったとしても、Fは当該借入金債務を相続する。

2011年 問10

以下の文章について、正しいものには○、誤っているものには×をつけよう。

(1) 配偶者居住権を遺産分割で取得したAが、配偶者居住権の存続期間中に死亡した場合、Aの相続人BはAの有していた配偶者居住権を相続する。

(2) 遺産分割協議でAの配偶者居住権の存続期間を20年と定めた場合、存続期間が満了した時点で配偶者居住権は消滅し、配偶者居住権の延長や更新はできない。

(3) 相続開始時に相続人が数人あるとき、遺産としての不動産は、相続人全員の共有に属する。

1 **混同**とは、債権者と債務者が同一人になって債権が消滅することです。婚姻してもＡとＢは別人格ですので債権が消滅することはありません。【×】

2 連帯債務者となるには**法令の規定**又は当事者の**意思表示**が必要です。養子縁組をしただけで、養親や養子の債務について連帯債務を負うことはありません。【×】

3 被相続人のすべての資産を１人の相続人が相続したとしても、すべての債務を当該相続人が当然に相続するということにはなりません。**相続債務につき特に定めがない場合**には、被相続人の債務は**法定相続分に応じて**ＤとＥが相続することになります。【×】

4 単純承認をした場合、相続人は被相続人の権利のみならず、**義務も承継**します。よって、借入金債務の存在を**知らなかったとしても**、１人で相続したＦは当該借入金債務の全部を相続しなければなりません。★【○】

正解 4

Ken's Point

単純承認すると、債務も当然に承継すると考えてください。

一問一答！ 解答＆解説

(1) **×：配偶者居住権は、存続期間中であっても、配偶者が死亡した場合には、使用貸借と同じく消滅する** (2) ○ (3) ○

□1回目　／
□2回目　／
□3回目　／

Ａには、相続人となる子ＢとＣがいる。Ａは、Ｃに老後の面倒をみてもらっているので、「甲土地を含む全資産をＣに相続させる」旨の有効な遺言をした。この場合の遺留分に関する次の記述のうち、民法の規定によれば、正しいものはどれか。

1 Ｂの遺留分を侵害するＡの遺言は、その限度で当然に無効である。
2 Ｂが、Ａの死亡の前に、Ａ及びＣに対して直接、書面で遺留分を放棄する意思表示をしたときは、その意思表示は有効である。
3 Ａが死亡し、その遺言に基づき甲土地につきＡからＣに対する所有権移転登記がなされた後は、Ｂは遺留分に基づき侵害額を請求することができない。
4 Ｂは、遺留分に基づき侵害額を請求できる限度において、その目的の価額に相当する金銭による弁償を請求することができる。

2008年 問12（改題）

理解を深掘り！　一問一答！

以下の文章について、正しいものには○、誤っているものには×をつけよう。

(1) 遺留分侵害額の請求は、訴えを提起しなくても、内容証明郵便による意思表示だけでもすることができる。
(2) 相続開始前に、家庭裁判所の許可を得て遺留分を放棄した場合でも、遺産を相続する権利を失わない。
(3) Ａが遺産を子Ｃに遺贈していた場合、その遺贈は、配偶者Ｂ、子Ｄ及び子Ｅの遺留分を侵害した部分について、効力を生じない。

1 子Bには相続財産の**4分の1**の遺留分があるので、Bの相続分をゼロとする本問の遺言はBの遺留分を侵害しています。しかし、遺留分を侵害する事項が含まれていたとしても当該遺言自体は法的に有効です。

★【×】

2 相続開始前であっても**家庭裁判所の許可**を受ければ、**遺留分の放棄は有効**です。しかし、本肢のように意思表示だけで遺留分を放棄することはできません。

★【×】

3 遺留分制度は、一定の相続人に一定割合の財産を残すための制度ですから、**遺言によっても廃除することはできません**。よって、所有権移転登記がなされたとしても、相続開始・遺留分を侵害する遺贈等があったことを**知ってから1年**、または**相続開始より10年**の時効を経過していなければ遺留分侵害額請求をすることができます。よって、遺留分を侵害されたBは共同相続人であるCに対して遺留分侵害額請求が可能です。

★【×】

4 遺留分権利者は、**受遺者**（受贈者）に対して侵害された遺留分に相当する金銭の支払いを請求できます。

★【○】

4

Ken's Point

相続開始前であっても家庭裁判所の許可を受ければ、遺留分の放棄は有効です。それに対して相続放棄は、相続開始前にはできない点に注意してください。

一問一答！　解答＆解説

(1) ○　(2) ○　(3) ×：効力が生じる

□1回目　/
□2回目　/
□3回目　/

Ａは、Ａが所有している甲土地をＢに売却した。この場合に関する次の記述のうち、民法の規定及び判例によれば、誤っているものはどれか。

1 甲土地を何らの権原なく不法占有しているＣがいる場合、ＢがＣに対して甲土地の所有権を主張して明渡請求をするには、甲土地の所有権移転登記を備えなければならない。

2 Ｂが甲土地の所有権移転登記を備えていない場合には、Ａから建物所有目的で甲土地を賃借して甲土地上にＤ名義の登記ある建物を有するＤに対して、Ｂは自らが甲土地の所有者であることを主張することができない。

3 Ｂが甲土地の所有権移転登記を備えないまま甲土地をＥに売却した場合、Ｅは、甲土地の所有権移転登記なくして、Ａに対して甲土地の所有権を主張することができる。

4 Ｂが甲土地の所有権移転登記を備えた後に甲土地につき取得時効が完成したＦは、甲土地の所有権移転登記を備えていなくても、Ｂに対して甲土地の所有権を主張することができる。

2019年 問1

理解を深掘り！　一問一答！

以下の文章について、正しいものには○、誤っているものには×をつけよう。

(1) ＡがＢに対してＡ所有の甲建物を①売却、②賃貸し、甲建物をＣが不法占拠している場合、①ではＢは甲建物の所有権移転登記を備えていなければ所有権をＣに対抗できず、②ではＢは甲建物につき賃借権の登記を備えていれば賃借権をＣに対抗することができる。

(2) 土地の賃借人として当該土地上に自己名義の登記ある建物を所有する者は、当該土地の所有権を新たに取得した者に賃借権を対抗することができる。

(3) 不動産の所有権がＡからＢ、ＢからＣ、ＣからＤと転々譲渡された場合、Ａは、Ｄと対抗関係にある第三者に該当する。

1 不動産の物権は、登記がなければ第三者に対抗できません。ただし、**不法占有している者はこの第三者に当たりません**。所有権の移転自体はAB間の契約によって効力を生じていますから、Bは所有権の登記がなくても、**不法占有者Cに対して**所有権に基づく**妨害排除請求**をし、明渡しを求めることができます。★【×】

2 Dは借地上に自己名義で登記された建物を有しており、**借地権**の対抗要件を備えています。**甲土地の登記を備えていない譲受人B**は、賃借権の対抗要件を備えた賃借人に対して、甲土地の**新たな所有者であることを主張することはできません**。★【○】

3 本肢では、AからB、BからEへと所有権が移っていますが、**当事者間であれば登記がなくても所有権を主張することができます**。判例では、転々譲渡がされたとき、前々主（A）は民法177条の**第三者**に当たらないとされています。★【○】

4 BはFにとって**時効完成前**に登場した第三者になります。時効の援用者は時効完成前の第三者に対して、**登記なくして**所有権を**主張することが可能**です。★【○】

正解 1

Ken's Point

登記することで利害関係人に対抗することができるようになりますが、悪い人は登記しても勝てないというイメージを持ちましょう。

一問一答！　解答＆解説

(1) **×：①では登記がなくても対抗できる**　(2) **○**　(3) **×：AとDは対抗関係に当たらない**

□１回目　／
□２回目　／
□３回目　／

不動産の物権変動の対抗要件に関する次の記述のうち、民法の規定及び判例によれば、誤っているものはどれか。なお、この問において、第三者とはいわゆる背信的悪意者を含まないものとする。

1 不動産売買契約に基づく所有権移転登記がなされた後に、売主が当該契約に係る意思表示を詐欺によるものとして適法に取り消した場合、売主は、その旨の登記をしなければ、当該取消後に当該不動産を買主から取得して所有権移転登記を経た第三者に所有権を対抗できない。

2 不動産売買契約に基づく所有権移転登記がなされた後に、売主が当該契約を適法に解除した場合、売主は、その旨の登記をしなければ、当該契約の解除後に当該不動産を買主から取得して所有権移転登記を経た第三者に所有権を対抗できない。

3 甲不動産につき兄と弟が各自２分の１の共有持分で共同相続した後に、兄が弟に断ることなく単独で所有権を相続取得した旨の登記をした場合、弟は、その共同相続の登記をしなければ、共同相続後に甲不動産を兄から取得して所有権移転登記を経た第三者に自己の持分権を対抗できない。

4 取得時効の完成により乙不動産の所有権を適法に取得した者は、その旨を登記しなければ、時効完成後に乙不動産を旧所有者から取得して所有権移転登記を経た第三者に所有権を対抗できない。

2007年 問6

理解を深掘り！　一問一答！

以下の文章について、正しいものには○、誤っているものには×をつけよう。

(1) 無権利者からの譲受人からさらに転得した者は、無権利の点につき善意であれば、所有権を真の所有者に対抗できる。

(2) AがBに土地を譲渡した場合で、Bに登記を移転する前に、Aが死亡し、Cがその土地の特定遺贈を受け、登記の移転も受けたとき、Bは、登記なしにCに対してその土地の所有権を主張できる。

(3) Aが、Bに土地を譲渡して登記を移転した後、詐欺を理由に売買契約を取り消した場合で、Aの取消し後に、BがCにその土地を譲渡して登記を移転したとき、Aは、登記なしにCに対して土地の所有権を主張できる。

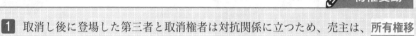

1 取消し後に登場した第三者と取消権者は対抗関係に立つため、売主は、**所有権移転登記の抹消**をしなければ第三者に所有権を対抗できません。 ★【○】

2 契約解除後に登場した第三者と売主は対抗関係に立つため、その旨の**登記**を備えなければ第三者に所有権を対抗できません。 ★【○】

3 共同相続した相続人の1人が自己の相続分だと偽って単独で所有権の登記を備えた場合でも、他の相続人は、**法定相続分**までは登記なくして第三者に自己の持分権（もちぶんけん）を主張できます。兄が行った相続登記のうち、弟の共有持分については無権利であり、実質的有効要件を欠くので無効です。登記には**公信力**がありませんから、その登記を信じて取得した第三者も権利を取得できないという理屈です。よって、弟は自己の法定相続分を限度に第三者に持分権を対抗できます。 ★【×】

4 時効取得者と時効完成後に登場した第三者は対抗関係に立つため、その旨の**登記**を備えなければ第三者に所有権を対抗できません。 ★【○】

3

Ken's Point

物権変動の問題は、図を描いて読み取る問題が多いですが、「○○後の第三者ときたら、登記で勝敗が決まる」という覚え方で得点できる問題も多いです。また、「法定相続分は登記しなくても対抗できる」と覚えておくと、正解できる問題もあります。

一問一答！ 解答＆解説

(1) **×：無権利からは無権利しか生まないので、真の所有者に放置等の落ち度がない限り真の所有者に対抗できない** (2) **×：AB間の譲渡と、AからCへの特定遺贈は対抗関係となるため登記で決める** (3) **×：取消し後の第三者には登記がないと対抗できない**

□1回目　　/
□2回目　　/
□3回目　　/

A所有の甲土地についての所有権移転登記と権利の主張に関する次の記述のうち、民法の規定及び判例によれば、正しいものはどれか。

1 甲土地につき、時効により所有権を取得したBは、時効完成前にAから甲土地を購入して所有権移転登記を備えたCに対して、時効による所有権の取得を主張することができない。

2 甲土地の賃借人であるDが、甲土地上に登記ある建物を有する場合に、Aから甲土地を購入したEは、所有権移転登記を備えていないときであっても、Dに対して、自らが賃貸人であることを主張することができる。

3 Aが甲土地をFとGとに対して二重に譲渡してFが所有権移転登記を備えた場合に、AG間の売買契約の方がAF間の売買契約よりも先になされたことをGが立証できれば、Gは、登記がなくても、Fに対して自らが所有者であることを主張することができる。

4 Aが甲土地をHとIとに対して二重に譲渡した場合において、Hが所有権移転登記を備えない間にIが甲土地を善意のJに譲渡してJが所有権移転登記を備えたときは、Iがいわゆる背信的悪意者であっても、Hは、Jに対して自らが所有者であることを主張することができない。

2012年 問6

理解を深掘り！　一問一答！

以下の文章について、正しいものには○、誤っているものには×をつけよう。

(1) Aが、B所有の土地を占有し取得時効期間を経過した場合で、時効の完成後に、Bがその土地をCに譲渡して登記を移転したとき、Aは、登記なしにCに対して当該時効による土地の取得を主張できる。

(2) 第三者のなした登記後に時効が完成して不動産の所有権を取得した者は、当該第三者に対して、登記を備えなくても、時効取得をもって対抗することができる。

(3) Aが配偶者居住権に基づいて居住している建物が第三者Bに売却された場合、Aは、配偶者居住権の登記がなくてもBに対抗することができる。

1 時効完成前にＡから甲土地を購入し、所有権移転登記を備えたＣは、Ｂとは**当事者**の関係になります。よって、Ｂは登記なくＣに対して時効取得を主張することができます。 ★【×】

2 賃貸されている土地を購入した者が、賃借人に対し賃貸人たる地位を主張するには、**賃料の二重払い**を防ぐ目的から登記が必要とされています。 ★【×】

3 二重譲渡があった場合には、**先に登記**をしたほうが権利を主張できます。よって、ＧがＦより先に不動産を取得したとしても、登記がなければＦに対し所有権があることを主張することはできません。 ★【×】

4 背信的悪意者からの譲受人は、その者自身が**背信的悪意者**に該当しない限り、当然には背信的悪意者には当たりません。よって、ＨとＪは対抗関係になり、先に登記を備えたＪが権利を主張できます。 ★【○】

正解 4

時効などと第三者の登場時期による主張の可否

	時効の完成・取消し・契約解除の前に第三者が登場	時効の完成・取消し・契約解除の後に第三者が登場
時効の完成	時効取得者が権利を主張できる	二重譲渡と同様の関係になるため、先に登記したほうが権利を主張できる
取消し	取消権者が権利を主張できる ※詐欺・錯誤による取消しは善意無過失の第三者に対抗できない	
契約解除	第三者が登記していれば第三者が権利を主張できる	

一問一答！ 解答&解説

(1) ×：時効完成後の第三者には登記なしには対抗できない (2) ○ (3) ×：配偶者居住権の登記をしないと対抗できない

□1回目　　/
□2回目　　/
□3回目　　/

所有権がAからBに移転している旨が登記されている甲土地の売買契約に関する次の記述のうち、民法の規定及び判例によれば、正しいものはどれか。

1 CはBとの間で売買契約を締結して所有権移転登記をしたが、甲土地の真の所有者はAであって、Bが各種の書類を偽造して自らに登記を移していた場合、Aは所有者であることをCに対して主張できる。

2 DはBとの間で売買契約を締結したが、AB間の所有権移転登記はAとBが通じてした仮装の売買契約に基づくものであった場合、DがAB間の売買契約が仮装であることを知らず、知らないことに無過失であっても、Dが所有権移転登記を備えていなければ、Aは所有者であることをDに対して主張できる。

3 EはBとの間で売買契約を締結したが、BE間の売買契約締結の前にAがBの債務不履行を理由にAB間の売買契約を解除していた場合、Aが解除した旨の登記をしたか否かにかかわらず、Aは所有者であることをEに対して主張できる。

4 FはBとの間で売買契約を締結して所有権移転登記をしたが、その後AはBの強迫を理由にAB間の売買契約を取り消した場合、FがBによる強迫を知っていたときに限り、Aは所有者であることをFに対して主張できる。

2008年 問2

理解を深掘り！　一問一答！

以下の文章について、正しいものには○、誤っているものには×をつけよう。

(1) 無権利者からの譲受人からさらに転得した者は、無権利の点につき善意無過失でも、無権利者からの取得に当たるので、所有権を真の所有者に対抗できる場合はない。

(2) 公序良俗違反の契約により、BがAから土地所有権を取得し登記をしている場合において、Bと売買契約を締結し、移転登記を受けたCは、Aに対し所有権を対抗できる。

(3) Aが所有している土地をBに売却した場合、土地に不法占拠者Cがいる場合でも、Aから売買により取得した背信的悪意者ではない悪意のDがいる場合でも、BがC及びDに対して土地の所有権を主張する際は、登記をしていなくても対抗できる。

1 Cは、名目上の権利者（無権利者）であるBから所有権移転登記を受けていますが、登記には**公信力**がないため、Cが甲土地の**所有権**を取得することはできません。Cのような無権利者は民法177条の**第三者**に当たらないので、真の所有者であるAはCに対し**所有権**を主張することができます。 ★【○】

2 AとBの契約関係は、**通謀虚偽表示**となり無効です。ただし、これを善意の第三者であるDに対抗することはできません。 ★【×】

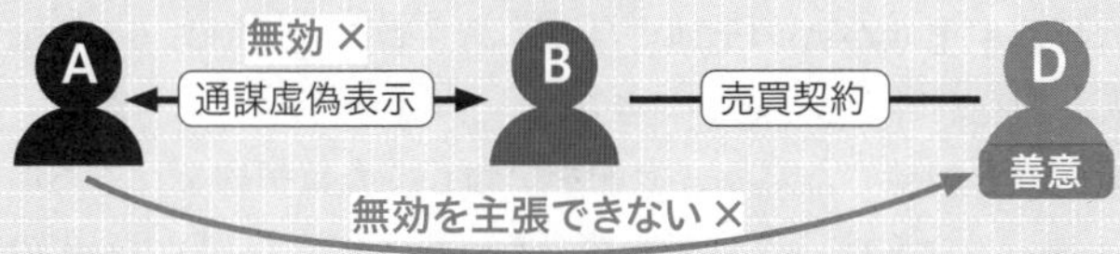

3 AB間の契約解除後にEが登場したため、Eは解除後の第三者となり、**対抗関係**に立ちます。この場合、**登記**を先に備えた者が優先となるので、Aが契約解除後にその旨の**登記**をしていなければ、Eに対して所有権を主張できません。★【×】

4 **強迫**による意思表示は取り消すことができます。この取消しは**善意無過失の第三者**にも対抗することができます。本肢は「強迫を知っていたときに限り」と限定しているため誤りです。 ★【×】

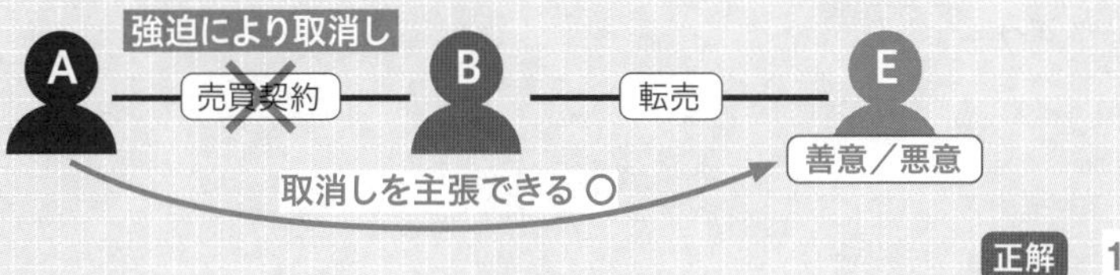

正解 **1**

第1章 物権変動

Ken's Point

登記には公信力がありません。登記があっても無権利者である場合は、買った人も無権利だということです。

一問一答！　解答&解説

(1) **×：真の所有者に放置などの落ち度があれば、第三者は所有権を取得することができる場合がある**　(2) **×：Bから土地を購入したCも、単に無権利者からの譲受人に過ぎず、土地の所有権を取得することはできない**　(3) **×：二重譲渡を受けた悪意のDには登記しなければ対抗できない**

□1回目　/
□2回目　/
□3回目　/

Aが所有者として登記されている甲土地の売買契約に関する次の記述のうち、民法の規定及び判例によれば、正しいものはどれか。

1 Aと売買契約を締結したBが、平穏かつ公然と甲土地の占有を始め、善意無過失であれば、甲土地がAの土地ではなく第三者の土地であったとしても、Bは即時に所有権を取得することができる。

2 Aと売買契約を締結したCが、登記を信頼して売買契約を行った場合、甲土地がAの土地ではなく第三者Dの土地であったとしても、Dの過失の有無にかかわらず、Cは所有権を取得することができる。

3 Aと売買契約を締結して所有権を取得したEは、所有権の移転登記を備えていない場合であっても、正当な権原なく甲土地を占有しているFに対し、所有権を主張して甲土地の明渡しを請求することができる。

4 Aを所有者とする甲土地につき、AがGとの間で10月1日に、Hとの間で10月10日に、それぞれ売買契約を締結した場合、G、H共に登記を備えていないときには、先に売買契約を締結したGがHに対して所有権を主張することができる。

2007年 問3

理解を深掘り！　一問一答！

以下の文章について、正しいものには○、誤っているものには×をつけよう。

(1) 売買契約に基づいて土地の引渡しを受け、平穏・公然と占有を始めた買主は、売主が無権利者であることにつき善意無過失であれば、即時に不動産の所有権を取得する。

(2) 土地の真の所有者は、無権利者からの譲受人が善意無過失で登記している場合でも、常に譲受人に対して所有権を主張できる。

(3) 詐欺又は強迫による契約を取り消した場合、取消権者と取消し後に取り消された者から所有権を取得した第三者は、対抗関係にあるので、先に登記をしたほうが所有権を主張することができる。

1 即時取得の規定が適用されるのは**動産**に限られ、**不動産を即時取得することはできません**。本肢の場合、善意無過失のAは占有開始から**10**年を経過しなければ、所有権を時効取得することはできません。 【×】

2 登記がA名義のままになっていることにつきDに過失があれば、登記を信頼して取引したCが保護されることもありますが、Dに**過失**がなければ、Cは所有権を取得することができません。本肢は「Dの過失の有無にかかわらず」としているので誤りです。 ★【×】

3 不動産に関する物権は、登記をしなければ第三者に対抗できません。しかし、正当な権限なく占有をしている者(**不法占拠者**)は、この第三者に当たりません。よって、EはFに対して**登記がなくとも明渡しを請求することができます**。 ★【○】

4 登記を備えていない場合は、第三者に所有権を主張することはできません。よって、本肢のケースでは**G,Hともに主張はできません**。二重譲渡があった場合には、契約の先後ではなく先に**登記**をしたほうが権利を主張できます。 ★【×】

正解 3

Ken's Point

無権利者から買っても無権利ではありますが、真の所有者が登記されているのを放置していたような場合は有過失となり、無権利者から買った人が善意だった場合は、買った人のものになるという点に注意しましょう。

一問一答！ 解答&解説

(1) ×：即時には取得できない (2) ×：真の所有者に放置などの事情がある場合は対抗できない場合がある (3) ○

□1回目　　/
□2回目　　/
□3回目　　/

次の1から4までの記述のうち、民法の規定、判例及び下記判決文によれば、正しいものはどれか。

（判決文）所有者甲から乙が不動産を買い受け、その登記が未了の間に、丙が当該不動産を甲から二重に買い受け、更に丙から転得者丁が買い受けて登記を完了した場合に、たとい丙が背信的悪意者に当たるとしても、丁は、乙に対する関係で丁自身が背信的悪意者と評価されるのでない限り、当該不動産の所有権取得をもって乙に対抗することができるものと解するのが相当である。

1 所有者AからBが不動産を買い受け、その登記が未了の間に、Cが当該不動産をAから二重に買い受けて登記を完了した場合、Cは、自らが背信的悪意者に該当するときであっても、当該不動産の所有権取得をもってBに対抗することができる。

2 所有者AからBが不動産を買い受け、その登記が未了の間に、背信的悪意者ではないCが当該不動産をAから二重に買い受けた場合、先に買い受けたBは登記が未了であっても当該不動産の所有権取得をもってCに対抗することができる。

3 所有者AからBが不動産を買い受け、その登記が未了の間に、背信的悪意者であるCが当該不動産をAから二重に買い受け、更にCから転得者Dが買い受けて登記を完了した場合、DもBに対する関係で背信的悪意者に該当するときには、Dは当該不動産の所有権取得をもってBに対抗することができない。

4 所有者AからBが不動産を買い受け、その登記が未了の間に、Cが当該不動産をAから二重に買い受け登記を完了した場合、Cが背信的悪意者に該当しなくてもBが登記未了であることにつき悪意であるときには、Cは当該不動産の所有権取得をもってBに対抗することができない。

2022年 問1

理解を深掘り！　一問一答！

以下の文章について、正しいものには○、誤っているものには×をつけよう。

(1) 第一買主が移転登記を受けていないことに乗じ、第一買主に高値で売りつけ不当な利益を得る目的で売主をそそのかし、売主から当該土地を購入して移転登記を受けた者にも登記がなければ対抗できない。

(2) Aの所有する土地をBが取得したが、Bはまだ所有権移転登記を受けていない場合、Bは当該土地の不法占拠者にも対抗できない。

(3) 買主が当該土地を取得した後で、移転登記を受ける前に、売主が死亡した場合における売主の相続人には登記がなくても対抗できる。

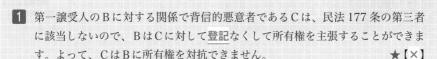

1 第一譲受人のBに対する関係で背信的悪意者であるCは、民法177条の第三者に該当しないので、BはCに対して登記なくして所有権を主張することができます。よって、CはBに所有権を対抗できません。 ★【×】

2 不動産に関する権利は、登記がなければ第三者に対抗することができません。売買契約の先後ではなく、先に登記したほうがもう一方に対して所有権を主張できるのが原則です。よって、登記が未了のBはCに所有権を対抗できません。★【×】

3 背信的悪意者からの転得者が第三者に該当するのは、Bに対する関係で背信的悪意者と評価されないときに限られます。本肢は、転得者Dが、第一譲受人のBに対する関係で背信的悪意者であるときなので、Dは、民法177条の第三者に該当せず、BはDに対して登記なくして所有権を主張できます。 ★【○】

4 登記の未了について悪意である場合でも、背信的悪意者でなければ民法177条の第三者に該当します。単なる悪意者が排除されないのは、自由競争の原理を一定程度保護するためです。よってBとCは対抗関係となり、先に登記を備えたCはBに所有権を対抗できます。 ★【×】

正解 **3**

Ken's Point

登記は対抗力をもつためのものですが、登記があっても勝てない人がいます（下表の例外）。逆に真の所有者であれば、登記がなくても例外に対しても勝てるのです。

原則	登記がなければ、第三者に対抗することができない
例外	次の者に対しては、登記なく対抗することができる ①当事者（売主） ②当事者の包括承継人（相続人・包括受遺者） ③無権利者　例：目的物の仮装譲受人、無権利者からの譲受人 ④不法占拠者 ⑤背信的悪意者　例：詐欺や強迫で登記申請を妨害した者 登記を申請するように頼まれた者 困らせるだけの目的で譲り受けた者

(1) ×：背信的悪意者には登記がなくても対抗できる　(2) ×：不法占拠者には登記がなくても対抗できる　(3) ○

□1回目　　/
□2回目　　/
□3回目　　/

不動産登記の申請に関する次の記述のうち、誤っているものはどれか。

1 登記の申請を共同してしなければならない者の一方に登記手続をすべきことを命ずる確定判決による登記は、当該申請を共同してしなければならない者の他方が単独で申請することができる。

2 相続又は法人の合併による権利の移転の登記は、登記権利者が単独で申請することができる。

3 登記名義人の氏名若しくは名称又は住所についての変更の登記又は更正の登記は、登記名義人が単独で申請することができる。

4 所有権の登記の抹消は、所有権の移転の登記の有無にかかわらず、現在の所有権の登記名義人が単独で申請することができる。

2005年 問16

理解を深掘り！　一問一答！

以下の文章について、正しいものには○、誤っているものには×をつけよう。

(1) 抹消登記を申請する場合において、当該抹消される登記について登記上の利害関係を有する第三者があるときは、申請には、当該第三者の承諾を証するその第三者が作成した情報又はその第三者に対抗することができる裁判があったことを証する情報を提供しなければならない。

(2) 登記原因を証する情報として執行力のある確定判決の正本が添付されている場合でも、法律の規定により第三者の許可がなければ権利変動の効力を生じないとされているときは、別に当該第三者の許可を証する情報を提供しなければならない。

(3) 権利に関する登記の申請は、登記権利者及び登記義務者が共同してするのが原則であるが、相続による登記は、登記権利者が単独で申請することができる。

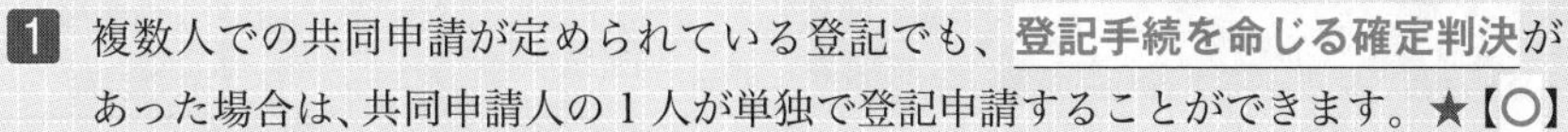

1 複数人での共同申請が定められている登記でも、**登記手続を命じる確定判決**があった場合は、共同申請人の1人が単独で登記申請することができます。★【○】

2 相続・法人の合併による権利の移転登記は、登記義務者となるべき人が存在しないので、**登記権利者**（相続人や合併存続会社）が単独で申請することができます。★【○】

3 登記名義人の**氏名（名称）・住所についての変更の登記・更正の登記**は、権利の設定や移動ではないので、登記名義人が**単独**で申請することができます。★【○】

4 所有権の登記の抹消は、**所有権移転**の登記がない場合に限って、現在の所有権の登記名義人が単独で申請することができます。所有権の移転の登記がない場合とは、**所有権保存**の登記のみがされている状態です。権利に関する登記の申請は登記権利者・登記義務者が共同して行うのが原則ですが、移転登記がない場合には登記権利者がいないので、登記義務者が単独で申請できます。★【×】

正解 4

共同申請主義の原則と例外

原則	権利に関する登記の申請者は原則、契約当事者等は共同して登記を申請しなければならない （共同申請主義）
例外 （単独で申請が可能）	①登記手続を命じる確定判決による登記⇒確認判決ではダメ ②相続・合併による登記 ③登記名義人の氏名等の変更（更正）の登記 ④所有権保存の登記 ⑤収用による所有権移転の登記

一問一答！　解答＆解説

(1) ○　(2) ×：確定判決の正本があるときはそれが許可等の情報となるので、別途許可証の提供は不要である　(3) ○

□1回目　/
□2回目　/
□3回目　/

不動産の表示の登記についての次の記述のうち、誤っているものはどれか。

1 土地の地目について変更があったときは、表題部所有者又は所有権の登記名義人は、その変更があった日から1月以内に、当該地目に関する変更の登記を申請しなければならない。

2 表題部所有者について住所の変更があったときは、当該表題部所有者は、その変更があったときから1月以内に、当該住所についての変更の登記の申請をしなければならない。

3 表題登記がない建物（区分建物を除く。）の所有権を取得した者は、その所有権の取得の日から1月以内に、表題登記を申請しなければならない。

4 建物が滅失したときは、表題部所有者又は所有権の登記名義人は、その滅失の日から1月以内に、当該建物の滅失の登記を申請しなければならない。

2009年 問14

理解を深掘り！　一問一答！

以下の文章について、正しいものには○、誤っているものには×をつけよう。

(1) 共有名義の土地の地目変更の登記は、共有者全員で申請しなければならない。

(2) 一筆の土地の一部について地目の変更があったときは、表題部所有者又は所有権の登記名義人は、土地の分筆の登記及び表示の変更の登記を申請しなければならない。

(3) 表題部所有者が表示に関する登記の申請人となることができる場合において、当該表題部所有者について相続があったときは、その相続人は、当該表示に関する登記を申請することができる。

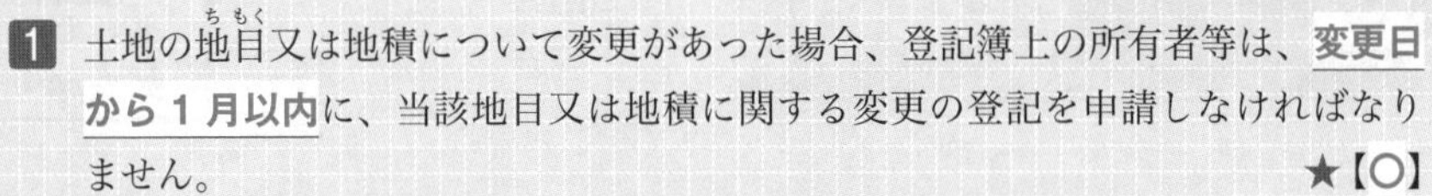

1 土地の地目(ちもく)又は地積について変更があった場合、登記簿上の所有者等は、**変更日から１月以内**に、当該地目又は地積に関する変更の登記を申請しなければなりません。 ★【○】

2 土地でも建物でも、**表題部所有者の住所変更**については、**変更の登記**をする**義務はありません**。 ★【×】

3 新築した建物又は表題登記がない建物の所有権を取得した者は、**取得の日から１月以内**に、**表題登記**を申請しなければなりません。 ★【○】

4 建物が滅失した場合、登記簿上の所有者等は、**滅失の日から１月以内**に、**滅失の登記**をしなければなりません。 ★【○】

正解 2

Ken's Point

表題部の登記を１か月以内に申請しなければならない義務となっているのは、「固定資産税に影響があるから」と考えるとよいですね。

第1章 不動産登記法

一問一答！ 解答&解説

(1) **×：単独で申請できる** (2) **○** (3) **○**

□ 1回目　　/
□ 2回目　　/
□ 3回目　　/

不動産の登記に関する次の記述のうち、不動産登記法の規定によれば、正しいものはどれか。

1 敷地権付き区分建物の表題部所有者から所有権を取得した者は、当該敷地権の登記名義人の承諾を得なければ、当該区分建物に係る所有権の保存の登記を申請することができない。
2 所有権に関する仮登記に基づく本登記は、登記上の利害関係を有する第三者がある場合であっても、その承諾を得ることなく、申請することができる。
3 債権者Aが債務者Bに代位して所有権の登記名義人CからBへの所有権の移転の登記を申請した場合において、当該登記を完了したときは、登記官は、Aに対し、当該登記に係る登記識別情報を通知しなければならない。
4 配偶者居住権は、登記することができる権利に含まれない。

2020年10月 問14

理解を深掘り！　一問一答！

以下の文章について、正しいものには○、誤っているものには×をつけよう。

(1) 地目について変更があったときは、共有地の場合は共有者全員で、その変更があった日から１月以内に、当該地目に関する変更の登記を申請しなければならない。
(2) 二筆の土地の表題部所有者又は所有権の登記名義人が同じであっても、持分が相互に異なる土地の合筆の登記は、申請することができない。
(3) 地上権の設定の登記がされている土地の分筆の登記は、所有権の登記名義人又は地上権者が申請することができる。

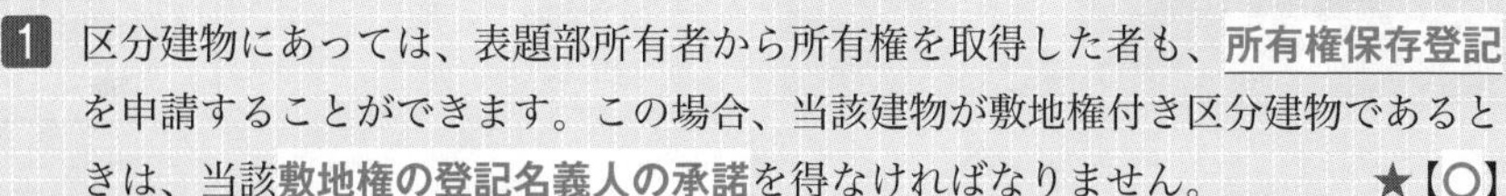

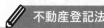

1 区分建物にあっては、表題部所有者から所有権を取得した者も、**所有権保存登記**を申請することができます。この場合、当該建物が敷地権付き区分建物であるときは、当該**敷地権の登記名義人の承諾**を得なければなりません。 ★【○】

2 **所有権に関する仮登記に基づく本登記**は、登記上の利害関係を有する第三者がある場合は、その**承諾があるとき**でなければ申請することができません。 ★【×】

3 不動産のように登記が対抗要件になっている財産を譲渡された者は、譲渡人がその権利を行使しない場合には、債権者代位権に基づき、譲渡人Bの前主Cに対する**移転登記請求権**を代位行使することができます。登記識別情報は「**申請人自ら**が登記名義人となる場合」に交付されますが、代位による登記申請は申請者と登記名義人が異なるので、申請者であるAにも登記名義人であるBにも登記識別情報が通知されることはありません。 【×】

4 建物の所有者は、配偶者に対し、**配偶者居住権**の設定登記を備えさせる義務を負うと規定されているように、**配偶者居住権**は登記可能な権利です。 ★【×】

正解 1

Ken's Point

区分建物は、新築で購入した人が保存登記できる特別ルールがありますが、土地は実質移転になるため、承諾書を要求されている点に注意してください。

一問一答！ 解答&解説

(1) **×：地目変更は義務であるが、保存行為に当たり共有者の1人が申請することができる** (2) **○** (3) **×：分筆の登記を申請できるのは表題部所有者か所有権の登記名義人であり、地上権者が申請することはできない**

□ 1 回目　　/
□ 2 回目　　/
□ 3 回目　　/

不動産登記の申請に関する次の記述のうち、誤っているものはどれか。

1 権利に関する登記の申請は、法令に別段の定めがある場合を除き、登記権利者及び登記義務者が共同してしなければならない。

2 信託の登記の申請は、当該信託による権利の移転又は保存若しくは設定の登記の申請と同時にしなければならない。

3 表題部に所有者として記録されている者の相続人は、所有権の保存の登記を申請することができる。

4 同一の登記所の管轄区域内にある二以上の不動産について申請する登記原因及びその日付が同一である場合には、登記の目的が異なるときであっても、一つの申請情報で申請することができる。

2006年 問15

理解を深掘り！　一問一答！

以下の文章について、正しいものには○、誤っているものには×をつけよう。

(1) 抵当権設定の登記のある2個の建物については、その抵当権設定登記の登記原因、その日付、登記の目的及び受付番号が同じであっても、合併の登記をすることができない。
(2) 土地収用法による収用によって、所有権保存の登記がない土地の所有権を取得した者は、直接自己名義に当該土地の所有権の保存の登記を申請することができる。
(3) 建物を新築した場合、当該建物の所有者は、新築工事が完了した時から1か月以内に、建物の所有権の保存の登記の申請をしなければならない。

1 権利に関する登記の申請は、法令に別段の定めがある場合を除き、**登記権利者（権利を得る者）**及び**登記義務者（権利を失う者・権利を制限される者）が共同**で行わなければなりません。 ★【〇】

2 信託（しんたく）とは、委託者が受託者に財産を預け、管理及び処分をお願いすることです。信託は、**登記**することで第三者に対抗できます。信託の登記の申請は、当該信託による**権利の移転又は保存もしくは設定の登記の申請と同時**にしなければなりません。 【〇】

3 表題部に所有者として記録されている者の相続人は、表題部所有者と同一視できるので、**所有権の保存**の登記を申請することができます。 ★【〇】

4 登記の**目的**・**原因**・**日付**が同一であれば一つの申請情報で申請することが可能です。たとえば、一つの売買契約で複数の不動産の譲渡を受けた場合の所有権移転登記などです。 ★【×】

正解 4

Ken's Point

「信託の登記は所有権移転登記と同時にしなくてはいけない」という知識は、何度か出題実績があるので頑張って理解してください。

一問一答！　解答&解説

(1) **×：所有権の登記以外の権利に関する登記のある建物は、原則として合併登記はできないが、例外としてその抵当権設定登記の登記原因、その日付、登記の目的及び受付番号が同じであれば、合併の登記をすることができる**　(2) **〇**　(3) **×：所有権保存の登記は権利の登記であるので義務ではない**

□1回目　　/
□2回目　　/
□3回目　　/

不動産の登記に関する次の記述のうち、誤っているものはどれか。

1 表示に関する登記を申請する場合には、申請人は、その申請情報と併せて登記原因を証する情報を提供しなければならない。

2 新たに生じた土地又は表題登記がない土地の所有権を取得した者は、その所有権の取得の日から１月以内に、表題登記を申請しなければならない。

3 信託の登記の申請は、当該信託に係る権利の保存、設定、移転又は変更の登記の申請と同時にしなければならない。

4 仮登記は、仮登記の登記義務者の承諾があるときは、当該仮登記の登記権利者が単独で申請することができる。

2014年 問14

理解を深掘り！　一問一答！

以下の文章について、正しいものには○、誤っているものには×をつけよう。

(1) 権利に関する登記を申請する場合には、申請人は、法令に別段の定めがある場合を除き、その申請情報と併せて登記原因を証する情報を提供しなければならない。

(2) 仮登記は、登記の申請に必要な手続上の条件が具備しない場合に限り、仮登記権利者が単独で申請することができる。

(3) 申請情報と併せて仮登記義務者の承諾を証する情報を提供してする所有権移転登記の仮登記の申請は、仮登記権利者及び仮登記義務者が共同してすることを要する。

1 表示に関する登記を申請する場合には、**登記原因**を証する情報を提供する必要はありません。一方、**権利**に関する登記を申請する場合は、申請情報と併せて、登記原因を証する情報を提供する必要があります。 ★【×】

2 新たに生じた土地又は表題登記がない土地の所有権を取得した者は、その所有権の取得の日から**1**月以内に、表題登記を申請しなければなりません。 ★【○】

3 **信託**は、自分の持っている財産を別の人に預けて（所有者を名義上移して）運用・管理・処分してもらう契約です。信託財産に不動産が含まれるときには分別管理及び信託契約の内容の記録のために、信託の**登記**を行わなければなりません。信託の登記の申請は、当該信託に係る権利の保存、設定、移転又は変更の登記の申請と同時にしなければなりません。 ★【○】

4 仮登記は予備的な登記ということで、仮登記の**登記義務者**の承諾があるときは、当該仮登記の登記権利者が単独で申請することができます。 ★【○】

正解 1

Ken's Point

仮登記は、原則として共同申請ですが、設定するのも抹消するのも単独で可能なことが多いです。逆に単独でできないものを過去問などで見つけたら、覚えるようにしてみてください。

一問一答！ 解答＆解説

(1) ○ (2) **×：仮登記は原則として共同申請である。この場合に限らず、請求権保全のためにもできる** (3) **×：単独で可能である**

□ 1 回目　/
□ 2 回目　/
□ 3 回目　/

Ａが所有する甲土地上にＢが乙建物を建築して所有権を登記していたところ、ＡがＢから乙建物を買い取り、その後、Ａが甲土地にＣのために抵当権を設定し登記した。この場合の法定地上権に関する次の記述のうち、民法の規定及び判例によれば、誤っているものはどれか。

1. Ａが乙建物の登記をＡ名義に移転する前に甲土地に抵当権を設定登記していた場合、甲土地の抵当権が実行されたとしても、乙建物のために法定地上権は成立しない。
2. Ａが乙建物を取り壊して更地にしてから甲土地に抵当権を設定登記し、その後にＡが甲土地上に丙建物を建築していた場合、甲土地の抵当権が実行されたとしても、丙建物のために法定地上権は成立しない。
3. Ａが甲土地に抵当権を設定登記するのと同時に乙建物にもＣのために共同抵当権を設定登記した後、乙建物を取り壊して丙建物を建築し、丙建物にＣのために抵当権を設定しないまま甲土地の抵当権が実行された場合、丙建物のために法定地上権は成立しない。
4. Ａが甲土地に抵当権を設定登記した後、乙建物をＤに譲渡した場合、甲土地の抵当権が実行されると、乙建物のために法定地上権が成立する。

2018年 問6

以下の文章について、正しいものには○、誤っているものには×をつけよう。

(1) 土地及びその地上建物の所有者が同一である状態で、土地に１番抵当権が設定され、その実行により土地と地上建物の所有者が異なるに至ったときは、地上建物について法定地上権が成立する。
(2) 更地である土地の抵当権者が抵当権設定後に地上建物が建築されることを承認した場合であっても、土地の抵当権設定時に土地と所有者を同じくする地上建物が存在していない以上、地上建物について法定地上権は成立しない。
(3) 土地に１番抵当権が設定された当時、土地と地上建物の所有者が異なっていたとしても、２番抵当権設定時に土地と地上建物の所有者が同一人となれば、土地の抵当権の実行により土地と地上建物の所有者が異なるに至ったときは、地上建物について法定地上権が成立する。

抵当権設定と法定地上権の成立

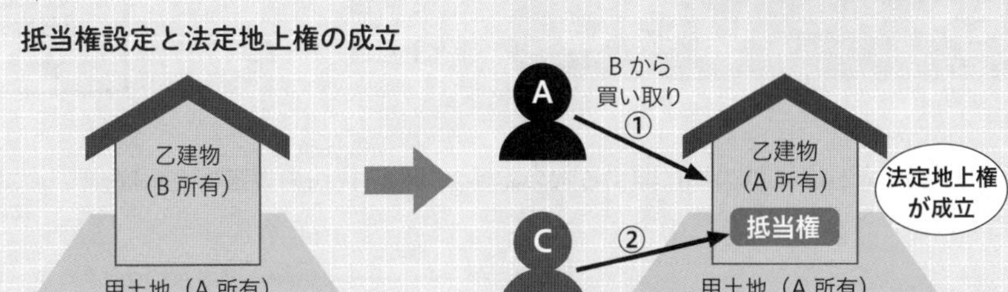

1 抵当権設定当時の所有者は、**登記名義ではなく所有権の実態に即して判断**されます。AはBから乙建物を買い取っているので、**所有権の実態はAにあります**。よって、建物の登記名義が前所有者のものであっても、これに関係なく**法定地上権**は成立します。 ★【×】

2 法定地上権が成立するためには、1番抵当権の設定当時、土地上に**建物**が存在していなければなりません。抵当権設定当時の甲土地は更地（さらち）だったので、法定地上権は成立しません。 ★【○】

3 所有者が土地及び地上建物に共同抵当権を設定した後に建物が取り壊されて新建物が建築された場合には、新建物についての**共同抵当権の設定**を受けていない限り、新建物について法定地上権は成立しません。 ★【○】

4 法定地上権は、1番抵当権の設定当時、土地上に建物が存在し、かつ**土地と建物の所有者**が同一である場合に認められます。抵当権設定時に同一であれば、もしその建物の譲渡後に抵当権が実行されても、法定地上権は成立します。 ★【○】

正解 1

Ken's Point

上記の図のように、土地と建物が同一所有者のときに抵当権設定をし、後に競売で土地と建物の所有者が異なると、法定地上権が成立するという点を覚えておきましょう。

一問一答！　解答&解説

(1) ○　(2) ○　(3) ×：**1番抵当権の設定後に、土地と建物の所有者が同一人物になったケースでは、法定地上権は成立しない**

□1回目　／
□2回目　／
□3回目　／

①不動産質権と②抵当権に関する次の記述のうち、民法の規定によれば、誤っているものはどれか。

1 ①では、被担保債権の利息のうち、満期となった最後の２年分についてのみ担保されるが、②では、設定行為に別段の定めがない限り、被担保債権の利息は担保されない。

2 ①は、10年を超える存続期間を定めたときであっても、その期間は10年となるのに対し、②は、存続期間に関する制限はない。

3 ①は、目的物の引渡しが効力の発生要件であるのに対し、②は、目的物の引渡しは効力の発生要件ではない。

4 ①も②も不動産に関する物権であり、登記を備えなければ第三者に対抗することができない。

2017年 問10

理解を深掘り！　一問一答！

以下の文章について、正しいものには○、誤っているものには×をつけよう。

(1) 先取特権も質権も、債権者と債務者との間の契約により成立する。

(2) 建物賃借人が、敷金返還請求権に、自己の金銭債務の担保として質権を設定した場合、質権の設定を受けた者は、賃借人の承諾を得ることなく、いつでも賃貸人から直接取立てを行うことができる。

(3) 質権者は、善良な管理者の注意をもって、質物を占有する必要がある。

1 ①不動産質権者は質権の目的となっている**不動産を使用収益できる**ことから、設定行為に別段の定めがあるときを除き、**被担保債権の利息の請求をすることができません**。一方、②の抵当権者は元本のほか満期となった**最後２年分の利息についても優先弁済を受けられます**。記述が逆であるため、本肢は不適切です。

★【×】

2 不動産質権は **10 年を超える存続期間を定めることができません**。不動産質権において 10 年を超える存続期間を定めた場合、10 年となります。これに対し、**抵当権の存続期間に関する制限はありません**。

【○】

3 不動産質権は**要物契約**のため、目的物の**引渡しが要件**となっています。これに対し、抵当権は**諾成(だくせい)契約**であるため、引渡しは要件ではありません。

【○】

4 質権も抵当権も、不動産という担保に対する物権です。不動産に関する物権の取得・喪失・変更は、**登記**がなければ第三者に対抗することはできないので、**質権も抵当権も、登記が第三者対抗要件**になります。

★【○】

正解 1

Ken's Point

担保物権の内容は難しいので、抵当権以外はあまり深入りすべきではありません。抵当権の基本的な知識をしっかり身につけることを意識してください。次の３点を押さえておけばよいでしょう。

①不動産質権は質権者が収益できる（善管注意義務あり）
②引渡しが必要（要物契約）
③ 10 年を超えられない

第1章 抵当権・根抵当権

一問一答！ 解答＆解説

(1) ×：先取特権は法律の規定により当然に成立する　(2) ×：質権の実行と敷金返還請求権の行使ができるようになった時点以降でなければできない　(3) ○

□1回目　/
□2回目　/
□3回目　/

根抵当権に関する次の記述のうち、民法の規定によれば、正しいものはどれか。

1 根抵当権者は、総額が極度額の範囲内であっても、被担保債権の範囲に属する利息の請求権については、その満期となった最後の２年分についてのみ、その根抵当権を行使することができる。

2 元本の確定前に根抵当権者から被担保債権の範囲に属する債権を取得した者は、その債権について根抵当権を行使することはできない。

3 根抵当権設定者は、担保すべき元本の確定すべき期日の定めがないときは、一定期間が経過した後であっても、担保すべき元本の確定を請求することはできない。

4 根抵当権設定者は、元本の確定後であっても、その根抵当権の極度額を、減額することを請求することはできない。

2011年 問4

理解を深掘り！　一問一答！

以下の文章について、正しいものには○、誤っているものには×をつけよう。

(1) 根抵当権者は極度額に加え、遅延損害金として満期となった最後の２年分の利息を請求できる。

(2) 根抵当権では元本確定期日後の利息・損害金も極度額の範囲で優先弁済される。

(3) 元本の確定期日を定めなかった場合で根抵当権設定時より３年を経過したとき、根抵当権者は、担保すべき元本の確定を請求でき、請求の時より２週間後に担保すべき元本が確定する。

1 **極度額**とは、根抵当権設定者が支払の責任を負う金額の上限のことです。**極度額の範囲ならば**、最後の２年分に限らず**元本・利息等の全部**につき、その根抵当権を行使できます。これに対し、普通抵当権では原則最後の**2**年分を超える利息について優先して弁済を受けることはできません。 ★【×】

2 **元本確定前の根抵当権**では、個々の債権との間に**随伴性**（ずいはん）がありません。よって、根抵当権者から被担保債権の範囲に属する債権を取得した者が、その債権について根抵当権を行使することはできません。 ★【○】

3 根抵当権設定者は、担保すべき元本の確定すべき期日の定めがない場合であっても、根抵当権設定時から**3**年経過後は、担保すべき元本の確定を請求することができます。 ★【×】

4 根抵当権設定者は、**元本の確定後**に**極度額の減額を請求することができます**。ただし、現に存在する債務の額に**２年分の利息を加えた額までにしか、減額はできません**。元本の確定後に被担保債権が増えることはないため、大きい極度額を設定していた場合は、極度額に満たない部分の枠が無駄になってしまいます。極度額を減らすことで、担保の価値を別の債務に利用できるようになります。 ★【×】

正解 **2**

Ken's Point

抵当権と元本確定前の根抵当権の違いが重要です。抵当権は被担保債権と運命共同体、元本確定前の根抵当権は被担保債権がなくなっても消えず、債権譲渡があってもくっついていきません。

一問一答！ 解答＆解説

(1) **×：最後の２年分という制限はないが、極度額が上限となる** (2) **○** (3) **×：根抵当権者は、いつでも担保すべき元本の確定を請求することができ、請求の時に確定する**

□ 1回目　/
□ 2回目　/
□ 3回目　/

AはBから2,000万円を借り入れて土地とその上の建物を購入し、Bを抵当権者として当該土地及び建物に2,000万円を被担保債権とする抵当権を設定し、登記した。この場合における次の記述のうち、民法の規定及び判例によれば、誤っているものはどれか。

1 AがBとは別にCから500万円を借り入れていた場合、Bとの抵当権設定契約がCとの抵当権設定契約より先であっても、Cを抵当権者とする抵当権設定登記の方がBを抵当権者とする抵当権設定登記より先であるときには、Cを抵当権者とする抵当権が第1順位となる。

2 当該建物に火災保険が付されていて、当該建物が火災によって焼失してしまった場合、Bの抵当権は、その火災保険契約に基づく損害保険金請求権に対しても行使することができる。

3 Bの抵当権設定登記後にAがDに対して当該建物を賃貸し、当該建物をDが使用している状態で抵当権が実行され当該建物が競売された場合、Dは競落人に対して直ちに当該建物を明け渡す必要がない。

4 AがBとは別に事業資金としてEから500万円を借り入れる場合、当該土地及び建物の購入代金が2,000万円であったときには、Bに対して500万円以上の返済をした後でなければ、当該土地及び建物にEのために2番抵当権を設定することはできない。

2010年 問5

理解を深掘り！　一問一答！

以下の文章について、正しいものには○、誤っているものには×をつけよう。

(1) 抵当権を設定した旨を第三者に対抗する場合には登記が必要であるが、根抵当権を設定した旨を第三者に対抗する場合には、登記に加えて、債務者Cの異議を留めない承諾が必要である。

(2) 第三者の不法行為により建物が焼失したので抵当権設定者がその損害賠償金を受領した場合、抵当権者は、損害賠償金に対して物上代位をすることができる。

(3) 抵当権設定者は、抵当権者の同意を得ることなく抵当権の目的物を使用収益し、又は処分することができる。

1 同一不動産に複数の抵当権が設定されている場合の順位は、**登記の先後**で決することとなります。本肢では、Cを抵当権者とする抵当権が第1順位となります。
★【○】

2 抵当権には**物上代位**(ぶつじょうだいい)性があるので、抵当権の目的物が譲渡もしくは滅失し、財産的価値が売買代金、損害賠償請求権又は損害保険金等に姿を変えた場合、抵当権の効力はそれらの上に存続します。火災保険契約に基づく損害保険金請求権に対しても物上代位することができます。なお、この場合、Aが火災保険金を**受領する前に差押え**することが必要です。
★【○】

3 Dは「抵当権設定登記**後**」の賃借人なので、競落人に賃借権を対抗できません。ただし、競落人に建物の賃借権を対抗できない借主を保護するために「**建物明渡し猶予**制度」が設けられており、この場合、建物の**明渡しが6か月猶予**されます。直ちに明け渡す必要がないので、本肢は適切です。
★【○】

4 BとEの被担保債権の合計は2,500万円となり購入額の2,000万円を上回りますが、抵当権の被担保債権の額が抵当権目的物の**購入額**や**時価**を上回っていても問題ありません。よって、AはBに500万円を返済しなくても、Eのために2番抵当権を設定することができます。
★【×】

正解 4

Ken's Point

物上代位できるものとして、保険金請求権・損害賠償請求権・賃料(債務不履行になった場合)・売買代金などがありますが、金銭が抵当権設定者に支払われる前に、差押えしなければならない点も注意しましょう。

一問一答! 解答&解説

(1) ×:承諾は不要である (2) ×:受領前に差押えする必要があるので物上代位できない (3) ○

□1回目　/
□2回目　/
□3回目　/

Aは、Bから借り入れた2,000万円の担保として抵当権が設定されている甲建物を所有しており、抵当権設定の後である令和6年4月1日に、甲建物を賃借人Cに対して賃貸した。Cは甲建物に住んでいるが、賃借権の登記はされていない。この場合に関する次の記述のうち、民法及び借地借家法の規定並びに判例によれば、正しいものはどれか。

1 AがBに対する借入金の返済につき債務不履行となった場合、Bは抵当権の実行を申し立てて、AのCに対する賃料債権に物上代位することも、AC間の建物賃貸借契約を解除することもできる。

2 抵当権が実行されて、Dが甲建物の新たな所有者となった場合であっても、Cは民法第602条に規定されている短期賃貸借期間の限度で、Dに対して甲建物を賃借する権利があると主張することができる。

3 AがEからさらに1,000万円を借り入れる場合、甲建物の担保価値が1,500万円だとすれば、甲建物に抵当権を設定しても、EがBに優先して甲建物から債権全額の回収を図る方法はない。

4 Aが借入金の返済のために甲建物をFに任意に売却してFが新たな所有者となった場合であっても、Cは、FはAC間の賃貸借契約を承継したとして、Fに対して甲建物を賃借する権利があると主張することができる。

2008年 問4

以下の文章について、正しいものには○、誤っているものには×をつけよう。

(1) 抵当権設定者が通常の利用方法を逸脱して、建物の毀損行為を行う場合、債務の弁済期が到来していないときでも、抵当権者は、抵当権に基づく妨害排除請求をすることができる。

(2) 債権者が抵当権の実行として担保不動産の競売手続をする場合には、被担保債権の弁済期が到来している必要があるが、対象不動産に関して発生した賃料債権に対して物上代位をしようとする場合には、被担保債権の弁済期が到来している必要はない。

(3) 普通抵当権でも、根抵当権でも、現在は発生しておらず、将来発生する可能性がある債権を被担保債権とすることができる。

1 抵当権者は被担保債権に**債務不履行があった場合**、**賃貸された抵当不動産の賃料債権について物上代位**することができます。しかし、賃貸借契約を**解除**することはできません。 ★【×】

2 抵当権設定**前**に設定された建物の賃借権は、対抗要件（**賃借権**の登記または**建物**の引渡し）を備えていれば抵当権者や競売の買受人に**対抗できます**。しかし、抵当権設定**後**になされた賃貸借は、これを**対抗することができません**。AC間の賃貸借契約は抵当権設定後に締結されているので、賃借人Cは競売の買受人であるDに賃借権を対抗できません。 ★【×】

3 抵当権の**順位**は、当事者同士が合意し、登記すれば変更できます。抵当権順位を変更すれば、Eが優先的に債権全額の回収をすることも可能です。 【×】

4 賃借権の目的である建物が賃借人に**引渡し済**（鍵を渡しているなど）であれば、賃借人は、新たな所有者に対して建物の賃借権を対抗することができます。本肢の場合、建物の引渡しが済んでいるため、CはFに対して賃借権を対抗できます。本肢は、抵当権の実行ではなく、任意の売却であることに注意しましょう。 ★【○】

正解 4

Ken's Point

抵当権と賃借人の優劣は、抵当権の登記が先か、賃借人の第三者対抗要件が先かで決まります。賃借人の第三者対抗要件が先なら、競売の落札者に対抗できます。しかし、抵当権が先であるときは、建物の場合6か月の明渡猶予がありますが、対抗はできません。

一問一答！　解答&解説

(1) ○　(2) ×：抵当権の効力が果実（賃料）に及ぶのは、債務不履行があったときに限られる　(3) ○

□ 1 回目　/
□ 2 回目　/
□ 3 回目　/

民法第 379 条は、「抵当不動産の第三取得者は、第 383 条の定めるところにより、抵当権消滅請求をすることができる。」と定めている。これに関する次の記述のうち、民法の規定によれば、正しいものはどれか。

1 抵当権の被担保債権につき保証人となっている者は、抵当不動産を買い受けて第三取得者になれば、抵当権消滅請求をすることができる。

2 抵当不動産の第三取得者は、当該抵当権の実行としての競売による差押えの効力が発生した後でも、売却の許可の決定が確定するまでは、抵当権消滅請求をすることができる。

3 抵当不動産の第三取得者が抵当権消滅請求をするときは、登記をした各債権者に民法第 383 条所定の書面を送付すれば足り、その送付書面につき事前に裁判所の許可を受ける必要はない。

4 抵当不動産の第三取得者から抵当権消滅請求にかかる民法第 383 条所定の書面の送付を受けた抵当権者が、同書面の送付を受けた後 2 か月以内に、承諾できない旨を確定日付のある書面にて第三取得者に通知すれば、同請求に基づく抵当権消滅の効果は生じない。

2009年 問6

理解を深掘り！　一問一答！

以下の文章について、正しいものには○、誤っているものには×をつけよう。

(1) 抵当権の被担保債権につき主たる債務者、又は連帯保証人となっている者は、抵当不動産を買い受けて第三取得者になっても、抵当権消滅請求をすることができない。

(2) 抵当不動産を買い受けた第三者が、抵当権者の請求に応じてその代価を抵当権者に弁済したときは、抵当権はその第三者のために消滅する。

(3) 抵当不動産の第三取得者は、当該抵当権実行後に競落人に対する所有権移転登記がされるまでは、抵当権消滅請求をすることができる。

1 抵当権消滅請求は、抵当不動産を取得した第三取得者が、抵当権者に対し、提示した価額で抵当権を**抹消**するか**2**か月以内に抵当権を**実行**するかの選択を迫る制度です。**主たる債務者・保証人および承継人**は、第三取得者になったとしても**抵当権の消滅請求をすることはできません**。 ★【×】

2 抵当権消滅請求は、**差押えの効力**が発生する前に行う必要があります。 ★【×】

3 抵当不動産の第三取得者が抵当権消滅請求をするときは、登記をした各債権者に民法第383条所定の書面を送付する必要があります。**裁判所の許可は不要**です。民法第383条所定の書面とは、取得原因、取得年月日、譲渡人と取得者の氏名・住所、対価、登記事項証明書等を含む書面です。 【○】

4 抵当権消滅請求の書面の送付を受けた債権者が、それを承諾しない場合には、書面を受け取ってから**2**か月以内に**抵当権**を実行し、**競売の申立て**を行う必要があります。「承諾できない旨を確定日付のある書面にて第三取得者に**通知**」しただけでは、**抵当権消滅請求の効果を失わせることはできません**。 ★【×】

正解 3

Ken's Point

抵当不動産の第三取得者の保護の中でも抵当権消滅請求は、第三取得者が金額を決められるので手厚く保護されます。主たる債務者や（連帯）保証人は、全額返済する義務があるため、消滅請求はできません。

一問一答！ 解答&解説

(1) **○** (2) **○：代価弁済である** (3) **×：抵当権消滅請求は、抵当権の実行としての競売による差押えの効力が発生する前にする必要がある**

□1回目　/
□2回目　/
□3回目　/

Aは、Bから借り入れた2,400万円の担保として第一順位の抵当権が設定されている甲土地を所有している。Aは、さらにCから1,600万円の金銭を借り入れ、その借入金全額の担保として甲土地に第二順位の抵当権を設定した。この場合に関する次の記述のうち、民法の規定及び判例によれば、正しいものはどれか。

1 抵当権の実行により甲土地が競売され3,000万円の配当がなされる場合、BがCに抵当権の順位を譲渡していたときは、Bに1,400万円、Cに1,600万円が配当され、BがCに抵当権の順位を放棄していたときは、Bに1,800万円、Cに1,200万円が配当される。

2 Aが抵当権によって担保されている2,400万円の借入金全額をBに返済しても、第一順位の抵当権を抹消する前であれば、Cの同意の有無にかかわらず、AはBから新たに2,400万円を借り入れて、第一順位の抵当権を設定することができる。

3 Bの抵当権設定後、Cの抵当権設定前に甲土地上に乙建物が建築され、Cが抵当権を実行した場合には、乙建物について法定地上権が成立する。

4 Bの抵当権設定後、Cの抵当権設定前にAとの間で期間を2年とする甲土地の賃貸借契約を締結した借主Dは、Bの同意の有無にかかわらず、2年間の範囲で、Bに対しても賃借権を対抗することができる。

2006年 問5

理解を深掘り！　一問一答！

以下の文章について、正しいものには○、誤っているものには×をつけよう。

(1) 土地の所有者が、当該土地の借地人から抵当権が設定されていない地上建物を購入した後、建物の所有権移転登記をする前に土地に抵当権を設定した場合、当該抵当権の実行により土地と地上建物の所有者が異なるに至ったときは、地上建物について法定地上権が成立する。

(2) Aは、A所有の甲土地にBから借り入れた3,000万円の担保として抵当権を設定している。甲土地上の建物が火災によって焼失してしまったが、当該建物に火災保険が付されていた場合、Bは、甲土地の抵当権に基づき、この火災保険契約に基づく損害保険金を請求することができる。

(3) 抵当権を登記した後は、抵当権の順位を変更できない。

1 本問の場合、譲渡も放棄もなければ原則Bに2,400万円、Cに600万円が配当されます。BからCに抵当権の順位が**譲渡された場合**、Cが第一順位の抵当権者、**Bが第二順位の抵当権者**になります。Bが受けるべきだった配当について、Cが優先して弁済を受けられるので、Bに1,400万円、Cに1,600万円が配当されます。BからCに抵当権の**順位の放棄が行われた場合**、B、Cの配当の合計は**B、C間で債権額の割合**に応じて配分されます。

・B：2,400万円÷(2,400万円＋1,600万円)＝0.6
　3,000万円×0.6＝1,800万円
・C：1,600万円÷(2,400万円＋1,600万円)＝0.4
　3,000万円×0.4＝1,200万円

★【○】

2 付従性（ふじゅうせい）により、**被担保債権**が消滅すると当然に抵当権も消滅します。Aが借入金全額を返済した時点で第一順位の抵当権者はCとなり、Aが新たにBから借り入れて抵当権を設定する場合には第二順位となります。Cの**同意**があれば抵当権順位の入れ替えは可能ですが、本肢は「Cの同意の有無にかかわらず」としているため誤りです。

【×】

3 法定地上権が成立するためには、**1番抵当権の設定当時**に土地上に建物が存在している必要があります。乙建物が建築されたのはBの抵当権設定後なので、法定地上権は成立しません。

★【×】

4 抵当権設定後に賃貸借契約を締結した場合、当該**賃借権**を登記し、**抵当権者全員の同意**の登記があれば抵当権者に対抗することが可能です。

★【×】

正解　1

Ken's Point

配当の内容は、複雑なものは深追いしなくても大丈夫です。宅建試験においては、次のイメージで解ける問題に正解できれば十分です。

- **抵当権の順位の譲渡⇒全部あげてしまう**
- **抵当権の順位の放棄⇒いっしょに使う**

(1) ○　(2) **×：土地の抵当権では建物の保険金に物上代位できない**　(3) **×：抵当権設定後でも、各抵当権者の合意があれば順位を変更できる**

□ 1 回目　　/
□ 2 回目　　/
□ 3 回目　　/

保証に関する次の記述のうち、民法の規定及び判例によれば、誤っているものはどれか。なお、保証契約は令和２年４月１日以降に締結されたものとする。

1 特定物売買における売主の保証人は、特に反対の意思表示がない限り、売主の債務不履行により契約が解除された場合には、原状回復義務である既払代金の返還義務についても保証する責任がある。

2 主たる債務の目的が保証契約の締結後に加重されたときは、保証人の負担も加重され、主たる債務者が時効の利益を放棄すれば、その効力は連帯保証人に及ぶ。

3 委託を受けた保証人が主たる債務の弁済期前に債務の弁済をしたが、主たる債務者が当該保証人からの求償に対して、当該弁済日以前に相殺の原因を有していたことを主張するときは、保証人は、債権者に対し、その相殺によって消滅すべきであった債務の履行を請求することができる。

4 委託を受けた保証人は、履行の請求を受けた場合だけでなく、履行の請求を受けずに自発的に債務の消滅行為をする場合であっても、あらかじめ主たる債務者に通知をしなければ、同人に対する求償が制限されることがある。

2020年10月 問7

以下の文章について、正しいものには○、誤っているものには×をつけよう。

(1) 保証人・債権者間の保証契約締結後、債務者・債権者間の合意で債務が増額された場合、保証人は、その増額部分についても保証債務を負う。

(2) 債権者が指定した保証人が破産手続開始の決定を受けても、債権者はその指定した保証人の変更を求めることはできない。

(3) 消滅時効の援用権者である「当事者」とは、権利の消滅について正当な利益を有する者であり、債務者のほか、保証人、物上保証人、第三取得者も含まれる。

1 特定物売買において、買主から売主に代金が支払われた後、売主の債務不履行によって契約が解除された場合は、売主の債務を保証していた保証人の保証債務の範囲は、**売主の代金返還債務**についても及びます。 ★【○】

2 主たる債務の目的が保証契約の締結後に**加重(かじゅう)されたとき**であっても、**保証人の負担は当然には加重されません**。主たる債務者が時効完成後に**時効の利益**を放棄した場合でも、(連帯) 保証人にはその**効果は及びません**。 ★【×】

3 委託を受けた保証人が弁済期前に弁済した場合に、主たる債務者が債権者に対し、その債務消滅行為以前の相殺(そうさい)の原因を有していたときは、その反対債権は (求償に応ずることの代わりに) **保証人**に移転し、**保証人**が債権者に対して履行を請求することになります。 【○】

4 委託を受けた保証人が弁済等をするときには、履行の請求を受けたかどうかにかかわらず**主たる債務者への事前通知**が必要です。この通知を怠った場合、主たる債務者は、債権者に対抗できた事由をもって保証人に対抗できます。 【○】

正解 2

Ken's Point

主たる債務者に起きたことは、付従性によって (連帯) 保証人に影響するのが原則です。ただ、保証人になった後に、追加融資や利息を上げるなどで加重されたものは、保証人に影響しない点に注意しましょう。

一問一答！ 解答&解説

(1) ×：増額部分は負わない (2) ○ (3) ○

□1回目　　/
□2回目　　/
□3回目　　/

AからBとCとが負担部分2分の1として連帯して1,000万円を借り入れる場合と、DからEが1,000万円を借り入れ、Fがその借入金返済債務についてEと連帯して保証する場合とに関する次の記述のうち、民法の規定によれば、正しいものはどれか。

1 Aが、Bに対して債務を免除した場合にはCが、Cに対して債務を免除した場合にはBが、それぞれ500万円分の債務を免れる。Dが、Eに対して債務を免除した場合にはFが、Fに対して債務を免除した場合にはEが、それぞれ全額の債務を免れる。

2 Aが、Bに対して履行を請求した効果はCに及ばず、Cに対して履行を請求した効果はBに及ばない。Dが、Eに対して履行を請求した効果はFに及び、Fに対して履行を請求した効果はEに及ばない。

3 Bについて時効が完成した場合にはCが、Cについて時効が完成した場合にはBが、それぞれ500万円分の債務を免れる。Eについて時効が完成した場合にはFが、Fについて時効が完成した場合にはEが、それぞれ全額の債務を免れる。

4 AB間の契約が無効であった場合にはCが、AC間の契約が無効であった場合にはBが、それぞれ1,000万円の債務を負う。DE間の契約が無効であった場合はFが、DF間の契約が無効であった場合はEが、それぞれ1,000万円の債務を負う。

2008年 問6（改題）

理解を深掘り！　一問一答！

以下の文章について、正しいものには○、誤っているものには×をつけよう。

(1) AからBとCとが負担部分2分の1として連帯して1,000万円を借り入れた。AがCに対して債務を免除した場合でも、特段の合意がなければ、AはBに対して、弁済期が到来した1,000万円全額の支払を請求することができる。

(2) BがAに対して負う1,000万円の債務について、Cが保証人となっている。AがBに対して訴訟により弁済を求めた場合、Cの債務についても、時効の完成が猶予される。

(3) BがAに対して負う1,000万円の債務について、Cが保証人となっている。AのBに対する履行の請求は、Cに対しては効力を生じない。

1 連帯債務者の１人に行った免除は、他の連帯債務者に効力が及ばないので、債務を免除しても残った連帯債務者の債務は**従前（1,000 万円）**のままです。連帯保証では、Ｄが主債務者Ｅに対して債務を免除するとＥの債務がなくなるので、保証債務の付従性によりＦの保証債務もなくなります。一方、ＤがＦにした免除の効力は主債務者であるＥに及びません。 ★【×】

2 連帯債務者の１人に行った履行の請求は、他の連帯債務者に効力が及びません。連帯保証では、主債務者への履行請求は**保証人**にも効果が及びますが、連帯保証人Ｆへの履行請求の効果は、主債務者Ｅに及びません。 ★【○】

3 連帯債務者の１人に時効が完成しても、他の**連帯債務者**はその負担部分の弁済を免れません。連帯保証では、Ｅについて**時効**が完成した場合には、Ｅの債務が消滅します。Ｆの債務も保証債務の付従性により消滅します。一方、Ｆについて時効が完成しても、Ｅにその効力は及びません。 ★【×】

4 **連帯債務**では一部の債務者との契約が無効でも、他の連帯債務者には影響を及ぼさないので、無効ではない連帯債務者が債務を負担することとなります。**連帯保証**では、この規定は適用されません。債権者と主債務者との契約が無効であった場合、保証債務の付従性により**連帯保証人**も債務を免れます。一方、債権者と連帯保証人の間の契約が無効でも、主たる債務は消滅しません。 ★【×】

正解 2

Ken's Point

連帯保証人に起きたことについて、絶対効の「弁済」「相殺」「混同」「更改」は主たる債務者に影響がある点は、確実に押さえてください。また、相対効の事由であっても、主たる債務者に起きたことは、付従性にて影響がある点に注意してください。

一問一答！ 解答＆解説

(1) ○ (2) ○ (3) ×：付従性にて効力が生じる

令和6年7月1日に下記ケース①及びケース②の保証契約を締結した場合に関する次の1から4までの記述のうち、民法の規定によれば、正しいものはどれか。

（ケース①）個人Aが金融機関Bから事業資金として1,000万円を借り入れ、CがBとの間で当該債務に係る保証契約を締結した場合

（ケース②）個人Aが建物所有者Dと居住目的の建物賃貸借契約を締結し、EがDとの間で当該賃貸借契約に基づくAの一切の債務に係る保証契約を締結した場合

1. ケース①の保証契約は、口頭による合意でも有効であるが、ケース②の保証契約は、書面でしなければ効力を生じない。
2. ケース①の保証契約は、Cが個人でも法人でも極度額を定める必要はないが、ケース②の保証契約は、Eが個人でも法人でも極度額を定めなければ効力を生じない。
3. ケース①及びケース②の保証契約がいずれも連帯保証契約である場合、BがCに債務の履行を請求したときはCは催告の抗弁を主張することができるが、DがEに債務の履行を請求したときはEは催告の抗弁を主張することができない。
4. 保証人が保証契約締結の日前1箇月以内に公正証書で保証債務を履行する意思を表示していない場合、ケース①のCがAの事業に関与しない個人であるときはケース①の保証契約は効力を生じないが、ケース②の保証契約は有効である。

2020年10月 問2

理解を深掘り！ 一問一答！

以下の文章について、正しいものには○、誤っているものには×をつけよう。

(1) 保証人となるべき者が、主たる債務者と連絡を取らず、同人からの委託を受けないまま債権者に対して保証したとしても、その保証契約は有効に成立する。

(2) BがAに対して負う1,000万円の債務について、Cが連帯保証人となっている。AがCに対して保証債務の履行を請求してきても、CはAに対して、まずBに請求するよう主張できる。

(3) BがAに対して負う1,000万円の債務について、Cが連帯保証人となっている。Aは、自己の選択により、B及びCに対して、各別に又は同時に、1,000万円の請求をすることができる。

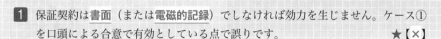

1 保証契約は**書面**（または**電磁的記録**）でしなければ効力を生じません。ケース①を口頭による合意で有効としている点で誤りです。 ★【×】

2 **極度額**とは、保証人が支払の責任を負う金額の上限のことです。ケース①では被担保債権が特定されており、保証契約後に保証内容が加重されることはないため、極度額の定めは不要です。ケース②のうち**個人が保証人となる場合にのみ極度額の定めが必要です**。本肢は法人保証の場合にも必要としているので誤りです。 ★【×】

3 **連帯保証の保証人**は、「**催告**の抗弁権」および「**検索**の抗弁権」を有しません。ケース①もケース②も同様なので、CとEどちらも債権者から履行の請求を受けたときに、主たる債務者に**催告**すべきことを請求できません。 ★【×】

4 経営者やそれに準ずる者以外の個人が事業用の貸金等債務を主たる債務とする保証契約、事業用の貸金等債務が含まれる根保証契約を契約しようとするときは、契約前**1**箇月以内に**公正証書**による意思表示が必要です。個人保証人の保護のためです。ケース①では事業資金を借り入れているので、保証人Cが事業に関与しない個人であるときは、**公正証書**がなければ保証契約は効力を生じません。ケース②は事業用の貸金等債務ではないので、**公正証書**がなくても契約は**有効**です。 【○】

正解 4

Ken's Point

個人が建物賃貸借等の根保証の（連帯）保証人になるときは極度額を定める必要がありますが、法人（保証会社等）が（連帯）根保証人になるときは極度額が不要な点は、実務でも重要なのでしっかり理解しましょう。

一問一答！　解答&解説

(1) ○　(2) ×：連帯保証人Cは請求されたら払わなければならない　(3) ○

問題 059

□1回目　／
□2回目　／
□3回目　／

\重要度/
★★★

AとBが1,000万円の連帯債務をCに対して負っている（負担部分は1／2ずつ）場合と、Dが主債務者として、Eに1,000万円の債務を負い、FはDから委託を受けてその債務の連帯保証人となっている場合の次の記述のうち、民法の規定によれば、正しいものはどれか。

1 1,000万円の返済期限が到来した場合、CはA又はBにそれぞれ500万円までしか請求できないが、EはDにもFにも1,000万円を請求することができる。

2 CがBに対して債務の全額を免除しても、AはCに対してなお1,000万円の債務を負担しているが、EがFに対して連帯保証債務の全額を免除すれば、Dも債務の全額を免れる。

3 Aが1,000万円を弁済した場合には、Aは500万円についてのみBに対して求償することができ、Fが1,000万円を弁済した場合にも、Fは500万円についてのみDに対して求償することができる。

4 Aが債務を承認して時効が更新してもBの連帯債務の時効の進行には影響しないが、Dが債務を承認して時効が更新した場合にはFの連帯保証債務に対しても時効更新の効力を生ずる。

2004年 問6（改題）

以下の文章について、正しいものには○、誤っているものには×をつけよう。

(1) BがAに対して負う1,000万円の債務について、Cが連帯保証人となっている。AがCに対して訴訟により弁済を求めた場合、Bの債務についても、時効の完成が猶予される。

(2) 連帯債務者の一人が、債務全額を弁済した場合、他の債務者に対し、その負担部分と支払日以降の法定利息を求償できる。

(3) 債権者は、主債務者と連帯保証人のどちらにも債務全額を請求できる。

A･B･C は**連帯債務**（①）、D･E･F は D を主債務者とした**連帯保証**（②）の関係です。

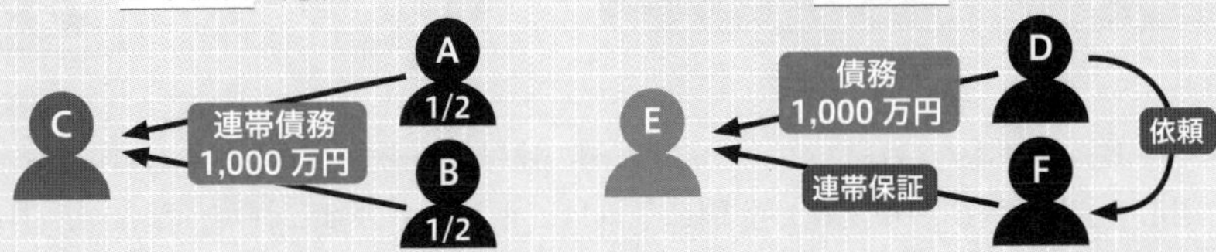

1 ①債権者 C は、すべての債務者（A・B）に**全額 1,000** 万円又は一部の履行を請求できます。②連帯保証人は連帯債務者の 1 人と同様に扱われるので、E は D にも F にも**全額 1,000** 万円を請求できます。 ★【×】

2 連帯債務者の 1 人に生じた事由は別段の定めがない場合、弁済、更改、相殺、混同を除き他の債務者には効力が生じず、連帯保証で**保証人**に生じた事由でも同様です。①連帯債務者の 1 人への免除は他の連帯債務者に効力が及ばないので、A の債務は 1,000 万円です。② E が F に全額免除をすると連帯保証債務はなくなりますが、D の主たる債務はなくなりません。 ★【×】

3 ①連帯債務者の 1 人が弁済したときは債務消滅額のうち他の連帯債務者各自が負担すべき部分の額を求償できます。債務の負担割合は 2 分の 1 なので、A は B が負担すべきだった 500 万円を B に求償できます。②保証人が自己の財産で主債務者の債務を消滅させた場合、その保証人は主債務者に、そのために支出した金額を求償できます（F は **1,000** 万円を D に求償可能）。 ★【×】

4 ①**2**の解説のとおり、A の債務の承認は B の**時効**の進行に影響しません。②主債務者に履行の請求、時効の完成猶予・更新があった場合、その効力は**保証人**に及ぶので、D の承認による時効の更新により F の時効も更新されます。 ★【〇】

正解 4

Ken's Point

連帯債務と連帯保証の違いについて理解しておきましょう。2人とも債務者なのが連帯債務で、連帯保証はあくまでも連帯保証人が自分で借りたものではないという点で違いがあります。

一問一答！ 解答&解説

(1) **×：Bの債務は猶予されない** (2) 〇 (3) 〇

□1回目　/
□2回目　/
□3回目　/

A、B、Cの3人がDに対して900万円の連帯債務を負っている場合に関する次の記述のうち、民法の規定及び判例によれば、正しいものはどれか。なお、A、B、Cの負担部分は等しいものとする。

1 DがAに対して履行の請求をした場合、B及びCがそのことを知らなくても、B及びCについては、その効力が生じる。

2 Aが、Dに対する債務と、Dに対して有する200万円の債権を対当額で相殺する旨の意思表示をDにした場合、B及びCのDに対する連帯債務も200万円が消滅する。

3 Bのために時効が完成した場合、A及びCのDに対する連帯債務も時効によって一部消滅する。

4 CがDに対して100万円を弁済した場合は、Cの負担部分の範囲内であるから、Cは、A及びBに対して求償することはできない。

2017年 問8（改題）

以下の文章について、正しいものには○、誤っているものには×をつけよう。

(1) AからBとCとが負担部分2分の1として連帯して1,000万円を借り入れた。BがAに対して1,000万円の債権を有している場合、Bが相殺を援用しない間に1,000万円の支払の請求を受けたCは、BのAに対する債権で相殺する旨の意思表示をすることができる。

(2) AからBとCが負担部分各2分の1として連帯して1,000万円を借り入れた。Bが、Aに対する債務と、Aに対して有する600万円の債権を対当額で相殺する旨の意思表示をAにした場合、CのAに対する連帯債務も600万円が消滅する。

(3) 保証人が弁済した際は主たる債務者に求償することができるが、連帯保証人が弁済した場合は主たる債務者に求償することはできない。

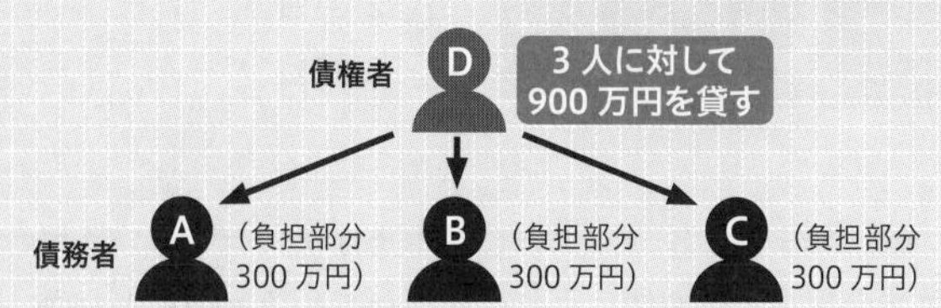

1 連帯債務者の1人に対して生じた事由は、**弁済**、**更改**、**相殺**、**混同**を除いて他の債務者に対して効力が生じません。履行の請求は**相対効**ですから、DがAに履行の請求をした場合でも、BとCには履行の請求の効力は及びません。★【×】

2 連帯債務者の1人が債権者に対して相殺を援用した場合は、他の債務者の連帯債務も消滅します。よって、相殺された**200**万円分だけBとCの債務も消滅します。なお、AはBとCに対して**求償**を請求できます。★【○】

3 時効の完成は**相対効**ですから、連帯債務者の1人のために時効が完成した場合でも他の債務者の債務は消滅しません。この場合、A及びCの2人で**900**万円の債務を負うことになります。★【×】

4 連帯債務者の1人が債権者に対して弁済をしたときは、他の債務者に**求償**することができます。求償は弁済した額が自己の負担部分を**超えない**場合であってもできます。ただし、求償できるのは、他の債務者各自の**負担部分**についてのみです。本肢の場合、各債務者の負担割合が平等なので、CはAとBに対して「100万円÷3＝33.3万円」ずつ求償を請求できます。★【×】

正解 2

Ken's Point

連帯債務の場合、債権者は900万円全額を、どの債務者に対しても全額請求でき、債務者は全額払う義務があります。ただし、連帯債務者間にも負担部分があるので、払ったあとに求償ができます。

一問一答！ 解答&解説

(1) **×：CはBの負担部分の範囲で履行を拒絶できるが、相殺はできない** (2) **○**
(3) **×：連帯保証人も求償できる**

A、B及びCが、持分を各3分の1として甲土地を共有している場合に関する次の記述のうち、民法の規定及び判例によれば、誤っているものはどれか。

1 甲土地全体がDによって不法に占有されている場合、Aは単独でDに対して、甲土地の明渡しを請求できる。

2 甲土地全体がEによって不法に占有されている場合、Aは単独でEに対して、Eの不法占有によってA、B及びCに生じた損害全額の賠償を請求できる。

3 共有物たる甲土地の分割について共有者間に協議が調わず、裁判所に分割請求がなされた場合、裁判所は、特段の事情があれば、甲土地全体をAの所有とし、AからB及びCに対し持分の価格を賠償させる方法により分割することができる。

4 Aが死亡し、相続人の不存在が確定した場合、Aの持分は、民法第958条の3の特別縁故者に対する財産分与の対象となるが、当該財産分与がなされない場合はB及びCに帰属する。

2006年 問4

以下の文章について、正しいものには○、誤っているものには×をつけよう。

(1) 各共有者は、共有物の全部について、その持分に応じた使用をすることができる。

(2) A、B及びCが土地を共有（持分は等しい）している場合、Aは、B及びCの同意を得なければ、自己の持分を他に譲渡することができない。

(3) 各共有者は、いつでも共有物分割請求できるが、5年を超えない期間内は共有物を分割しない旨の契約をすることができる。

1 共有者は、**保存**行為であれば**単独**で行うことができます。不法占拠者に対する妨害排除請求は**保存**行為とされており、各共有者が**単独**で行うことが可能です。

★【○】

2 不法占拠者に対する損害賠償請求は、**各自の持分**についてのみ行うことが可能です。よって、A単独ではEに対して自分の持分相当だけしか損害賠償請求できません。

★【×】

3 共有物を1人の**単独所有**とし、他の共有者に対してそれぞれの持分を現金で賠償させる分割方法（**全面的価格賠償**）も認められています。

★【○】

4 共有者の1人が死亡し、相続人がいない場合で特別縁故者に対する財産分与もなされないとき、その持分は**他の共有者**に帰属します。

★【○】

正解 2

Ken's Point

共有物の管理は持分によって下表のようになっています。

	具体例	必要とされる持分数
保存行為	・共有物の修繕 ・不法占拠者に対する明渡し請求	・単独
管理行為	・賃借権等で一定期間を超えないものの設定 ・共有物の賃貸借契約の解除 ・3年を超えない建物の賃貸借等 ・共有物の管理者の選任・解任 ・共有物の形状や効用の著しい変更を伴わない変更行為（軽微な変更） 例 前面道路を砂利道からコンクリートにする、建物の外壁･屋上の防水工事など	・各共有者の持分価格の過半数 ※管理費用は持分により各共有者が負担
変更行為	・共有物の変更（上記「管理行為」の「軽微な変更」は除く） ・共有物の第三者への売却 ・建物の建替え・増改築	・共有者の全員

共有者が所在等不明の際は、裁判所に請求することにより不明の者以外で決議できる

(1) ○ (2) ×：自己の持分の売却においては、他の共有者の同意は不要である
(3) ○

□ 1 回目　　/
□ 2 回目　　/
□ 3 回目　　/

不動産の共有に関する次の記述のうち、民法の規定によれば、誤っているものはどれか。

1 共有物の各共有者の持分が不明な場合、持分は平等と推定される。
2 各共有者は、他の共有者の同意を得なければ、共有物に変更（その形状又は効用の著しい変更を伴わないものを除く。）を加えることができない。
3 共有物の保存行為については、各共有者が単独ですることができる。
4 共有者の一人が死亡して相続人がないときは、その持分は国庫に帰属する。

2020年12月 問10

以下の文章について、正しいものには○、誤っているものには×をつけよう。

(1) 別荘の改築は、共有者全員の合意で行うことを要し、共有者の一人が単独で行うことはできない。
(2) 共有者の一人は、他の共有者の同意を得なければ、建物に物理的損傷及び改変などの変更を加えることはできない。
(3) 共有物に変更を加える行為であっても、形状又は効用の著しい変更を伴わないもの（軽微変更）については持分価格の過半数で決定することができる。

1 各共有者の持分が不明な場合、持分は**等しい**ものと推定されます。 ★【〇】

2 共有物に対する**保存**行為・**管理**行為・**変更**行為に必要な共有者の同意は、下表のとおりです。**変更**行為は、物理的変化を伴う変更や処分行為などを指し、他の共有者の同意を得なければすることができません。 ★【〇】

共有物に対する行為		同意要件
保存		なし（各共有者が単独でできる）
管理（広義）	管理（狭義）	持分価格の過半数
	軽微な変更	
変更（軽微な変更を除く）		共有者全員の同意

3 共有物の**保存**行為は、物理的変化を伴わず、他の共有者に不利益がない行為を指し、各共有者が**単独**でできます。 ★【〇】

4 共有者の１人が死亡して相続人がないときは、その持分は**他の共有者**に帰属します。国庫に帰属ではありません。 ★【×】

正解 4

Ken's Point

共有者の１人が死亡して相続人も特別縁故者に対する財産分与もないときや、共有持分を放棄したときは、共有者に帰属します。この点は確実に覚えましょう。

(1) 〇 (2) 〇 (3) 〇

A・B・Cが、持分を6・2・2の割合とする建物の共有をしている場合に関する次の記述のうち、民法の規定及び判例によれば、正しいものはどれか。

1 Aが、B・Cに無断で、この建物を自己の所有としてDに売却した場合は、その売買契約は有効であるが、B・Cの持分については、他人の権利の売買となる。

2 Bが、その持分に基づいて単独でこの建物全部を使用している場合は、A・Cは、Bに対して、理由を明らかにすることなく当然に、その明渡しを求めることができる。

3 この建物をEが不法占有している場合には、B・Cは単独でEに明渡しを求めることはできないが、Aなら明渡しを求めることができる。

4 裁判による共有物の分割では、Aに建物を取得させ、AからB・Cに対して適正価格で賠償させる方法によることは許されない。

2001年 問1

理解を深掘り！　一問一答！

以下の文章について、正しいものには○、誤っているものには×をつけよう。

(1) 共有者が他の共有者を知ることができず、又はその所在を知ることができないときは、裁判所は、共有者の請求により、当該他の共有者以外の他の共有者の同意を得て共有物に変更を加えることができる旨の裁判をすることができる。

(2) 不動産が数人の共有に属する場合において、共有者が他の共有者を知ることができず、又はその所在を知ることができないときは、裁判所は、共有者の請求により、その共有者に、当該所在等不明共有者の持分を取得させる旨の裁判をすることができる。

(3) 共有者の一人が共有物全部を占有する場合、他の共有者は単独で明渡し請求ができる。

1 共有者Aは、自己の持分については自由に処分することができますが、他の共有者B・Cの持分については処分する権利を持ちません。他人の権利の売買をするので**他人物売買**ということになります。**他人物売買**であっても契約自体は有効ですから、Aは、B・Cから持分を**取得**してDに**移転**する義務を負います。

★【〇】

2 共有者はその持分に応じて共有物の**全部**を使用することができます。Bの持分は10分の2ですから、1年の2割の期間は建物全部を使える、といった具合です。Bは持分に基づく当然の使用収益をしているだけですから、Bの持分が少ないからといって、他の共有者が**理由**を明らかにせず当然に明渡しを求めることはできません。

★【×】

3 共有物の不法占拠者に対する明渡し請求は共有物の保存行為とされ、各共有者が**単独**ですることができます。よって、過半数の持分をもつAでなくても、B・C単独でEに対して明渡しを求めることもできます。

★【×】

4 裁判所は、共有物を1人の単独所有とし、他の共有者に対してそれぞれの持分を**現金で賠償**させる方法（全面的価格賠償）で共有物を分割することもできます。

★【×】

正解 **1**

Ken's Point

他人の持分は勝手に売れないのは当然ですが、民法では他人物売買は有効である点を、しっかり覚えておきましょう。

一問一答！　解答&解説

(1) **〇：裁判所の決定で、所在等不明者を除いて決議できる**　(2) **〇**　(3) **×：各共有者は共有物について持分に応じた使用ができ、不法占拠者ではないので単独ではできない**

□ 1 回目　　/
□ 2 回目　　/
□ 3 回目　　/

建物の区分所有等に関する法律（以下この問において「法」という。）についての次の記述のうち、誤っているものはどれか。

1. 管理者は、少なくとも毎年１回集会を招集しなければならない。また、招集通知は、会日より少なくとも１週間前に、会議の目的たる事項を示し、各区分所有者に発しなければならない。ただし、この期間は、規約で伸縮することができる。
2. 法又は規約により集会において決議をすべき場合において、これに代わり書面による決議を行うことについて区分所有者が１人でも反対するときは、書面による決議をすることができない。
3. 建替え決議を目的とする集会を招集するときは、会日より少なくとも２か月前に、招集通知を発しなければならない。ただし、この期間は規約で伸長することができる。
4. 他の区分所有者から区分所有権を譲り受け、建物の専有部分の全部を所有することとなった者は、公正証書による規約の設定を行うことができる。

2009年 問13

以下の文章について、正しいものには○、誤っているものには×をつけよう。

(1) 管理者は、少なくとも毎年１回集会を招集しなければならないが、集会は、区分所有者の４分の３の同意があるときは、招集の手続を経ないで開くことができる。
(2) 専有部分が共有に属するときの集会の招集通知は、議決権を行使すべき者にすればよく、議決権行使者が定められていない場合は、共有者のいずれか一人にすればよい。
(3) 建替え決議を目的とする集会を招集するときは、会日より少なくとも２月前に、招集通知を発しなければならない。ただし、この期間は規約で伸縮することができる。

1 **管理者**は、少なくとも**毎年1回集会を招集**する必要があります。また、集会の招集の通知は、会日より少なくとも**1週間前に**、**会議の目的たる事項**を示し、各区分所有者に発しなければなりません。なお、この期間は、規約で変更が可能です。

★【〇】

2 集会において決議をすべき事項でも**区分所有者全員**の承諾があるときは、**書面等により決議**をすることができます。しかし、1人でも区分所有者が反対している場合は、書面による決議をすることはできません。

★【〇】

3 **建替えを会議の目的**とする集会の招集通知は、集会の日より少なくとも**2か月前**にする必要があります。この期間は、規約で**伸長**することができます（**短縮は不可**）。

★【〇】

4 公正証書による規約の設定を行うことができるのは、**最初に専有部分の全部を所有する者**に限定されています。本肢は「他の区分所有者から区分所有権を譲り受け」、全部を所有することになったので、公正証書による規約の設定を行うことはできません。

★【×】

正解 **4**

Ken's Point

最初に建物の専有部分の全部を所有する者（分譲業者等）は、公正証書によりあらかじめ以下の4つの規約を設定できる点を覚えましょう。

①規約共用部分（集会室等）に関する定め
②規約敷地（駐車場・マンションの通路等）に関する定め
③専有部分と敷地利用権の分離処分を可能とする定め
④敷地利用権の割合の定め

一問一答！ 解答&解説

(1) ×：全員の同意が必要である　(2) 〇　(3) ×：伸長はできるが、短縮はできない

□1回目　/
□2回目　/
□3回目　/

建物の区分所有等に関する法律に関する次の記述のうち、正しいものはどれか。

1 専有部分が数人の共有に属するときは、規約で別段の定めをすることにより、共有者は議決権を行使すべき者を2人まで定めることができる。

2 規約及び集会の決議は、区分所有者の特定承継人に対しては、その効力を生じない。

3 敷地利用権が数人で有する所有権その他の権利である場合には、区分所有者は、規約で別段の定めがあるときを除き、その有する専有部分とその専有部分に係る敷地利用権とを分離して処分することができる。

4 集会において、管理者の選任を行う場合、規約に別段の定めがない限り、区分所有者及び議決権の各過半数で決する。

2010年 問13

以下の文章について、正しいものには○、誤っているものには×をつけよう。

(1) 区分所有者の団体は、区分所有建物が存在すれば、区分所有者を構成員として当然に成立する団体であるが、管理組合法人になることができるものは、区分所有者の数が30人以上のものに限られる。

(2) 区分所有法第62条第1項に規定する建替え決議が集会においてなされた場合、決議に反対した区分所有者は、決議に賛成した区分所有者に対し、建物及びその敷地に関する権利を時価で買い取るべきことを請求することができる。

(3) 区分所有者は、規約に別段の定めがない限り、集会の決議によって管理者を選任することができる。この場合、任期は2年以内としなければならない。

1 専有部分が数人の共有に属する場合は、共有者を代表して**議決権を行使すべき1人を定めなければなりません**。この条文は、規約で別段の定めをすることを認めていません。 ★【×】

2 **特定承継人**とは、区分所有者から所有権を譲渡された買主・受贈者などです。規約及び集会の決議は、区分所有者の特定承継人に対しても、**その効力を生じます**。 ★【×】

3 区分所有者は、規約で別段の定めがあるときを除き、その有する**専有部分**とその専有部分に係る**敷地利用権**とを**分離して処分することができません**。 ★【×】

4 集会における**管理者の選任・解任**は、規約に別段の定めがない限り、区分所有者及び議決権の**各過半数**で決します。 ★【○】

正解 **4**

Ken's Point

特定承継人（買主）は売主の権利義務を承継するという点は、理解しておきましょう。ゆえに売主が守るべきマンションのルールを、買主も守るのは当然です。

一問一答！ 解答&解説

（1）**×：平成14年改正以前は、「区分所有者が30人以上の場合に限り、管理組合法人となることができる」としていた** （2）**×：賛成した区分所有者が反対した区分所有者に対し、時価での売渡しを請求できる** （3）**×：管理者の任期は、特に限定されていない**

□1回目　/
□2回目　/
□3回目　/

建物の区分所有等に関する法律に関する次の記述のうち、正しいものはどれか。

1 共用部分の変更（その形状又は効用の著しい変更を伴わないものを除く。）は、区分所有者及び議決権の各４分の３以上の多数による集会の決議で決するが、この区分所有者の定数は、規約で２分の１以上の多数まで減ずることができる。

2 共用部分の管理に係る費用については、規約に別段の定めがない限り、共有者で等分する。

3 共用部分の保存行為をするには、規約に別段の定めがない限り、集会の決議で決する必要があり、各共有者ですることはできない。

4 一部共用部分は、これを共用すべき区分所有者の共有に属するが、規約で別段の定めをすることにより、区分所有者全員の共有に属するとすることもできる。

2020年10月 問13

以下の文章について、正しいものには○、誤っているものには×をつけよう。

(1) 共用部分の変更（その形状又は効用の著しい変更を伴わないものを除く。）は、集会の決議の方法で決することが必要で、規約によっても、それ以外の方法による旨を定めることはできない。

(2) 形状又は効用の著しい変更を伴わない共用部分の変更については、規約に別段の定めがない場合は、区分所有者及び議決権の各過半数による集会の決議で決することができる。

(3) 共用部分の変更が専有部分の使用に特別の影響を及ぼすべき場合は、その専有部分の所有者の承諾を得なければならない。

1 形状又は効用の著しい変更を伴う（＝重大な）共用部分の変更は、**区分所有者及び議決権の各4分の3以上の多数**による集会の決議で決しますが、この区分所有者の**定数**は、規約で**過半数**まで減ずることができます。区分所有者を200人とすると、2分の1以上の多数だと100人まで減らすことが可能ですが、法の規定である過半数（2分の1超の多数）だと101人までしか減らせないという違いがあります。 ★【×】

2 共用部分の管理に係る費用は、規約に別段の定めがない場合、共有者等分ではなく、**共用部分の持分**に応じて負担することとなります。 ★【×】

3 共用部分の保存行為は、各区分所有者が**単独**で行うことができます。なお、管理行為は**集会の決議**で決します。 ★【×】

4 一部共用部分は、これを共用すべき区分所有者の共有に属するのが原則ですが、規約で別段の定めをすることにより、**区分所有者全員**の共有にすることができます。1階が店舗、2階以上が住居となっている複合用途マンションを例にすると、店舗用出入口、店舗用通路、店舗用共用トイレなどは店舗の区分所有者の共有に属する一部共用部分で、住宅用エントランス、住宅用エレベーターなどは住居の区分所有者の共有に属する一部共用部分ということになります。 ★【○】

正解 4

Ken's Point

「4分の3」や「5分の4」といった特別決議は、強行規定で別段の定めができませんが、共有部分の重大変更の決議において、定数は規約で過半数まで減ずることができます。また、「過半数」は半分ピッタリを含まず、「2分の1以上」は半分ピッタリを含むため、過半数と2分の1以上の違いも、しっかり理解しておきましょう。

一問一答！ 解答&解説

(1) ○ (2) ○ (3) ○

□1回目　　/
□2回目　　/
□3回目　　/

建物の区分所有等に関する法律に関する次の記述のうち、正しいものはどれか。

1 管理者は、少なくとも毎年2回集会を招集しなければならない。また、区分所有者の5分の1以上で議決権の5分の1以上を有するものは、管理者に対し、集会の招集を請求することができる。

2 集会は、区分所有者及び議決権の各4分の3以上の多数の同意があるときは、招集の手続きを経ないで開くことができる。

3 区分所有者は、規約に別段の定めがない限り、集会の決議によって管理者を選任し、又は解任することができる。

4 規約は、管理者が保管しなければならない。ただし、管理者がないときは、建物を使用している区分所有者又はその代理人で理事会又は集会の決議で定めるものが保管しなければならない。

2008年 問15

理解を深掘り！　一問一答！

以下の文章について、正しいものには○、誤っているものには×をつけよう。

(1) 区分所有者の5分の1以上で議決権の5分の1以上を有する者は、管理者に対し、会議の目的たる事項を示して、集会の招集を請求することができるが、この定数は規約で増減することができる。

(2) 集会は、区分所有者全員の同意があれば、招集の手続を経ないで開くことができる。

(3) 管理者の選任は、原則として、区分所有者及び議決権の各2分の1以上の賛成で決する。

1 管理者は、少なくとも**毎年１回**集会を招集しなければなりません。年２回ではありません。なお、集会の招集請求に関しては、設問のとおりです。 ★【×】

2 集会は、**区分所有者全員**の同意があるときに限り、招集の手続きを経ないで開くことができます。本肢は「4分の３以上の」としている点が誤りです。 ★【×】

3 区分所有者は、規約に別段の定めがない限り、**集会の決議**によって管理者を選任し、又は**解任**することができます。 ★【○】

4 規約は管理者が**保管**するのが原則です。ただし、管理者がいないときは、建物を使用している区分所有者またはその代理人で**規約**または**集会の決議**で定める者が**保管**することとなります。本肢は保管者を規約で定めるという説明がなく、代わりに「理事会で定める」となっているので誤りです。 【×】

正解 3

集会の招集などに関する原則と例外

招集期間	原則	集会の招集通知は、会日より少なくとも1週間前（建替え決議は2か月前）に、会議の目的たる事項を示して、各区分所有者に発しなければならない
	例外	①招集期間は、規約で伸縮することができる（建替え決議は伸長のみ可） ②区分所有者全員の同意があるときは、招集通知不要
通知先	原則	・区分所有者が通知場所を管理者に通知している場合⇒その場所に通知する ・区分所有者が通知場所を管理者に通知していない場合 ⇒専有部分が所在する場所に通知する
	例外	規約に特別の定めがあるときは、①建物内に住所を有する区分所有者、または②管理者に対して通知場所を通知していない区分所有者に対し、建物内の見やすい場所に掲示して通知することができる
専有部分が共有の場合	原則	共有者のうち、議決権行使者に通知する
	例外	議決権行使者がいないときは、共有者の１人に通知する
集会の決議事項の制限	原則	あらかじめ通知した事項についてのみ決議をすることができる
	例外	①規約で別段の定めをすれば、通知した事項以外について決議できる （特別の定数が定められている事項を除く） ②招集手続きが省略された場合は、決議事項の制限はない

一問一答！ 解答＆解説

(1) ×：減ずることはできるが、増加はできない (2) ○ (3) ×：過半数の賛成で決する

□1回目　　/
□2回目　　/
□3回目　　/

建物の区分所有等に関する法律（以下この問において「法」という。）に関する次の記述のうち、誤っているものはどれか。

1 管理者は、利害関係人の請求があったときは、正当な理由がある場合を除いて、規約の閲覧を拒んではならない。

2 規約に別段の定めがある場合を除いて、各共有者の共用部分の持分は、その有する専有部分の壁その他の区画の内側線で囲まれた部分の水平投影面積の割合による。

3 一部共用部分に関する事項で区分所有者全員の利害に関係しないものは、区分所有者全員の規約に定めることができない。

4 法又は規約により集会において決議すべきとされた事項であっても、区分所有者全員の書面による合意があったときは、書面による決議があったものとみなされる。

2011年 問13

理解を深掘り！　一問一答！

以下の文章について、正しいものには○、誤っているものには×をつけよう。

(1) 管理者が、規約の保管を怠った場合や、利害関係人からの請求に対して正当な理由がないのに規約の閲覧を拒んだ場合は、20万円以下の過料に処せられる。
(2) 規約の保管場所は、建物内の見やすい場所に掲示しなければならない。
(3) 共用部分に関する各共有者の持分は、その有する専有部分の床面積の割合によることとされており、規約で別段の定めをすることはできない。

1 規約は、正当な理由がある場合を除いて、**利害関係人**の請求に応じて閲覧させなければなりません。
★【○】

2 各共有者の共用部分の持分は、原則としてそれぞれが有する**専有部分の床面積**の割合によります。なお、床面積は、壁その他の区画の**内側線**で囲まれた部分の**水平投影面積**によります。
★【○】

3 一部共用部分に関する事項で区分所有者全員の利害に関係しないものは、区分所有者全員の規約に定めがある場合を除いて、これを共用すべき区分所有者の規約で定めることができます。つまり、**区分所有者全員**の規約に定めることもできます。
★【×】

4 区分所有法や規約により集会において決議すべきとされた事項であっても、区分所有者**全員の書面による合意**があったときは、書面による決議があったものとみなされます。
★【○】

正解 3

規約の保管などに関する決まり

規約の保管	管理者あり	管理者が保管する
	管理者なし	規約または集会の決議の定めにより、 ①建物を使用している区分所有者 ②その代理人 が保管する
利害関係人の閲覧請求	原則	規約の閲覧を拒めない
	例外	正当な理由がある場合は拒める（時間外など）
保管場所	建物内の見やすい場所に掲示しなければならない	
規約の保管および閲覧の規定の準用事項	①集会の議事録 ②書面決議に係る書面、電磁的方法による決議に係る電磁的記録	

一問一答！ 解答&解説

(1) ○ (2) ○ (3) ×：規約で別段の定めをすることができる

□ 1回目　／
□ 2回目　／
□ 3回目　／

賃貸人Aから賃借人Bが借りたA所有の甲土地の上に、Bが乙建物を所有する場合における次の記述のうち、民法の規定及び判例によれば、正しいものはどれか。なお、Bは、自己名義で乙建物の保存登記をしているものとする。

1 BがAに無断で乙建物をCに月額10万円の賃料で貸した場合、Aは、借地の無断転貸を理由に、甲土地の賃貸借契約を解除することができる。
2 Cが甲土地を不法占拠してBの土地利用を妨害している場合、Bは、Aの有する甲土地の所有権に基づく妨害排除請求権を代位行使してCの妨害の排除を求めることができるほか、自己の有する甲土地の賃借権に基づいてCの妨害の排除を求めることができる。
3 BがAの承諾を得て甲土地を月額15万円の賃料でCに転貸した場合、AB間の賃貸借契約がBの債務不履行で解除されても、AはCに解除を対抗することができない。
4 AB間で賃料の支払時期について特約がない場合、Bは、当月末日までに、翌月分の賃料を支払わなければならない。

2014年 問7

以下の文章について、正しいものには○、誤っているものには×をつけよう。

(1) 賃借人は賃貸借の目的物の保存に必要な行為であっても、その修繕を行うことは一切できない。
(2) 賃貸物の使用及び収益に必要な修繕は、原則として賃貸人が行う義務である。
(3) Aは、Bに対し建物を賃貸し、BはAの承諾を得てCに転貸した場合、AはBに対する賃料の限度で、Cに対し、Bに対する賃料を直接支払うよう請求することができる。

1 土地所有者の承諾がなく借地上の建物を賃貸借したとしても、**土地の転貸には当たりません**。借地上の建物を建物所有者が第三者に賃貸することは、建物所有者の**自由**であり、**土地賃貸人の承諾を得る必要はありません**。 ★【×】

2 不動産の賃借人は、その不動産の占有を妨害している第三者に対して**妨害停止請求**、不動産を占有している第三者に対して**返還**請求ができます。よって、借地権者であるBは、Cに対して、Aの所有権の代位行使、または対抗要件を備えた不動産賃借権に基づく妨害排除請求権を行使することができます。 【○】

3 賃貸人・賃借人間の賃貸借契約が賃借人の**債務不履行**で解除された場合には、賃貸人は転借人に解除を対抗することができます。 ★【×】

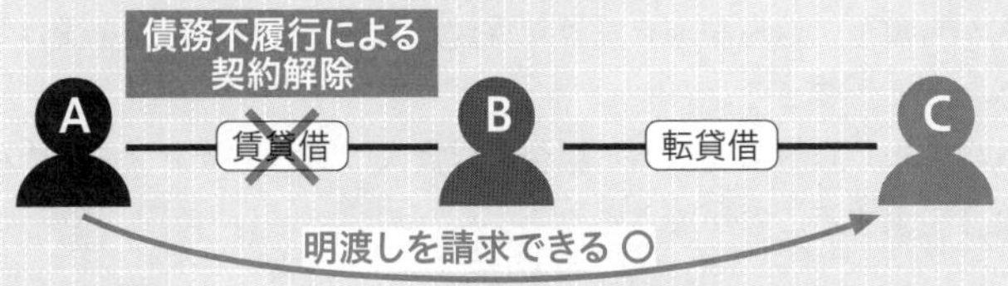

4 民法では賃料支払いの時期として、**当月分**を当月末までに支払うという規定を置いています。特約がないときはこの規定が適用されますから、「当月末日までに翌月分を」とする本肢は誤りです。 ★【×】

正解 2

Ken's Point

賃貸借契約が解除された場合について整理しておきましょう。契約終了の原因が、「期間満了・解約申入れ」の場合は、賃貸人が転借人にその旨を**通知すれば**、**6か月の経過**により転貸借も終了となります。「合意解除」の場合は、原則として転借人に**対抗できません**が、「**債務不履行解除**」の場合は**対抗できます**。なお、賃貸人は、賃借人の債務不履行を理由に解除するときには、転借人に催告する（弁済の機会を与える）必要はない点に注意してください。

一問一答！　解答&解説

(1) **×：修繕が必要な場合で、賃貸人に通知しても相当期間内に必要な修繕をしないときなどは、修繕することができる**　(2) **○**　(3) **○**

□1回目　/
□2回目　/
□3回目　/

建物の賃貸借契約が期間満了により終了した場合における次の記述のうち、民法の規定によれば、正しいものはどれか。なお、賃貸借契約は、令和6年7月1日付けで締結され、原状回復義務について特段の合意はないものとする。

1 賃借人は、賃借物を受け取った後にこれに生じた損傷がある場合、通常の使用及び収益によって生じた損耗も含めてその損傷を原状に復する義務を負う。
2 賃借人は、賃借物を受け取った後にこれに生じた損傷がある場合、賃借人の帰責事由の有無にかかわらず、その損傷を原状に復する義務を負う。
3 賃借人から敷金の返還請求を受けた賃貸人は、賃貸物の返還を受けるまでは、これを拒むことができる。
4 賃借人は、未払賃料債務がある場合、賃貸人に対し、敷金をその債務の弁済に充てるよう請求することができる。

2020年10月 問4

理解を深掘り！　一問一答！

以下の文章について、正しいものには○、誤っているものには×をつけよう。

(1) 通常損耗とは、賃借人が社会通念上、通常の使用をした場合に生ずる賃借物の劣化又は価値の減少を意味する。
(2) 賃借物を賃借人がどのように使用しても、賃借物に発生する損耗による減価の回収は、賃貸人がすべて賃料に含ませてその支払を受けることにより行っている。
(3) 賃借人が負担する通常損耗の範囲が賃貸借契約書に明記されておらず口頭での説明等もない場合に賃借人に通常損耗についての原状回復義務を負わせるのは、賃借人に予期しない特別の負担を課すことになる。

1 賃借人は賃貸借契約の終了時に、賃借物を原状回復して返還する義務を負いますが、通常の使用収益に伴って生じた賃借物の**損耗**や**経年変化**については、原状回復義務の対象外です。これら通常損耗は、賃料に織り込み済であると解されているからです。 ★【×】

2 賃借物を受け取った以降に生じた損傷のうち、賃借人の**帰責事由がない損傷**についても原状回復義務の対象外とされています。賃貸住宅を想定すると、帰責性がない例としては**自然災害**や他の住居からの**水漏れ**などがあり、逆に帰責性がある例としては賃借人の**故意**や**不注意**もしくは使用や管理における**不備**が認められる場合となります。 ★【×】

3 **賃貸物の返還**と**敷金の返還**は**同時履行ではなく**、**賃貸物の返還**が先履行であるというのが判例法理です。2020年改正民法ではこれを明文化し、敷金の返還は賃貸借契約が終了し、かつ賃貸物の返還を受けたときにすると定めています。よって、賃貸人は賃貸物の返還を受けるまでは敷金の返還を拒めます。 ★【○】

4 賃貸人は敷金を未払賃料債務の弁済に充当することができますが、これを**賃借人**から請求することはできません。 ★【×】

正解 **3**

Ken's Point

同時履行かどうかの問題はよく出題されるので、代表的な事例をまとめて覚えておきましょう。

同時履行の関係が肯定される場合	同時履行の関係が否定される場合
・解除による原状回復義務の履行 ・弁済と受取証書（領収書）の交付 ・錯誤・詐欺・強迫によって契約が取り消された場合の相互の返還義務 ・請負の目的物の引渡しと報酬の支払い	・被担保債務の弁済と抵当権の登記抹消手続き（弁済が先） ・弁済と債権証書（借用書等）の交付（弁済が先） ・敷金の返還と明渡し（明渡しが先） ・請負の目的物完成と報酬の支払い（完成が先）

一問一答！ 解答&解説

(1) ○ (2) ×：賃借人が社会通念上、通常の使用をした場合に生ずる通常損耗は賃料に含まれるが、賃借人が社会通念に従わない使用をした場合は含まれないので、「どのように使用しても」ではない (3) ○

□1回目　/
□2回目　/
□3回目　/

借主Aは、B所有の建物について貸主Bとの間で賃貸借契約を締結し、敷金として賃料2カ月分に相当する金額をBに対して支払ったが、当該敷金についてBによる賃料債権への充当はされていない。この場合、民法の規定及び判例によれば、次の記述のうち正しいものはどれか。

1 賃貸借契約が終了した場合、建物明渡しと敷金返還とは同時履行の関係に立たず、Aの建物明渡しはBから敷金の返還された後に行えばよい。

2 賃貸借契約期間中にBが建物をCに譲渡した場合で、Cが賃貸人の地位を承継したとき、敷金に関する権利義務は当然にCに承継される。

3 賃貸借契約期間中にAがDに対して賃借権を譲渡した場合で、Bがこの賃借権譲渡を承諾したとき、敷金に関する権利義務は当然にDに承継される。

4 賃貸借契約が終了した後、Aが建物を明け渡す前に、Bが建物をEに譲渡した場合で、BE間でEに敷金を承継させる旨を合意したとき、敷金に関する権利義務は当然にEに承継される。

2003年 問11

理解を深掘り！　一問一答！

以下の文章について、正しいものには○、誤っているものには×をつけよう。

(1) 賃貸借の終了に伴う賃借人の家屋明渡債務と賃貸人の敷金返還債務の間に同時履行の関係を肯定することは、家屋の明渡しまでに賃貸人が取得する一切の債権を担保することを目的とする敷金の性質にも適合する。

(2) 賃貸借契約期間中に建物が売却され、賃貸人たる地位を譲受人に承継した場合、賃借人の承諾がない限り敷金に関する権利義務は承継されない。

(3) 賃借権の移転合意だけでは、敷金に関する権利義務は、旧賃借人から新賃借人に承継されない。

1 敷金返還請求権は建物明渡し後に発生するので、建物明渡しと敷金返還とは**同時履行**の関係に立ちません。よって、借主Aは先に**建物の明渡し**をしなければなりません。 ★【×】

2 貸主が賃貸借の目的である建物を第三者に**譲渡**し、建物の新所有者に賃貸人の地位が**承継**されたとき、元貸主が有していた敷金に関する権利義務は、当然に**建物の新所有者（新貸主）**に承継されます。よって、元貸主Bが有していた敷金に関する権利義務は、当然に新貸主Cに承継されます。 ★【○】

3 契約期間中に適法に賃借権が譲渡され、建物の借主が変わった場合、借主の地位は新借主に**移転**します。しかし、元借主が有していた**敷金**に関する権利義務は、新借主に承継されません。 ★【×】

4 賃貸借契約**終了後**の建物の譲渡ですから、**Eに賃貸人の地位が移転することはありません**。Eに賃貸人の地位が**移転**しないのですから、賃貸借契約が終了した後であっても、敷金に関する契約関係は依然として**旧所有者**と借主の間にあります。旧所有者と新所有者の**合意**のみによって、敷金に関する権利義務を新所有者に承継させることはできません。 【×】

正解 2

Ken's Point

貸主が変わることを「オーナーチェンジ」、借主が変わることを「ユーザーチェンジ」といいます。両者の敷金に関する権利義務の違いをしっかり理解しておきましょう。

	敷金に関する権利義務は？
貸主が変わる（オーナーチェンジ）	新貸主に当然に承継される
借主が変わる（ユーザーチェンジ）	新借主に当然には承継されない

一問一答！ 解答＆解説

(1) ×：同時履行ではないので適合しない (2) ×：賃借人の承諾がなくても承継される (3) ○

□1回目　/
□2回目　/
□3回目　/

AがB所有の建物について賃貸借契約を締結し、引渡しを受けた場合に関する次の記述のうち、民法の規定及び判例によれば、誤っているものはどれか。

1 AがBの承諾なく当該建物をCに転貸しても、この転貸がBに対する背信的行為と認めるに足りない特段の事情があるときは、BはAの無断転貸を理由に賃貸借契約を解除することはできない。
2 AがBの承諾を受けてDに対して当該建物を転貸している場合には、AB間の賃貸借契約がAの債務不履行を理由に解除され、BがDに対して目的物の返還を請求しても、AD間の転貸借契約は原則として終了しない。
3 AがEに対して賃借権の譲渡を行う場合のBの承諾は、Aに対するものでも、Eに対するものでも有効である。
4 AがBの承諾なく当該建物をFに転貸し、無断転貸を理由にFがBから明渡請求を受けた場合には、Fは明渡請求以後のAに対する賃料の全部又は一部の支払を拒むことができる。

2006年 問10

以下の文章について、正しいものには○、誤っているものには×をつけよう。

(1) AがBに対してA所有の甲建物を売却した場合では、BはAの承諾を得ずにCに甲建物を賃貸することができ、賃貸した場合ではBはAの承諾を得なければ甲建物をCに転貸することはできない。
(2) 建物の賃貸人と賃借人の間で合意解除した場合、賃貸人は転借人に明渡しを請求することができないが、合意解除の当時、賃借人が債務不履行になっている等の事由があれば対抗できることがある。
(3) 期間満了又は解約申入れによる賃貸借契約の終了を転借人に対抗するには、賃貸人から転借人への通知が必要である。

1 第三者との転貸借契約を結ぶには原則として**賃貸人**の承諾が必要であり、賃借人がこれに違反して第三者に転貸した場合には、賃貸人は契約の**解除**をすることができます。ただし、無断転貸であってもその転貸の事情が**背信的行為**と認められない場合は、**契約解除**をすることができません。 ★【○】

2 賃借人の債務不履行により賃貸借契約が解除された場合、**転貸借契約**も履行不能により終了します。よって、BはDに対して建物の明渡しを請求できます。 ★【×】

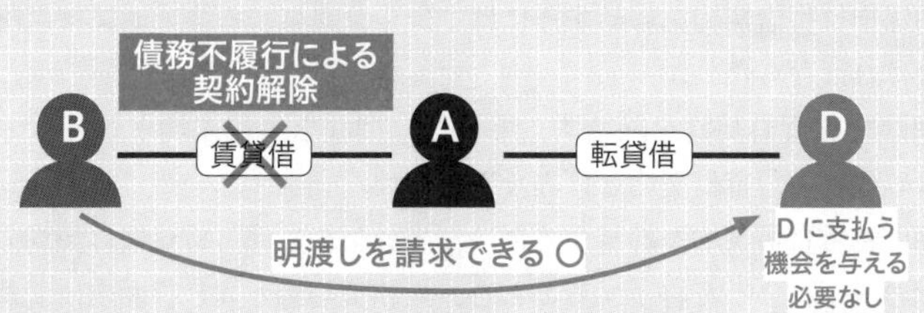

3 賃借権の譲渡には、賃貸人の**承諾**が必要です。賃貸人の承諾は、①賃借人と②**賃借権の譲受人**のどちらへ行っても有効です。 【○】

4 無断転貸を理由として明渡請求を受けた転借人は、その後の転貸人に対する**賃料支払い**を全部または一部拒むことが可能です。 【○】

正解 2

Ken's Point

転貸や賃借権の譲渡をする際は賃貸人の承諾が必要で、承諾を得ていなかった場合は契約を解除できるのが原則です。ただし、背信的行為と認めるに足りない特段の事情がある場合は、賃貸人は賃貸借契約を解除できない点に注意してください。

一問一答！ 解答&解説

(1) ○ (2) ○ (3) ○

借地借家法第38条の定期建物賃貸借（以下この問において「定期建物賃貸借」という。）に関する次の記述のうち、借地借家法の規定及び判例によれば、誤っているものはどれか。

1　定期建物賃貸借契約を締結するには、公正証書による等書面又は電磁的記録によらなければならない。

2　定期建物賃貸借契約を締結するときは、期間を1年未満としても、期間の定めがない建物の賃貸借契約とはみなされない。

3　定期建物賃貸借契約を締結するには、当該契約に係る賃貸借は契約の更新がなく、期間の満了によって終了することを、当該契約書と同じ書面内に記載して説明すれば足りる。

4　定期建物賃貸借契約を締結しようとする場合、賃貸人が、当該契約に係る賃貸借は契約の更新がなく、期間の満了によって終了することを説明しなかったときは、契約の更新がない旨の定めは無効となる。

2014年 問12

以下の文章について、正しいものには○、誤っているものには×をつけよう。

(1) 賃貸人Aと賃借人Bとの間で期間2年の居住用建物の賃貸借契約を締結した。賃貸借契約に期間を定め、賃貸借契約を書面によって行った場合には、AがBに対しあらかじめ契約の更新がない旨を説明していれば、賃貸借契約は期間満了により終了する。

(2) AB間の甲建物に関する定期建物賃貸借契約が期間満了で終了する場合であっても、BがAの承諾を得て甲建物をCに転貸しているときには、BのCに対する解約の申入れについて正当な事由がない限り、AはCに対して甲建物の明渡しを請求することができない。

(3) 定期建物賃貸借契約では契約期間を1年以上にできるが、一時使用の建物賃貸借契約では契約期間を1年以上にできない。

1 定期建物賃貸借は、公正証書による等**書面**又は電磁的記録によって契約しなければなりません。公正証書に限らず**書面**ならばOKなので注意しましょう。★【○】

2 **定期建物賃貸借**では、存続期間の上限も下限もありません。よって、**1年未満の存続期間であっても有効**に定めることができます。★【○】

3 定期建物賃貸借契約を締結するには、あらかじめ契約の更新がなく期間満了により終了する旨の説明を、貸主から借主に行う必要があります。この事前説明は契約書とは**別個独立**の書面を交付し、又は電磁的方法により提供して、説明することが必要とされています。★【×】

4 定期建物賃貸借契約を締結しようとするとき、賃貸人が、当該契約に係る賃貸借は契約の更新がなく、**期間の満了によって終了**することを説明しなかったときは、契約の更新がない旨の定めは無効となります。★【○】

正解 3

Ken's Point

普通の借家契約と定期借家契約（定期建物賃貸借）の違いは重要です。しっかりと覚えておきましょう。

	普通借家契約	定期借家契約
契約期間	1年以上（1年未満は期間の定めがない契約とみなす）	制限なし（1年未満も設定可能）
契約更新	貸主からは正当事由がないと拒絶不可	更新なし
契約形式	制限なし	書面又は電磁的方法で提供して説明 ＋ 公正証書による等の書面又は電磁的記録

一問一答！ 解答&解説

(1) **×：期間満了の1年前から6か月前までの間に通知をしないと終了しない**
(2) **×：AB間の原賃貸借契約が終了する以上、Cに対して通知は必要だが、BC間の正当事由の有無を問わず転貸借契約は終了する** (3) **×：一時使用の建物賃貸借契約でも契約期間を1年以上にできる**

□1回目　/
□2回目　/
□3回目　/

賃貸人と賃借人との間で、建物につき、期間５年として借地借家法第38条に定める定期借家契約（以下「定期借家契約」という。）を締結する場合と、期間５年として定期借家契約ではない借家契約（以下「普通借家契約」という。）を締結する場合に関する次の記述のうち、民法及び借地借家法の規定によれば、正しいものはどれか。なお、借地借家法第40条に定める一時使用目的の賃貸借契約は考慮しないものとする。

1 賃借権の登記をしない限り賃借人は賃借権を第三者に対抗することができない旨の特約を定めた場合、定期借家契約においても、普通借家契約においても、当該特約は無効である。
2 賃貸借契約開始から３年間は賃料を増額しない旨の特約を定めた場合、定期借家契約においても、普通借家契約においても、当該特約は無効である。
3 期間満了により賃貸借契約が終了する際に賃借人は造作買取請求をすることができない旨の規定は、定期借家契約では有効であるが、普通借家契約では無効である。
4 賃貸人も賃借人も契約期間中の中途解約をすることができない旨の規定は、定期借家契約では有効であるが、普通借家契約では無効である。

2015年 問12

理解を深掘り！　一問一答！

以下の文章について、正しいものには○、誤っているものには×をつけよう。

(1) 建物の賃貸借において、引渡しを受けていない借主は、賃借権を対抗することが一切できない。
(2) 定期建物賃貸借において、賃料改定につき特約がある場合、賃借人は賃貸人に対して賃料の減額請求ができない。
(3) 貸主Ａ及び借主Ｂとの建物賃貸借契約において、Ｂが賃料減額請求権を行使してＡＢ間に協議が調わない場合、賃料減額の裁判の確定時点から将来に向かって賃料が減額されることになる。

1 賃借権の登記をしない限り賃借人は賃借権を第三者に対抗することができない旨の特約は、**賃借人に不利**なものなので**無効**になります。 ★【○】

2 定期借家契約でも普通借家契約でも、当事者には原則として**借賃増減請求権**があります。いずれの契約形態でも賃料を一定期間増額しない旨の特約は**有効**です。他方、**減額しない旨の特約**については、定期借家契約では**有効**であるものの、普通借家契約では**無効**となります。 ★【×】

3 造作買取請求権についての定めは**任意規定**なので、普通借家契約・定期借家契約のどちらでも、特約で造作買取請求権を認めない定めをすることができます。★【×】

4 賃貸借契約の原則として、**期間の定めがある契約では中途解約できる旨の特約をしたとき以外**、**契約期間内の解約は認められません**。中途解約ができない旨の特約は、原則をあえて明記したに過ぎず、普通借家契約では有効となります。**定期借家契約**では、床面積**200**㎡未満の**居住用**建物の場合で、転勤等の**やむを得ない事情**により中途解約をせざるを得ない場合は、**借主から解約の申入れ**をすることができるという例外があります。本肢の特約はこの権利を排除するものとなり、賃借人に不利となるので定期借家契約では無効となります。 ★【×】

正解 **1**

Ken's Point

賃料の増減請求権は、当事者にあるのが原則です。増額しない特約は有効ですが、減額しない特約は借主に不利なので、定期建物賃貸借以外は無効になる点を覚えましょう。

一定期間	土地		建物	
	普通借地権	定期借地権	普通建物賃貸借	定期建物賃貸借
増額しない特約	○	○	○	○
減額しない特約	×	×	×	○

○ 有効　× 無効

一問一答！ 解答&解説

(1) **×：賃借権の登記をすれば対抗できる**　(2) **○**　(3) **×：減額請求の意思表示が相手方に到達した時点にさかのぼって減額となる**

□１回目　／
□２回目　／
□３回目　／

Ａが所有する甲建物をＢに対して賃貸する場合の賃貸借契約の条項に関する次の記述のうち、民法及び借地借家法の規定によれば、誤っているものはどれか。

1 AB 間の賃貸借契約が借地借家法第 38 条に規定する定期建物賃貸借契約であるか否かにかかわらず、Ｂの造作買取請求権をあらかじめ放棄する旨の特約は有効に定めることができる。

2 AB 間で公正証書等の書面によって借地借家法第 38 条に規定する定期建物賃貸借契約を契約期間を２年として締結する場合、契約の更新がなく期間満了により終了することを書面を交付してあらかじめＢに説明すれば、期間満了前にＡがＢに改めて通知しなくても契約が終了する旨の特約を有効に定めることができる。

3 法令によって甲建物を２年後には取り壊すことが明らかである場合、取り壊し事由を記載した書面によって契約を締結するのであれば、建物を取り壊すこととなる２年後には更新なく賃貸借契約が終了する旨の特約を有効に定めることができる。

4 AB 間の賃貸借契約が一時使用目的の賃貸借契約であって、賃貸借契約の期間を定めた場合には、Ｂが賃貸借契約を期間内に解約することができる旨の特約を定めていなければ、Ｂは賃貸借契約を中途解約することはできない。

2011年 問12

理解を深掘り！　一問一答！

以下の文章について、正しいものには○、誤っているものには×をつけよう。

(1) 建物の賃借人Ｂが賃貸人Ａの同意を得て建物に付加した造作がある場合であっても、本件契約終了時にＡに対して借地借家法第 33 条の規定に基づく造作買取請求権を行使することはできない、という特約は無効である。

(2) 賃貸人Ａと賃借人Ｂとの間の賃貸借契約が期間５年とする借地借家法第 38 条の定期建物賃貸借で、契約の更新がない旨を定めた場合には、５年経過をもって当然に、ＡはＢに対して、期間満了による終了を対抗することができる。

(3) 期間１年以上の定期建物賃貸借でも、賃貸人は賃借人に対し、所定の通知期間内に、期間満了により契約が終了する旨の通知をしなければ、契約の終了を賃借人に対抗することができない。

1 造作買取請求権の定めは任意規定ですので、普通借家契約・定期借家契約のどちらにおいても**排除する特約を有効**に定めることができます。 ★【○】

2 **期間が１年以上である定期建物賃貸借**の場合、建物の賃貸人は、**期間満了の１年前から６月前までの間に建物の賃借人**に対して期間の満了により建物の賃貸借が**終了する旨の通知**をしなければ、その終了を建物の賃借人に対抗することができません。この規定より賃借人に不利な特約は、**無効**となります。 ★【×】

3 法令などにより一定期間経過後に建物を取り壊すべきことが明らかな場合に、建物の賃貸借をするときは、建物を取り壊すこととなるときに賃貸借が終了する旨を定めることができます。なお、本特約を定める場合は、**建物を取り壊すべき事由を記載した書面又は電磁的記録による必要**があります。 ★【○】

4 **一時使用目的の賃貸借契約である場合**には、借地借家法ではなく**民法の規定**が適用されます。民法では、賃貸借契約を期間内に**解約することができる旨の特約を定めていなければ中途解約はできない**と定めているので、B は賃貸借契約を**中途解約**することはできません。 ★【○】

正解 2

Ken's Point

造作買取請求権を排除する特約は、一見借主に不利に思えますが、借主が造作をする際に大家さん（貸主）の同意を得やすくするために有効とされています。

一問一答！ 解答＆解説

(1) ×：有効である　(2) ×：期間満了前の通知が必要であり、当然にできるわけではない　(3) ○

Aは、B所有の甲建物につき、居住を目的として、期間2年、賃料月額10万円と定めた賃貸借契約（以下この問において「本件契約」という。）をBと締結して建物の引渡しを受けた。この場合における次の記述のうち、民法及び借地借家法の規定並びに判例によれば、誤っているものはどれか。

1 本件契約期間中にBが甲建物をCに売却した場合、Aは甲建物に賃借権の登記をしていなくても、Cに対して甲建物の賃借権があることを主張することができる。

2 AがBとの間の信頼関係を破壊し、本件契約の継続を著しく困難にした場合であっても、Bが本件契約を解除するためには、民法第541条所定の催告が必要である。

3 本件契約が借地借家法第38条の定期建物賃貸借契約であって、造作買取請求権を排除する特約がない場合、Bの同意を得てAが甲建物に付加した造作については、期間満了で本件契約が終了するときに、Aは造作買取請求権を行使できる。

4 本件契約が借地借家法第38条の定期建物賃貸借契約であって、賃料の改定に関する特約がない場合、契約期間中に賃料が不相当になったと考えたA又はBは、賃料の増減額請求権を行使できる。

2010年 問12

以下の文章について、正しいものには○、誤っているものには×をつけよう。

(1) 建物の借主が引渡しを受けている場合、建物の賃借権は対抗できるが、使用借権は対抗できない。

(2) 使用貸借においては、借主が通常の必要費を負担する。

(3) 使用貸借契約は、借主がいつでも解除することができる。

1 建物賃借権の登記がないとしても、**建物の引渡し**があったときは、それをもって第三者に対抗することが可能です。 ★【○】

2 民法の規定では、債務不履行（履行遅滞）があり、催告しても履行の見込みがない等の一定の事由に該当する場合には**無催告解除**を認めています。また、判例では、当事者が義務に違反し信頼関係を裏切って、契約の継続を著しく困難にした場合は、催告なしに契約を**解除**することができるとしています。 ★【×】

3 賃貸人の同意を得て賃借人が建物に付加した造作については、契約が終了するときに**造作買取請求権**を行使し、その造作を時価で買い取るべきことを請求できます。造作買取請求権は任意規定なので**特約**で排除可能ですが、本肢では「特約がない場合」ですので、賃借人Aは**造作買取請求権**を行使できます。 【○】

4 定期建物賃貸借において**借賃改定の特約**がある場合、賃料の増減額請求権の規定は適用されません。しかし本肢は「特約がない場合」ですので、A又はBは、賃料の増減額請求権を行使することが可能です。 【○】

一定期間	土地		建物	
	普通借地権	定期借地権	普通建物賃貸借	定期建物賃貸借
増額しない特約	○	○	○	○
減額しない特約	×	×	×	○

○有効　×無効

正解 2

Ken's Point

解除の際には催告が原則として必要ですが、民法は「無駄なことはやらせない」という考え方があり、履行不能や契約の継続が著しく困難な場合は、催告不要になる流れを理解しておきましょう。

(1) ○　(2) ○　(3) ○

□ 1回目　　/
□ 2回目　　/
□ 3回目　　/

A所有の居住用建物(床面積50㎡)につき、Bが賃料月額10万円、期間を2年として、賃貸借契約（借地借家法第38条に規定する定期建物賃貸借、同法第39条に規定する取壊し予定の建物の賃貸借及び同法第40条に規定する一時使用目的の建物の賃貸借を除く。以下この問において「本件普通建物賃貸借契約」という。）を締結する場合と、同法第38条の定期建物賃貸借契約（以下この問において「本件定期建物賃貸借契約」という。）を締結する場合とにおける次の記述のうち、民法及び借地借家法の規定によれば、誤っているものはどれか。

1. 本件普通建物賃貸借契約でも、本件定期建物賃貸借契約でも、賃借人が造作買取請求権を行使できない旨の特約は、有効である。
2. 本件普通建物賃貸借契約でも、本件定期建物賃貸借契約でも、賃料の改定についての特約が定められていない場合であって経済事情の変動により賃料が不相当になったときには、当事者は将来に向かって賃料の増減を請求することができる。
3. 本件普通建物賃貸借契約では、更新がない旨の特約を記載した書面を契約に先立って賃借人に交付しても当該特約は無効であるのに対し、本件定期建物賃貸借契約では、更新がない旨の特約を記載した書面を契約に先立って賃借人に交付さえしておけば当該特約は有効となる。
4. 本件普通建物賃貸借契約では、中途解約できる旨の留保がなければ賃借人は2年間は当該建物を借りる義務があるのに対し、本件定期建物賃貸借契約では、一定の要件を満たすのであれば、中途解約できる旨の留保がなくても賃借人は期間の途中で解約を申し入れることができる。

2012年 問12

理解を深掘り！　一問一答！

以下の文章について、正しいものには○、誤っているものには×をつけよう。

(1) 定期建物賃貸借で、契約の更新がない旨を定めた場合には、当該契約の期間中、賃借人から中途解約を申し入れることはできない。
(2) 2年間の期間の定めのある建物賃貸借及び定期建物賃貸借契約を結ぶ際は、書面で説明し、書面又は電磁的記録で契約をしなければならない。
(3) 転貸借契約を締結した場合、転借人は、賃料の増減額請求権を行使できない。

1 造作買取請求権は、借地借家法第37条で定める**強行規定**の**適用外**なので、普通建物賃貸借および定期建物賃貸借のどちらでも造作買取請求権を行使しない特約を有効に定めることが可能です。 ★【**○**】

2 普通建物賃貸借契約でも定期建物賃貸借契約でも、経済事情の変動により賃料が不相当になった場合は、原則として**賃料増減請求**をすることができます。賃料を増額しない特約がある場合にはその特約に従います（※賃料を減額しない旨の特約は**無効**）が、本肢では賃料改定に関する特約がないので、いずれの当事者も借賃の増減額を請求できます。 ★【**○**】

3 普通建物賃貸借契約においては、**更新**がない旨の特約は無効となります。定期建物賃貸借契約の場合は、**あらかじめ賃貸人が賃借人**に対し、期間満了によって終了し**更新がない旨**を記載した書面を交付、又は電磁的方法により提供し、**説明**することにより特約が**有効**となります。本肢は「交付さえしておけば」としている点で誤りです。 ★【**×**】

4 期間の定めがある普通建物賃貸借契約においては、中途解約できる旨の特約（中途解約権の留保）がなければ貸主・借主のどちらも解約申入れをすることができないので、賃借人は**2**年間は当該建物を借りる義務があります。一方、**定期建物賃貸借契約の賃借人**には、床面積**200㎡未満**の**居住用建物**で一定の**やむを得ない事情**がある場合などには、**特約なしで中途解約できる権利**が認められています。 ★【**○**】

正解 3

Ken's Point

2年間という期間を決めて賃貸借（期間の定めのある賃貸借）をしたときは当然借主も2年間借りる義務があり、途中解約はできません。実務で、借主が1か月前などに申し出て退去しているのは、特約があるからです。試験と実務とは感覚が違うところがたくさんあるので、注意しましょう。

一問一答！ 解答&解説

(1) **×：要件を満たせば中途解約を申し入れることができる場合がある** (2) **×：期間の定めのある建物賃貸借は書面でする必要はない** (3) **×：行使できる**

□ 1 回目　　/
□ 2 回目　　/
□ 3 回目　　/

Aが所有する甲建物をBに対して3年間賃貸する旨の契約をした場合における次の記述のうち、借地借家法の規定によれば、正しいものはどれか。

1 AがBに対し、甲建物の賃貸借契約の期間満了の1年前に更新をしない旨の通知をしていれば、AB間の賃貸借契約は期間満了によって当然に終了し、更新されない。

2 Aが甲建物の賃貸借契約の解約の申入れをした場合には申入れ日から3月で賃貸借契約が終了する旨を定めた特約は、Bがあらかじめ同意していれば、有効となる。

3 Cが甲建物を適法に転借している場合、AB間の賃貸借契約が期間満了によって終了するときに、Cがその旨をBから聞かされていれば、AはCに対して、賃貸借契約の期間満了による終了を対抗することができる。

4 AB間の賃貸借契約が借地借家法第38条の定期建物賃貸借で、契約の更新がない旨を定めるものである場合、当該契約前にAがBに契約の更新がなく期間の満了により終了する旨を記載した書面を交付して、又は電磁的方法により提供して説明しなければ、契約の更新がない旨の約定は無効となる。

2017年 問12

以下の文章について、正しいものには○、誤っているものには×をつけよう。

(1) 普通建物賃貸借契約において期間の定めがない場合、借地借家法第28条に定める正当事由を備えてAが解約の申入れをしたときには、解約の申入れをした日から6月を経過した日に、普通建物賃貸借契約は終了する。

(2) 賃貸人は、賃貸借契約が期間満了により終了するときは、転借人に通知しなければ、賃借人に対しても、契約終了を主張できない。

(3) 建物賃貸借の期間を10か月と定めた場合において、その賃貸借が一時使用によるものでないときは、賃貸人が正当事由のある解約の申入れをしても、その申入れの日から6月を経過しないと、契約は終了しない。

1 賃貸人が更新を拒絶するには通知だけでは足りず、**正当事由**が必要で、期間満了後も継続使用している賃借人に**異議**を述べないでいると、従前の条件での更新とみなされます。 ★【×】

2 契約に中途解約条項がある状態で、**貸主側**から正当事由を備えた解約申入れがあった場合、**解約申入れの日から６月を経過することで建物賃貸借は終了します**。３月と定めても、賃借人に不利な特約として**無効**となります。 ★【×】

3 転貸借が行われている場合において、原賃貸借契約が期間満了や解約の申入れにより終了するときは、建物の**賃貸人（A）**が**転借人（C）**にその旨を通知しなければ賃貸借の終了を**転借人（C）**に対抗できません。 【×】

4 定期建物賃貸借では、**契約に先立って**、**貸主**から借主に対し、契約の更新がなく期間の満了により当該建物の賃貸借は終了することについて**書面を交付**、又は**電磁的方法により提供して説明**しなければなりません。 ★【○】

正解 4

定期建物賃貸借（定期借家契約）のポイント

①	書面又は電磁的記録によって契約をすれば、契約の更新がないこととする旨を定めることができる（定期建物賃貸借） ⇒期間を１年未満とする建物の賃貸借契約が可能
②	①の「定期建物賃貸借」をしようとする場合、建物の賃貸人は、あらかじめ建物の賃借人に対し、更新がなく、期間の満了によって終了する旨を記載した書面を交付して、又は電磁的方法により提供して説明しなければならない
③	期間が１年以上である場合には、建物の賃貸人は、期間の満了の１年前から６か月前までの間（「通知期間」）に、建物の賃借人に対し期間の満了により建物の賃貸借が終了する旨の通知をしなければ、その終了を建物の賃借人に対抗することができない ⇒ただし、建物の賃貸人が通知期間の経過後、建物の賃借人に対しその旨の通知をした場合は、その通知の日から６か月を経過した後は、賃貸借の終了を建物の賃借人に対抗できる
④	居住の用に供する建物（床面積が200㎡未満に限る）において、転勤、療養、親族の介護その他のやむを得ない事情により、建物の賃借人が建物を自己の生活の本拠として使用することが困難となったときは、建物の賃借人は、建物の賃貸借の解約の申入れをすることができる ⇒この場合、建物の賃貸借は、解約の申入れの日から１か月を経過することによって終了する
⑤	③④の規定に反する特約で、建物の賃借人に不利なものは無効である
⑥	賃料を減額しない特約も有効

一問一答！ 解答＆解説

(1) ○ (2) ×：賃借人に対しては主張できる (3) ○

□ 1 回目　／
□ 2 回目　／
□ 3 回目　／

令和６年10月に新規に締結しようとしている、契約期間が２年で、更新がないこととする旨を定める建物賃貸借契約（以下この問において「定期借家契約」という。）に関する次の記述のうち、借地借家法の規定によれば、正しいものはどれか。

1 事業用ではなく居住の用に供する建物の賃貸借においては、定期借家契約とすることはできない。
2 定期借家契約は、公正証書によってしなければ、効力を生じない。
3 定期借家契約を締結しようとするときは、賃貸人は、あらかじめ賃借人に対し、契約の更新がなく、期間満了により賃貸借が終了することについて、その旨を記載した書面を交付、又は電磁的方法により提供して説明しなければならない。
4 定期借家契約を適法に締結した場合、賃貸人は、期間満了日１カ月前までに期間満了により契約が終了する旨通知すれば、その終了を賃借人に対抗できる。

2003年 問14

理解を深掘り！　一問一答！

以下の文章について、正しいものには○、誤っているものには×をつけよう。

(1) 賃貸人は、建物を一定の期間自己の生活の本拠として使用することが困難であり、かつ、その期間経過後はその本拠として使用することになることが明らかな場合に限って、定期建物賃貸借契約を締結することができる。
(2) 定期建物賃貸借契約は書面又は電磁的記録によって契約しなければならない。
(3) Ａは、所有する甲建物をＢに賃貸している。本件契約が借地借家法第 38 条の定期建物賃貸借契約で、期間を５年、契約の更新がない旨を定めた場合、Ａは、期間満了の１年前から６月前までの間に、Ｂに対し賃貸借が終了する旨の通知をしなければ、従前の契約と同一条件で契約を更新したものとみなされる。

1 居住用・事業用のいずれも定期借家契約とすることができます。★【×】

2 定期借家契約は書面又は電磁的記録でする必要があります。条文では「公正証書による等書面」としていますが、書面であれば公正証書でなくても問題ありません。★【×】

3 定期借家契約では契約に先立ち、賃貸人から賃借人に対して、契約の更新がなく、期間満了により賃貸借が終了することについて、その旨を記載した書面を交付、又は電磁的方法により提供して説明する必要があります。なお、この書面は契約書とは別個の書面でなければなりません。★【○】

4 1年以上の定期借家契約では、期間の満了の1年前から6か月前までの間に、賃借人に対し期間の満了により建物の賃貸借が終了する旨の通知をしなければ、その終了を賃借人に対抗することができません。本肢は「期間満了日1カ月前」としているので誤りです。【×】

正解 3

Ken's Point

賃貸借の契約期間を「2年」と決めても、「期間の定めのある賃貸借」となり、定期建物賃貸借になるわけではありません。「更新のない定期建物賃貸借」とするためには原則として書面で説明し、書面で契約書を作成しなければなりません。居住用だけでなく事業用も定期借家契約とできますが、やむを得ない事情があるときに借主から1か月前に解約申入れをすることができるという規定は、事業用の場合は使えません。

一問一答！ 解答&解説

(1) ×：本肢の理由に限ってではない (2) ○ (3) ×：定期建物賃貸借は更新にはならないが、終了したことを賃借人に主張できない。ただし、通知から6か月経過すれば終了を主張できる

借地人Aが、令和6年9月1日に甲地所有者Bと締結した建物所有を目的とする甲地賃貸借契約に基づいてAが甲地上に所有している建物と甲地の借地権とを第三者Cに譲渡した場合に関する次の記述のうち、民法及び借地借家法の規定によれば、正しいものはどれか。

1 甲地上のA所有の建物が登記されている場合には、AがCと当該建物を譲渡する旨の合意をすれば、Bの承諾の有無にかかわらず、CはBに対して甲地の借地権を主張できる。

2 Aが借地権をCに対して譲渡するに当たり、Bに不利になるおそれがないにもかかわらず、Bが借地権の譲渡を承諾しない場合には、AはBの承諾に代わる許可を与えるように裁判所に申し立てることができる。

3 Aが借地上の建物をDに賃貸している場合には、AはあらかじめDの同意を得ておかなければ、借地権を譲渡することはできない。

4 AB間の借地契約が専ら事業の用に供する建物（居住の用に供するものを除く。）の所有を目的とし、かつ、存続期間を20年とする借地契約である場合には、AはBの承諾の有無にかかわらず、借地権をCに対して譲渡することができ、CはBに対して甲地の借地権を主張できる。

2005年 問13

以下の文章について、正しいものには○、誤っているものには×をつけよう。

(1) 甲土地所有者AがBと締結した建物所有を目的とする賃貸借契約に基づいて、Bが甲土地上に乙建物を所有している。Bがその建物をCに譲渡する場合、特別の事情のない限り、Bは、Cに対する敷地の賃借権譲渡についてAの承諾を得る必要がある。

(2) 借地権譲渡・転貸には、借地権設定者の承諾または裁判所の許可が必要である。

(3) 借家人が建物を第三者に転貸する場合、建物所有者の承諾を得る必要があるが、建物所有者が承諾を与えないときは、借家人は、建物所有者の承諾に代わる許可を与えるよう裁判所に対して申し立てることができる。

1 借地上の借地権者名義の建物が登記されている場合には、その借地権を第三者に対抗できますが、借地借家法ではそれ以上の効果を認めているわけではないので、**民法の規定**に則って判断します。民法では、賃借権の譲渡、賃借物の転貸には**賃貸人**の承諾が必要とされているので、第三者は**甲地所有者Ｂの承諾があるときに限り**、Ｂに対して**借地権を主張できます**。本肢は「Ｂの承諾の有無にかかわらず」としているので誤りです。 ★【×】

2 賃借権を譲渡する場合、原則として**賃貸人**の承諾が必要です。ただし、土地所有者に不利となるおそれがないにもかかわらず、借地権の譲渡を承諾しない場合、**借地権者は裁判所へ承諾に代わる許可**をするよう申し立てることが可能です。よって、借地権者Ａは**裁判所**に申し立てることができます。 ★【○】

3 借地権や建物の譲渡に当たって**賃借人**の同意は必要ありません。賃借人Ｄが建物の引渡しを受けていれば、譲受人に対して建物賃借権を対抗できるので、賃借人の立場は十分に保護されるからです。 ★【×】

4 本肢のように事業用定期借地権等であっても、借地権を譲渡する際には**賃貸人の承諾が必要**です。 【×】

正解 2

Ken's Point

借地権の譲渡や転貸をする際も賃貸人の承諾が必要です。ただし借家と異なり、借地の場合は承諾に代わる許可の申立てができます。通常の売買の場合は建物の売主が申し立て、競売の場合は落札者が申し立てる点は、重要ですから覚えておきましょう。

一問一答！ 解答＆解説

(1) ○ (2) ○ (3) ×：建物の場合、承諾に代わる許可の申立ての制度はない

□1回目　/
□2回目　/
□3回目　/

借地借家法に関する次の記述のうち、誤っているものはどれか。

1 建物の用途を制限する旨の借地条件がある場合において、法令による土地利用の規制の変更その他の事情の変更により、現に借地権を設定するにおいてはその借地条件と異なる建物の所有を目的とすることが相当であるにもかかわらず、借地条件の変更につき当事者間に協議が調わないときは、裁判所は、当事者の申立てにより、その借地条件を変更することができる。

2 賃貸借契約の更新の後において、借地権者が残存期間を超えて残存すべき建物を新たに築造することにつきやむを得ない事情があるにもかかわらず、借地権設定者がその建物の築造を承諾しないときは、借地権設定者が土地の賃貸借の解約の申入れをすることができない旨を定めた場合を除き、裁判所は、借地権者の申立てにより、借地権設定者の承諾に代わる許可を与えることができる。

3 借地権者が賃借権の目的である土地の上の建物を第三者に譲渡しようとする場合に、その第三者が賃借権を取得しても借地権設定者に不利となるおそれがないにもかかわらず借地権設定者がその賃借権の譲渡を承諾しないときは、裁判所はその第三者の申立てにより、借地権設定者の承諾に代わる許可を与えることができる。

4 第三者が賃借権の目的である土地の上の建物を競売により取得した場合において、その第三者が賃借権を取得しても借地権設定者に不利となるおそれがないにもかかわらず、借地権設定者がその賃借権の譲渡を承諾しないときは、裁判所は、その第三者の申立てにより、借地権設定者の承諾に代わる許可を与えることができる。

2011年 問11

理解を深掘り！　一問一答！

以下の文章について、正しいものには〇、誤っているものには×をつけよう。

(1) 増改築禁止の借地条件がある場合に、借地権設定者の承諾に代わる許可の裁判をするとき、裁判所は、借地権の存続期間の延長まですることはできない。

(2) Aが、Bの所有地を賃借して木造の家屋を所有し、これに居住している場合、Aが家屋をCに譲渡してもBに不利となるおそれがないときには、Cは、Aから家屋を譲り受ける契約をした後、裁判所に対して、土地の賃借権の譲渡についてのBの承諾に代わる許可を申し立てることができる。

(3) AがBの土地を賃借して建てた建物の所有権が、Cに移転した。Bは、Cが使用しても何ら支障がないにもかかわらず、賃借権の譲渡を承諾しない。この場合、Cの建物の取得が競売によるものであるときは、Cは、競売代金支払い後2月以内に限り、裁判所に対して、Bの承諾に代わる許可の申立てをすることができる。

1 借地条件を変更することが相当であるにもかかわらず相手方の合意が得られない場合には、**当事者**は裁判所に借地条件を変更するよう申し立てることができます。 【○】

2 借地契約更新後の期間内に建物が滅失し、借地権者が残存期間を超えて存続する建物を新たに築造する際に、借地権設定者が築造を承諾しなかった場合、裁判所は、**借地権者の申立て**により、借地権設定者の承諾に代わる**許可**を与えることができます。 【○】

3 借地権設定者に不利となるおそれがないにもかかわらず、借地権設定者がその賃借権の譲渡又は転貸を承諾しないとき、裁判所は、**借地権者の申立て**により、借地権設定者の承諾に代わる許可を与えることができます。第三者ではありません。 ★【×】

4 第三者が建物を競売により取得した場合、その第三者が賃借権を取得しても借地権設定者に不利となるおそれがないにもかかわらず、借地権設定者がその賃借権の譲渡を承諾しないときは、裁判所は、その**第三者の申立て**により、借地権設定者の承諾に代わる許可を与えることができます。 ★【○】

正解 3

Ken's Point

借地権設定者の承諾に代わる許可の申立てと建物買取請求権について整理しておきましょう。

	裁判所の許可の申立権者	建物買取請求権の行使権者
借地契約の更新がない場合	—	借地権者
借地上の建物が譲渡の場合	借地権者（建物の売主）	建物の譲受人
借地上の建物が競落の場合	競落人	競落人

一問一答！ 解答＆解説

(1) ×：延長もできる (2) ×：借地権者 A が申し立てることができる (3) ○

□1回目　/
□2回目　/
□3回目　/

Aが居住用の甲建物を所有する目的で、期間30年と定めてBから乙土地を賃借した場合に関する次の記述のうち、借地借家法の規定及び判例によれば、正しいものはどれか。なお、Aは借地権登記を備えていないものとする。

1 Aが甲建物を所有していても、建物保存登記をAの子C名義で備えている場合には、Bから乙土地を購入して所有権移転登記を備えたDに対して、Aは借地権を対抗することができない。

2 Aが甲建物を所有していても、登記上の建物の所在地番、床面積等が少しでも実際のものと相違している場合には、建物の同一性が否定されるようなものでなくても、Bから乙土地を購入して所有権移転登記を備えたEに対して、Aは借地権を対抗することができない。

3 AB間の賃貸借契約を公正証書で行えば、当該契約の更新がなく期間満了により終了し、終了時にはAが甲建物を収去すべき旨を有効に規定することができる。

4 Aが地代を支払わなかったことを理由としてBが乙土地の賃貸借契約を解除した場合、契約に特段の定めがないときは、Bは甲建物を時価で買い取らなければならない。

2016年 問11

以下の文章について、正しいものには○、誤っているものには×をつけよう。

(1) 土地の賃借人が登記ある建物を所有している場合であっても、その賃借人から当該土地建物を賃借した転借人が対抗力を備えていなければ、当該転借人は転借権を第三者に対抗することができない。

(2) 借地権者が所有する数棟の建物が一筆の土地上にある場合は、そのうちの一棟について登記があれば、借地権の対抗力が当該土地全部に及ぶ。

(3) A所有の甲土地につき、Bとの間で居住の用に供する建物の所有を目的として存続期間30年の約定で賃貸借契約が締結された。Bは、借地権の登記をしていなくても、甲土地の引渡しを受けていれば、本件契約締結後に甲土地を購入したCに対して借地権を主張することができる。

1 借地上に、**借地権者を名義人とする登記を備えた建物を有する場合**は、その借地権を**第三者に対抗できます**。しかし本肢では、建物名義人（C）と借地権者（A）が異なるため、AはDに対して借地権を対抗できません。 ★【○】

2 登記上の建物の所在地番、床面積等が**実際のものと相違している場合**であっても、**建物の同一性**が肯定されるものならば対抗することができます。 【×】

3 契約満了時の更新がなく、建物を収去する旨を定めるには**定期借地権**または**事業用定期借地権等**である必要がありますが、本肢では居住用の建物を所有する目的ですので、事業用定期借地契約は使えません。そうなると（一般）定期借地権しか選択肢がありませんが、**定期借地権の存続期間は 50 年以上**ですから、期間を30年とする契約はできません。 ★【×】

4 借地権の存続期間が満了し、契約更新がない場合は借地上の建物などの**買い取り**を請求することができます。しかし、**債務不履行**による契約解除の場合には、**建物買取請求権が認められません**。 ★【×】

正解 1

第1章 借地借家法（借地）

更新のない特殊な借地権の違い

	定期借地権	事業用定期借地権等	建物譲渡特約付借地権
存続期間	50 年以上	10 年以上 50 年未満	30 年以上
利用目的	制限なし	事業用（居住用途以外）	制限なし
契約方法	公正証書による等書面 又は電磁的記録	公正証書に限定	口頭でも可
建物買取請求権	なし		あり

Ken's Point

「悪い人は法律で保護しない」という考え方は、さまざまな場面で出てくるので覚えておきましょう。

一問一答！ 解答&解説

(1) ×：賃借人の借地権を援用することで、転借人も対抗できる (2) ○ (3) ×：借地上の建物に借地権者名義の登記が必要になる

□1回目　　/
□2回目　　/
□3回目　　/

賃貸借契約に関する次の記述のうち、民法及び借地借家法の規定並びに判例によれば、誤っているものはどれか。

1 建物の所有を目的とする土地の賃貸借契約において、借地権の登記がなくても、その土地上の建物に借地人が自己を所有者と記載した表示の登記をしていれば、借地権を第三者に対抗することができる。

2 建物の所有を目的とする土地の賃貸借契約において、建物が全焼した場合でも、借地権者は、その土地上に滅失建物を特定するために必要な事項等を掲示すれば、借地権を第三者に対抗することができる場合がある。

3 建物の所有を目的とする土地の適法な転借人は、自ら対抗力を備えていなくても、賃借人が対抗力のある建物を所有しているときは、転貸人たる賃借人の賃借権を援用して転借権を第三者に対抗することができる。

4 仮設建物を建築するために土地を一時使用として1年間賃借し、借地権の存続期間が満了した場合には、借地権者は、借地権設定者に対し、建物を時価で買い取るように請求することができる。

2012年 問11

以下の文章について、正しいものには○、誤っているものには×をつけよう。

(1) 借地権者は、甲土地につき借地権登記を備えなくても、借地権者と同姓でかつ同居している未成年の長男名義で保存登記をした建物を甲土地上に所有していれば、甲土地の所有者が変わっても、甲土地の新所有者に対し借地権を対抗することができる。

(2) 借地権者が借地上の建物にのみ登記をしている場合、当該借地権を第三者に対抗することができるのは、当該建物の敷地の表示として記載されている土地のみである。

(3) 借地権者が借地権の登記をしておらず、当該土地上に所有権の登記がされている建物を所有しているときは、これをもって借地権を第三者に対抗することができるが、建物の表示の登記によっては対抗することができない。

1 借地権の登記がない場合であっても、土地上に**借地権者名義**で登記している建物を所有するときは、第三者に対抗することができます。なお、この登記は**表示の登記**で足ります。 ★【○】

2 **借地上の登記された建物が滅失した場合**であっても、借地権者が建物特定に必要な事項等を土地上の見やすい場所に掲示した場合、**建物滅失日から２年間**は借地権を第三者に対抗することができます。 ★【○】

3 借地権の登記がない場合であっても、借地上に借地権者名義で登記している建物を所有するときは、第三者に対抗することができます。また、土地の**転借人**は、この対抗力の援用により転借権を第三者に対抗することができます。 ★【○】

4 建物買取請求権は、**一時使用のために借地権を設定**した場合には**適用されません**。 ★【×】

正解 4

Ken's Point

貸別荘などの一時使用の賃貸借やタダで貸し借りする使用貸借は、建物の貸借でも借主をそれほど保護する必要性がないため民法が適用され、借地借家法の適用がありません。一時使用のための借地権も同様に、借地借家法の適用がない点に注意しましょう。

一問一答！ 解答&解説

(1) ×：長男の名義では対抗できない (2) ○ (3) ×：表示の登記でも対抗できる

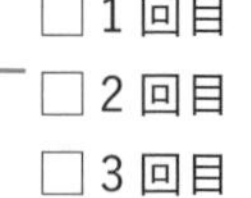

□1回目　/
□2回目　/
□3回目　/

Aが所有している甲土地を平置きの駐車場用地として利用しようとするBに貸す場合と、一時使用目的ではなく建物所有目的を有するCに貸す場合とに関する次の記述のうち、民法及び借地借家法の規定によれば、正しいものはどれか。

1 AB間の土地賃貸借契約の期間は、AB間で60年と合意すればそのとおり有効であるのに対して、AC間の土地賃貸借契約の期間は、50年が上限である。

2 土地賃貸借契約の期間満了後に、Bが甲土地の使用を継続していてもAB間の賃貸借契約が更新したものと推定されることはないのに対し、期間満了後にCが甲土地の使用を継続した場合には、AC間の賃貸借契約が更新されたものとみなされることがある。

3 土地賃貸借契約の期間を定めなかった場合、Aは、Bに対しては、賃貸借契約開始から1年が経過すればいつでも解約の申入れをすることができるのに対し、Cに対しては、賃貸借契約開始から30年が経過しなければ解約の申入れをすることができない。

4 AB間の土地賃貸借契約を書面で行っても、Bが賃借権の登記をしないままAが甲土地をDに売却してしまえばBはDに対して賃借権を対抗できないのに対し、AC間の土地賃貸借契約を口頭で行っても、Cが甲土地上にC所有の登記を行った建物を有していれば、Aが甲土地をDに売却してもCはDに対して賃借権を対抗できる。

2008年 問13

理解を深掘り！　一問一答！

以下の文章について、正しいものには○、誤っているものには×をつけよう。

(1) 土地の賃貸借契約が建物を所有する目的ではなく、資材置場とする目的であり、期間15年と定めた場合、期間は15年となる。

(2) AがBのために新規に借地権を設定した場合、借地権の存続期間は、契約で25年と定めても35年と定めても、30年となる。

(3) 借地権の存続期間が満了する場合、借地権者が契約の更新を請求したとき、その土地上に建物が存在する限り、借地権設定者は異議を述べることができない。

AC 間の契約は**借地借家法**、平置きの駐車場の AB 間は**民法の規定**が適用されるということがポイントです。

1 民法上、賃貸借契約の存続期間の上限は**50**年です。**50**年を超える期間は**50**年とみなされます。AC 間の契約は、存続期間**60**年として設定可能です。★【×】

2 民法は、賃貸借契約の期間満了後に賃借人が目的物の使用を継続しており、そのことにつき賃貸人が異議を述べないときは、同一内容で賃貸借契約を**更新**したものと推定されます。AC 間の契約は借地借家法適用で、借地権者が土地の使用を継続しているときは、**借地上に建物がある**場合に限り、同一内容で借地契約を**更新**したものとみなされます。★【×】

3 民法は、**賃貸借期間を定めなかったとき**は、賃貸人及び賃借人は**いつでも解約の申入れをすることが可能**です。土地の賃貸借について解約の申入れをした場合、その日から**1年を経過後に賃貸借契約が終了**します。本肢では「契約開始から1年を経過すれば」としているため誤りです。借地借家法は、借主の保護のため、貸主から解約申入れできる条項は**無効**となります。貸主は、期間満了時に正当事由を備えて**更新拒絶**することはできますが、**解約申入れ**はできません。【×】

4 民法は、**賃借権**の登記をすることにより第三者に対抗することができますが、登記がなければ新しい所有者に借地権を対抗できません。借地借家法では、その借地上に借地権者名義で登記されている**建物**を所有することで、第三者に借地権を対抗することができます。★【○】

Ken's Point

民法の賃貸借の規定と借地借家法の規定の比較問題は多くの受験生が苦手とし、合否を分けるポイントになります。1つの問題で2つのポイントがあるため、図を描いて焦らずに取り組んでください。

一問一答！ 解答&解説

(1) ○　(2) ×：25年と定めたときは30年となるが、35年と定めたときは35年まま有効となる　(3) ×：異議を述べることはできる

□1回目　/
□2回目　/
□3回目　/

借地借家法第23条の借地権（以下この問において「事業用定期借地権」という。）に関する次の記述のうち、借地借家法の規定によれば、正しいものはどれか。

1 事業の用に供する建物の所有を目的とする場合であれば、従業員の社宅として従業員の居住の用に供するときであっても、事業用定期借地権を設定することができる。

2 存続期間を10年以上20年未満とする短期の事業用定期借地権の設定を目的とする契約は、公正証書によらなくても、書面又は電磁的記録によって適法に締結することができる。

3 事業用定期借地権が設定された借地上にある建物につき賃貸借契約を締結する場合、建物を取り壊すこととなるときに建物賃貸借契約が終了する旨を定めることができるが、その特約は公正証書によってしなければならない。

4 事業用定期借地権の存続期間の満了によって、その借地上の建物の賃借人が土地を明け渡さなければならないときでも、建物の賃借人がその満了をその1年前までに知らなかったときは、建物の賃借人は土地の明渡しにつき相当の期限を裁判所から許与される場合がある。

2010年 問11

理解を深掘り！　一問一答！

以下の文章について、正しいものには○、誤っているものには×をつけよう。

(1) 借地人が定期借地権に基づき建てた家屋を賃貸する場合は、借家人との間で「賃貸借は、定期借地権の期間満了に伴い家屋を取り壊すこととなる時に終了し、更新はしない」とする契約を締結することができる。

(2) 法令又は契約により一定の期間を経過した後に取り壊すことが明らかな場合には、「建物を取り壊すこととなる時に賃貸借が終了する」と特約することができる。

(3) 借地権の債務不履行による解除を、建物の賃借人が1年前までに知らなかった場合、裁判所が期限を許与できる。

1 借地借家法では事業用定期借地権等の目的を「専ら事業の用に供する建物(**居住の用に供するものを除く。**)の所有」としています。よって、社宅として従業員の**居住の用に供する**建物の場合、事業用定期借地権を設定することはできません。

★【×】

2 事業用定期借地権等の設定を目的とする契約は、**公正証書**によってのみ有効に成立します。**書面**又は**電磁的記録**での契約は認められていません。 ★【×】

3 一定の期間を経過した後に取り壊すことが明らかな建物を賃貸借するときは、建物を取り壊したときに賃貸借契約が終了する旨を定められます。この特約は**書面**又は**電磁的記録で定めれば足りる**ので、公正証書である必要はありません。

★【×】

4 事業用定期借地権の存続期間満了により土地を明け渡さなければならない場合であっても、満了の事実をその1年前までに知らなかった借地上の建物の賃借人は、土地の明渡しにつき、**裁判所から1年を上限とする期限を許与**されることがあります。

【○】

正解 4

Ken's Point

選択肢3の問題を解く際に、「事業用=公正証書→○」といったキーワードのみで解くのは危険です。土地と建物は別個の不動産ですから、この問題は「建物→取壊し予定の賃貸借」ということをしっかり読み取りましょう。借地借家法の問題は、基本的知識を覚えてパズルのように当てはめる問題が多く、なんとなく雰囲気で解いても正解できません。最初は、テキストや図を見ながらでよいので、理解しながら問題を解いてみましょう。

一問一答! 解答&解説

(1) ○ (2) ○ (3) **×:借地権が借地権者の債務不履行で解除された場合、期限の許与はない**

事業者Aが雇用している従業員Bが行った不法行為に関する次の記述のうち、民法の規定及び判例によれば、正しいものはどれか。

1 Bの不法行為がAの事業の執行につき行われたものであり、Aに使用者としての損害賠償責任が発生する場合、Bには被害者に対する不法行為に基づく損害賠償責任は発生しない。

2 Bが営業時間中にA所有の自動車を運転して取引先に行く途中に前方不注意で人身事故を発生させても、Aに無断で自動車を運転していた場合、Aに使用者としての損害賠償責任は発生しない。

3 Bの不法行為がAの事業の執行につき行われたものであり、Aに使用者としての損害賠償責任が発生する場合、Aが被害者に対して売買代金債権を有していれば、被害者は不法行為に基づく損害賠償債権で売買代金債務を相殺することができる。

4 Bの不法行為がAの事業の執行につき行われたものであり、Aが使用者としての損害賠償責任を負担した場合、A自身は不法行為を行っていない以上、Aは負担した損害額の2分の1をBに対して求償できる。

2006年 問11

理解を深掘り！ 一問一答！

以下の文章について、正しいものには○、誤っているものには×をつけよう。

(1) 加害者の行為が職務行為に属しない場合でも、外形から判断して職務範囲内に属するときは、使用者責任が発生する。

(2) 加害者の行為が職務行為に属しないことを、被害者が重過失で知らない場合、使用者責任は発生しない。

(3) AがBに対して100万円の金銭債権、BがAに対して100万円の同種の債権を有している。Aの債権が、Bの悪意による不法行為によって発生したものであるときには、Bは、Bの債権をもって相殺をすることができる。

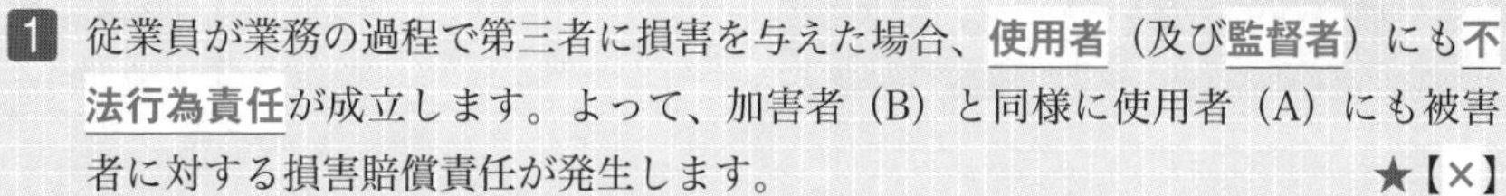

1 従業員が業務の過程で第三者に損害を与えた場合、**使用者**（及び**監督者**）にも**不法行為責任**が成立します。よって、加害者（B）と同様に使用者（A）にも被害者に対する損害賠償責任が発生します。 ★【×】

2 会社の許可なく自動車を使用していたとしても、**外形的に職務中と見ることができる場合**、使用者責任が生じます。本肢は、営業時間内、かつ、A所有の自動車を運転していたためAに使用者責任が発生します。 ★【×】

3 被害者側から相殺を申し出るので、損害賠償請求権が**自働**債権、売買代金債権が**受働**債権となります。被害者から不法行為に基づく損害賠償請求権を自働債権として**相殺**することは可能です。 ★【○】

※①悪意の不法行為に基づくもの、②人の生命・身体の侵害によるもの

4 使用者は、負担した損害賠償金額を被用者に求償できます。ただし、使用者が被用者に対し求償できる範囲は、信義則上相当な範囲に限定されています。 【×】

正解 3

Ken's Point

故意または過失による違法な行為（不法行為）を行い、それによって他人に損害を発生させたときには不法行為責任が成立し、加害者は被害者に対して損害を賠償する責任を負います。使用者と被用者の関係は連帯債務の関係になります。従業員が仕事でお客さんに損害を与えた場合の会社の責任である使用者責任のポイントは、右のとおりです。

意味	使用者は、被用者が事業の執行について第三者に加えた損害を賠償する責任を負う ※行為の外形から判断して職務の範囲内と認められるものも含む（会社の車で事故など）
要件	使用者責任が成立するには、被用者に不法行為責任が成立することが必要である
効果	被害者は、被用者・使用者両方に損害賠償を全額請求できる ⇒賠償した使用者は、被用者に求償することができる（信義則上相当と認める限度）

一問一答！ 解答&解説

(1) ○ (2) ○ (3) ×：悪意の不法行為の加害者からの相殺はできない

Aに雇用されているBが、勤務中にA所有の乗用車を運転し、営業活動のため得意先に向っている途中で交通事故を起こし、歩いていたCに危害を加えた場合における次の記述のうち、民法の規定及び判例によれば、正しいものはどれか。

1 BのCに対する損害賠償義務が消滅時効にかかったとしても、AのCに対する損害賠償義務が当然に消滅するものではない。

2 Cが即死であった場合には、Cには事故による精神的な損害が発生する余地がないので、AはCの相続人に対して慰謝料についての損害賠償責任を負わない。

3 Aの使用者責任が認められてCに対して損害を賠償した場合には、AはBに対して求償することができるので、Bに資力があれば、最終的にはAはCに対して賠償した損害額の全額を常にBから回収することができる。

4 Cが幼児である場合には、被害者側に過失があるときでも過失相殺が考慮されないので、AはCに発生した損害の全額を賠償しなければならない。

2012年 問9

以下の文章について、正しいものには○、誤っているものには×をつけよう。

(1) Aが、その過失によってB所有の建物を取り壊し、Bに対して不法行為による損害賠償債務を負担した。Aの不法行為に関し、Bにも過失があった場合でも、Aから過失相殺の主張がなければ、裁判所は、賠償額の算定に当たって、賠償金額を減額することができない。

(2) AとBが共同不法行為をしてCに損害を負わせ、Cに対し損害賠償債務を負担した場合において、Cに対するAとBの加害割合が6対4である場合は、AはCの損害全額の賠償請求に対して、損害の6割に相当する金額について賠償の支払いをする責任を負う。

(3) 不法行為による損害賠償の支払債務は催告の時から遅滞に陥るので、加害者はその時以降完済に至るまでの遅延損害金を被害者に支払わなければならない。

1 Bの不法行為責任とAの使用者責任は、**不真正連帯債務**です。**不真正連帯債務**では、連帯債務者の1人に対して生じた事由は、**弁済**、**相殺**を除いて他の債務者に対しても効力が生じないので、Bの損害賠償義務が**消滅時効**にかかった場合でも、Aの損害賠償義務は当然に消滅しません。 ★【○】

2 被害者が即死の場合であっても、被害者が受けた**精神的な苦痛**に対する損害賠償請求権が発生します。**慰謝料請求権**は相続することができるので、AはCの相続人に対して慰謝料相当の損害賠償責任を負うことになります。 ★【×】

3 AはBに求償を求めることができますが、判例では、被用者に対して求償できる範囲は「**信義則上相当**と認められる限度内」とされているため、常に全額を回収できるとは限りません。 ★【×】

4 被害者本人であるCが幼児である場合であっても、被害者側（たとえばCの親など）に過失があるときには**過失相殺**が考慮されます。よって、Aは必ずしも発生した損害の全額を賠償しなければならないわけではありません。 【×】

正解 1

Ken's Point

被害者側に過失があるときには、裁判所は過失相殺を考慮して損害賠償の額を定めることができます。そうしないと加害者に酷なケースもあるからです。一方、「被害者が即死なのに慰謝料をもらえないのは相続人がかわいそう」と考えることも必要です。判例の問題は暗記ではなく、「ハートで解く」ことも大切です。

一問一答！ 解答&解説

(1) **×：主張がなくても損害賠償額を減額できる** (2) **×：連帯債務となるため、6割ではなく全額支払う義務がある** (3) **×：不法行為の時から遅滞となる**

Aに雇用されているBが、勤務中にA所有の乗用車を運転し、営業活動のため顧客Cを同乗させている途中で、Dが運転していたD所有の乗用車と正面衝突した（なお、事故についてはBとDに過失がある。）場合における次の記述のうち、民法の規定及び判例によれば、正しいものはどれか。

1 Aは、Cに対して事故によって受けたCの損害の全額を賠償した。この場合、Aは、BとDの過失割合に従って、Dに対して求償権を行使することができる。
2 Aは、Dに対して事故によって受けたDの損害の全額を賠償した。この場合、Aは、被用者であるBに対して求償権を行使することはできない。
3 事故によって損害を受けたCは、AとBに対して損害賠償を請求することはできるが、Dに対して損害賠償を請求することはできない。
4 事故によって損害を受けたDは、Aに対して損害賠償を請求することはできるが、Bに対して損害賠償を請求することはできない。

2013年 問9

理解を深掘り！　一問一答！

以下の文章について、正しいものには○、誤っているものには×をつけよう。

(1) Aが故意又は過失によりBの権利を侵害し、Bに損害が生じた場合、Aの加害行為がBからの不法行為に対して自らの利益を防衛するためにやむを得ず行ったものであっても、Aは不法行為責任を負わなければならないが、Bからの損害賠償請求に対しては過失相殺をすることができる。
(2) 使用者は、被用者に対して、信義則上相当と認められる限度において、求償ができる。
(3) 使用者は、被用者に故意または重過失がなければ、求償できない。

1 B・Dは、**共同不法**行為によりCに損害を与えているため、損害賠償責任はB及びDの両者が**過失割合**により負担します。本肢の場合、B・Dに代わり全額の損害を賠償したAは、Dに対して**求償権**を行使することができます。 ★【○】

2 Bは自己の過失によりDに損害を与えているため、損害の全額の賠償をしたAは、Bに対して**求償権**を行使することができます。ただし、判例により、求償できる額には、**信義則上の限度**があるとされています。 ★【×】

3 B・Dは共同不法行為によってCに損害を与えており、使用者であるAはBの不法行為について**使用者責任**を負います。よって、Cは、A・B及びDに対して損害賠償を請求することができます。 ★【×】

4 Aは使用者責任を負い、B個人も**不法行為**の責任を負います。よって、Dは、AだけでなくBに対しても損害賠償請求を行うことができます。 【×】

正解 1

Ken's Point

共同不法行為の重要ポイントです。従業員である加害者の不法行為責任と会社の使用者責任は、連帯債務となる点は重要です。

意味	数人が共同して他人に損害を与えた場合
効果	共同不法行為者は、損害の全額につき連帯して損害賠償の責任を負う
求償	自分の負担部分を超えて支払った分を求償できる

一問一答！ 解答&解説

(1) ×：正当防衛の場合、そもそも不法行為責任を負わないので過失相殺は不可である (2) ○ (3) ×：求償できる

□1回目　　/
□2回目　　/
□3回目　　/

Aは、所有する家屋を囲う塀の設置工事を業者Bに請け負わせたが、Bの工事によりこの塀は瑕疵がある状態となった。Aがその後この塀を含む家屋全部をCに賃貸し、Cが占有使用しているときに、この瑕疵により塀が崩れ、脇に駐車中のD所有の車を破損させた。A、B及びCは、この瑕疵があることを過失なく知らない。この場合に関する次の記述のうち、民法の規定によれば、誤っているものはどれか。

1 Aは、損害の発生を防止するのに必要な注意をしていれば、Dに対する損害賠償責任を免れることができる。
2 Bは、瑕疵を作り出したことに故意又は過失がなければ、Dに対する損害賠償責任を免れることができる。
3 Cは、損害の発生を防止するのに必要な注意をしていれば、Dに対する損害賠償責任を免れることができる。
4 Dが、車の破損による損害賠償請求権を、損害及び加害者を知った時から3年間行使しなかったときは、この請求権は時効により消滅する。

2005年 問11

理解を深掘り！　一問一答！

以下の文章について、正しいものには○、誤っているものには×をつけよう。

(1) 被害者は、損害発生防止に必要な注意を怠った占有者に損害賠償請求をできるが、その場合には、所有者に損害賠償請求をすることはできない。
(2) 施工業者にも一部責任がある場合、被害者に損害賠償した占有者は、施工業者に対して求償権を行使できる。
(3) 所有者は、土地の工作物の設置又は保存について損害発生防止に必要な注意をしたときでも、不法行為責任を負うことがある。

1 工作物の設置によって損害が生じた場合、工作物の**占有者**が損害賠償責任を負うのが基本ですが、その占有者が損害の発生を防止するのに必要な注意をしたことを立証すれば、**所有者**に損害賠償責任が移ります。**所有者の責任は無過失責任**なので、たとえ注意をしていたとしても被害者に対する責任を免れることはできません。この際、請負人に帰責事由があれば、所有者は被害者に賠償した後に、**請負人**に**求償**することができますが、被害者に対する責任を負わないということではありません。したがって、所有者Aは被害者Dに対する責任を免れません。

★【×】

2 BとDは契約関係にありません。この場合、不法行為責任を追及することになります。不法行為による損害賠償請求は**故意**又は**過失**がなければできないので、Bに故意・過失がない場合、BはDに対する損害賠償責任を免れます。【○】

3 占有者Cは、**損害発生を防止するために必要な注意をしていれば**免責されます。

★【○】

4 不法行為に対する物損の損害賠償請求権は、被害者が**損害・加害者を知った時から3年**、**不法行為の時から20年**で時効消滅します。★【○】

正解 1

Ken's Point

工作物責任について最低限覚えておきたい内容を整理しましょう。

責任を負う者		責任の性質
第一次的責任は占有者が負う ⇒まず、占有者が責任を負う	➡	過失責任 （過失がなければ、責任を負わない）
第二次的責任は所有者が負う ⇒占有者に過失がない場合は、所有者が責任を負う	➡	無過失責任 （過失の有無にかかわらず責任を負う）
損害の原因をつくり出した者	➡	占有者または所有者は、損害の原因をつくり出した者の故意・過失を証明すれば求償できる

一問一答！ 解答&解説

(1) ○ (2) ○ (3) ○

□１回目　　/
□２回目　　/
□３回目　　/

不法行為に関する次の記述のうち、民法の規定及び判例によれば、正しいものはどれか。

1 不法行為による損害賠償請求権の期間の制限を定める民法第724条第1号における、被害者が損害を知った時とは、被害者が損害の発生を現実に認識した時をいう。

2 不法行為による損害賠償債務の不履行に基づく遅延損害金債権は、当該債権が発生した時から10年間行使しないことにより、時効によって消滅する。

3 不法占拠により日々発生する損害については、加害行為が終わった時から一括して消滅時効が進行し、日々発生する損害を知った時から別個に消滅時効が進行することはない。

4 不法行為の加害者が海外に在住している間は、民法第724条第2号の20年の時効期間は進行しない。

2014年 問8（改題）

理解を深掘り！　一問一答！

以下の文章について、正しいものには○、誤っているものには×をつけよう。

(1) Aが1人で居住する甲建物の保存に瑕疵があったため、甲建物の壁が崩れて通行人Bがケガをした。本件事故について、AのBに対する不法行為責任が成立する場合、BのAに対する損害賠償請求権は、B又はBの法定代理人が損害又は加害者を知らない時でも、本件事故の時から20年間行使しない時には時効により消滅する。

(2) 被用者が使用者の事業の執行について第三者に損害を与え、第三者に対してその損害を賠償した場合には、被用者は、損害の公平な分担という見地から相当と認められる額について、使用者に対して求償することができる。

(3) 生命又は身体を害する不法行為による損害と加害者を知った時から3年間、損害賠償請求権を行使しなければ、請求権は時効消滅する。

1 判例によると、不法行為による損害賠償請求権の時効を定める民法第724条における、「被害者が損害を知った時」とは、被害者が損害の発生を現実に認識した時をいいます。**現実認識時説**と呼ばれる立場です。【○】

2 不法行為によって生じた債権の消滅時効は、**損害及び加害者を知った時から3年**、**不法行為の発生から20年**です。不法行為に基づくものであれば遅延損害金の消滅時効も同じく**20年**となります。★【×】

3 不法占拠により日々発生する損害については、被害者が個々の損害が発生したことを知った時から**別個に**消滅時効が進行します。【×】

4 不法行為の加害者が海外に在住している間であっても、**民法**における**時効期間は進行します**。なお、刑事事件では**公訴時効**があり、犯人が海外にいる期間は時効の進行が**停止**します。【×】

正解 1

消滅時効の起算点と時効期間

	起算点	時効期間
① 債務不履行に基づく 損害賠償請求権	権利を行使できることを知った時から	5年
	権利を行使できる時から	10年
② 不法行為に基づく 損害賠償請求権	損害および加害者を知った時から	3年
	不法行為の時から（＝権利を行使できる時から）	20年
①、②の特則 生命・身体の侵害による 損害賠償請求権	知った時から	5年
	権利を行使できる時から	20年

一問一答！ 解答＆解説

(1) ○ (2) ○ (3) **×：生命又は身体を害する不法行為による損害賠償の消滅時効は、損害および加害者を知った時から5年間である**

□１回目　／
□２回目　／
□３回目　／

Ａを注文者、Ｂを請負人とする請負契約（以下「本件契約」という。）が締結された場合における次の記述のうち、民法の規定及び判例によれば、誤っているものはどれか。

1 本件契約の目的物たる建物に重大な契約不適合があるためこれを建て替えざるを得ない場合には、ＡはＢに対して当該建物の建替えに要する費用相当額の損害賠償を請求することができる。

2 本件契約が、事務所の用に供するコンクリート造の建物の建築を目的とする場合、Ｂの担保責任の存続期間を20年と定めることができる。

3 本件契約の目的が建物の増築である場合、Ａの失火により当該建物が焼失し増築できなくなったときは、Ｂは本件契約に基づく未履行部分の仕事完成債務を免れる。

4 Ｂが仕事を完成しない間は、ＡはいつでもＢに対して損害を賠償して本件契約を解除することができる。

2019年 問8（改題）

理解を深掘り！　一問一答！

以下の文章について、正しいものには○、誤っているものには×をつけよう。

(1) 建物の完成後その引渡しを受けた注文者は、建物が種類又は品質に関して契約の内容に適合しない場合は、引渡しの時から２年以内に限り、履行の追完の請求、報酬の減額の請求、損害賠償の請求又は契約の解除をすることができる。

(2) 引渡しを受けた住宅に種類又は品質の契約不適合があるとき、注文者は、不適合を知った時から１年以内にその旨を請負人に通知しなければ、担保責任を追及することができない。

(3) 売主が建物の内装改修工事済みで引き渡す契約で、内装工事着手前に建物が買主の責めに帰すべき火災で全焼したときは、買主は代金を支払う必要があるが、売主は、内装改修工事費相当額を買主に償還しなければならない。

1 建物に重大な契約不適合があり、建て替えざるを得ないときは、建替えに要する**費用相当額**の損害賠償請求を行うことが可能です。 ★【○】

2 請負契約の担保責任期間には売買契約の規定が準用されます。担保責任を負う期間は当事者同士の合意によって伸長できますが、担保責任の損害賠償請求権には**消滅時効の規定**が適用されるので、一般債権の客観的消滅時効期間である**10**年を超える担保責任期間を定めることはできません。新築住宅建築の請負ならば、住宅品確法の定めにより特例で**20**年まで伸長可能（最低は**10**年）ですが、本肢は「事務所の用」ですので20年とすることはできません。 【×】

3 債務の履行が不能になった場合、債権者は債務の履行を請求することができなくなるため、請負人Bは**残債務**を免れます。一方、帰責事由のある注文者Aは請負代金の支払いを拒むことはできません。 【○】

4 請負人が仕事を完成するまでの間、注文者は**いつでも**損害を賠償して請負契約を**解除**することができます。 ★【○】

正解 2

Ken's Point

請負人の責任は、売買契約の売主の契約不適合責任とほぼ同じ内容です。請負では、注文者は仕事の完成前であれば請負人が受ける損害を賠償して、請負契約を解除することができる点を覚えてください。

一問一答！ 解答&解説

(1) **×：不適合を知った時から1年以内に通知すれば消滅時効が成立するまで責任追及できる** (2) **○** (3) **○**

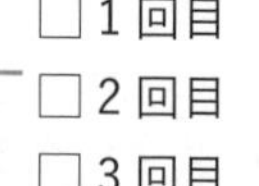

問題 092

AとBとの間で令和6年7月1日に締結された委任契約において、委任者Aが受任者Bに対して報酬を支払うこととされていた場合に関する次の記述のうち、民法の規定によれば、正しいものはどれか。

1. Aの責めに帰すべき事由によって履行の途中で委任が終了した場合、Bは報酬全額をAに対して請求することができるが、自己の債務を免れたことによって得た利益をAに償還しなければならない。
2. Bは、契約の本旨に従い、自己の財産に対するのと同一の注意をもって委任事務を処理しなければならない。
3. Bの責めに帰すべき事由によって履行の途中で委任が終了した場合、BはAに対して報酬を請求することができない。
4. Bが死亡した場合、Bの相続人は、急迫の事情の有無にかかわらず、受任者の地位を承継して委任事務を処理しなければならない。

2020年10月 問5

理解を深掘り！　一問一答！

以下の文章について、正しいものには○、誤っているものには×をつけよう。

(1) 受任者が善管注意義務を怠ったとしても、委任者は損害賠償請求をすることができない。
(2) 受任者は、委任契約をする際、有償の合意をしない限り、報酬の請求をすることができないが、委任事務のために使った費用とその利息は、委任者に請求することができる。
(3) 委任者が破産手続開始の決定を受けた場合、委任契約は終了する。

1 債権者（＝委任者）の責任により債務を履行することができなくなった場合、債務者（＝受任者）はその反対給付である**報酬全額**の支払いを請求できます。ただし、債務を免れたことによって得た**利益**がある場合、それを債権者に償還することになります。【○】

2 受任者は、**善良な管理者**の注意をもって、委任事務を処理する義務（**善管注意**義務）を負います。これは自己の財産と同一の注意義務より重く、受任者と同様な職業・地位にある者に対して一般に期待される水準の義務です。★【×】

3 受任者の帰責事由により委任事務が途中で履行できなくなったときでも、受任者は既にした**履行の割合**に応じて報酬を請求することが可能です。★【×】

4 受任者の死亡は委任契約の終了事由です。委任終了時に**急迫の事情があるとき**、受任者の相続人や法定代理人は委任者等が委任事務を処理できるように至るまで**必要な処分をしなければなりません**。【×】

正解 1

Ken's Point

選択肢1は、「途中までしかやらずに報酬を全部もらうのはさすがに悪いから、やらなかった分は返したほうが良いかな？」と思えると、正解できる可能性が高まるはずです。委任での覚えるポイントは、下記くらいにして、あとは現場で考えるようにするとよいでしょう。

	委任者	受任者
報酬	特約がない限り、報酬支払義務なし	特約がない限り、報酬請求不可
費用	事務処理に必要な費用を支払う義務	事務処理に必要な費用の前払請求可 ⇒費用前払請求権
注意義務	—	報酬の有無にかかわらず、善管注意義務有
その他	受任者が事務処理をするに当たり、受任者に過失なく損害を受けたときは、委任者がその損害を賠償する義務	①委任者が請求したとき、委任が終了したときの委任事務に関する報告義務 ②委任者に引き渡すべき金銭などを受任者が自己のために消費した場合、その消費した日以後の利息支払義務、および損害が発生した場合の損害賠償義務

一問一答！ 解答&解説

(1) ×：怠っていたら債務不履行責任を負う (2) ○ (3) ○

□ 1回目　／
□ 2回目　／
□ 3回目　／

Aが、Bに対して有する金銭債権をCに譲渡した場合に関する次の記述のうち、民法の規定及び判例によれば、誤っているものはどれか。

1. 譲渡通知は、AがBに対してしなければならないが、CがAの代理人としてBに対して通知しても差し支えない。
2. Bが譲渡を承諾する相手方は、A又はCのいずれでも差し支えない。
3. Aが、CとDとに二重譲渡し、それぞれについて譲渡通知をした場合で、Cに係る通知の確定日付はDに係るものより早いが、Bに対しては、Dに係る通知がCに係る通知より先に到達したとき、Dへの債権譲渡が優先する。
4. Bが、既にAに弁済していたのに、AのCに対する譲渡を異議を留めないで承諾した場合、Bは、弁済したことをCにもAにも主張することができない。

2000年 問6（改題）

理解を深掘り！　一問一答！

以下の文章について、正しいものには○、誤っているものには×をつけよう。

(1) AがBに対して債権を有しており、Aがこの債権をCに譲渡した。Bが債権譲渡を承諾しない場合、CがBに対して債権譲渡を通知するだけでは、CはBに対して自分が債権者であることを主張することができない。

(2) AがBに対して債権を有しており、この債権をCに譲渡した。Aは、Cへの譲渡について、Bに対しては、Aの口頭による通知で対抗することができるが、第三者Dに対しては、Bの口頭による承諾では対抗することができない。

(3) AがBに対して1,000万円の代金債権を有しており、Aがこの代金債権をCに譲渡した場合、AがBに対して行った債権譲渡の通知が確定日付によるものでなければ、CはBに対して自らに弁済するように主張することができない。

1 債権の譲渡通知は、**譲渡人**から**債務者**に対して行わなければなりません。よって、Cが譲受人の立場で債務者Bにした通知は有効なものとはなりません。しかし判例では、譲渡人が譲受人に代理権を付与し、代理権をもつ譲受人が債務者にした**通知**であれば有効であるとしています。したがって、Cが代理人の立場でBに対して通知をしても差し支えありません。 ★【○】

2 債権譲渡につき債務者が行う**承諾**は、債権譲渡の対抗要件となっていますが、この承諾は譲渡人と譲受人どちらに対して行ってもよいとされています。 ★【○】

3 債権が二重に譲渡された場合、一方の譲受人が他方に対抗するには、確定日付のある**証書**による通知が必要となります。この通知が両者に対して行われた場合、両者の優劣は確定日付の先後ではなく**到達日時**の先後によって決まります。先に債務者Bに届いたのはDに係る通知なので、Dへの債権譲渡が優先されます。 ★【○】

4 異議を留めない承諾の有無にかかわらず、債権譲渡の対抗要件具備時（本問では**Bの承諾**）までに生じた事由によって譲受人に対抗できます。よって、譲渡人Aに対して行った弁済を譲受人Cに主張することができます。 【×】

正解 4

債務者と第三者に対する対抗要件の違い

債務者に対する対抗要件

旧債権者 A　新債権者 C
債権
債務者 B

Aからの通知またはBの承諾

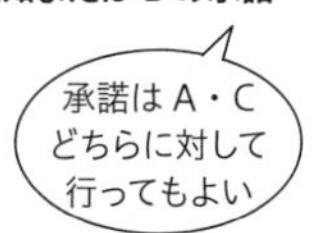

第三者に対する対抗要件

新債権者 D　旧債権者 A　新債権者 C
債権　債権
債務者 B

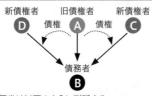

CD間の優劣は以下のように判断する
①確定日付のある通知または承諾があるほうが勝ち
②いずれの譲渡にも確定日付のある通知・承諾がなされた場合
⇒通知が到達したとき、または承諾のときの先後によって決する
③確定日付のある通知が同時に到達した場合
⇒各譲受人は債務者に全額請求できる
※債務者は供託できる（各譲受人は債権額に応じて按分した額を分割取得する）

一問一答！ 解答&解説

(1) ○　(2) ○　(3) ×：確定日付のある通知でなくとも債務者には対抗できる

問題 094

□ 1 回目　　/
□ 2 回目　　/
□ 3 回目　　/

Aは、B所有の建物を賃借し、毎月末日までに翌月分の賃料50万円を支払う約定をした。またAは敷金300万円をBに預託し、敷金は賃貸借終了後明渡し完了後にBがAに支払うと約定された。AのBに対するこの賃料債務に関する相殺についての次の記述のうち、民法の規定及び判例によれば、正しいものはどれか。

1 Aは、Bが支払不能に陥った場合は、特段の合意がなくても、Bに対する敷金返還請求権を自働債権として、弁済期が到来した賃料債務と対当額で相殺することができる。

2 AがBに対し悪意による不法行為に基づく損害賠償請求権を有した場合、Aは、このBに対する損害賠償請求権を自働債権として、弁済期が到来した賃料債務と対当額で相殺することはできない。

3 AがBに対して商品の売買代金請求権を有しており、それが令和6年9月1日をもって時効により消滅した場合、Aは、同年9月2日に、このBに対する代金請求権を自働債権として、同年8月31日に弁済期が到来した賃料債務と対当額で相殺することはできない。

4 AがBに対してこの賃貸借契約締結以前から貸付金債権を有しており、その弁済期が令和6年8月31日に到来する場合、同年8月初日にBのAに対するこの賃料債権に対する差押えがあったとしても、Aは、同年8月31日に、このBに対する貸付金債権を自働債権として、弁済期が到来した賃料債務と対当額で相殺することができる。

2004年 問8（改題）

理解を深掘り！　一問一答！

以下の文章について、正しいものには○、誤っているものには×をつけよう。

(1) Aの債権について弁済期の定めがなく、Aから履行の請求がないときは、Bは、Bの債権の弁済期が到来しても、相殺をすることができない。

(2) AがBに対して100万円の金銭債権、BがAに対して100万円の壺を壊したことによる損害賠償債権を有している。Bの債権が、Aの悪意ではない不法行為によって発生したものであるときには、Aは、Aの債権をもって相殺をすることができない。

(3) 抵当権者が物上代位により賃料債権を差押えした後は、抵当不動産の賃借人は、抵当権設定登記の前に取得した債権を自働債権として相殺の主張ができない。

1 相殺により債務を消滅させようとする場合、**自働債権**の弁済期が到来している必要があります。本肢は敷金返還請求権を**自働債権**としていますが、敷金返還請求権は**建物明渡し**後に生じるので、賃借が継続している段階では弁済期になく、相殺をすることはできません。【×】

2 悪意による不法行為に基づく損害賠償請求権を**受働債権**として相殺することはできません。ただし、これを**自働債権**とすることは可能です。要するに、悪意の加害者からは相殺はできませんが、被害者から相殺することができます。★【×】

3 消滅時効期間が経過する以前に相殺適状（相殺できる状態）にあった場合、消滅時効を援用していなければ、**時効期間経過**後も**相殺**することができます。【×】

4 **差押え**後に取得した債権の場合、差押えられた債権に対する相殺は認められません。しかし、**差押え**前の取得であれば弁済期が差押え後であったとしても相殺が認められます。本肢を時系列で整理すると、以下のようになります。

①賃借人Ａが賃貸人Ｂに対して貸付金債権を有している
②８月初日に賃貸人Ｂの賃料債権が差押え
③８月31日に貸付金債権の弁済期到来

賃借人Ａの貸付金債権は差押えの**前**に発生したものであるため、賃料債務と相殺可能です。★【○】

正解 4

相殺は自働債権、受働債権といった言葉を把握できていないと難しく感じます。まずはしっかりと理解してください。

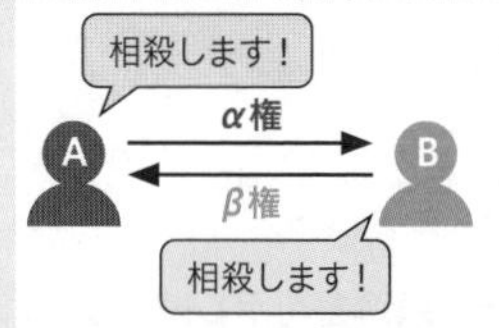

Aが相殺する場合、
　相殺するAの債権（α）が自働債権、
　相殺されるBの債権（β）が受働債権となる
Bが相殺する場合、
　相殺するBの債権（β）が自働債権、
　相殺されるAの債権（α）が受働債権となる

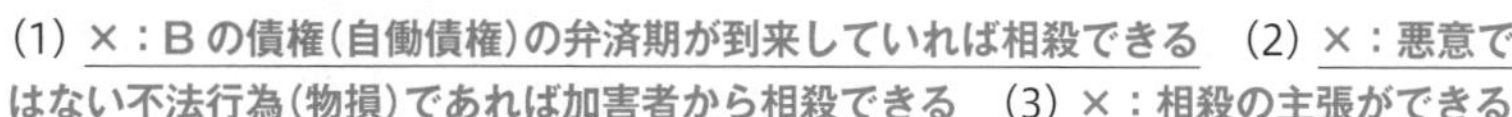
(1) ×：Bの債権（自働債権）の弁済期が到来していれば相殺できる　(2) ×：悪意ではない不法行為（物損）であれば加害者から相殺できる　(3) ×：相殺の主張ができる

□ 1回目　/
□ 2回目　/
□ 3回目　/

地役権に関する次の記述のうち、民法の規定及び判例によれば、誤っているものはどれか。

1 地役権は、継続的に行使されるもの、又は外形上認識することができるものに限り、時効取得することができる。

2 地役権者は、設定行為で定めた目的に従い、承役地を要役地の便益に供する権利を有する。

3 設定行為又は設定後の契約により、承役地の所有者が自己の費用で地役権の行使のために工作物を設け、又はその修繕をする義務を負担したときは、承役地の所有者の特定承継人もその義務を負担する。

4 要役地の所有権とともに地役権を取得した者が、所有権の取得を承役地の所有者に対抗し得るときは、地役権の取得についても承役地の所有者に対抗することができる。

2020年12月 問9

以下の文章について、正しいものには〇、誤っているものには×をつけよう。

(1) 承役地の所有者が通路を開設し、要役地の所有者がその通路を利用し続けると、時効によって通行地役権を取得することがある。

(2) 継続的に行使され、外形上認識できる地役権は時効取得が可能である。

(3) Aは、自己所有の甲土地の一部につき、通行目的で、隣地乙土地の便益に供する通行地役権設定契約を、乙土地所有者Bと締結した。Bは、この通行地役権を、乙土地と分離して、単独で第三者に売却することができる。

1 時効取得できる地役権(ちえきけん)は、**継続的**に行使され、かつ、**外形上認識**することができるものに限ります。本肢は「又は」としているので誤りです。 ★【×】

2 **地役権**は、ある土地の便益のために他人の土地を利用できる権利です。**承役地**(しょうえきち)は利用される側、**要役地**(ようえきち)は利用する側と考えればOKです。地役権者は、地役権設定契約の定めに従って、承役地を要役地の便益のために利用できます。 【○】

3 承役地の所有者の特定承継人とは、承役地を**買い受けた**人などです。地役権の設定やその後の契約で、承役地の所有者が工作物設置・修繕義務を負担する定めがあるときは、承役地の所有者の特定承継人もその義務を承継します。ただし、地役権者がその義務の存在を特定承継人に対抗するためには、その旨の登記をする必要があります。 【○】

4 地役権には所有権への付従性があり、特段の定めのない限り所有権の移転に伴って移転します。要役地の取得者は、その要役地について**所有権移転**登記をして対抗要件を備えれば、地役権の取得についても第三者に対抗することができます。 ★【○】

正解 1

第1章 地役権

Ken's Point

地役権のポイントです。地役権は発生しやすく消滅しにくい、というイメージをもっておくとよいでしょう。

意義	一定の目的に従って、ある土地（要役地）の便益のために、他人の土地（承役地）を利用する権利　　例：通行地役権	
性質	付従性	①要役地の所有権が移転すれば、特約がない限り地役権も移転する ②要役地から独立して地役権のみを譲渡することはできない
	不可分性	①要役地の共有者の１人は、その持分についてその土地のために存在する地役権を消滅させることはできない ②要役地の共有者の１人が時効で地役権を取得したときは、他の共有者もその地役権を取得する

一問一答！　解答＆解説

(1) ×：通路は要役地の所有者により開設される必要があるため時効取得できない

(2) ○　(3) ×：要役地と分離処分してはいけない

□1回目　/
□2回目　/
□3回目　/

Aが購入した甲土地が他の土地に囲まれて公道に通じない土地であった場合に関する次の記述のうち、民法の規定及び判例によれば、正しいものはどれか。

1 甲土地が共有物の分割によって公道に通じない土地となっていた場合には、Aは公道に至るために他の分割者の所有地を、償金を支払うことなく通行することができる。

2 Aは公道に至るため甲土地を囲んでいる土地を通行する権利を有するところ、Aが自動車を所有していても、自動車による通行権が認められることはない。

3 Aが、甲土地を囲んでいる土地の一部である乙土地を公道に出るための通路にする目的で賃借した後、甲土地をBに売却した場合には、乙土地の賃借権は甲土地の所有権に従たるものとして甲土地の所有権とともにBに移転する。

4 Cが甲土地を囲む土地の所有権を時効により取得した場合には、AはCが時効取得した土地を公道に至るために通行することができなくなる。

2020年10月 問1

理解を深掘り！　一問一答！

以下の文章について、正しいものには○、誤っているものには×をつけよう。

(1) 囲んでいる他の土地を自由に選んで通行できるわけではない。
(2) 共有物分割によって袋地が生じた場合、償金を支払わずに、他の分割者の土地を通行できる。
(3) 甲地が、A所有の土地を分筆してBに売却した結果、袋地になった場合で、Aが、甲地の譲渡後、その残余地である乙地をCに売却したときには、Bは乙地に通路を開設できない。

1 分割によって公道に通じない土地が生じた場合、その土地の所有者は、他の分割者の所有する土地（分割後の残余地）にのみ道路を開設することができます。この場合には**償金**を要しません。 ★【○】

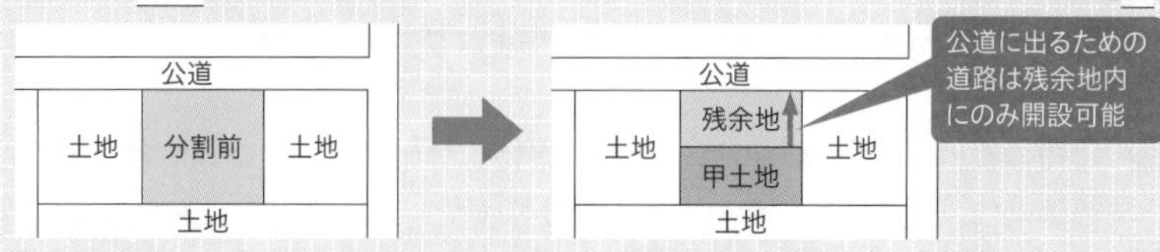

2 他の土地に囲まれて公道に通じない土地（袋地）の所有者は、公道に至るため、その土地を囲んでいる他の土地（**囲繞地**（いにょうち））を通行できます。徒歩だけでなく自動車による通行権についても、認められることがあります。 【×】

3 乙土地を通行するために当該土地の所有者と賃貸借契約を締結した場合、Aは賃貸借契約に基づき当該土地を通行できます。しかし、甲土地の所有権がAからBに移転しても**乙土地の賃借権は当然には移転せず**、依然としてAと乙土地の所有者の間に存在します。したがって、Bが乙土地を通行できるようにするには、賃借権の譲渡または転貸について乙土地の**所有者の承諾が必要**です。 ★【×】

4 通行権には2種類あります。1つは地役権としての通行権（**通行地役権**）で、当事者同士の約定等によって設定される物権です。もう1つは袋地の所有者が囲まれている他の土地を通行できる権利（**囲繞地通行権**）です。**通行地役権**は、承役地（本肢だとCが取得した土地）が時効取得されると消滅しますが、**囲繞地通行権**は法律上当然に認められる権利なので、甲土地を囲む土地の所有者が変わっても、Aは通行権の主張が可能です。 【×】

正解 1

Ken's Point

土地の分割・土地の一部譲渡によって袋地が生じた場合は、その分割者の土地のみを通行することができます。この場合は、償金を支払う必要はありません。また、この無償通行権は、袋地等の土地の所有者がこれを第三者に譲渡した場合にも消滅しません。

一問一答！ 解答&解説

(1) ○　(2) ○　(3) ×：開設できる

□ 1 回目　　/
□ 2 回目　　/
□ 3 回目　　/

留置権に関する次の記述のうち、民法の規定及び判例によれば、正しいものはどれか。

1 建物の賃借人が賃貸人の承諾を得て建物に付加した造作の買取請求をした場合、賃借人は、造作買取代金の支払を受けるまで、当該建物を留置することができる。

2 不動産が二重に売買され、第２の買主が先に所有権移転登記を備えたため、第１の買主が所有権を取得できなくなった場合、第１の買主は、損害賠償を受けるまで当該不動産を留置することができる。

3 建物の賃貸借契約が賃借人の債務不履行により解除された後に、賃借人が建物に関して有益費を支出した場合、賃借人は、有益費の償還を受けるまで当該建物を留置することができる。

4 建物の賃借人が建物に関して必要費を支出した場合、賃借人は、建物所有者ではない第三者が所有する敷地を留置することはできない。

2013年 問4

理解を深掘り！　一問一答！

以下の文章について、正しいものには〇、誤っているものには×をつけよう。

(1) 留置権者は、善良な管理者の注意をもって、留置物を占有する必要があるのに対し、質権者は、自己の財産に対するのと同一の注意をもって、質物を占有する必要がある。

(2) 建物の賃借人が造作買取代金債権を有している場合、弁済を受けるまで、建物を留置できる。

(3) 不動産に留置権を有する者は、目的物が金銭債権に転じた場合には、当該金銭に物上代位することができる。

1 **造作買取請求権**は、建物に関して生じたものではなく建物の**造作**について生じたものです。**物と債権の牽連性**（けんれんせい）**がない**ため、建物の留置は認められません。★【×】

2 第1買主が第2買主に引渡しを拒んだ場合でも、売主の損害賠償を間接的に**強制**することにはなりません。物と債権の間に牽連性がないので、**留置権は認められません**。【×】

3 本肢では、債務不履行解除後にいまや**不法占拠者**となった賃借人が有益費を支出しています。よって、留置権は認められません。【×】

4 建物の賃借人が建物に関して必要費を支出した場合、賃借人は建物を留置できます。しかし、建物所有者以外の**第三者が所有する敷地**を留置することは、物と債権との間に牽連性がないためできません。★【○】

Ken's Point

留置権は、物と債権の牽連性がないと行使できません。建物について、**必要費**や**有益費**を支出した場合は**留置権を行使**できるのに対して、**造作買取請求権**は造作についての支出であり、建物と関係ないので建物について**留置権を行使できない**点に注意してください。
留置権は物を留置して弁済を促すもので、留置物を金銭に換えて弁済に充てることはできないため、**物上代位は認められていません**。

一問一答！ 解答&解説

(1) **×：質権者も善良な管理者の注意をもって、質物を占有しなければならない**
(2) **×：留置できない**　(3) **×：留置権では物上代位することはできない**

□1回目　/
□2回目　/
□3回目　/

売主A・買主B間の建物売買契約（所有権移転登記は行っていない。）が解除され、建物の所有者Aが、B居住の建物をCに売却して所有権移転登記をした場合に関する次の記述のうち、民法の規定及び判例によれば、正しいものはどれか。

1 Aが、Bに対して建物をCのために占有することを指示し、Cがそれを承諾しただけでは、AがCに建物を引き渡したことにはならない。

2 Bが建物占有中に、地震によって玄関のドアが大破したので修繕し、その費用を負担した場合でも、BはCに対してその負担額の償還を請求することはできない。

3 Bは、占有中の建物の一部をDに使用させ賃料を受領した場合、その受領額をCに償還しなければならない。

4 Cが暴力によって、Bから建物の占有を奪った場合、BはCに占有回収の訴えを提起できるが、CはBに対抗できる所有権があるので占有回収の訴えについては敗訴することはない。

2002年 問3

理解を深掘り！　一問一答！

以下の文章について、正しいものには○、誤っているものには×をつけよう。

(1) 占有回収の訴えは、占有を侵奪した者及びその特定承継人に対して当然に提起することができる。

(2) 甲建物の所有者Aが、甲建物の隣家に居住し、甲建物の裏口を常に監視して第三者の侵入を制止していたとしても、甲建物に錠をかけてその鍵を所持しない限り、Aが甲建物を占有しているとはいえない。

(3) 丙土地の占有を代理しているDは、丙土地の占有が第三者に妨害された場合には、第三者に対して占有保持の訴えを提起することができる。

1 占有代理人Bによって占有している際は、本人がその占有代理人に対して第三者のために占有することを命じ、**第三者が承諾した場合は占有権を取得します**。よってCは建物の占有権を取得します。占有権は物を自己の利益のために**支配**する権利ですから、占有権が移転されたことにより、AはCに建物を引き渡したことになります。 【×】

2 修繕は保存のための行為で、支出した費用は**必要費**扱いとなります。占有者は、占有物を返還する際に、占有物の返還請求権者（回復者）に対して支出した**必要費**の償還を請求することが**できます**。 ★【×】

3 Bは**悪意**の占有者となり、**占有物を使用して得た収益**を占有物の返還請求権者（回復者）に償還しなければなりません。 【○】

4 Cの暴力により占有を奪われたBは「**占有回収の訴え**」を提起することができます。占有回収を訴える裁判は、所有権に基づいてすることはできないとされており、Cに所有権があるからという理由でBの訴えを退けることはできません。なお、Cは建物の所有権を有していますが、自ら暴力によってBを追い出すことは禁止されています（**自力救済の禁止**）。Bが建物に居座り続けるときには、所有権に基づく建物返還請求によりBの立ち退きを求めることになります。 【×】

正解 3

第1章 占有権

Ken's Point

占有権とは、物を支配する権利のことであり、所有者、借主、無権利者を問わず、現実に支配している人をとりあえず保護するため、現実に支配している人に「占有権」という権利があると考えます。難しい点が多いので、深入りはしなくて大丈夫です。

一問一答！ 解答&解説

(1) **×：特定承継人に対して提起できるのは、特定承継人が侵奪の事実を知っていたときに限られる** (2) **×：常に出入口を監視して容易に他人の侵入を制止できる状況にあれば、所有者Aはその家屋を占有しているといえる** (3) **○**

/
/
/

Aは、生活の面倒をみてくれている甥のBに、自分が居住している甲建物を贈与しようと考えている。この場合に関する次の記述のうち、民法の規定によれば、正しいものはどれか。

1 AからBに対する無償かつ負担なしの甲建物の贈与契約が、書面によってなされた場合、Aはその履行前であれば贈与契約を解除することができる。

2 AからBに対する無償かつ負担なしの甲建物の贈与契約が、書面によらないでなされた場合、Aが履行するのは自由であるが、その贈与契約は法的な効力を生じない。

3 Aが、Bに対し、Aの生活の面倒をみることという負担を課して、甲建物を書面によって贈与した場合、甲建物の契約不適合については、Aはその負担の限度において、売主と同じく担保責任を負う。

4 Aが、Bに対し、Aの生活の面倒をみることという負担を課して、甲建物を書面によって贈与した場合、Bがその負担をその本旨に従って履行しないときでも、Aはその贈与契約を解除することはできない。

2009年 問9（改題）

以下の文章について、正しいものには○、誤っているものには×をつけよう。

(1) AのBに対する土地の贈与（負担のないもの）が書面によらないものであっても、Bにその土地の所有権移転登記がなされたときは、Aは、その贈与を撤回することができない。

(2) AのBに対する土地の贈与（負担のないもの）が書面によるか否かを問わず、その土地に欠陥があっても、その欠陥が贈与契約締結以前から存在するものであったときは、Aは、Bに対してその欠陥を担保する責任を負わない。

(3) AのBに対する土地の贈与（負担のないもの）が書面による死因贈与であったときは、Aは、後に遺言によりその贈与を撤回することができない。

1 贈与契約のうち撤回可能なのは、書面によらない贈与のうち**未履行の部分のみ**です。**書面による贈与**は、**履行済・履行前**に関係なく**撤回できません**。 ★【×】

2 贈与契約は、当事者同士の合意によって成立する**諾成**（だくせい）**契約**です。書面によらないものであっても**法的な効力**を生じるため、Aは当該贈与契約を履行する義務を負います。 ★【×】

3 **負担付贈与**の場合、贈与者は、目的物の契約不適合について、売主と同じく**担保責任**を負います。ただし、この責任は受贈者の**負担の限度**に限られます。 【○】

4 **負担付贈与**には民法の**双務契約**の規定が準用されます。受贈者が契約に定める負担を本旨に従って履行しないときは、**債務不履行**となり、贈与者は所定の手続きをとることで解除することができます。 【×】

正解 3

Ken's Point

本問の贈与のポイントをまとめておきます。また、負担付贈与は売買と同じように考えて、贈与したものに不適合があれば責任を負う点に注意しましょう。

贈与	意義	当事者の一方が相手方にタダで自己の財産を与える契約
	ポイント	・書面によらない贈与は、各当事者が撤回することができるが、履行が終わった部分については撤回することができない ・贈与者は、契約時の状態で引き渡せば足りる

一問一答！ 解答&解説

(1) ○：登記されたことで履行終了しているので撤回できない (2) ○ (3) ×：遺言と同様に考えて撤回できる

column Ken's Advice

過去問の丸暗記ではなく感性（ハート）で解く！

権利関係では、実際に起き得る事例をもとにした問題が出ます。この「事例問題」は問題文が長くて読むのが大変ですが、何の問題なのか、論点は何なのかを正確に把握するためにも、**問題文をしっかりと読みましょう**。そのうえで、問題文に出てくる人が売主なのか買主なのかなど、関係性を把握するために、図を描いて解くことをオススメします。

問題を解く際には、**「自分の感性で解く」ことも大事**です。民法関連の問題はとくにそういえます。

問題文を読んで、「普通なら損害賠償できるけど、この人はすごい悪い人だから損害賠償はできないんじゃないかな」と考えて解答して当たっていたら、その問題は繰り返し解かなくても大丈夫な問題です。同じように問われたら、正解できるからです。

逆に、自分の感性では○だと思ったのに解答が×だったとしたら、解説をしっかり読んで×の理由を把握して覚えるようにしましょう。そうやって**メリハリをつけて、覚えることをなるべく減らす**ことも、勉強する際のポイントといえます。

また、権利関係の特徴として、**過去問の丸暗記では太刀打ちできない**ことがあげられます。過去問とまったく同じ言い回しでは出題されないですから、過去問を丸暗記するのはやめましょう。ただし、善意や悪意、抵当権といった頻出の言葉の意味は、しっかりと覚えてください。

最後に、直前期には権利関係の問題にはあまり時間を割かずに、宅建業法などのほかの科目に時間を充てるとよいと思います。権利関係は、問題の解説を読むだけでも実力が維持できるので、本書で早めに問題を解いて実力をつけましょう。その後にほかの科目にトライして、合間に権利関係の解説などに目を通すようにすると、より効率的に勉強が進められると思います。

この1冊で合格!
水野健の宅建士 神問題集
2024年度版

第 2 章

宅建業法

（第2分冊）

矢印の方向に引くと取り外せます 

この別冊は本体に糊付けされています。
別冊を外す際の背表紙の剥離等については交換いたしかねますので、
本体を開いた状態でゆっくり丁寧に取り外してください。

KADOKAWA

宅建業法

本試験で最も出題数が多い科目で、例年20問（うち1問は住宅瑕疵担保履行法）が出題されています。引っかけ問題や言い回しで間違いやすい問題が多いので、問題文をしっかりと読んで確実に解答できるようにし、高得点を狙いましょう。

宅地建物取引業とは	問題001～問題006
事務所の設置	問題007～問題011
免許	問題012～問題022
事務所以外の場所の規制	問題023～問題025
宅地建物取引士	問題026～問題032
営業保証金	問題033～問題039
保証協会・弁済業務保証金	問題040～問題046
保証金総合	問題047～問題048
媒介契約の規制	問題049～問題055
重要事項の説明	問題056～問題066
37条書面（契約書）	問題067～問題074
35条・37条総合	問題075～問題076
広告などの諸規制	問題077～問題081
自ら売主・8種制限・クーリング・オフ	問題082～問題085
手付金等の保全措置	問題086～問題088
損害賠償の予定の制限	問題089
自己所有に属さない物件の契約締結制限	問題090
担保責任の特約の制限	問題091
自ら売主総合問題	問題092～問題094
住宅瑕疵担保履行法	問題095～問題099
報酬額の規制	問題100～問題105
監督処分・罰則	問題106～問題111

宅地建物取引業の免許（以下この問において「免許」という。）に関する次の記述のうち、正しいものはどれか。

1 農地所有者が、その所有する農地を宅地に転用して売却しようとするときに、その販売代理の依頼を受ける農業協同組合は、これを業として営む場合であっても、免許を必要としない。

2 他人の所有する複数の建物を借り上げ、その建物を自ら貸主として不特定多数の者に反復継続して転貸する場合は、免許が必要になるが、自ら所有する建物を貸借する場合は、免許を必要としない。

3 破産管財人が、破産財団の換価のために自ら売主となり、宅地又は建物の売却を反復継続して行う場合において、その媒介を業として営む者は、免許を必要としない。

4 信託業法第３条の免許を受けた信託会社が宅地建物取引業を営もうとする場合、免許を取得する必要はないが、その旨を国土交通大臣に届け出ることが必要である。

2010年 問26

理解を深掘り！　一問一答！

以下の文章について、正しいものには○、誤っているものには×をつけよう。

(1) 社会福祉法人が、高齢者の居住の安定確保に関する法律に規定するサービス付き高齢者向け住宅の貸借の媒介を反復継続して営む場合は、宅地建物取引業の免許を必要としない。

(2) Aが用途地域内の自己所有の資材置き場を10区画に分割して、宅地建物取引業者に媒介を依頼して、不特定多数の者に反復継続して売却する場合、Aは宅地建物取引業の免許を必要とする。

(3) 地方公共団体が定住促進策としてその所有する土地について住宅を建築しようとする個人に売却する取引をA社が媒介する場合、A社は宅地建物取引業の免許を受ける必要はない。

宅地建物取引業とは

1 宅地建物の販売の代理を業として行うことは宅地建物取引業に該当します。**農業協同組合**は、免許不要の例外に該当しないので免許が必要です。 ★【×】

2 自ら貸借する取引は宅地建物取引業に該当しないため、免許は不要です。これは**転貸借**の場合も同様です。本肢は、後半部分の記述は適切ですが、前半部分の「他人から借り上げた建物を不特定多数に転貸する場合に免許が必要」としている点が誤りです。 ★【×】

3 破産管財人が、破産財団の換価（かんか）目的で宅地建物の売却を反復継続して行う行為は、営利目的がなく、裁判所の関与の下で行われるため宅地建物取引業の免許は不要ですが、破産管財人から**媒介を受ける業者**は免許が必要です。 ★【×】

4 信託会社は、**国土交通大臣**に届出をすることにより、免許を受けなくても宅地建物取引業を営むことができます。 ★【○】

4

Ken's Point

宅地建物取引業の免許が必要な取引は、下の表で攻略しましょう。大家業（自ら貸借）、または不動産の管理のみ、建設業は、不動産関係の業務ですが、宅建業の免許は不要な点に注意してください。さらに、自ら貸借は免許不要だけでなく、そもそも宅建業法の適用がない点まで覚えておきましょう。

	売買	交換	転貸借含む 貸借
自ら	○	○	×
代理	○	○	○
媒介	○	○	○

○必要　×不要

一問一答！　解答&解説

(1) ×：媒介なので免許が必要である　(2) ○　(3) ×：媒介は免許が必要である

□1回目　/
□2回目　/
□3回目　/

A（個人）の宅地建物取引業法の免許（以下この問において「免許」という。）に関する次の記述のうち、正しいものはどれか。

1 Aが、競売により取得した複数の宅地を、宅地建物取引業者に媒介を依頼し売却する行為を繰り返し行う場合、Aは免許を必要としない。

2 Aが、土地区画整理事業により造成された甲市所有の宅地を甲市の代理として売却する行為を繰り返し行う場合、Aは免許を必要としない。

3 Aが、組合方式による住宅の建築という名目で組合参加者を募り、A自らは組合員となることなく、当該組合員による住宅の建築のため、宅地の購入の媒介を繰り返し行う場合、Aは免許を必要としない。

4 Aが、賃貸物件の複数の所有者から一括して借上げ、賃借人に自ら又は宅地建物取引業者に媒介を依頼し賃貸する行為を繰り返し行う場合、Aは免許を必要としない。

2002年 問30

以下の文章について、正しいものには〇、誤っているものには×をつけよう。

(1) Aが、1棟のマンション（10戸）を競売により取得し、自ら借主を募集し、多数の学生に対して賃貸する場合、Aは、宅地建物取引業の免許を必要とする。

(2) Aが自己の所有する宅地を駐車場として整備し、賃貸を業として行う場合、当該賃貸の媒介を、宅地建物取引業の免許を受けているB社に依頼するとしても、Aは宅地建物取引業の免許を受けなければならない。

(3) Aが競売物件である建物を自己の居住用として購入する場合、Aは宅地建物取引業の免許を要しないが、Bが営利を目的として競売物件である宅地を購入し、宅地建物取引業者を介して反復継続して売却する場合、Bは宅地建物取引業の免許を要する。

宅地建物取引業とは

1 競売による取得は転売目的であり、反復継続的に利益を得る目的で売却を行っているので**宅地建物取引業**に該当します。よって、Aは免許を受ける必要があります。宅地建物取引業者に媒介を依頼していれば免許が要らないわけではありません。 ★【×】

2 国・地方公共団体は宅地建物取引業の免許は不要ですが、国・地方公共団体から反復継続的に**代理・媒介の依頼を受ける者**は、宅地建物取引業の免許を受ける必要があります。 ★【×】

3 マンション建設組合等のコーポラティブハウス（組合方式による住宅）を題材にした事例です。組合参加者が土地を取得する際には免許不要ですが、**組合員でない者**が土地の取得の**媒介を繰り返し行う場合**は、宅地建物取引業に該当します。よって、Aは免許を受ける必要があります。 【×】

4 **自ら貸借、転貸借**する場合には、宅地建物取引業の免許は不要です。 ★【○】

正解 4

Ken's Point

宅地建物の取引が業に当たるかの基準は、下表のとおりです。丸暗記は不要ですが、理解はしておきましょう。

	事業性が高い	事業性が低い
対象者	広く一般の者（不特定多数）	親族間等の特定の関係がある者
目的	利益	特定の資金需要の充足
対象物件の取得経緯	転売用	自ら使用するため
態様	一般消費者に直接販売	宅建業者へ代理・媒介を依頼
反復継続性	反復継続的	1回限り

一問一答！ 解答＆解説

(1) **×：自ら貸主なので免許は不要である** (2) **×：Aは自ら貸主なので免許は不要である** (3) **○**

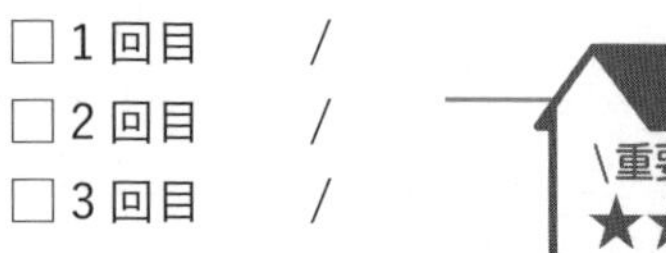

宅地建物取引業の免許（以下この問において「免許」という。）に関する次の記述のうち、正しいものはどれか。

1 Aの所有するオフィスビルを賃借しているBが、不特定多数の者に反復継続して転貸する場合、AとBは免許を受ける必要はない。

2 建設業の許可を受けているCが、建築請負契約に付随して、不特定多数の者に建物の敷地の売買を反復継続してあっせんする場合、Cは免許を受ける必要はない。

3 Dが共有会員制のリゾートクラブ会員権（宿泊施設等のリゾート施設の全部又は一部の所有権を会員が共有するもの）の売買の媒介を不特定多数の者に反復継続して行う場合、Dは免許を受ける必要はない。

4 宅地建物取引業者であるE（個人）が死亡し、その相続人FがEの所有していた土地を20区画に区画割りし、不特定多数の者に宅地として分譲する場合、Fは免許を受ける必要はない。

2005年 問30

理解を深掘り！ 一問一答！

以下の文章について、正しいものには○、誤っているものには×をつけよう。

(1) AがB所有の宅地を賃借してマンション（区分所有建物）を建築し、定期借地権付きマンションとして不特定多数の相手方に分譲しようとする場合、Bは、宅地建物取引業の免許を受ける必要がある。

(2) Aが、土地所有者Cからの借地上にマンションを建築したうえで、自ら賃借人を募集して賃貸し、不動産の管理のみをBに委託する場合、Bは宅地建物取引業の免許が必要であるが、AとCは宅地建物取引業の免許を必要としない。

(3) 宅地建物取引業法上の建物とは、土地に定着する工作物のうち、屋根及び柱もしくは壁を有するものをいうが、学校、病院、官公庁施設等の公共的な施設は建物には当たらない。

宅地建物取引業とは

1 所有している宅地建物を**自ら貸借**する行為は、宅地建物取引業に該当しないので、免許は不要です。**賃借人が転貸**する場合も同様です。 ★【○】

2 宅地建物取引業に該当するかどうかは、取引の対象者、目的、対象物件の取得経緯、態様（たいよう）、**反復継続性**を勘案して総合的に判断されます。本肢のケースは、不特定多数を対象としたものであり、反復継続して売買取引のあっせんを行うので宅地建物取引業に該当します。よって、Cは免許を受ける必要があります。**建築請負**契約に付随する場合であっても同様です。 ★【×】

3 リゾートクラブ会員権の売買の媒介であっても、その**内容が所有権売買**であり、**不特定多数の者に反復継続**して行う場合、免許が必要となります。よって、Dは免許を受ける必要があります。 ★【×】

4 宅地建物取引業者の相続人は、**契約を結了**する目的の範囲内において宅地建物取引業者とみなされます。しかし、相続人Fの行っている行為は、契約の結了のためではなく**新たな売買取引**であるため、Fは免許を受ける必要があります。 ★【×】

正解 1

Ken's Point

免許が必要かどうかの判断について、商品が「宅地」なのか、「建物」なのかは重要です。選択肢3は、リゾートクラブの会員権というだけでは判断できませんが、「所有権を会員が共有するもの」という記載で判断します。

一問一答！ 解答＆解説

(1) **×：Bは自ら貸借であり免許不要である** (2) **×：AとCは自ら貸借、Bは管理のみなのでABCともに免許不要である** (3) **×：公共施設も建物に当たる**

□1回目　　/
□2回目　　/
□3回目　　/

次の記述のうち、宅地建物取引業の免許を要する業務が含まれるものはどれか。

1 A社は、所有する土地を10区画にほぼ均等に区分けしたうえで、それぞれの区画に戸建住宅を建築し、複数の者に貸し付けた。

2 B社は、所有するビルの一部にコンビニエンスストアや食堂など複数のテナントの出店を募集し、その募集広告を自社のホームページに掲載したほか、多数の事業者に案内を行った結果、出店事業者が決まった。

3 C社は賃貸マンションの管理業者であるが、複数の貸主から管理を委託されている物件について、入居者の募集、貸主を代理して行う賃貸借契約の締結、入居者からの苦情・要望の受付、入居者が退去した後の清掃などを行っている。

4 D社は、多数の顧客から、顧客が所有している土地に住宅や商業用ビルなどの建物を建設することを請け負って、その対価を得ている。

2018年 問41

理解を深掘り！　一問一答！

以下の文章について、正しいものには○、誤っているものには×をつけよう。

(1) 宅地建物取引業者は、自ら貸主として締結した建物の賃貸借契約について、宅地建物取引業法第49条に規定されている業務に関する帳簿に、法及び国土交通省令で定められた事項を記載しなければならない。

(2) Aが、用途地域外にある畑を造成して青空駐車場としたうえで、その駐車場の賃貸の代理をBに依頼して不特定多数の者に賃貸する場合、Bは宅地建物取引業の免許を必要とする。

(3) Aが土地を10区画に区画割りして駐車場として賃貸する場合、Aは宅地建物取引業の免許を要しないが、Bが駐車場ビル10棟を建設し、Cが媒介して1棟ずつ売却する場合、B及びCは宅地建物取引業の免許を要する。

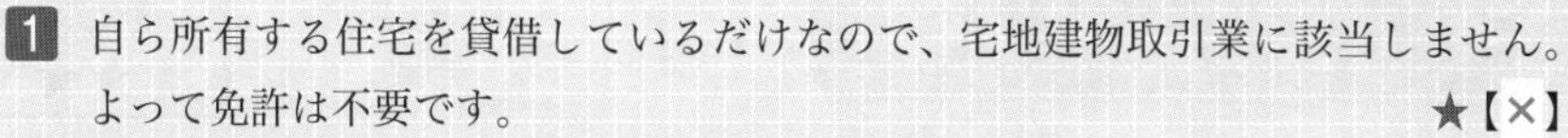

1 自ら所有する住宅を貸借しているだけなので、宅地建物取引業に該当しません。よって免許は不要です。 ★【×】

2 自ら所有する建物の貸借と貸借の広告を行っているだけなので、宅地建物取引業に該当しません。よって免許は不要です。 ★【×】

3 賃貸物件の管理だけでは宅地建物取引業に該当しませんが、**入居者の募集**と**貸主を代理**して行う**賃貸借契約の締結**は、宅地建物取引業（貸借の媒介・代理）に該当するため免許が必要です。 ★【○】

4 建設工事の請負をすることは、宅地建物取引業ではなく**建設業**です。よって宅地建物取引業の免許は不要です。 【×】

正解 3

Ken's Point

自ら貸借する場合も転貸する場合も、免許は不要です。ただ、現実では、サブリース業者の多くは宅建業の免許を持っています。試験は実務の感覚で解くと間違える問題が多いので注意しましょう。

一問一答！ 解答&解説

(1) ×：自ら貸主なので宅建業法の適用がない (2) ×：商品が宅地ではないので免許不要である (3) ○

□1回目　　/
□2回目　　/
□3回目　　/

宅地建物取引業の免許（以下この問において「免許」という。）に関する次の記述のうち、正しいものはどれか。

1 Aが、その所有する農地を区画割りして宅地に転用したうえで、一括して宅地建物取引業者Bに媒介を依頼して、不特定多数の者に対して売却する場合、Aは免許を必要としない。

2 Cが、その所有地にマンションを建築したうえで、自ら賃借人を募集して賃貸し、その管理のみをDに委託する場合、C及びDは、免許を必要としない。

3 Eが、その所有する都市計画法の用途地域内の農地を区画割りして、公益法人のみに対して反復継続して売却する場合、Eは、免許を必要としない。

4 Fが、甲県からその所有する宅地の販売の代理を依頼され、不特定多数の者に対して売却する場合、Fは、免許を必要としない。

2004年 問30

理解を深掘り！　一問一答！

以下の文章について、正しいものには○、誤っているものには×をつけよう。

(1) Aが、用途地域内の自己所有の宅地を駐車場として整備し、その賃貸を業として行おうとする場合で、当該賃貸の契約を宅地建物取引業者の媒介により締結するとき、Aは宅地建物取引業の免許を受ける必要はない。

(2) 宅地建物取引業者Aが自ら貸主として店舗用の建物の賃貸借契約をした際は、Aは、借主が宅地建物取引業者であっても、重要事項説明書及び37条書面を交付しなければならない。

(3) A社が、都市計画法に規定する用途地域外の土地であって、ソーラーパネルを設置するための土地の売買を媒介しようとする場合、宅地建物取引業の免許は必要ない。

1 一括して売買の媒介を依頼していますが、**不特定多数の者**に対して売却するので、宅地建物取引業に該当します。よって、Aは免許を受ける必要があります。

★【×】

2 所有する物件を自ら募集して**賃貸**することは、宅地建物取引業には当たりません。また、**賃貸管理業**も宅地建物取引業法の規制対象外です。よって、C・Dともに免許不要です。

★【○】

3 相手方が公益法人であっても**反復継続**して売却しているため、宅地建物取引業に該当します。よって、Eは免許を受ける必要があります。

★【×】

4 国や地方公共団体が宅地建物取引業をする場合、免許は必要ありません。しかし、Fのように国や地方公共団体から**代理・媒介**を依頼された者は、免許が必要となります。

★【×】

正解 2

Ken's Point

国、地方公共団体、破産管財人などは、免許は不要です。ただし、免許不要な国や破産管財人から頼まれるのは、宅建業に当たります。国というキーワードのみで免許不要と判断するのは、危険です。問題文をよく読んで答えることを意識しましょう。

一問一答！ 解答&解説

(1) ○ (2) ×：Aは宅建業者であっても、自ら貸主なので宅建業法の適用がない
(3) ○：ソーラーパネルは建物ではなく、建物を建てる目的の取引ではないので免許不要

宅地建物取引業法に関する次の記述のうち、正しいものはどれか。

1 宅地建物取引業者は、自己の名義をもって、他人に、宅地建物取引業を営む旨の表示をさせてはならないが、宅地建物取引業を営む目的をもってする広告をさせることはできる。

2 宅地建物取引業とは、宅地又は建物の売買等をする行為で業として行うものをいうが、建物の一部の売買の代理を業として行う行為は、宅地建物取引業に当たらない。

3 宅地建物取引業の免許を受けていない者が営む宅地建物取引業の取引に、宅地建物取引業者が代理又は媒介として関与していれば、当該取引は無免許事業に当たらない。

4 宅地建物取引業者の従業者が、当該宅地建物取引業者とは別に自己のために免許なく宅地建物取引業を営むことは、無免許事業に当たる。

2019年 問26

以下の文章について、正しいものには○、誤っているものには×をつけよう。

(1) 宅地建物取引業の免許を受けている法人Ａが、宅地建物取引業保証協会の社員ではない場合は、営業保証金を供託し、その旨を免許権者に届け出た後でなければ事業を開始してはならないので、当該届出前に宅地建物取引業を営む目的で広告をした行為は、無免許事業に該当する。

(2) 宅地建物取引士が友人に頼まれて宅地建物取引業の免許なしに宅地の売買の媒介を数回行った場合でも、当該宅地建物取引士は、その登録を消除されることはない。

(3) 宅地建物取引業の免許を受けようとして免許申請中の者は、免許を受けた場合の準備のためであれば、宅地建物取引業を営む予定である旨の表示をし、又は営む目的をもって広告をすることができる。

1 自己の名義で他人に宅地建物取引業を営ませる行為は、**名義貸し**として禁止されています。名義を貸しての**表示**や**広告**も禁止されています。 ★【×】

2 取引の対象が建物の一部であっても、**売買の代理**をする行為は宅地建物取引業に該当します。 ★【×】

3 宅地建物取引業者が**代理**又は**媒介**として関与している場合であっても、宅地建物取引業の取引を行うには免許が必要です。 ★【×】

4 当該従業者が宅地建物取引業者として免許を受けていないのであれば、無免許事業に該当します。 ★【○】

正解 4

Ken's Point

無免許営業や名義貸しを行った場合、３年以下の懲役もしくは300万円以下の罰金又は両者を併科されることがあります。罰則の内容は基本的に覚える必要はありませんが、罰則の有無は、練習問題などに出てきたら覚えるというスタンスで取り組みましょう。特に罰則のないものはしっかり覚えましょう。

一問一答！ 解答＆解説

(1) **×：宅建業法違反であるが、免許を受けているので無免許ではない** (2) **×：宅建業法違反となり、登録消除処分になり得る** (3) **×：免許申請中は広告できない**

□ 1回目　　/
□ 2回目　　/
□ 3回目　　/

次の記述のうち、宅地建物取引業法の規定によれば、正しいものはどれか。

1 宅地建物取引業者は、販売予定の戸建住宅の展示会を実施する際、会場で売買契約の締結や売買契約の申込みの受付を行わない場合であっても、当該会場内の公衆の見やすい場所に国土交通省令で定める標識を掲示しなければならない。

2 宅地建物取引業者は、その事務所ごとに、その業務に関する帳簿を備え、取引の関係者から請求があったときは、閲覧に供しなければならない。

3 宅地建物取引業者は、主たる事務所には、設置しているすべての事務所の従業者名簿を、従たる事務所には、その事務所の従業者名簿を備えなければならない。

4 宅地建物取引業者は、その業務に従事させる者に、従業者証明書を携帯させなければならないが、その者が非常勤の役員や単に一時的に事務の補助をする者である場合には携帯をさせなくてもよい。

2008年 問42

理解を深掘り！　一問一答！

以下の文章について、正しいものには○、誤っているものには×をつけよう。

(1) 宅地建物取引業者は、宅地建物取引業を営むか否かにかかわらず、すべての事務所に標識及び国土交通大臣が定めた報酬の額を掲げ、従業者名簿及び帳簿を備え付ける義務を負う。

(2) 宅地建物取引業者は、その主たる事務所に宅地建物取引業者免許証を掲げなくとも、国土交通省令に定める標識を掲げればよい。

(3) 宅地建物取引業者が設置する標識は、事務所及び案内所ともに同一の記載事項のものを設置する必要がある。

1 売買契約の締結や買受けの申込みの受付を行わない案内所や展示会場にも、所定の標識を掲示する必要があります。 ★【○】

2 宅地建物取引業者は、その事務所ごとに、その業務に関する帳簿を備えなければいけません。ただし、従業者名簿とは異なり、帳簿は取引の関係者から請求があった場合でも、閲覧させる必要はありません。 ★【×】

3 従業者名簿は事務所ごとに備え、その事務所に従事する従業者の氏名等を記載します。主たる事務所の従業者名簿には、主たる事務所の従業者のみ記載すれば足ります。 ★【×】

4 宅地建物取引業者は、その業務に従事させる者に、従業者証明書を携帯させなければなりません。代表者や、一時的に事務の補助をする者である場合にも、この証明書は必要です。 ★【×】

正解 1

事務所に設置すべき5点セット

①標識	・この事務所に置かれている専任の宅地建物取引士の氏名、商号・名称、代表者名、主たる事務所の所在地、免許証番号等 事務所以外の場所（案内所・現地）には、以下を記載しなければならない ・代理・媒介を行う場合には、依頼者（売主等）の名称 ・クーリング・オフ制度の適用の有無等 なお、免許証で代用することはできない
②報酬額	見やすい場所に掲示
③帳簿	各事業年度の末日に閉鎖し、閉鎖後5年間保存。ただし、新築住宅の売主となる場合、閉鎖後10年間保存。閲覧させる義務なし
④従業者名簿	・最終の記載をした日から10年間保存 ・宅地建物取引士か否かの別等を記載しなければならない ・取引の関係者から請求があれば閲覧させる義務あり
⑤成年者である専任の宅地建物取引士	事務所ごとに、業務に従事する者5名に1名以上の割合で設置しなければならない

一問一答！ 解答&解説

(1) ×：宅建業を営まない支店や営業所においては不要である (2) ○ (3) ×：事務所と案内所の記載事項はクーリング・オフできる旨など、異なる

宅地建物取引業法の規定によれば、次の記述のうち、正しいものはどれか。

1 宅地建物取引業者は、その事務所ごとにその業務に関する帳簿を備えなければならないが、当該帳簿の記載事項を事務所のパソコンのハードディスクに記録し、必要に応じ当該事務所においてパソコンやプリンターを用いて紙面に印刷することが可能な環境を整えていたとしても、当該帳簿への記載に代えることができない。

2 宅地建物取引業者は、その主たる事務所に、宅地建物取引業者免許証を掲げなくともよいが、国土交通省令で定める標識を掲げなければならない。

3 宅地建物取引業者は、その事務所ごとに、その業務に関する帳簿を備え、宅地建物取引業に関し取引のあった月の翌月1日までに、一定の事項を記載しなければならない。

4 宅地建物取引業者は、その業務に従事させる者に、従業者証明書を携帯させなければならないが、その者が宅地建物取引士で宅地建物取引士証を携帯していれば、従業者証明書は携帯させなくてもよい。

2013年 問41

理解を深掘り！　一問一答！

以下の文章について、正しいものには○、誤っているものには×をつけよう。

(1) 宅地建物取引業者は、本店と複数の支店がある場合、支店には帳簿を備え付けず、本店に支店の分もまとめて備え付けておけばよい。

(2) 宅地建物取引業者は、その事務所ごとに備えるべきこととされている業務に関する帳簿について、取引関係者から閲覧の請求を受けたが、閲覧に供さなくてもよい。

(3) 宅地建物取引業者は、各事務所に設置した業務に関する帳簿を、取引の終了後5年間（当該宅地建物取引業者が自ら売主となる新築住宅に係るものにあっては10年間）保存しなければならない。

1 帳簿の記載事項を事務所のパソコンのハードディスクに記録し、必要に応じ当該事務所においてパソコンやプリンターを用いて**紙面に印刷**することが可能な環境を整えることにより、帳簿への記載に代えることができます。【×】

2 事務所等に宅地建物取引業者免許証を掲げる義務はありませんが、見やすい場所に国土交通省令で定める**標識**を掲げなければなりません。ちなみに、事務所に掲げる**標識**には、**免許証番号**、**免許の有効期間**、**商号・名称**、**代表者氏名**、**専任の宅地建物取引士の氏名**、**主たる事務所の所在地・電話番号**を記載することになっています。★【○】

3 帳簿に記載するタイミングは、宅地建物取引業に関して**取引のあった都度**です。本肢は「翌月1日までに」としているので誤りです。★【×】

4 宅地建物取引業者は、その業務に従事させる者に、**従業者証明書**を携帯させなければなりません。宅地建物取引士が**取引士証**を携帯している場合であっても、それとは別に従業者証明書の携帯が必要です。★【×】

正解 2

Ken's Point

宅建業者は、従業者証明書の携帯がないまま業務に従事させてはいけません。違反すると**罰を科されることがあります**。そして従業者は、取引の関係者の請求があったときは、従業者証明書を提示しなければなりません。ただし、これに違反しても**罰則規定はない**ことに注意してください。

一問一答！ 解答&解説

(1) **×：帳簿はそれぞれの事務所ごとに必要である** (2) **○** (3) **×：取引の終了後ではなく各事業年度の末日に閉鎖し、その閉鎖後5年間保存する**

次の記述のうち、宅地建物取引業法の規定によれば、正しいものはどれか。なお、この問において、「事務所」とは、同法第31条の3に規定する事務所等をいう。

1 宅地建物取引業者は、その事務所ごとに、公衆の見やすい場所に、免許証及び国土交通省令で定める標識を掲げなければならない。

2 宅地建物取引業者は、その事務所ごとに従業者名簿を備える義務を怠った場合、監督処分を受けることはあっても罰則の適用を受けることはない。

3 宅地建物取引業者は、各事務所の業務に関する帳簿を主たる事務所に備え、取引のあったつど、その年月日、その取引に係る宅地又は建物の所在及び面積等の事項を記載しなければならない。

4 宅地建物取引業者は、その事務所ごとに一定の数の成年者である専任の宅地建物取引士を置かなければならないが、既存の事務所がこれを満たさなくなった場合は、2週間以内に必要な措置を執らなければならない。

2010年 問29（改題）

以下の文章について、正しいものには○、誤っているものには×をつけよう。

(1) 宅地建物取引業者は、宅地建物取引業法第31条の3に規定する専任の宅地建物取引士の設置要件を欠くこととなった場合、2週間以内に当該要件を満たす措置を執らなければ監督処分の対象となる。

(2) 宅地建物取引業者は、従業者名簿に、従業者の住所、氏名及び生年月日、従業者証明書番号、主たる職務内容、宅地建物取引士であるか否かの別、当該事務所の従業者となった年月日、当該事務所の従業者でなくなった年月日を記載しなければならない。

(3) 本店と支店を有して宅地建物取引業を営むA社は、支店において宅地建物取引業に従事する者につき、5名に1名以上の割合で成年者である専任の宅地建物取引士を置かなければならない。

1 宅地建物取引業者は、その**事務所ごとに**、公衆の見やすい場所に標識を掲げる必要はありますが、**免許証**は掲示不要です。 ★【×】

2 宅地建物取引業者は、その事務所ごとに**従業者名簿**を備えることを怠った場合、及び**従業者名簿**に必要事項が不足していた場合には、監督処分に加え、**50**万円以下の罰金に処せられます。 ★【×】

従業者名簿の記載事項	
①氏名	⑤従業者証明書の番号
②生年月日	⑥主たる職務内容
③その事務所の従業者になった年月日	⑦宅地建物取引士であるか否か
④その事務所の従業者でなくなった年月日	

※住所及び事務禁止処分の内容は不要

3 本肢は「主たる事務所に備え」としているため誤りです。帳簿は**事務所ごと**に備えなければなりません。 ★【×】

4 宅地建物取引業者は、専任の宅地建物取引士の人数が法定数（事務所では**5**人に1人以上）を下回った場合、**2週間**以内にこれを是正しなければなりません。 ★【○】

正解 **4**

Ken's Point

標識は、もぐりの業者を排除することを目的としています。事務所に掲げる標識には、免許証番号、免許の有効期間、商号・名称、代表者氏名、専任の宅建士の氏名、主たる事務所の所在地・電話番号を記載することになっています。

宅地建物取引業者票	
免許証番号	東京都知事（4）第84881号
免許有効期限	令和2年9月3日から 令和7年9月2日まで
商号又は名称	株式会社ファーストエステート
代表者氏名	代表取締役　水野　健
この事務所に置かれている専任の宅地建物取引士の氏名	水野　健
主たる事務所の所在地	東京都千代田区六番町3ー1 玉柳ビル3階 電話番号　03ー0000ー0000

一問一答！ 解答&解説

(1) ○　(2) ×：住所は記載事項ではない　(3) ○

□１回目　　/
□２回目　　/
□３回目　　/

宅地建物取引業法第３条第１項に規定する事務所（以下この問において「事務所」という。）に関する次の記述のうち、正しいものはどれか。

1. 事務所とは、契約締結権限を有する者を置き、継続的に業務を行うことができる施設を有する場所を指すものであるが、商業登記簿に登載されていない営業所又は支店は事務所には該当しない。
2. 宅地建物取引業を営まず他の兼業業務のみを営んでいる支店は、事務所には該当しない。
3. 宅地建物取引業者は、主たる事務所については、免許証、標識及び国土交通大臣が定めた報酬の額を掲げ、従業者名簿及び帳簿を備え付ける義務を負う。
4. 宅地建物取引業者は、その事務所ごとに一定の数の成年者である専任の宅地建物取引士を置かなければならないが、既存の事務所がこれを満たさなくなった場合は、30日以内に必要な措置を執らなければならない。

2022年 問26

理解を深掘り！　一問一答！

以下の文章について、正しいものには〇、誤っているものには×をつけよう。

(1) 宅地建物取引業者は、従業者の氏名・住所等の国土交通省令に定める事項を記載した従業者名簿を、最終の記載をした日から５年間保存すればよい。

(2) 甲県に本店を、乙県に支店を有するＡ社が、本店でのみ宅地建物取引業を営もうとするときは、Ａ社は、甲県知事の免許を受けなければならない。

(3) 宅地建物取引業者Ａ（甲県知事免許）が、乙県内で建設業を営んでいる法人Ｂ（事務所数１）を吸収合併して、Ｂの事務所をＡの支店とし、そこで建設業のみを営む場合、Ａは、国土交通大臣へ免許換えの申請をする必要はない。

宅建業法上の事務所とは、①**本店**又は**宅建業を営む支店**（主たる事務所又は従たる事務所）、②継続的に業務を行うことができる施設を有する場所で、宅地建物取引業に係る**契約を締結する権限**を有する使用人（政令に定める使用人）を置くもの、のいずれかに該当する場所です。

1 **商業登記簿**に登載されていなくても、宅地建物取引業者の営業活動の場所として、**継続的**に使用することができ、社会通念上事務所として認識される程度の形態を備えたものであり、かつ、政令で定める使用人（支店長、営業所長、店長等）などの**契約締結権限を行使できる者**が置かれていれば、宅地建物取引業法上の事務所に該当します。
★【×】

2 **本店**は宅地建物取引業を営んでいなくても事務所に該当しますが、宅地建物取引業を営まない**支店**は、事務所には該当しません。
★【○】

3 事務所には、標識と報酬額表を掲示し、従業者名簿と帳簿を備える必要はありますが、**免許証**の掲示義務はありません。主たる事務所であってもこれは同じです。
★【×】

4 「30日以内」の部分が誤りです。宅地建物取引業者は、法で定める数の宅地建物取引士を欠くこととなった場合、**2週間**以内に必要な措置を執らなければなりません。
★【×】

正解 2

Ken's Point

支店で宅建業を営んでいなければ、その支店は宅建業の事務所には当たりません。これに対して本店は、宅建業を営んでいなくても、その会社の支店で宅建業を営んでいる場合は、宅建業の事務所に当たります。支店で宅建業を営んでいるのであれば、その会社の中枢であり頭脳である**本店も宅建業の事務所に当たる**のです。

一問一答！ 解答&解説

(1) ×：最終の記載の日から10年であり、住所は記載事項ではない　(2) ○　(3) ○：Bの事務所だった支店では建設業のみであるため、宅建業の事務所には当たらない

□ 1 回目　/
□ 2 回目　/
□ 3 回目　/

次の記述のうち、宅地建物取引業法の規定によれば、正しいものはどれか。

1 宅地建物取引業者は、従業者名簿の閲覧の請求があったときは、取引の関係者か否かを問わず、請求した者の閲覧に供しなければならない。

2 宅地建物取引業者は、その業務に従事させる者に従業者証明書を携帯させなければならず、その者が宅地建物取引士であり、宅地建物取引士証を携帯していても、従業者証明書を携帯させなければならない。

3 宅地建物取引業者は、その事務所ごとに従業者名簿を備えなければならないが、退職した従業者に関する事項は、個人情報保護の観点から従業者名簿から消去しなければならない。

4 宅地建物取引業者は、その業務に従事させる者に従業者証明書を携帯させなければならないが、その者が非常勤の役員や単に一時的に事務の補助をする者である場合には携帯させなくてもよい。

2020年10月 問39

理解を深掘り！　一問一答！

以下の文章について、正しいものには○、誤っているものには×をつけよう。

(1) 宅地建物取引業者は、その事務所に従業者名簿を備え、取引の関係者から請求があったときは、その閲覧に供しなければならないが、この名簿には、宅地建物取引士の事務禁止処分の内容も記載される。

(2) 宅地建物取引業者Ａが本店及び支店のすべての従業者に従業者証明書を携帯させている場合、Ａは、本店以外の事務所に従業者名簿を備え、取引の関係者に閲覧させる必要はない。

(3) 宅地建物取引業者は、その事務所ごとに従業者の氏名、従業者証明書番号その他国土交通省令で定める事項を記載した従業者名簿を備えなければならず、当該名簿を最終の記載をした日から５年間保存しなければならない。

1 従業者名簿を閲覧させなければならないのは、**取引の関係者**から請求があったときだけです。取引とは関係ない部外者から請求があった場合には、従業者名簿を閲覧させる必要はありません。 ★【×】

2 宅地建物取引業者は、その業務に従事させる者に、**従業者証明書**を携帯させなければなりません。宅地建物取引士が**取引士証**を携帯している場合であっても、それとは別に従業者証明書の携帯が必要です。 ★【○】

3 宅地建物取引業者がその事務所ごとに備える従業者名簿は、**最終の記載をした日から10年間保存**しなければなりません。従業者名簿の記載事項の1つとして異動・退職年月日があることからもわかるように、記載されている従業者が退職または異動によりその事務所に勤務しなくなった後も、その記録を**消去**してはいけません。実務経験を確認するための資料にもなり得るためです。 ★【×】

4 宅地建物取引業者は、その業務に従事させる者に、**従業者証明書**を携帯させなければなりません。**代表者**や、**一時的に事務の補助をする者である場合**にも、この証明書は必要です。 ★【×】

正解 2

Ken's Point

従業者名簿は閲覧させる義務がありますが、「誰でも閲覧できるわけではない」くらいの認識は持っておきましょう。加えて、「従業者名簿には個人の住所は載せない」「事務禁止処分の内容は記載しない」「取引士か否かを記載する」「辞めて従業者でなくなった日（退職年月日）は記載した後もすぐに破棄はせず履歴は残す」……これらに違反すると罰則がある点を覚えておきましょう。

一問一答！ 解答＆解説

(1) **×：事務禁止処分の内容は記載されない** (2) **×：本店以外にも備え、閲覧に供しなければならない** (3) **×：10年間保存しなければならない**

問題 012

□1回目　/
□2回目　/
□3回目　/

\重要度/ ★★★

宅地建物取引業法（以下この問において「法」という。）に関する次の記述のうち、正しいものはどれか。

1 契約締結権限を有する者を置き、継続的に業務を行う場所であっても、商業登記簿に登載されていない事務所は、法第3条第1項に規定する事務所には該当しない。

2 国土交通大臣又は都道府県知事は、免許に条件を付すことができるが、免許の更新に当たっても条件を付すことができる。

3 法人である宅地建物取引業者が株主総会の決議により解散することとなった場合、その法人を代表する役員であった者は、その旨を当該解散の日から30日以内に免許を受けた国土交通大臣又は都道府県知事に届け出なければならない。

4 免許申請中である者が、宅地建物取引業を営む目的をもって宅地の売買に関する新聞広告を行った場合であっても、当該宅地の売買契約の締結を免許を受けた後に行うのであれば、法第12条に違反しない。

2014年 問27

理解を深掘り！　一問一答！

以下の文章について、正しいものには○、誤っているものには×をつけよう。

(1) 国土交通大臣の免許を受けている宅地建物取引業者A（法人）が解散した場合、A法人の清算人は、当該解散の日から60日以内に、その旨を国土交通大臣に届け出なければならない。

(2) 国土交通大臣の免許を受けている宅地建物取引業者A社と乙県知事の免許を受けている宅地建物取引業者B社が合併し、B社が消滅した場合、B社を代表する役員であった者は、その旨を国土交通大臣に届け出なければならない。

(3) 宅地建物取引業を営まず他の兼業業務のみを営んでいる支店でも、宅地建物取引業の事務所に該当し、専任の宅地建物取引士を1名以上設置する必要がある。

1 事務所とは、「継続的に業務を行うことができる施設を有する場所で、宅地建物取引業に係る契約を締結する権限を有する使用人を置くもの」を含むので、商業登記簿に登載されていなくても事務所となります。 ★【×】

2 免許権者は、宅地建物取引業の適正な運営と宅地建物の公正な取引を確保するため必要とされる最小限度で免許に条件を付けることができます。これができるのは、免許を取得するときのみならず免許を更新するときも含まれます。 ★【○】

3 法人である宅地建物取引業者が解散することとなった場合、その旨の届出を行うのは清算人です。法人を代表する役員であった者ではありません。 ★【×】

		届け出る人	期限
死亡（個人）		相続人	その事実を知った日から30日以内
合併による消滅（法人）		消滅した法人を代表する役員	その日から30日以内
破産手続開始の決定		破産管財人	
解散（法人）		清算人	
廃業	個人	本人	
	法人	その法人を代表する役員	

4 免許を受ける前に宅地建物取引業を行うと、無免許営業として宅地建物取引業法違反となります。宅地建物の広告をする行為も宅地建物取引業の1つなので、免許申請中に行ってはなりません。 ★【×】

正解 2

Ken's Point

「解散」は会社自体がなくなることで、「廃業」は宅建業だけをやめることです。それが理解できていれば、会社がなくなるときは「清算するから清算人が届出する」、廃業するときは「会社自体は残るから代表者が届出する」という知識が出てきやすくなります。

一問一答！ 解答&解説

(1) ×：解散の日から30日以内に届け出なければならない (2) ×：消滅したB社の免許権者である乙県知事に届け出なければならない (3) ×：宅建業を営まない支店は事務所に当たらないので取引士の設置も不要である

□1回目　/
□2回目　/
□3回目　/

宅地建物取引業の免許（以下この問において「免許」という。）に関する次の記述のうち、宅地建物取引業法の規定によれば、誤っているものはどれか。

1 A社は、不正の手段により免許を取得したことによる免許の取消処分に係る聴聞の期日及び場所が公示された日から当該処分がなされるまでの間に、合併により消滅したが、合併に相当の理由がなかった。この場合においては、当該公示の日の50日前にA社の取締役を退任したBは、当該消滅の日から5年を経過しなければ、免許を受けることができない。

2 C社の政令で定める使用人Dは、刑法第234条（威力業務妨害）の罪により、懲役1年、執行猶予2年の刑に処せられた後、C社を退任し、新たにE社の政令で定める使用人に就任した。この場合においてE社が免許を申請しても、Dの執行猶予期間が満了していなければ、E社は免許を受けることができない。

3 営業に関し成年者と同一の行為能力を有しない未成年者であるFの法定代理人であるGが、刑法第247条（背任）の罪により罰金の刑に処せられていた場合、その刑の執行が終わった日から5年を経過していなければ、Fは免許を受けることができない。

4 H社の取締役Iが、暴力団員による不当な行為の防止等に関する法律に規定する暴力団員に該当することが判明し、宅地建物取引業法第66条第1項第3号の規定に該当することにより、H社の免許は取り消された。その後、Iは退任したが、当該取消しの日から5年を経過しなければ、H社は免許を受けることができない。

2015年 問27

理解を深掘り！ 一問一答！

以下の文章について、正しいものには○、誤っているものには×をつけよう。

(1) A社は、不正の手段により宅地建物取引業の免許を受けたとして免許の取消処分の聴聞を受けた後で、処分に係る決定前に、相当の理由なく宅地建物取引業を廃止した旨の届出をしたが、その届出の日から5年を経過していない。この場合、A社は、宅地建物取引業の免許を受けることができる。

(2) Aは、かつて宅地建物取引業者であったとき、業務停止処分事由に該当するとして、甲県知事から業務停止処分についての聴聞の期日及び場所を公示されたが、その公示後聴聞が行われる前に相当の理由なく宅地建物取引業の廃止の届出をし、その届出の日から5年を経過していない。Aは、宅地建物取引業の免許を受けることができない。

1 不正の手段により免許を受けたことによる免許取消処分に係る聴聞の公示日から処分が決まる日までの間に、正当な事由なく宅地建物取引業の廃止または法人の解散や合併消滅をした場合、届出日または合併消滅日から**5**年を経過しなければ免許を受けられません。聴聞の公示前**60**日以内に当該法人の役員であった者も同じです。 ★【○】

2 禁錮以上の刑に処せられ、その刑の執行を終わり、又は執行を受けることがなくなった日から**5**年を経過しない者が政令で定める使用人に就いている法人は免許を受けられません。執行猶予期間中には免許を受けることはできませんが、猶予期間が満了すれば、刑の言渡しは効力を失うので、**猶予期間満了日**の翌日から免許を受けることができます。 ★【○】

3 営業に関して成年者と同一の行為能力を有しない未成年者の場合、その**法定代理人**も免許の欠格事由に該当するかどうか判断することになります。背任(はいにん)による罰金は欠格事由に該当するので、未成年者であるFは法定代理人Gの刑の執行が終わった日から**5**年を経過しなければ、免許を受けることができません。 ★【○】

4 本肢は**三大悪事**ではない事由で免許を取り消されたため、取り消された理由である**取締役Ｉが退任すれば**、H社はその日から免許を受けられます。 ★【×】

正解 **4**

Ken's Point

宅建業者の三大悪事（三悪）とは、以下の３つで、免許取消しから５年間免許不可となります。

①不正手段により免許を取得したとき
②業務停止処分に該当し、情状が特に重いとき
③業務停止処分に違反したとき

これら以外の取消しは５年間のペナルティはありません（犯罪系を除く）。「免許取消し＝５年間」とすぐに判断しないようにしましょう。

一問一答！ 解答＆解説

(1) **×：免許を受けることができない** (2) **×：業務停止処分の聴聞の期日及び場所が公示された後に廃業しても三大悪事に該当しないので、届出の日から５年経過していなくても免許を受けることができる**

□1回目　　/
□2回目　　/
□3回目　　/

宅地建物取引業の免許（以下この問において「免許」という。）に関する次の記述のうち、正しいものはどれか。

1 免許を受けようとするA社に、刑法第204条（傷害）の罪により懲役1年（執行猶予2年）の刑に処せられ、その刑の執行猶予期間を満了した者が役員として在籍している場合、その満了の日から5年を経過していなくとも、A社は免許を受けることができる。

2 免許を受けようとするB社に、刑法第206条（現場助勢）の罪により罰金の刑に処せられた者が非常勤役員として在籍している場合、その刑の執行が終わってから5年を経過していなくとも、B社は免許を受けることができる。

3 免許を受けようとするC社に、刑法第208条（暴行）の罪により拘留の刑に処せられた者が役員として在籍している場合、その刑の執行が終わってから5年を経過していなければ、C社は免許を受けることができない。

4 免許を受けようとするD社に、刑法第209条（過失傷害）の罪により科料の刑に処せられた者が非常勤役員として在籍している場合、その刑の執行が終わってから5年を経過していなければ、D社は免許を受けることができない。

2012年 問26

理解を深掘り！　一問一答！

以下の文章について、正しいものには○、誤っているものには×をつけよう。

(1) 宅地建物取引業の免許を受けようとするA社に、業務妨害罪により懲役1年（執行猶予2年）の刑に処せられ、その刑の執行猶予期間を満了していない者が役員として在籍している場合、A社は免許を受けることができない。

(2) 宅地建物取引業を営もうとする個人Aが、懲役の刑に処せられ、その刑の執行を終えた日から5年を経過しない場合、Aは宅地建物取引業の免許を受けることができない。

(3) 宅地建物取引業者A社の代表取締役が、覚醒剤取締法違反により懲役の刑に処せられた場合、執行猶予が付されても、A社の宅地建物取引業の免許は取り消される。

1 法人の役員に禁錮以上の刑に処せられた者がいた場合であっても、**執行猶予**付き判決であり、かつ**執行猶予**期間が満了している場合であれば、免許を受けることができます。 ★【○】

2 法人の役員に現場助勢罪により罰金の刑に処せられた者がいる場合、その刑の執行が終了した日から**5**年を経過しなければ、その法人は免許を受けることはできません。 ★【×】

3 法人の役員に暴行罪により罰金の刑に処せられた者がいる場合、その刑の執行が終了した日から**5**年を経過しなければ、その法人は免許を受けることはできません。しかし、本肢は**拘留**の刑なので免許を受けることができます。 ★【×】

4 法人の役員に傷害罪により罰金の刑に処せられた者がいる場合、その刑の執行が終了した日から**5**年を経過しなければ、その法人は免許を受けることはできません。しかし、刑法第209条（過失傷害）による**科料**の刑は欠格事由に該当しないため、免許を受けることができます。 ★【×】

正解 **1**

Ken's Point

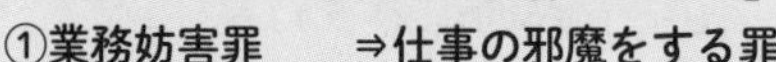

罰金刑のときに免許に関する5年間のペナルティがあるのは、宅建業法、暴力団員による不当な行為の防止等に関する法律に対する違反、傷害罪、現場助勢罪、暴行罪、凶器準備集合罪、脅迫罪等の暴力的犯罪、背任罪です。暴力的な犯罪はすべて覚えるのは大変なので、次の2つは「暴力的な犯罪ではない」と覚えておきましょう。

①業務妨害罪　⇒仕事の邪魔をする罪
②過失致死・致傷⇒うっかりケガや死亡させる

一問一答！　解答&解説

(1) ○　(2) ○　(3) ○

□1回目　　/
□2回目　　/
□3回目　　/

宅地建物取引業の免許（以下この問において「免許」という。）に関する次の記述のうち、宅地建物取引業法の規定によれば、正しいものはどれか。

1 宅地建物取引業者A社が免許を受けていないB社との合併により消滅する場合、存続会社であるB社はA社の免許を承継することができる。

2 個人である宅地建物取引業者Cがその事業を法人化するため、新たに株式会社Dを設立しその代表取締役に就任する場合、D社はCの免許を承継することができる。

3 個人である宅地建物取引業者E（甲県知事免許）が死亡した場合、その相続人は、Eの死亡を知った日から30日以内に、その旨を甲県知事に届け出なければならず、免許はその届出があった日に失効する。

4 宅地建物取引業者F社（乙県知事免許）が株主総会の決議により解散することとなった場合、その清算人は、当該解散の日から30日以内に、その旨を乙県知事に届け出なければならない。

2017年 問44

以下の文章について、正しいものには○、誤っているものには×をつけよう。

(1) 宅地建物取引業者である法人Aが、宅地建物取引業者でない法人Bに吸収合併されたことにより消滅した場合、一般承継人であるBは、Aが締結した宅地又は建物の契約に基づく取引を結了する目的の範囲内において宅地建物取引業者とみなされる。

(2) 国土交通大臣の免許を受けている宅地建物取引業者A社と甲県知事の免許を受けている宅地建物取引業者B社が合併し、B社が消滅した場合、B社を代表する役員であった者は、その旨を国土交通大臣に届け出なければならない。

(3) 宅地建物取引業の免許を受けている個人Aが死亡した場合、相続人にAの免許は承継されないが、相続人は、Aが生前に締結した契約に基づく取引を結了するための業務を行うことができるので、当該業務が終了した後に廃業届を提出すればよい。

1 宅地建物取引業の免許は、**合併**によって承継することはできません。 ★【×】

2 宅地建物取引業の免許は、個人から法人への組織変更（**法人成り**）によって承継することはできません。 ★【×】

3 宅地建物取引業者である個人が死亡した場合、その相続人は、**死亡の事実を知った**日から **30** 日以内に、免許権者に届け出なければいけません。免許の効力は、**死亡日**にさかのぼって失効します。 ★【×】

4 法人である宅地建物取引業者が合併・破産手続開始以外の理由で解散した場合、その清算人は、**30** 日以内に免許権者へ届け出なければいけません。 ★【○】

正解 4

Ken's Point

免許は、相続や合併で承継できない点は覚えましょう。また、個人の宅建業者や取引士が死亡したときの届出は、「死亡の日」からではなく「死亡を知った日」からです。典型的なひっかけなので、死亡の事実を知らないと届出のしようがないことを理解しておいてください。

一問一答！　解答&解説

(1) ○　(2) ×：甲県知事に届け出る　(3) ×：死亡を知った時から 30 日以内に届け出なければならない

□ 1回目　/
□ 2回目　/
□ 3回目　/

次の記述のうち、宅地建物取引業法（以下この問において「法」という。）の規定によれば、正しいものはどれか。

1 法人である宅地建物取引業者A（甲県知事免許）は、役員の住所について変更があった場合、その日から30日以内に、その旨を甲県知事に届け出なければならない。

2 法人である宅地建物取引業者B（乙県知事免許）が合併により消滅した場合、Bを代表する役員であった者は、その日から30日以内に、その旨を乙県知事に届け出なければならない。

3 宅地建物取引業者C（国土交通大臣免許）は、法第50条第2項の規定により法第31条の3第1項で定める場所について届出をする場合、国土交通大臣及び当該場所の所在地を管轄する都道府県知事に、それぞれ直接届出書を提出しなければならない。

4 宅地建物取引業者D（丙県知事免許）は、建設業の許可を受けて新たに建設業を営むこととなった場合、Dは当該許可を受けた日から30日以内に、その旨を丙県知事に届け出なければならない。

2009年 問28（改題）

理解を深掘り！　一問一答！

以下の文章について、正しいものには○、誤っているものには×をつけよう。

(1) 宅地建物取引業者A（甲県知事免許）が乙県内に所在するマンション（100戸）を分譲する。Aが甲県内に案内所を設置して分譲を行う場合において、Aは甲県知事及び乙県知事に、業務を開始する日の10日前までに法第50条第2項の規定に基づく届出をしなければならない。

(2) 宅地建物取引業者（甲県知事免許）は、法第50条第2項の規定により法第31条の3第1項の国土交通省令で定める場所について届出をする場合、甲県知事及び当該場所の所在地を管轄する都道府県知事に、それぞれ直接届出書を提出しなければならない。

(3) 法人である宅地建物取引業者が宅地建物取引業以外に行っている事業の種類に変更があった場合、免許を受けた国土交通大臣又は都道府県知事に変更の届出をしなければならない。

1 宅地建物取引業者名簿の記載事項として役員の氏名はありますが、**住所**はありません。よって、**住所変更の届出**は必要ありません。 ★【×】

2 法人が合併により消滅した場合、**消滅した法人を代表する役員であった者**は、**30日以内**にその旨を免許権者へ届け出なければならないので、合併により消滅したB社の**代表役員であった者**が届け出ることになります。 ★【○】

3 国土交通大臣免許を受けている宅地建物取引業者の場合、国土交通大臣への届出は、その所在地を管轄する**都道府県知事**を経由して行う必要があります。直接国土交通大臣へ届け出ることはできません。 ★【×】

4 宅地建物取引業者が他の事業を行っている場合、その事業の種類は**宅地建物取引業者名簿**の記載事項ですが、変更した場合でもその届出義務はありません。 ★【×】

正解 2

Ken's Point

宅地建物取引業者名簿の記載事項が変更になると、変更の届出が必要だと考えてください。ただし、免許証番号・免許年月日・処分の年月日・内容は、免許権者が記載するものであり、宅建業以外で営んでいる内容（兼業内容）は宅建業と関係ないため、変更の届出は不要です。

宅地建物取引業者名簿の記載事項	変更の届出
免許証番号・免許年月日	×
商号・名称	○
代表者・役員・政令で定める使用人の氏名	○
事務所の名称・所在地	○
専任の宅地建物取引士の氏名	○
指示処分・業務停止処分の年月日・内容	×
宅建業以外で営んでいる業種	×

○必要　×不要

一問一答！　解答&解説

(1) **×：Aは甲県知事にのみ届出をすればよい**　(2) **○**　(3) **×：届出は不要である**

□1回目　/
□2回目　/
□3回目　/

宅地建物取引業の免許（以下この問において「免許」という。）に関する次の記述のうち、宅地建物取引業法の規定によれば、正しいものはどれか。

1 宅地建物取引業者Ａ社の代表取締役が、道路交通法違反により罰金の刑に処せられたとしても、Ａ社の免許は取り消されることはない。

2 宅地建物取引業者Ｂ社の使用人であって、Ｂ社の宅地建物取引業を行う支店の代表者が、刑法第222条（脅迫）の罪により罰金の刑に処せられたとしても、Ｂ社の免許は取り消されることはない。

3 宅地建物取引業者Ｃ社の非常勤役員が、刑法第208条の３（凶器準備集合及び結集）の罪により罰金の刑に処せられたとしても、Ｃ社の免許は取り消されることはない。

4 宅地建物取引業者Ｄ社の代表取締役が、法人税法違反により懲役の刑に処せられたとしても、執行猶予が付されれば、Ｄ社の免許は取り消されることはない。

2013年 問26

以下の文章について、正しいものには○、誤っているものには×をつけよう。

(1) Ａ社は、その取締役の１人で非常勤である者が、宅地建物取引業以外の業務に関し刑法の脅迫罪で罰金の判決を受け罰金を納付したが、その刑の執行を終わった日から５年を経過していない。Ａ社は、宅地建物取引業の免許を受けることができる。

(2) Ａ社は、その相談役Ｂが、暴力団員による不当な行為の防止等に関する法律により都道府県公安委員会が指定した暴力団の構成員であり、かつ、社長ＣよりもＡ社に対する支配力が大きい。Ａ社は、宅地建物取引業の免許を受けることができる。

(3) 宅地建物取引業者Ａ社の専任の宅地建物取引士（役員・政令で定める使用人ではない）が、刑法第208条の２（凶器準備集合及び結集）の罪により罰金の刑に処せられたとしても、Ａ社の宅地建物取引業の免許は取り消されることはない。

1 罰金刑を受けた場合に免許取消しになるのは、**宅地建物取引業法違反**、**暴力団対策法違反**、**暴力的な犯罪**や**背任罪**のときです。本肢は、道路交通法違反による罰金刑ですので、免許が取り消されることはありません。 ★【○】

2 宅地建物取引業者が法人である場合、支店長や営業所長などの政令で定める使用人が**脅迫罪**により罰金刑に処せられた場合は、当該宅地建物取引業者は免許を取り消されます。なお、**専任の宅地建物取引士**は、政令で定める使用人に該当しないので、注意しましょう。 ★【×】

3 宅地建物取引業者の役員（非常勤役員を含む）が、**凶器準備集合及び結集罪**により**罰金の刑**に処せられたときは、当該法人は免許を取り消されます。 ★【×】

4 宅地建物取引業者の役員が、**禁錮**以上の刑に処せられ執行猶予中の場合、**欠格事由**に該当するため、当該法人は免許を取り消されます。 ★【×】

正解 1

Ken's Point

科料（1,000円以上1万円未満）と罰金（1万円以上）は、ともにお金を支払う刑罰ですが、科料はより安いので別物と考えてください。また、拘留（30日未満）は短い期間なので、懲役・禁錮とは別物と考えましょう。

	死刑	懲役	禁錮	罰金	拘留	科料	没収
宅地建物取引業法	○	○	○	○	×	×	×
暴力的な罪・背任罪	○	○	○	○	×	×	×
その他事由	○	○	○	×	×	×	×

○ 欠格事由となる　× 欠格事由とならない
※暴力的な罪…傷害罪・現場助勢罪・暴行罪・凶器準備集合及び結集罪・脅迫罪

一問一答！ 解答＆解説

(1) **×：罰金納付の日（刑の執行を終えた日）から5年経過しないと、A社は免許を受けることができない** (2) **×：役員と同等以上の支配力を有する者が暴力団員であることは欠格事由に該当する** (3) **○**

次の記述のうち、宅地建物取引業法の規定によれば、正しいものはどれか。

1 本店及び支店１か所を有する法人Ａが、甲県内の本店では建設業のみを営み、乙県内の支店では宅地建物取引業のみを営む場合、Ａは乙県知事の免許を受けなければならない。

2 免許の更新を受けようとする宅地建物取引業者Ｂは、免許の有効期間満了の日の２週間前までに、免許申請書を提出しなければならない。

3 宅地建物取引業者Ｃが、免許の更新の申請をしたにもかかわらず、従前の免許の有効期間の満了の日までに、その申請について処分がなされないときは、従前の免許は、有効期間の満了後もその処分がなされるまでの間は、なおその効力を有する。

4 宅地建物取引業者Ｄ（丙県知事免許）は、丁県内で一団の建物の分譲を行う案内所を設置し、当該案内所において建物の売買契約を締結する場合、国土交通大臣への免許換えの申請をしなければならない。

2009年 問26

以下の文章について、正しいものには○、誤っているものには×をつけよう。

(1) 宅地建物取引業者Ａが誇大広告の禁止に違反したため、情状が特に重いことを理由に免許を取り消されてから５年を経過しないとき、Ａは免許を受けることができない。

(2) 宅地建物取引業者Ａ（甲県知事免許）が国土交通大臣に免許換えの申請を行っているときは、Ａは、取引の相手方に対し、重要事項説明書及び宅地建物取引業法第37条の規定により交付すべき書面を交付することができない。

(3) 甲県知事の免許を受けている宅地建物取引業者Ａが、乙県内に事務所を設置することなく、乙県の区域内で業務を行おうとする場合、国土交通大臣の免許を受けなければならない。

1 支店のみで宅地建物取引業を行う場合であっても、本店は事務所とみなされます。２以上の都道府県に事務所を有することになるので、Aは**国土交通大臣**の免許を受ける必要があります。　★【×】

2 免許の更新を受ける場合、免許の有効期間満了日の**90**日前から**30**日前までの間に申請する必要があります。　★【×】

3 所定の期間内に免許更新の申請をしたにもかかわらず、満了の日までに処分がなされない場合、**免許の更新処分がなされる**までの間は、従前の免許が有効のまま継続します。　★【○】

4 **案内所は事務所に該当しない**ため、その設置が他の都道府県であったとしても、免許換えの対象とはなりません。　★【×】

正解 **3**

Ken's Point

選択肢**1**のような問題は、過去問の答えの丸暗記では太刀打ちできません。以下の２つの基本知識をしっかりと理解して覚える必要があります。理解なき暗記は、なるべくしないようにしましょう。

①支店が宅建業の事務所に当たると、本店は直接宅建業を営んでいなくても事務所に当たる

②事務所を複数の都道府県に設置するときは国土交通大臣免許が必要

一問一答！　解答＆解説

(1) ○　(2) ×：免許換えの申請中も業務はできるので、交付できる　(3) ×：甲県知事免許のままでよい

問題 019

□1回目　/
□2回目　/
□3回目　/

宅地建物取引業の免許（以下この問において「免許」という。）に関する次の記述のうち、正しいものはどれか。

1 宅地建物取引業を営もうとする者は、同一県内に2以上の事務所を設置してその事業を営もうとする場合にあっては、国土交通大臣の免許を受けなければならない。

2 Aが、B社が甲県に所有する1棟のマンション（20戸）を、貸主として不特定多数の者に反復継続して転貸する場合、Aは甲県知事の免許を受けなければならない。

3 C社が乙県にのみ事務所を設置し、Dが丙県に所有する1棟のマンション（10戸）について、不特定多数の者に反復継続して貸借の代理を行う場合、C社は乙県知事の免許を受けなければならない。

4 宅地建物取引業を営もうとする者が、国土交通大臣又は都道府県知事から免許を受けた場合、その有効期間は、国土交通大臣から免許を受けたときは5年、都道府県知事から免許を受けたときは3年である。

2011年 問26

理解を深掘り！　一問一答！

以下の文章について、正しいものには○、誤っているものには×をつけよう。

(1) 甲県知事の免許を受けている宅地建物取引業者Aが、自己の所有する建物を不特定多数の者に賃貸するため、新たに乙県内に事務所を設けることとなった場合、Aは、国土交通大臣の免許を申請しなければならない。

(2) 地主Aが、都市計画法の用途地域外の所有地を、駐車場用地2区画、資材置場1区画、園芸用地3区画に分割したうえで、これらを別々に売却する場合、宅地建物取引業者の免許が必要である。

(3) 賃貸住宅の管理業者が、貸主から管理業務とあわせて入居者募集の依頼を受けて、貸借の媒介を反復継続して営む場合は、宅地建物取引業の免許を必要としない。

1 国土交通大臣免許となるのは、**2以上の都道府県**に事務所を設置してその事業を営もうとする場合です。本肢のように2つ以上の事務所があってもそれが同一都道府県内である限りは、当該事務所の所在地を所轄する**都道府県知事**の免許を受けることになります。
★【×】

2 AがB社所有のマンションの貸主となるということは、AはB社からマンションを借りていて、さらに転貸をするということです。**自ら貸借**を行う場合には、転貸であっても宅地建物取引業に該当しませんので、免許を受ける必要はありません（下表・宅地建物取引業の免許が必要な取引）。
★【×】

	売買	交換	転貸借含む 貸借
自ら	○	○	× ◀大家業
代理	○	○	○
媒介	○	○	○

○必要　×不要

3 **貸借の代理**は宅地建物取引業に当たります。免許権者は**事務所の所在地**によって決まるので、乙県にのみ事務所を設置しているC社は、乙県知事の免許を受けなければなりません。
★【○】

4 免許の有効期間は、免許権者が都道府県知事であるか国土交通大臣であるかを問わず、**一律5年間**です。
★【×】

正解 3

Ken's Point

自ら貸借や転貸を行う場合は宅建業に当たらないので、宅建業法が適用されず免許不要です。ただし、貸借でも媒介や代理を頼まれることは賃貸の仲介ですから、当然宅建業に当たる点に注意しましょう。

一問一答！　解答&解説

(1) ×：乙県の事務所の業務は自ら貸借に当たり、宅建業法上の事務所とならないので、免許換えは不要である　(2) ×：用途地域外であり、宅地ではないので免許は不要である　(3) ×：貸借の媒介は免許が必要である

□1回目　　/
□2回目　　/
□3回目　　/

宅地建物取引業の免許（以下「免許」という。）に関する次の記述のうち、宅地建物取引業法の規定によれば、正しいものはどれか。

1 甲県に本店を、乙県に支店をそれぞれ有するA社が、乙県の支店でのみ宅地建物取引業を営もうとするときは、A社は、乙県知事の免許を受けなければならない。

2 宅地建物取引業者B社の取締役が、刑法第209条（過失傷害）の罪により罰金の刑に処せられた場合、B社の免許は取り消される。

3 宅地建物取引業者C社が業務停止処分に違反したとして、免許を取り消され、その取消しの日から5年を経過していない場合、C社は免許を受けることができない。

4 D社の取締役が、かつて破産手続開始の決定を受けたことがある場合で、復権を得てから5年を経過しないとき、D社は免許を受けることができない。

2007年 問33（改題）

以下の文章について、正しいものには○、誤っているものには×をつけよう。

(1) 甲県内で複数の事務所を有し宅地建物取引業を営むA社が、乙県内に本店のみを移転する場合、甲県知事を経由して国土交通大臣に免許換えの申請をしなければならない。

(2) 宅地建物取引業を営もうとする者は、同一都道府県内に10以上の事務所を設置してその事業を営もうとする場合にあっては、国土交通大臣の免許を受けなければならない場合がある。

(3) クレジットカードを使い過ぎて破産したAは、復権を得ない限り、宅地建物取引業の免許を受けることができず、また、Aが他の宅地建物取引業者B社の役員になったときは、B社は、免許を取り消される。

1 本店は、その事務所で宅地建物取引業を行わないとしても、宅建業法上の**事務所**として扱われます。甲県と乙県にそれぞれ事務所を構えることになるため、A社は**国土交通大臣**の免許を受ける必要があります。 ★【×】

2 暴力的な罪は罰金でも免許取消になりますが、**過失傷害**は暴力的な罪には含まれていないので、役員が罰金刑を受けた場合でも法人が免許を取り消されることはありません。**「過失○○」**は**暴力的ではありません**。 ★【×】

3 業務停止処分に違反したことで免許を取り消され、その取消しの日から**5**年を経過しない者は、宅地建物取引業の免許を受けることはできません。 ★【○】

4 破産手続開始の決定を受けた者でも、**復権**を得ることができれば直ちに免許を受けることが可能となります。役員が復権を得ると同時に欠格事由ではなくなるので、D社は5年の経過を待つことなく免許を受けることができます。 ★【×】

正解 3

Ken's Point

免許に関して、次の2つは「5年待たなくてよい」シリーズとしてすぐに思い出せるようにしておきましょう。
①執行猶予満了⇒刑の言渡しがなかったことになる
②復権を得る　⇒信用を取り戻した

一問一答！　解答&解説

(1) **×：本店は乙県になるので、乙県知事を経由して国土交通大臣に免許換え申請する**　(2) **×：同一都道府県内であれば都道府県知事の免許を受けなければならない**
(3) **○**

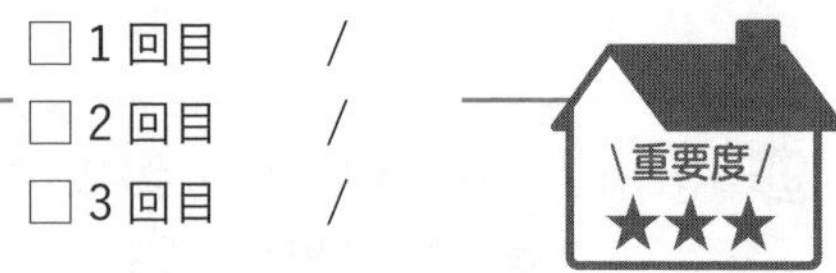

宅地建物取引業の免許（以下この問において「免許」という。）に関する次の記述のうち、正しいものはどれか。

1 法人Ａの役員のうちに、破産手続開始の決定がなされた後、復権を得てから５年を経過しない者がいる場合、Ａは、免許を受けることができない。

2 法人Ｂの役員のうちに、宅地建物取引業法に違反したことにより、罰金の刑に処せられ、その刑の執行が終わった日から５年を経過しない者がいる場合、Ｂは、免許を受けることができない。

3 法人Ｃの役員のうちに、刑法第204条(傷害)の罪を犯し懲役１年の刑に処せられ、その刑の執行猶予期間を経過したが、その経過した日から５年を経過しない者がいる場合、Ｃは、免許を受けることができない。

4 法人Ｄの役員のうちに、道路交通法の規定に違反したことにより、科料に処せられ、その刑の執行が終わった日から５年を経過しない者がいる場合、Ｄは、免許を受けることができない。

2010年 問27

理解を深掘り！　一問一答！

以下の文章について、正しいものには○、誤っているものには×をつけよう。

(1) 営業に関し成年者と同一の行為能力を有する未成年であるＡの法定代理人であるＢが、刑法第247条（背任）の罪により罰金の刑に処せられていた場合、その刑の執行が終わった日から５年を経過していなければ、Ａは宅地建物取引業の免許を受けることができない。

(2) 宅地建物取引業者Ａ社の代表取締役Ｂが、過失致死の罪により罰金の刑に処せられた場合、Ａ社の免許は取り消される。

(3) Ａ社の代表取締役Ｂが、１年前に業務妨害罪により罰金10万円の刑に処せられていた場合、Ａ社は、宅地建物取引業の免許を受けることができる。

1 破産した者がいる場合であっても、**復権を得れば直ちに欠格事由ではなくなる**ため、法人Aは5年の経過を待つことなく免許を受けることが可能です。 ★【×】

2 **宅地建物取引業法に違反**したことにより**罰金刑**に処せられ、その執行が終わった日から**5**年を経過しない役員がいる場合は、免許を受けることができません。

★【○】

	死刑	懲役	禁錮	罰金	拘留	科料	没収
宅地建物取引業法	○	○	○	○	×	×	×
暴力的な罪・背任罪	○	○	○	○	×	×	×
その他事由	○	○	○	×	×	×	×

○ 欠格事由となる　× 欠格事由とならない
※暴力的な罪…傷害罪・現場助勢罪・暴行罪・凶器準備集合及び結集罪・脅迫罪

3 **執行猶予期間**経過後は、直ちに欠格事由ではなくなるため、法人Cは5年の経過を待つことなく免許を受けることが可能です。執行猶予期間が満了すると刑の言渡しが失効するからです。

★【×】

4 **科料**は欠格事由とはならないため、法人Dは免許を受けることが可能です。

★【×】

正解 2

Ken's Point

「罰金刑」が問題文に出てきたら罪名を必ずチェックしましょう。宅建業法違反・暴力的な犯罪・背任罪のどれかであれば、宅建業法でのペナルティがあると判断します。

一問一答！ 解答&解説

(1) ×：成年者と同一の行為能力を「有する」未成年者は親が欠格事由に該当しても関係ないので免許を受けられる　(2) ×：過失○○罪は暴力的な犯罪ではなく、罰金刑では取り消されない　(3) ○

□ 1回目　　/
□ 2回目　　/
□ 3回目　　/

宅地建物取引業の免許（以下この問において「免許」という。）に関する次の記述のうち、宅地建物取引業法の規定によれば、正しいものはどれか。

1 A社の取締役が、刑法第211条（業務上過失致死傷等）の罪を犯し、懲役1年執行猶予2年の刑に処せられ、執行猶予期間は満了した。その満了の日から5年を経過していない場合、A社は免許を受けることができない。

2 B社は不正の手段により免許を取得したとして甲県知事から免許を取り消されたが、B社の取締役Cは、当該取消に係る聴聞の期日及び場所の公示の日の30日前にB社の取締役を退任した。B社の免許取消の日から5年を経過していない場合、Cは免許を受けることができない。

3 D社の取締役が、刑法第159条（私文書偽造）の罪を犯し、地方裁判所で懲役2年の判決を言い渡されたが、この判決に対して高等裁判所に控訴して現在裁判が係属中である。この場合、D社は免許を受けることができない。

4 E社は乙県知事から業務停止処分についての聴聞の期日及び場所を公示されたが、その公示後聴聞が行われる前に、相当の理由なく宅地建物取引業を廃止した旨の届出をした。その届出の日から5年を経過していない場合、E社は免許を受けることができない。

2006年 問30

理解を深掘り！　一問一答！

以下の文章について、正しいものには○、誤っているものには×をつけよう。

(1) 宅地建物取引業者Aの取締役Bが、C社の政令で定める使用人であった際に、C社の代表取締役が宅地建物取引業に関し指定暴力団の構成員に暴力的要求行為をすることを依頼したため業務停止処分に該当し、その情状が特に重いとして、C社が1年前に宅地建物取引業の免許を取り消された場合、A社は免許を受けることができない。

(2) A社の取締役Bは、C社の代表取締役であったとき宅地建物取引業に関し指定暴力団の構成員に暴力的要求行為をすることを依頼したため、業務停止処分に該当し、その情状が特に重いとして、C社が1年前に宅地建物取引業の免許を取り消された。A社は、宅地建物取引業の免許を受けることができる。

(3) 宅地建物取引業者が、免許を受けてから1年以内に事業を開始せず免許が取り消され、その後5年を経過していない場合は、免許を受けることができない。

1 **禁錮**以上の刑に処された者は、罪名を問わず欠格事由に該当します。執行猶予が付いた場合、その期間は欠格事由に該当しますが、執行猶予期間を経過すれば刑の言渡しが失効する（最初からなかったことになる）ので、**執行猶予期間満了**後に直ちに免許を受けることが可能となります。
★【×】

2 法人が不正の手段により免許を取得したとして免許を取り消された場合、①**聴聞公示日前60日以内**に**役員であった者**であり、かつ②当該取消しの日から**5**年を経過しない者は、免許を受けることができません。
★【〇】

3 **控訴**期間中は、刑が確定していないため「禁錮以上の刑に処せられた者」に該当しません。よって、免許を受けることは可能です。
★【×】

4 次の３つの事由で**免許取消処分に該当し**、聴聞の期日・場所が公示された後に廃業届出をした場合には、その**届出から５年間**を経過するまでは免許を受けることができません。

①**免許**の不正取得
②**業務停止処分**に違反
③業務停止処分に該当し、**情状**が特に重い

しかし、本肢のＥ社は「**業務停止処分**」についての聴聞の期日・場所の公示後なので、欠格事由に該当せず、届出の日から５年を待たずして免許を受けることができます。
★【×】

正解 **2**

Ken's Point

控訴・上告中はまだ判決が確定しておらず、逆転で無罪もあり得るので、宅建業法のペナルティは受けません。執行猶予が付いた懲役や禁錮刑になった際に、執行猶予期間が満了すればすぐに免許を受けられますが、執行猶予期間は宅建業法上のペナルティを受けるので注意しましょう。

一問一答！　解答&解説

(1) **×：C社が三悪で取消しされても政令で定める使用人であったBには影響しないので、A社は免許を受けることができる**　(2) **×：免許を受けることはできない**　(3) **×：三悪の取消しではないので、5年経過していなくても免許を受けることができる**

宅地建物取引業者A社（国土交通大臣免許）が行う宅地建物取引業者B社（甲県知事免許）を売主とする分譲マンション（100戸）に係る販売代理について、A社が単独で当該マンションの所在する場所の隣地に案内所を設けて売買契約の締結をしようとする場合における次の記述のうち、宅地建物取引業法（以下この問において「法」という。）の規定によれば、正しいものの組合せはどれか。なお、当該マンション及び案内所は甲県内に所在するものとする。

ア A社は、マンションの所在する場所に法第50条第1項の規定に基づく標識を掲げなければならないが、B社は、その必要がない。

イ A社が設置した案内所について、売主であるB社が法第50条第2項の規定に基づく届出を行う場合、A社は当該届出をする必要がないが、B社による届出書については、A社の商号又は名称及び免許証番号も記載しなければならない。

ウ A社は、成年者である専任の宅地建物取引士を当該案内所に置かなければならないが、B社は、当該案内所に成年者である専任の宅地建物取引士を置く必要がない。

エ A社は、当該案内所に法第50条第1項の規定に基づく標識を掲げなければならないが、当該標識へは、B社の商号又は名称及び免許証番号も記載しなければならない。

1 ア、イ　**2** イ、ウ　**3** ウ、エ　**4** ア、エ

2012年 問42

以下の文章について、正しいものには○、誤っているものには×をつけよう。

(1) 宅地建物取引業者は、案内所に当たる場所には、標識及び国土交通大臣が定めた報酬の額を掲げ、従業者名簿及び帳簿を備え付ける義務を負う。

(2) 他の宅地建物取引業者が行う一団の建物の分譲の代理を行うために、案内所を設置する宅地建物取引業者は、事務所と同じ記載事項の標識を掲示しなければならない。

(3) 宅地建物取引業者A（甲県知事免許）が乙県内に所在するマンション（100戸）を分譲する。Aが宅地建物取引業者Bに販売の代理を依頼し、Bが乙県内に案内所を設置して契約の締結業務を行う場合、A又はBが専任の宅地建物取引士を置けばよいが、法第50条第2項の規定に基づく届出はBがしなければならない。

ア　分譲マンションの**現地に標識**を掲示しなければならないのは、**売主**であるB社です。**代理**するA社には、その標識の掲示義務はありません。　★【×】

イ　案内所の**届出を行う**のは、B社ではなく**案内所を設置するA社**です。　★【×】

ウ　専任の宅地建物取引士を設置する義務があるのは、当該**案内所の設置業者のみ**です。よって、A社が置くとする本肢は適切です。なお、複数の業者が**同一物件を対象**とする案内所を共同で設置する場合は、**どちらかの1人**で足ります。★【○】

エ　他の宅地建物取引業者が行う一団の宅地建物の分譲の代理・媒介を行う案内所には、「**代理**・**媒介**」と記載された**標識**を掲げることになります。この標識には、売主である宅地建物取引業者（B社）の**商号・名称**および**免許証番号**を記載する欄があります。　★【○】

正解　3

Ken's Point

媒介・代理業者が案内所を置く場合のポイントは、次の3つが基本となります。しっかり覚えましょう。

①案内所を出す業者が届出・宅建士を設置
②案内所には案内所を出した業者のみが標識を設置
（ただし、売主の業者の商号・名称、免許証番号も記載する）
③現地には売主の業者のみが標識を設置

一問一答！　解答&解説

(1) ×：案内所には、報酬額、従業員名簿、帳簿は不要である　(2) ×：標識の掲示は必要だが、記載事項は事務所に設置する標識と異なり、自社の情報だけでなく、売主の商号又は名称、免許証番号の記載も必要である　(3) ×：案内所を設置するBが専任の取引士を置く必要がある

□ 1 回目　　/
□ 2 回目　　/
□ 3 回目　　/

宅地建物取引業者 A（甲県知事免許）が乙県内に建設したマンション（100 戸）の販売について、宅地建物取引業者 B（国土交通大臣免許）及び宅地建物取引業者 C（甲県知事免許）に媒介を依頼し、B が当該マンションの所在する場所の隣接地（乙県内）に、C が甲県内にそれぞれ案内所を設置し、売買契約の申込みを受ける業務を行う場合における次の記述のうち、宅地建物取引業法（以下この問において「法」という。）の規定によれば、誤っているものはどれか。

1. B は国土交通大臣及び乙県知事に、C は甲県知事に、業務を開始する日の 10 日前までに法第 50 条第 2 項に定める届出をしなければならない。
2. A は、法第 50 条第 2 項に定める届出を甲県知事及び乙県知事へ届け出る必要はないが、当該マンションの所在する場所に法第 50 条第 1 項で定める標識を掲示しなければならない。
3. B は、その設置した案内所の業務に従事する者の数 5 人に対して 1 人以上の割合となる数の専任の宅地建物取引士を当該案内所に置かなければならない。
4. A は、C が設置した案内所において C と共同して契約を締結する業務を行うこととなった。この場合、A が当該案内所に専任の宅地建物取引士を設置すれば、C は専任の宅地建物取引士を設置する必要はない。

2014年 問28

理解を深掘り！　一問一答！

以下の文章について、正しいものには○、誤っているものには×をつけよう。

(1) 宅地建物取引業者は、20 区画の一団の宅地分譲に際し、見学者の案内のみを行う現地案内所を設置したが、当該案内所について都道府県知事に届出をする必要はない。
(2) 宅地建物取引業者は、一団の宅地の分譲を行う案内所で契約の締結を行わない場合、その案内所には標識を掲示しなくてもよい。
(3) 宅地建物取引業者 A 社は、10 戸の一団の建物の分譲の代理を案内所を設置して行う場合、当該案内所に従事する者が 6 名であるときは、当該案内所に少なくとも 2 名の専任の宅地建物取引士を設置しなければならない。

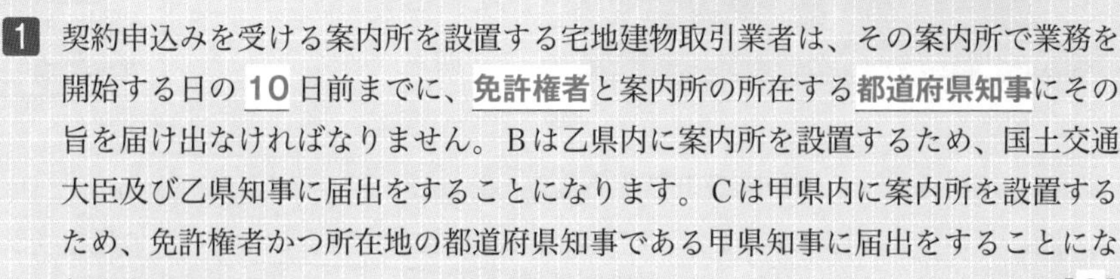

事務所以外の場所の規制

1 契約申込みを受ける案内所を設置する宅地建物取引業者は、その案内所で業務を開始する日の**10**日前までに、**免許権者**と案内所の所在する**都道府県知事**にその旨を届け出なければなりません。Bは乙県内に案内所を設置するため、国土交通大臣及び乙県知事に届出をすることになります。Cは甲県内に案内所を設置するため、免許権者かつ所在地の都道府県知事である甲県知事に届出をすることになります。 ★【○】

2 宅地建物取引業者が一団の宅地建物の分譲をする場合、その宅地建物の所在する場所に自らの**標識**を掲げなければなりません。これは自ら案内所を設置するかどうかを問いません。なお、「案内所を設置しないAは届出不要」という前半の記述も適切です。 ★【○】

3 契約締結や買受けの申込みを受ける案内所には、**1**人以上の専任の**宅地建物取引士**を設置する必要があります。本肢の「5人に対して1人以上」は、**事務所**における必置人数なので誤りです。 ★【×】

4 複数の宅地建物取引業者が共同で、**同一物件を対象**とする案内所を設置する場合は、**いずれかの業者**が専任の宅地建物取引士**1**人を置けば足ります。 ★【○】

正解 3

Ken's Point

案内所の届出のポイントは次の2つです。

①2か所に届出⇒**免許権者**と**案内所の所在地の知事**に届出をする
（免許権者が甲県知事で案内所も甲県であれば、当然甲県の1か所となる）

②業務開始の10日前までに届出をする

なお、**申込・契約をしない案内所は、宅建士も届出も不要**です。

一問一答！ 解答&解説

(1) ○ (2) ×：標識の掲示は必要である (3) ×：案内所には少なくとも1名いればよい

□ 1 回目　　/
□ 2 回目　　/
□ 3 回目　　/

次の記述のうち、宅地建物取引業法の規定によれば、正しいものはどれか。なお、この問において、契約行為等とは、宅地若しくは建物の売買若しくは交換の契約（予約を含む。）若しくは宅地若しくは建物の売買、交換若しくは貸借の代理若しくは媒介の契約を締結し、又はこれらの契約の申込みを受けることをいう。

1. 宅地建物取引業者が一団の宅地の分譲を行う案内所において契約行為等を行う場合、当該案内所には国土交通大臣が定めた報酬の額を掲示しなければならない。
2. 他の宅地建物取引業者が行う一団の建物の分譲の媒介を行うために、案内所を設置する宅地建物取引業者は、当該案内所に、売主の商号又は名称、免許証番号等を記載した国土交通省令で定める標識を掲示しなければならない。
3. 宅地建物取引業者は、事務所以外の継続的に業務を行うことができる施設を有する場所においては、契約行為等を行わない場合であっても、専任の宅地建物取引士を１人以上置くとともに国土交通省令で定める標識を掲示しなければならない。
4. 宅地建物取引業者は、業務に関して展示会を実施し、当該展示会場において契約行為等を行おうとする場合、当該展示会場の従業者数５人に対して１人以上の割合となる数の専任の宅地建物取引士を置かなければならない。

2009年 問42

理解を深掘り！　一問一答！

以下の文章について、正しいものには○、誤っているものには×をつけよう。

(1) 宅地建物取引業者の標識の様式及び記載事項は、その掲示する場所が契約の締結を行う案内所であれば、事務所と同一でなければならない。
(2) 複数の宅地建物取引業者が、業務に関し展示会を共同で実施する場合、その実施の場所に、すべての宅地建物取引業者が自己の標識を掲示しなければならない。
(3) 宅地建物取引業者が業務に関し展示会を実施する場所であって、宅地又は建物の売買の契約を締結する国土交通省令で定める場所（業務に従事する者 11 名）には専任の宅地建物取引士は１人いれば足りる。

1 報酬額の掲示義務は、**事務所のみ**にあります。よって、案内所には掲示する必要はありません。

★【×】

2 分譲の媒介をする案内所を設置する場合、当該案内所には媒介を行う宅地建物取引業者の**標識**を掲示しなければなりません。このとき掲示すべき標識には、**売主である宅地建物取引業者**の**商号**・**名称**および**免許証番号**を**記載**する欄があります。

★【〇】

3 事務所以外の継続的に業務を行うことができる施設には、**標識**の掲示が必要です。しかし、その場所で**契約行為等を行わない場合**、専任の**宅地建物取引士**の設置は不要です。

★【×】

4 宅地建物取引士の設置人数は、事務所で**5**人に1人以上、契約行為を行う案内所・展示会場で**1**人以上です。よって、本肢の展示会場には、専任の宅地建物取引士を1人置けば足ります。

★【×】

正解 **2**

Ken's Point

「案内所は事務所ではない」という点は確実に覚えましょう。ポイントは以下の3つです。

①5点セットは不要：標識と、申込・契約をする場合のみ宅建士1人以上（5人に1人以上ではない）

②営業保証金・弁済業務保証金分担金は不要

③免許に影響がない：甲県知事免許の宅建業者が乙県に案内所を出しても、甲県知事免許のままでよい

一問一答！ 解答&解説

(1) ×：同一ではない　(2) 〇　(3) 〇

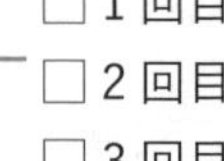

□1回目　　/
□2回目　　/
□3回目　　/

宅地建物取引士の登録（以下この問において「登録」という。）及び宅地建物取引士証に関する次の記述のうち、宅地建物取引業法の規定によれば、正しいものはどれか。

1 甲県で宅地建物取引士資格試験に合格した後1年以上登録の申請をしていなかった者が宅地建物取引業者（乙県知事免許）に勤務することとなったときは、乙県知事あてに登録の申請をしなければならない。

2 登録を受けている者は、住所に変更があっても、登録を受けている都道府県知事に変更の登録を申請する必要はない。

3 宅地建物取引士は、従事先として登録している宅地建物取引業者の事務所の所在地に変更があったときは、登録を受けている都道府県知事に変更の登録を申請しなければならない。

4 丙県知事の登録を受けている宅地建物取引士が、丁県知事への登録の移転の申請とともに宅地建物取引士証の交付の申請をした場合は、丁県知事から、移転前の宅地建物取引士証の有効期間が経過するまでの期間を有効期間とする新たな宅地建物取引士証が交付される。

2020年10月 問34

以下の文章について、正しいものには○、誤っているものには×をつけよう。

(1) 甲県で宅地建物取引士資格試験を受け、合格したAは、乙県に転勤することとなったとしても、登録は甲県知事に申請しなければならない。

(2) 宅地建物取引士の登録を受けている者は、宅地建物取引士資格登録簿の登録事項に変更があった場合は変更の登録申請を、また、破産手続開始の決定を受けた場合はその旨の届出を、遅滞なく、登録している都道府県知事に行わなければならない。

(3) 甲県知事の宅地建物取引士の登録を受けている者は、氏名を変更したときは、遅滞なく変更の登録を申請するとともに、当該申請とあわせて、宅地建物取引士証の書換え交付を申請しなければならない。

1 宅地建物取引士の登録は、**宅地建物取引士資格試験に合格**した都道府県でしかできないので、甲県で登録を受ける必要があります。 ★【×】

2 宅地建物取引士である者は、宅建士名簿の記載事項（氏名や住所等）に変更があった場合、**登録を受けている都道府県知事**に対して、遅滞なく変更の登録を申請する必要があります。 ★【×】

3 従事している宅地建物取引業者の名称と免許証番号は、宅建士資格登録簿の記載事項ですが、**業者の所在地**は記載されていません。よって、変更の申請は不要です。 ★【×】

宅地建物取引士資格登録簿の記載事項	遅滞なく 変更の申請
氏名	○
生年月日	−
住所・本籍（外国籍の者は国籍）	○
性別	−
試験の合格年月日・合格証書番号	−
申請時の実務経験の期間・内容等 登録実務講習認定の内容・年月日	−
従事先の宅地建物取引業者の商号または名称・免許証番号	○

4 移転後の都道府県知事から交付される取引士証の有効期間は、移転前の取引士証の**残存期間**と同じになります。 ★【○】

正解 4

Ken's Point

宅建士は、合格した都道府県に必ず登録するというルールがあります。「宅建試験は都道府県ごとに実施し、合格発表も都道府県ごとにするので、合格した都道府県以外に登録しようと思っても合格が証明できないから」というイメージを持っておくと覚えやすいです。

一問一答！ 解答&解説

(1) ○ (2) ×：破産者となった際の届出については「30日以内」であって「遅滞なく」ではない (3) ○

□ 1回目　／
□ 2回目　／
□ 3回目　／

宅地建物取引業法に規定する宅地建物取引士及びその登録(以下この問において「登録」という。）に関する次の記述のうち、正しいものはどれか。

1 登録を受けている者が精神の機能の障害により宅地建物取引士の事務を適正に行うに当たって必要な認知、判断及び意思疎通を適切に行うことができない者となった場合、本人がその旨を登録をしている都道府県知事に届け出ることはできない。

2 甲県知事の登録を受けている宅地建物取引士が乙県知事に登録の移転の申請を行うとともに宅地建物取引士証の交付の申請を行う場合、交付の申請前6月以内に行われる乙県知事が指定した講習を受講しなければならない。

3 宅地建物取引士が、事務禁止処分を受け、宅地建物取引士証をその交付を受けた都道府県知事に速やかに提出しなかったときは、50万円以下の罰金に処せられることがある。

4 宅地建物取引士が、刑法第222条（脅迫）の罪により、罰金の刑に処せられ、登録が消除された場合、刑の執行を終わり又は執行を受けることがなくなった日から5年を経過するまでは、新たな登録を受けることができない。

2020年12月 問43

以下の文章について、正しいものには○、誤っているものには×をつけよう。

(1) 成年被後見人又は被保佐人は、宅地建物取引士として都道府県知事の登録を受けることができない。
(2) 宅地建物取引士証の有効期間は5年である。
(3) 宅地建物取引士が、刑法第204条（傷害）の罪により罰金の刑に処せられ、登録が消除された場合、当該登録が消除された日から5年を経過するまでは、新たな宅地建物取引士の登録を受けることができない。

1 宅地建物取引士が、精神の機能の障害により宅地建物取引士の事務を適正に営むに当たって必要な認知、判断及び意思疎通を適切に行うことができない者（欠格事由）に該当したときは、その該当した日から**30日以内**に**本人**またはその**法定代理人**もしくは**同居の親族**が届出をすることになっています。 ★【×】

2 登録の移転の際に法定講習を受ける必要はありません。甲県知事を経由して、乙県知事に**登録の移転**を申請すれば足ります。 ★【×】

3 事務禁止処分を受けた宅地建物取引士は、速やかに、登録を受けた都道府県知事に**取引士証を提出**しなければなりません。この規定に違反した場合、**10万円以下の過料**に処されることがあります。本肢は「50万円以下の罰金」としているので誤りです。 【×】

4 **脅迫罪**で**罰金刑**に処された場合、欠格事由に該当することとなるため登録が消除（しょうじょ）されます。そして、罰金刑の執行を終わり、または執行を受けることがなくなった日から**5**年を経過するまでは、新たな登録を受けることができません。 ★【○】

正解 4

Ken's Point

登録の移転の際は、まだ残存期間があるのが通常なので、５年に１度の法定講習を受ける必要はありません。したがって、登録の移転をする場合、新しい取引士証の有効期間は５年ではなく、今までの取引士証と同じ期間となるのです。

一問一答！　解答＆解説

(1) **×：登録を受けることができないとは言い切れない**　(2) **○**　(3) **×：登録が消除された日からではなく、刑の執行が終わった日から５年である**

□1回目　/
□2回目　/
□3回目　/

次の記述のうち、宅地建物取引業法の規定によれば、正しいものはどれか。

1 都道府県知事は、不正の手段によって宅地建物取引士資格試験を受けようとした者に対しては、その試験を受けることを禁止することができ、また、その禁止処分を受けた者に対し2年を上限とする期間を定めて受験を禁止することができる。

2 宅地建物取引士の登録を受けている者が本籍を変更した場合、遅滞なく、登録をしている都道府県知事に変更の登録を申請しなければならない。

3 宅地建物取引士の登録を受けている者が死亡した場合、その相続人は、死亡した日から30日以内に登録をしている都道府県知事に届出をしなければならない。

4 甲県知事の宅地建物取引士の登録を受けている者が、その住所を乙県に変更した場合、甲県知事を経由して乙県知事に対し登録の移転を申請することができる。

2009年 問29

以下の文章について、正しいものには○、誤っているものには×をつけよう。

(1) 宅地建物取引士資格試験は未成年者でも受験することができるが、宅地建物取引士の登録は18歳に達するまでいかなる場合にも受けることができない。

(2) 甲県知事の宅地建物取引士の登録を受けている者が死亡した場合、その相続人は、その事実を知った日から30日以内にその旨を甲県知事に届け出なければならない。

(3) クレジットカードを使い過ぎて破産手続開始の決定を受けたAは、破産の復権を得ない限り、宅地建物取引士資格試験を受けることができない。

1 不正の手段によって受験をした者・しようとした者は、受験禁止処分を受ける場合があります。その際の**上限は3年間**となります。 【×】

2 **本籍**は宅地建物取引士資格登録簿の記載事項です。よって、**本籍**に変更があった場合は、遅滞なく変更の登録を申請する必要があります。 ★【○】

3 宅地建物取引士登録をしている者が死亡した場合、相続人は、**死亡を知った日から30日以内**に都道府県知事へ届け出なければなりません。死亡の日ではないことに注意してください。 ★【×】

4 登録の移転をすることができるのは、**従事する事務所が他の都道府県**に変わった場合に限られます。本肢のように、勤務地の変更を伴わない転居では、登録の移転の申請はできません。 ★【×】

正解 2

Ken's Point

下表は宅建士の死亡等の届出義務者のまとめです。変更の登録は「遅滞なく」なのに対して、宅建士でなくなるときは「30日以内」となっている点と、誰が届出するかについて注意しましょう。

どのような場合に（届出事由）	誰が（届出義務者）	いつ（届出期限）
死亡時	相続人	死亡を知った日から30日以内
心身の故障（宅地建物取引士の事務を適正にできない者として国土交通省令で定めるものとなったとき）	本人 法定代理人 同居の親族	それぞれの事由に該当する日から30日以内
破産手続の開始決定時	本人	
成年者と同一の行為能力を有しない未成年者となったとき		
禁錮以上の刑に処せられたとき		
宅建業法違反および傷害罪などの暴力的な罪を犯して罰金刑に処せられたとき		
暴力団員になったとき		

一問一答！ 解答&解説

(1) ×：営業に関して成年者と同一の行為能力を有する未成年者は受けることは可能である。「いかなる場合にも」が誤り　(2) ○　(3) ×：復権を得るまで登録はできないが、宅建試験を受けることは可能である

□1回目　／
□2回目　／
□3回目　／

宅地建物取引士資格登録（以下この問において「登録」という。）及び宅地建物取引士証（以下この問において「取引士証」という。）に関する次の記述のうち、宅地建物取引業法の規定によれば、正しいものはどれか。

1 甲県知事の登録を受けて、甲県に所在する宅地建物取引業者Ａの事務所の業務に従事する者が、乙県に所在するＡの事務所の業務に従事することとなったときは、速やかに、甲県知事を経由して、乙県知事に対して登録の移転の申請をしなければならない。

2 登録を受けている者で取引士証の交付を受けていない者が重要事項説明を行い、その情状が特に重いと認められる場合は、当該登録の消除の処分を受け、その処分の日から５年を経過するまでは、再び登録を受けることができない。

3 丙県知事から取引士証の交付を受けている宅地建物取引士が、取引士証の有効期間の更新を受けようとするときは、丙県知事に申請し、その申請前６月以内に行われる国土交通大臣の指定する講習を受講しなければならない。

4 丁県知事から取引士証の交付を受けている宅地建物取引士が、取引士証の亡失によりその再交付を受けた後において、亡失した取引士証を発見したときは、速やかに、再交付された取引士証をその交付を受けた丁県知事に返納しなければならない。

2007年 問31

理解を深掘り！　一問一答！

以下の文章について、正しいものには○、誤っているものには×をつけよう。

(1) 甲県知事の宅地建物取引士の登録を受けたＡが、乙県に自宅を購入し、甲県から住所を移転した場合、Ａは、遅滞なく、甲県知事を経由して乙県知事に登録の移転を申請しなければならない。

(2) 甲県知事の宅地建物取引士の登録を受けているが宅地建物取引士証の交付を受けていないＡが、宅地建物取引士としてすべき事務を行った場合、情状のいかんを問わず、甲県知事はＡの登録を消除しなければならない。

(3) 甲県知事の宅地建物取引士の登録を受けているＡは、禁錮以上の刑に処せられ登録が消除された場合は、速やかに、宅地建物取引士証を甲県知事に返納しなければならない。

1 宅地建物取引士登録を受けた都道府県とは別の都道府県に所在する事務所の業務に従事することとなった場合は、**登録の移転を申請できます**。**登録の移転の申請**は「することができる」というだけで**義務ではありません**。★【×】

2 都道府県知事から宅地建物取引士の登録を受けていても取引士証の交付を受けていなければ、宅地建物取引士として認められません。よって、取引士証の交付を受けていない者が重要事項説明を行うと、宅地建物取引業法に違反することとなります。この規定に違反した場合は、宅地建物取引士として不正な事務を行ったとして処分対象となり、**情状が特に重い場合**は**登録消除**になります。登録消除の日から**5**年間は、宅地建物取引士の登録を受けることができません。★【○】

3 **取引士証の交付前**は、**都道府県知事の指定する講習**を受ける必要があります。国土交通大臣の指定する講習ではありません。★【×】

4 亡失により取引士証の再交付を受けた後、以前の取引士証を発見した場合は、**再交付を受ける前の取引士証**を返納する必要があります。再交付された取引士証ではありません。★【×】

正解 **2**

第2章 宅地建物取引士

Ken's Point

問題文をキーワードのみで判断する「飛ばし読み」は危険です。ただし、「登録の移転～しなければならない」となる場合は、状況設定がどうであれ、誤りの肢と判断できます。

一問一答！ 解答&解説

(1) ×：転居では登録の移転の申請はできず、そもそも登録の移転の申請は義務ではない (2) ×：「情状のいかんを問わず」が誤り (3) ○

□１回目　／
□２回目　／
□３回目　／

宅地建物取引士に関する次の記述のうち、宅地建物取引業法の規定によれば、誤っているものはどれか。

1 宅地建物取引士は、禁錮以上の刑に処せられた場合、刑に処せられた日から30日以内に、その旨を宅地建物取引士の登録を受けた都道府県知事に届け出なければならない。

2 宅地建物取引士は、業務に関して事務禁止の処分を受けた場合、速やかに、宅地建物取引士証をその交付を受けた都道府県知事に提出しなければならず、これを怠った場合には罰則の適用を受けることがある。

3 宅地建物取引士は、有効期間の満了日が到来する宅地建物取引士証を更新する場合、国土交通大臣が指定する講習を受講しなければならず、また、当該宅地建物取引士証の有効期間は５年である。

4 宅地建物取引士は、宅地建物取引士の信用を害するような行為をしてはならず、信用を害するような行為には、宅地建物取引士の職務に必ずしも直接関係しない行為や私的な行為も含まれる。

2022年 問29

理解を深掘り！　一問一答！

以下の文章について、正しいものには○、誤っているものには×をつけよう。

(1) 甲県知事の登録を受けている宅地建物取引士Ａが心身の故障により宅地建物取引士の事務を適正に行うことができなくなった場合、Ａ又はその法定代理人若しくは同居の親族は、その日から30日以内に、その旨を甲県知事に届け出なければならない。

(2) 宅地建物取引士（甲県知事登録）が事務禁止処分を受けた場合、宅地建物取引士証を甲県知事に速やかに提出しなければならず、速やかに提出しなかったときは10万円以下の過料に処せられることがある。

(3) 宅地建物取引士Ａが知人に頼まれて無免許で宅地の売買の媒介を数回行った場合、Ａは、その登録を消除されることがある。

1 禁錮以上の刑に処されると、登録の欠格事由に該当します。登録の欠格事由に該当することとなった宅地建物取引士は、その日から**30**日以内に登録を受けている**都道府県知事**に届け出なくてはなりません。 ★【○】

2 宅地建物取引士が事務禁止処分を受けたときは、速やかに、**取引士証**をその交付を受けた都道府県知事に**提出**しなければなりません。この提出義務に違反した者は、**10万円以下の過料**に処されます。 ★【○】

宅地建物取引士証の返納・提出	
登録が消除されたとき 取引士証が効力を失ったとき	速やかに返納
事務禁止処分を受けたとき	速やかに提出

3 取引士証の交付や更新の際に受講するのは、国土交通大臣ではなく、**都道府県知事**が指定する講習で**申請前6か月以内**に行われるものです。後半の取引士証の有効期間が**5**年という説明は適切です。 ★【×】

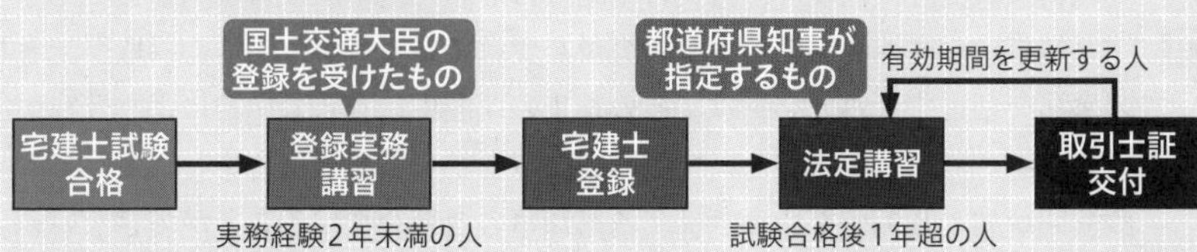

4 宅地建物取引士は、その信用や品位を害するような行為をしてはなりません。信用を害する行為には、職務として行われるものに限らず、職務に必ずしも直接関係しない行為や私的な行為も含まれます。 ★【○】

正解 **3**

Ken's Point

講習についての言い回しはいろいろありますが、次のように覚えておけば大丈夫です。

- **2年間の実務経験を得る講習　⇒国土交通大臣の講習**
- **新しい取引士証をもらう際の講習⇒都道府県知事の講習**

一問一答！　解答&解説

(1) ○　(2) ○　(3) ○

宅地建物取引士の登録（以下この問において「登録」という。）及び宅地建物取引士証に関する次の記述のうち、民法及び宅地建物取引業法の規定によれば、正しいものはどれか。

1 未成年者は、登録実務講習を修了し、法定代理人から宅地建物取引業を営むことについての許可を受けていても登録を受けることができない。

2 登録を受けている者は、宅地建物取引士証の交付を受けていない場合は、その住所に変更があっても、登録を受けている都道府県知事に変更の登録を申請する必要はない。

3 宅地建物取引士証を亡失し、その再交付を申請している者は、再交付を受けるまでの間、宅地建物取引業法第 35 条に規定する重要事項の説明をするときは、宅地建物取引士証に代えて、再交付申請書の写しを提示すればよい。

4 甲県知事から宅地建物取引士証の交付を受けている者が、宅地建物取引士としての事務を禁止する処分を受け、その禁止の期間中に本人の申請により登録が消除された場合は、その者が乙県で宅地建物取引士資格試験に合格したとしても、当該期間が満了していないときは、乙県知事の登録を受けることができない。

2010年 問30（改題）

以下の文章について、正しいものには○、誤っているものには×をつけよう。

(1) 宅地建物取引業に係る営業に関し成年者と同一の行為能力を有しない未成年者は、専任の宅地建物取引士となることはできないが、専任でない宅地建物取引士となることができる。

(2) 甲県知事登録を受けている者が、甲県から乙県に住所を変更した場合は、宅地建物取引士証の交付を受けているか否かにかかわらず、甲県知事に対して、遅滞なく住所の変更の登録申請をしなければならない。

(3) 宅地建物取引士は、重要事項説明書を交付するに当たり、相手方が宅地建物取引業者である場合、相手方から宅地建物取引士証の提示を求められない限り、宅地建物取引士証を提示する必要はない。

1 「宅地建物取引業に係る営業に関し成年者と同一の行為能力を有しない未成年者」は、宅地建物取引士の登録を受けることができません。**法定代理人**からその営業を許された未成年者は、その**営業に関し成年者と同一の行為能力を有することとなります**から、**法定代理人**から許可を受けていれば、未成年者でも登録を受けることができます。 ★【×】

2 **宅地建物取引士資格登録簿**に記載される事項に変更があった場合は、遅滞なく登録の変更を申請しなければなりません。**住所**は、宅地建物取引士資格登録簿の**登載事項**なので、たとえ**取引士証の交付を受けていなくても**、変更の登録の申請が必要です。 ★【×】

3 **重要事項説明**の際は、**必ず相手方に取引士証を提示**する必要があります。これを、再交付申請書の写しの提示で代えることができるという規定はありませんので、**宅地建物取引業法**違反となります。 ★【×】

4 事務禁止処分の期間中に本人の申請により登録が消除された場合、たとえ改めて試験に合格したとしても、その**事務禁止処分期間が満了**するまでは登録を受けることができません。 ★【○】

正解 4

Ken's Point

営業に関して「成年者と同一の行為能力を有しない未成年者」は、宅地建物取引士の登録を受けることができません。勉強をして合格できても、「未成年者なので取消ができる重要事項説明になってしまうから」と考えてください。ただし、親に宅建業の営業の許可を受けた、宅地建物取引業に係る営業に関し成年者と同一の行為能力を有する未成年者であれば、宅地建物取引士の登録を受けることができることになります。

一問一答！ 解答&解説

(1) ×：登録できないので宅地建物取引士にもなれない (2) ○ (3) ○：相手が宅建業者で、重要事項説明は不要であるため提示も不要である

次の記述のうち、宅地建物取引業法（以下この問において「法」という。）の規定によれば、正しいものはどれか。

1. 禁錮以上の刑に処せられた宅地建物取引士は、登録を受けている都道府県知事から登録の消除の処分を受け、その処分の日から5年を経過するまで、宅地建物取引士の登録をすることはできない。
2. 宅地建物取引士資格試験に合格した者で、宅地建物の取引に関し2年以上の実務経験を有するもの、又は都道府県知事がその実務経験を有するものと同等以上の能力を有すると認めたものは、法第18条第1項の登録を受けることができる。
3. 甲県知事から宅地建物取引士証（以下この問において「取引士証」という。）の交付を受けている宅地建物取引士は、その住所を変更したときは、遅滞なく、変更の登録の申請をするとともに、取引士証の書換え交付の申請を甲県知事に対してしなければならない。
4. 宅地建物取引士が、心身の故障により宅地建物取引士の事務を適正に行うことができない者として国土交通省令で定めるものに該当することになったときは、その日から30日以内にその旨を登録している都道府県知事に本人が届け出なければならない。

2008年 問33（改題）

理解を深掘り！ 一問一答！

以下の文章について、正しいものには○、誤っているものには×をつけよう。

(1) Aが宅地建物取引士資格試験に不正な手段で合格した場合、Aがその後宅地建物取引士として業務に従事していても、その事実が発覚したときは、Aは、その登録を消除されることがある。
(2) 甲県知事の登録を受けた宅地建物取引士Aが甲県知事から事務の禁止の処分を受けたにもかかわらず、その期間内に宅地建物取引士として事務を行ったときは、甲県知事は、聴聞の手続きをとることなく、Aの登録を消除することができる。
(3) 宅地建物取引士資格試験に合格した者でも、3年間以上の実務経験を有しなければ、宅地建物取引士の登録を受けることができない。

1 宅地建物取引士として登録するには、**刑の執行**を終わり、もしくは**執行を受けることがなくなった日**から**5**年を経過することが必要です。**登録消除処分の日から5年ではありません**。

★【×】

2 宅地建物取引士資格試験に合格した者であり、かつ、宅地建物の取引に関し**2年以上**の実務の経験を有する者又は**国土交通大臣**がその実務経験を有する者と同等以上の能力を有すると認めた者は、登録を受けることができます。都道府県知事が認めた者ではありません。

★【×】

3 取引士証の交付を受けている者が**住所**を変更した場合、**変更の登録**申請及び**取引士証の書換え**を申請する必要があります。なお、住所のみの変更の場合、現取引士証への裏書でＯＫという規定がありますが、これは書換え交付をする者が、交付の代わりに現取引士証への裏書で済ますことができるという主旨です。運転免許証と同様に自分で裏書きするのはＮＧなので、**書換え申請**は必須です。★【○】

4 宅地建物取引士が心身の故障により宅地建物取引士の事務を適正に行うことができない者となった場合、その**本人**もしくは**法定代理人**や**同居親族**が、その日から**30日以内**にその旨を都道府県知事に届け出ます。届出者は本人に限られません。

★【×】

正解 3

Ken's Point

免許でも取引士登録でも、「悪いことをしたら５年はダメ」程度のイメージで合格できる試験ではありません。「起算点がいつなのか」もきちんと覚えておくべきだと肝に銘じてください。「刑の執行が終わった」という表現は、「刑務所から出所した」「罰金刑なら罰金を支払った」と理解しておくとよいでしょう。

一問一答！ 解答&解説

(1) ○ (2) ×：原則聴聞をしなくてはいけない (3) ×：２年以上の実務経験、もしくは登録実務講習を受ければできる

宅地建物取引業者Ａ（国土交通大臣免許）が、宅地建物取引業法の規定に基づき供託する営業保証金に関する次の記述のうち、正しいものはどれか。

1 Ａは、営業保証金を主たる事務所又はその他の事務所のいずれかの最寄りの供託所に供託することができる。

2 Ａが営業保証金を供託した旨は、供託所から国土交通大臣あてに通知されることから、Ａがその旨を直接国土交通大臣に届け出る必要はない。

3 Ａとの取引により生じた電気工事業者の工事代金債権について、当該電気工事業者は、営業継続中のＡが供託している営業保証金から、その弁済を受ける権利を有する。

4 営業保証金の還付により、営業保証金の額が政令で定める額に不足することとなった場合、Ａは、国土交通大臣から不足額を供託すべき旨の通知書の送付を受けた日から２週間以内にその不足額を供託しなければならない。

2009年 問30

理解を深掘り！　一問一答！

以下の文章について、正しいものには○、誤っているものには×をつけよう。

(1) 営業保証金の供託は、本店及び支店ごとに必ず、主たる事務所の最寄りの供託所に金銭を供託する方法によらなければならない。

(2) 宅地建物取引業者は、免許を受けても、営業保証金を供託し、その旨の届出をするまでは、宅地建物の売買契約をすることはもとより、広告をすることもできない。

(3) 営業保証金の供託は、金銭のみならず、一定の有価証券をもって行うこともできるが、営業保証金の不足額の供託は、金銭により行わなければならない。

1 営業保証金は、**主たる事務所の最寄りの供託所**へ供託する必要があります。供託先としてその他の事務所の最寄りの供託所を選択することはできません。★【×】

2 供託した旨の届出は、免許権者が国土交通大臣の場合でも、供託をした宅地建物取引業者が**国土交通大臣に対し直接**行う必要があります。★【×】

3 営業保証金から弁済を受ける権利を有するのは、宅地建物取引業者と**宅地建物取引業に関し取引をした者**だけです。電気工事業者の工事代金については弁済の対象外です。★【×】

4 還付(かんぷ)などにより営業保証金の額が政令で定める額より不足した場合、**通知書を受け取った日**から**2週間以内**に不足額を供託する必要があります。★【○】

正解 4

営業保証金のポイント

誰がどこへ	宅建業者⇒主たる事務所の最寄りの供託所
いくら	①主たる事務所　：1,000万円 ②その他の事務所：1か所につき500万円 （①②の）合計額を供託
どのように	金銭または有価証券で供託 ※有価証券の評価 ①国債証券：額面どおり（100%） ②地方債証券・政府保証債証券：額面の90%
いつまでに	①供託した旨を免許権者に届け出た後でなければ、すべての事務所において業務を開始できない ②免許日から3か月以内に届出がなければ、免許権者は催告をしなければならず（必要的）、催告が到達した日から1か月以内に届出がなければ、免許権者は免許の取消処分をすることができる（任意的）
事務所の新設	新たに営業保証金を供託し、その旨を免許権者に届け出なければ、新設した事務所において業務を開始できない

一問一答！ 解答&解説

(1) **×：金銭ではなく一定の有価証券でも可能である**　(2) **○**　(3) **×：有価証券でも可能である**

□ 1 回目　　/
□ 2 回目　　/
□ 3 回目　　/

宅地建物取引業者 A 社の営業保証金に関する次の記述のうち、宅地建物取引業法の規定によれば、正しいものはどれか。

1 A 社が地方債証券を営業保証金に充てる場合、その価額は額面金額の 100 分の 90 である。

2 A 社は、営業保証金を本店及び支店ごとにそれぞれ最寄りの供託所に供託しなければならない。

3 A 社が本店のほかに 5 つの支店を設置して宅地建物取引業を営もうとする場合、供託すべき営業保証金の合計額は 210 万円である。

4 A 社は、自ら所有する宅地を売却するに当たっては、当該売却に係る売買契約が成立するまでの間に、その買主に対して、供託している営業保証金の額を説明しなければならない。

2012年 問33

理解を深掘り！ 一問一答！

以下の文章について、正しいものには○、誤っているものには×をつけよう。

(1) 営業保証金は金銭でも、国債証券、地方債証券、政府保証債券又は手形・小切手等の有価証券でも供託することができる。

(2) 宅地建物取引業開業の流れは、営業保証金の供託、宅地建物取引業の免許、免許権者に供託した旨の届出の順である。

(3) 宅地建物取引業者（甲県知事免許）は、営業保証金を供託しても、その旨を甲県知事に届け出た後でなければ、事業を開始することができず、これに違反したときは、6 月以下の懲役に処せられることがある。

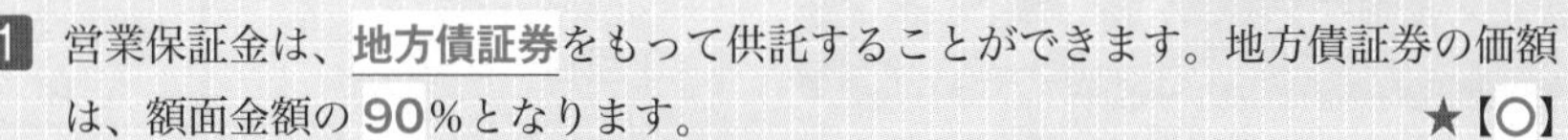

1 営業保証金は、地方債証券をもって供託することができます。地方債証券の価額は、額面金額の90％となります。 ★【○】

有価証券の区分	価額
国債	100%
地方債・政府保証債	90%
その他債券	80%

2 宅地建物取引業者は、主たる事務所の最寄りの供託所に営業保証金を供託しなければなりません。支店に係る営業保証金も、本店の最寄りの供託所に供託するので注意しましょう。 ★【×】

3 営業保証金の額は、本店が1,000万円、支店は1つにつき500万円です。本肢の場合、本店及び5つの支店を設置しているため、供託すべき営業保証金は「1,000万円＋500万円×5＝3,500万円」となります。 ★【×】

4 契約締結前に行う供託所等の説明では、営業保証金を供託した主たる事務所の最寄りの供託所及びその所在地のみを説明すれば足ります。営業保証金の額の説明は不要です。 ★【×】

正解 1

Ken's Point

供託所等の説明で「もらえない宅建業者には説明不要」という点は基本的なポイントですが、「供託額は説明不要」という点を覚えていない人が多いです。暗記するときに説明事項を暗記するよりも、「説明不要として出題されたものを覚える」、つまり出題の引っかけ方を覚えるという視点を持ちましょう。そのほうが、早く確実に問題を解けるようになるはずです。

一問一答！ 解答&解説

(1) ×：手形・小切手による供託は認められない (2) ×：宅建業の免許を受けないと供託できないので、免許→供託→届出の順である (3) ○：供託したことを無届出で事業開始したときは罰則がある

第2章 営業保証金

宅地建物取引業法に規定する営業保証金に関する次の記述のうち、正しいものはどれか。

1 新たに宅地建物取引業を営もうとする者は、営業保証金を金銭又は国土交通省令で定める有価証券により、主たる事務所の最寄りの供託所に供託した後に、国土交通大臣又は都道府県知事の免許を受けなければならない。

2 宅地建物取引業者は、既に供託した額面金額1,000万円の国債証券と変換するため1,000万円の金銭を新たに供託した場合、遅滞なく、その旨を免許を受けた国土交通大臣又は都道府県知事に届け出なければならない。

3 宅地建物取引業者は、事業の開始後新たに従たる事務所を設置したときは、その従たる事務所の最寄りの供託所に政令で定める額を供託し、その旨を免許を受けた国土交通大臣又は都道府県知事に届け出なければならない。

4 宅地建物取引業者が、営業保証金を金銭及び有価証券をもって供託している場合で、主たる事務所を移転したためその最寄りの供託所が変更したときは、金銭の部分に限り、移転後の主たる事務所の最寄りの供託所への営業保証金の保管替えを請求することができる。

2014年 問29

理解を深掘り！ 一問一答！

以下の文章について、正しいものには○、誤っているものには×をつけよう。

(1) 営業保証金は、金銭による供託のほか、有価証券をもって供託することができるが、金銭と有価証券とを併用して供託することはできない。

(2) 宅地建物取引業者（甲県知事免許）は、額面金額1,000万円の国債証券を取り戻すため、額面金額が同額である地方債証券及び100万円の金銭を新たに供託したときは、遅滞なく、甲県知事に営業保証金の変換の届出をしなければならない。

(3) 宅地建物取引業者（甲県知事免許）は、甲県内に支店1か所と案内所1か所を新設する場合、本店の最寄りの供託所に1,000万円を供託し免許権者に届出をしないと、新設した支店及び案内所において営業を開始することができない。

1 ①**免許**を受ける→②**営業保証金**の供託→③供託届→④事業を開始という順になります。よって、営業保証金を供託した後に免許を受けなければならないとする本肢は誤りです。 ★【×】

2 営業保証金の変換のための供託であっても、その供託物受入れの記載のある**供託書の写し**を添付して、その旨を免許権者に届け出なければなりません。 【○】

3 営業保証金を供託するのは、常に**主たる事務所の最寄りの供託所**です。本肢は「従たる事務所の」としている点で誤りです。 ★【×】

4 保管替えの請求ができるのは、全額を**金銭**のみで供託しているときだけです。金銭の部分に限り、保管替えを請求することは認められていません。よって、供託に金銭以外が含まれる場合には、営業保証金の全額を、移転後の主たる事務所の最寄りの供託所に新たに供託しなければなりません。 ★【×】

正解 2

Ken's Point

選択肢1でも登場した、①宅建業免許取得→②供託→③供託届→④事業開始の順番は大切です。免許がない場合、供託所は理由がないと預かってくれないため、まずは免許が先です。そして、当然供託する前に届出をする意味はないので、供託してから届出となります。無理やり暗記するより、このような流れのイメージを持っておくと忘れにくいです。

一問一答！ 解答&解説

(1) ×：併用して供託することは可能である (2) ○ (3) ×：案内所は事務所に当たらないので「1,000万円」ではなく「500万円」

□1回目　／
□2回目　／
□3回目　／

宅地建物取引業者の営業保証金に関する次の記述のうち、宅地建物取引業法（以下この問において「法」という。）の規定によれば、正しいものはどれか。

1 宅地建物取引業者は、不正の手段により法第３条第１項の免許を受けたことを理由に免許を取り消された場合であっても、営業保証金を取り戻すことができる。

2 信託業法第３条の免許を受けた信託会社で宅地建物取引業を営むものは、国土交通大臣の免許を受けた宅地建物取引業者とみなされるため、営業保証金を供託した旨の届出を国土交通大臣に行わない場合は、国土交通大臣から免許を取り消されることがある。

3 宅地建物取引業者は、本店を移転したためその最寄りの供託所が変更した場合、国債証券をもって営業保証金を供託しているときは、遅滞なく、従前の本店の最寄りの供託所に対し、営業保証金の保管替えを請求しなければならない。

4 宅地建物取引業者は、その免許を受けた国土交通大臣又は都道府県知事から、営業保証金の額が政令で定める額に不足することとなった旨の通知を受けたときは、供託額に不足を生じた日から２週間以内に、その不足額を供託しなければならない。

2013年 問27

理解を深掘り！　一問一答！

以下の文章について、正しいものには○、誤っているものには×をつけよう。

(1) Aが、宅地建物取引業を営もうとする場合において、Aが信託会社であるときは免許を受ける必要があるが、Aが信託業務を兼営する銀行であるときは免許を受ける必要はない。

(2) 宅地建物取引業者は、営業保証金の供託を金銭と国債証券によって行った後、主たる事務所を移転して供託所が変更になったときは、営業保証金の保管替えを請求することができる。

(3) 宅地建物取引業者（甲県知事免許）は、営業保証金が還付され、営業保証金の不足額を供託したときは、供託書の写しを添附して、30日以内にその旨を甲県知事に届け出なければならない。

1 営業保証金の取戻しは、①**免許**の有効期間満了、②廃業等による**免許失効**、③**免許**を取り消されたとき、④事務所の廃止で**供託額**が法定の額を超過することとなったとき、⑤**保管替え**で新たに供託したときにすることができます。免許取消処分を受けたときも、その理由を問わず、所定の手続きにより営業保証金を取り戻すことができます。 ★【○】

2 信託会社は、国土交通大臣に届出をすれば宅地建物取引業者とみなされますが、**免許を受けたわけではないので**、免許に関する規定は**適用除外**となっています。したがって、信託会社が**免許取消処分を受けることはありません**。 【×】

3 **有価証券**で供託している場合は、保管替えを請求することはできません。この場合、移転後の主たる事務所の最寄りの供託所に対して新たに供託し、その後、従前の供託所から取り戻すことになります。 ★【×】

4 営業保証金について還付請求などがあり、営業保証金の額が政令で定める額より少なくなると、その事実が供託所から免許権者に通知され、免許権者は当該宅地建物取引業者に対して不足額を供託すべき旨の通知を行います。宅地建物取引業者はこの**通知を受けた日から２週間以内**に、不足額を供託しなければなりません。本肢は「不足を生じた日から２週間以内」としているので誤りです。 ★【×】

正解 **1**

Ken's Point

主たる事務所の移転により最寄りの供託所が変更になった場合について、次の違いをしっかり覚えておきましょう。

- **金銭のみで供託していた場合は、従前の供託所に保管替えの請求をしなければならない（義務）**
- **有価証券のみ、または、有価証券と金銭で供託していた場合、移転後の主たる事務所の最寄りの供託所に、新たに供託（保管替え請求は不可）**

一問一答！ 解答＆解説

(1) **×：信託会社も免許を受ける必要はない** (2) **×：有価証券があると保管替え請求することができない** (3) **×：「30日以内」ではなく「２週間以内」**

宅地建物取引業者の営業保証金に関する次の記述のうち、宅地建物取引業法の規定によれば、誤っているものはどれか。なお、この問において、「還付請求権者」とは、同法第27条第1項の規定に基づき、営業保証金の還付を請求する権利を有する者をいう。

1 宅地建物取引業者は、宅地建物取引業に関し不正な行為をし、情状が特に重いとして免許を取り消されたときであっても、営業保証金を取り戻すことができる場合がある。

2 宅地建物取引業者は、免許の有効期間満了に伴い営業保証金を取り戻す場合は、還付請求権者に対する公告をすることなく、営業保証金を取り戻すことができる。

3 宅地建物取引業者は、一部の支店を廃止したことにより、営業保証金の額が政令で定める額を超えた場合は、還付請求権者に対し所定の期間内に申し出るべき旨を公告し、その期間内にその申出がなかったときに、その超過額を取り戻すことができる。

4 宅地建物取引業者は、宅地建物取引業保証協会の社員となった後において、社員となる前に供託していた営業保証金を取り戻す場合は、還付請求権者に対する公告をすることなく、営業保証金を取り戻すことができる。

2010年 問31

理解を深掘り！　一問一答！

以下の文章について、正しいものには○、誤っているものには×をつけよう。

(1) 宅地建物取引業者（甲県知事免許）は、免許の有効期間の満了に伴い、営業保証金の取戻しをするための公告をしたときは、遅滞なく、その旨を甲県知事に届け出なければならない。

(2) 宅地建物取引業者は、宅地建物取引業の廃業によりその免許が効力を失い、その後に自らを売主とする取引が結了した場合、廃業の日から10年が経過していれば、還付請求権者に対して公告することなく営業保証金を取り戻すことができる。

(3) 宅地建物取引業者は、宅地建物取引業保証協会の社員になったことにより営業保証金を供託することを要しなくなった場合において、当該営業保証金の取戻しをしようとするときは、6月を下らない一定の期間内に債権の申出をすべき旨の公告をしなければならない。

1 免許取消処分を受けたときも、その理由を問わず、所定の手続きにより**営業保証金**を取り戻すことができます。 ★【○】

2 免許の有効期間が満了した場合は、還付請求権者に対して**6**か月以上の期間を定めて公告をしたうえで、営業保証金を取り戻すことができます。なお、**公告をせずに営業保証金を取り戻せるケース**は、①**保証協会**の社員となった場合、②**本店の移転**により、最寄りの供託所が変更になった場合、③営業保証金を取り戻すことができる事由の発生から**10**年が経過した場合の3つです。 ★【×】

3 宅地建物取引業者が一部の支店を廃止した場合は、**6か月以上の期間を定めて公告**をしたうえで、営業保証金を取り戻すことができます。 ★【○】

4 宅地建物取引業者が保証協会の社員となった場合、それ以前に当該宅地建物取引業者と取引があった還付請求権者は、保証協会を通じて還付を受けられるため、営業保証金を取り戻すときの**公告**は不要です。 ★【○】

正解 **2**

営業保証金の還付と取戻しの手続

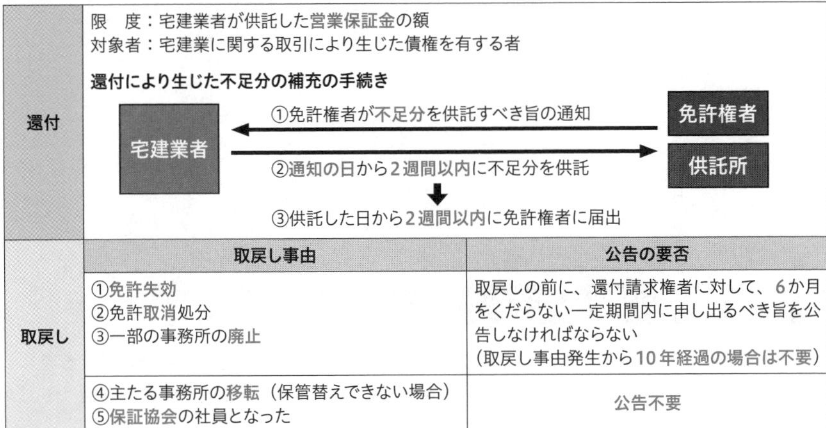

	取戻し事由	公告の要否
還付	限　度：宅建業者が供託した営業保証金の額 対象者：宅建業に関する取引により生じた債権を有する者 **還付により生じた不足分の補充の手続き** 宅建業者 ← ①免許権者が不足分を供託すべき旨の通知 ← 免許権者 宅建業者 → ②通知の日から2週間以内に不足分を供託 → 供託所 ↓ ③供託した日から2週間以内に免許権者に届出	
取戻し	①免許失効 ②免許取消処分 ③一部の事務所の廃止	取戻しの前に、還付請求権者に対して、6か月をくだらない一定期間内に申し出るべき旨を公告しなければならない （取戻し事由発生から10年経過の場合は不要）
	④主たる事務所の移転（保管替えできない場合） ⑤保証協会の社員となった	公告不要

一問一答！　解答&解説

(1) ○　(2) ×：廃業の日からではなく、届出の日（免許の効力がなくなった日）または取引が結了したときから10年　(3) ×：公告は不要である

□1回目　　/
□2回目　　/
□3回目　　/

宅地建物取引業者A（甲県知事免許）の営業保証金に関する次の記述のうち、宅地建物取引業法の規定によれば、正しいものはどれか。

1 Aから建設工事を請け負った建設業者は、Aに対する請負代金債権について、営業継続中のAが供託している営業保証金から弁済を受ける権利を有する。

2 Aが甲県内に新たに支店を設置したときは、本店の最寄りの供託所に政令で定める額の営業保証金を供託すれば、当該支店での事業を開始することができる。

3 Aは、営業保証金の還付により、営業保証金の額が政令で定める額に不足することとなったときは、甲県知事から不足額を供託すべき旨の通知書の送付を受けた日から2週間以内にその不足額を供託しなければならない。

4 Aが甲県内に本店及び2つの支店を設置して宅地建物取引業を営もうとする場合、供託すべき営業保証金の合計額は1,200万円である。

2020年10月 問35

理解を深掘り！　一問一答！

以下の文章について、正しいものには○、誤っているものには×をつけよう。

(1) 宅地建物取引業者に委託している家賃収納代行業務により生じた債権を有する者は、宅地建物取引業者が供託した営業保証金について、その債権の弁済を受けることができる。

(2) 宅地建物取引業者A（甲県知事免許）は新たに2つの支店を設置し、同時に1つの支店を廃止したときは、500万円の営業保証金を本店の最寄りの供託所に供託し、業務を開始した後、遅滞なくその旨を甲県知事に届け出なければならない。

(3) 宅地建物取引業者は、新たに事務所を2か所増設するための営業保証金の供託について国債証券と地方債証券を充てる場合、地方債証券の額面金額が800万円であるときは、額面金額が200万円の国債証券が必要となる。

1 営業保証金から弁済を受ける権利を有するのは「宅地建物取引業者と宅地建物取引業に関し取引をした者（**宅地建物取引業者を除く**）」です。還付の対象は**宅地建物取引業に関する債権**に限られるので、建設業務に関する債権では、営業保証金からの弁済を受けられません。

★【×】

2 新たに支店を設置して業務を開始する前には、①本店最寄りの供託所への**供託**、②免許権者への**供託した旨の届出**の２つが必要です。本肢は、供託後の届出についての説明がないので誤りです。

★【×】

3 営業保証金の還付が実行され、営業保証金が不足した場合、免許権者から不足額を供託すべき旨の**通知**が来ます。不足額の供託は、この**通知を受けた日から２週間**以内にしなければなりません。

★【○】

4 営業保証金の額は、本店 **1,000** 万円、**支店１つにつき 500** 万円です。本肢の場合は、本店＋支店２つなので「**1,000** 万円＋ **500** 万円×２＝ **2,000** 万円」が供託すべき額となります。

★【×】

正解 **3**

Ken's Point

弁済を受けられる者に当たるのは、宅地建物取引業に関する取引で損害を与えられた者のみです。試験では弁済を受けられる取引に当たらない事例の出題が多いので、当たらない事例を覚えてもキリがありません。「取引＝自ら売買交換、媒介、代理」によって損をさせられた者以外は営業保証金がもらえない」というイメージを持っておきましょう。

一問一答！ 解答＆解説

(1) **×：弁済を受けることはできない**　(2) **×：500 万円を供託し、届出した後でなければ業務を開始できない**　(3) **×：地方債証券は「800 万円× 90%＝ 720 万円」と評価されるため、残り 280 万円の国債証券が必要となる**

□１回目　／
□２回目　／
□３回目　／

宅地建物取引業者Ａ（甲県知事免許）は、甲県内に本店Ｘと支店Ｙを設置して、額面金額1,000万円の国債証券と500万円の金銭を営業保証金として供託して営業している。この場合の営業保証金に関する次の記述のうち、宅地建物取引業法の規定によれば、正しいものはどれか。なお、本店Ｘと支店Ｙとでは、最寄りの供託所を異にする。

1. Ａが新たに支店Ｚを甲県内に設置したときは、本店Ｘの最寄りの供託所に政令で定める額の営業保証金を供託すれば、支店Ｚでの事業を開始することができる。
2. Ａが、Ｙを本店とし、Ｘを支店としたときは、Ａは、金銭の部分に限り、Ｙの最寄りの供託所への営業保証金の保管替えを請求することができる。
3. Ａは、額面金額1,000万円の地方債証券を新たに供託すれば、既に供託している同額の国債証券と変換することができる。その場合、遅滞なく、甲県知事に営業保証金の変換の届出をしなければならない。
4. Ａは、営業保証金の還付が行われ、営業保証金が政令で定める額に不足することになったときは、その旨の通知書の送付を受けた日から２週間以内にその不足額を供託しなければ、免許取消の処分を受けることがある。

2008年 問34

以下の文章について、正しいものには○、誤っているものには×をつけよう。

(1) 宅地建物取引業者は、事業の開始後新たに従たる事務所を１つ設置したときは、主たる事務所の最寄りの供託所に営業保証金30万円を供託し、免許を受けた国土交通大臣又は都道府県知事に届け出なければならない。
(2) 国土交通大臣免許を受けて宅地建物取引業者となっても、営業保証金を供託してその旨を主たる事務所の所在地を管轄する都道府県知事を経由して国土交通大臣に届け出た後でなければ、すべての事務所で事業を開始することができない。
(3) 宅地建物取引業者は、本店を移転したためその最寄りの供託所が変更した場合、金銭のみをもって営業保証金を供託しているときは、遅滞なく、移転先の本店の最寄りの供託所に対し、営業保証金の保管替えを請求しなければならない。

1 営業保証金を本店最寄りの供託所に供託する旨は、適切です。しかし、営業保証金の供託に加え、**その旨の届出**をした後でなければ事業を開始できません。

★【×】

2 営業保証金の保管替えをするのは、**金銭**だけで営業保証金を供託している場合のみです。**金銭の部分のみにつき**保管替えを行うことはできません。宅地建物取引業者Aは、1,000万円の国債と500万円の金銭をもって営業保証金としているため、保管替えの請求はできません。

★【×】

3 国債は額面どおり、地方債は額面の**9**割の価額となるので、同じ額面金額の地方債では不足することとなります。

★【×】

4 営業保証金の額が不足することとなった場合、免許権者から当該宅地建物取引業者に通知されます。宅地建物取引業者は、通知書の送付を受けた日から**2**週間以内に不足額を供託しなければなりません。**2**週間以内に供託しなければ、**業務停止**処分を受ける違反に該当します。さらに、情状の重さによっては、**免許取消**の処分を受ける場合があります。

★【○】

正解 4

Ken's Point

宅建業法に違反し、情状が特に重いと判断された場合、免許取消の処分となるので、「宅建業法違反＋免許取消の処分を受けることがある」とあれば、ほぼ正しい肢となります。ただし、**自ら貸借の場合**は宅建業法の適用がないため、宅建業法違反の事例でも取消処分はもちろん、指示処分や業務停止処分になることもない点に注意してください。

一問一答！ 解答＆解説

(1) **×：営業保証金は500万円である** (2) **×：供託した旨の届出は、国土交通大臣免許でも直接行う** (3) **×：移転先の最寄りの供託所ではなく、供託している従前の本店の最寄りの供託所に対して保管替えを請求しなければならない**

□1回目　/
□2回目　/
□3回目　/

宅地建物取引業者Aが宅地建物取引業保証協会（以下この問において「保証協会」という。）に加入した場合に関する次の記述のうち、宅地建物取引業法の規定によれば、正しいものはどれか。

1 Aが保証協会に加入する前に、Aと宅地建物取引業に関し取引をした者は、弁済業務保証金について弁済を受けることができない。

2 Aは保証協会に加入した後に新たに事務所を開設したときは、その日から2週間以内に、営業保証金500万円を主たる事務所の最寄りの供託所に供託しなければならない。

3 Aがその一部の事務所を廃止したため、保証協会が弁済業務保証金分担金をAに返還しようとするときは、保証協会は、弁済業務保証金の還付請求権者に対し、一定期間内に認証を受けるため申し出るべき旨の公告を行う必要はない。

4 Aが、保証協会から弁済業務保証金の還付に係る還付充当金を納付すべき旨の通知を受けた日から2週間以内に、通知された額の還付充当金を保証協会に納付しない場合、保証協会は納付をすべき旨の催告をしなければならず、催告が到達した日から1月以内にAが納付しない場合は、Aは社員としての地位を失う。

2005年 問45

以下の文章について、正しいものには○、誤っているものには×をつけよう。

(1) 宅地建物取引業者が保証協会の社員となる前に、当該宅地建物取引業者と宅地建物取引業に関し取引をした者は、その取引により生じた債権に関し、弁済業務保証金について弁済を受ける権利を有する。

(2) 宅地建物取引業保証協会に加入している宅地建物取引業者（甲県知事免許）は、甲県の区域内に新たに支店を設置した場合、その設置した日から1月以内に当該保証協会に追加の弁済業務保証金分担金を納付しないときは、社員の地位を失う。

(3) 宅地建物取引業保証協会の社員である宅地建物取引業者Aがその一部の事務所を廃止したため、保証協会が弁済業務保証金分担金をAに返還しようとするときは、保証協会は、弁済業務保証金の還付請求権者に対し、一定期間内に認証を受けるため申し出るべき旨の公告を行う必要がある。

1 宅地建物取引業者が保証協会の**社員となる前**に、当該社員と**宅地建物取引業に関し取引**をした者も弁済を受ける権利を有します。 ★【×】

2 保証協会の社員が新たに事務所を設置したとき、その**設置の日から２週間以内**に新たな**事務所１つにつき 30 万円**の弁済業務保証金分担金を保証協会に納付する必要があります。保証協会の社員となった場合、営業保証金の供託が**免除**されるので 500 万円の供託は不要です。 ★【×】

3 保証協会の社員が**事務所の一部を廃止**した場合、**公告を行う必要はありません**。ただし、**社員の地位を失った際**の取戻しでは公告が必要です。 ★【〇】

4 **還付充当金**の納付が必要になった場合、保証協会から社員である宅地建物取引業者に対して**通知**が行われます。当該宅地建物取引業者はその**通知**から**２**週間以内に還付充当金を納付しなければなりません。納付しない場合、保証協会の**社員の地位**を失います。本肢のように、納期限後に保証協会から納付をすべき旨の催告は、ありません。 ★【×】

正解 3

Ken's Point

営業保証金と分担金における公告の要否のまとめです。覚えるべきルールが多くて大変ですが、頑張りましょう。

	営業保証金	弁済業務保証金分担金
公告が必要	・免許の満了・失効・取消し ・事務所の一部廃止	・社員の地位を失った
公告が不要	・最寄りの供託所の移転 ・保証協会の社員となった	・事務所の一部廃止

一問一答！　解答＆解説

(1) 〇　(2) ×：「１月以内」ではなく「２週間以内」　(3) ×：事務所の一部廃止の際には保証協会は公告不要である

宅地建物取引業保証協会（以下この問において「保証協会」という。）に関する次の記述のうち、宅地建物取引業法の規定によれば、誤っているものはどれか。

1 保証協会は、弁済業務保証金分担金の納付を受けたときは、その納付を受けた額に相当する額の弁済業務保証金を供託しなければならない。

2 保証協会は、弁済業務保証金の還付があったときは、当該還付額に相当する額の弁済業務保証金を供託しなければならない。

3 保証協会の社員との宅地建物取引業に関する取引により生じた債権を有する者は、当該社員が納付した弁済業務保証金分担金の額に相当する額の範囲内で、弁済を受ける権利を有する。

4 保証協会の社員との宅地建物取引業に関する取引により生じた債権を有する者は、弁済を受ける権利を実行しようとする場合、弁済を受けることができる額について保証協会の認証を受けなければならない。

2012年 問43

以下の文章について、正しいものには○、誤っているものには×をつけよう。

(1) 宅地建物取引業保証協会は、弁済業務保証金分担金の納付を受けたときは、その日から２週間以内に弁済業務保証金を供託しなければならない。

(2) 宅地建物取引業保証協会の社員との宅地建物取引業に関する取引により生じた債権を有する者は、営業保証金の額に相当する額の範囲内で、弁済を受ける権利を有する。

(3) 宅地建物取引業保証協会は、弁済業務保証金について弁済を受ける権利を有する者から認証申出書の提出があり、認証に係る事務を処理する場合には、各月ごとに、認証申出書に記載された取引が成立した時期の順序に従ってしなければならない。

1 保証協会が社員から弁済業務保証金**分担金の納付を受けた**場合、その相当額の弁済業務保証金を**納付を受けた日から1週間以内**に供託しなければなりません。

★【○】

2 弁済業務保証金の還付があった場合、保証協会は、この通知を受けた日から**2**週間以内に当該不足額を供託しなければなりません。 ★【○】

3 弁済を受けられる限度額は、当該社員が納付した弁済業務保証金分担金の額に相当する額ではなく、もし保証協会の社員でなかったならば**供託しなければならない営業保証金に相当する額**です。 ★【×】

4 保証協会の社員との宅地建物取引業に関する取引により生じた債権を有する者は、弁済を受ける権利を実行しようとする際に、弁済を受けることができる額について**保証協会の認証**を受けなければなりません。 ★【○】

正解 **3**

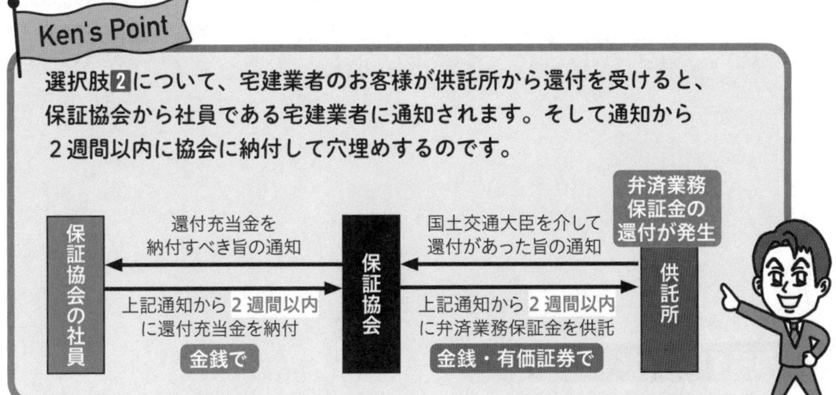

Ken's Point
選択肢2について、宅建業者のお客様が供託所から還付を受けると、保証協会から社員である宅建業者に通知されます。そして通知から2週間以内に協会に納付して穴埋めするのです。
保証協会の社員
還付充当金を納付すべき旨の通知
上記通知から2週間以内に還付充当金を納付
金銭で
保証協会
国土交通大臣を介して還付があった旨の通知
上記通知から2週間以内に弁済業務保証金を供託
金銭・有価証券で
弁済業務保証金の還付が発生
供託所

一問一答！ 解答&解説

(1) ×：「2週間以内」ではなく「1週間以内」 (2) ○ (3) ×：認証申出書の受理の順序に従って行う必要がある。「取引が成立した時期の順序に従って」ではない

□1回目　　/
□2回目　　/
□3回目　　/

宅地建物取引業保証協会（以下この問において「保証協会」という。）に関する次の記述のうち、宅地建物取引業法（以下この問において「法」という。）の規定によれば、正しいものはどれか。

1 宅地建物取引業者が保証協会に加入しようとするときは、当該保証協会に弁済業務保証金分担金を金銭又は有価証券で納付することができるが、保証協会が弁済業務保証金を供託所に供託するときは、金銭でしなければならない。

2 保証協会は、宅地建物取引業の業務に従事し、又は、従事しようとする者に対する研修を行わなければならないが、宅地建物取引士については、法第22条の2の規定に基づき都道府県知事が指定する講習をもって代えることができる。

3 保証協会に加入している宅地建物取引業者（甲県知事免許）は、甲県の区域内に新たに支店を設置する場合、その日までに当該保証協会に追加の弁済業務保証金分担金を納付しないときは、社員の地位を失う。

4 保証協会は、弁済業務保証金から生ずる利息又は配当金、及び、弁済業務保証金準備金を弁済業務保証金の供託に充てた後に社員から納付された還付充当金は、いずれも弁済業務保証金準備金に繰り入れなければならない。

2011年 問43

以下の文章について、正しいものには○、誤っているものには×をつけよう。

(1) 宅地建物取引業保証協会は、そのすべての社員に対して、当該社員が受領した支払金や預り金の返還債務を負うことになったときに、その債務を連帯して保証する業務及び手付金等保管事業を実施することができる。

(2) 宅地建物取引業保証協会は、その社員である宅地建物取引業者Aの取引の相手方から宅地建物取引業に係る取引に関する苦情を受けた場合は、Aに対し、文書又は口頭による説明を求めることができる。

(3) 宅地建物取引業者Aが宅地建物取引業保証協会に加入した後、新たに支店を1か所設置した場合、Aは、その日から2週間以内に、弁済業務保証金分担金30万円を供託所に供託しなければならない。

1 保証協会から供託所への弁済業務保証金の供託は**有価証券**ですることができます。しかし、宅地建物取引業者が**保証協会に納付**する弁済業務保証金**分担金**については、**金銭での納付しかできません**。 ★【×】

2 保証協会は、宅地建物取引士その他宅地建物取引業の業務に従事し、又は従事しようとする者に対する**研修を行う**責務があります。この研修は、**都道府県知事**が指定する法定講習とは別物であり、代替することはできません。 【×】

3 保証協会の社員が新たに事務所を設置した場合、**設置の日から２週間以内**に弁済業務保証金分担金を**保証協会**に納付しなければなりません。「その日までに」ではありません。 ★【×】

4 保証協会は、弁済業務保証金から生ずる利息又は配当金、及び、弁済業務保証金準備金を弁済業務保証金の供託に充てた後に社員から納付された還付充当金を、いずれも**弁済業務保証金準備金**に繰り入れなければなりません。 【〇】

正解 **4**

Ken's Point

保証協会に加入の際は、弁済業務保証金分担金の納付が「加入の日」までであるのに対して、新しい事務所を設置の際は設置から「２週間以内」である点に注意しましょう。

保証協会の社員	→ 金銭で 弁済業務保証金分担金の納付 / 加入時：加入の日まで 新事務所設置：２週間以内	保証協会	→ 金銭・有価証券で 弁済業務保証金の供託 / 弁済業務保証金分担金の納付から１週間以内	供託所

一問一答！ 解答&解説

(1) 〇 (2) 〇 (3) ×：「供託所」ではなく「保証協会」に納付

宅地建物取引業保証協会（以下この問において「保証協会」という。）又はその社員に関する次の記述のうち、正しいものはどれか。

1. 300万円の弁済業務保証金分担金を保証協会に納付して当該保証協会の社員となった者と宅地建物取引業に関し取引をした者は、その取引により生じた債権に関し、6,000万円を限度として、当該保証協会が供託した弁済業務保証金から弁済を受ける権利を有する。
2. 保証協会は、弁済業務保証金の還付があったときは、当該還付に係る社員又は社員であった者に対し、当該還付額に相当する額の還付充当金を主たる事務所の最寄りの供託所に供託すべきことを通知しなければならない。
3. 保証協会の社員は、保証協会から特別弁済業務保証金分担金を納付すべき旨の通知を受けた場合で、その通知を受けた日から1か月以内にその通知された額の特別弁済業務保証金分担金を保証協会に納付しないときは、当該保証協会の社員の地位を失う。
4. 宅地建物取引業者は、保証協会の社員の地位を失ったときは、当該地位を失った日から2週間以内に、営業保証金を主たる事務所の最寄りの供託所に供託しなければならない。

2008年 問44

理解を深掘り！ 一問一答！

以下の文章について、正しいものには○、誤っているものには×をつけよう。

(1) 宅地建物取引業保証協会から還付充当金の納付の通知を受けた社員は、その通知を受けた日から2週間以内に、その通知された額の還付充当金を主たる事務所の最寄りの供託所に供託しなければならない。

(2) 還付充当金の未納により宅地建物取引業保証協会の社員の地位を失った宅地建物取引業者は、その地位を失った日から2週間以内に弁済業務保証金を供託すれば、その地位を回復する。

(3) 宅地建物取引業者は、宅地建物取引業保証協会の社員の地位を失ったときは、当該地位を失った日から1週間以内に営業保証金を供託しなければならない。

1 300 万円の弁済業務保証金分担金という記述より、主たる事務所1つ（60 万円）・その他の事務所**8**つ（240 万円）ということがわかります。弁済を受けられる金額は、**供託すべき営業保証金の金額**以内であるため、「1,000 万円＋ 500 万円×**8**＝**5,000** 万円」が限度となります。 ★【×】

2 弁済業務保証金の還付があった場合、当該還付に係る社員又は社員であった者に対し、当該還付額に相当する額の還付充当金を**保証協会に納付すべきことを通知**する必要があります。本肢では納付先を「主たる事務所の最寄りの供託所」としているため誤りです。 ★【×】

3 **特別弁済業務保証金分担金**は弁済業務保証金準備金が不足した際に、不足額に充てるため社員から徴収するものです。弁済業務保証金分担金とは異なるので注意しましょう。保証協会の社員は、保証協会から特別弁済業務保証金分担金を納付すべき旨の通知を受けた場合、**通知日から1か月以内**に納付する必要があります。期間内に納付しない場合は、社員の地位を失います。 【○】

4 宅地建物取引業者が保証協会の社員の地位を失った場合、その**地位を失った日から1週間以内**に、主たる事務所の最寄りの供託所に営業保証金を供託しなければなりません。 ★【×】

正解 **3**

Ken's Point

営業保証金にはない保証協会特有の知識として、次の点をしっかり覚えておきましょう。

保証協会への加入	1つの保証協会の社員である者は、他の保証協会の社員になれない
保証協会の構成	保証協会は、宅建業者のみを社員とする一般社団法人である
特別弁済業務保証金分担金	社員は、特別弁済業務保証金分担金を納付すべき通知を受けた日から1か月以内に通知された額を納付しなければ、社員たる地位を失う

一問一答！ 解答＆解説

(1) ×：「供託所」ではなく「保証協会」に納付 (2) ×：地位は回復しない (3) ○

□1回目　/
□2回目　/
□3回目　/

宅地建物取引業保証協会（以下この問において「保証協会」という。）に関する次の記述のうち、宅地建物取引業法の規定によれば、正しいものはどれか。

1 保証協会の社員との宅地建物取引業に関する取引により生じた債権を有する者は、当該社員が納付した弁済業務保証金分担金の額に相当する額の範囲内で弁済を受ける権利を有する。

2 保証協会の社員と宅地建物取引業に関し取引をした者が、その取引により生じた債権に関し、弁済業務保証金について弁済を受ける権利を実行するときは、当該保証協会の認証を受けるとともに、当該保証協会に対し還付請求をしなければならない。

3 保証協会は、弁済業務保証金の還付があったときは、当該還付に係る社員又は社員であった者に対し、当該還付額に相当する額の還付充当金をその主たる事務所の最寄りの供託所に供託すべきことを通知しなければならない。

4 保証協会は、弁済業務保証金の還付があったときは、当該還付額に相当する額の弁済業務保証金を供託しなければならない。

2020年10月 問36

以下の文章について、正しいものには○、誤っているものには×をつけよう。

(1) 弁済業務保証金の還付がなされた場合において、宅地建物取引業保証協会からその通知を受けた社員は、その通知を受けた日から2週間以内に当該還付額の60/1,000に相当する額の還付充当金を保証協会に納付しなければならない。

(2) 宅地建物取引業保証協会の社員との宅地建物取引業に関する取引により生じた債権を有する者は、弁済を受ける権利を実行しようとする場合、弁済を受けることができる額について都道府県知事の認証を受けなければならない。

(3) 宅地建物取引業保証協会の社員又は社員であった者が、当該保証協会から、弁済業務保証金の還付額に相当する還付充当金を当該保証協会に納付すべき旨の通知を受けたときは、その通知を受けた日から2週間以内に、その通知された額の還付充当金を当該保証協会に納付しなければならない。

1 弁済を受けられる限度額は、当該社員が納付した弁済業務保証金分担金の額に相当する額（本店60万円、支店1つにつき30万円）ではなく、もし保証協会の社員でなかったならば供託すべき**営業保証金**に相当する額です。本店**1,000**万円、支店1つにつき**500**万円という規定額のことです。 ★【×】

2 弁済業務保証金について弁済を受ける権利を実行するときは、保証協会の認証を受けるとともに、**供託所へ還付請求**をする必要があります。本肢は「保証協会に対し還付請求」としているため誤りです。 ★【×】

3 弁済業務保証金の還付があったとき、保証協会は、当該社員又は社員であった者に対し、その還付額に相当する還付充当金を**保証協会に納付**すべきことを通知しなければなりません。本肢は「供託所に供託すべきことを通知」としているので誤りです。 ★【×】

4 弁済業務保証金の還付があったとき、保証協会は、還付があった旨の通知を受けた日から**2週間以内**に、還付された額に相当する額の弁済業務保証金を供託しなければなりません。 ★【○】

正解 4

Ken's Point

保証協会の制度の場合は、宅建業者と供託所の間に保証協会が介在するので、宅建業者と供託所が直接やりとりすることはないという点を理解しておきましょう。

一問一答！ 解答&解説

(1) ×：1,000分の60ではなく、還付額と同額の還付充当金を保証協会に納付する (2) ×：「都道府県知事」ではなく「保証協会」の認証である (3) ○

□ 1 回目　　/
□ 2 回目　　/
□ 3 回目　　/

宅地建物取引業保証協会（以下この問において「保証協会」という。）に関する次の記述のうち、宅地建物取引業法の規定によれば、正しいものはどれか。

1 保証協会は、社員の取り扱った宅地建物取引業に係る取引に関する苦情について、宅地建物取引業者の相手方等からの解決の申出及びその解決の結果を社員に周知させなければならない。

2 保証協会に加入した宅地建物取引業者は、直ちに、その旨を免許を受けた国土交通大臣又は都道府県知事に報告しなければならない。

3 保証協会は、弁済業務保証金の還付があったときは、当該還付に係る社員又は社員であった者に対し、当該還付額に相当する額の還付充当金をその主たる事務所の最寄りの供託所に供託すべきことを通知しなければならない。

4 宅地建物取引業者で保証協会に加入しようとする者は、その加入の日から２週間以内に、弁済業務保証金分担金を保証協会に納付しなければならない。

2013年 問39

理解を深掘り！　一問一答！

以下の文章について、正しいものには○、誤っているものには×をつけよう。

(1) 宅地建物取引業保証協会は、苦情解決業務・弁済業務・宅地建物取引士その他宅地建物取引業の業務に従事し、又は従事しようとする者に対する研修業務の３つの業務が義務付けられている。

(2) 宅地建物取引業保証協会は、新たに社員が加入したときは、直ちに、その旨を国土交通大臣に報告しなければならない。

(3) 宅地建物取引業保証協会に加入しようとする者は、加入しようとする日までに弁済業務保証金分担金を保証協会に納付しなければならないが、加入に際して、加入前の宅地建物取引業に関する取引により生じたその者の債務に関し、保証協会から担保の提供を求められることはない。

1 保証協会の社員が取り扱った宅地建物取引業に係る取引に関する苦情について、宅地建物取引業者の相手方等からの**解決の申出**及びその**解決の結果**を社員に周知させることは、保証協会の必須業務です。 ★【○】

2 宅地建物取引業者が保証協会に加入した場合は、**保証協会から**当該宅地建物取引業者の**免許権者**（国土交通大臣又は都道府県知事）**に対して報告**がなされます。 【×】

3 保証協会は、弁済業務保証金の還付があったときは、当該還付に係る社員又は社員であった者に対し、当該還付額に相当する額の還付充当金を**保証協会に納付**すべきことを通知しなければなりません。 ★【×】

4 宅地建物取引業者で保証協会に加入しようとする者は、その**加入しようとする日**までに弁済業務保証金分担金を保証協会に納付しなければなりません。２週間というのは保証協会の社員が新たな事務所を設置した場合です。 ★【×】

正解 1

還付により生じた不足分の補充の手続き

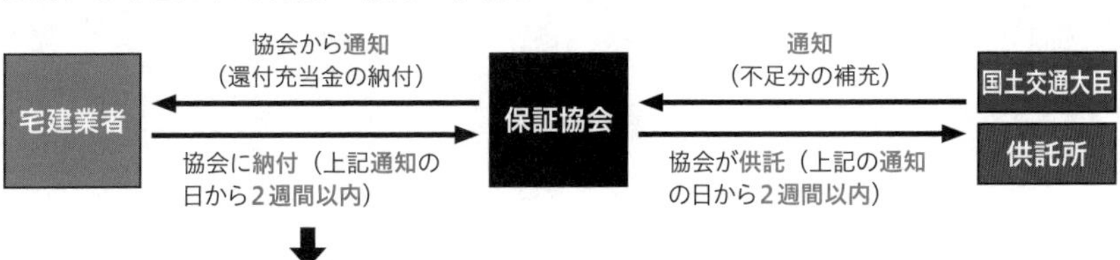

納付しない……社員の地位を失う！

社員でなくなると……その日から１週間以内に営業保証金を供託しなければならない！

一問一答！　解答＆解説

(1) ○　(2) ×：宅建業者の免許権者に報告するので、都道府県知事の場合もあり、国土交通大臣とは限らない　(3) ×：加入する前の取引も弁済業務保証金から弁済を受けることができる。そのため、その弁済に備えるための担保が必要になる場合がある

宅地建物取引業保証協会（以下この問において「保証協会」という。）に関する次の記述のうち、宅地建物取引業法の規定によれば、誤っているものはどれか。

1 保証協会は、その名称、住所又は事務所の所在地を変更しようとするときは、あらかじめ、その旨を国土交通大臣に届け出なければならない。

2 保証協会は、新たに社員が加入したときは、直ちに、その旨を当該社員である宅地建物取引業者が免許を受けた国土交通大臣又は都道府県知事に報告しなければならない。

3 宅地建物取引業者で保証協会に加入しようとする者は、その加入した日から1週間以内に、政令で定める額の弁済業務保証金分担金を当該保証協会に納付しなければならない。

4 保証協会の社員は、自らが取り扱った宅地建物取引業に係る取引の相手方から当該取引に関する苦情について解決の申出が保証協会にあり、保証協会から説明を求められたときは、正当な理由がある場合でなければ、これを拒んではならない。

2021年12月 問39

理解を深掘り！ 一問一答！

以下の文章について、正しいものには○、誤っているものには×をつけよう。

(1) 宅地建物取引業者は、宅地建物取引業保証協会の社員の地位を失った場合、宅地建物取引業者との宅地建物取引業に関する取引により生じた債権に関し権利を有する者に対し、6月以内に申し出るべき旨の公告をしなければならない。

(2) 宅地建物取引業保証協会は、宅地建物取引業者Aの取引の相手方から宅地建物取引業に係る取引に関する苦情を受けた場合は、Aに対し、口頭による説明を求めることはできないが、文書による説明を求めることができる。

(3) 宅地建物取引業保証協会に加入しようとする宅地建物取引業者が同保証協会に納付すべき弁済業務保証金分担金の額は、主たる事務所につき60万円、その他の事務所につき事務所ごとに30万円の割合による金額の合計額である。

1 保証協会は、その名称、住所又は事務所の所在地を変更しようとするときは、**あらかじめ**、その旨を**国土交通大臣**に届け出なければなりません。【○】

2 保証協会は、**社員が加入**したとき、その**地位を失った**ときは、直ちに免許権者に報告しなければなりません。【○】

3 保証協会に加入しようとする宅地建物取引業者は、**加入日**までに、弁済業務保証金分担金を保証協会に納付しなければなりません。本肢は「加入した日から1週間以内」としているので誤りです。★【×】

4 保証協会は、社員が取り扱った宅地建物取引業に係る取引に関する苦情について解決の申出があったときは、必要に応じて当該社員に対して文書または口頭による**説明**や、**資料の提出**を求めることができます。当該社員は**正当な理由**がある場合を除き、この求めを拒むことができません。【○】

正解 3

Ken's Point

選択肢1のような保証協会の仕事の問題は、頻出事項ではありませんが、出題されると難しい部類の問題になります。まずは正解肢をしっかりマスターしましょう。深入りはしなくてよいですが、過去問に出た事項は「こんな問題があったなあ」程度には思い出せるようにしましょう。

一問一答！ 解答＆解説

(1) **×：公告は保証協会がしなければならない** (2) **×：口頭での説明を求めることもできる** (3) **○**

営業保証金を供託している宅地建物取引業者Aと宅地建物取引業保証協会（以下この問において「保証協会」という。）の社員である宅地建物取引業者Bに関する次の記述のうち、宅地建物取引業法の規定によれば、正しいものはいくつあるか。

ア A（国土交通大臣免許）は、甲県内にある主たる事務所とは別に、乙県内に新たに従たる事務所を設置したときは、営業保証金をその従たる事務所の最寄りの供託所に供託しなければならない。

イ Aは、令和6年5月1日に、Bに手付金500万円を支払い、宅地の売買契約を締結した。宅地の引渡しの前にBが失踪し、宅地の引渡しを受けることができなくなったときは、Aは、手付金について、弁済業務保証金から弁済を受けることができる。

ウ Bは、保証協会の社員の地位を失ったときは、その地位を失った日から1週間以内に、営業保証金を供託しなければならない。

エ Bの取引に関して弁済業務保証金の還付があったときは、Bは、保証協会から当該還付額に相当する額の還付充当金を納付すべき旨の通知を受けた日から2週間以内に、還付充当金を保証協会に納付しなければならない。

1 一つ　**2** 二つ　**3** 三つ　**4** 四つ

2017年 問39

理解を深掘り！ 一問一答！

以下の文章について、正しいものには○、誤っているものには×をつけよう。

(1) 宅地建物取引業者（甲県知事免許）は、甲県内に2つの支店を新設し、本店の最寄りの供託所に1,000万円を供託し、営業を開始した後、営業保証金を供託した旨を甲県知事に届け出なければならない。

(2) 宅地建物取引業保証協会から還付充当金を納付すべきことの通知を受けた社員は、その通知を受けた日から1月以内に、その通知された額の還付充当金を当該保証協会に納付しなければならない。

(3) 宅地建物取引業保証協会が社員A（国土交通大臣免許）の取引に関し弁済業務保証金の還付を行った場合、Aは、保証協会の社員たる地位を失うとともに、その還付充当金の納付をしなければならない。

ア 新たに事務所を設置したときは、新設した事務所分の営業保証金を供託する必要があります。供託は**主たる事務所の最寄りの供託所**にしなければいけません。

★【×】

イ 宅地建物取引業者（保証協会の社員）と宅地建物取引業に係る取引をし、損害を負った場合は**弁済業務保証金**から弁済を受ける権利を有します。しかし、相手方が**宅地建物取引業者**の場合は、弁済業務保証金の還付対象外となります。★【×】

ウ 宅地建物取引業者が保証協会の社員の地位を失った場合、その日から**1**週間以内に、営業保証金を供託しなければなりません。 ★【○】

エ 保証協会は、弁済業務保証金の還付があったときは、還付に係る社員又は社員であった者に対し、還付相当額の還付充当金を**保証協会に納付**すべきことを通知する必要があります。この通知を受けた宅地建物取引業者は、その通知を受けた日から**2**週間以内に、通知された額を保証協会に納付しなければいけません。

★【○】

正解 2

Ken's Point

「保証協会の社員の地位を失う」というのは、要するに「除名」を意味します。その際は２週間ではなく、１週間以内に供託しなければならない点は、頻出事項なのでしっかりと覚えましょう。

一問一答！ 解答＆解説

(1) ×：営業開始前に供託した旨を届け出る必要がある　(2) ×：２週間以内である
(3) ×：還付を行っただけで、社員たる地位を失うわけではない

営業保証金を供託している宅地建物取引業者Aと宅地建物取引業保証協会（以下この問において「保証協会」という。）の社員である宅地建物取引業者Bに関する次の記述のうち、宅地建物取引業法の規定によれば、正しいものはどれか。

1 新たに事務所を設置する場合、Aは、主たる事務所の最寄りの供託所に供託すべき営業保証金に、Bは、保証協会に納付すべき弁済業務保証金分担金に、それぞれ金銭又は有価証券をもって充てることができる。

2 一部の事務所を廃止した場合において、営業保証金又は弁済業務保証金を取り戻すときは、A、Bはそれぞれ還付を請求する権利を有する者に対して6か月以内に申し出るべき旨を官報に公告しなければならない。

3 AとBが、それぞれ主たる事務所のほかに3か所の従たる事務所を有している場合、Aは営業保証金として2,500万円の供託を、Bは弁済業務保証金分担金として150万円の納付をしなければならない。

4 宅地建物取引業に関する取引により生じた債権を有する者は、Aに関する債権にあってはAが供託した営業保証金についてその額を上限として弁済を受ける権利を有し、Bに関する債権にあってはBが納付した弁済業務保証金分担金についてその額を上限として弁済を受ける権利を有する。

2015年 問42

以下の文章について、正しいものには○、誤っているものには×をつけよう。

(1) 宅地建物取引業者は、事業の開始後新たに契約をする予定のある案内所を設置したときは、その支店の最寄りの供託所に政令で定める額を供託し、その旨を、免許を受けた国土交通大臣又は都道府県知事に届け出なければならない。

(2) 宅地建物取引業者が保証協会に加入しようとするときは、当該保証協会に弁済業務保証金分担金を金銭でのみ納付することができ、保証協会が弁済業務保証金を供託所に供託するときも、金銭でしなければならない。

(3) 宅地建物取引業者は、取引の相手方の権利の実行により営業保証金の額が政令で定める額に不足することとなったときは、通知書の送付を受けた日から2週間以内に不足額を金銭で供託しなければならない。

1 営業保証金の供託は、金銭だけでなく一定の**有価証券**で行うこともできます。一方、弁済業務保証金分担金の納付は**金銭**のみしか認められていません。 ★【×】

2 営業保証金を供託しているAは、一部の事務所の廃止した場合、規定額を超過した営業保証金を取り戻すために、還付請求権者に対して**6**か月以上の期間を定め、その期間内に申し出るべき旨を**公告**する必要があります。一方、**保証協会**の社員であるBは、公告を行う必要はありません。 ★【×】

3 営業保証金の供託額は、主たる事務所につき**1,000**万円、従たる事務所1か所につき**500**万円です。一方、保証協会の弁済業務保証金分担金は、主たる事務所につき**60**万円、従たる事務所1か所につき**30**万円です。本肢の場合、Aは「**1,000**万円＋**500**万円×3＝**2,500**万円」の供託を、Bは「**60**万円＋**30**万円×3＝**150**万円」の納付を、それぞれ行う必要があります。★【○】

4 Aについては本肢のとおりです。一方、保証協会の社員であるBに債権がある者は、Bが保証協会の社員でなかったならば供託すべき**営業保証金**に相当する額の範囲内において弁済を受けることができます。「弁済業務保証金分担金の額」に限定されるわけではありません。 ★【×】

3

第2章 保証金総合

Ken's Point

営業保証金と弁済業務保証金のテーマは、覚えることが多く大変だと思います。営業保証金と弁済業務保証金の知識を常に比較しながら確認していくと、記憶が定着しやすいです。頑張ってください。

一問一答！ 解答&解説

(1) **×：案内所は事務所に当たらないのでそもそも追加の供託は不要である** (2) **×：保証協会が供託所に供託するときは有価証券も可能である** (3) **×：供託所に供託の際は有価証券でも可能である**

□１回目　　/
□２回目　　/
□３回目　　/

宅地建物取引業者Ａが、ＢからＢ所有の中古マンションの売却の依頼を受け、Ｂと専任媒介契約（専属専任媒介契約ではない媒介契約）を締結した場合に関する次の記述のうち、宅地建物取引業法（以下この問において「法」という。）の規定によれば、正しいものはいくつあるか。

ア　Ａは、２週間に１回以上当該専任媒介契約に係る業務の処理状況をＢに報告しなければならないが、これに加え、当該中古マンションについて購入の申込みがあったときは、遅滞なく、その旨をＢに報告しなければならない。

イ　当該専任媒介契約の有効期間は、３月を超えることができず、また、依頼者の更新しない旨の申出がなければ自動更新とする旨の特約も認められない。ただし、Ｂが宅地建物取引業者である場合は、ＡとＢの合意により、自動更新とすることができる。

ウ　Ａは、当該専任媒介契約の締結の日から７日（ただし、Ａの休業日は含まない。）以内に所定の事項を指定流通機構に登録しなければならず、また、法第50条の６に規定する登録を証する書面を遅滞なくＢに提示しなければならない。

エ　当該専任媒介契約に係る通常の広告費用はＡの負担であるが、指定流通機構への情報登録及びＢがＡに特別に依頼した広告に係る費用については、成約したか否かにかかわらず、国土交通大臣の定める報酬の限度額を超えてその費用をＢに請求することができる。

1　一つ　　**2**　二つ　　**3**　三つ　　**4**　四つ

2017年 問43

理解を深掘り！　一問一答！

以下の文章について、正しいものには○、誤っているものには×をつけよう。

(1) 宅地建物取引業者ＡがＢとの間で専属専任媒介契約を締結した場合、ＡはＢに対して、当該専属専任媒介契約に係る業務の処理状況を１週間に１回以上報告しなければならない。

(2) 宅地建物取引業者Ａが、Ｂと専属専任媒介契約を締結した。Ａは所定の事項を指定流通機構に登録した場合、Ｂから引渡しの依頼がなければ、その登録を証する書面をＢに引き渡さなくてもよい。

(3) 一般媒介契約を締結した場合、価額について意見を述べるために行った価額の査定に要した費用を依頼者に請求することはできない。

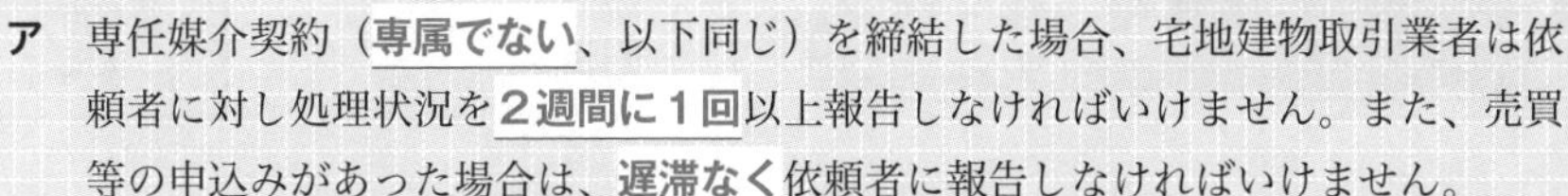

ア　専任媒介契約（**専属でない**、以下同じ）を締結した場合、宅地建物取引業者は依頼者に対し処理状況を**２週間に１回**以上報告しなければいけません。また、売買等の申込みがあった場合は、**遅滞なく**依頼者に報告しなければいけません。

★【○】

イ　**専任**媒介契約の有効期間は**３**月を超えることはできません。これは更新時も同様です。また、媒介の依頼者が宅地建物取引業者であるか否かにかかわらず、契約の**自動更新**は認められていません。　★【×】

ウ　専任媒介契約を締結したときは、契約締結の日から（**休業日を除く**）**７日以内**に一定の事項を指定流通機構に登録しなければいけません。また、依頼者に対して登録を証する書面を遅滞なく**引き渡す**、又は電磁的方法により提供する必要があります。提示だけでは不十分です。　★【×】

エ　Ｂが特別に依頼した広告についての費用は、Ｂの同意の下で通常の報酬とは別途請求できますが、**指定流通機構**への情報登録に係る費用については、宅地建物取引業者Ａが負担する必要があります。　★【×】

正解　**1**

Ken's Point

媒介契約の種類によって規制の内容が異なります。一般→専任→専属専任と下表の右に行くにつれて規制が厳しくなります。一般媒介は宅建業法上、有効期間、業務処理状況の報告義務、指定流通機構への登録義務はありませんが、媒介契約書の作成義務はあります。

		一般媒介	専任媒介	専属専任媒介
内容	他の業者に重ねて依頼できるか	○ （明示型・非明示型）	× （代理の依頼も×）	
	自己発見取引ができるか	○		×

○可　×不可

一問一答！　解答＆解説

（1）○　（2）×：依頼されなくても書面は引き渡す必要がある　（3）○

□1回目　　/
□2回目　　/
□3回目　　/

宅地建物取引業者Aは、BからB所有の宅地の売却について媒介の依頼を受けた。この場合における次の記述のうち、宅地建物取引業法（以下この問において「法」という。）の規定によれば、誤っているものはいくつあるか。なお、書面の交付には、依頼者の承諾を得て電磁的方法により提供する方法も含むものとする。

ア　AがBとの間で専任媒介契約を締結し、Bから「売却を秘密にしておきたいので指定流通機構への登録をしないでほしい」旨の申出があった場合、Aは、そのことを理由に登録をしなかったとしても法に違反しない。

イ　AがBとの間で媒介契約を締結した場合、Aは、Bに対して遅滞なく法第34条の2第1項の規定に基づく書面を交付しなければならないが、Bが宅地建物取引業者であるときは、当該書面の交付を省略することができる。

ウ　AがBとの間で有効期間を3月とする専任媒介契約を締結した場合、期間満了前にBから当該契約の更新をしない旨の申出がない限り、当該期間は自動的に更新される。

エ　AがBとの間で一般媒介契約（専任媒介契約でない媒介契約）を締結し、当該媒介契約において、重ねて依頼する他の宅地建物取引業者を明示する義務がある場合、Aは、Bが明示していない他の宅地建物取引業者の媒介又は代理によって売買の契約を成立させたときの措置を法第34条の2第1項の規定に基づく書面に記載しなければならない。

1 一つ　**2** 二つ　**3** 三つ　**4** 四つ

2014年 問32

理解を深掘り！　一問一答！

以下の文章について、正しいものには○、誤っているものには×をつけよう。

(1) 宅地建物取引業者Aは、宅地の売却を希望するBと専任代理契約を締結した。Aは、Bの要望を踏まえ、当該代理契約に指定流通機構に登録しない旨の特約を付せば登録をしなくても違反とはならない。

(2) 宅地建物取引業者AがBとの間で宅地の売却に係る専属専任媒介契約を締結した場合、Bの要望により当該宅地を指定流通機構に登録しない旨の特約をしているときを除き、Aは、当該契約締結日から7日以内（Aの休業日を含まない。）に、当該宅地の所在等を指定流通機構に登録しなければならない。

(3) 宅地建物取引業者B（自ら売主）が宅地建物取引業者Aに分譲住宅の売却の媒介を依頼した場合、AはBに媒介契約の内容を書面化して交付、又は電磁的方法により提供する必要はない。

ア 専任媒介契約をしたときは**指定流通機構**への登録が**必須**です。たとえ買主から指定流通機構への登録をしないでほしい旨の申出があったとしても、登録しなければいけません。 ★【×】

イ 売買又は交換の媒介契約を締結したときは、依頼者に媒介契約書面を交付しなければなりません。これは、相手が**宅地建物取引業者**であっても省略できません。 ★【×】

ウ 専任媒介契約を自動更新する旨の規定は、**無効**になります。更新は、**その都度依頼者からの申し出**によるものでなければなりません。 ★【×】

エ 一般媒介契約では、他の宅地建物取引業者に同一物件の媒介を重ねて依頼することができますが、重ねて依頼する宅地建物取引業者の**明示**が義務付けられている場合には、明示していない宅地建物取引業者との間で契約が成立したときの措置を**媒介契約書**に記載しなければなりません。 ★【○】

正解 **3**

Ken's Point

有効期間は（専属）専任媒介では最長3か月となっています。さらに自動更新も不可である点に注意しましょう。

	一般媒介	専任媒介	専属専任媒介
有効期間	規制なし	・3か月以内（更新後も同じ） ⇒3か月を超えて定めた場合には 3か月に短縮 ・更新には依頼者の申出が必要	
業務処理状況の報告義務		2週間に1回以上 （口頭可）	1週間に1回以上 （口頭可）

(1) ×：登録しなければならない　(2) ×：専任の場合は、登録は義務であり、「除き」が誤り　(3) ×：宅建業者間でも交付する必要がある

宅地建物取引業者Ａ社が、Ｂから自己所有の甲宅地の売却の媒介を依頼され、Ｂと媒介契約を締結した場合における次の記述のうち、宅地建物取引業法の規定によれば、正しいものはいくつあるか。

ア　Ａ社が、Ｂとの間に専任媒介契約を締結し、甲宅地の売買契約を成立させたときは、Ａ社は、遅滞なく、登録番号、取引価格、売買契約の成立した年月日、売主及び買主の氏名を指定流通機構に通知しなければならない。

イ　Ａ社は、Ｂとの間に媒介契約を締結し、Ｂに対して甲宅地を売買すべき価額又はその評価額について意見を述べるときは、その根拠を明らかにしなければならない。

ウ　Ａ社がＢとの間に締結した専任媒介契約の有効期間は、Ｂからの申出により更新することができるが、更新の時から３月を超えることができない。

1　一つ
2　二つ
3　三つ
4　なし

2013年 問28

以下の文章について、正しいものには○、誤っているものには×をつけよう。

(1) 宅地建物取引業者Ａ社は、宅地の売買の専任媒介契約を締結し、指定流通機構に登録を行った物件について売買契約が成立した場合は、遅滞なくその旨を指定流通機構に通知しなければならず、当該通知を怠ったときは指示処分を受けることがある。

(2) 宅地建物取引業者Ａは、甲住宅の評価額についての根拠を明らかにするため周辺の取引事例の調査をした場合、当該調査の実施について依頼者Ｂの承諾を得ていなくても、同調査に要した費用をＢに請求することができる。

(3) 宅地建物取引業者Ａは、自己所有の宅地の売買を依頼したＢとの間で有効期間を２月とする専任媒介契約を締結した場合、Ｂの申出により契約を更新するときは、更新する媒介契約の有効期間は当初の有効期間を超えてはならない。

ア 宅地建物取引業者は、指定流通機構に登録した物件の売買の契約が成立したときは、遅滞なく、①**登録番号**、②**取引価格**、③**契約成立日**を指定流通機構に通知しなければなりません。売主及び買主の氏名は、専任媒介契約締結時の通知事項、契約成立時の通知事項のどちらにも含まれていません。 ★【×】

イ 媒介契約を締結した宅地建物取引業者が、依頼者に対して物件の売買価額又はその評価額について意見を述べる場合は、その**根拠**を明らかにしなければなりません。 ★【○】

ウ 専任媒介契約の有効期間は、**依頼者の申出**により更新することができます。ただし、更新の時から**3**月を超える有効期間を定めることはできません。 ★【○】

正解 2

Ken's Point

指定流通機構（レインズ）に登録する事項とその成約通知には、売主・買主の住所・氏名は不要な点に注意してください。物件の情報なので、個人の情報は掲載も通知もしません。

一問一答！ 解答&解説

(1) ○ (2) **×：請求できない** (3) **×：有効期間は3月を超えてはならない**

宅地建物取引業者Ａが、Ｂ所有の宅地の売却の媒介依頼を受け、Ｂと媒介契約を締結した場合に関する次の記述のうち、宅地建物取引業法の規定によれば、正しいものはいくつあるか。

ア　Ｂの申出により、契約の有効期間を６月と定めた専任媒介契約を締結した場合、その契約はすべて無効である。

イ　AB間で専属専任媒介契約を締結した場合、ＡはＢに対し、当該契約の業務の処理状況を２週間に１回以上報告しなければならない。

ウ　AB間で専属専任媒介契約を締結した場合、Ｂは、Ａが探索した相手方以外の者と売買契約を締結することができない。

1　一つ
2　二つ
3　三つ
4　なし

2005年 問36

理解を深掘り！　一問一答！

以下の文章について、正しいものには○、誤っているものには×をつけよう。

(1) 宅地建物取引業者Ａが依頼者Ｂとの間で有効期間を６月（自動更新）とする一般媒介契約（明示型）を締結した場合、その媒介契約自体が無効となる。
(2) 宅地建物取引業者Ａは、宅地の売却の依頼に関する専属専任媒介契約に係る業務の処理状況の報告日を毎週金曜日とする旨の特約をした。
(3) 宅地建物取引業者Ａが、Ｂと専属専任媒介契約を締結した。Ｂは、当該物件の媒介の依頼を宅地建物取引業者Ｃに重ねて依頼することはできないが、Ｂの親族Ｄと直接売買契約を締結することはできる。

ア **専任**媒介契約の有効期間は**最長で3月**と定められています。**3**月を超える有効期間を定めたときは**3**月を**超える部分が無効**となり、有効期間は**3**月とされます。「すべて無効」になるわけではありません。 ★【×】

イ 専属専任媒介契約では、**1週間に1回以上**業務の処理状況を依頼者に対し報告する必要があります。2週間に1回以上というのは、専属ではない**専任媒介契約**の場合です。 ★【×】

ウ 専属専任媒介契約とは、自己発見取引を禁止する旨の特約を含む専任媒介契約ですから、専属専任媒介契約を締結したBは、Aが**探索した相手方**以外の者と売買契約を締結することができません。 ★【○】

正解 1

各媒介契約の有効期間などの違い

	一般媒介契約	専任媒介契約	専属専任媒介契約
他業者への依頼	○	×	
自己発見取引	○		×
契約有効期間	制限なし	3か月以内	
依頼主への報告義務	なし	2週間に1回以上	1週間に1回以上
指定流通機構への登録義務	なし	休業日を除く7日以内	休業日を除く5日以内

一問一答！ 解答&解説

(1) **×：一般媒介契約では、有効期間6か月も自動更新も有効である** (2) ○
(3) **×：専属専任媒介では自己発見取引もすることはできない**

□1回目　/
□2回目　/
□3回目　/

宅地建物取引業者Aは、BからB所有の宅地の売却について媒介の依頼を受けた。この場合における次の記述のうち、宅地建物取引業法（以下この問において「法」という。）の規定によれば、誤っているものはどれか。

1 Aは、Bとの間に媒介契約を締結したときは、当該契約が国土交通大臣が定める標準媒介契約約款に基づくものであるか否かの別を、法第34条の2第1項の規定に基づき交付すべき書面に記載しなければならない。

2 Aは、Bとの間で媒介契約を締結し、Bに対して当該宅地を売却すべき価額又はその評価額について意見を述べるときは、その根拠を明らかにしなければならない。

3 Aは、Bとの間に専属専任媒介契約を締結したときは、当該契約の締結の日から5日以内（休業日を除く。）に、所定の事項を当該宅地の所在地を含む地域を対象として登録業務を現に行っている指定流通機構に登録しなければならない。

4 Aは、Bとの間で有効期間を2か月とする専任媒介契約を締結する際、「Bが媒介契約を更新する旨を申し出ない場合は、有効期間満了により自動更新するものとする」旨の特約を定めることができる。

2007年 問39

理解を深掘り！　一問一答！

以下の文章について、正しいものには○、誤っているものには×をつけよう。

(1) 宅地建物取引業者AがBとの間で、B所有の宅地の売却に関する専任媒介契約を締結した。AがBに交付した媒介契約書が国土交通大臣が定めた標準媒介契約約款に基づかない書面である場合、その旨の表示をしなければ、Aは業務停止処分を受けることがある。

(2) 宅地建物取引業者AがBとの間で、B所有の建物の売買に関する一般媒介契約を締結した。Aが、建物を売買すべき価額について意見を述べる場合に、その根拠を明らかにしなかったとき、Aは、そのことを理由に業務停止処分を受けることがある。

(3) 宅地建物取引業者Aは、専任媒介契約（専属専任ではない）の締結の日から5日以内に所定の事項を指定流通機構に登録しなければならないが、その期間の計算については、休業日数は算入しなくてもよい。

1 宅地建物取引業者が売買又は交換の媒介契約を締結したときは、遅滞なく媒介契約書を交付する必要があります。この媒介契約書には、「当該契約が国土交通大臣が定める**標準媒介契約約款に基づくものであるか否かの別**」も記載する必要があります。 ★【○】

2 宅地建物取引業者が媒介する物件の売買価額について意見を述べるときは、**依頼者からの請求の有無**に関係なく**根拠を明示**する必要があります。 ★【○】

3 専属専任媒介契約を締結した宅地建物取引業者は、契約日から休業日を除いて**5日以内**に指定流通機構へ登録する必要があります。なお、民法の原則により、**契約初日**はこの日数に含まれません。 ★【○】

4 専任媒介契約を自動更新とすることはできません。契約終了時に**依頼者から申し出**があった場合のみ契約を更新することができます。 ★【×】

正解 **4**

Ken's Point

標準媒介契約約款とは、消費者保護を考えた国土交通大臣が定める媒介契約書のひな形です。これを使用すると、一般媒介でも「有効期間3か月以内としなければならないこと」「業務処理状況の報告は口頭では不可となり、文書又はメールですること」が義務となります。ただし、標準媒介契約約款を使用する義務はありません。そもそも宅建業法上では、業務処理状況の報告も、評価額について意見を述べるときも、口頭で可能であることは押さえておきましょう。

一問一答！ 解答&解説

(1) ○ (2) ○ (3) ×：専属ではない専任は7日以内である

□1回目　／
□2回目　／
□3回目　／

宅地建物取引業者Ａ社が、宅地建物取引業者でないＢから自己所有の土地付建物の売却の媒介を依頼された場合における次の記述のうち、宅地建物取引業法（以下この問において「法」という。）の規定によれば、誤っているものはどれか。なお、書面の交付には、依頼者の承諾を得て電磁的方法により提供する方法を含むものとする。

1 Ａ社がＢと専任媒介契約を締結した場合、当該土地付建物の売買契約が成立したときは、Ａ社は、遅滞なく、登録番号、取引価格及び売買契約の成立した年月日を指定流通機構に通知しなければならない。

2 Ａ社がＢと専属専任媒介契約を締結した場合、Ａ社は、Ｂに当該媒介業務の処理状況の報告を電子メールで行うことはできない。

3 Ａ社が宅地建物取引業者Ｃ社から当該土地付建物の購入の媒介を依頼され、Ｃ社との間で一般媒介契約（専任媒介契約でない媒介契約）を締結した場合、Ａ社は、Ｃ社に法第34条の2の規定に基づく書面を交付しなければならない。

4 Ａ社がＢと一般媒介契約（専任媒介契約でない媒介契約）を締結した場合、Ａ社がＢに対し当該土地付建物の価額又は評価額について意見を述べるときは、その根拠を明らかにしなければならない。

2012年 問29

以下の文章について、正しいものには○、誤っているものには×をつけよう。

(1) 宅地建物取引業者Ａは、Ｂとの間でＢ所有の住宅の売却に関する一般媒介契約を結ぶ際に、法第34条の2第1項の規定に基づき交付すべき書面に、宅地建物取引士をして記名させなければならない。

(2) 宅地建物取引業者Ａは、Ｂとの間でＢ所有の宅地の売却に関する専任媒介契約を締結した。このとき、Ａは、法第34条の2第1項に規定する書面に記名押印し、Ｂに交付のうえ、宅地建物取引士をしてその内容を説明させなければならない。

(3) 宅地建物取引業者Ａが依頼者と宅地の売却に関する専任媒介契約を締結したときは、Ａは法第34条の2第1項に規定する契約内容を記載した書面を依頼者に交付しなければならないが、一般媒介契約を締結したときは、当該書面の交付をしなくてもよい。

1 専任媒介契約の目的である物件の売買契約が成立したときは、宅地建物取引業者は、指定流通機構に対し、**登録番号**、**取引価格**、**契約成立年月日**を遅滞なく通知しなければなりません。 ★【○】

2 専任媒介契約における業務の処理状況の報告方法は、書面に限られず、**電子メール**や**口頭**によっても行うことができます。 ★【×】

3 宅地建物取引業者は、売買又は交換の媒介契約を締結したときは、遅滞なく、契約書面を作成して依頼者に交付する必要があります。これは媒介契約の種類（一般・専任・専属専任）にかかわらず、また、依頼者が**宅地建物取引業者**であるか否かを問いません。 ★【○】

4 宅地建物取引業者が、媒介する物件の**売買価額**又は**評価額**について意見を述べるときは、その根拠を明らかにする必要があります。 ★【○】

正解 2

指定流通機構のまとめ

登録事項	①宅地・建物の所在、規模、形質、売買すべき価額 ②宅地・建物に係る都市計画法その他の法令に基づく制限で主要なもの ③交換契約の場合には、宅地・建物の評価額 ④当該専任媒介契約が専属専任媒介契約である場合には、その旨 ※依頼者の氏名・住所は不要
登録済証の交付	媒介物件を指定流通機構に登録した場合には、指定流通機構から交付される登録済証を遅滞なく媒介の依頼者に引き渡さなければならない（提示ではダメ）
成約の通知	登録に係る物件の売買・交換の契約が成立したときには、遅滞なく登録番号、取引価格及び契約成立年月日を指定流通機構に通知しなければならない

一問一答！　解答&解説

(1) **×：宅建士をして記名させなくてもよい**　(2) **×：宅建士による説明は不要である**　(3) **×：一般媒介でも書面の交付は必要である**

□1回目　／
□2回目　／
□3回目　／

宅地建物取引業者Aが、BからB所有の既存のマンションの売却に係る媒介を依頼され、Bと専任媒介契約（専属専任媒介契約ではないものとする。）を締結した。この場合における次の記述のうち、宅地建物取引業法の規定によれば、正しいものはいくつあるか。

ア　Aは、専任媒介契約の締結の日から7日以内に所定の事項を指定流通機構に登録しなければならないが、その期間の計算については、休業日数を算入しなければならない。

イ　AがBとの間で有効期間を6月とする専任媒介契約を締結した場合、その媒介契約は無効となる。

ウ　Bが宅地建物取引業者である場合、Aは、当該専任媒介契約に係る業務の処理状況の報告をする必要はない。

エ　AがBに対して建物状況調査を実施する者のあっせんを行う場合、建物状況調査を実施する者は建築士法第2条第1項に規定する建築士であって国土交通大臣が定める講習を修了した者でなければならない。

1 一つ
2 二つ
3 三つ
4 四つ

2019年 問31

理解を深掘り！　一問一答！

以下の文章について、正しいものには○、誤っているものには×をつけよう。

(1) 宅地建物取引業者Aが宅地建物取引業者Bとの間でB所有の建物の売却に関する一般媒介契約を締結する際に、Bから有効期間を6か月としたい旨の申出があったが、AとBが協議して、有効期間を3か月としたのは違反とならない。

(2) 問題 (1) において当該物件に係る買受けの申込みはなかったが、AはBに対し一般媒介契約に係る業務の処理状況の報告を口頭により14日に1回以上の頻度で行っても宅地建物取引業法違反とならない。

(3) 宅地建物取引業者AがBとの間で宅地の売却に関する媒介契約を締結した場合、Aは、Bに対して遅滞なく法第34条の2第1項の規定に基づく書面を交付しなければならないが、Bが宅地建物取引業者であるときでも当該書面の交付を省略することはできない。

ア 専任媒介契約では契約日から**7**日以内、専属専任媒介契約では契約日から**5**日以内に所定の事項を指定流通機構に登録しなければなりません。この日数は**休業日を除きます**。 ★【×】

イ 専任媒介契約の期間は最長**3**月です。**3月を超える期間**を定めたときは**期間3月となる**だけで、媒介契約自体が無効となるわけではありません。 ★【×】

ウ 媒介契約の依頼者が宅地建物取引業者であっても、専任媒介契約に係る**業務の処理状況**の報告をする必要があります。 ★【×】

エ 媒介を行う建物が既存の建物である場合、建物状況調査を実施する者のあっせんに関する事項を**媒介契約書面**に記載しなければなりません。建物状況調査を実施する者は、建築士法に規定する**建築士**（一級建築士、二級建築士及び木造建築士）であって**国土交通大臣が定める講習**を修了した者でなければなりません。★【○】

正解 1

媒介契約書面（34条の2書面）の重要ポイント

趣旨	媒介契約をめぐるトラブル防止
交付者	宅建業者
交付の相手	売買・交換の媒介の依頼者（貸借は不要）
交付時期	売買・交換の媒介契約締結後、遅滞なく
方法	宅建業者の記名押印（宅建士がする必要はない）
交付場所	規制なし 依頼者の承諾を得て電磁的方法も可能
記載事項（すべて必要）	① 物件を特定するために必要な事項 ② 売買すべき価額またはその評価額 ③ 媒介契約の種類 ④ 既存建物の場合は、既存建物の建物状況調査を実施する者のあっせんに関する事項 ⑤ 報酬 ⑥ 有効期間 ⑦ 解除 ⑧ 依頼者が媒介契約に違反した場合の措置 ⑨ 指定流通機構への登録に関する事項 ⑩ 標準媒介契約約款に基づくものか否かの別

一問一答！ 解答&解説

(1) ○ (2) ○ (3) ○

宅地建物取引業者が行う宅地建物取引業法第35条に規定する重要事項の説明に関する次の記述のうち、正しいものはどれか。

1 建物の売買の媒介を行う場合、当該建物の売主に耐震診断の記録の有無を照会したにもかかわらず、当該有無が判別しないときは、自ら耐震診断を実施し、その結果を説明する必要がある。

2 建物の貸借の媒介を行う場合、当該建物が津波防災地域づくりに関する法律第23条第1項の規定に基づく津波防護施設区域に位置しているときはその旨を説明する必要があるが、同法第53条第1項の規定に基づく津波災害警戒区域に位置しているときであってもその旨は説明する必要はない。

3 建物の売買の媒介を行う場合、売主が特定住宅瑕疵担保責任の履行の確保等に関する法律に基づく住宅販売瑕疵担保保証金の供託を行うときは、その措置の概要を説明する必要があるが、当該建物の種類又は品質に関して契約の内容に適合しない場合におけるその不適合を担保すべき責任の履行に関し保証保険契約の締結を行うときは、その措置の概要を説明する必要はない。

4 区分所有権の目的である建物の貸借の媒介を行う場合、その専有部分の用途その他の利用制限に関する規約の定めがあるときはその内容を説明する必要があるが、1棟の建物又はその敷地の専用使用権に関する規約の定めについては説明する必要がない。

2014年 問34（改題）

理解を深掘り！　一問一答！

以下の文章について、正しいものには○、誤っているものには×をつけよう。

(1) 宅地建物取引業者が建物の売買の媒介をする際、当該建物（昭和56年5月31日以前に新築の工事に着手したもの）が指定確認検査機関、建築士、登録住宅性能評価機関又は地方公共団体による耐震診断を受けたものであるときは、その旨を説明しなければならない。

(2) 昭和60年10月1日に新築の工事に着手し、完成した建物の売買の媒介を行う場合、当該建物が指定確認検査機関による耐震診断を受けたものであっても、その内容は説明する必要はない。

(3) 建物の売買の媒介を行う場合、当該建物について石綿の使用の有無の調査の結果が記録されていないときは、宅地建物取引業者は、自ら石綿の使用の有無の調査を行った上で、その結果の内容を説明しなければならない。

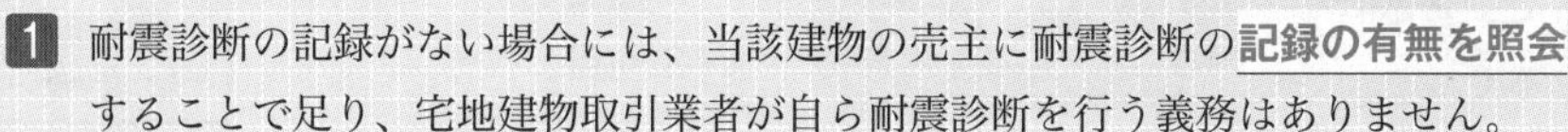

1 耐震診断の記録がない場合には、当該建物の売主に耐震診断の**記録の有無を照会**することで足り、宅地建物取引業者が自ら耐震診断を行う義務はありません。 ★【×】

2 **津波防護施設区域**とは、盛土構造物、防波堤、閘門(こうもん)、護岸及び胸壁など津波の浸水被害を直接的に防ぐための津波防護施設の敷地とその隣接地です。その区域内の土地で一定行為をしようとする者は、管理者の許可を受けますが、建物の貸借では説明不要です。一方、**津波災害警戒区域**は、津波による浸水が想定される区域なので、防災上の理由で説明対象になります。宅地建物が津波災害警戒区域にあるときは、すべての取引においてその旨を説明しなければなりません。 【×】

3 建物の売買の場合、売主が特定住宅瑕疵担保責任の履行の確保等に関する法律に基づく住宅販売瑕疵担保保証金の供託を行うとき、また、当該建物の契約不適合を担保すべき責任の履行に関し**保証保険契約の締結を講ずる場合**には、いずれも**その措置の概要**を説明する必要があります。 ★【×】

4 区分所有建物の専有部分の利用方法の定めについては、売買・交換・貸借を問わず説明しなければなりませんが、1棟の建物又は**特定部分の専用使用権**の定めについては、貸借の場合には説明不要です。 ★【○】

正解 4

Ken's Point

耐震診断については、新耐震基準(昭和56年6月1日以降に新築工事に着手)であれば不要。また、記録がない場合も不要です。石綿も調査の結果があれば内容まで説明する必要がありますが、調査の結果がなければ不要な点に注意しましょう。

一問一答! 解答&解説

(1) ×:「その旨」だと耐震診断を受けたものという説明となるが、「耐震診断の内容の説明」が必要である (2) ○ (3) ×:結果が記録されていないときは、「調査の記録なし」と説明すればよく、宅建業者が調査を行う義務はない

宅地建物取引業法第35条に規定する重要事項の説明を宅地建物取引士が行う場合における次の記述のうち、誤っているものはどれか。

1 建物の売買の媒介の場合は、建築基準法に規定する建蔽率及び容積率に関する制限があるときはその概要を説明しなければならないが、建物の貸借の媒介の場合は説明する必要はない。

2 宅地の売買の媒介の場合は、土砂災害警戒区域等における土砂災害防止対策の推進に関する法第6条第1項により指定された土砂災害警戒区域内にあるときはその旨を説明しなければならないが、建物の貸借の媒介の場合は説明する必要はない。

3 建物の売買の媒介の場合は、住宅の品質確保の促進等に関する法律第5条第1項に規定する住宅性能評価を受けた新築住宅であるときはその旨を説明しなければならないが、建物の貸借の媒介の場合は説明する必要はない。

4 宅地の売買の媒介の場合は、私道に関する負担について説明しなければならないが、建物の貸借の媒介の場合は説明する必要はない。

2010年 問35

以下の文章について、正しいものには○、誤っているものには×をつけよう。

(1) 宅地の売買の媒介を行う場合、当該宅地が急傾斜地の崩壊による災害の防止に関する法律第3条第1項により指定された急傾斜地崩壊危険区域にあるときは、同法第7条第1項に基づく制限の概要を説明しなければならない。

(2) 宅地の貸借の媒介を行う場合、文化財保護法第46条第1項及び第5項の規定による重要文化財の譲渡に関する制限について、その概要を説明する必要がある。

(3) 建物の貸借の媒介において、建築基準法に規定する建蔽率及び容積率に関する制限があるときは、その概要を説明しなければならない。

1 建物の貸借の媒介の場合、**建蔽率**（けんぺいりつ）及び**容積率**に関する制限を説明する必要はありません。建物を借りるのに、建築をする際の制限である建蔽率の情報は不要だからです。

★【○】

2 宅地が**土砂災害警戒区域内**にあるとき、その旨は重要事項説明の対象です。危険性の高い区域に存することは生命や財産の保護にかかわる情報だからです。

★【×】

3 住宅性能評価を受けた新築住宅である旨については、**建物の売買・交換**のときのみ重要事項説明の対象となります。

★【○】

	売買・交換		貸借	
	宅地	建物	宅地	建物
住宅性能評価を受けた新築住宅	×	○	×	×

4 私道に関する負担に関する事項は、**建物の貸借**以外のときに重要事項説明の対象となります。

★【○】

	売買・交換		貸借	
	宅地	建物	宅地	建物
私道に関する負担	○	○	○	×

正解 2

Ken's Point

重要事項説明は「買うもしくは借りる場合の判断材料を提供する」という趣旨です。自分自身が買う立場、借りる立場になってみてください。「これは絶対必要だな」と判断するなら説明が必要、「これはどっちでもよいな」という程度なら説明事項にならない、といったように取捨をしてみましょう。説明事項の言葉の意味をきちんと把握していれば、暗記量が格段と減るはずです。いきなり丸暗記をするのをやめましょう。

一問一答！　解答&解説

(1) ○　(2) ×：譲渡は所有者の権限なので借主には関係なく、説明不要である

(3) ×：建物の貸借の場合、建蔽率及び容積率に関する説明は不要である

□ 1回目　　/
□ 2回目　　/
□ 3回目　　/

宅地建物取引業者が建物の貸借の媒介を行う場合における宅地建物取引業法（以下この問において「法」という。）第35条に規定する重要事項の説明に関する次の記述のうち、誤っているものはどれか。なお、特に断りのない限り、当該建物を借りようとする者は宅地建物取引業者ではないものとする。また、書面の交付には、相手方の承諾を得て電磁的方法により提供する方法を含むものとする。

1 当該建物を借りようとする者が宅地建物取引業者であるときは、貸借の契約が成立するまでの間に重要事項を記載した書面を交付しなければならないが、その内容を宅地建物取引士に説明させる必要はない。

2 当該建物が既存の住宅であるときは、法第34条の2第1項第4号に規定する建物状況調査を実施しているかどうか、及びこれを実施している場合におけるその結果の概要を説明しなければならない。

3 台所、浴室、便所その他の当該建物の設備の整備の状況について説明しなければならない。

4 宅地建物取引士は、テレビ会議等のITを活用して重要事項の説明を行うときは、相手方の承諾があれば宅地建物取引士証の提示を省略することができる。

2018年 問39

以下の文章について、正しいものには○、誤っているものには×をつけよう。

(1) 建物の貸借の媒介を行う場合、当該建物が既存の住宅であるときは、1年以内に建物状況調査を実施しているかどうかを説明しなければならないが、調査を実施している場合でもその結果の概要を説明する必要はない。

(2) 宅地建物取引士は、テレビ会議等のITを活用して売買又は交換の契約の重要事項の説明を行うときは、相手方の承諾があれば宅地建物取引士証の提示を省略することができる。

(3) 宅地建物取引士証を亡失した宅地建物取引士は、その再交付を申請していても、宅地建物取引士証の再交付を受けるまでは重要事項の説明を行うことができない。

1 当該建物を借りようとする者が宅地建物取引業者である場合、**重要事項説明書の交付は必要**ですが、その**説明は省略できます**。 ★【○】

2 貸借の場合であっても、**建物状況調査**を実施しているかどうか、及びこれを実施している場合におけるその結果の概要を説明しなければなりません。 ★【○】

3 **建物の貸借**の場合、台所、浴室、便所その他の当該建物の設備の整備の状況を重要事項として説明しなければなりません。宅地の取引では当然に不要である一方、なぜ建物の取引のうち貸借のみ必要かというと、売買や交換では所有権が移るので建物の設備を自由に変更できるのに対して、貸借では借主が設備を自由に変更することができないからです。借主は現状の設備を受け入れるしか選択肢がないため、借主が確実に把握できるよう、契約前の説明が義務付けられているというわけです。 ★【○】

	売買・交換		貸借	
	宅地	建物	宅地	建物
台所、浴室、便所等設備の整備状況	×	×	×	○

4 テレビ会議等のITを活用して重要事項の説明を行う場合でも、宅地建物取引士は、たとえ相手方の承諾があっても**宅地建物取引士証の提示を省略することはできません**。 ★【×】

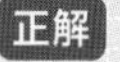

Ken's Point

ITによる重要事項の説明に関する注意点として、次の4つのポイントを押さえておきましょう。
①双方向でやりとりできる環境
②説明を受ける者にあらかじめ交付（電磁的方法含む）
③映像及び音声状況を説明開始前に確認
④取引士証を画面上で視認できたことを確認

(1) **×：説明する必要がある** (2) **×：テレビ会議等で説明を行う際も取引士証の提示を省略できない** (3) **○**

□1回目　/
□2回目　/
□3回目　/

宅地建物取引業法第35条に規定する重要事項の説明及び同条の規定により交付すべき書面（以下この問において「35条書面」という。）に関する次の記述のうち、同法の規定によれば、誤っているものはどれか。なお、書面の交付には、相手方の承諾を得て電磁的方法により提供する方法を含むものとする。

1 宅地建物取引業者は、買主の自宅で35条書面を交付して説明を行うことができる。

2 宅地建物取引業者は、中古マンションの売買を行う場合、抵当権が設定されているときは、契約日までにその登記が抹消される予定であっても、当該抵当権の内容について説明しなければならない。

3 宅地建物取引士は、宅地建物取引士証の有効期間が満了している場合、35条書面に記名することはできるが、取引の相手方に対し説明はできない。

4 宅地建物取引業者は、土地の割賦販売の媒介を行う場合、割賦販売価格のみならず、現金販売価格についても説明しなければならない。

2014年 問35

理解を深掘り！　一問一答！

以下の文章について、正しいものには○、誤っているものには×をつけよう。

(1) 宅地建物取引業法第35条の規定による重要事項の説明及び書面の交付は、宅地建物取引士が設置されている事務所だけでなく、取引の相手方の自宅又は勤務する場所等、それ以外の場所で行うことができる。

(2) 宅地建物取引業者Aが、自ら売主として宅地建物取引業者ではない買主Bに対し建物の売却を行う。Aは、Bに対し、建物の上に存する登記された権利の種類及び内容だけでなく、移転登記の申請の時期についても説明しなければならない。

(3) 重要事項説明書には、代表者の記名があれば宅地建物取引士の記名は必要がない。

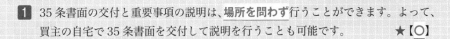

1 35条書面の交付と重要事項の説明は、**場所を問わず**行うことができます。よって、買主の自宅で35条書面を交付して説明を行うことも可能です。 ★【○】

2 登記された権利の種類内容等は、すべての契約で説明する必要があります。 ★【○】

	売買・交換		貸借	
	宅地	建物	宅地	建物
登記された権利の種類・内容等	○	○	○	○

3 宅地建物取引士証の**有効期間が満了している**場合、35条書面への**記名**及び**説明**はできません。 ★【×】

4 宅地建物取引業者は、割賦（かっぷ）販売の場合、割賦販売価格だけでなく、**現金販売価格**も重要事項として説明する必要があります。 【○】

正解 3

Ken's Point

重要事項説明は、契約前に行えば場所はどこでもかまいません。宅建士は、請求の有無にかかわらず必ず取引士証を提示する必要があるので、有効期限内の取引士証がなければ重要事項説明はできない点に注意しましょう。

一問一答！ 解答&解説

(1) ○　(2) ×：申請の時期は説明不要である　(3) ×：取引士の記名が必要である

□１回目　　／
□２回目　　／
□３回目　　／

宅地建物取引業者が建物の売買の媒介の際に行う宅地建物取引業法第 35 条に規定する重要事項の説明に関する次の記述のうち、誤っているものはどれか。なお、説明の相手方は宅地建物取引業者ではないものとする。

1 当該建物が既存の建物であるときは、宅地建物取引業法第 34 条の２第１項第４号に規定する建物状況調査を過去１年以内に実施しているかどうか、及びこれを実施している場合におけるその結果の概要を説明しなければならない。

2 当該建物が宅地造成及び特定盛土等規制法の規定により指定された造成宅地防災区域内にあるときは、その旨を説明しなければならない。

3 当該建物について、石綿の使用の有無の調査の結果が記録されているときは、その内容を説明しなければならない。

4 当該建物（昭和 56 年５月 31 日以前に新築の工事に着手したもの）が指定確認検査機関、建築士、登録住宅性能評価機関又は地方公共団体による耐震診断を受けたものであるときは、その旨を説明しなければならない。

2022年 問34

以下の文章について、正しいものには○、誤っているものには×をつけよう。

(1) 区分所有権の目的である建物の売買の媒介を行う場合、その専有部分の用途その他の利用制限に関する規約の定めがあるときはその内容を説明する必要があるが、１棟の建物又はその敷地の専用使用権に関する規約のうち専用使用権の使用者の氏名・住所は説明する必要がない。

(2) 宅地建物取引業者が区分所有建物に関する重要事項説明を行う場合、共用部分に関する規約の定めについては、その定めがまだ案であるときは、その案を説明すれば足り、規約の定めを待つ必要はない。

(3) 区分所有建物の売買における重要事項説明において、通常の管理費用の額については、区分所有者が月々負担する経常的経費を説明すれば足り、計画的修繕積立金等については、規約等に定めがなく、その案も定まっていないときは、その説明の必要はない。

1 既存建物の売買・貸借であるときには、過去**1**年以内に**建物状況調査**を実施しているかどうか、実施している場合にはその結果の概要が重要事項説明の対象となります。また、**設計図書**、**点検記録**その他建物の維持保全の状況に関する書類の保存状況も売買では説明事項となっています。 ★【○】

	売買・交換		貸借	
	宅地	建物	宅地	建物
建物状況調査の内容	×	○	×	○

2 造成宅地防災区域は、宅地造成に伴う災害発生のおそれのある区域です。危険性のある区域なので、**取引態様**を問わず重要事項説明の対象です。 ★【○】

	売買・交換		貸借	
	宅地	建物	宅地	建物
造成宅地防災区域内である旨	○	○	○	○

3 建物の取引では、石綿の使用有無について調査結果が記録されている場合にその内容を説明する必要があります。ただし、当該調査の実施自体を**宅地建物取引業者**に義務付けるものではありません。 ★【○】

4 耐震診断を受けている旨だけでなく、その**内容**を説明しなければなりません。旧耐震基準の建物の取引では、当該建物が所定の者の行う耐震診断を受けたものであるときは、その**内容**が重要事項説明の対象となります。 ★【×】

正解 4

Ken's Point

重要事項説明の知識は丸暗記になりがちですが、無理やりゴロあわせで覚えても、解答を間違える可能性が高くなります。いわば商品説明ですから「自分が説明してほしいかどうか」の基準で考えながら、説明事項の趣旨を理解しましょう。また、「その旨」といった指示語がよく出てくるジャンルなので、「何を指すのか」を意識することも大切です。

一問一答！ 解答&解説

(1) ○ (2) ○ (3) ○

□1回目　　/
□2回目　　/
□3回目　　/

重要度 ★★★

宅地建物取引業者が行う宅地建物取引業法第35条に規定する重要事項の説明に関する次の記述のうち、正しいものはどれか。なお、説明の相手方は宅地建物取引業者ではないものとする。

1. 建物の売買の媒介だけでなく建物の貸借の媒介を行う場合においても、損害賠償額の予定又は違約金に関する事項について、説明しなければならない。
2. 建物の売買の媒介を行う場合、当該建物について、石綿の使用の有無の調査の結果が記録されているか照会を行ったにもかかわらず、その存在の有無が分からないときは、宅地建物取引業者自らが石綿の使用の有無の調査を実施し、その結果を説明しなければならない。
3. 建物の売買の媒介を行う場合、当該建物が既存の住宅であるときは、建物状況調査を実施しているかどうかを説明しなければならないが、実施している場合その結果の概要を説明する必要はない。
4. 区分所有建物の売買の媒介を行う場合、建物の区分所有等に関する法律第2条第3項に規定する専有部分の用途その他の利用の制限に関する規約の定めがあるときは、その内容を説明しなければならないが、区分所有建物の貸借の媒介を行う場合は、説明しなくてよい。

2020年10月 問31

理解を深掘り！　一問一答！

以下の文章について、正しいものには○、誤っているものには×をつけよう。

(1) 宅地建物取引業者が自ら売主となって工事完了前のマンションの売買契約を締結する。損害賠償の予定額又は違約金については、契約締結時に宅地建物取引業法第37条に規定する書面において説明することとし、説明を省略した。

(2) 建物の貸借の媒介において、当該建物について石綿が使用されていない旨の調査結果が記録されているときは、その旨を借主に説明しなくてもよい。

(3) 宅地建物取引業者が建物の貸借の媒介を行う場合、当該建物が建物の区分所有等に関する法律第2条第1項に規定する区分所有権の目的であるものであって、同条第3項に規定する専有部分の用途その他の利用の制限に関する規約の定めがあるときは、その内容を説明しなければならない。

1 損害賠償額の予定又は違約金に関する定めがあるときは、宅地・建物及び売買・交換・貸借を問わず**必ず説明**しなければなりません。 ★【○】

2 建物の取引では、**石綿**の使用有無について調査結果が記録されている場合にその内容を説明する必要があります。ただし、宅地建物取引業者自らが調査を実施する必要はありません。売主や所有者、管理業者、施行業者等に照会しても調査記録の存在が判明しない場合には、**その旨を説明**すれば説明義務は果たされます。 ★【×】

	売買・交換		貸借	
	宅地	建物	宅地	建物
石綿使用の調査結果の内容	×	○	×	○

3 既存建物の取引では、その建物が過去**1**年以内に**建物状況調査**を実施しているかどうか、および実施している場合にはその結果の概要（劣化事象等の有無）を説明しなければなりません。なお、過去**1**年以内に複数回の建物状況調査を実施している場合には、原則として**直近**のものが説明の対象となります。**2**と同じく、売主等に照会しても実施の**有無が判明しない場合**は、**その旨を説明**すれば説明義務を果たしたことになります。 ★【×】

4 **区分所有建物の貸借**では、区分所有建物に固有の重要事項説明のうち**専有部分の利用制限の定め**と**管理委託先の氏名（商号）・住所**のみ重要事項説明の対象となります。 ★【×】

正解 **1**

Ken's Point

損害賠償額の予定又は違約金に関する事項は、重要事項説明の内容にも37条書面の任意的記載事項にもなっています。取得する人にとって損害賠償や違約金の取り決めは、やはり重要な点だと考えておくとよいでしょう。

一問一答！　解答&解説

(1) **×：説明を省略してはならない**　(2) **×：説明は必要である**　(3) **○**

□1回目　／
□2回目　／
□3回目　／

宅地建物取引業者が行う宅地建物取引業法第35条に規定する重要事項の説明（以下この問において「重要事項説明」という。）及び同条の規定により交付すべき書面（以下この問において「35条書面」という。）に関する次の記述のうち、正しいものはどれか。なお、書面の交付には、相手方の承諾を得て電磁的方法により提供する方法を含むものとする。

1 宅地建物取引業者は、宅地又は建物の売買について売主となる場合、買主が宅地建物取引業者であっても、重要事項説明は行わなければならないが、35条書面の交付は省略してよい。

2 宅地建物取引業者が、宅地建物取引士をして取引の相手方に対し重要事項説明をさせる場合、当該宅地建物取引士は、取引の相手方から請求がなくても、宅地建物取引士証を相手方に提示しなければならず、提示しなかったときは、20万円以下の罰金に処せられることがある。

3 宅地建物取引業者は、貸借の媒介の対象となる建物（昭和56年5月31日以前に新築）が、指定確認検査機関、建築士、登録住宅性能評価機関又は地方公共団体による耐震診断を受けたものであっても、その内容を重要事項説明において説明しなくてもよい。

4 宅地建物取引業者は、重要事項説明において、取引の対象となる宅地又は建物が、津波防災地域づくりに関する法律の規定により指定された津波災害警戒区域内にあるときは、その旨を説明しなければならない。

2013年 問30

理解を深掘り！　一問一答！

以下の文章について、正しいものには○、誤っているものには×をつけよう。

(1) 宅地建物取引業者は、宅地の売買について売主となる場合、買主が宅地建物取引業者であれば、重要事項説明及び35条書面の交付を省略することができる。

(2) 宅地建物取引士は、宅地建物取引業法第35条の重要事項の説明を行う場合、相手方に宅地建物取引士証を提示しなければならないが、その相手方と初めて会ったときに宅地建物取引士証を提示していれば、改めて提示する必要はない。

(3) 昭和55年10月1日に新築の工事に着手し、完成した建物の売買の媒介を行う場合、当該建物が指定確認検査機関による耐震診断を受けたものであっても、その内容は説明する必要はない。

1 買主・借主が宅地建物取引業者である場合に省略できるのは、35条書面の**説明**だけです。35条書面の**交付**は必要です。 ★【×】

2 宅地建物取引士が**重要事項の説明をするとき**は、取引の相手方から**請求がなくても**、取引士証を**提示しなければならず**、これに違反した場合は、**10万円以下の過料**に処せられます。 ★【×】

3 建物が、昭和56年5月31日以前に新築工事に着手したものであり、かつ、指定確認検査機関、建築士、登録住宅性能評価機関又は地方公共団体による**耐震診断**を受けたものであるときは、その内容を説明しなければなりません。なお、これは**建物の貸借**の場合でも同様です。 ★【×】

	売買・交換		貸借	
	宅地	建物	宅地	建物
耐震診断の内容	×	○	×	○

4 宅地建物が津波防災地域づくりに関する法律により指定された**津波災害警戒区域内**にあるときは、その旨を説明しなければなりません。 ★【○】

	売買・交換		貸借	
	宅地	建物	宅地	建物
津波災害警戒区域であるか否か	○	○	○	○

正解 4

Ken's Point

取引士証は、取引の関係者から請求されたときは提示しなければなりません。違反すると監督処分はあり得ますが、罰則はありません。それに対して重要事項説明の際は、請求がなくても提示義務があり、違反すると罰則もある点に注意してください。

一問一答！ 解答&解説

(1) **×：35条書面の交付はしなければならない** (2) **×：以前に提示していても、重要事項説明の時にはあらためて取引士証を提示しなければならない** (3) **×：昭和56年5月31日までの「旧耐震基準」である場合、耐震診断を受けたものであれば説明する必要がある**

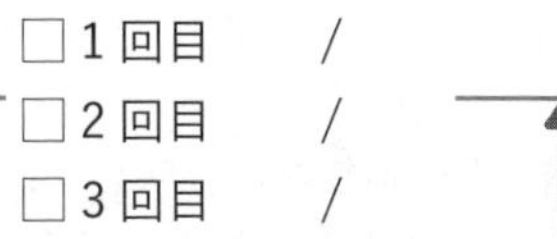

宅地建物取引業者が行う宅地建物取引業法第35条に規定する重要事項の説明に関する次の記述のうち、誤っているものはどれか。

1 宅地の売買の媒介において、当該宅地に係る移転登記の申請の予定時期については、説明しなくてもよい。

2 宅地の売買の媒介において、当該宅地が造成に関する工事の完了前のものであるときは、その完了時における形状、構造並びに宅地に接する道路の構造及び幅員を説明しなければならない。

3 宅地の売買の媒介において、天災その他不可抗力による損害の負担を定めようとする場合は、その内容を説明しなければならない。

4 宅地の貸借の媒介において、借地借家法第22条で定める定期借地権を設定しようとするときは、その旨を説明しなければならない。

2005年 問37

以下の文章について、正しいものには○、誤っているものには×をつけよう。

(1) 宅地建物取引業者は、重要事項の説明に関し、取引物件の登記記録の表題部に記載されている所有者の氏名については説明したが、引渡しの時期及び移転登記の申請時期については説明しなくても違反にならない。

(2) 宅地建物取引業者は、建物（建築工事完了前）の売買の契約を行うに際し、建物の完成時における主要構造部、内装及び外装の構造又は仕上げ並びに設備の設置及び構造についての図面を渡したのみで、当該図面の説明はしなくても違反にならない。

(3) 定期建物賃貸借を媒介する場合に、宅地建物取引業法第35条に規定する重要事項の説明において、期間の定めがない旨の説明を行うことは、宅地建物取引業法に違反しない。

1 移転登記の申請の**時期**は、**37条書面**でのみ必要的記載事項です。35条書面では、不要です。 ★【○】

2 宅地の取引において、当該宅地が造成工事完了前の場合には、工事完了時の形状・構造および当該宅地に接する**道路の構造**及び**幅員**を説明する必要があります。 ★【○】

3 危険負担に関する定めは、**37条書面**でのみ任意的記載事項です。35条書面では、不要です。 【×】

4 媒介する貸借の契約が、定期借地権、定期建物賃貸借、高齢者住まい法に基づく**終身建物賃貸借**であるときは、その旨を説明しなければなりません。 ★【○】

正解 3

Ken's Point

引渡し時期、移転登記の申請時期、代金の支払時期は、すべて大切なことですから説明が必要に思うかもしれませんが、契約で決める内容なので重要事項説明の内容ではありません。「重説に時期なし」と覚えましょう。

一問一答！ 解答&解説

(1) ○ (2) ×：図面を交付したうえで構造等の説明が必要である (3) ×：定期建物賃貸借であるのに期間の定めがない旨はありえない。よって宅建業法に違反する

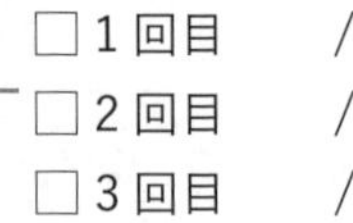

宅地建物取引業者が行う宅地建物取引業法第35条に規定する重要事項の説明に関する次の記述のうち、同条の規定に違反しないものはどれか。なお、書面の交付には、相手方の承諾を得て電磁的方法により提供する方法を含むものとする。

1 自ら売主として宅地の売買をする場合において、買主が宅地建物取引業者であるため、重要事項を記載した書面を交付しなかった。

2 建物の貸借の媒介において、水道、電気及び下水道は完備、都市ガスは未整備である旨説明したが、その整備の見通しまでは説明しなかった。

3 宅地の売買の媒介において、当該宅地の一部が私道の敷地となっていたが、買主に対して私道の負担に関する事項を説明しなかった。

4 建物の貸借の媒介において、建物の区分所有等に関する法律に規定する専有部分の用途その他の利用の制限に関する規約の定め（その案を含む。）がなかったので、そのことについては説明しなかった。

2006年 問35

理解を深掘り！ 一問一答！

以下の文章について、正しいものには○、誤っているものには×をつけよう。

(1) 宅地建物取引業者間における建物の売買においては、その対象となる建物が未完成である場合は、重要事項説明書を交付した上で、宅地建物取引士をして説明させなければならない。

(2) 区分所有建物の貸借の媒介をする場合、私道に関する負担に関する事項を重要事項として説明しなければならない。

(3) 宅地建物取引業者は、マンションの一室の賃貸借を媒介するに当たり、専有部分の用途について、管理規約で「ペット飼育禁止」の制限があったが、借主に対し、そのことに関して宅地建物取引業法第35条の重要事項の説明を行う必要はない。

1 買主が宅地建物取引業者であるときは、重要事項の説明は**不要**となりますが、**35条書面の交付**を省略することはできません。 ★【×】

2 水道、電気及び下水道は完備、都市ガスは**未整備である場合**、その旨に加え、**整備の見通し**までを説明する必要があります。この説明はすべての取引態様で必要です。 ★【×】

	売買・交換		貸借	
	宅地	建物	宅地	建物
電気、ガス、水道等 排水施設の整備状況	○	○	○	○

3 **建物の貸借**を除き、私道の負担に関する事項の説明は必要です。 ★【×】

	売買・交換		貸借	
	宅地	建物	宅地	建物
私道に関する負担	○	○	○	×

4 区分所有建物の貸借では、専有部分の利用制限に関する規約の定めがあるときは、その内容が重要事項説明の内容となっています。規約は**案の段階**であっても、存在する場合にはその内容を説明する必要があります。しかし、**案を含め存在しない場合**には、**説明は不要**です。 ★【○】

正解 4

Ken's Point

マンションの専有部分の規約がなく案もない場合は、常識の範囲で自由に部屋を利用できるので、説明は不要です。「規約のないマンションなんてあるのですか？」という質問をよくいただきますが、実際あります。「意外だな！」と思ったところは覚える必要があると思ってください。

一問一答！ 解答＆解説

(1) ×：買主が宅建業者の場合は説明不要である　(2) ×：説明は不要である
(3) ×：説明は必要である

□ 1 回目　　/
□ 2 回目　　/
□ 3 回目　　/

宅地建物取引業者 A が、マンションの分譲に際して行う宅地建物取引業法第 35 条の規定に基づく重要事項の説明に関する次の記述のうち、正しいものはどれか。

1 当該マンションの建物又はその敷地の一部を特定の者にのみ使用を許す旨の規約の定めがある場合、A は、その内容だけでなく、その使用者の氏名及び住所について説明しなければならない。

2 建物の区分所有等に関する法律第 2 条第 4 項に規定する共用部分に関する規約がまだ案の段階である場合、A は、規約の設定を待ってから、その内容を説明しなければならない。

3 当該マンションの建物の計画的な維持修繕のための費用の積立を行う旨の規約の定めがある場合、A は、その内容を説明すれば足り、既に積み立てられている額については説明する必要はない。

4 当該マンションの建物の計画的な維持修繕のための費用を特定の者にのみ減免する旨の規約の定めがある場合、A は、買主が当該減免対象者であるか否かにかかわらず、その内容を説明しなければならない。

2008年 問37

以下の文章について、正しいものには○、誤っているものには×をつけよう。

(1) 宅地建物取引業者が区分所有建物の貸借の媒介をする場合、区分所有建物の敷地の一部を特定の者にのみ使用を許す旨の規約の定めの内容を重要事項として説明しなければならない。

(2) 区分所有建物の売買の際の重要事項説明において、修繕積立金については、規約や案等における定めの有無にかかわらず、その説明の必要がある。

(3) 宅地建物取引業者Aは、マンションの分譲を行うに際し、当該マンションの管理規約案に「分譲業者であるAは当該マンションの未販売住戸の修繕積立金を負担しなくてもよい」とする規定があったが、これについては重要事項として説明しなかった。

1 マンション一棟の建物又はその敷地の一部を特定の者にのみ使用を許す規約がある場合、**重要事項説明**としてその内容を説明しなければなりません。しかし、その使用者の**氏名**及び**住所**まで説明する必要はありません。 ★【×】

2 共用部分に関する規約が案の段階である場合も、案の内容を**売買契約の締結**前に説明する必要があります。規約の設定を待ってからでは遅すぎます。 ★【×】

3 マンション一棟の建物の維持修繕のための費用の積立を行う規約の説明においては、その規約の内容のみならず、既に**積み立てられている額**および**滞納額**に関しても買主に説明する必要があります。 ★【×】

4 マンション一棟の建物の計画的な**維持修繕のための費用**を**特定の者にのみ減免**する旨の規約の定めがある場合、買主にその内容を説明しなければなりません。 ★【○】

正解 4

Ken's Point

以下のように、言葉の意味がしっかり理解できていると説明が必要か否かの暗記は不要になります。丸暗記ではなく必要・不要の理由を考えながら勉強してみてください。

- 敷地の一部を特定の者にのみ使用を許す規約＝専用庭や駐車場
- 共用部分に関する規約＝規約共用部分
- 費用を特定の者にのみ減免する＝売れ残りの部屋の売主

上記すべて、共用部分の持分を持たない借主には説明不要です。

一問一答！ 解答&解説

(1) ×：説明は不要である (2) ×：定めがなければ説明不要 (3) ×：説明は必要である

□ 1回目　　/
□ 2回目　　/
□ 3回目　　/

宅地建物取引業者がマンションの一室の貸借の媒介を行う場合、宅地建物取引業法第35条に規定する重要事項の説明に関する次の記述のうち、正しいものはどれか。

1 当該マンションの管理が委託されているときは、その委託を受けている者の氏名（法人にあっては、その商号又は名称）、住所（法人にあっては、その主たる事務所の所在地）及び委託された業務の内容を説明しなければならない。

2 建築基準法に規定する容積率及び建蔽率に関する制限があるときは、その制限内容を説明しなければならない。

3 建物の区分所有等に関する法律第2条第3項に規定する専有部分の用途その他の利用の制限に関する規約の定めがあるときは、その内容を説明しなければならない。

4 敷金の授受の定めがあるときは、その敷金の額、契約終了時の敷金の精算に関する事項及び金銭の保管方法を説明しなければならない。

2005年 問38

以下の文章について、正しいものには○、誤っているものには×をつけよう。

(1) 区分所有建物の貸借の媒介を行う場合、当該1棟の建物及びその敷地の管理がA（個人）に委託されている場合には、重要事項として、Aの氏名及び住所を説明しなければならない。

(2) 売買契約の対象となる宅地が、土壌汚染対策法で規定する形質変更時要届出区域内にある場合、宅地建物取引業者は、当該宅地の形質の変更を行おうとするときは、原則として、都道府県知事への届出が必要である旨を重要事項として説明しなければならない。

(3) 区分所有建物の貸借の媒介をする場合、敷金その他契約終了時に精算することとされている金銭の精算に関する事項を重要事項として説明しなければならない。

1 区分所有建物の管理が委託されているときは、その委託を受けている者の**氏名**・**住所**の説明が必要ですが、**業務の内容**は不要とされています。 ★【×】

2 容積率及び建蔽率に関する制限の説明は**建物の貸借**以外で必要なので、マンションの貸借では説明不要です。 ★【×】

3 専有部分の用途その他の利用の制限に関する**規約の定め**がある場合、その内容を説明する必要があります。 ★【○】

4 敷金の授受の定めがある場合、その敷金の**額**、授受の**目的**、契約終了時の敷金の**精算**に関する事項を説明しなければいけません。しかし、**金銭の保管方法は説明不要**です。 ★【×】

正解 **3**

Ken's Point

重要事項の説明の要・不要は、自分なりの解釈で落とし込めば、忘れにくくなるはずです。用語の意味もわからず、無理やり暗記するのは、なるべく避けましょう。たとえば選択肢1でいえば、「マンションに住むにあたり、売買でも貸借でもどこの管理会社かは重要。ただ、業務の内容を説明されても覚えていられないので説明不要と考えた」という具合です。

一問一答！ 解答&解説

(1) ○ (2) ○ (3) ○

□1回目　/
□2回目　/
□3回目　/

次の記述のうち、宅地建物取引業法（以下この問において「法」という。）の規定によれば、正しいものはどれか。なお、書面の交付には、相手方の承諾を得て電磁的方法により提供する方法を含むものとする。

1 宅地建物取引業者が建物の貸借の媒介を行う場合、借賃以外に金銭の授受があるときは、その額及び授受の目的について、法第35条に規定する重要事項を記載した書面に記載しているのであれば、法第37条の規定により交付すべき書面（以下この問において「37条書面」という。）に記載する必要はない。

2 宅地建物取引業者が区分所有建物の貸借の媒介を行う場合、損害賠償の予定又は違約金に関する特約の内容について、37条書面に記載する必要はないが、売買の媒介を行う場合は、当該内容について37条書面に記載する必要がある。

3 土地付建物の売買契約において、買主が金融機関から住宅ローンの承認を得られなかったときは契約を無条件で解除できるという取り決めがある場合、当該売買の媒介を行う宅地建物取引業者は、自ら住宅ローンのあっせんをする予定がなくても、37条書面にその取り決めの内容を記載する必要がある。

4 宅地建物取引業者Aが、宅地建物取引業者でないBから建物の売却の依頼を受け、AとBとの間で専属専任媒介契約を締結した場合、Aが探索した相手方以外の者とBとの間で売買契約を締結したときの措置について、AとBとの間で取り決めがなければ、Aは法第34条の2第1項の規定に基づき交付すべき書面に記載する必要はない。

2010年 問34

理解を深掘り！　一問一答！

以下の文章について、正しいものには○、誤っているものには×をつけよう。

(1) 宅地建物取引業者が媒介により既存建物の貸借の契約を成立させた際は、建物の構造耐力上主要な部分等の状況について当事者双方が確認した事項を37条書面に記載しなければならない。

(2) 宅地建物取引業者Aは、その媒介により借主Bと建物の貸借の契約を成立させた。この際、借賃以外の金銭の授受に関する定めがあるので、37条書面に記載し、Bに交付しなければならない。

(3) 代金又は交換差金についての金銭の貸借のあっせんに関する定めがない場合、定めがない旨を37条書面に記載しなければならない。

1 「代金、交換差金及び借賃**以外**に授受される金銭の額及び当該金銭の授受の目的」は重要事項説明事項であり、これらの授受があるときは37条書面にも、**金額**、授受の**目的**、授受の**時期**を記載しなければなりません。 ★【×】

2 **損害賠償額**の予定又は**違約金**に関する**定めがあるとき**、その内容は37条書面の記載事項です。 ★【×】

3 **契約の解除**に関する**定めがあるとき**、その内容は37条書面の記載事項です。 ★【○】

4 専属専任媒介契約では、**自己発見取引**が禁止されています。このため、専属専任媒介の契約書には、依頼者が**自己発見取引**で契約に至ったときの措置を、必ず記載しなければならないことになっています。 ★【×】

正解 3

Ken's Point

宅建試験においては、「37条書面の記載事項は、まず合意内容を記載する」という点を意識してください。記載内容には、契約での重要要素の取り決めである「必要的記載事項」と、決めたら必ず記載する「任意的記載事項」があります。任意的記載事項は、取り決めなければ法律のルールで処理するので記載不要です。記載事項は単に丸暗記をするのではなく、意味を理解して覚えるようにするほうが知識の定着が図れます。回り道のように感じるかもしれませんが、より効率的です。

一問一答! 解答&解説

(1) ×:貸借では記載事項にはなっていない (2) ○ (3) ×:定めがなければ記載しなくてよい

宅地建物取引業者が媒介により建物の貸借の契約を成立させた場合、宅地建物取引業法第37条の規定により当該貸借の契約当事者に対して交付すべき書面に必ず記載しなければならない事項の組合せとして、正しいものはどれか。

ア 保証人の氏名及び住所
イ 建物の引渡しの時期
ウ 借賃の額並びにその支払の時期及び方法
エ 媒介に関する報酬の額
オ 借賃以外の金銭の授受の方法

1 ア、イ
2 イ、ウ
3 ウ、エ、オ
4 ア、エ、オ

2013年 問35

理解を深掘り！ 一問一答！

以下の文章について、正しいものには○、誤っているものには×をつけよう。

(1) 宅地建物取引業者が媒介により事業用建物の貸借の契約を成立させたとき、保証人の氏名及び住所又は家賃保証会社を定めた場合、その旨を37条書面に記載しなければならない。
(2) 宅地建物取引業者が媒介により建物の売買の契約を成立させた場合、建物の代金、引渡しの時期を、37条書面に必ず記載しなければならない。
(3) 宅地建物取引業者が媒介により建物の貸借の契約を成立させた場合、建物の引渡し時期、借賃の額並びにその支払の時期及び方法を、37条書面に記載しなければならない。

ア **契約当事者**の**氏名**及び**住所**は37条書面の必要的記載事項ですが、**保証人**の**氏名**及び**住所**は記載事項ではありません。 ★【×】

イ 物件の**引渡し時期**は、37条書面の必要的記載事項です。 ★【○】

ウ **代金**・**交換差金**・**借賃の額**、**支払い時期**及び**支払方法**は、37条書面の必要的記載事項です。 ★【○】

エ 宅地建物取引業者の**報酬額**は、37条書面の記載事項ではありません。 ★【×】

オ 借賃以外の金銭の授受がある場合には、**金額**、**授受の時期**、**授受の目的**について記載しなければなりませんが、**授受の方法**は記載事項ではありません。 【×】

正解 2

Ken's Point

37条書面はいきなり覚える前に、「合意内容を記載する」という点をしっかり意識してください。そして、必要的記載事項を覚え、任意的記載事項は「決めたら記載必要、決めなければ記載不要」と覚えましょう。

一問一答！ 解答＆解説

(1) **×：保証人も保証会社も37条書面への記載は不要である** (2) ○ (3) ○

□ 1回目　/
□ 2回目　/
□ 3回目　/

重要度 ★★

宅地建物取引業者Aが宅地建物取引業法（以下この問において「法」という。）第37条の規定により交付すべき書面（以下この問において「37条書面」という。）に関する次の記述のうち、法の規定によれば、正しいものはいくつあるか。なお、書面の交付には、相手方の承諾を得て電磁的方法により提供する方法を含むものとする。

ア Aは、その媒介により建築工事完了前の建物の売買契約を成立させ、当該建物を特定するために必要な表示について37条書面で交付する際、法第35条の規定に基づく重要事項の説明において使用した図書の交付により行った。

イ Aが自ら貸主として宅地の定期賃貸借契約を締結した場合において、借賃の支払方法についての定めがあるときは、Aは、その内容を37条書面に記載しなければならず、借主が宅地建物取引業者であっても、当該書面を交付しなければならない。

ウ 土地付建物の売主Aは、買主が金融機関から住宅ローンの承認を得られなかったときは契約を無条件で解除できるという取決めをしたが、自ら住宅ローンのあっせんをする予定がなかったので、37条書面にその取決めの内容を記載しなかった。

エ Aがその媒介により契約を成立させた場合において、契約の解除に関する定めがあるときは、当該契約が売買、貸借のいずれに係るものであるかを問わず、37条書面にその内容を記載しなければならない。

1 一つ　**2** 二つ　**3** 三つ　**4** 四つ

2019年 問36

以下の文章について、正しいものには○、誤っているものには×をつけよう。

(1) 建物の売買の媒介を行う宅地建物取引業者は、37条書面に当該建物の所在、代金の額は記載したが、引渡し時期及び移転登記の申請の時期は未定であれば記載しなくても宅地建物取引業法に違反しない。

(2) 天災その他不可抗力による損害の負担について、不確定な要素であったので、これを定めず、買主の承諾を得て37条書面にその記載をしなくても、宅地建物取引業法違反とならない。

(3) 宅地建物取引業者は、37条書面の作成及び交付を宅地建物取引士ではない従業者に行わせた場合、指示処分となることがある。

ア 37条書面には、当該建物の**所在**、**種類**、**構造**その他当該建物を特定するために必要な表示を記載する必要があります。なお、これは**35条書面**で使用したものと同じものを使用することも可能です。 【○】

イ **自ら貸借**を行う取引は、宅地建物取引業に**該当しません**(下表参照)。宅地建物取引業法の規制対象外となるので、37条書面の**交付**は不要です。 ★【×】

	売買	交換	転貸借含む 貸借
自ら	○	○	×(大家業)
代理	○	○	○
媒介	○	○	○

○必要 ×不要

ウ 代金等に関して金銭の貸借に関する定めがある場合、その**あっせんが成立しないときの措置**は、37条書面の記載事項です。さらに**契約解除に関する定めがある**場合も、その内容を37条書面に記載しなければなりません。本肢のように、宅建業者自らあっせんしないという理由から記載しないことは、法令に違反します。 ★【×】

エ **契約の解除に関する定めがあるとき**は、その内容は当該契約が売買・交換・貸借のいずれに係るものであるかを問わず、37条書面の記載事項です。 ★【○】

正解 2

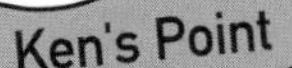

宅建業者が貸主になるときでも自ら貸借は宅建業に当たらないので、重要事項説明も37条書面(契約書)の交付も、宅建業法上不要です。実務では宅建業者が貸主になるときでも説明や契約書は交付しないと借主が不安に感じるので作成するのが通常ですが、試験は机上の理屈で解くことを忘れないでください。

一問一答! 解答&解説

(1) **×:時期は必要的記載事項で、「未定」という理由では記載を省略できない**
(2) **○** (3) **×:37条書面への記名は宅建士がする必要があるが、作成及び交付に資格は不要である**

□1回目　／
□2回目　／
□3回目　／

宅地建物取引業者が媒介により既存建物の貸借の契約を成立させた場合、宅地建物取引業法第37条の規定により、当該貸借の契約当事者に対して交付すべき書面に必ず記載しなければならない事項の組合せはどれか。なお、書面の交付には、相手方の承諾を得て電磁的方法により提供する方法を含むものとする。

ア　建物が種類又は品質に関して契約の内容に適合しない場合におけるその不適合を担保すべき責任の内容
イ　当事者の氏名（法人にあっては、その名称）及び住所
ウ　建物の引渡しの時期
エ　建物の構造耐力上主要な部分等の状況について当事者双方が確認した事項

1　ア、イ
2　イ、ウ
3　イ、エ
4　ウ、エ

2018年 問34（改題）

理解を深掘り！　一問一答！

以下の文章について、正しいものには○、誤っているものには×をつけよう。

(1) 宅地建物取引業者が建物の貸借の媒介を行う場合、当該建物が種類又は品質に関して契約の内容に適合しない場合におけるその不適合を担保すべき責任についての定めがあるときは、その内容を37条書面に必ず記載しなければならない。
(2) 宅地建物取引業者が媒介により建物の貸借の契約を成立させた場合、借賃の額等を37条書面に記載し説明しなければならない。
(3) 宅地建物取引業者は、中古マンションの売買の媒介において、当該マンションの代金の支払の時期及び引渡しの時期について、重要事項説明書に記載して説明を行っていれば、37条書面に記載しなくても宅地建物取引業法違反にならない。

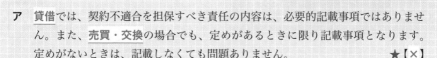

ア **貸借**では、契約不適合を担保すべき責任の内容は、必要的記載事項ではありません。また、**売買・交換**の場合でも、定めがあるときに限り記載事項となります。定めがないときは、記載しなくても問題ありません。 ★【×】

イ 当事者の**氏名**(**法人**は**名称**)及び**住所**は、37条書面の必要的記載事項です。 ★【○】

ウ 建物の**引渡しの時期**は、37条書面の必要的記載事項です。 ★【○】

エ **貸借**の場合、「建物の構造耐力上主要な部分等の状況について当事者双方が確認した事項」は、37条書面に記載する必要はありません。 ★【×】

正解 **2**

Ken's Point

建物状況調査(インスペクション)については、頻出事項です。以下のように、同じインスペクションでも書面によって記載内容が違う点に注意しましょう。

- **媒介契約書:あっせんするかしないか**
- **重要事項説明:調査をしていれば結果の概要**
- **37条書面:インスペクションの概要を売主・買主が確認したという記載**

一問一答! 解答&解説

(1) **×:貸借では記載事項ではない** (2) **×:37条書面の説明は不要である** (3) **×:記載しなければならない**

□1回目　　/
□2回目　　/
□3回目　　/

宅地建物取引業者Aが、自ら売主として宅地の売買契約を締結した場合に関する次の記述のうち、宅地建物取引業法の規定によれば、正しいものはいくつあるか。なお、この問において「37条書面」とは、同法第37条の規定に基づき交付すべき書面をいうものとする。また、書面の交付には、相手方の承諾を得て電磁的方法により提供する方法を含むものとする。

ア　Aは、専任の宅地建物取引士をして、37条書面の内容を当該契約の買主に説明させなければならない。

イ　Aは、供託所等に関する事項を37条書面に記載しなければならない。

ウ　Aは、買主が宅地建物取引業者であっても、37条書面を遅滞なく交付しなければならない。

エ　Aは、買主が宅地建物取引業者であるときは、当該宅地の引渡しの時期及び移転登記の申請の時期を37条書面に記載しなくてもよい。

1　一つ
2　二つ
3　三つ
4　なし

2020年10月 問37

以下の文章について、正しいものには○、誤っているものには×をつけよう。

(1) 宅地建物取引業者は、37条書面を交付するに当たり、宅地建物取引士をして、その書面に記名の上、その内容を説明させなければならない。
(2) 宅地建物取引業者が専属専任媒介により建物の売買の契約を成立させた場合、媒介に関する報酬の額を、37条書面に記載する必要がある。
(3) 建物の貸借の契約を媒介した場合、当該建物に係る租税等の公課の負担に関する定めがあるときも、借賃についての融資のあっせんに関する定めがあるときも、その内容を37条書面に記載しなければならない。

ア 専任の宅地建物取引士でなければできない業務は存在しないので、37条書面への記名を専任でない宅地建物取引士が行っても問題ありません。また、37条書面においては**記名**および**交付**が義務となっており、内容の説明までは義務ではありません。
★【×】

イ 供託所等に関する事項は、売買契約の締結までに相手方に**説明**する義務があるだけで、37条書面への記載事項ではありません。
★【×】

ウ 37条書面への**記名**および**交付**は、相手方が宅地建物取引業者であっても省略できません。
★【○】

エ 37条書面については、相手方が**宅地建物取引業者**であるときに**省略できることは何もありません**。引渡しの時期と移転登記の申請時期は、いずれも必要的記載事項です。
★【×】

正解 1

Ken's Point

宅建業者の「専任」の取引士でなくても、重要事項の説明・記名・37条書面への記名はできるという点は、引っかけ問題の典型なので覚えておきましょう。

一問一答! 解答&解説

(1) ×:37条書面の交付の際は説明不要である (2) ×:媒介に関する報酬の額は記載事項ではない (3) ×:貸借契約ではどちらも記載事項とされておらず、定めがあっても記載する義務はない

問題 072

□1回目　/
□2回目　/
□3回目　/

宅地建物取引業法（以下この問において「法」という。）第37条の規定により交付すべき書面（以下この問において「37条書面」という。）に関する次の記述のうち、法の規定に違反しないものはどれか。なお、書面の交付には、相手方の承諾を得て電磁的方法により提供する方法を含むものとする。

1. 宅地建物取引業者Aは、中古マンションの売買の媒介において、当該マンションの代金の支払の時期及び引渡しの時期について、重要事項説明書に記載して説明を行ったので、37条書面には記載しなかった。
2. 宅地建物取引業者である売主Bは、宅地建物取引業者Cの媒介により、宅地建物取引業者ではない買主Dと宅地の売買契約を締結した。Bは、Cと共同で作成した37条書面にCの宅地建物取引士の記名がなされていたため、その書面に、Bの宅地建物取引士をして記名をさせなかった。
3. 売主である宅地建物取引業者Eの宅地建物取引士Fは、宅地建物取引業者ではない買主Gに37条書面を交付する際、Gから求められなかったので、宅地建物取引士証をGに提示せずに当該書面を交付した。
4. 宅地建物取引業者Hは、宅地建物取引業者ではない売主Iから中古住宅を購入する契約を締結したが、Iが売主であるためIに37条書面を交付しなかった。

2017年 問40

理解を深掘り！　一問一答！

以下の文章について、正しいものには○、誤っているものには×をつけよう。

(1) 宅地建物取引業者は、自ら売主として工事完了前の土地付建物の売買契約を締結するとき、37条書面の記載事項のうち、当該物件の引渡し時期が確定しないので、その記載を省略することができる。

(2) 貸主である宅地建物取引業者Aが、宅地建物取引業者Bの媒介により借主と事業用建物の賃貸借契約を締結するに当たって、Bが作成・交付した契約書面に宅地建物取引業法第37条違反があった。この場合、Bのみが監督処分及び罰則の対象となる。

(3) 宅地建物取引士は、宅地の売買に係る宅地建物取引業法第37条の書面の交付を買主に対して行い、その際、買主から宅地建物取引士証の提示を求められたが、宅地建物取引業法第35条の重要事項の説明を行う際に提示していたので、提示する必要はない。

1 **代金の額**並びにその支払の**時期**及び**方法**は、37条書面（契約書）の必要的記載事項です。よって、重要事項説明書のみへの記載だけでは足りません。　★【×】

2 37条書面には、宅地建物取引士の**記名**が必要です。B、Cが共同で作成している以上は、両方の**記名**が必要となります。　★【×】

3 取引士証の提示が必要なのは、**35条書面**（重要事項説明）を説明するときです。37条書面の交付の際には取引士証の提示は必要ありません。　★【○】

4 自ら当事者として宅地建物の売買契約を締結した場合は、37条書面を**相手方**に交付する必要があります。買主が宅地建物取引業者、売主が宅地建物取引業者以外のときには、**買主**たる宅地建物取引業者が**売主**に37条書面を交付することになります。　★【×】

正解　3

Ken's Point

「37条書面は合意内容であるため説明は不要」という点をしっかり理解しておけば「提示は不要」という判断ができるはずです。売主が宅建業者以外で買主が宅建業者の場合、買主の宅建業者が売主に37条書面の交付をする必要がありますが、重要事項の説明は売主には不要な点も理解してください。

一問一答！　解答＆解説

(1) **×：引渡し時期を省略してはならない**　(2) **○：Aは宅建業者であるが、自ら貸借で宅建業法の適用がないので、Bのみが処分の対象となる**　(3) **×：取引関係者から請求された場合は取引士証の提示を拒んではいけない**

□1回目　/
□2回目　/
□3回目　/

宅地建物取引業者Aが、甲建物の売買の媒介を行う場合において、宅地建物取引業法第37条の規定により交付すべき書面(以下この問において「37条書面」という。)に関する次の記述のうち、宅地建物取引業法の規定に違反しないものはどれか。なお、書面の交付には、相手方の承諾を得て電磁的方法により提供する方法を含むものとする。

1 Aは、宅地建物取引士をして、37条書面を作成させ、かつ当該書面に記名させたが、買主への37条書面の交付は、宅地建物取引士ではないAの従業者に行わせた。

2 甲建物の買主が宅地建物取引業者であったため、Aは売買契約の成立後における買主への37条書面の交付を省略した。

3 Aは、37条書面に甲建物の所在、代金の額及び引渡しの時期は記載したが、移転登記の申請の時期は記載しなかった。

4 Aは、あらかじめ売主からの承諾を得ていたため、売買契約の成立後における売主への37条書面の交付を省略した。

2009年 問36

理解を深掘り！　一問一答！

以下の文章について、正しいものには○、誤っているものには×をつけよう。

(1) 宅地建物取引業者は、37条書面の作成及び交付を宅地建物取引士でない従業者に行わせることができる。

(2) 宅地建物取引業者ではないAが自ら売主として買主Bと宅地の売買契約を締結した場合において、Bが宅地建物取引業者であっても、AはBに対して37条書面を交付しなければならない。

(3) 宅地建物取引業者（消費税課税事業者）は、自ら売主として土地付建物の売買契約を締結したときは、37条書面に代金の額を記載しなければならないが、消費税等相当額については記載しなくてもよい。

1 37条書面の記名は、宅地建物取引士によって行われる必要があります。しかし、交付は**宅地建物取引業者**に課された義務であるため、宅地建物取引士以外の者が行っても問題ありません。 ★【○】

2 **宅地建物取引業者**間の取引であっても、37条書面の交付は省略できません。 ★【×】

3 物件の所在、**代金の額**及び**引渡しの時期**に加え、**移転登記**の申請の時期も37条書面の必要的記載事項です。 ★【×】

4 相手方からの**承諾**があった場合でも、37条書面の交付を省略することはできません。 ★【×】

正解 1

Ken's Point

37条書面の交付は、説明が不要なことから宅建士の資格がなくても問題なくできます。さらに、重要事項説明書面や37条書面の作成も、宅建士でなくてもできる点は注意してください。

一問一答! 解答&解説

(1) ○ (2) ×:Aは宅建業者ではないので宅建業法の適用がない (3) ×:消費税等相当額についても記載しなければならない

□1回目　／
□2回目　／
□3回目　／

宅地建物取引業者Aが宅地建物取引業法第37条の規定により交付すべき書面（以下この問において「37条書面」という。）に関する次の記述のうち、同法の規定によれば、誤っているものの組合せはどれか。なお、書面の交付には、相手方の承諾を得て電磁的方法により提供する方法を含むものとする。

ア　Aが売主として宅地建物取引業者Bの媒介により、土地付建物の売買契約を締結した場合、Bが37条書面を作成し、その宅地建物取引士をして当該書面に記名させれば、Aは、宅地建物取引士による37条書面への記名を省略することができる。

イ　Aがその媒介により、事業用宅地の定期賃貸借契約を公正証書によって成立させた場合、当該公正証書とは別に37条書面を作成して交付するに当たって、宅地建物取引士をして記名させる必要はない。

ウ　Aが売主としてCとの間で売買契約を成立させた場合（Cは自宅を売却して購入代金に充てる予定である。）、AC間の売買契約に「Cは、自宅を一定の金額以上で売却できなかった場合、本件売買契約を無条件で解除できる」旨の定めがあるときは、Aは、37条書面にその内容を記載しなければならない。

1　ア、イ
2　ア、ウ
3　イ、ウ
4　ア、イ、ウ

2014年 問42

理解を深掘り！　一問一答！

以下の文章について、正しいものには○、誤っているものには×をつけよう。

(1) 宅地建物取引業法第35条に規定する事項を記載した書面への記名及び同法第37条の規定により交付すべき書面への記名については、専任の宅地建物取引士でなければ行ってはならない。

(2) 宅地建物取引業者が、その媒介により契約を成立させた場合において、契約の解除に関する定めがあるときは、当該契約が売買、貸借のいずれに係るものであるかを問わず、37条書面にその内容を記載しなければならない。

(3) 居住用建物の賃貸借契約において、貸主と借主にそれぞれ別の宅地建物取引業者が媒介するときは、どちらか一方の宅地建物取引業者が37条書面を作成したとしても、37条書面の交付については双方の宅地建物取引業者がその義務を負う。

37条書面（契約書）

ア 一つの宅地建物の取引に複数の宅地建物取引業者が関与する場合には、当該取引に関与した宅地建物取引業者**すべて**が売主、媒介人等の立場から37条書面の交付や**記名**の義務を負います。よって、AはBとともに宅地建物取引士として37条書面に**記名**をしなければなりません。 ★【×】

イ 37条書面には、宅地建物取引士の**記名**が必要となります。**例外はない**ので、事業用宅地の定期賃貸借契約を**公正証書**によって成立させた場合であっても同様です。 ★【×】

ウ **契約の解除**についての**定めがある**場合、その内容は37条書面の記載事項です。 ★【○】

正解 1

Ken's Point

売買の際に複数の業者が関与する場合は、すべての業者の宅建士に37条書面への記名義務がある点に注意しましょう。

第2章 37条書面（契約書）

一問一答！ 解答&解説

(1) ×：専任でなくてもよい (2) ○ (3) ○

□1回目　／
□2回目　／
□3回目　／

宅地建物取引業法に関する次の記述のうち、誤っているものはどれか。なお、この問において、「35条書面」とは、同法第35条の規定に基づく重要事項を記載した書面を、「37条書面」とは、同法第37条の規定に基づく契約の内容を記載した書面をいうものとする。

1 宅地建物取引業者は、抵当権に基づく差押えの登記がされている建物の貸借の媒介をするにあたり、貸主から当該登記について告げられなかった場合でも、35条書面及び37条書面に当該登記について記載しなければならない。

2 宅地建物取引業者は、37条書面の作成を宅地建物取引士でない従業者に行わせることができる。

3 宅地建物取引業者は、その媒介により建物の貸借の契約が成立した場合、天災その他不可抗力による損害の負担に関する定めがあるときには、その内容を37条書面に記載しなければならない。

4 37条書面に記名する宅地建物取引士は、35条書面に記名した宅地建物取引士と必ずしも同じ者である必要はない。

2011年 問34

理解を深掘り！　一問一答！

以下の文章について、正しいものには○、誤っているものには×をつけよう。

(1) 宅地の売買の媒介を行う場合、登記された抵当権について、引渡しまでに抹消される場合は重要事項として説明しなくてよい。

(2) 宅地建物取引業法第37条に規定する書面は、宅地又は建物の取引に係る契約書とは本来別個のものであるので、必ず取引の契約書とは別に当該書面を作成し、交付しなければならない。

(3) 宅地建物取引業者が媒介により区分所有建物の貸借の契約を成立させた。天災その他不可抗力による損害の負担に関して定めなかった場合には、その旨を37条書面に記載しなければならない。

1 建物の上に存する登記された権利の種類は、建物賃貸借契約の場合であっても**35条書面**の記載事項です。しかし、これは**37条書面**の記載事項ではありません。 ★【×】

2 37条書面への記名は、宅地建物取引士がしなければいけませんが、**作成**及び**交付**は資格を有しない従業者であっても行うことが可能です。 ★【○】

3 建物賃貸借契約の場合であっても、「天災その他不可抗力による損害の負担に関する定めがあるときは、その内容」は、**37条書面**の記載事項です。 ★【○】

4 35条書面と37条書面は、いずれも宅地建物取引士が**記名**する必要があります。この記名は、**同じ人物**がする必要はありません。 ★【○】

正解 **1**

Ken's Point

登記された権利の種類は、物件の説明であって合意内容ではないため、37条書面には記載不要と考えてください。「大事なことだから、なんとなく必要そうだ」といった曖昧なイメージに引っ張られないようにしましょう。

一問一答！ 解答&解説

(1) ×：説明が必要である (2) ×：契約書が37条書面の要件を満たせば同一書面でよい (3) ×：定めなかった場合は記載しなくてよい

□1回目　　/
□2回目　　/
□3回目　　/

\重要度/ ★★★

宅地建物取引業者Aが売主Bと買主Cの間の建物の売買について媒介を行う場合に交付する「35条書面」又は「37条書面」に関する次の記述のうち、宅地建物取引業法の規定によれば、正しいものはどれか。なお、35条書面とは、同法第35条の規定に基づく重要事項を記載した書面を、37条書面とは、同法第37条の規定に基づく契約の内容を記載した書面をいうものとする。なお、書面の交付には、相手方の承諾を得て電磁的方法により提供する方法を含むものとする。

1 Aは、35条書面及び37条書面のいずれの交付に際しても、宅地建物取引士をして、当該書面への記名及びその内容の説明をさせなければならない。

2 Bが宅地建物取引業者でその承諾がある場合、Aは、Bに対し、35条書面及び37条書面のいずれの交付も省略することができる。

3 Cが宅地建物取引業者でその承諾がある場合、Aは、Cに対し、35条書面の交付を省略することができるが、37条書面の交付を省略することはできない。

4 Aが、宅地建物取引業者Dと共同で媒介を行う場合、35条書面にAが調査して記入した内容に誤りがあったときは、Aだけでなく、Dも業務停止処分を受けることがある。

2007年 問40

以下の文章について、正しいものには○、誤っているものには×をつけよう。

(1) 宅地建物取引業法第35条に規定する重要事項を記載した書面には、説明した宅地建物取引士Aが記名をしたが、法第37条に規定する書面には、Aが急病で入院したため、専任の宅地建物取引士Bが自ら記名しても違反とならない。

(2) 宅地建物取引業法第37条に規定する契約が成立したときに交付すべき書面を作成した場合は、宅地建物取引士は記名をするだけでなく、押印しなければならない。

(3) 宅地建物取引業者A（甲県知事免許）は、自らが売主となった分譲マンションの売買において、宅地建物取引業法第35条に規定する重要事項の説明を行わなかった。この場合、Aは、甲県知事から業務停止を命じられることがある。

1 宅地建物取引士の独占業務は以下の3つです。

① 35条書面（重要事項説明書）への**記名**

② 35条書面の**説明**

③ 37条書面（契約書）への**記名**

35条書面については、記名及び説明ともに宅地建物取引士が行わなければなりませんが、37条書面の**交付**に際して宅地建物取引士に説明させる義務はありません。 ★【×】

2 Bは売主です。35条書面は**買主**や**借主**に対して交付する書面なので、そもそも売主Bに対して交付する必要はありません。一方、37条書面は、売主・買主（貸主・借主）**双方への交付**が必要です。37条書面の交付は、相手が**宅地建物取引業者**であっても省略することはできません。よって、宅地建物取引業者Aは、売主Bに対して37条書面のみ交付する必要があります。 ★【×】

3 たとえ買主が宅地建物取引業者で**承諾**があったとしても、35条書面及び37条書面の交付を省略することはできません。 ★【×】

4 複数の宅地建物取引業者が共同で媒介を行う場合、媒介業務に関与した**すべての宅地建物取引業者**が35条書面の作成・交付義務を負います。Aが記入した内容に誤りがあった場合、Dも同様に**業務停止**処分を受けることがあります。★【○】

正解 4

Ken's Point

宅建業者間でも、基本的に宅建業法の適用はあります。適用がないものとしては、次の項目くらいです。それ以外は業者間でも適用がある点に注意してください。

- 自ら売主制限
- 供託所等の説明
- 重要事項の説明（書面の交付は必要）
- 営業保証金や弁済業務保証金からの還付
- 瑕疵担保履行法の履行確保措置

一問一答！　解答&解説

(1) ○　(2) ×：押印は不要である　(3) ○

宅地建物取引業者がその業務に関して行う広告に関する次の記述のうち、宅地建物取引業法の規定によれば、正しいものはいくつあるか。

ア 建物の売却について代理を依頼されて広告を行う場合、取引態様として、代理であることを明示しなければならないが、その後、当該物件の購入の注文を受けたときは、広告を行った時点と取引態様に変更がない場合を除き、遅滞なく、その注文者に対し取引態様を明らかにしなければならない。

イ 広告をするに当たり、実際のものよりも著しく優良又は有利であると人を誤認させるような表示をしてはならないが、誤認させる方法には限定がなく、宅地又は建物に係る現在又は将来の利用の制限の一部を表示しないことにより誤認させることも禁止されている。

ウ 複数の区画がある宅地の売買について、数回に分けて広告をする場合は、広告の都度取引態様の別を明示しなければならない。

エ 宅地の造成又は建物の建築に関する工事の完了前においては、当該工事に必要な都市計画法に基づく開発許可、建築基準法に基づく建築確認その他法令に基づく許可等の申請をした後でなければ、当該工事に係る宅地又は建物の売買その他の業務に関する広告をしてはならない。

1 一つ
2 二つ
3 三つ
4 四つ

2020年10月 問27

以下の文章について、正しいものには○、誤っているものには×をつけよう。

(1) 不当な履行遅延の禁止（宅地建物取引業法第44条）は、宅地若しくは建物の登記若しくは引渡し又は取引に係る対価の支払を対象とするのみである。
(2) 宅地の販売広告において、宅地に対する将来の利用の制限について、著しく事実に相違する表示をしてはならない。
(3) 一団地の住宅を数回に分けて販売する場合、最終回の分譲については、売主が明らかであるので、これを省略して広告してもさしつかえない。

ア 取引態様の別（売主、貸主、代理、媒介〈仲介〉）は広告をするときに**明示**するとともに、**注文を受けたとき**は注文者に対して遅滞なく明らかにしなければなりません。広告時と取引態様が変わっていなければ省略できるという例外はありません。本肢は「広告を行った時点と取引態様に変更がない場合を除き」と例外的にしなくてもよい場合があると説明しているので、誤りです。 ★【×】

イ **虚偽表示**、**おとり広告**、**優良誤認表示等の誇大広告**は、宅建業法により禁止されています。誤認させる方法には限定がなく、一般消費者が誤認し得る程度であれば禁止されます。 ★【○】

ウ 広告の**都度**、**取引態様の別**の明示が必要です。片方の広告しか見ない人もいるので当然といえます。取引態様の明示に関して例外はありません。 ★【○】

エ 開発許可や建築確認の申請段階では、広告をすることができず、**許可等を受けた後**から広告が可能となります（下表）。たとえ許可や確認を受けられる見込みであっても、広告はできません。 ★【×】

開発許可と建築確認前の業務制限

	売買・交換	貸借
広告	×	×
契約	×	○

○ 可能　× 不可

正解 2

Ken's Point

問題文中の「除き」という言葉に注意しましょう。宅建業法で文章をふわっと読んでしまって、この「～を除き」という表現に引っかかるパターンがよく見受けられます。全体では正しくとも、そのような例外があるという点に気づく必要があります。キーワードのみをジャンプ読みするのは、宅建業法では気をつけてください。

一問一答！ 解答＆解説

(1) ○ (2) ○ (3) ×：省略はしてはならない

問題 078

□1回目　/
□2回目　/
□3回目　/

次の記述のうち、宅地建物取引業法（以下この問において「法」という。）の規定によれば、誤っているものはどれか。

1 宅地建物取引業者が、自ら売主として、宅地及び建物の売買の契約を締結するに際し、手付金について、当初提示した金額を減額することにより、買主に対し売買契約の締結を誘引し、その契約を締結させることは、法に違反しない。

2 宅地建物取引業者が、アンケート調査をすることを装って電話をし、その目的がマンションの売買の勧誘であることを告げずに勧誘をする行為は、法に違反する。

3 宅地建物取引業者が、宅地及び建物の売買の媒介を行うに際し、媒介報酬について、買主の要望を受けて分割受領に応じることにより、契約の締結を誘引する行為は、法に違反する。

4 宅地建物取引業者が、手付金について信用の供与をすることにより、宅地及び建物の売買契約の締結を誘引する行為を行った場合、監督処分の対象となるほか、罰則の適用を受けることがある。

2017年 問34

以下の文章について、正しいものには○、誤っているものには×をつけよう。

(1) 宅地建物取引業者は、自ら売主として、建物の売買契約を締結するに際し、買主が手付金を持ち合わせていなかったため手付金の分割払いで受領することができる。

(2)「近所に幹線道路の建設計画がある」と説明したが、実際には建設計画は存在せず、従業者の思い込みであった場合、宅地建物取引業法に違反しない。

(3) 宅地建物取引業者は、契約の相手方に対して資金不足を理由に手付の貸付けを行ったが、契約締結後償還された場合は宅地建物取引業法に違反しない。

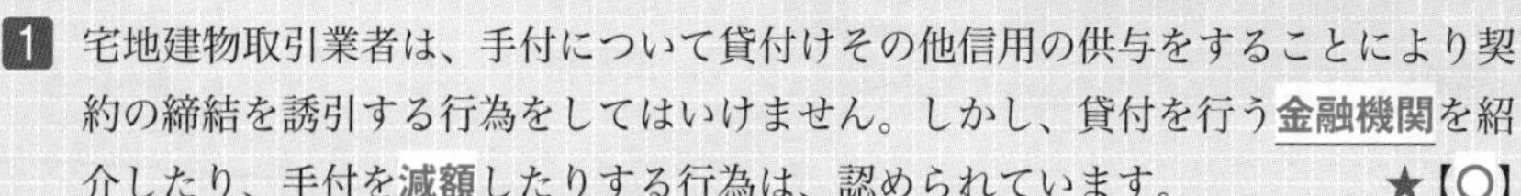

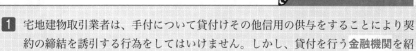

1 宅地建物取引業者は、手付について貸付けその他信用の供与をすることにより契約の締結を誘引する行為をしてはいけません。しかし、貸付を行う**金融機関**を紹介したり、手付を**減額**したりする行為は、認められています。 ★【**○**】

2 勧誘に当たっては、宅地建物取引業者の**商号**又は**名称**、勧誘をする者の**氏名**、**勧誘目的**であることを告げなければいけません。 ★【**○**】

3 報酬を分割して受領することは、認められています。禁止されているのは、手付の**分割払い**に応じる行為です。 【**×**】

4 手付金について信用の供与をすることにより、宅地及び建物の売買契約の締結を誘引する行為を行った場合、**監督処分**の対象となるほか、6か月以下の懲役または100万円以下の罰金又はこれを併科される場合があります。 ★【**○**】

正解 **3**

Ken's Point

- 信用の供与に当たるもの（禁止されるもの）
  ⇒手付の貸付、手付の分割払い、手付の後払い
- 信用の供与に当たらないもの（禁止されないもの）
  ⇒手付の減額、手付に関して銀行との間で金銭の貸借のあっせんをすること

「手付金は全額現金で支払う必要あり」とイメージしておくと覚えやすいです。

一問一答！ 解答＆解説

(1) **×：手付の分割払いはできない** (2) **×：宅建業法に違反する** (3) **×：手付の貸付はできない**

□1回目　　/
□2回目　　/
□3回目　　/

次の記述のうち、宅地建物取引業法の規定に違反しないものの組合せとして、正しいものはどれか。なお、この問において「建築確認」とは、建築基準法第6条第1項の確認をいうものとする。

ア 宅地建物取引業者A社は、建築確認の済んでいない建築工事完了前の賃貸住宅の貸主Bから当該住宅の貸借の媒介を依頼され、取引態様を媒介と明示して募集広告を行った。

イ 宅地建物取引業者C社は、建築確認の済んでいない建築工事完了前の賃貸住宅の貸主Dから当該住宅の貸借の代理を依頼され、代理人として借主Eとの間で当該住宅の賃貸借契約を締結した。

ウ 宅地建物取引業者F社は、建築確認の済んだ建築工事完了前の建売住宅の売主G社（宅地建物取引業者）との間で当該住宅の売却の専任媒介契約を締結し、媒介業務を行った。

エ 宅地建物取引業者H社は、建築確認の済んでいない建築工事完了前の建売住宅の売主I社（宅地建物取引業者）から当該住宅の売却の媒介を依頼され、取引態様を媒介と明示して当該住宅の販売広告を行った。

1 ア、イ　**2** イ、ウ　**3** ウ、エ　**4** イ、ウ、エ

2013年 問32

理解を深掘り！　一問一答！

以下の文章について、正しいものには○、誤っているものには×をつけよう。

(1) 建築基準法第6条第1項に基づき必要とされる確認を受ける前において、建築工事着手前の賃貸住宅の貸主から当該住宅の貸借の媒介を依頼され、取引態様を媒介と明示して募集広告を行った。

(2) 宅地建物取引業者が、開発行為の許可申請中のオフィスビルの貸主から当該住宅の貸借の代理を依頼され、代理人として借主との間で当該住宅の賃貸借契約を締結するのは宅地建物取引業法に違反しない。

(3) 宅地建物取引業者は、新築分譲マンションを建築工事の完了前に売却する場合、建築基準法第6条第1項の確認を受ける前において、当該マンションの売買の広告及び売買契約の締結のいずれもすることはできない。

次の表は建築確認前の業務制限についてまとめたものです。

	売買・交換	貸借
広告	×	×
契約	×	○

○ 可能　× 不可

ア 建築確認の済んでいない建築工事完了前の賃貸住宅について、**広告**を行ってはいけません。
★【×】

イ 建築確認の済んでいない建築工事完了前の賃貸住宅の貸借の場合には、**代理・媒介**を行うことは可能です。
★【○】

ウ 建築確認が済んでいれば建築工事完了前の建売住宅であっても、売買の**専任媒介**契約を締結し、媒介業務を行うことは可能です。
★【○】

エ 建物の建築に関する工事の完了前においては、当該工事に関し必要とされる**建築確認があった後**でなければ、当該工事に係る建物の**貸借の広告**をしてはいけません。
【×】

正解 2

Ken's Point

広告と契約では、契約のほうが重要であるように思えてしまうせいか、「貸借の広告はできるが契約はできない」と間違えてしまう人が少なくありません。まだできるかどうかわからない物件を広告することは、多くの人を期待させることになるため、規制されている点に注意しましょう。

一問一答！ 解答&解説

(1) ×：賃貸借契約でも建築確認前に広告することはできない　(2) ○　(3) ○

宅地建物取引業者Aが行う広告に関する次の記述のうち、宅地建物取引業法の規定によれば、誤っているものはどれか。

1 Aは、宅地の売買に係る広告において、当該宅地に関する都市計画法第29条の許可を受けていれば、当該造成工事に係る検査済証の交付を受けていなくても、当該広告を行うことができる。

2 Aは、未完成の土地付建物の販売依頼を受け、その広告を行うにあたり、当該広告印刷時には取引態様の別が未定であるが、配布時には決定している場合、取引態様の別を明示しない広告を行うことができる。

3 Aは、土地付建物の売買価格について、建物売買に係る消費税額（地方消費税額を含む。）を含む土地付建物売買価格のみを表示し、消費税額を明示しない広告を行うことができる。

4 Aは、賃貸物件の媒介の広告を行うにあたり、実在しない低家賃の物件の広告を出した。Aは業務停止処分を受けることがある。

2004年 問36

以下の文章について、正しいものには○、誤っているものには×をつけよう。

(1) 宅地建物取引業者は、新築分譲住宅としての販売を予定している建築確認申請中の物件については、建築確認申請中である旨を表示をすれば、広告をすることができる。

(2) 営業保証金を供託している宅地建物取引業者は、宅地の売買契約を締結するまでに、相手方（宅地建物取引業者を除く）に対し営業保証金を供託した供託所、所在地及び供託額を説明しなければならない。

(3) 販売する宅地又は建物の広告に著しく事実に相違する表示をした場合、監督処分の対象となるほか、6月以下の懲役及び100万円以下の罰金を併科されることがある。

1 宅地の造成については**都市計画法**の開発許可、建物の建築については**建築基準法の建築確認を受けた後**であれば、当該工事完了前であっても**広告**を行うことができます。 ★【○】

2 宅地建物の**広告**をするときには、**物件**ごとに**取引態様の別**（売主、貸主、代理、媒介〈仲介〉）を表示しなければなりません。本肢の状況でも、取引態様の別を表示せずに**広告**を行うことはできません。 ★【×】

3 原則として商品・サービスの価格は、**税込み**表示とされています。不動産の表示に関する公正競争規約では、建物（土地付建物含む）の価格について消費税が含まれていないのに、含まれていると誤認されるおそれのある表示を禁止していますが、本肢では消費税を含む総額を表示しているので、別に消費税額を明示しなくても不当表示に問われることはありません。 【○】

4 実在しない低家賃の物件を出すことは、**おとり広告**に該当し、不動産の表示に関する公正競争規約で禁止されています。広告において著しく事実と異なる表示をした場合、**業務停止**処分を受けることがあります。 ★【○】

正解 2

Ken's Point

取引態様は、「物件ごと」「広告するたび」に明示しなくてはいけません。報酬が発生するか否かの判断をするためのものですから、重要なのです。

一問一答！ 解答＆解説

(1) ×：建築確認申請中は広告できない　(2) ×：供託額は不要である　(3) ○

宅地建物取引業者A社が行う業務に関する次の記述のうち、宅地建物取引業法の規定に違反するものはいくつあるか。

ア A社は、建物の販売に際して、買主が手付として必要な額を持ち合わせていなかったため、手付を貸し付けることにより、契約の締結を誘引した。

イ A社は、建物の販売に際して、短時間であったが、私生活の平穏を害するような方法により電話勧誘を行い、相手方を困惑させた。

ウ A社は、建物の販売に際して、売買契約の締結後、買主から手付放棄による契約解除の申出を受けたが、正当な理由なく、これを拒んだ。

エ A社は、建物の売買の媒介に際して、売買契約の締結後、買主に対して不当に高額の報酬を要求したが、買主がこれを拒んだため、その要求を取り下げた。

1 一つ
2 二つ
3 三つ
4 四つ

2011年 問41

理解を深掘り！ 一問一答！

以下の文章について、正しいものには○、誤っているものには×をつけよう。

(1) 宅地建物取引業者Aが、宅地の所有者Bの依頼を受けてBC間の宅地の売買の媒介を行おうとしている。Aは、Cに対し手付を貸し付けるという条件で、BC間の売買契約の締結を誘引したが、Cが、その契約の締結に応じなければ違反とならない。

(2) 宅地建物取引業者A社による投資用マンションの販売の勧誘に当たって、A社の従業員は、勧誘の相手方から、「午後3時に訪問されるのは迷惑である。」と事前に聞いていながら、深夜でなければ迷惑にはならないだろうと判断したが、午後3時に当該相手方を訪問して勧誘を行うのは違反とならない。

(3) 宅地建物取引業者は、建物の販売に際して、不当に高額の報酬を要求したが、実際には国土交通大臣が定める額を超えない報酬を受け取ったのであれば違反とならない。

ア **手付け**を貸し付けることや、**信用を供与**することにより契約締結を誘引する行為は、禁止されています。 ★【○】

イ 契約締結の勧誘に際し、**私生活の平穏**を害するような方法で相手方を困惑させる行為は、たとえ短時間であっても禁止されています。 ★【○】

ウ 相手方などが手付を放棄して契約の解除をしようとしている場合、**正当な理由**なく、これを拒むことはできません。 ★【○】

エ 宅地建物取引業者は、相手方に対し、不当に高額の報酬を要求してはいけません。実際に受け取っていなくても、**請求**した時点で宅建業法違反となります。★【○】

正解 4

Ken's Point

「過去問を繰り返す」ことが、効果的な勉強法としてよく取り上げられます。ただ、勉強を始めた当初から常識的感覚で正解でき、解説を読んでも「それはそうに決まっている！」と思うような問題まで何度も繰り返すのは、時間がもったいないと思います。それよりも「よく間違える」「根拠があやふやな」問題を反復するほうが効率的です。

一問一答！ 解答&解説

(1) **×：手付について信用を供与することによる誘引は禁止されている** (2) **×：違反行為に当たる** (3) **×：不当に高額の報酬を要求しただけで違反となる**

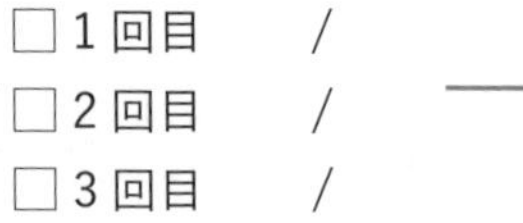

宅地建物取引業者Aが、自ら売主となり、宅地建物取引業者でない買主との間で締結した宅地の売買契約について、買主が宅地建物取引業法第37条の2の規定に基づき売買契約の解除（以下この問において「クーリング・オフ」という。）をする場合に関する次の記述のうち、正しいものはどれか。

1 買主Bは、20区画の宅地を販売するテント張りの案内所において、買受けを申し込み、契約を締結して、手付金を支払った。Bは、Aからクーリング・オフについて書面で告げられていなくても、その翌日に契約の解除をすることができる。

2 買主Cは、喫茶店で買受けの申込みをした際に、Aからクーリング・オフについて書面で告げられ、その4日後にAの事務所で契約を締結した場合、契約締結日から起算して8日が経過するまでは契約の解除をすることができる。

3 買主Dは、ホテルのロビーで買受けの申込みをし、翌日、Aの事務所で契約を締結した際に手付金を支払った。その3日後、Dから、クーリング・オフの書面が送付されてきた場合、Aは、契約の解除に伴う損害額と手付金を相殺することができる。

4 買主Eは、自ら指定したレストランで買受けの申込みをし、翌日、Aの事務所で契約を締結した際に代金の全部を支払った。その6日後、Eは、宅地の引渡しを受ける前にクーリング・オフの書面を送付したが、Aは、代金の全部が支払われていることを理由に契約の解除を拒むことができる。

2003年 問39

理解を深掘り！　一問一答！

以下の文章について、正しいものには○、誤っているものには×をつけよう。

(1) 宅地建物取引業者ではない買主Bは、宅地建物取引業者Aの仮設テント張りの案内所で買受けの申込みをし、2日後、Aの事務所で契約を締結した上で代金全額を支払った。その5日後、Bが、宅地の引渡しを受ける前に当該契約について解除の書面を送付した場合、Aは代金全額が支払われていることを理由に契約の解除を拒むことができる。

(2) 宅地建物取引業者ではない買主Bは、取引を媒介した宅地建物取引業者Cからの提案によりBの自宅で買受けの申込みを行ったが、クーリング・オフについては告げられず、その10日後に、売主である宅地建物取引業者Aの事務所で売買契約を締結した場合、クーリング・オフによる契約の解除はできない。

(3) 売主業者の申出により、売主の宅地建物取引業者の事務所で宅地建物取引業者ではない買主が買受けの申込みをした場合、クーリング・オフによる当該売買契約の解除を行うことはできない。

1 テント張りの案内所のような土地に定着していない案内所は、**クーリング・オフ**の適用があり、クーリング・オフできる旨を書面で告げられていないので、クーリング・オフの起算日が開始されていないことになります。よって、買受け申込みの翌日に**契約解除**をすることができます。 ★【○】

2 クーリング・オフについて書面で告げられたのが契約日の**4**日前ですから、クーリング・オフできるのは契約日から起算して**8**日－4日＝**4**日以内です。★【×】

3 クーリング・オフによる契約解除に際して、相手方に申込みの撤回などに伴う**損害賠償**又は**違約金**の支払いを請求することはできません。また、受領した**手付金**などは、速やかに返還しなければなりません。よって、契約の解除に伴う損害額と手付金を相殺することは許されません。 ★【×】

4 買主自ら指定したレストランはクーリング・オフ可の場所ですが、代金を全額支払い、かつ**宅地・建物の引渡し**を受けた場合はクーリング・オフ不可です。本肢は物件の引渡し前なので、クーリング・オフを拒むことはできません。 ★【×】

正解 1

クーリング・オフのポイント

要件	原則	①宅建業者が自ら売主となる宅地・建物の売買契約 ②事務所等以外の場所 ③契約の申込み・契約の締結をした者 ⇒①～③を満たす場合にクーリング・オフ（申込みの撤回・契約の解除）ができる！
	例外	①クーリング・オフできることを宅建業者から書面で告げられた日から起算して8日経過した場合 ②物件の引渡しを受け、かつ、代金全額を支払った場合 ⇒いずれもクーリング・オフできない！
備考		・効力が生じるのはクーリング・オフをする旨の書面を発したとき（相手方に到達しなくてもよい） ・宅建業者はクーリング・オフされた場合 ①損害賠償や違約金の支払いの請求はできない ②受領した手付金などを速やかに返還しなければならない

一問一答！ 解答&解説

(1) **×：契約解除を拒むことはできない** (2) **×：Cの提案によりBの自宅で買受けの申込みをしているため解除できる** (3) **○：売主の宅建業者の事務所で申込みをしているのでクーリング・オフできない**

□1回目　/
□2回目　/
□3回目　/

宅地建物取引業者Ａ社が、自ら売主として宅地建物取引業者でない買主Ｂとの間で締結した宅地の売買契約について、Ｂが宅地建物取引業法第37条の２の規定に基づき、いわゆるクーリング・オフによる契約の解除をする場合における次の記述のうち、正しいものはどれか。

1 Ｂは、自ら指定した喫茶店において買受けの申込みをし、契約を締結した。Ｂが翌日に売買契約の解除を申し出た場合、Ａ社は、既に支払われている手付金及び中間金の全額の返還を拒むことができる。

2 Ｂは、月曜日にホテルのロビーにおいて買受けの申込みをし、その際にクーリング・オフについて書面で告げられ、契約を締結した。Ｂは、翌週の火曜日までであれば、契約の解除をすることができる。

3 Ｂは、宅地の売買契約締結後に速やかに建物請負契約を締結したいと考え、自ら指定した宅地建物取引業者であるハウスメーカー（Ａ社より当該宅地の売却について代理又は媒介の依頼は受けていない。）の事務所において買受けの申込みをし、Ａ社と売買契約を締結した。その際、クーリング・オフについてＢは書面で告げられた。その６日後、Ｂが契約の解除の書面をＡ社に発送した場合、Ｂは売買契約を解除することができる。

4 Ｂは、10区画の宅地を販売するテント張りの案内所において、買受けの申込みをし、２日後、Ａ社の事務所で契約を締結した上で代金全額を支払った。その５日後、Ｂが、宅地の引渡しを受ける前に契約の解除の書面を送付した場合、Ａ社は代金全額が支払われていることを理由に契約の解除を拒むことができる。

2013年 問34

理解を深掘り！　一問一答！

以下の文章について、正しいものには○、誤っているものには×をつけよう。

(1) 宅地建物取引業者Ｂがホテルのロビーで買受けの申込みをし、３日後にＢの事務所の隣の喫茶店で売買契約をした場合、Ｂは当該建物の引渡しを受け、かつその代金の全部を支払う前であれば、売買契約をクーリング･オフによって解除できる。

(2) 買受けの申込みに際して手付金が支払われている場合で、宅地建物取引業者ではない買主がクーリング・オフによる解除を行ったとき、売主である宅地建物取引業者は、速やかに手付金を買主に返還しなければならないが、申込みの撤回に伴う損害があった場合は、損害賠償を請求できる。

(3) 宅地建物取引業者Ａと宅地建物取引業者ではないＢ間の売買契約の締結がＢの自宅で行われても、その場所の指定がＢの申出によるものであるときは、Ｂは、当該契約を解除することができない。

1 本肢の場合、買受けの申込みをした場所が喫茶店であり、その翌日に解除を申し出ているためクーリング・オフできます。クーリング・オフによる申込撤回の場合、既に支払われている**手付金**及び**中間金**の全額の返還を拒むことはできません。

★【×】

2 クーリング・オフは、書面で告げられた日から起算して**8**日を経過するまでは可能です。よって、クーリング・オフの期限は翌週の**月**曜日になります。 ★【×】

3 当該ハウスメーカーの事務所は、売主Ａから代理・媒介の依頼を受けていないため、クーリング・オフの適用がある場所です。Ｂは、クーリング・オフについて告げられた日から**8**日以内に申し出ており、クーリング･オフできます。★【○】

4 テント張りの案内所は、クーリング・オフの適用がある場所です。クーリング・オフ可能な期間内であっても、**代金全額**を支払い、かつ、**引渡し**を受けた場合には契約解除できませんが、本肢は、引渡しを受ける前なのでクーリング・オフできます。なお、契約の解除の書面を送付したのは、買受けの申込みから「２日＋５日＝７日後」で有効な期間内なので拒むことはできません。 ★【×】

正解 3

クーリング・オフができない事務所等

①	売主の宅建業者の事務所	
②	土地に定着し、かつ 専任の宅建士の設置義務のあるもの ➡	・継続的に業務を行うことができる施設を有する場所で、事務所以外の場所 ・案内所（モデルルーム等） ・一定の催し物会場
③	媒介・代理業者の上記①②の場所	
④	買主（申込者）から申し出た場合の、買主（申込者）の自宅・勤務先	

※テント張りの案内所は「土地に定着し」に該当しないため、クーリング・オフできる
専任の宅建士の設置義務がある場所であれば、専任の宅建士が不在でも上記②の要件を満たす

一問一答！ 解答＆解説

(1) **×：買主が宅建業者なのでクーリング・オフは不可である** (2) **×：請求できない** (3) **○**

□ 1 回目　/
□ 2 回目　/
□ 3 回目　/

宅地建物取引業者 A 社が、自ら売主として宅地建物取引業者でない買主 B との間で締結した投資用マンションの売買契約について、B が宅地建物取引業法第 37 条の 2 の規定に基づき、いわゆるクーリング・オフによる契約の解除をする場合における次の記述のうち、誤っているものの組合せはどれか。

ア　A 社は、契約解除に伴う違約金の定めがある場合、クーリング・オフによる契約の解除が行われたときであっても、違約金の支払を請求することができる。

イ　A 社は、クーリング・オフによる契約の解除が行われた場合、買受けの申込み又は売買契約の締結に際し受領した手付金その他の金銭の倍額を B に現実に提供しなければならない。

ウ　B は、投資用マンションに関する説明を受ける旨を申し出た上で、喫茶店で買受けの申込みをした場合、その 5 日後、A 社の事務所で売買契約を締結したときであっても、クーリング・オフによる契約の解除をすることができる。

1　ア、イ
2　ア、ウ
3　イ、ウ
4　ア、イ、ウ

2011年 問35（改題）

理解を深掘り！　一問一答！

以下の文章について、正しいものには○、誤っているものには×をつけよう。

(1) 宅地建物取引業者ではないBは、ホテルのロビーで買受けの申込みをし、翌日、宅地建物取引業者Aの事務所で契約を締結した際に手付金を支払った。その3日後、Bから、クーリング・オフの書面が送付されてきた場合、Aは、契約の解除に伴う損害賠償はできないが、手付金を返還する必要はない。

(2) 宅地建物取引業者ではないBは、宅地建物取引業者Aの仮設テント張りの案内所で買受けの申込みをし、その3日後にAの事務所でクーリング・オフについて書面で告げられた上で契約を締結した。この場合、Aの事務所で契約を締結しているので、Bは、契約の解除をすることができない。

(3) 宅地建物取引業者ではないBが喫茶店で宅地の買受けの申込みをした場合において、クーリング・オフによる契約の解除ができる期間内に、宅地建物取引業者Aが契約の履行に着手したときであっても、Bは、クーリング・オフにより契約の解除を行うことができる。

ア クーリング・オフが行われた場合、売主である宅地建物取引業者は、買主に対して申込みの撤回などに伴う**損害賠償金**や**違約金**の支払いを請求することができません。

★【×】

イ クーリング・オフが行われた場合、宅地建物取引業者は速やかに売買契約に際して受領した**手付金**や**代金**を返還しなければいけませんが、倍額を提供する必要はありません。手付金の倍額を買主に提供するのは、売主側から**手付解除を申し出た**場合です。

★【×】

ウ クーリング・オフの適用がある場所であるかどうかは、**買受けの申込み**場所で判断します。本肢では、買受けの申込みを喫茶店で行っていますが、喫茶店は**事務所**等ではないので、クーリング・オフの適用がある場所です。また、申込みの撤回は、クーリング・オフができる旨を**告げられた日から起算して8日を経過するまで**は行うことができます。本肢では、買受け時にクーリング・オフできる旨の告知があったかどうか不明ですが、もしあったとしても買受けの日から5日後なので、この要件も満たしています。よって、クーリング・オフは可能です。

★【○】

正解 1

Ken's Point

申込みと契約の場所が異なる場合は、申込みの場所で判断します。
買主が意思決定した場所を重視するからです。

申込みと契約の場所が異なる場合

申込み		契約		クーリング・オフ
事務所等	⊕	事務所等以外	⇒	×
事務所等以外		事務所等		○

○できる　×できない

一問一答！　解答&解説

(1) **×：手付金は返還する必要がある**　(2) **×：仮設テント張りの案内所で買受けの申込みをしているため解除できる**　(3) **○：クーリング・オフは、売主の着手の有無は無関係である**

□ 1回目　　/
□ 2回目　　/
□ 3回目　　/

宅地建物取引業者Aが、自ら売主となり、宅地建物取引業者でない買主との間で締結した宅地の売買契約について、買主が宅地建物取引業法第37条の2の規定に基づき、いわゆるクーリング・オフによる契約の解除をする場合に関する次の記述のうち、正しいものはどれか。

1 買主Bは自らの希望により勤務先で売買契約に関する説明を受けて買受けの申込みをし、その際にAからクーリング・オフについて何も告げられずに契約を締結した。この場合、Bは、当該契約の締結の日から8日を経過するまでは、契約の解除をすることができる。

2 買主Cは喫茶店において買受けの申込みをし、その際にAからクーリング・オフについて何も告げられずに契約を締結した。この場合、Cは、当該契約の締結をした日の10日後においては、契約の解除をすることができない。

3 買主Dはレストランにおいて買受けの申込みをし、その際にAからクーリング・オフについて書面で告げられ、契約を締結した。この場合、Dは、当該契約の締結をした日の5日後においては、書面を発しなくても契約の解除をすることができる。

4 買主Eはホテルのロビーにおいて買受けの申込みをし、その際にAからクーリング・オフについて書面で告げられ、契約を締結した。この場合、Eは、当該宅地の代金の80%を支払っていたが、当該契約の締結の日から8日を経過するまでは、契約の解除をすることができる。

2008年 問39

理解を深掘り！　一問一答！

以下の文章について、正しいものには○、誤っているものには×をつけよう。

(1) 宅地建物取引業者Aが宅地建物取引業者ではない買主Bに対し、売買契約の解除ができる旨及びその方法について口頭でのみ説明を行った場合、当該宅地の引渡しを受けていなければ、当該告知から何日を経過していても、Bは契約の解除が可能である。

(2) 宅地建物取引業者ではないBは、投資用マンションに関する説明を自宅で受ける旨を申し出た上で、自宅で買受けの申込みをした場合、その2日後、宅地建物取引業者A社の事務所で売買契約を締結したときであっても、クーリング・オフによる契約の解除をすることができる。

(3) 売主の宅地建物取引業者に買受けの申込みをした宅地建物取引業者ではない者が、売買契約締結後、当該宅地の引渡しを受けた場合、クーリング・オフによる当該売買契約の解除を行うことができない。

自ら売主・8種制限・クーリング・オフ

1 宅地建物取引業者が自ら売主となる売買契約の申込みを**事務所**等及び**買主が指定した自宅・勤務先**等以外でした場合は、撤回をすることができます。しかし本件の場合、買主自ら勤務先で契約の説明を受けることを申し出ているため、その場所でした買受けの申込みを撤回することはできません。 ★【×】

2 **書面**によって告げられていないため、買受けの申込みから10日後であっても解除可能です。 ★【×】

3 レストランは事務所等ではないので、クーリング・オフの適用がある場所です。また、クーリング・オフについて書面で告げられた日から5日後ですから、クーリング・オフが可能な期間でもあります。しかし、クーリング・オフする意思表示は**書面**でしなければなりません。よって「**書面**を発しなくても」契約解除できるとする本肢は、誤りです。 ★【×】

4 ホテルのロビーは事務所等ではないので、クーリング・オフの適用がある場所です。本肢の場合、物件引渡しの有無は不明ですが、**代金の全額支払い**がまだなので、8日を経過するまでは契約解除が可能です。 ★【○】

正解 4

Ken's Point

事務所等以外の場所で申込みした場合でも、宅建業者はクーリング・オフできる旨を書面で説明する義務はありません。書面で説明しなければ8日のカウントが始まらないので、代金全額支払いと引渡しをするまでは、買主はずっとクーリング・オフができるからです。

一問一答！ 解答&解説

(1) ○ (2) ×:買主が申し出た場合で、自宅で申込みをしたのであればクーリング・オフは不可である (3) ×：代金全額を支払っていなければクーリング・オフできることがある

□1回目　　/
□2回目　　/
□3回目　　/

\重要度/
★★★

宅地建物取引業者A社は、自ら売主として宅地建物取引業者でない買主Bとの間で、中古マンション（代金2,000万円）の売買契約（以下「本件売買契約」という。）を締結し、その際、代金に充当される解約手付金200万円（以下「本件手付金」という。）を受領した。この場合におけるA社の行為に関する次の記述のうち、宅地建物取引業法（以下この問において「法」という。）の規定に違反するものはいくつあるか。

ア　引渡前に、A社は、代金に充当される中間金として100万円をBから受領し、その後、本件手付金と当該中間金について法第41条の2に定める保全措置を講じた。

イ　本件売買契約締結前に、A社は、Bから申込証拠金として10万円を受領した。本件売買契約締結時に、当該申込証拠金を代金の一部とした上で、A社は、法第41条の2に定める保全措置を講じた後、Bから本件手付金を受領した。

ウ　A社は、本件手付金の一部について、Bに貸付けを行い、本件売買契約の締結を誘引した。

1　一つ
2　二つ
3　三つ
4　なし

2012年 問34

理解を深掘り！　一問一答！

以下の文章について、正しいものには○、誤っているものには×をつけよう。

(1) 宅地建物取引業者Aが、自ら売主として、宅地建物取引業者でないBとの間で締結する宅地の売買契約で手付の額を10分の3とする特約を定めた場合、当該特約は全体が無効となる。

(2) 宅地建物取引業者Aが、自ら売主として、宅地建物取引業者でないBとの間で締結する宅地の売買契約で、BはAに対して、手付金100万円及び中間金500万円を払っている場合、Aは手付金の倍額と中間金の合計700万円全額を現実に提供すれば、契約を解除できる。

(3) 宅地建物取引業者Aが、自ら売主として、宅地建物取引業者でないBとの間で締結する宅地の売買契約で、BがAに対して、手付金100万円及び中間金500万円を払っている場合でAが履行の着手をしていなければ、Bは手付金を放棄すれば中間金500万円の返金を受けて契約を解除することができる。

ア 宅地建物取引業者が自ら売主となって宅地建物取引業者以外の買主と売買契約をする際には、手付金等の保全措置を行う必要があります。完成済建物で、売買代金の**10%**を超える手付金等を受け取る場合には、**受領前に保全措置**を講じなければなりません。本問のように「売買代金の**10%**＝200万円」を超えて手付金等を受領する場合には、**保全措置**が必要です。A社は買主から200万円の手付金を受領しているため、中間金100万円を受け取ると手付金等の合計額が200万円を超えることになります。よって、中間金の受領前に既に受領済の200万円とあわせた**300**万円について、**保全措置**を講じる必要があるので違反します。

★【○】

イ 申込証拠金と手付金をあわせた**210**万円について**保全措置**を講じてから受領しているため、宅建業法に違反しません。

★【×】

ウ 手付金を**貸付け**（または分割払いに）することは、**契約の締結を誘引する行為**として宅建業法で禁止されています。本肢は、**手付貸与**の禁止に該当するため宅建業法に違反します。

★【○】

正解 **2**

Ken's Point

自ら売主制限は業者間取引では適用されませんが、手付の信用の供与は、業者間にも適用されます。試験においては、「プロ同士（業者間）であればなんでも許される」というイメージは、絶対に持ってはいけません。

一問一答！ 解答&解説

(1) **×：全体が無効ではなく、10分の2を超える部分が無効である** (2) **×：Bは中間金の支払い（履行の着手）をしているので、Aから手付倍返しでの解除は不可である** (3) **○**

□ 1 回目　　/
□ 2 回目　　/
□ 3 回目　　/

宅地建物取引業者Aが、自ら売主として買主との間で締結する売買契約に関する次の記述のうち、宅地建物取引業法（以下この問において「法」という。）の規定によれば、正しいものはどれか。なお、この問において「保全措置」とは、法第41条に規定する手付金等の保全措置をいうものとする。

1 Aは、宅地建物取引業者でない買主Bとの間で建築工事完了前の建物を4,000万円で売却する契約を締結し300万円の手付金を受領する場合、銀行等による連帯保証、保険事業者による保証保険又は指定保管機関による保管により保全措置を講じなければならない。

2 Aは、宅地建物取引業者Cに販売代理の依頼をし、宅地建物取引業者でない買主Dと建築工事完了前のマンションを3,500万円で売却する契約を締結した。この場合、A又はCのいずれかが保全措置を講ずることにより、Aは、代金の額の5%を超える手付金を受領することができる。

3 Aは、宅地建物取引業者である買主Eとの間で建築工事完了前の建物を5,000万円で売却する契約を締結した場合、保全措置を講じずに、当該建物の引渡前に500万円を手付金として受領することができる。

4 Aは、宅地建物取引業者でない買主Fと建築工事完了前のマンションを4,000万円で売却する契約を締結する際、100万円の手付金を受領し、さらに200万円の中間金を受領する場合であっても、手付金が代金の5%以内であれば保全措置を講ずる必要はない。

2013年 問40

理解を深掘り！　一問一答！

以下の文章について、正しいものには○、誤っているものには×をつけよう。

(1) 自ら売主である宅地建物取引業者Aと宅地建物取引業者ではないBとの間で工事の完了前に当該工事に係る建物（代金5,000万円）の売買契約を締結する場合、Aは、宅地建物取引業法第41条に定める手付金等の保全措置を講じた後でなければ、Bから200万円の手付金を受領してはならない。

(2) (1)の場合において、売買代金が2,500万円であった場合、売主である宅地建物取引業者は、当該住宅を引き渡す前に宅地建物取引業者ではない買主から保全措置を講じないで手付金150万円を受領することができる。

(3) 宅地建物取引業者Aが受領した手付金の返還債務のうち、保全措置を講ずる必要があるとされた額を超えた部分についてのみ保証することを内容とする保証委託契約をAと銀行との間であらかじめ締結したときは、Aは、この額を超える額の手付金を受領することができる。

1 未完成物件にかかわる保全措置について認められている方法は、**銀行**との保証委託契約、**保険会社**との保証保険契約のいずれかです。指定保管機関による保管による保全措置は、**完成済物件**のみに認められている方法です。 ★【×】

2 手付金等の保全措置は、**自ら売主**である宅地建物取引業者のみが講じる義務を負います。本肢の場合、保全措置の義務を負うのは、売主である**宅地建物取引業者A**になります。代理業者として取引にかかわる宅地建物取引業者Cが保全措置を講じる必要はありません。 ★【×】

3 宅地建物取引業者が自ら売主となる場合の制限は、**宅地建物取引業者間**の取引には適用されません。本肢では、買主が宅地建物取引業者なので保全措置を講じる必要はありません。 ★【○】

4 中間金200万円を受領すると、受領した手付金等の額が**300**万円になり、完成前物件の基準である代金の**5**%を超えます。このため、宅地建物取引業者は、手付金との合計**300**万円について、保全措置を講じた後でなければ**中間金**を受領できません。 ★【×】

正解 3

Ken's Point

自ら売主制限は、売主が宅建業者で買主が宅建業者ではない契約のときの規制であることに注意してください。宅建業者間取引や、非業者同士の売買、売主が非業者で買主が宅建業者であるときは適用されません。もし宅建業者同士の売買であれば、クーリング・オフは一切できません。手付金も、損害賠償と違約金の合算額も2割を超えても問題ありません。他人物売買も可能ですし、保全措置も不要です。問題を解く際は「売主が宅建業者」で「買主が宅建業者でないこと」をしっかりと確認しておきましょう。

一問一答！ 解答&解説

(1) **×：250万円を超えていなければ保全措置なしで受領できる** (2) **×：未完成物件の基準5%の125万円を超えているので、保全措置なしでは受領できない**
(3) **×：全額について保全措置をとらないと受領できない**

\重要度/
★★

宅地建物取引業者Aが、自ら売主として、宅地建物取引業者でないBと建築工事完了前のマンション（代金3,000万円）の売買契約を締結した場合、宅地建物取引業法第41条の規定に基づく手付金等の保全措置（以下この問において「保全措置」という。）に関する次の記述のうち、正しいものはいくつあるか。

ア Aが、Bから手付金600万円を受領する場合において、その手付金の保全措置を講じていないときは、Bは、この手付金の支払を拒否することができる。

イ Aが、保全措置を講じて、Bから手付金300万円を受領した場合、Bから媒介を依頼されていた宅地建物取引業者Cは、Bから媒介報酬を受領するに当たり、Aと同様、あらかじめ保全措置を講じなければ媒介報酬を受領することができない。

ウ Aは、Bから手付金150万円を保全措置を講じないで受領し、その後引渡し前に、中間金350万円を受領する場合は、既に受領した手付金と中間金の合計額500万円について保全措置を講じなければならない。

エ Aは、保全措置を講じないで、Bから手付金150万円を受領した場合、その後、建築工事が完了しBに引き渡す前に中間金150万円を受領するときは、建物についてBへの所有権移転の登記がなされるまで、保全措置を講じる必要がない。

1 一つ　**2** 二つ　**3** 三つ　**4** 四つ

2016年 問43

理解を深掘り！　一問一答！

以下の文章について、正しいものには○、誤っているものには×をつけよう。

(1) 宅地建物取引業者Aは、自ら売主として宅地建物取引業者ではないBとの間で、建築工事完了前の建物に係る売買契約（代金5,000万円）を締結した。Aは、宅地建物取引業法第41条に定める手付金等の保全措置を講じた上で、Bから2,000万円を手付金として受領した。

(2) 宅地建物取引業者A社は、自ら建築工事完了前のマンションの売主となるときは、代金の一部が当該物件の売買価格の1/10以下で、かつ、1,000万円以下であれば、保全措置をしなくてもよい。

(3) 宅地建物取引業者Aは、自ら売主として宅地建物取引業者ではないBとの間で土地付建物の売買契約を締結した。当該建物が未完成であった場合でも、Bへの所有権移転の登記をすれば、Bから受け取る中間金について、その金額を問わず宅地建物取引業法第41条に定める手付金等の保全措置を講ずる必要はない。

ア 600万円は代金の**20**%に相当するので、保全措置を講じなければならない条件を満たします。宅地建物取引業者が手付金等の保全措置を講じていない場合、買主は手付金等の支払いを**拒むことができます**。 ★【○】

イ 保全措置を講じる必要があるのは、**自ら売主となる宅地建物取引業者**ですから、媒介した宅地建物取引業者が保全措置を講じる必要はありません。 ★【×】

ウ 未完成物件において保全措置が不要なのは、受領しようとする手付金等が代金の**5**%以下、かつ、**1,000**万円以下の場合です。手付金の150万円は代金の**5**%なので保全措置は不要ですが、中間金350万円を受け取ると合計**500**万円となり、保全措置が必要な条件を満たします。 ★【○】

エ 保全措置は、買主への**所有権移転**の登記がされるまで必要です。本肢で受け取る手付金等は合計300万円であり、代金の**5**%超という条件を満たすため、中間金の受領前に保全措置を講じなくてはなりません（**契約締結時に未完成物件**であった以上、その後建築工事が完了しても**未完成物件として取り扱われます**）。 ★【×】

正解 **2**

保全措置のポイント

原則	宅建業者は、保全措置を講じた後でなければ、手付金等を受領してはならない ⇒買主は、宅建業者が保全措置を講じないときは、手付金等を支払わなくてもよい		
例外	①買主に所有権移転の登記がされたとき、および買主が所有権の保存登記をしたときは、保全措置不要 ②手付金等が少額の場合は保全措置不要 未完成物件⇒ 1,000万円以下　かつ　代金の5%以下 完成物件　⇒ 1,000万円以下　かつ　代金の10%以下		
保全措置の方法	**①銀行等との保証委託契約**	**②保険事業者との保証保険契約**	**③指定保管機関との手付金等寄託契約**
未完成物件	○	○	×
完成物件	○	○	○

一問一答！ 解答＆解説

(1) **×：保全措置をとっても手付金は自ら売主制限では２割を超えてはいけない**
(2) **×：自ら売主となって未完成物件を売る場合、手付金等の保全措置が不要なのは代金の100分の5（5%）以下かつ1,000万円以下の場合に限られる。10分の1以下ではない** (3) **○**

□ 1 回目　　/
□ 2 回目　　/
□ 3 回目　　/

宅地建物取引業者Aが自ら売主としてマンション（販売価額3,000万円）の売買契約を締結した場合における次の記述のうち、民法及び宅地建物取引業法の規定によれば、正しいものはどれか。

1 Aは、宅地建物取引業者であるBとの売買契約の締結に際して、当事者の債務不履行を理由とする契約の解除に伴う損害賠償の予定額を1,200万円とする特約を定めた。この特約は無効である。

2 Aは、宅地建物取引業者でないCとの売買契約の締結に際して、当事者の債務不履行を理由とする契約の解除に伴う損害賠償の予定額を1,200万円とする特約を定めることができる。

3 Aは、宅地建物取引業者であるDとの売買契約の締結に際して、当事者の債務不履行を理由とする契約の解除に伴う損害賠償の予定額の定めをしなかった場合、実際に生じた損害額1,000万円を立証により請求することができる。

4 Aは、宅地建物取引業者でないEとの売買契約の締結に際して、当事者の債務不履行を理由とする契約の解除に伴う損害賠償の予定額を600万円、それとは別に違約金を600万円とする特約を定めた。これらの特約はすべて無効である。

2005年 問43

以下の文章について、正しいものには○、誤っているものには×をつけよう。

(1) 宅地建物取引業者Aと宅地建物取引業者Bとの間で締結した建築工事完了前の建物の売買契約において、当事者の債務の不履行を理由とする契約の解除に伴う損害賠償の予定額を代金の額の30%と定めることができる。

(2) 宅地建物取引業者Aが自ら完成前の物件の売主となり、宅地建物取引業者Bに売却する場合、宅地建物取引業法第38条に基づく損害賠償額の予定等の制限に関する規定が適用される。

(3) 宅地建物取引業者Aは、自ら売主として工事完了前のマンションを宅地建物取引業者でないBに4,000万円で売却する契約を締結した。売買契約において損害賠償額の予定の定めをしなかったが、Bが債務を履行しなかったので、実際に生じた損害額を証明すれば3,000万円を損害賠償金として受領することができる。

1 買主が**宅地建物取引業者**である場合は、**損害賠償予定額の制限**に関する規定は適用されません。 ★【×】

2 買主が宅地建物取引業者でないため、損害賠償の予定額は代金の**2**割までに制限されます。本問では、代金の**2**割は「3,000万円×**20**%＝600万円」なので、本肢の1,200万円は制限を超えています。よって、本肢の特約を定めることはできません。 ★【×】

3 損害賠償の予定額を定めなかった場合でも、**民法**の規定に基づき損害賠償請求をすることは可能です。 ★【○】

4 損害賠償の予定額に関する制限を超えた特約を行った場合でも、無効となるのは**2割を超えた**部分についてのみとなります。本肢は「すべて無効」としているので誤りです。 ★【×】

正解 **3**

Ken's Point

宅建業者が自ら売主となるとき、損害賠償の予定と違約金を定める場合は、合算して代金額の2割までとなります。買主が些細な債務不履行をした場合の損害賠償が高額化しないようにするためです。ゆえに、損害賠償の予定又は違約金を定めない場合は、実際の損害賠償額を証明して裁判などで決めるため、2割という上限はないのです。

一問一答！ 解答&解説

(1) ○ (2) ×：宅建業者間取引には適用されない (3) ○

□1回目　／
□2回目　／
□3回目　／

宅地建物取引業者Aが自ら売主となって宅地建物の売買契約を締結した場合に関する次の記述のうち、宅地建物取引業法の規定に違反するものはどれか。
なお、この問において、AとC以外の者は宅地建物取引業者でないものとする。

1 Bの所有する宅地について、BとCが売買契約を締結し、所有権の移転登記がなされる前に、CはAに転売し、Aは更にDに転売した。

2 Aの所有する土地付建物について、Eが賃借していたが、Aは当該土地付建物を停止条件付でFに売却した。

3 Gの所有する宅地について、AはGと売買契約の予約をし、Aは当該宅地をHに転売した。

4 Iの所有する宅地について、AはIと停止条件付で取得する売買契約を締結し、その条件が成就する前に当該物件についてJと売買契約を締結した。

2005年 問35

理解を深掘り！　一問一答！

以下の文章について、正しいものには○、誤っているものには×をつけよう。

(1) Xの所有する宅地について、宅地建物取引業者AはXと停止条件付売買契約をした場合、Aは当該宅地を宅地建物取引業者Bに転売しても宅地建物取引業法違反とはならない。

(2) 宅地建物取引業者Aは、中古の建物を、その所有者Xから停止条件付で取得する契約を締結し、当該条件の未成就のまま、その建物を宅地建物取引業者ではないBに対し販売する契約を締結することができる。

(3) 自己の所有に属さない物件の取得契約が締結されていても、物件の引渡しが済むまでの間は、宅地建物取引業者が売主として宅地建物取引業者ではない買主と転売契約を締結してはならない。

自己所有に属さない物件の契約締結制限

1 宅地建物取引業者の所有に属しない所有権移転登記が未完了の宅地建物であっても、売買契約等より**所有権**を取得できることが明らかである場合には、宅地建物取引業者は自ら売主となる売買契約を締結できます。BとCの間には売買契約が成立しているので、買主Cから転売を受けたAが当該宅地の**所有権**を取得できることは明らかです。 ★【×】

2 土地付建物は他人物ではなく**宅地建物取引業者A**が所有している物件なので、Aは自ら売主となって**停止条件付の売買契約**を締結できます。 ★【×】

3 売買契約により所有権を取得できることが明らかであれば、宅地建物取引業者が自ら売主となり、他人物を売買の目的物とする契約を締結できます。この売買契約には、売買の**予約**も含まれるのでHへの転売は有効です。**予約**者（宅地建物取引業者）が意思表示をしさえすれば契約の効力が生じ、当該物件を取得できることが確実だからです。 ★【×】

4 他人から宅地建物の所有権を取得する契約が**停止条件付**であるときは、取得できるかどうかは条件の成就により確実であるとはいえないので、成就前に自ら売主となる売買契約を締結することができません。 ★【○】

正解 4

他人物売買のポイント

原則	他人の物件について宅建業者は、自ら売主となる売買契約の締結は×（予約も含む）
例外	宅建業者が物件を取得する契約を締結（予約を含む）しているなど、宅建業者がその物件を取得できることが明らかな場合 ⇒売買契約を締結できる （宅建業者の物件取得契約が停止条件付の場合＝売買契約は×）

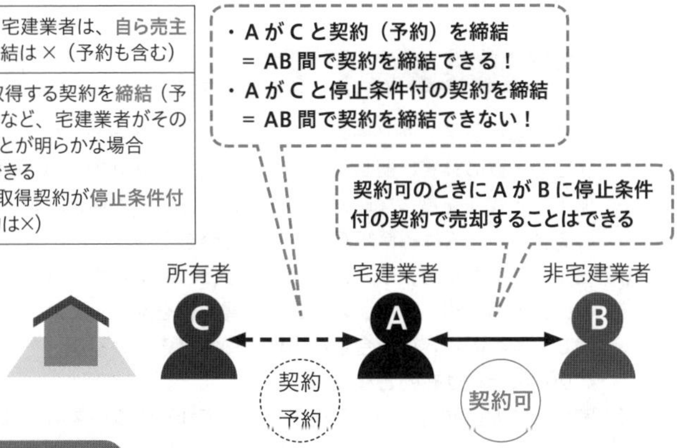

・AがCと契約（予約）を締結
＝AB間で契約を締結できる！
・AがCと停止条件付の契約を締結
＝AB間で契約を締結できない！

契約可のときにAがBに停止条件付の契約で売却することはできる

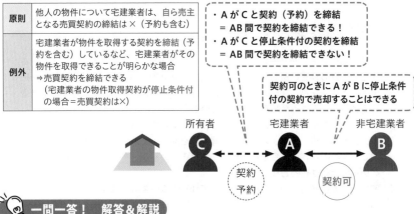

所有者 C　宅建業者 A　非宅建業者 B
契約 予約
契約可

一問一答！ 解答&解説

(1) ○　(2) ×：停止条件付の契約では取得できているとはいえないので契約できない　(3) ×：転売契約を締結できる

問題 091

□1回目　/
□2回目　/
□3回目　/

宅地建物取引業者Ａ社が、自ら売主として建物の売買契約を締結する際の特約に関する次の記述のうち、宅地建物取引業法の規定に違反するものはどれか。

1 当該建物が新築戸建住宅である場合、宅地建物取引業者でない買主Ｂの売買を代理する宅地建物取引業者Ｃ社との間で当該契約締結を行うに際して、Ａ社が当該住宅の種類又は品質に関して契約の内容に適合しない場合におけるその不適合を担保すべき責任に関し、Ｂがその不適合をＡ社に通知すべき期間についての特約を定めないこと。

2 当該建物が中古建物である場合、宅地建物取引業者である買主Ｄとの間で、「中古建物であるため、Ａ社は、当該建物が契約の内容に適合しない場合におけるその不適合を担保すべき責任を負わない」旨の特約を定めること。

3 当該建物が中古建物である場合、宅地建物取引業者でない買主Ｅとの間で、「Ａ社の担保責任を追及するためにＥがＡ社に通知すべき期間を、売買契約締結の日にかかわらず引渡しの日から２年間とする」旨の特約を定めること。

4 当該建物が新築戸建住宅である場合、宅地建物取引業者でない買主Ｆとの間で、「Ｆは、Ａ社が担保責任を負う期間内であれば、損害賠償の請求をすることはできるが、契約の解除をすることはできない」旨の特約を定めること。

2012年 問39（改題）

理解を深掘り！　一問一答！

以下の文章について、正しいものには○、誤っているものには×をつけよう。

(1) 宅地建物取引業者Ａ（甲県知事免許）は、自ら売主となる乙県内に所在する中古住宅の売買の業務に関し、当該売買の契約においてその目的物の契約不適合を担保すべき責任を負わない旨の特約を付した。この場合、買主が宅地建物取引業者の場合でも、Ａは乙県知事から指示処分を受けることがある。

(2) 宅地建物取引業者Ａが、自ら売主となり、宅地建物取引業者である買主Ｂと建物の売買契約を締結する。ＡはＢと売買契約を締結する際、建物が種類又は品質に関して契約の内容に適合しない場合におけるその不適合を担保すべき責任を負わない旨の特約は有効となる。

(3) 宅地建物取引業者Ａが自ら売主として宅地建物取引業者ではない買主Ｂとの間で締結する宅地の売買契約において、当該宅地の種類又は品質に関して契約の内容に適合しない場合におけるその不適合を担保すべき責任に関し、ＢがＡに対し通知すべき期間をＢがその不適合を知った時から２年とする特約を定めた場合、この特約は有効である。

担保責任の特約の制限

1 契約不適合を担保すべき責任についての特約を定めなかった場合は、民法の規定が適用され、**契約不適合を知った時から１年以内の通知**でＯＫとなります。よって、担保責任の通知期間を定めなかったとしても、宅建業法の規定には違反しません。

★【×】

2 宅地建物取引業者が自ら売主となる売買契約において、契約不適合を担保すべき責任を負わない旨の特約を定めることは、買主に不利となるので宅地建物取引業法により禁止されています。しかし、この規定は**宅地建物取引業者間の取引には適用されません**。本肢では、売主・買主の双方が宅地建物取引業者なので、違反行為には該当しません。

★【×】

3 宅地建物取引業者が自ら売主となる売買契約では、契約不適合を担保すべき責任に関し、買主がその不適合を売主に通知すべき期間を、物件の**引渡しの日から２年以上**とする特約は認められています。「**２年以上**」には、本肢のようにちょうど**２**年も含まれるので、宅建業法の規定に違反しません。

★【×】

4 民法では、契約不適合（契約について債務不履行）があった場合に、当事者の一方が相手方に対して**損害賠償請求**や**契約解除**ができる権利を定めています。また、契約解除をしても損害賠償請求でき、その逆もしかりです。契約の解除ができない旨の特約は、民法の規定より**買主**に不利なので宅建業法違反となります。

★【○】

正解 4

第2章 担保責任の特約の制限

Ken's Point

民法では、契約自由の原則から契約不適合を担保しない特約も有効ですし、通知期間を引渡しから３か月などに短縮する特約も有効です。それに対して宅建業法の自ら売主制限では、引渡しからの期間が２年以上ないと特約は無効とされてしまうのです。民法のベースとなる知識を知らないと、宅建業法の理解ができません。宅建業法の前提となる民法の規定は、しっかり学習しておきましょう。

一問一答！ 解答＆解説

(1) ×：業者間取引なので自ら売主制限の適用はない　(2) ○　(3) ○

□1回目　　/
□2回目　　/
□3回目　　/

宅地建物取引業者A社が、自ら売主として行う宅地（代金3,000万円）の売買に関する次の記述のうち、宅地建物取引業法の規定に違反するものはどれか。

1 A社は、宅地建物取引業者である買主B社との間で売買契約を締結したが、B社は支払期日までに代金を支払うことができなかった。A社は、B社の債務不履行を理由とする契約解除を行い、契約書の違約金の定めに基づき、B社から1,000万円の違約金を受け取った。

2 A社は、宅地建物取引業者でない買主Cとの間で、割賦販売の契約をしたが、Cが賦払金の支払を遅延した。A社は20日の期間を定めて書面にて支払を催告したが、Cがその期間内に賦払金を支払わなかったため、契約を解除した。

3 A社は、宅地建物取引業者でない買主Dとの間で、割賦販売の契約を締結し、引渡しを終えたが、Dは300万円しか支払わなかったため、宅地の所有権の登記をA社名義のままにしておいた。

4 A社は、宅地建物取引業者である買主E社との間で、売買契約を締結したが、当該宅地が種類又は品質に関して契約の内容に適合しない場合におけるその不適合を担保すべき責任について、「契約不適合による契約解除又は損害賠償の請求は、契約対象物件である宅地の引渡しの日から1年を経過したときはできない」とする旨の特約を定めていた。

2011年 問39（改題）

理解を深掘り！　一問一答！

以下の文章について、正しいものには○、誤っているものには×をつけよう。

(1) 宅地建物取引業者Aと宅地建物取引業者Bとの間で締結した建物の売買契約において、当事者の債務の不履行を理由とする契約の解除に伴う損害賠償の予定額と違約金の額をそれぞれ代金の額の20%と定めることができる。

(2) 宅地建物取引業者Aが、宅地建物取引業者ではないBに建物を売却する場合、法第38条に基づく損害賠償額の予定等の制限に関する規定が適用される。

(3) 宅地建物取引業者A社は、宅地建物取引業者である買主Bとの間で、宅地（代金3,000万円）の割賦販売の契約を締結し、引渡しを終えたが、Bは1,000万しか支払わなかったため、宅地の所有権の登記をA社名義のままにしておくのは宅地建物取引業法違反とはならない。

1 宅地建物取引業者間の取引には“自ら売主”の規制が適用されないため、宅地建物取引業者である買主B社との間で代金の2割を超える損害賠償額の予定を定めたとしても、宅地建物取引業法に違反しません。【×】

2 自ら売主となり割賦販売を行った宅地建物取引業者は、割賦販売契約において賦払金の支払の義務が履行されない場合は、30日以上の期間を定めて書面で支払いを催告しなければなりません。期間内に債務が履行されない場合は、契約を解除できます。本肢では「20日」としていますが、これでは足りません。【○】

3 自ら売主となり割賦販売した宅地建物取引業者は、その物件の引渡しまでに登記の移転をしなければなりませんが、受け取った代金が3割以下のときには、3割を超える代金支払いを受けるまで登記の移転をしなくてもOKです。【×】

4 宅地建物取引業者が自ら売主となる売買契約では、物件の契約不適合を担保すべき責任に関し、買主がその不適合を売主に通知すべき期間について、引渡しから2年以上となる特約を除き、民法の規定（買主が知った時から1年以内に通知）よりも買主に不利な特約にはできません。しかしこの規定は、宅地建物取引業者間の取引には適用されないため、宅地建物取引業法に違反しません。【×】

正解 2

Ken's Point

割賦販売自体はそれほど多くないため、頻出ではありませんが、下表の内容はしっかりと覚えておきましょう。

	民法	宅建業法	例外
割賦販売契約の解除等の制限	相当期間を定めた催告後解除	① 30日以上の相当期間を定めて催告 ② 催告は書面でする ③ ①②に反する特約は無効	—
所有権留保等の禁止	制限なし	引渡しまでに登記移転が必要	所有権留保ができる（登記移転しない）場合 ①支払済み額が代金の10分の3以下の場合 ＋ ②買主が代金支払いの担保措置を講じない場合

一問一答！ 解答＆解説

(1) ○：業者間取引なので合計40%でも可能である　(2) ○　(3) ○

□ 1回目　　/
□ 2回目　　/
□ 3回目　　/

宅地建物取引業者Ａが、自ら売主として、宅地建物取引業者でないＢと建物の売買契約を締結しようとし、又は締結した場合に関する次の記述のうち、宅地建物取引業法（以下この問において「法」という。）の規定によれば、正しいものはどれか。

1 Ａは、自己の所有に属しない建物を売買する場合、Ａが当該建物を取得する契約を締結している場合であっても、その契約が停止条件付であるときは、当該建物の売買契約を締結してはならない。

2 売買契約の締結に際し、当事者の債務の不履行を理由とする契約の解除に伴う損害賠償の額を予定し、又は違約金を定める場合において、これらを合算した額が売買代金の２割を超える特約をしたときは、その特約はすべて無効となる。

3 「建物が種類又は品質に関して契約の内容に適合しない場合、その不適合がＡの責に帰すことのできるものでないときは、Ａは担保責任を負わない」とする特約は有効である。

4 Ｂがホテルのロビーで買受けの申込みをし、３日後にＢの自宅で売買契約を締結した場合、Ｂは、当該建物の引渡しを受け、かつ、その代金の全部を支払っているときでも、当該売買契約の解除をすることができる。

2007年 問41（改題）

理解を深掘り！ 一問一答！

以下の文章について、正しいものには○、誤っているものには×をつけよう。

(1) 宅地建物取引業者Aは、宅地建物取引業者ではないXが所有する宅地について、Xとの間で確定測量図の交付を停止条件とする売買契約を締結した。その後、停止条件が成就する前に、Aは自ら売主として、宅地建物取引業者であるBとの間で当該宅地の売買契約を締結することができる。

(2) 宅地建物取引業者が自ら売主となる宅地の売買契約において損害賠償の額を予定し、その予定額が代金の額の２割を超える場合、その旨の説明があれば、その２割を超える部分についても有効である。

(3) 自ら売主制限において「売主に帰責事由がない場合、契約不適合担保責任を負わない」という特約は無効であるが、宅地建物取引業者間でも無効となる。

1 宅地建物取引業者は原則、**自己の所有**に属しない不動産の売買契約を締結してはいけません。停止条件付では取得できることが明らかではなく、また、Bは宅地建物取引業者ではないため、契約締結してはいけません。 ★【○】

2 売買契約の締結に際し、契約の解除に伴う損害賠償の予定額や違約金を定める場合、その合算額は売買代金の**2割が上限**となります。これを超える特約をした場合、「**2割を超える部分についてのみ無効**」となります。 ★【×】

3 民法における売主の担保責任は、原則として**無過失責任**なので、その不適合について売主が**無過失**でも担保責任を免れることはできません。売主が宅地建物取引業者、買主が宅地建物取引業者でない場合には、本肢のように「売主に過失があるときのみ契約不適合についての担保責任を負う」旨の特約は、民法の規定よりも買主にとって不利なので、**無効**となります。 ★【×】

4 **引渡し**を受け、**代金を全額**支払っているので契約解除できません。 ★【×】

正解 1

Ken's Point

手付金について、民法では2割を超えても有効であるとともに、証約手付、違約手付、損害賠償の予定としての手付、解約手付などを契約で決めることができますが、宅建業者が自ら売主となる場合はどう取り決めても必ず解約手付の性質を持ちます。下表を理解しておきましょう。

手付金の額	代金額の10分の2まで ⇒超える部分は無効
手付金の性質	常に解約手付となる ⇒相手方が履行に着手するまでは、買主は手付金を放棄して、売主は手付金の倍額を現実に提供して、契約を解除することができる（自分が着手していても、相手方が着手するまでは手付解除可） ⇒手付の性質について買主に不利となる特約は無効

一問一答！ 解答&解説

(1) ○ (2) ×：2割を超える部分は無効となる (3) ×：宅建業者間であれば有効である

□1回目　/
□2回目　/
□3回目　/

宅地建物取引業者Aが、自ら売主として宅地建物取引業者でない買主Bとの間で宅地（代金2,000万円）の売買契約を締結した場合における次の記述のうち、宅地建物取引業法の規定によれば、正しいものはどれか。

1 Aは、当該宅地の契約の内容に適合しない場合におけるその不適合を担保すべき責任に関し、Bがその不適合をAに通知すべき期間を当該宅地の引渡しの日から3年とする特約をすることができる。

2 Aは、当事者の債務不履行を理由とする契約の解除に伴う損害賠償の予定額を300万円とし、かつ、違約金を300万円とする特約をすることができる。

3 Aは、Bの承諾がある場合においても、「Aが契約の履行に着手した後であっても、Bは手付を放棄して、当該売買契約を解除することができる」旨の特約をすることができない。

4 当該宅地が、Aの所有に属しない場合、Aは、当該宅地を取得する契約を締結し、その効力が発生している場合においても、当該宅地の引渡しを受けるまでは、Bとの間で売買契約を締結することができない。

2010年 問40（改題）

理解を深掘り！　一問一答！

以下の文章について、正しいものには○、誤っているものには×をつけよう。

(1) 宅地建物取引業者が自ら売主となる宅地の売買契約において、目的物が種類又は品質に関して契約の内容に適合しない場合にその不適合について買主が売主に通知すべき期間を引渡しの日から2年間とする特約を定めた場合、その特約は無効となる。

(2) 販売代金2,500万円の宅地について、宅地建物取引業者Aが自ら売主として売買契約の締結を行い、損害賠償の額の予定及び違約金の定めをする場合、その合計額を500万円と設定することができる。

(3) 「手付放棄による契約の解除は、契約締結後30日以内に限る」旨の特約を定めた場合、契約締結後30日を経過したときは、売主である宅地建物取引業者Aが契約の履行に着手していなかったとしても、宅地建物取引業者ではない買主Bは、手付を放棄して契約の解除をすることができない。

1 宅地建物取引業者が自ら売主となる売買契約では、宅地建物取引業者が売買目的物の契約不適合を担保すべき責任に関し、買主が売主に通知すべき期間について、**引渡しから２年以上**とする場合を除き、民法の規定よりも買主に不利な特約は**無効**となります。**２**年以上であればよいのですから、通知期間を３年間とする特約は可能です。 ★【**○**】

2 宅地建物取引業者が自ら売主となる場合、**損害賠償予定額**と**違約金**の**合計額**が売買代金の**２**割を**超えてはいけません**。本肢のケースは合計600万円であり、売買代金の**２**割（2,000万円×**20**%＝400万円）を超えているため、そのような特約をすることはできません。 ★【**×**】

3 買主Bが手付解除できる期間を伸長するものであり、**買主に有利**なので有効に定めることができます。 ★【**×**】

4 宅地建物取引業者は、原則として自己の所有に属しない不動産について売買契約を締結してはいけません。ただし、当該不動産を取得することについて売買契約（予約を含む）が成立をしている場合など、その宅地や建物を**取得できることが明らかな**ときや、自ら売主となる未完成物件の売買契約で**保全措置**が講じられているとき、**宅地建物取引業者間**の取引であるときは、契約可能です。よって、宅地の所有権を有していなくても、取得契約の効力が生じていれば、引渡しを受ける前であっても売買の契約を締結することが可能です。 ★【**×**】

正解 **1**

Ken's Point

宅建業法は消費者（自ら売主制限なら買主）保護の法律ですから、そのルールを正確に覚えなくてはいけません。そして、自ら売主の際は、宅建業法よりも消費者に不利であれば無効ですが、有利な特約であれば有効となります。この点を常に意識しましょう。

一問一答！ 解答＆解説

(1) **×：引渡しから２年以上なので有効である**　(2) **○**　(3) **×：特約は無効であり、手付解除はできる**

□ 1 回目　　/
□ 2 回目　　/
□ 3 回目　　/

特定住宅瑕疵担保責任の履行の確保等に関する法律に基づく住宅販売瑕疵担保保証金の供託又は住宅販売瑕疵担保責任保険契約の締結に関する次の記述のうち、正しいものはどれか。

1 宅地建物取引業者は、自ら売主として宅地建物取引業者である買主との間で新築住宅の売買契約を締結し、その住宅を引き渡す場合、住宅販売瑕疵担保保証金の供託又は住宅販売瑕疵担保責任保険契約の締結を行う義務を負う。

2 自ら売主として新築住宅を販売する宅地建物取引業者は、住宅販売瑕疵担保保証金の供託をする場合、宅地建物取引業者でない買主へのその住宅の引渡しまでに、買主に対し、保証金を供託している供託所の所在地等について記載した書面を交付して又は電磁的方法による提供をして説明しなければならない。

3 自ら売主として新築住宅を宅地建物取引業者でない買主に引き渡した宅地建物取引業者は、基準日に係る住宅販売瑕疵担保保証金の供託及び住宅瑕疵担保責任保険契約の締結の状況について届出をしなければ、当該基準日以後、新たに自ら売主となる新築住宅の売買契約を締結することができない。

4 住宅販売瑕疵担保責任保険契約を締結している宅地建物取引業者は、当該保険に係る新築住宅に、構造耐力上主要な部分及び雨水の侵入を防止する部分の隠れた瑕疵（構造耐力又は雨水の侵入に影響のないものを除く。）がある場合に、特定住宅販売瑕疵担保責任の履行によって生じた損害について保険金を請求することができる。

2015年 問45（改題）

理解を深掘り！　一問一答！

以下の文章について、正しいものには○、誤っているものには×をつけよう。

(1) 買主が建設業者である場合、自ら売主である宅地建物取引業者は、買主に引き渡した新築住宅について、住宅販売瑕疵担保保証金の供託又は住宅販売瑕疵担保責任保険契約の締結を行う義務を負わない。

(2) 自ら売主である宅地建物取引業者は、住宅販売瑕疵担保保証金の供託をする場合、宅地建物取引業者ではない買主に対する供託所の所在地等について記載した書面の交付及び説明を、買主に新築住宅を引き渡すまでに行えばよい。

(3) 宅地建物取引業者は、中古住宅を媒介する場合においても、住宅販売瑕疵担保保証金の供託又は住宅販売瑕疵担保責任保険契約の締結を行う義務を負う。

1 本肢は、買主が宅地建物取引業者です。宅地建物取引業者間の取引なので、**資力確保**措置を講じる必要はありません。 ★【×】

2 住宅販売瑕疵担保保証金の供託をしている宅地建物取引業者が、自ら売主として新築住宅の販売をする場合、**売買契約を締結する前**までに、供託所の所在地等についての事項を記載した**書面**又は**電磁的記録**を**交付**し、**説明**する必要があります。本肢は「住宅の引渡しまでに」としているので誤りです。 ★【×】

3 新たに自ら売主となる新築住宅の売買契約を締結することができなくなるのは基準日以後ではなく、**基準日の翌日から起算して50日**を経過した日以後です。 ★【×】

4 販売した新築住宅の構造耐力上主要な部分及び雨水の侵入を防止する部分に隠れた瑕疵があった場合、**売主業者**は担保責任を負う必要があります。この場合、宅地建物取引業者は、**特定住宅販売瑕疵担保責任**の履行によって生じた損害について保険金を請求することができます。 ★【○】

正解 4

Ken's Point

住宅瑕疵担保履行法は、宅建業法とは異なる法律ですが、売主が宅建業者、買主が宅建業者以外のときに適用になるため、宅建業法での出題となっています。「宅建業者以外」とありますが、建設業者も宅建業の免許がなければ宅建業者以外の扱いになる点に注意してください。

一問一答！ 解答&解説

(1) **×：義務を負う** (2) **×：契約までに行わなければならない** (3) **×：媒介業者は保険や供託不要で、義務を負うのは新築住宅を自ら売主として売る場合のみである**

□ 1 回目　　/
□ 2 回目　　/
□ 3 回目　　/

宅地建物取引業者Ａが自ら売主として、宅地建物取引業者ではない買主Ｂに新築住宅を販売する場合における次の記述のうち、特定住宅瑕疵担保責任の履行の確保等に関する法律によれば、正しいものはどれか。

1 Ａが、住宅販売瑕疵担保保証金を供託する場合、当該住宅の床面積が 100㎡以下であるときは、新築住宅の合計戸数の算定に当たって、２戸をもって１戸と数えることになる。

2 Ａは、住宅瑕疵担保責任保険法人と住宅販売瑕疵担保責任保険契約の締結をした場合、Ｂが住宅の引渡しを受けた時から 10 年以内に当該住宅を転売したときは、当該住宅瑕疵担保責任保険法人にその旨を申し出て、当該保険契約の解除をしなければならない。

3 Ａは、住宅販売瑕疵担保責任保険契約の締結をした場合、当該住宅を引き渡した時から 10 年間、当該住宅の構造耐力上主要な部分、雨水の浸入を防止する部分、給水設備又はガス設備の隠れた瑕疵によって生じた損害について保険金の支払を受けることができる。

4 住宅販売瑕疵担保責任保険契約は、新築住宅を引き渡したＡが住宅瑕疵担保責任保険法人と締結する必要があり、Ｂが保険料を支払うものではない。

2020年12月 問45

理解を深掘り！　一問一答！

以下の文章について、正しいものには○、誤っているものには×をつけよう。

(1) 宅地建物取引業者Ａが住宅販売瑕疵担保責任保険契約を締結した場合、Ａ及び宅地建物取引業者ではない買主Ｂは、指定住宅紛争処理機関に特別住宅紛争処理の申請をすることにより、当該新築住宅の瑕疵に関するＡとＢとの間の紛争について、あっせん、調停又は仲裁を受けることができる。

(2) 住宅販売瑕疵担保責任保険契約は、新築住宅の引渡し時から 10 年以上有効でなければならないが、当該新築住宅の買主の承諾があれば、当該保険契約に係る保険期間を５年間に短縮することができる。

(3) 自ら売主の宅地建物取引業者は、宅地建物取引業者ではない買主の承諾を得た場合には、買主に引き渡した新築住宅について、住宅販売瑕疵担保保証金の供託又は住宅販売瑕疵担保責任保険契約の締結を行わなくてもよい。

1 販売新築住宅の合計戸数の算定に当たっては、床面積**55㎡**以下の住宅２戸をもって１戸と数えます。100㎡以下ではありません。 ★【×】

2 新築住宅の引渡しから10年以内にその住宅が転売された場合でも、**住宅販売瑕疵担保責任保険契約**を解除できません。なお、転売があっても保険契約に基づく請求権は依然として新築住宅の**買主**の下にあり、転売の買受人に当然に承継されるわけではありません。もし転売後に補償対象となる損害が発生したときには、転売の買受人は、**転売主**に請求をするか、転売主の請求権に債権者代位して損害をてん補することになります。 【×】

3 **住宅販売瑕疵担保責任保険契約**でてん補される損害は、**住宅品質確保法**で定める住宅の構造耐力上主要な部分等の瑕疵により生じたものに限られます。住宅の給水設備又はガス設備は、「**住宅のうち**構造耐力上主要な部分又は雨水の浸入を防止する部分」には含まれないので、保険金の支払いを受けられません。 ★【×】

4 売主である宅地建物取引業者と保険会社の間で締結する契約であり、買主ではなく、当該**宅地建物取引業者**が保険料を支払います。 ★【○】

正解 **4**

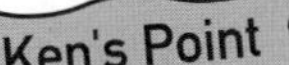

住宅瑕疵担保履行法が適用になる前提の住宅の品質確保の促進等に関する法律（品確法）についてまとめておきました。

主体	新築住宅の売主 ①建設工事完了の日から１年以内であり、 ②まだ人の居住の用に供したことのない住宅
瑕疵（欠陥）	① **構造耐力上主要な部分** ② **雨水の浸入を防止する部分**
責任期間	引き渡した時から**10年間**（特約で20年まで伸長できる）
特約	買主に不利な特約は**無効**

（1）**○：裁判所を利用する場合よりも、低コストで早い** （2）**×：短縮はできない**
（3）**×：承諾を得ても供託又は保険契約の締結は必要である**

□1回目　　/
□2回目　　/
□3回目　　/

特定住宅瑕疵担保責任の履行の確保等に関する法律に基づく住宅販売瑕疵担保保証金の供託又は住宅販売瑕疵担保責任保険契約の締結に関する次の記述のうち、正しいものはどれか。

1 自ら売主として新築住宅を宅地建物取引業者でない買主に引き渡した宅地建物取引業者は、基準日に係る住宅販売瑕疵担保保証金の供託及び住宅販売瑕疵担保責任保険契約の締結の状況について届出をしなければ、当該基準日から起算して50日を経過した日以後、新たに自ら売主となる新築住宅の売買契約を締結してはならない。

2 宅地建物取引業者は、自ら売主として新築住宅を販売する場合だけでなく、新築住宅の売買の媒介をする場合においても、住宅販売瑕疵担保保証金の供託又は住宅販売瑕疵担保責任保険契約の締結を行う義務を負う。

3 住宅販売瑕疵担保責任保険契約は、新築住宅の買主が保険料を支払うことを約し、住宅瑕疵担保責任保険法人と締結する保険契約である。

4 自ら売主として新築住宅を販売する宅地建物取引業者は、住宅販売瑕疵担保保証金の供託をする場合、当該新築住宅の売買契約を締結するまでに、当該新築住宅の買主に対し、当該供託をしている供託所の所在地、供託所の表示等について記載した書面を交付して又は電磁的方法による提供をして説明しなければならない。

2014年 問45（改題）

理解を深掘り！　一問一答！

以下の文章について、正しいものには○、誤っているものには×をつけよう。

(1) 宅地建物取引業者が住宅販売瑕疵担保保証金の供託をし、その額が、基準日において、販売新築住宅の合計戸数を基礎として算定する基準額を超えることとなった場合、公告をした上で、その超過額を取り戻すことができる。

(2) 住宅販売瑕疵担保責任保険契約は、新築住宅の引渡しを受けた宅地建物取引業者ではない買主が住宅瑕疵担保責任保険法人と締結する必要があるが、保険料は売主の宅地建物取引業者が支払う義務を負う。

(3) 宅地建物取引業者Aは、住宅販売瑕疵担保保証金の供託をする場合、買主Bに対し、当該住宅の所有権移転登記をするまでに、供託所の所在地等について記載した書面を交付、又は電磁的方法により提供して説明しなければならない。

1 新築住宅を引き渡した宅地建物取引業者は、住宅販売瑕疵担保保証金の供託及び住宅販売瑕疵担保責任保険契約の締結の状況についての届出をしなかった場合、当該**基準日の翌日から起算して50日を経過した日以後**、新たに自ら売主となる新築住宅の売買契約を締結してはいけません。新築住宅の販売が制限されるのは、基準日から起算して**50**日を経過した日以後ではなく、**基準日の翌日**から起算して**50**日を経過した日以後となります。 ★【×】

2 媒介として取引に関わる場合、**住宅販売瑕疵担保保証金**の供託又は**住宅販売瑕疵担保責任保険契約**の締結を行う義務はありません。 ★【×】

3 「買主が保険料を支払う」とする点で本肢は誤りです。住宅販売瑕疵担保責任保険契約は、保険料を**宅地建物取引業者**が支払う保険契約でなければなりません。 ★【×】

4 住宅販売瑕疵担保保証金の供託をしている宅地建物取引業者が、自ら売主として新築住宅の販売をする場合、当該新築住宅の**売買契約を締結**するまでに、買主に対してその住宅販売瑕疵担保保証金の供託をしている供託所の**所在地**その他所定の事項について、これらの事項を記載した**書面**又は**電磁的記録**を**交付**して**説明**しなければなりません。 ★【○】

正解 4

第2章 住宅瑕疵担保履行法

Ken's Point

届出は基準日から3週間以内であるのに対して、新築住宅を売れなくなるのは、基準日の翌日から起算して50日を経過した日以後で、数字だけでなく起算日もポイントとなります。相続絡みだと、たとえば「知った日から30日」など他の起算点も重要になるので、数字だけでは勝負にならないことを肝に銘じて学習しましょう。

一問一答！ 解答&解説

(1) **×：公告ではなく免許権者の承認で取り戻すことができる** (2) **×：保険法人と契約するのは売主の宅地建物取引業者である** (3) **×：「所有権移転登記まで」ではなく、「契約締結まで」に説明しなければならない**

□1回目　/
□2回目　/
□3回目　/

特定住宅瑕疵担保責任の履行の確保等に関する法律に基づく住宅販売瑕疵担保保証金の供託又は住宅販売瑕疵担保責任保険の締結（以下この問において「資力確保措置」という。）に関する次の記述のうち、正しいものはどれか。

1 宅地建物取引業者は、自ら売主として宅地建物取引業者である買主との間で新築住宅の売買契約を締結し、当該住宅を引渡す場合、資力確保措置を講ずる義務を負う。

2 自ら売主として新築住宅を販売する宅地建物取引業者は、住宅販売瑕疵担保保証金の供託をする場合、宅地建物取引業者でない買主に対して供託所の所在地等について記載した書面の交付又は電磁的方法による提供及び説明を、新築住宅を引き渡すまでに行えばよい。

3 宅地建物取引業者は、自ら売主として新築住宅を販売する場合だけでなく、新築住宅の売買の媒介をする場合においても、資力確保措置を講ずる義務を負う。

4 自ら売主として新築住宅を宅地建物取引業者でない買主に引き渡した宅地建物取引業者は、基準日ごとに、当該基準日に係る資力確保措置について、その免許を受けた国土交通大臣又は都道府県知事に届け出なければならない。

2010年 問45（改題）

理解を深掘り！　一問一答！

以下の文章について、正しいものには○、誤っているものには×をつけよう。

(1) 宅地建物取引業者は、自ら売主として建設業者である買主との間で新築住宅の売買契約を締結し、当該住宅を引き渡す場合、資力確保措置を講ずる必要はない。

(2) 自ら売主として新築住宅を販売する宅地建物取引業者は、住宅販売瑕疵担保保証金の供託をする場合、契約締結までに宅地建物取引業者でない買主に対し、保証金を供託している供託所の所在地及び供託額について記載した書面を交付、又は電磁的方法により提供して説明しなければならない。

(3) 宅地建物取引業者は、住宅販売瑕疵担保保証金の供託をする場合、国債証券、地方債証券その他の国土交通省令で定める有価証券をもって、住宅販売瑕疵担保保証金に充てることができる。

1 本肢は、買主が宅地建物取引業者です。新築住宅の買主が宅地建物取引業者である場合は、**資力確保**措置を講ずる義務を負いません。 ★【×】

2 住宅販売瑕疵担保保証金の供託をしている宅地建物取引業者が、自ら売主として新築住宅の販売をする場合、**売買契約を締結**するまでに、宅地建物取引業者でない買主に対して供託所の所在地等について記載した**書面**又は**電磁的記録**を**交付**し、**説明**しなければなりません。本肢は「新築住宅を引き渡すまでに」としているので誤りです。 ★【×】

3 資力確保措置を講じる必要があるのは、宅地建物取引業者が**自ら売主**として新築住宅を販売するときに限られます。媒介として取引にかかわる宅地建物取引業者には、資力確保措置を講ずる義務はありません。 ★【×】

4 過去10年以内に新築住宅を販売した宅地建物取引業者は、当該基準日に係る資力確保措置を、基準日（毎年3月31日）ごとに、その基準日から**3週間以内**に免許権者に届け出る必要があります。 ★【○】

正解 4

Ken's Point

媒介業者は仲介として、債務不履行や不法行為での責任を負うことはあっても、売主の責任である契約不適合責任を負うことはありません。民法の問題でも出題されているので、確実に点を取れるようにしておきましょう。

一問一答！ 解答&解説

(1) **×：買主は建設業者なので資力確保措置を講ずる必要がある** (2) **×：供託額は説明不要である** (3) **○**

□１回目　　/
□２回目　　/
□３回目　　/

宅地建物取引業者Ａが自ら売主として、宅地建物取引業者でない買主Ｂに新築住宅を販売する場合における次の記述のうち、特定住宅瑕疵担保責任の履行の確保等に関する法律の規定によれば、正しいものはどれか。

1 Ａは、住宅販売瑕疵担保保証金の供託をする場合、Ｂに対し、当該住宅を引き渡すまでに、供託所の所在地等について記載した書面を交付して又は電磁的方法による提供をして説明しなければならない。

2 自ら売主として新築住宅をＢに引き渡したＡが、住宅販売瑕庇担保保証金を供託する場合、その住宅の床面積が55㎡以下であるときは、新築住宅の合計戸数の算定に当たって、床面積55㎡以下の住宅２戸をもって１戸と数えることになる。

3 Ａは、基準日に係る住宅販売瑕疵担保保証金の供託及び住宅販売瑕疵担保責任保険契約の締結の状況についての届出をしなければ、当該基準日から１月を経過した日以後においては、新たに自ら売主となる新築住宅の売買契約を締結してはならない。

4 Ａは、住宅販売瑕疵担保責任保険契約の締結をした場合、当該住宅を引き渡した時から10年間、当該住宅の給水設備又はガス設備の瑕疵によって生じた損害について保険金の支払を受けることができる。

2017年 問45（改題）

理解を深掘り！　一問一答！

以下の文章について、正しいものには○、誤っているものには×をつけよう。

(1) 自ら売主として新築住宅を販売する宅地建物取引業者は、住宅販売瑕疵担保保証金の供託をする場合、契約締結までに宅地建物取引業者である買主に対し、保証金を供託している供託所の所在地等について記載した書面を交付、又は電磁的方法により提供して説明しなければならない。

(2) 自ら売主として新築住宅を宅地建物取引業者でない買主に引き渡した宅地建物取引業者は、その住宅を引き渡した日から３週間以内に、住宅販売瑕疵担保保証金の供託又は住宅販売瑕疵担保責任保険契約の締結の状況について、宅地建物取引業の免許を受けた国土交通大臣又は都道府県知事に届け出なければならない。

(3) 住宅販売瑕疵担保責任保険契約は、新築住宅を自ら売主として販売する宅地建物取引業者が住宅瑕疵担保責任保険法人と締結する保険契約であり、当該住宅の売買契約を締結した日から５年間、当該住宅の瑕疵によって生じた損害について保険金が支払われる。

1 住宅販売瑕疵担保保証金の供託をしている宅地建物取引業者が、自ら売主として新築住宅の販売をする場合、**売買契約を締結する**までに、買主に対して供託所の所在地等についての事項を記載した**書面**又は**電磁的記録**を**交付**し、**説明**する必要があります。 ★【×】

2 供託金の額は、自ら売主となる売買契約に基づく新築住宅引渡しの実績によって決まりますが、床面積**55㎡以下**の**住宅２戸をもって１戸**と数えます。 ★【○】

3 新築住宅を引き渡した宅地建物取引業者が、住宅販売瑕疵担保保証金の供託及び住宅販売瑕疵担保責任保険契約の締結の状況についての届出をしなかった場合、当該**基準日の翌日から起算して 50 日を経過した日以後**、新たに自ら売主となる新築住宅の売買契約を締結してはいけません。 ★【×】

4 住宅の**給水**設備又は**ガス**設備の瑕疵は、住宅品確法が定める「住宅のうち構造耐力上主要な部分又は雨水の浸入を防止する部分」には含まれません。よって、保険金の支払いを受けることはできません。 ★【×】

正解 2

Ken's Point

住宅瑕疵担保履行法の重要な点をまとめました。

適用範囲	宅建業者が自ら売主として、宅建業者でない者に新築住宅を販売する場合
資力確保の措置	・住宅販売瑕疵担保保証金の供託　または ・住宅販売瑕疵担保責任保険への加入
情報提供	宅建業者は自ら売主となる新築住宅の買主に対して、売買契約を締結するまでに、保証金を供託している供託所の所在地等について、書面を交付、または電磁的方法により提供して説明しなければならない
供託等の届出	新築住宅を引き渡した宅建業者は、基準日ごとに、保証金の供託及び保険契約の締結の状況について、基準日から３週間以内に、免許権者に届け出なければならない ⇒この届出をしない宅建業者は、基準日の翌日から 50 日を経過した日以後、新たに自ら売主となる新築住宅の売買契約を締結してはならない

一問一答！ 解答＆解説

(1) **×：宅建業者には説明は不要である**　(2) **×：基準日（毎年３月 31 日）ごとに、その日から３週間以内**　(3) **×：売買契約を締結した日から５年間ではなく、引渡しから 10 年以上の期間に渡るものでなければならない**

問題 100

□1回目　/
□2回目　/
□3回目　/

宅地建物取引業者A（消費税課税事業者）が売主B（消費税課税事業者）からB所有の土地付建物の媒介の依頼を受け、買主Cとの間で売買契約を成立させた場合、AがBから受領できる報酬の上限額は、次のうちどれか。なお、土地付建物の代金は6,400万円（うち、土地代金は4,200万円）で、消費税及び地方消費税を含むものとする。

1 1,980,000円
2 2,046,000円
3 2,112,000円
4 2,145,000円

2009年 問41（改題）

理解を深掘り！ 一問一答！

以下の文章について、正しいものには○、誤っているものには×をつけよう。

(1) 消費税の課税事業者であるAが、甲及び乙から依頼を受け、甲所有の価額2,400万円の宅地と乙所有の価額2,000万円の宅地を交換する契約を媒介して成立させ、甲及び乙からそれぞれ78万円の報酬を受領するのは宅地建物取引業法違反とならない。
(2) 消費税の課税事業者であるBが、消費税の課税事業者である丙から依頼を受け、借賃月額10万円、権利金（権利設定の対価として支払われる金銭で返還されないもの）200万円で丙所有の店舗用建物の貸借契約を媒介して成立させ、丙から12万円の報酬を受領するのは宅地建物取引業法違反とならない。
(3) 宅地建物取引業者は、国土交通大臣の定める限度額を超えて報酬を受領してはならないが、相手方が好意で支払う謝金は、この限度額とは別に受領することができる。

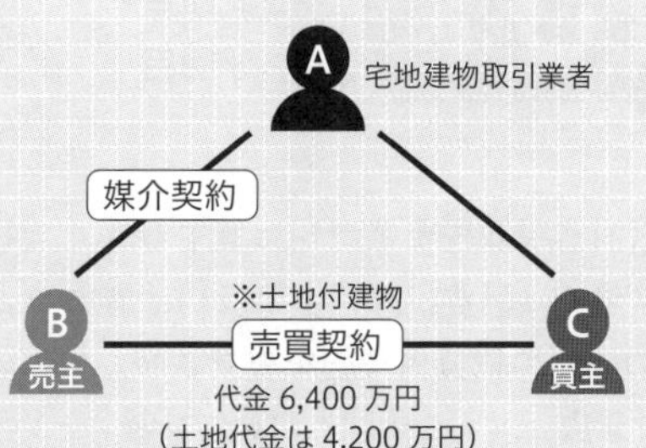

本問の土地付建物の価格は消費税込みで 6,400 万円です。報酬金額の算定の際には**消費税抜き**の価格を基準とするため、最初にその価格を計算しておかなければなりません。消費税は**建物にのみ課される**ため、税抜きの建物価格は、

建物価格（税込み）：6,400 万円－4,200 万円＝ 2,200 万円

建物価格（税抜き）：2,200 万円 ÷1.10 ＝ **2,000 万**円

以上より、報酬金額の算定の際の売買代金は「**4,200 万**円＋ **2,000 万**円＝ **6,200 万**円」とわかります。

売買代金が 400 万円超では、媒介の報酬額の限度は「売買代金の **3** %＋ **6** 万円」に消費税相当額を加えた金額ですから、A が受領できる報酬の上限は、以下のように算出されます。

（6,200 万円× **3** %＋ **6** 万円）× 1.10 ＝ **211** 万 **2,000** 円

正解　3

Ken's Point

売買代金が税込みの場合は、速算法（3％＋６万円）の前に税抜きにしなくてはなりません。土地の売買代金は消費税がかからないので、建物が税込表示のときにのみ税抜きにする（1.1 で割る）点を理解しておきましょう。

一問一答！　解答＆解説

（1）○　（2）×：賃料基準だと 10 万円＋消費税、権利金基準でも 200 万円× 5％＝ 10 万円＋消費税となる。12 万円は上限を超えるため違反となる　（3）×：受領することはできない

□ 1回目　　/
□ 2回目　　/
□ 3回目　　/

宅地建物取引業者A（消費税課税事業者）は貸主Bから建物の貸借の媒介の依頼を受け、宅地建物取引業者C（消費税課税事業者）は借主Dから建物の貸借の媒介の依頼を受け、BとDの間での賃貸借契約を成立させた。この場合における次の記述のうち、宅地建物取引業法（以下この問において「法」という。）の規定によれば、正しいものはどれか。なお、1か月分の借賃は9万円（消費税等相当額を含まない。）である。

1 建物を店舗として貸借する場合、当該賃貸借契約において200万円の権利金（権利設定の対価として支払われる金銭であって返還されないものをいい、消費税等相当額を含まない。）の授受があるときは、A及びCが受領できる報酬の限度額の合計は220,000円である。

2 AがBから49,500円の報酬を受領し、CがDから49,500円の報酬を受領した場合、AはBの依頼によって行った広告の料金に相当する額を別途受領することができない。

3 Cは、Dから報酬をその限度額まで受領できるほかに、法第35条の規定に基づく重要事項の説明を行った対価として、報酬を受領することができる。

4 建物を居住用として貸借する場合、当該賃貸借契約において100万円の保証金（Dの退去時にDに全額返還されるものとする。）の授受があるときは、A及びCが受領できる報酬の限度額の合計は110,000円である。

2017年 問26（改題）

理解を深掘り！　一問一答！

以下の文章について、正しいものには○、誤っているものには×をつけよう。

(1) 宅地建物取引業者は、媒介報酬の限度額まで受領できるほかに、宅地建物取引業法第37条の規定に基づく契約の内容を記載した書面を作成した対価として、文書作成費を受領することができる。

(2) 宅地建物取引業者Aは、建物の貸借の媒介に当たり、依頼者の特別の依頼に基づいて広告をした。Aは報酬とは別に、依頼者に対しその広告料金を請求することができない。

(3) 宅地建物取引業者Aは、既存住宅の売買の媒介について、Aが売主Bに対して建物状況調査を実施する者をあっせんした場合、AはBから報酬とは別にあっせんに係る料金を受領することはできない。

1 宅地または**居住用ではない建物の貸借**において、権利金の授受がある場合は、その**権利金の額を売買代金とみなす**ことができます。

①貸借契約の借賃を基にした報酬額：90,000円×1.10＝**99,000**円

②権利金を売買代金とした報酬額［A社・C社（共に媒介の）報酬限度額］：

2,000,000円×5％×1.10＝**110,000**円

これを**双方から受領**できるため、報酬額は**220,000**円。

よって、限度額は①②を比べてより多い**220,000**円となります。 ★【○】

2 受領できる金額は説明のとおりです。しかし、**顧客の依頼**による特別の広告であれば、その料金を法定の報酬限度額とは別に受け取ることができます。 ★【×】

3 **重要事項説明**を行ったことによる別途の報酬請求はできません。 ★【×】

4 **居住用建物**の場合、権利金を売買代金とみなすことはできません。また、本肢のように**返還される金銭**は権利金に含まれません。よって、A及びCが受領できる報酬の限度額の合計は、借賃1月分に消費税相当額を加えた「90,000円×1.10＝**99,000**円」となります。 ★【×】

正解 1

Ken's Point

試験に出題される報酬については、不動産業に携わっている人は実務現場での経験を考慮せずに解きましょう。実務では重要事項説明料はあまり聞きませんが、広告料、コンサルティング料、業務委託費、事務手数料とさまざまなお金が飛び交っています。「試験は試験」と割り切る必要があります。

一問一答！ 解答＆解説

(1) **×：文書作成費は受領することはできない** (2) **×：依頼に基づくものであれば実費を請求できる** (3) **○**

□ 1回目　／
□ 2回目　／
□ 3回目　／

宅地建物取引業者A及び宅地建物取引業者B（ともに消費税課税事業者）が受領する報酬に関する次の記述のうち、宅地建物取引業法の規定によれば、正しいものはどれか。なお、借賃には消費税等相当額を含まないものとする。

1 Aは売主から代理の依頼を、Bは買主から媒介の依頼を、それぞれ受けて、代金5,000万円の宅地の売買契約を成立させた場合、Aは売主から343万2,000円、Bは買主から171万6,000円、合計で514万8,000円の報酬を受けることができる。

2 Aが単独で行う居住用建物の貸借の媒介に関して、Aが依頼者の一方から受けることができる報酬の上限額は、当該媒介の依頼者から報酬請求時までに承諾を得ている場合には、借賃の1.1か月分である。

3 Aが単独で貸主と借主の双方から店舗用建物の貸借の媒介の依頼を受け、1か月の借賃25万円、権利金330万円（権利設定の対価として支払われるもので、返還されないものをいい、消費税等相当額を含む。）の賃貸借契約を成立させた場合、Aが依頼者の一方から受けることができる報酬の上限額は、30万8,000円である。

4 Aが単独で行う事務所用建物の貸借の媒介に関し、Aが受ける報酬の合計額が借賃の1.1か月分以内であれば、Aは依頼者の双方からどのような割合で報酬を受けてもよく、また、依頼者の一方のみから報酬を受けることもできる。

2020年10月 問30

以下の文章について、正しいものには○、誤っているものには×をつけよう。

(1) 複数の宅地建物取引業者が関与する場合は、報酬の合計額が媒介報酬の限度額の2倍を超えてもよい。

(2) 居住用建物以外の賃貸借の媒介報酬は、報酬限度額以内であれば、貸主・借主のどちらからどのような割合で受けてもよい。

(3) 居住用建物以外の賃貸借の媒介報酬は、報酬限度額以内であれば、貸主・借主のどちらか一方のみから報酬を受けてもよい。

1 【宅地建物取引業者A（売主代理）の報酬限度額】
(5,000万円×３％＋６万円）×1.10＝**171万6,000**円
171万6,000円×２＝**343万2,000**円
【宅地建物取引業者B（買主媒介）の報酬限度額】
(5,000万円×３％＋６万円）×1.10＝**171万6,000**円
１つの取引に**複数の宅地建物取引業者が関与した場合**でも、**報酬額の合計は媒介の報酬額の２倍**(代理と同額)を超えられません。AとBの合計で**343万2,000**円を超えることはできません。 ★【×】

2 居住用建物の貸借の媒介で依頼者の一方から受領できる金額は、依頼者の承諾を得ている場合を除き「**借賃１月**分＋消費税」の**２**分の１以内です。承諾は「**媒介の依頼を受けるに当たって**」得る必要があり、**報酬請求時までの承諾**では、依頼者の一方から借賃の1.1か月分を受領できないことになります。 【×】

3 居住用建物以外の建物の貸借の媒介では、権利金を売買代金として報酬額を計算できます。300万円が売買代金（税抜き）となるので、この金額を基準に報酬を算定した場合、「300万円×４％＋２万円＝14万円」となり、消費税相当額を加えると「**15万4,000**円」となります。この金額が依頼者の一方から受領できる限度です。 ★【×】

4 居住用建物以外の貸借の媒介では、双方から受け取る報酬の合計額が借賃の**1.1**か月分以内なら、依頼者の双方からどのような割合で報酬を受けてもよく、また、**依頼者の一方**のみから報酬限度額まで受領できます。 ★【○】

正解 **4**

第2章 報酬額の規制

Ken's Point

速算法では、契約当事者の一方の媒介業者の限度額だけでなく、「１つの取引から発生する報酬は基準額の２倍まで」という規制を忘れずに考えましょう。むしろ基準額を２倍して違反の有無を確認すると、ラクに問題を解けることも多くあります。

一問一答！ 解答&解説

(1) **×:媒介業者が複数でも１つの取引で生ずる報酬は基準額の２倍まで**　(2) **○**　(3) **○**

□1回目　/
□2回目　/
□3回目　/

宅地建物取引業者A（消費税課税事業者）が、宅地建物取引業に関して報酬を受領した場合に関する次の記述のうち、宅地建物取引業法の規定に違反しないものの組合せとして、正しいものはどれか。なお、この場合の取引の関係者は、A、B及びCのみとする。

ア　Aは、BからB所有の宅地の売却について代理の依頼を受け、Cを買主として代金3,000万円で売買契約を成立させた。その際、Bから報酬として、132万円を受領した。

イ　Aは、BからB所有の宅地の売却について媒介の依頼を受け、Cを買主として代金1,000万円で売買契約を成立させた。その際、Bから報酬30万円のほかに、Bの特別の依頼による広告に要した実費10万円を受領した。

ウ　Aは、貸主B及び借主Cとの間で建物の貸借の媒介契約を締結し、その1か月後にBC間の建物の貸借契約を成立させたことの報酬として、B及びCそれぞれから建物の借賃の1月分ずつを受領した。

1 ア、イ
2 ア、ウ
3 イ、ウ
4 ア、イ、ウ

2006年 問43（改題）

理解を深掘り！　一問一答！　以下の文章について、正しいものには○、誤っているものには×をつけよう。

(1) 宅地建物取引業者Aが、Bから売買の媒介を依頼され、Bからの特別の依頼に基づき、遠隔地への現地調査を実施した。その際、当該調査に要する特別の費用について、Bが負担することを事前に承諾していたので、Aは媒介報酬とは別に、当該調査に要した特別の費用相当額を受領することができる。

(2) 宅地建物取引業者A（消費税課税事業者）が、店舗兼住宅（1か月の借賃20万円。消費税等相当額を含まない。）の貸借の媒介をする場合、依頼者の一方から受領する報酬は依頼者の承諾がなければ11万円を超えてはならない。

(3) 定期建物賃貸借契約の契約期間が終了した直後に、宅地建物取引業者AがBC間の定期建物賃貸借契約の再契約を成立させた場合にAが受け取る報酬については、宅地建物取引業法の規定は適用されない。

税抜き売買代金	基本報酬額
200万円以下	売買金額の5%
200万円超400万円以下	売買金額の4%＋2万円
400万円超	売買金額の3%＋6万円

ア　売買・交換の代理では、上表の基本報酬額の**2**倍＋消費税を依頼主から受領できます。
(3,000万円×**3**%＋**6**万円)×2×1.10＝**211万2,000**円
132万円は限度額以下なので問題ありません。　★【○】

イ　売買・交換の媒介では、上表の基本報酬額＋消費税が限度額となります。
(1,000万円×**3**%＋**6**万円)×1.10＝**39万6,000**円
Bから受領した30万円は限度額以下であり、依頼主からの「特別の依頼による広告」は、**別途その実費**を受領することができるので、問題ありません。
★【○】

ウ　貸借の代理・媒介では、貸主・借主から受領できる報酬合計は「**借賃1か月分**＋消費税」です。本肢は双方から借賃1月分を受領しており、合計で2月分となってしまうため、違反します。　★【×】

正解　**1**

Ken's Point

計算問題を苦手にしている人も多いと思いますが、まずは速算法を税抜き代金に入れて計算しましょう。最初さえできればあとはスムーズに計算が進むことが多いので、上表の速算法のルールは、絶対暗記してください。努力すれば必ずできるようになるので、歯を食いしばって頑張ってください。

一問一答！　解答&解説

(1) ○　(2) ×：店舗兼住宅の建物は、「居住用建物以外」と取り扱うので、貸主・借主合計で1か月＋消費税相当額を超えなければ、内訳は規制されない　(3) ×：適用される

□1回目　　/
□2回目　　/
□3回目　　/

宅地建物取引業者A社（消費税課税事業者）は売主Bから土地付中古別荘の売却の代理の依頼を受け、宅地建物取引業者C社（消費税課税事業者）は買主Dから別荘用物件の購入に係る媒介の依頼を受け、BとDの間で当該土地付中古別荘の売買契約を成立させた。この場合における次の記述のうち、宅地建物取引業法の規定によれば、正しいものの組合せはどれか。なお、当該土地付中古別荘の売買代金は320万円（うち、土地代金は100万円）で、消費税額及び地方消費税額を含むものとする。

ア　A社がBから受領する報酬の額によっては、C社はDから報酬を受領することができない場合がある。

イ　A社はBから、少なくとも154,000円を上限とする報酬を受領することができる。

ウ　A社がBから100,000円の報酬を受領した場合、C社がDから受領できる報酬の上限額は208,000円である。

エ　A社は、代理報酬のほかに、Bからの依頼の有無にかかわらず、通常の広告の料金に相当する額についても、Bから受け取ることができる。

1 ア、イ
2 イ、ウ
3 ウ、エ
4 ア、イ、ウ

2012年 問35（改題）

以下の文章について、正しいものには○、誤っているものには×をつけよう。

(1) 建物が店舗用である場合、宅地建物取引業者Aは、貸主Bからの依頼に基づくことなく広告をした場合でも、その広告が賃貸借契約の成立に寄与したときは、報酬とは別に、その広告料金に相当する額をBに請求することができる。

(2) 宅地建物取引業者Aは、宅地の売却について媒介の依頼を受けた際に宅地の調査をした場合、当該調査の実施について売主Bの承諾を得ていなくても、同調査に要した費用であれば当然にBに請求することができる。

(3) 宅地建物取引業者Aは、土地付建物について、売主Bから媒介を依頼され、代金300万円（消費税等相当額を含み、土地代金は80万円）で契約を成立させたが、現地調査等の費用については、通常の売買の媒介に比べ5万円（消費税等相当額を含まない）多く要する旨、Bに対して説明し、合意の上、媒介契約を締結した。この場合、AがBから受領できる報酬の限度額は20万200円である。

建物の消費税抜き金額は「220万円÷1.10＝200万円」です。「土地100万円＋建物200万円＝300万円」をもとに報酬限度額を計算します。

【宅地建物取引業者A（売主代理）の報酬限度額】

(300万円×4％＋2万円）×1.1×2＝30万8,000円……①

【宅地建物取引業者C（買主媒介）の報酬限度額】

(300万円×4％＋2万円）×1.1＝15万4,000円……②

【AとCをあわせた報酬額の上限】

①と②を比べたときに多い「30万8,000円」です。

ア　A社・C社あわせて30万8,000円までしか受領できず、A社が売主から30万8,000円を受け取ると、C社は買主から報酬を受領できません。　★【○】

イ　A社の受け取る報酬が最も少なくなるのは、C社がDから満額の15万4,000円を受領した場合です。この場合でもA社は、総報酬額からC社の取り分を差し引いた「30万8,000円－15万4,000円＝15万4,000円」を上限に売主Bから受領することができます。　★【○】

ウ　C社がDから受領できる報酬限度額は、15万4,000円です。　★【×】

エ　代理報酬のほか、特別に行った広告費等を受領することができます。しかし、これはBからの依頼があった場合に限られます。　★【×】

正解　1

Ken's Point

特別に行った広告費は特別かどうかではなく、依頼があるかどうかを確認しましょう。また、上の問題では問われていませんが、報酬計算の問題は計算だけでなく、「依頼された人からしかもらえない」という点に注意しましょう。

一問一答！　解答＆解説

(1) ×：依頼に基づかない広告について別途広告料金を請求することはできない

(2) ×：請求することはできない　(3) ×：報酬の限度額は19万8,000円である

問題 105

□1回目　/
□2回目　/
□3回目　/

宅地建物取引業者A（消費税課税事業者）が受け取ることのできる報酬の上限額に関する次の記述のうち、宅地建物取引業法の規定によれば、正しいものはどれか。

1 土地付中古住宅（代金500万円。消費税等相当額を含まない。）の売買について、Aが売主Bから媒介を依頼され、現地調査等の費用が通常の売買の媒介に比べ5万円（消費税等相当額を含まない。）多く要する場合、その旨をBに対し説明した上で、AがBから受け取ることができる報酬の上限額は286,000円である。

2 土地付中古住宅（代金300万円。消費税等相当額を含まない。）の売買について、Aが買主Cから媒介を依頼され、現地調査等の費用が通常の売買の媒介に比べ4万円（消費税等相当額を含まない。）多く要する場合、その旨をCに対し説明した上で、AがCから受け取ることができる報酬の上限額は198,000円である。

3 土地（代金350万円。消費税等相当額を含まない。）の売買について、Aが売主Dから媒介を依頼され、現地調査等の費用が通常の売買の媒介に比べ2万円（消費税等相当額を含まない。）多く要する場合、その旨をDに対し説明した上で、AがDから受け取ることができる報酬の上限額は198,000円である。

4 中古住宅(1か月分の借賃15万円。消費税等相当額を含まない。)の貸借について、Aが貸主Eから媒介を依頼され、現地調査等の費用が通常の貸借の媒介に比べ3万円（消費税等相当額を含まない。）多く要する場合、その旨をEに対し説明した上で、AがEから受け取ることができる報酬の上限額は198,000円である。

2018年 問31（改題）

理解を深掘り！　一問一答！

以下の文章について、正しいものには○、誤っているものには×をつけよう。

(1) 土地付中古住宅（代金200万円。消費税等相当額を含まない。）の売買について、宅地建物取引業者A（消費税課税事業者）が買主Bから媒介を依頼され、現地調査等の費用が通常の売買の媒介に比べ6万円（消費税等相当額を含まない。）多く要する場合、その旨をBに対し説明した上で、AがBから受け取ることができる報酬の上限額は198,000円である。

(2) 事務所としての建物（1か月分の借賃10万円。消費税等相当額を含まない。）の貸借について、宅地建物取引業者A（消費税課税事業者）が貸主Bから媒介を依頼され、現地調査等の費用が通常の貸借の媒介に比べ9万円（消費税等相当額を含まない。）多く要する場合、その旨をBに対し説明した上で、AがBから受け取ることができる報酬の上限額は198,000円である。

1 本肢の場合、税抜き売買代金が**400万**円を超えているため、空き家等売買の特例で計算できません。A（媒介）が売主Bから受け取ることができる報酬の限度額は「(500万×3％＋6万円）×1.10＝**23万1,000**円」です。 ★【×】

2 空き家等売買の特例が適用されるのは、**売主から受領する報酬**であり、Cから受領できる金額は「(300万×4％＋2万円）×1.10＝**15万4,000**円」となります。 ★【×】

3 売買代金が**400万**円以下、通常と比較して**現地調査等の費用を要する**、**事前の説明**あり、という要件を満たしているので、売主から受領する報酬には**空き家等売買**の特例を適用でき、現地調査等の費用2万円を加算できます。報酬の上限は、

(350万円×4％＋2万円）×1.10＋2万円×1.10＝**19万8,000**円

です。これは「18万円×1.10＝**19万8,000**円」という空家等売買の特例媒介における上限額と同額であり、適正な報酬額です。 ★【○】

4 **貸借**の場合、空き家等売買の特例は適用できません。報酬上限は通常の規定どおり「**借賃1月**分＋消費税」の**16万5,000**円となります。 ★【×】

正解 3

Ken's Point

低廉な空家等の売買の報酬の特例についてポイントをまとめました。

- **貸借には適用なし**
- **税抜き価格400万円以下（建物だけでなく土地も可能）**
- **売主（又は交換）からのみで買主からは通常どおり**
- **上限は売主から同意を得れば現地調査等に要する費用との合計で19万8,000円（税抜き18万円）**
- **代理の場合の上限は、通常の報酬と19万8,000円の合計額で、19万8,000円の2倍とはならない**

一問一答！ 解答＆解説

(1) **×：低廉な空き家等売買の特例の適用は、売主から受領する報酬についてのみなので「(200万円×5％）×1.10＝11万円」となる** (2) **×：貸借の場合、空き家等売買の特例が適用されないので「10万円×1.10＝11万円」となる**

□1回目　/
□2回目　/
□3回目　/

宅地建物取引業法（以下この問において「法」という。）の規定に基づく監督処分及び罰則に関する次の記述のうち、正しいものはいくつあるか。

ア 宅地建物取引業者A（国土交通大臣免許）が甲県内における業務に関し、法第37条に規定する書面を交付していなかったことを理由に、甲県知事がAに対して業務停止処分をしようとするときは、あらかじめ、内閣総理大臣に協議しなければならない。

イ 乙県知事は、宅地建物取引業者B（乙県知事免許）に対して指示処分をしようとするときは、聴聞を行わなければならず、聴聞の期日における審理は、公開により行わなければならない。

ウ 丙県知事は、宅地建物取引業者C（丙県知事免許）が免許を受けてから1年以内に事業を開始しないときは、免許を取り消さなければならない。

エ 宅地建物取引業者D（丁県知事免許）は、法第72条第1項の規定に基づき、丁県知事から業務について必要な報告を求められたが、これを怠った。この場合、Dは50万円以下の罰金に処せられることがある。

1 一つ
2 二つ
3 三つ
4 四つ

2019年 問29

理解を深掘り！　一問一答！

以下の文章について、正しいものには○、誤っているものには×をつけよう。

(1) 宅地建物取引業者A（甲県知事免許）は、自らが売主となった分譲マンションの売買において、宅地建物取引業法第35条に規定する重要事項の説明を行わなかった場合、10万円以下の罰金に処せられることがある。

(2) 国土交通大臣は、宅地建物取引業者A（国土交通大臣免許）が宅地建物取引業法第37条に規定する書面の交付をしていなかったことを理由に、Aに対して業務停止処分をしようとするときは、あらかじめ、内閣総理大臣に協議しなければならない。

(3) 都道府県知事は、宅地建物取引業者に対し、業務停止処分をしようとするときは、聴聞を行わなければならないが、指示処分をするときは、聴聞を行う必要はない。

ア 当該業務を行った都道府県を管轄する知事は、37条書面の交付を怠った宅地建物取引業者に対して、**1**年以内の**業務停止処分**をすることができます。この処分は、特に**協議なく**行うことができます。**内閣総理大臣に協議**しなければならないのは、**国土交通大臣**が監督処分をする場合のみです。 ★【×】

イ 国土交通大臣又は都道府県知事が、宅地建物取引業者に対して**指示**処分・**業務停止**処分をするときは、**聴聞**を行う必要があります。なお、その審理は**公開**をしなければなりません。 【○】

ウ 宅地建物取引業者が免許を受けてから**1年以内に事業を開始しない**場合、免許権者は**免許を取り消さなければなりません**。 ★【○】

エ 宅地建物取引業者が、**国土交通大臣**や**都道府県知事**からの求めに反して**報告**をしなかった場合は、50万円以下の罰金に処せられます。 【○】

正解 3

Ken's Point

免許の取消しについてのまとめです。必ず取消しになるものは、指示処分や業務停止処分になることはない点を覚えておくと効率的です。

免許を取り消さなければならない	免許を取り消すことができる
・免許の欠格事由に至った ・免許を受けてから1年以内に事業を開始しない ・引き続いて1年以上事業を休止した ・免許換えが必要なのに免許を受けない ・破産、法人の解散、宅建業の廃業が判明	・免許の条件に違反した ・所在を確知できない （公告の30日後） ・営業保証金供託の届出をしない （催告の1月後）
・不正な手段で免許を受けた ・業務停止処分に違反 ・業務停止処分で情状が特に重い **5年間欠格事由**	

一問一答！ 解答&解説

(1) **×：重要事項説明違反は罰則がない** (2) **○** (3) **×：指示処分の際も原則聴聞を行う必要がある**

□1回目　／
□2回目　／
□3回目　／

甲県知事の宅地建物取引士資格登録（以下この問において「登録」という。）を受けている宅地建物取引士Ａへの監督処分に関する次の記述のうち、宅地建物取引業法の規定によれば、正しいものはどれか。

1 Ａは、乙県内の業務に関し、他人に自己の名義の使用を許し、当該他人がその名義を使用して宅地建物取引士である旨の表示をした場合、乙県知事から必要な指示を受けることはあるが、宅地建物取引士として行う事務の禁止の処分を受けることはない。

2 Ａは、乙県内において業務を行う際に提示した宅地建物取引士証が、不正の手段により交付を受けたものであるとしても、乙県知事から登録を消除されることはない。

3 Ａは、乙県内の業務に関し、乙県知事から宅地建物取引士として行う事務の禁止の処分を受け、当該処分に違反したとしても、甲県知事から登録を消除されることはない。

4 Ａは、乙県内の業務に関し、甲県知事又は乙県知事から報告を求められることはあるが、乙県知事から必要な指示を受けることはない。

2013年 問42

理解を深掘り！　一問一答！

以下の文章について、正しいものには○、誤っているものには×をつけよう。

(1) Aは、不正の手段により宅地建物取引士資格登録を受けたとして、登録の消除の処分の聴聞の期日及び場所が公示された後、自らの申請により、登録が消除された。Aは、登録が消除された日から5年を経過せずに新たに登録を受けることができる。

(2) 甲県知事の登録を受けている宅地建物取引士が、乙県内において宅地建物取引士として行う事務に関し不正な行為をした場合で、情状が特に重いとき、甲県知事は、当該宅地建物取引士の登録を消除しなければならない。

(3) 宅地建物取引業者（甲県知事免許）が、乙県内で宅地建物取引業を営んでいる場合、乙県知事は、その業務について必要な報告を求めることができるが、当該宅地建物取引業者の事務所に立入り、帳簿の検査をすることはできない。

1 宅地建物取引士に対して指示処分や事務禁止処分ができるのは、**宅建士登録をしている都道府県知事**及び**業務を行った地域の都道府県知事**です。よって、乙県知事から事務禁止処分を受けることもあります。 ★【×】

2 登録の消除は、宅建士**登録をしている都道府県知事のみ**が行うことができます。 ★【○】

3 **事務禁止処分に違反**した場合は、**必ず登録消除処分**となります。 ★【×】

4 宅地建物取引士は、乙県内の業務に関し、甲県知事又は乙県知事から報告を求められることがあります。また、乙県知事から**必要な指示**を受ける場合もあります。 ★【×】

正解 2

Ken's Point

下表は宅地建物取引士への監督処分をまとめたものです。宅建業者の免許取消と同様に、消除だけは登録先の知事となっています。

	指示処分	事務禁止処分	登録消除
登録をしている都道府県知事	○	○	○
業務が行われた所在地の都道府県知事	○	○	×

○できる ×できない

一問一答！ 解答&解説

(1) ×：登録を受けることはできない (2) ○ (3) ×：帳簿の検査をすることができる

□1回目　/
□2回目　/
□3回目　/

宅地建物取引業法の規定に基づく監督処分等に関する次の記述のうち、誤っているものはどれか。なお、宅地建物取引業者の相手方は宅地建物取引業者ではないものとする。

1 宅地建物取引業者A（甲県知事免許）は、自ら売主となる乙県内に所在する中古住宅の売買の業務に関し、当該売買の契約においてその住宅の種類又は品質に関して契約の内容に適合しない場合におけるその不適合を担保すべき責任を負わない旨の特約を付した。この場合、Aは、乙県知事から指示処分を受けることがある。

2 甲県に本店、乙県に支店を設置する宅地建物取引業者B（国土交通大臣免許）は、自ら売主となる乙県内におけるマンションの売買の業務に関し、乙県の支店において当該売買の契約を締結するに際して、代金の30%の手付金を受領した。この場合、Bは、甲県知事から著しく不当な行為をしたとして、業務停止の処分を受けることがある。

3 宅地建物取引業者C（甲県知事免許）は、乙県内に所在する土地の売買の媒介業務に関し、契約の相手方の自宅において相手を威迫し、契約締結を強要していたことが判明した。この場合、甲県知事は、情状が特に重いと判断したときは、Cの宅地建物取引業の免許を取り消さなければならない。

4 宅地建物取引業者D（国土交通大臣免許）は、甲県内に所在する事務所について、業務に関する帳簿を備えていないことが判明した。この場合、Dは、甲県知事から必要な報告を求められ、かつ、指導を受けることがある。

2015年 問43（改題）

理解を深掘り！　一問一答！

以下の文章について、正しいものには○、誤っているものには×をつけよう。

(1) 宅地建物取引業者Aの取締役が宅地建物取引業の業務に関するものではないが、脱税し、所得税法に違反したとして罰金刑に処せられた場合、Aは指示処分を受けることがある。

(2) 宅地建物取引業者A（乙県知事免許）が、甲県の区域内における業務に関し乙県知事から指示処分を受けたときは、甲県に備えられる宅地建物取引業者名簿には、当該指示の年月日及び内容が記載される。

(3) 宅地建物取引業者Aが、宅地建物取引業の業務に関して、建築基準法の規定に違反して罰金に処せられた場合、これをもって業務停止処分を受けることはない。

1 宅地建物取引業者が宅建業法に違反した場合、免許権者だけでなく、実際に業務を行った場所の**都道府県知事**も必要な指示処分をすることができます。本肢の違反行為は「乙県内に所在する中古住宅の売買の業務」に関して生じたものですから、Aは乙県知事から指示処分を受けることがあります。 ★【○】

2 宅地建物取引業者Bは代金の**2**割を超える額の手付を受領しているので、宅建業法に違反します。宅地建物取引業者Bは国土交通大臣免許であり、業務地は乙県です。甲県知事は何ら**処分権限を持たない**ので記述は誤りです。 ★【×】

3 業務停止処分の事由に該当し、**情状が特に重い**ときには、免許権者は免許を取り消さなければなりません。本肢は、業務停止事由である「威迫」＋「情状が特に重い」というケースなので、免許権者である甲県知事は、Cの免許を取り消さなければなりません。 ★【○】

4 国土交通大臣はすべての宅地建物取引業者に対して、都道府県知事は当該都道府県の区域内で宅地建物取引業を営む宅地建物取引業者に対して、必要な指導、助言、勧告、業務について**必要な報告**を求めること、事務所等への**立入検査**をすることができます。 【○】

正解 2

Ken's Point

選択肢4のように、「国土交通大臣は最強」だと感じるかもしれませんが、免許取消処分は免許権者しかできないことに注意しましょう。たとえば、東京都知事免許の業者が悪行三昧でも、国土交通大臣は免許取消ができず、取消は東京都知事となります。

一問一答！ 解答＆解説

(1) ×：宅建業に関するものでなければ宅建業法での監督処分は受けない (2) ×：甲県ではなく乙県に備えられる業者名簿である (3) ×：宅建業法以外の法令違反でも宅建業の業務に関するものであれば監督処分を受けることがある

□1回目　　/
□2回目　　/
□3回目　　/

宅地建物取引業法（以下この問において「法」という。）の規定に基づく監督処分に関する次の記述のうち、誤っているものはいくつあるか。

ア 宅地建物取引業者A（甲県知事免許）が乙県内において法第32条違反となる広告を行った。この場合、乙県知事から業務停止の処分を受けることがある。

イ 宅地建物取引業者B（甲県知事免許）は、法第50条第2項の届出をし、乙県内にマンション分譲の案内所を設置して業務を行っていたが、当該案内所について法第31条の3第3項に違反している事実が判明した。この場合、乙県知事から指示処分を受けることがある。

ウ 宅地建物取引業者C（甲県知事免許）の事務所の所在地を確知できないため、甲県知事は確知できない旨を公告した。この場合、その公告の日から30日以内にCから申出がなければ、甲県知事は法第67条第1項により免許を取り消すことができる。

エ 宅地建物取引業者D（国土交通大臣免許）は、甲県知事から業務停止の処分を受けた。この場合、Dが当該処分に違反したとしても、国土交通大臣から免許を取り消されることはない。

1 一つ　　**2** 二つ　　**3** 三つ　　**4** なし

2014年 問44（改題）

理解を深掘り！ 一問一答！

以下の文章について、正しいものには○、誤っているものには×をつけよう。

(1) 宅地建物取引業者A（甲県知事免許）が乙県内において宅地建物取引業法第32条違反となる広告を行った。この場合、丙県知事から業務停止の処分を受けることがある。

(2) 宅地建物取引業者は、営業保証金の還付が行われ、営業保証金が政令で定める額に不足することになったときは、供託所から通知書の送付を受けた日から2週間以内にその不足額を供託しなければ、免許取消の処分を受けることがある。

(3) 宅地建物取引業者A（甲県知事免許）の取締役が宅地建物取引業の業務に関し、建築基準法の規定に違反したとして罰金刑に処せられた場合、甲県知事は、Aに対して必要な指示をすることができる。

ア 業務停止処分は、免許権者だけでなく、業務を行った所在地を管轄する**都道府県知事**も命ずることができます。よって、Aは乙県知事から業務停止処分を受ける場合があります。 ★【○】

イ 指示処分は、免許権者だけでなく、業務を行った所在地を管轄する**都道府県知事**も命ずることができます。よって、Bは乙県知事から指示処分を受ける場合があります。 ★【○】

ウ 免許権者は、**宅地建物取引業者の所在地が不明になっている場合**には、その事実を公告し、その**公告から30日以内に当該宅地建物取引業者から申出がないとき**には、免許を**取り消す**ことができます。 ★【○】

エ **業務停止処分に違反**したときには、免許権者は、その免許を取り消さなければなりません。よって、Dは免許取消処分となります。 ★【×】

正解 **1**

Ken's Point

監督処分において、「免許取消処分は免許権者でなければできない」という点は重要なポイントです。さらに、指示処分、業務停止処分は、免許権者または業務地を管轄する都道府県知事でなければできない点に注意しましょう。

	免許権者	業務地を管轄する都道府県知事
指示処分	○	○
業務停止処分（1年以内）	○	○
免許取消処分	○	×

○できる ×できない

一問一答！ 解答&解説

(1) **×：甲県知事か乙県知事から処分を受けることはあるが、部外者の丙県知事からは受けない** (2) **×：通知は供託所からではなく免許権者から来る** (3) **○**

□ 1回目　　/
□ 2回目　　/
□ 3回目　　/

重要度 ★

宅地建物取引業法の規定に基づく監督処分に関する次の記述のうち、正しいものはどれか。

1 国土交通大臣は、宅地建物取引業者A（甲県知事免許）に対し、宅地建物取引業の適正な運営を確保するため必要な勧告をしたときは、遅滞なく、その旨を甲県知事に通知しなければならない。

2 甲県知事は、乙県知事の登録を受けている宅地建物取引士に対し、甲県の区域内において宅地建物取引士として行う事務に関し不正な行為をしたことを理由として指示処分をしようとするときは、あらかじめ、乙県知事に協議しなければならない。

3 宅地建物取引業者A（甲県知事免許）が、乙県の区域内における業務に関し乙県知事から指示処分を受けたときは、甲県に備えられる宅地建物取引業者名簿には、当該指示の年月日及び内容が記載される。

4 甲県知事は、宅地建物取引業者B（国土交通大臣免許）に対し、甲県の区域内における業務に関し取引の関係者に損害を与えたことを理由として指示処分をしたときは、その旨を甲県の公報により公告しなければならない。

2010年 問44

以下の文章について、正しいものには○、誤っているものには×をつけよう。

(1) 国土交通大臣は、すべての宅地建物取引士に対して、購入者等の利益の保護を図るため必要な指導、助言及び勧告をすることができる。

(2) 甲県知事は、宅地建物取引業者A（国土交通大臣免許）の甲県の区域内における業務に関し、Aに対して指示処分をした場合、遅滞なく、その旨を国土交通大臣に通知するとともに、甲県の公報又はウェブサイトへの掲載その他の適切な方法により公告しなければならない。

(3) 宅地建物取引業者A（甲県知事免許）が、甲県内の業務に関して広告をし、宅地建物取引業法第32条（誇大広告等の禁止）の規定に違反した場合、甲県知事は、Aに対して業務の停止を命ずるとともに、実際に広告に関する事務を行った宅地建物取引士に対して必要な指示をすることができる。

1 国土交通大臣は、すべての宅地建物取引業者に対し、宅地建物取引業の適正な運営を確保するため必要な勧告をすることができます。**指示**処分又は**業務停止**処分を行った際には、その旨を免許権者に通知しなければなりませんが、**勧告**にとどまるときには通知義務はありません。【×】

2 都道府県知事が宅地建物取引士を監督処分しようとするとき、登録を受けている都道府県知事との協議は不要なので、協議することなく**指示処分**を行うことができます。ただし、処分を行った場合は、遅滞なく乙県知事に**通知**する必要があります。なお、処分について協議しなければならないのは、国土交通大臣が、その免許を受けた宅地建物取引業者に対して一定事項を事由とする処分をしようとするときに行われる**内閣総理大臣**との協議だけです。【×】

3 指示処分があった場合、処分者よりその旨の通知がなされ、処分の年月日及び内容が、免許権者が備える宅地建物取引業者名簿に記載されます。本肢では、処分者＝**乙県知事**、免許権者＝**甲県知事**ですので、記述は適切です。★【○】

4 公告されるのは、宅地建物取引業者に対する**業務停止**処分及び**免許取消**処分のみです。**指示**処分の場合、公告はありません。★【×】

正解 3

Ken's Point

聴聞は原則、指示処分も含めてすべて必要ですが、公告がされるかどうかは下表のとおりです。宅建業者の指示処分や宅建士個人の処分は、大きな影響がないので公告されません。

	指示	停止	取消（消除）
宅建業者に対する処分	×	○	○
宅建士に対する処分	×	×	×

○ 公告される　× 公告されない

一問一答！　解答＆解説

(1) ×：宅建士にはできない　(2) ×：指示処分について公告は不要である　(3) ○

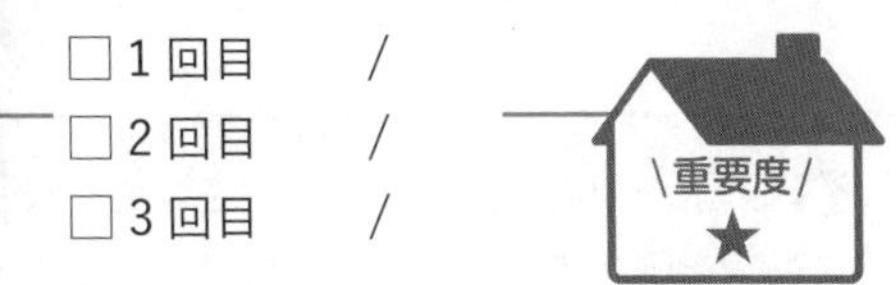

次の記述のうち、宅地建物取引業法（以下この問において「法」という。）の規定によれば、正しいものはどれか。

1 宅地建物取引業者A（甲県知事免許）は、マンション管理業に関し、不正又は著しく不当な行為をしたとして、マンションの管理の適正化の推進に関する法律に基づき、国土交通大臣から業務の停止を命じられた。この場合、Aは、甲県知事から法に基づく指示処分を受けることがある。

2 国土交通大臣は、宅地建物取引業者B（乙県知事免許）の事務所の所在地を確知できない場合、その旨を官報及び乙県の公報で公告し、その公告の日から30日を経過してもBから申出がないときは、Bの免許を取り消すことができる。

3 国土交通大臣は、宅地建物取引業者C（国土交通大臣免許）に対し、法第35条の規定に基づく重要事項の説明を行わなかったことを理由に業務停止を命じた場合は、遅滞なく、その旨を内閣総理大臣に通知しなければならない。

4 宅地建物取引業者D（丙県知事免許）は、法第72条第1項に基づく丙県職員による事務所への立入検査を拒んだ。この場合、Dは、50万円以下の罰金に処せられることがある。

2017年 問29

理解を深掘り！ 一問一答！

以下の文章について、正しいものには○、誤っているものには×をつけよう。

(1) 甲県に本店（従業者13人）、乙県に支店（従業者5人）を有する宅地建物取引業者Aが引き続いて1年以上宅地建物取引業に係る事業を休止したときは、甲県知事はAの免許を取り消さなければならない。

(2) 甲県知事は、宅地建物取引業者A（甲県知事免許）の事務所の所在地を確知できないときは、直ちにAの免許を取り消すことができる。

(3) 宅地建物取引業者が宅地建物取引業の業務に関して、所得税法に違反したとして罰金刑に処せられた場合、宅地建物取引業者は指示処分を受けることがある。

1 指示処分の対象となるのは、宅地建物取引業に関して**他の法令に違反**し、宅地建物取引業者として**不適当**であると判断されたときです。本肢は、マンション管理業に関し、マンション管理適正化法に基づく国土交通大臣からの業務停止を命じられたものなので、宅地建物取引業法上の指示処分を受けることはありません。 ★【×】

2 免許権者は、その免許を受けた宅地建物取引業者の事務所の**所在地**を**確知**できないときや、その免許を受けた宅地建物取引業者の**所在**を**確知**できないときは、**公告**をし、その**公告**の日から **30** 日を経過後に、免許を取り消すことができます。ただし、この**公告**および取消し処分ができるのは、**免許権者**に限られます。国土交通大臣は免許権者ではないため、取消しはできません。 ★【×】

3 国土交通大臣免許の宅地建物取引業者が宅建業法の一定の規定に違反し、国土交通大臣が指示処分・業務停止処分・免許取消をしようとするときは、あらかじめ内閣総理大臣と**協議**しなければなりません。35 条違反は、この協議を行うべき規定に含まれます。本肢は「通知」としているので誤りです。 【×】

4 **国土交通大臣**や**都道府県知事**は、所轄地の宅地建物取引業者に対して立入検査をすることができます。職員の立入検査を拒んだ場合は、宅地建物取引業法違反となり **50** 万円以下の罰金に処せられます。 【○】

正解 4

Ken's Point

宅建業法に違反した場合は、当然監督処分に該当しますが、他の法律・法令に違反した場合でも、宅地建物取引業に関する違反であれば監督処分を受けることがあります。次のように判断しましょう。

- 「宅地建物取引業に関して〜○○違反」 ⇒監督処分あり
- 「宅地建物取引業に関しない〜○○違反」⇒監督処分なし

一問一答！ 解答&解説

(1) ×：免許を取り消さなければならないのは、国土交通大臣であり、甲県知事が免許の取消しをすることはできない (2) ×：直ちにはできない (3) ○

column　Ken's Advice

宅建業法の問題は引っかけに注意しよう！

宅建業法の問題の特徴としては、**「引っかけ問題がある」**ことがあげられます。

普通に読むと〇のように見えても、「〇〇は除く」といった１文があるために×になる、という引っかけが出題されて、これらは**「除く系の問題」**と呼ばれることがあります。

こうした引っかけ問題は、**キーワードだけを飛ばし読みすると引っかかってしまいがち**です。さっと読んで「前と同じ問題だな」と思ったら実は「除く」と書かれていて間違えてしまうことがありますし、「自ら売主」の問題では買主が誰かをしっかりとつかまないと正解できないことがあります。

ですから、引っかけにハマらないように、**選択肢をしっかりと読むようにしましょう**。そして、こうした引っかけどころに注意して問題を解いていくと、次第に引っかけどころがわかってくるようになります。

また、宅建業法の問題では法律の条文が少ないため、ほかの科目よりも覚えることが少ないことも特徴にあげられます。そのためか、テキストなどに書かれていることを隅から隅まで覚えようとする方がいますが、試験に受かるうえでは、**全部を完璧に覚える必要はありません。**

たとえば、37 条書面の内容は重要ですが、まずは記載事項にどんなものがあるか、どんなものは記載事項にないか、をしっかりと把握しましょう。そのうえで問題を見てみて、「記載事項にあった・なかった」から〇×が判断できるようになれば、問題を解く知識としては十分といえます。記載事項にありそうだけど実はない、というものが出題されやすいのです。

宅建業法の出題数は例年 20 問で、一番多いです。問題を解いて引っかけどころを把握し、確実に得点できるようになりましょう。

この1冊で合格！
水野健の宅建士 神問題集
2024年度版

第3章

法令上の制限・各種税等・免除科目

（第3分冊）

矢印の方向に引くと取り外せます→

この別冊は本体に糊付けされています。
別冊を外す際の背表紙の剥離等については交換いたしかねますので、
本体を開いた状態でゆっくり丁寧に取り外してください。

KADOKAWA

①法令上の制限

都市計画法、建築基準法、国土利用計画法など、各種の法令に関する問題を扱っていきます。例年８問が出題され、宅建業法と比べると出題数が少ないですが、この科目で確実に得点できるようになると合格が近づいてきます。苦手なテーマは、繰り返し解きましょう。

□ 1回目　　/
□ 2回目　　/
□ 3回目　　/

都市計画法に関する次の記述のうち、誤っているものはどれか。

1 高度地区は、用途地域内において市街地の環境を維持し、又は土地利用の増進を図るため、建築物の高さの最高限度又は最低限度を定める地区とされている。

2 特定街区については、都市計画に、建築物の容積率並びに建築物の高さの最高限度及び壁面の位置の制限を定めるものとされている。

3 準住居地域は、道路の沿道としての地域の特性にふさわしい業務の利便の増進を図りつつ、これと調和した住居の環境を保護するため定める地域とされている。

4 特別用途地区は、用途地域が定められていない土地の区域（市街化調整区域を除く。）内において、その良好な環境の形成又は保持のため当該地域の特性に応じて合理的な土地利用が行われるよう、制限すべき特定の建築物等の用途の概要を定める地区とされている。

2019年 問15

理解を深掘り！　一問一答！

以下の文章について、正しいものには○、誤っているものには×をつけよう。

(1) 高度地区については、都市計画に、建築物の容積率の最高限度又は最低限度を定めるものとされている。
(2) 第一種住居地域は、主として住居の環境を保護するため定める地域である。
(3) 市街化調整区域における地区計画は、市街化区域における市街化の状況等を勘案して、地区計画の区域の周辺における市街化を促進することがない等、当該都市計画区域における計画的な市街化を図る上で支障がないように定めることとされている。

1 **高度地区**は、「**用途地域内**において市街地の環境を維持し、又は土地利用の増進を図るため、建築物の**高さ**の最高限度又は最低限度を定める地区」とされています。

★【○】

2 **特定街区**は、建築物の①容積率、②高さの最高限度、③**壁面の位置の制限**を定める地区です。

★【○】

3 **準住居地域**は、「**道路の沿道**としての地域の特性にふさわしい業務の利便の増進を図りつつ、これと調和した住居の環境を保護するため定める地域」とされています。

★【○】

4 **特別用途地区**とは、「**用途地域内**」の一定の地区における当該**地区の特性にふさわしい**土地利用の増進、環境の保護等の特別の目的の実現を図るため当該用途地域の指定を補完して定める地区です。本肢は、特定用途制限地域の説明です。

★【×】

正解 4

Ken's Point

「特別用途地区」と「特定用途制限地域」を混同している受験生は多いです。「特別用途地区」はいわば用途地域の〝味付け〟であるのに対し、「特定用途制限地域」は用途地域がなく、用途を規制できない用途地域外のみに定めるものです。その地域で個別に特定の用途の建築物を建てさせないようにするのが目的です。

	特別用途地区	特定用途制限地域
定める場所	用途地域内	用途地域が未指定の区域  市街化調整区域内には×
目的	用途制限を補完するための建築制限・緩和	用途地域ではない区域における建築制限

一問一答！ 解答＆解説

(1) ×：高度地区は、建築物の高さの最高限度又は最低限度を定める地区とされている　(2) ×：第一種住居地域は、「住居の環境を保護するため定める地域」である。「主として」がつくのは第二種住居地域　(3) ○

□1回目　　/
□2回目　　/
□3回目　　/

都市計画法に関する次の記述のうち、誤っているものはどれか。

1 区域区分は、都市計画区域について無秩序な市街化を防止し、計画的な市街化を図るため必要があるときに、都市計画に定める市街化区域と市街化調整区域との区分をいう。

2 準都市計画区域は、都市計画区域外の区域のうち、相当数の住居その他の建築物の建築又はその敷地の造成が現に行われ、又は行われると見込まれる一定の区域で、そのまま土地利用を整序することなく放置すれば、将来における都市としての整備、開発及び保全に支障が生じるおそれがあると認められる区域をいう。

3 再開発等促進区は、地区計画について土地の合理的かつ健全な高度利用と都市機能の増進とを図るため、一体的かつ総合的な市街地の再開発又は開発整備を実施すべき区域をいう。

4 高層住居誘導地区は、住居と住居以外の用途を適正に配分し、利便性の高い高層住宅の建設を誘導するため、第一種中高層住居専用地域、第二種中高層住居専用地域等において定められる地区をいう。

2005年 問19

理解を深掘り！　一問一答！

以下の文章について、正しいものには○、誤っているものには×をつけよう。

(1) 地区計画は、建築物の建築形態、公共施設その他の施設の配置等からみて、一体としてそれぞれの区域の特性にふさわしい態様を備えた良好な環境の各街区を整備し、開発し、及び保全するための計画であり、用途地域が定められている土地の区域においてのみ定められる。

(2) 準都市計画区域については、計画的な市街化を図るため、高層住居誘導地区及び特例容積率適用地区を定めることができる。

(3) 高層住居誘導地区は、住居と住居以外の用途とを適正に配分し、利便性の高い高層住宅の建設を誘導するために定められる地区であり、準工業地域及び工業地域においても定めることができる。

1 **区域区分**は、都市計画区域について無秩序な市街化を防止し、計画的な市街化を図るため必要があるときに、都市計画に定める市街化区域と市街化調整区域との区分をいいます。 ★【○】

2 **準都市計画区域**は、都市計画区域外の区域のうち、相当数の住居その他の建築物の建築又はその敷地の造成が現に行われ、又は行われると見込まれる一定の区域で、そのまま土地利用を整序することなく放置すれば、将来における都市としての整備、開発及び保全に支障が生じるおそれがあると認められる区域をいいます。 ★【○】

3 **再開発等促進区**は、地区計画について土地の合理的かつ健全な高度利用と都市機能の増進とを図るため、一体的かつ総合的な市街地の**再開発**又は開発整備を実施すべき区域をいいます。 【○】

4 **高層住居誘導地区**は職住近接のため、高層住宅の建築を誘導するための地区で、第一種住居地域、第二種住居地域、準住居地域、近隣商業地域又は準工業地域の５つの用途地域に限って定めることができます。住居専用地域・田園住居地域や商業地域、工業地域、工業専用地域には、高層住宅の建築を誘導する本地区を定めることはできません。 ★【×】

正解 4

Ken's Point

都市計画法だけではありませんが、法令上の制限は聞きなれない言葉が多いため、苦手意識を持ってしまい、試験対策も答えの丸暗記になりがちです。時間はかかりますが、言葉の意味と全体像を理解しながら勉強するほうが結果として効率的です。

一問一答！ 解答＆解説

(1) ×：用途地域が定められていない土地でも、都市計画区域内であれば一定の要件を満たした土地の区域においては、地区計画を定めることができる　(2) ×：高層住居誘導地区及び特例容積率適用地区は定めることができない　(3) ×：工業地域には定めることができない

□1回目　　/
□2回目　　/
□3回目　　/

都市計画法に関する次の記述のうち、誤っているものはどれか。

1 田園住居地域内の農地の区域内において、土地の形質の変更を行おうとする者は、一定の場合を除き、市町村長の許可を受けなければならない。

2 風致地区内における建築物の建築については、一定の基準に従い、地方公共団体の条例で、都市の風致を維持するため必要な規制をすることができる。

3 市街化区域については、少なくとも用途地域を定めるものとし、市街化調整区域については、原則として用途地域を定めないものとする。

4 準都市計画区域については、無秩序な市街化を防止し、計画的な市街化を図るため、都市計画に市街化区域と市街化調整区域との区分を定めなければならない。

2018年 問16

理解を深掘り！　一問一答！

以下の文章について、正しいものには○、誤っているものには×をつけよう。

(1) 風致地区は、市街地の良好な景観の形成を図るため定める地区であり、地区内における建築物の建築や宅地の造成、木竹の伐採などの行為については地方公共団体の規則で規制することができる。

(2) 都市計画区域については、区域内のすべての区域において、都市計画に、用途地域を定めるとともに、その他の地域地区で必要なものを定めるものとされている。

(3) 準都市計画区域については、都市計画に、高度地区を定めることはできるが、高度利用地区を定めることはできないものとされている。

1 田園住居地域内の農地の区域内において、土地の形質の変更、建築物の建築などの一定行為を行おうとする者は、**市町村長の許可**を受ける必要があります。

★【○】

2 風致（ふうち）地区内における建築物の建築については、**地方公共団体の条例**で必要な規制をすることができます。

【○】

3 市街化区域については、少なくとも**用途地域**を定める必要があります。また、**市街化調整区域**については、**原則として用途地域を定めない**ものとされています。

★【○】

4 **準都市計画区域**については、市街化区域と市街化調整区域の区域区分を定めることは**できません**。

★【×】

正解 4

Ken's Point

準都市計画区域に指定できるか否かは重要ポイントです。以下にまとめておきます。準都市計画区域は「乱開発防止が目的なので大きな建物は建てさせない」というイメージを持っておきましょう。

準都市計画区域に定められるもの	準都市計画区域に関する都市計画で定められないもの（代表例）
① 用途地域	① 区域区分
② 特別用途地区	② 高度地区（高さの最低限度）
③ 特定用途制限地域	③ 高度利用地区
④ 高度地区（高さの最高限度）	④ 市街地開発事業
⑤ 景観地区	⑤ 地区計画
⑥ 風致地区	⑥ 防火地域、準防火地域
⑦ 緑地保全地域	⑦ 高層住居誘導地区
⑧ 伝統的建造物群保存地区	⑧ 特例容積率適用地区
	⑨ 特定街区

一問一答！ 解答&解説

(1) ×：風致地区は、都市の風致を維持するため定める地区。市街地の良好な景観の形成を図るために定めるのは、景観地区である (2) ×：市街化区域は、少なくとも用途地域を定めなければいけないが、市街化調整区域は、原則として用途地域を定めない (3) ○

□1回目　　/
□2回目　　/
□3回目　　/

都市計画法に関する次の記述のうち、誤っているものはどれか。

1 都市計画区域については、用途地域が定められていない土地の区域であっても、一定の場合には、都市計画に、地区計画を定めることができる。

2 高度利用地区は、市街地における土地の合理的かつ健全な高度利用と都市機能の更新とを図るため定められる地区であり、用途地域内において定めることができる。

3 準都市計画区域においても、用途地域が定められている土地の区域については、市街地開発事業を定めることができる。

4 高層住居誘導地区は、住居と住居以外の用途とを適正に配分し、利便性の高い高層住宅の建設を誘導するために定められる地区であり、近隣商業地域及び準工業地域においても定めることができる。

2014年 問15

理解を深掘り！　一問一答！

以下の文章について、正しいものには○、誤っているものには×をつけよう。

(1) 地区計画については、都市計画に、当該地区計画の目標を定めるよう努めるものとされている。

(2) 高度地区内においては、高さ、建蔽率及び容積率は、高度地区に関する都市計画で定められた内容に適合しなければならない。

(3) 市街地開発事業は、市街化区域又は区域区分が定められていない都市計画区域内において、一体的に開発し、又は整備する必要がある土地の区域について定めるものであるが、必要に応じて市街化調整区域内においても定めることができる。

1 地区計画は、**都市計画区域内**であれば用途地域が定められていない区域にも定めることができます。 ★【○】

2 **高度利用地区**は、市街地における土地の合理的かつ健全な高度利用と都市機能の更新とを図るため定められる地区であり、用途地域内において定めることができます。 ★【○】

	高度地区	高度利用地区
目的	・市街地の環境維持 ・土地利用の増進	・土地の合理的かつ健全な高度利用 ・都市機能の更新
定める制限	建築物の高さの最高限度・最低限度 ※準都市計画区域内では最高限度に限る	・建築物の容積率の最高限度・最低限度 ・建築物の建蔽率の最高限度 ・建築物の建築面積の最低限度 ・壁面の位置
指定可能な場所	用途地域内	用途地域内 準都市計画区域内は×

3 市街地開発事業を定めることができるのは、**都市計画区域内**の市街化区域および非線引き区域に限定されています。準都市計画区域は、積極的な開発を推進するための区域ではありません。 ★【×】

4 **高層住居誘導地区**は、職住近接を目的としており、①**第一種住居地域**、②**第二種住居地域**、③**準住居地域**、④**近隣商業地域**、⑤**準工業地域**の５つの用途地域で指定できます。 ★【○】

正解 3

Ken's Point

高度地区と高度利用地区の違いで一番大きいのは、次の点です。選択肢**2**の解説の表で周辺知識も確認しておきましょう。

- 高度地区＝高さ
- 高度利用地区＝高度な利用＝容積・建蔽

一問一答！ 解答＆解説

(1) ○ (2) ×:高度地区は建蔽率、容積率を定めて規制する地区ではない (3) ×:市街化調整区域内で定めることはできない

□ 1回目　/
□ 2回目　/
□ 3回目　/

都市計画法に関する次の記述のうち、正しいものはどれか。

1 市街化区域については、少なくとも用途地域を定めるものとし、市街化調整区域については、原則として用途地域を定めないものとされている。

2 準都市計画区域は、都市計画区域外の区域のうち、新たに住居都市、工業都市その他の都市として開発し、及び保全する必要がある区域に指定するものとされている。

3 区域区分は、指定都市、中核市及び特例市の区域の全部又は一部を含む都市計画区域には必ず定めるものとされている。

4 特定用途制限地域は、用途地域内の一定の区域における当該区域の特性にふさわしい土地利用の増進、環境の保護等の特別の目的の実現を図るため当該用途地域の指定を補完して定めるものとされている。

2010年 問16

理解を深掘り！　一問一答！

以下の文章について、正しいものには○、誤っているものには×をつけよう。

(1) 準都市計画区域については、区域内のすべての区域において、都市計画に用途地域を定めるとともに、その他の地域地区で必要なものを定めるものとされている。

(2) 準都市計画区域は、都市計画区域内の区域のうち、相当数の住居その他の建築物の建築又はその敷地の造成が現に行われ、又は行われると見込まれる一定の区域で、そのまま土地利用を整序することなく放置すれば、将来における都市としての整備、開発及び保全に支障が生じるおそれがあると認められる区域をいう。

(3) 地区整備計画においては、市街化区域と市街化調整区域との区分の決定の有無を定めることができる。

1 都市計画基準として、**市街化区域**については、**少なくとも用途地域を定める**ものとし、また、**市街化調整区域**については、**原則として用途地域を定めない**ものとされています。 ★【○】

2 準都市計画区域は、そのまま土地利用を整序し、又は環境を保全するための措置を講ずることなく放置すれば、**将来における**一体の都市としての整備、開発及び保全に支障が生じるおそれがあると認められる一定の区域とされています。 ★【×】

3 三大都市圏（首都圏・近畿圏・中部圏）と**政令指定都市の区域**を含む都市計画の場合、区域区分を必ず定める必要があります。中核市、特例市については、必ず定める必要はありません。 【×】

4 本肢は、**特別用途地区**についての説明です。特定用途制限地域は、**用途地域が定められていない土地の区域**（市街化調整区域を除く。）内において、その良好な環境の形成又は保持のため当該地域の特性に応じて合理的な土地利用が行われるよう、制限すべき特定の建築物等の用途の概要を定める地域です。 ★【×】

正解 1

Ken's Point

「市街化区域」と「市街化調整区域」はそれぞれどのような区域なのか、確実に理解してください。

種類	内容		
市街化区域	既に市街地を形成している区域および10年以内に優先的かつ計画的に市街化を図るべき区域	➜	少なくとも用途地域を定める
市街化調整区域	市街化を抑制すべき区域	➜	原則として用途地域を定めない

一問一答！ 解答＆解説

(1) ×：準都市計画区域に用途地域は定めることができるが、すべての区域において用途地域を定める必要はない (2) ×：「都市計画区域内」ではなく「都市計画区域外」である (3) ×：「市街化区域と市街化調整区域との区分の決定の有無」は、地区整備計画で定めることができる事項の中に含まれていない

□ 1 回目　　/
□ 2 回目　　/
□ 3 回目　　/

都市計画法に関する次の記述のうち、誤っているものはどれか。

1 都市計画の決定又は変更の提案は、当該提案に係る都市計画の素案の対象となる土地の区域内の土地所有者の全員の同意を得て行うこととされている。

2 都市計画事業の認可等の告示があった後においては、事業地内において、都市計画事業の施行の障害となるおそれがある建築物の建築等を行おうとする者は、都道府県知事の許可を受けなければならない。

3 土地区画整理事業等の市街地開発事業だけではなく、道路、公園等の都市計画施設の整備に関する事業についても、都市計画事業として施行することができる。

4 市街化区域は、既に市街地を形成している区域及びおおむね 10 年以内に優先的かつ計画的に市街化を図るべき区域であり、市街化調整区域は、市街化を抑制すべき区域である。

2004年 問17

理解を深掘り！　一問一答！

以下の文章について、正しいものには○、誤っているものには×をつけよう。

(1) 都市計画区域は、一体の都市として総合的に整備し、開発し、及び保全する必要がある区域を当該市町村の区域内に限り指定するものとされている。

(2) 都市計画事業の認可の告示があった後、当該認可に係る事業地内において当該事業の施行の障害となるおそれがある土地の形質の変更、建築物の建築、工作物の建設を行おうとする者は、当該事業の施行者の同意を得て、当該行為をすることができる。

(3) 都市計画は、都市の健全な発展と秩序ある整備を図るための土地利用、都市施設の整備及び市街地開発事業に関する計画で、都道府県が決定するときは、関係市町村の意見を聴き、かつ、都道府県都市計画審議会の議を経なければならない。

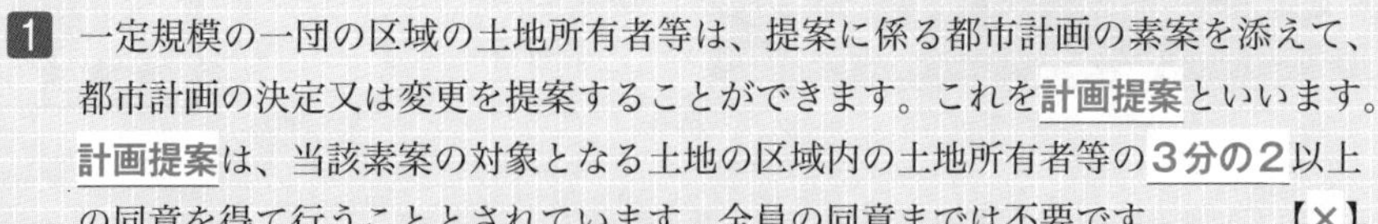

1 一定規模の一団の区域の土地所有者等は、提案に係る都市計画の素案を添えて、都市計画の決定又は変更を提案することができます。これを**計画提案**といいます。**計画提案**は、当該素案の対象となる土地の区域内の土地所有者等の**3分の2**以上の同意を得て行うこととされています。全員の同意までは不要です。【×】

2 都市計画事業の認可等の告示後、事業地内で事業施行の障害となる行為を行おうとする場合、**都道府県知事**の許可が必要です。★【○】

3 土地区画整理事業等の市街地開発事業だけではなく、**都市計画施設の整備に関する事業**についても、都市計画事業として施行することができます。道路、公園等は都市計画施設に該当するため、これらの施設の整備を都市計画事業として施行することができます。【○】

4 都市計画法では2つの区域区分を次のように定義しています。

- 市街化区域とは、既に市街地を形成している区域及びおおむね10年以内に優先的かつ計画的に**市街化を図るべき**区域
- 市街化調整区域とは、**市街化を抑制すべき**区域 ★【○】

正解 1

都市計画施設の区域内等での建築等の可否

	都市計画施設の区域内 市街地開発事業の施行区域内	市街地開発事業等 予定区域の区域内	都市計画事業 の事業地内
建築物の建築	○	○	○
土地の形質の変更	×	○	○
一定の物件の設置・堆積	×	×	○
非常災害のため必要な応急措置等	×	×	○

○ 許可が必要　× 許可が不要

都市計画事業の施行の障害となるおそれがあるもの

一問一答！　解答&解説

(1) **×：行政区画に関係なく指定可能なので市町村の区域に限られない**　(2) **×：「事業の施行者の同意」ではなく、都道府県知事の許可が必要である**　(3) **○**

□１回目　　/
□２回目　　/
□３回目　　/

都市計画法に関する次の記述のうち、正しいものはどれか。

1 開発行為とは、主として建築物の建築の用に供する目的で行う土地の区画形質の変更を指し、特定工作物の建設の用に供する目的で行う土地の区画形質の変更は開発行為には該当しない。

2 市街化調整区域において行う開発行為で、その規模が300㎡であるものについては、常に開発許可は不要である。

3 市街化区域において行う開発行為で、市町村が設置する医療法に規定する診療所の建築の用に供する目的で行うものであって、当該開発行為の規模が1,500㎡であるものについては、開発許可は必要である。

4 非常災害のため必要な応急措置として行う開発行為であっても、当該開発行為が市街化調整区域において行われるものであって、当該開発行為の規模が3,000㎡以上である場合には、開発許可が必要である。

2013年 問16

理解を深掘り！　一問一答！

以下の文章について、正しいものには○、誤っているものには×をつけよう。

(1) 建築物の建築を行わない青空駐車場の用に供する目的で行う土地の区画形質の変更については、その規模が1 ha 以上のものであっても、開発許可を受ける必要はない。

(2) 都市計画区域において、土地区画整理事業の施行として行う1 ha の開発行為を行おうとする者は、あらかじめ、都道府県知事の許可を受けなければならない。

(3) 図書館、公民館又は博物館の建築の用に供する目的で行う開発行為は、市街化調整区域内におけるものであっても、その規模の大小を問わず、開発許可を受けることなく行うことができる。

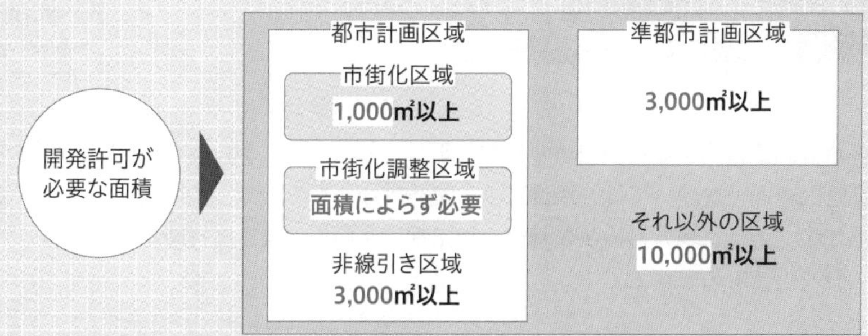

1 開発行為とは、主として建築物の建築または**特定工作物**の建設の用に供する目的で行う土地の区画形質の変更をいいます。**特定工作物**の建設の用に供する目的で行う土地の区画形質の変更も、開発行為に該当します。 ★【×】

2 **市街化調整区域**において行う開発行為は、原則として**面積**にかかわらず**許可**が必要です。 ★【×】

3 **病院・診療所は公益上必要な建築物には当たらず**、**市街化区域**かつ面積**1,000㎡以上**であるため、開発許可が必要となります。 ★【○】

4 非常災害のため必要な応急措置として行う開発行為は、**場所**や**規模**にかかわらず、開発許可は不要です。 ★【×】

正解 3

Ken's Point

上図のように開発行為においては、区域によって許可が不要になります。なお、開発許可の基準となる面積に限りませんが、「○○未満」といった表現は、ぴったりの数字を含まないので、問題を解く際にやりにくく感じる人も多いようです。「○○以上なら必要」と考えるほうが解きやすいと思います。

一問一答！ 解答&解説

(1) ○ (2) ×：「○○事業の施行」として行うのであれば都道府県知事の許可は不要である (3) ○

□1回目　　/
□2回目　　/
□3回目　　/

都市計画法に関する次の記述のうち、正しいものはどれか。ただし、許可を要する開発行為の面積については、条例による定めはないものとし、この問において「都道府県知事」とは、地方自治法に基づく指定都市、中核市及び施行時特例市にあってはその長をいうものとする。

1 準都市計画区域において、店舗の建築を目的とした4,000㎡の土地の区画形質の変更を行おうとする者は、あらかじめ、都道府県知事の許可を受けなければならない。

2 市街化区域において、農業を営む者の居住の用に供する建築物の建築を目的とした1,500㎡の土地の区画形質の変更を行おうとする者は、都道府県知事の許可を受けなくてよい。

3 市街化調整区域において、野球場の建設を目的とした8,000㎡の土地の区画形質の変更を行おうとする者は、あらかじめ、都道府県知事の許可を受けなければならない。

4 市街化調整区域において、医療法に規定する病院の建築を目的とした1,000㎡の土地の区画形質の変更を行おうとする者は、都道府県知事の許可を受けなくてよい。

2019年 問16

以下の文章について、正しいものには○、誤っているものには×をつけよう。

(1) 準都市計画区域において、商業施設の建築を目的とした2,000㎡の土地の区画形質の変更を行おうとする者は、あらかじめ、都道府県知事の許可を受けなければならない。

(2) 市街化区域内において、農業を営む者の居住の用に供する建築物の建築の用に供する目的で1,000㎡の土地の区画形質の変更を行おうとする者は、あらかじめ、都道府県知事の許可を受けなければならない。

(3) 市街化調整区域内で行われる、開発区域の面積が1ha未満のミニゴルフコースの建設のための開発行為は、開発許可が不要である。

1 準都市計画区域において**3,000㎡**以上の開発行為を行う場合、開発許可を受ける必要があります。 ★【○】

2 農林漁業を営む者の居住用建物の建築を目的とする開発行為が許可不要となるのは、**市街化区域以外**の区域です。市街化区域であり、開発規模が1,000㎡以上なので許可が必要です。 ★【×】

3 野球場、庭球場、陸上競技場、遊園地、動物園その他の運動・レジャー施設である工作物は、**10,000㎡以上**の規模であるときには**特定工作物に該当**し、それに供するための土地の区画形質の変更は、**開発行為**となります。本肢の野球場は8,000㎡なので、開発行為には該当しません。 ★【×】

4 病院は都市計画法に定める**公益上必要な建築物**に該当しません。市街化調整区域においては、面積の大小にかかわらず開発許可が必要です。 ★【×】

正解 1

Ken's Point

「農林漁業を営む者の居住用建築物は農林漁業用建築物に当たる」という知識は重要です。逆に「農産物」という言葉がついていても、農林漁業用建築物に当たらないものもあります。

- 農産物の加工に必要な建築物⇒缶詰工場など
- 農産物の貯蔵に必要な建築物⇒できあがったものを置いておく倉庫

なお、サイロにもできあがったものを置くことはありますが、一般的には生産資材の貯蔵に使われるものなので、試験では農林漁業用建築物に当たると考えてください。

一問一答！　解答＆解説

(1) ×：準都市計画区域における2,000㎡では開発許可を受ける必要はない
(2) ○　(3) ×：市街化調整区域には小規模開発の例外はなく、ゴルフコースは規模にかかわらず第二種特定工作物に当たるため、許可が必要である

□ 1回目　/
□ 2回目　/
□ 3回目　/

都市計画法に関する次の記述のうち、正しいものはどれか。ただし、この問において条例による特別の定めはないものとし、「都道府県知事」とは、地方自治法に基づく指定都市、中核市及び施行時特例市にあってはその長をいうものとする。

1 市街化区域内において、市街地再開発事業の施行として行う1haの開発行為を行おうとする者は、あらかじめ、都道府県知事の許可を受けなければならない。

2 区域区分が定められていない都市計画区域内において、博物館法に規定する博物館の建築を目的とした8,000㎡の開発行為を行おうとする者は、都道府県知事の許可を受けなくてよい。

3 自己の業務の用に供する施設の建築の用に供する目的で行う開発行為にあっては、開発区域内に土砂災害警戒区域等における土砂災害防止対策の推進に関する法律に規定する土砂災害警戒区域内の土地を含んではならない。

4 市街化調整区域内における開発行為について、当該開発行為が開発区域の周辺における市街化を促進するおそれがあるかどうかにかかわらず、都道府県知事は、開発審査会の議を経て開発許可をすることができる。

2022年 問16

理解を深掘り！　一問一答！

以下の文章について、正しいものには○、誤っているものには×をつけよう。

(1) 市街化区域内の既に造成された宅地において、敷地面積が1,500㎡の共同住宅を建築する場合は、当該宅地の区画形質の変更を行わないときでも、原則として開発許可を受けなければならない。

(2) 首都圏整備法に規定する既成市街地内にある市街化区域において、住宅の建築を目的とした800㎡の土地の区画形質の変更を行おうとする者は、あらかじめ、都道府県知事の許可を受けなければならない。

(3) 建築物の建築の用に供することを目的とする土地の区画形質の変更で、非常災害のため必要な応急措置として行うものについても、一定の場合には、開発許可を受ける必要がある。

1 市街地再開発事業、都市計画事業、土地区画整理事業等の行政事業の**施行として**行う開発行為は、既に他の法律に基づきその事業計画について都道府県知事の許可又は認可を受けているので、その**規模**にかかわらず開発許可は不要です。

★【×】

2 博物館は**公益上必要**な建築物として都市計画法に規定されています。**公益上必要**な建築物を建築する目的で行う開発行為は、許可が不要です。 ★【○】

3 開発区域内に**災害危険区域等**と呼ばれる区域（災害危険区域、地すべり防止区域、土砂災害**特別**警戒区域、急傾斜地崩壊危険区域、浸水被害防止区域）を含んでいるときには、自己の居住用建物を建築する目的で行う開発行為を**除いて**、原則として開発許可を受けることはできません。本肢は「土砂災害警戒区域」ですから、開発区域内に含んでいても、許可を受けることは可能です。なお、**土砂災害特別警戒区域**は、土砂災害の発生時に、建物の損壊が生じ住民等の生命又は身体に**著しい**危害が生じるおそれのある区域、**土砂災害警戒区域**は、土砂災害の発生時に、住民等の生命又は身体に危害が生じるおそれのある区域です。 【×】

4 開発区域の周辺における市街化を促進するおそれがある場合には、**開発審査会**の議を経ても、開発は許可できません。 ★【×】

正解 2

Ken's Point

公益上必要な建築物の代表的な出題例として、駅舎・公民館・図書館・博物館・変電所は覚えておきましょう。ただ、これら以外のものを全部覚えるのは無理なので、一見、公益上に思えても実は公益上ではない「医療施設（病院・診療所）、社会福祉施設、学校、国や地方公共団体の庁舎」を覚えておくと効率的です。

一問一答！ 解答&解説

(1) ×：開発行為に該当しないため開発許可は不要である (2) ○ (3) ×：非常災害のため必要な応急措置として行う開発行為については、開発許可は不要である

□1回目　/
□2回目　/
□3回目　/

都市計画法に関する次の記述のうち、正しいものはどれか。なお、この問において「都道府県知事」とは、地方自治法に基づく指定都市、中核市及び施行時特例市にあってはその長をいうものとする。

1 開発行為に関する設計に係る設計図書は、開発許可を受けようとする者が作成したものでなければならない。

2 開発許可を受けようとする者が都道府県知事に提出する申請書には、開発区域内において予定される建築物の用途を記載しなければならない。

3 開発許可を受けた者は、開発行為に関する工事を廃止したときは、その旨を都道府県知事に報告し、その同意を得なければならない。

4 開発許可を受けた開発区域内の土地においては、開発行為に関する工事完了の公告があるまでの間であっても、都道府県知事の承認を受けて、工事用の仮設建築物を建築することができる。

2006年 問20

以下の文章について、正しいものには○、誤っているものには×をつけよう。

(1) 開発許可を受けようとする者は、開発行為に関する工事の請負人又は請負契約によらないで自らその工事を施行する者を記載した申請書を都道府県知事に提出しなければならない。

(2) 開発許可申請書には、予定建築物の用途のほか、その構造、設備及び予定建築価額を記載しなければならない。

(3) 開発許可を受けた開発区域内において、当該区域内の土地の所有権を有し、かつ、都市計画法第 33 条第 1 項第 14 号に規定する同意をしていない者は、開発行為に関する工事が完了した旨の公告があるまでの間は、その権利の行使として建築物を新築することができる。

1 開発行為に関する設計に係る設計図書は、国土交通省令にて定める一定の資格を有する者が作成することとなっています。この設計者となれるのは、土木、建築、都市計画又は造園に関する一定の**学歴を有する者**もしくは**技術士**あるいは**一級建築士**で、所定の**実務経験**を有する者であり、開発許可を受けようとする者が作成する必要はありません。【×】

2 開発許可を受けようとする者が都道府県知事に提出する申請書には、開発区域内において建築を予定する**建築物の用途**を記載する必要があります。★【○】

3 開発行為に関する工事を廃止する場合は、遅滞なく都道府県知事に**届け出る**ことのみで足ります。同意は不要です。開発計画と計画変更は**許可**、廃止は**届出**となっているのがポイントです。★【×】

4 工事完了の公告前に建築できるのは、①開発行為に必要な**仮設建築物**、②**都道府県知事**が支障なしと認めた建築物、③**開発行為に同意していない土地所有者**による建築物に限られています。開発行為に関する工事用の仮設建築物又は特定工作物については、**都道府県知事**の**承認を受けなくても建築可能**です。★【×】

正解 2

開発許可申請書の記載事項と添付書類

申請書の記載事項	申請書の添付書類
①開発区域の位置・区域・規模 ②予定建築物等の用途（構造や価格・設備等不要） ③設計 ④工事施行者（開発行為に関する工事の請負人または請負契約によらずに自らその工事を施行する者をいう） ⑤その他 （工事の着工予定年月日・完了予定年月日）	①開発行為に関係がある公共施設の管理者の同意を得たことを証する書面 ②開発行為により設置される公共施設を管理することとなる者などとの協議の経過を示す書面 ③その他（開発行為をしようとする土地の所有者などの相当数の同意を得たことを証する書面など）

一問一答！　解答＆解説

(1) ○　(2) ×：構造、設備、予定建築価額の記載は不要である　(3) ○

□1回目　/
□2回目　/
□3回目　/

都市計画法の開発許可に関する次の記述のうち、正しいものはどれか。なお、この問における都道府県知事とは、地方自治法に基づく指定都市、中核市、特例市にあってはその長をいうものとする。

1 都道府県知事は、開発許可の申請があったときは、申請があった日から21日以内に、許可又は不許可の処分をしなければならない。

2 開発行為とは、主として建築物の建築の用に供する目的で行う土地の区画形質の変更をいい、建築物以外の工作物の建設の用に供する目的で行う土地の区画形質の変更は開発行為には該当しない。

3 開発許可を受けた者は、開発行為に関する工事を廃止したときは、遅滞なく、その旨を都道府県知事に届け出なければならない。

4 開発行為を行おうとする者は、開発許可を受けてから開発行為に着手するまでの間に、開発行為に関係がある公共施設の管理者と協議し、その同意を得なければならない。

2004年 問18

以下の文章について、正しいものには○、誤っているものには×をつけよう。

(1) 開発許可の申請をした場合には、遅滞なく、許可又は不許可の処分が行われるが、許可の処分の場合に限り、文書で申請者に通知される。

(2) 開発許可を受けた者は、開発行為に関する工事の廃止をしようとするときは、都道府県知事の許可を受けなければならない。

(3) 開発許可を申請しようとする者は、開発行為に関係がある公共施設の管理者の同意を得たことを証する書面を、申請書に添付しなければならない。

1 都道府県知事は、開発許可の申請があった場合は、**遅滞なく**、許可又は不許可の処分をする必要があります。申請日から21日以内ではありません。【×】

2 開発行為とは、建築物の建築又は**特定工作物**の建設のいずれかの用に供する目的で行う土地の区画形質の変更です。**特定工作物**の建設に供する土地の区画形質の変更も都市計画法上の開発行為に該当します。★【×】

3 開発行為に関する工事を廃止したときは、遅滞なく、その旨を都道府県知事に**届け出**なければなりません。許可ではないので注意しましょう。★【○】

4 開発許可を申請しようとする者は、関係のある公共施設の管理者（既にある公共施設の管理者）と協議し、その同意を得ます。そして開発工事で設置される公共施設を管理することとなる者と協議します。公共施設の管理者との協議等は、**開発許可の申請前**に行わなくてはなりません。したがって「開発許可を受けてから開発行為に着手するまでの間に」とする本肢は誤りです。★【×】

3

Ken's Point

開発行為の許可をもらった後の手続きについて押さえておきましょう。許可をもらった内容の変更は「許可もらいなおし」と同じように考えると、当然に許可が必要です。ただし、スケジュールを変更するなど、工事の中身が変わらなければ軽微変更と考えてください。

人の変更	相続（一般承継）		当然に承継（手続不要）
	地位の譲渡等（特定承継）		知事の承認
内容の変更	原則		知事の許可
	例外	開発許可不要の開発行為への変更	手続不要
		軽微変更	知事への届出
		工事廃止	

(1) ×：許可又は不許可のいずれの処分であっても、申請者には文書で通知される
(2) ×：届出をすればよく、許可を受ける必要はない　(3) ○

□１回目　　/
□２回目　　/
□３回目　　/

都市計画法に関する次の記述のうち、誤っているものはどれか。なお、この問における都道府県知事とは、地方自治法に基づく指定都市、中核市、特例市にあってはその長をいうものとする。

1　区域区分の定められていない都市計画区域内の土地において、10,000㎡のゴルフコースの建設を目的とする土地の区画形質の変更を行おうとする者は、あらかじめ、都道府県知事の許可を受けなければならない。

2　市街化区域内の土地において、700㎡の開発行為を行おうとする場合に、都道府県知事の許可が必要となる場合がある。

3　開発許可を受けた開発行為又は開発行為に関する工事により、公共施設が設置されたときは、その公共施設は、協議により他の法律に基づく管理者が管理することとした場合を除き、開発許可を受けた者が管理することとされている。

4　用途地域等の定めがない土地のうち開発許可を受けた開発区域内においては、開発行為に関する工事完了の公告があった場合は、都道府県知事の許可を受ければ、当該開発許可に係る予定建築物以外の建築物を新築することができる。

2009年 問17

理解を深掘り！　一問一答！

以下の文章について、正しいものには○、誤っているものには×をつけよう。

(1) 市街化調整区域におけるゴルフコース等の第二種特定工作物の建設の用に供する目的で行う開発行為については、都道府県知事は、開発許可の際、あらかじめ開発審査会の議を経なければならない。

(2) 都市計画区域内において、複数の都府県にまたがる 10ha の開発行為を行おうとする者は、国土交通大臣の許可を受けなければならない。

(3) 開発許可を受けた開発行為により公共施設が設置されたときは、その公共施設は、工事完了の公告の日の翌日において、原則としてその公共施設の存する市町村の管理に属するものとされている。

1 ゴルフコースは面積を問わず**第二種特定工作物**となり、開発行為に該当します。区域区分の定められていない都市計画区域内における開発行為は、開発規模**3,000㎡以上**で開発許可が必要となり、10,000㎡の開発行為を行う際には、**都道府県知事の許可**を受けなければなりません。 ★【○】

2 原則として、**市街化区域**における**1,000㎡未満**の開発行為は許可不要です。ただし、都道府県知事等は条例により、区域を限って**300**㎡以上**1,000**㎡未満の範囲内でより厳しい基準を定めることができます。よって、許可が必要となる場合もあります。 【○】

3 開発行為により公共施設が設置された場合、その**公共施設**は**原則として市町村**の管理に属することとなります。本肢は「開発許可を受けた者が」としているため誤りです。 ★【×】

4 開発行為は、その土地に特定の建築物を建築等する目的で行われます。したがって、開発工事が完了した後の区域内には、**都道府県知事**が許可したときと**国**又は**都道府県**等が行う行為を除き、開発行為の目的である建築物（予定建築物）しか建築することができません。ただし、建築できる建築物の種類が制限されている**用途地域内**では、無秩序な建築が行われるおそれがないため、予定建築物以外の建築物でも建築できることになっています。 ★【○】

正解 3

Ken's Point

公共施設が設置された場合については、土地区画整理法でも使用する知識なので早めに覚えましょう。「いつから、どこの管理に属するか」がポイントです。

何が	いつ	誰に
公共施設	工事完了の公告の日の翌日	原則：市町村の管理に属する 例外：①他の法律に基づく管理者が別にあるとき ②協議により別段の定めをしたとき

一問一答！ 解答＆解説

(1) ×：あらかじめ開発審査会の議を経る必要はない　(2) ×：それぞれの都府県知事の許可を受けなければならない　(3) ○

□1回目　/
□2回目　/
□3回目　/

都市計画法に関する次の記述のうち、正しいものはどれか。なお、この問における都道府県知事とは、地方自治法に基づく指定都市、中核市及び特例市にあってはその長をいうものとする。

1 開発許可を申請しようとする者は、あらかじめ、開発行為に関係がある公共施設の管理者と協議しなければならないが、常にその同意を得ることを求められるものではない。

2 市街化調整区域内において生産される農産物の貯蔵に必要な建築物の建築を目的とする当該市街化調整区域内における土地の区画形質の変更は、都道府県知事の許可を受けなくてよい。

3 都市計画法第33条に関する開発許可の基準のうち、排水施設の構造及び能力についての基準は、主として自己の居住の用に供する住宅に建築の用に供する目的で行う開発行為に対しては適用されない。

4 非常災害のため必要な応急措置として行う開発行為は、当該開発行為が市街化調整区域内において行われるものであっても都道府県知事の許可を受けなくてよい。

2011年 問17

理解を深掘り！　一問一答！

以下の文章について、正しいものには○、誤っているものには×をつけよう。

(1) 開発許可を申請しようとする者は、あらかじめ、開発行為により設置される公共施設を管理することとなる者と協議し、その同意を得なければならない。

(2) 非常災害のため必要な応急措置として行う開発行為であっても、当該開発行為が準都市計画区域において行われるものであって、当該開発行為の規模が10,000㎡以上である場合には開発許可が必要である。

(3) 区域区分が定められていない都市計画区域において、農業を営む者がその居住用の住宅を建築するために行う開発行為については、開発許可を受ける必要はない。

1 開発行為に関係がある公共施設というのは、**既に存在している公共施設**を意味しています。当該公共施設の管理者と協議し、その同意を得なければならないので、本肢は誤りです。 ★【×】

2 市街化調整区域内で農林漁業用として政令で定める建築物の建築を目的とし、開発行為を行う場合には、開発許可は不要ですが、農産物の**貯蔵**に必要な建築物は農林漁業用には当たりません（倉庫のイメージ）。よって、本肢の開発行為は、**都道府県知事**の開発許可を受ける必要があります。 【×】

3 **排水**施設の構造及び能力についての基準は、主として**自己居住用**に供する住宅の建築を目的として行う開発行為に対しても適用されます。 【×】

4 非常災害のため必要な応急措置として行う開発行為は、**区域を問わず**開発許可を受ける必要はありません。 ★【○】

正解 4

開発行為の事前手続きのまとめ

① 1ha 以上の開発行為は、有資格者の設計が必要
② 開発行為に関係がある公共施設の管理者との協議、および管理者の同意
③ 設置されることとなる公共施設の管理者などとの協議
④ 土地等の権利者の相当数の同意

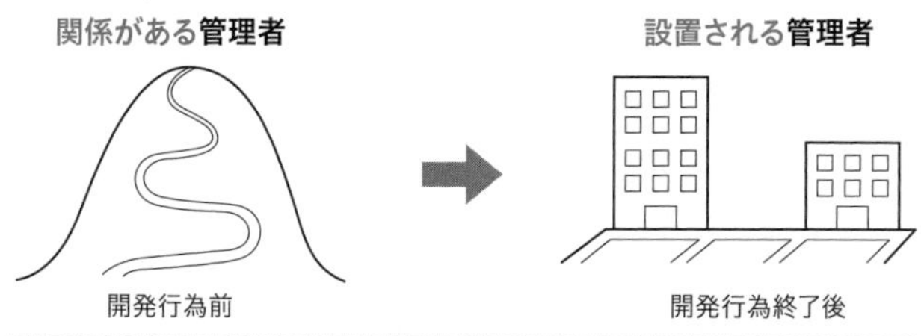

開発行為前の公共施設の管理者を「関係がある管理者」、開発行為によってできた公共施設を管理する者を「設置される管理者」という

一問一答！ 解答&解説

(1) ×：協議をすればよく、同意を得る必要はない　(2) ×：非常災害のため必要な応急措置を目的として行う開発行為は、区域・面積を問わず、開発許可は不要である
(3) ○

問題 014

□1回目　/
□2回目　/
□3回目　/

都市計画法に関する次の記述のうち、誤っているものはどれか。なお、この問において「都道府県知事」とは、地方自治法に基づく指定都市、中核市及び施行時特例市にあってはその長をいうものとする。

1 開発許可を申請しようとする者は、あらかじめ、開発行為又は開発行為に関する工事により設置される公共施設を管理することとなる者と協議しなければならない。

2 都市計画事業の施行として行う建築物の新築であっても、市街化調整区域のうち開発許可を受けた開発区域以外の区域内においては、都道府県知事の許可を受けなければ、建築物の新築をすることができない。

3 開発許可を受けた開発行為により公共施設が設置されたときは、その公共施設は、工事完了の公告の日の翌日において、原則としてその公共施設の存する市町村の管理に属するものとされている。

4 開発許可を受けた者から当該開発区域内の土地の所有権を取得した者は、都道府県知事の承認を受けて、当該開発許可を受けた者が有していた当該開発許可に基づく地位を承継することができる。

2020年10月 問16

理解を深掘り！　一問一答！

以下の文章について、正しいものには○、誤っているものには×をつけよう。

(1) 区域区分が定められていない都市計画区域において、農産物の加工に必要な建築物の建築を目的とした3,000㎡の土地の区画形質の変更を行おうとする者は、都道府県知事の許可を受けなくてよい。

(2) 何人も、市街化調整区域のうち開発許可を受けた開発区域以外の区域内において、都道府県知事の許可を受けることなく、仮設建築物を新築することができる。

(3) 開発行為によって設置された公共施設は、他の法律に基づく管理者があるときを除き、施設の存する市町村が管理する。

1 開発行為により**設置される**公共施設の管理者なので、協議が必要となります。なお、**同意**は不要です。 ★【○】

2 原則として、市街化調整区域のうち開発許可を受けた開発区域以外では、**都道府県知事**の許可なく建物の新築行為等を行うことができません。ただし、例外的に許可不要で行うことができる建築などもあります（下のポイント参照）。都市計画事業の**施行として行う**建築物の新築は、**都道府県知事**の許可がなくても実施可能です。 ★【×】

3 開発許可を受けた開発行為により**公共施設が設置された**とき、その公共施設は**工事完了の公告の日の翌日**において、原則としてその公共施設が所在する**市町村**の管理に属することとなります。 ★【○】

4 特定承継した者が開発許可を受けた者の地位を承継するには、**都道府県知事の承認**を受ける必要があります。一方、開発許可を受けた者の相続人その他の一般承継人は、許可に基づく地位を当然に**承継**するという違いがあります。 ★【○】

正解 2

Ken's Point

市街化調整区域は開発行為に当たらなくても、建物のみでも許可が必要という点はしっかり理解してください。

市街化調整区域	原則	都道府県知事の許可を受けなければ、建築物の新築・第一種特定工作物の新設をしてはならない。また、建築物を改築し、または用途変更してはならない
	例外	開発許可不要の場合と同様の場合には、都道府県知事の許可は不要 例・農林漁業用建築物の建築 ・公民館、図書館等の公益上必要な建築物の建築 ・都市計画事業等の施行として行う建築物の建築

一問一答！ 解答&解説

(1) **×：農産物の加工に必要な建築物は農林漁業用建築物ではなく、3,000㎡以上なので許可が必要である** (2) **○** (3) **×：協議により管理者について別段の定めをしたときは、それらの者の管理に属するので他にも例外があるため誤り**

□1回目　/
□2回目　/
□3回目　/

都市計画法に関する次の記述のうち、正しいものはどれか。なお、この問における都道府県知事とは、地方自治法に基づく指定都市、中核市及び特例市にあってはその長をいうものとする。

1 開発許可を受けた開発区域内において、当該開発区域内の土地について用途地域等が定められていないとき、都道府県知事に届け出れば、開発行為に関する工事完了の公告があった後、当該開発許可に係る予定建築物以外の建築物を建築することができる。

2 開発許可を受けた土地において、地方公共団体は、開発行為に関する工事完了の公告があった後、都道府県知事との協議が成立すれば、当該開発許可に係る予定建築物以外の建築物を建築することができる。

3 都道府県知事は、市街化区域内における開発行為について開発許可をする場合、当該開発区域内の土地について、建築物の建蔽率に関する制限を定めることができる。

4 市街化調整区域のうち開発許可を受けた開発区域以外の区域内において、公民館を建築する場合は、都道府県知事の許可を受けなくてよい。

2007年 問19

理解を深掘り！　一問一答！

以下の文章について、正しいものには○、誤っているものには×をつけよう。

(1) 開発許可を受けた開発区域内の土地において、当該開発許可に係る予定建築物を建築しようとする者は、当該建築行為に着手する日の30日前までに、一定の事項を都道府県知事に届け出なければならない。

(2) 予定建築物以外を国が建築しようとする場合、国の機関と都道府県知事との協議が成立すれば、都道府県知事の許可があったものとみなされる。

(3) 農林漁業用建築物であっても、市街化調整区域のうち開発許可を受けた開発区域以外の区域内においては、都道府県知事の許可を受けなければ、当該建築物の新築をすることができない。

1 開発行為は、その土地に特定の建築物を建築等する目的で行われます。したがって、開発工事が完了した後の区域内には、**都道府県知事**が**許可**したときを除き、開発行為の目的である建築物（予定建築物）しか建築することができません。 ★【×】

2 国や都道府県等（指定都市・中核市含む）が建築する場合、**都道府県知事との協議により許可があったものとみなされます**。ただし、地方公共団体であっても**市区町村**である場合、この規定は**適用されません**。 【×】

3 都道府県知事は、**用途地域の定められていない区域内の**開発行為について開発許可をする場合、必要に応じて**建築物の建蔽率**等に関する制限を定めることができます。本肢は市街化区域内の開発行為であり、市街化区域には必ず**用途地域**を定めることになっています。よって、当該開発許可に当たり建築物の建蔽率に関する制限を定めることはできません。 ★【×】

4 市街化調整区域のうち開発許可を受けた区域外では、原則として**都道府県知事**の許可なしに建築物を建築することはできませんが、**公民館**は例外に該当するため、**都道府県知事の許可は不要**です。 ★【○】

正解 4

Ken's Point

国や都道府県が都道府県知事の許可が必要な行為をする場合に、都道府県知事との協議により「許可があったもの」とみなされるという話は、農地法でも出てくるのでしっかり理解しておきましょう。

一問一答！ 解答&解説

(1) ×:「予定建築物等以外」ではないため許可も届出も必要はない (2) ○ (3) ×:農林漁業用建築物は許可不要である

□ 1 回目　/
□ 2 回目　/
□ 3 回目　/

都市計画法の開発許可に関する次の記述のうち、誤っているものはどれか。なお、この問における都道府県知事とは、地方自治法に基づく指定都市、中核市、特例市にあってはその長をいうものとする。

1 市街化調整区域のうち、開発許可を受けた開発区域以外の区域で賃貸住宅を新築する場合、当該賃貸住宅の敷地に４m以上の幅員の道路が接していなければならない。

2 開発許可を受けた開発区域内の土地に用途地域が定められている場合には、開発行為が完了した旨の公告があった後、当該開発許可に係る予定建築物以外の建築物を都道府県知事の許可を受けずに建築することができる。

3 市街化調整区域のうち、開発許可を受けた開発区域以外の区域では、農業に従事する者の居住の用に供する建築物を新築する場合、都道府県知事の許可は不要である。

4 都道府県知事は、用途地域の定められていない土地の区域における開発行為について開発許可をする場合において必要があると認めるときは、当該開発区域内の土地について、建築物の敷地に関する制限を定めることができる。

2004年 問19

以下の文章について、正しいものには○、誤っているものには×をつけよう。

(1) 市街化調整区域のうち開発許可を受けた開発区域以外の区域内において、土地の区画形質の変更を伴わずに、床面積が150㎡の住宅の全部を改築し、飲食店としようとする場合には、都道府県知事の許可を受けなければならない。

(2) 市街化調整区域のうち開発許可を受けた開発区域以外の区域において、民間事業者は、都道府県知事の許可を受けて、又は都市計画事業の施行としてでなければ、建築物を新築してはならない。

(3) 都道府県知事は、用途地域の定められていない区域で開発許可をする場合、建築物の高さに関する制限を定めることができるが、壁面の位置に関する制限を定めることはできない。

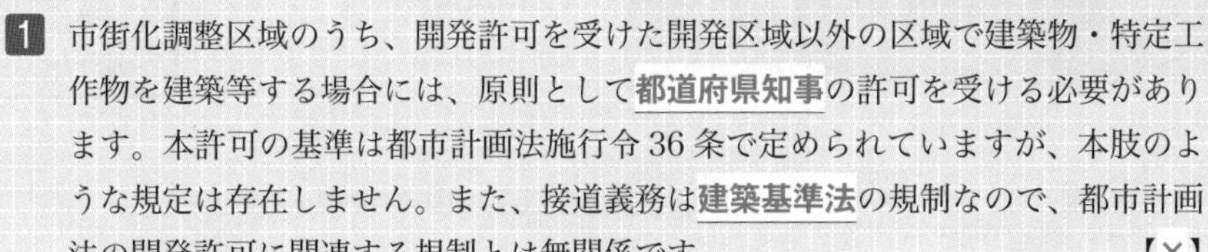

1 市街化調整区域のうち、開発許可を受けた開発区域以外の区域で建築物・特定工作物を建築等する場合には、原則として**都道府県知事**の許可を受ける必要があります。本許可の基準は都市計画法施行令36条で定められていますが、本肢のような規定は存在しません。また、接道義務は**建築基準法**の規制なので、都市計画法の開発許可に関連する規制とは無関係です。【×】

2 開発行為は、その土地に特定の建築物を建築等する目的で行われます。したがって、開発工事が完了した後の区域内には、**都道府県知事**が許可したときを除き、開発行為の目的である建築物（予定建築物）しか建築できません。ただし、建築できる建築物の種類が制限されている**用途地域内**では、無秩序な建築が行われるおそれがないため、**予定建築物以外**の建築物でも建築できることになります。★【○】

3 市街化調整区域で農業に従事する者の居住の用に供する建築物を新築する場合、例外として**都道府県知事**の許可は不要です。★【○】

4 都道府県知事は、用途地域の定められていない土地の区域内の開発行為について開発許可をする場合において必要があると認めるときは、**建築物の敷地に関する制限**（建蔽率、高さ、壁面の位置その他建築物の敷地、構造及び設備）を定めることができます。★【○】

正解 1

開発行為をしている場所の規制

	工事（造成）完了の公告前	工事（造成）完了の公告後
原則	建築物の建築、特定工作物の建設をしてはならない ※土地の分譲をすることはできる	予定建築物・特定工作物以外の新築・新設をしてはならない
例外	①当該工事のための仮設建築物・特定工作物を建築・建設するとき ②都道府県知事が支障がないと認めたとき ③開発行為に不同意の土地所有者等が建築物・特定工作物を建築・建設するとき	①都道府県知事が許可したとき ②開発区域内の土地について用途地域等が定められているとき （別途、建築基準法などにより規制される）

一問一答！ 解答＆解説

(1) ○ (2) **×：非常災害のために必要な応急措置として行う建築や仮設建築物の新築なども、都道府県知事の許可は不要である** (3) **×：都道府県知事は壁面の位置に関する制限も定められる**

□1回目　／
□2回目　／
□3回目　／

都市計画法に関する次の記述のうち、正しいものの組合せはどれか。

ア　都市計画施設の区域又は市街地開発事業の施行区域内において建築物の建築をしようとする者は、一定の場合を除き、都道府県知事（市の区域内にあっては、当該市の長）の許可を受けなければならない。

イ　地区整備計画が定められている地区計画の区域内において、建築物の建築を行おうとする者は、都道府県知事（市の区域内にあっては、当該市の長）の許可を受けなければならない。

ウ　都市計画事業の認可の告示があった後、当該認可に係る事業地内において、当該都市計画事業の施行の障害となるおそれがある土地の形質の変更を行おうとする者は、都道府県知事（市の区域内にあっては、当該市の長）の許可を受けなければならない。

エ　都市計画事業の認可の告示があった後、当該認可に係る事業地内の土地建物等を有償で譲り渡そうとする者は、当該事業の施行者の許可を受けなければならない。

1　ア、ウ
2　ア、エ
3　イ、ウ
4　イ、エ

2017年 問16

理解を深掘り！　一問一答！

以下の文章について、正しいものには○、誤っているものには×をつけよう。

(1) 市街地開発事業の施行区域内においては、非常災害のために必要な応急措置として行う建築物の建築であっても、都道府県知事（市の区域内にあっては、当該市の長）の許可を受けなければならない。

(2) 地区計画の区域のうち地区整備計画が定められている区域内において、建築物の建築等の行為を行った者は、一定の行為を除き、当該行為の完了した日から30日以内に、行為の種類、場所等を市町村長に届け出なければならない。

(3) 都市計画事業の認可の告示があった後、当該認可に係る事業地内の土地建物等を有償で譲り渡した者は、当該譲渡の後速やかに、譲渡価格、譲渡の相手方その他の事項を当該事業の施行者に届け出なければならない。

ア 都市計画施設の区域または市街地開発事業の**施行区域内**において**建築物の建築**をしようとする者は、一定の場合を除き、**都道府県知事の許可が必要です**。★【○】

イ 地区整備計画が定められている地区計画の区域内において、建築物の建築を行おうとする者は、**行為着手 30 日前**までに**市町村長**への**届出**が必要です。都道府県知事の許可は必要ありません。★【×】

ウ 都市計画事業の認可の告示があった後、当該**事業地内**において、都市計画事業の施行の障害となるおそれがある**土地の形質の変更等**を行おうとする者は、**都道府県知事等の許可**を受けなければなりません。★【○】

エ 都市計画事業の認可の告示があった後、事業地内の土地建物等を有償で譲り渡そうとする者は、施行者に**事前届出**が必要となります。許可は不要です。【×】

正解 1

地区計画のまとめ

届出制	① 地区計画の区域のうち、一定の再開発等促進区、開発整備促進区または地区整備計画（主として街区内の居住者などの利用に供される道路等の整備ならびに土地利用に関する計画）が定められている区域内で、土地の区画形質の変更・建築物の建築等をする場合には、行為着手の 30 日前までに一定事項を市町村長に届け出なければならない ② ①の届出が地区計画に適合しない場合、市町村長は計画変更を勧告できる

一問一答！ 解答＆解説

(1) **×：非常災害のため必要な応急措置としての行為は、許可は不要である** (2) **×：着手する日の 30 日前までに市町村長に届け出る必要がある** (3) **×：譲渡の後速やかに、ではなく事前に届け出る必要がある**

□1回目　/
□2回目　/
□3回目　/

都市計画法に関する次の記述のうち、誤っているものはどれか。

1 都市計画施設の区域又は市街地開発事業の施行区域内において建築物の建築をしようとする者であっても、当該建築行為が都市計画事業の施行として行う行為である場合には都道府県知事（市の区域内にあっては、当該市の長）の許可は不要である。

2 用途地域の一つである特定用途制限地域は、良好な環境の形成又は保持のため当該地域の特性に応じて合理的な土地利用が行われるよう、制限すべき特定の建築物等の用途の概要を定める地域とする。

3 都市計画事業の認可の告示があった後においては、当該事業地内において、当該都市計画事業の施行の障害となるおそれがある土地の形質の変更又は建築物の建築その他工作物の建設を行おうとする者は、都道府県知事（市の区域内にあっては、当該市の長）の許可を受けなければならない。

4 一定の条件に該当する土地の区域における地区計画については、劇場、店舗、飲食店その他これらに類する用途に供する大規模な建築物の整備による商業その他の業務の利便の増進を図るため、一体的かつ総合的な市街地の開発整備を実施すべき区域である開発整備促進区を都市計画に定めることができる。

2013年 問15

以下の文章について、正しいものには○、誤っているものには×をつけよう。

(1) 用途地域のうち、第一種低層住居専用地域については、低層住宅に係る良好な住居の環境を保護するため、都市計画に少なくとも建築物の容積率、建蔽率及び高さの限度を定めなければならない。

(2) 特定用途制限地域は、用途地域が定められていない土地の区域（市街化調整区域を除く。）内において、その良好な環境の形成又は保持のため当該地域の特性に応じて合理的な土地利用が行われるよう、制限すべき特定の建築物等の用途の概要を定める地区とされている。

(3) 都市計画事業の事業地内で、事業施行の障害となるおそれがある建築物の建築を行う場合、非常災害の応急措置として行うものであれば、都道府県知事等の許可は不要である。

1 原則として許可が必要ですが、①軽易(けいい)な行為、②非常災害のための応急措置、③都市計画事業の施行として行う行為は、許可が不要です。【○】

2 特定用途制限地域は、用途地域が定められていない土地の区域内において、その良好な環境の形成又は保持のため当該地域の特性に応じて合理的な土地利用が行われるよう、制限すべき特定の建築物等の用途の概要を定める地域です。用途地域とは、第一種低層住居専用地域、第二種低層住居専用地域、工業専用地域などの13の地域であり、特定用途制限地域は用途地域ではありません。★【×】

3 都市計画事業の認可の告示後、当該事業地内で、当該都市計画事業の施行の障害となるおそれがある土地の形質の変更又は建築物の建築その他工作物の建設を行おうとする者は、都道府県知事等の許可を受けなければなりません。★【○】

4 一定の条件に該当する土地の区域における地区計画については、劇場、店舗、飲食店その他これらに類する用途に供する大規模な建築物の整備による商業その他の業務の利便の増進を図るため、一体的かつ総合的な市街地の開発整備を実施すべき区域である開発整備促進区を都市計画に定めることができます。★【○】

正解 2

Ken's Point

開発整備促進区について整理しておきましょう。建築基準法の用途規制では、10,000㎡超の大規模集客施設などが可能な用途地域は、近隣商業地域、商業地域、準工業地域です（下表の○）。地区計画の１つである開発整備促進区に指定することで、大規模集客施設を、第二種住居地域、準住居地域、工業地域（下表の●）、または都市計画区域で用途地域が定められていない土地の区域（市街化調整区域はダメです）にも立地可能となります。

低層		田園	中高層		住居			近隣商業	商業	準工業	工業	工業専用
一種	二種		一種	二種	一種	二種	準					
						●	●	○	○	○	●	

一問一答！　解答&解説

(1) ○　(2) ○　(3) ×：都道府県知事の許可を受けなければならない

□ 1回目　/
□ 2回目　/
□ 3回目　/

建築基準法の確認に関する次の記述のうち、誤っているものはどれか。

1 木造3階建てで、高さ13 mの住宅を新築する場合には、建築確認を受けなければならない。

2 建築物の改築で、その改築に係る部分の床面積の合計が10㎡以内のものであれば、建築確認の申請が必要となることはない。

3 建築物については、建築する場合のほか、修繕をする場合にも建築確認を受けなければならないことがある。

4 建築主事又は指定確認検査機関は、事務所である建築物について確認をする場合、建築物の工事施工地又は所在地を管轄する消防長又は消防署長の同意を得なければならない。

1998年 問20

理解を深掘り！　一問一答！

以下の文章について、正しいものには○、誤っているものには×をつけよう。

(1) 延べ面積が500㎡を超える木造建築物について、大規模な修繕をしようとする場合、都市計画区域外であれば建築確認を受ける必要はない。

(2) 階数が2で延べ面積が200㎡の鉄骨造の共同住宅の大規模の修繕をしようとする場合、建築主は、当該工事に着手する前に、確認済証の交付を受けなければならない。

(3) 防火地域内の建築物について確認をする場合、建築主事又は指定確認検査機関は、建築物の工事施工地又は所在地を管轄する消防長又は消防署長へ通知しなければならない。

1 本肢の建築物は**木造３階建て**なので、**大規模建築物**に該当します。したがって、新築するときは、**建築確認**を受ける必要があります。 ★【○】

2 建築物の改築に際し、その改築に係る部分の床面積の合計が**10㎡**以内であっても、その建築物が**防火地域**又は**準防火地域**内に存在する場合、建築確認を受けなければなりません。その場合、建築確認の申請が必要です。 ★【×】

3 **特殊建築物**や**大規模建築物**を大規模修繕する場合には、建築確認を受けなければなりません。 ★【○】

4 建築確認をする場合、建築主事又は指定確認検査機関は、**消防長**又は**消防署長**の同意を得なければなりません。 ★【○】

正解 2

建築確認の要否

区域	建築物の種類・規模		行為			
			新築	10㎡超の増改築・移転	大規模修繕・大規模模様替	用途変更
全国	大規模建築物	200㎡超の特殊建築物（共同住宅、コンビニエンスストア等）	○	○	○	○
		木造（3階以上・500㎡超・高さ13ｍ超・軒高9ｍ超のいずれかに該当するもの）	○	○	○	×
		木造以外（2階以上・200㎡超のいずれかに該当するもの）	○	○	○	×
都市計画区域・準都市計画区域・準景観地区	建築物の種類・規模問わず		○	○（防火・準防火地域は10㎡以内でも○）	×	×

○ 必要　× 不要

一問一答！　解答＆解説

(1) **×：延べ面積が500㎡を超える木造建築物は大規模建築物に当たり、建築確認を受けなければならない**　(2) **○**　(3) **×：通知するだけでは不十分で、同意が必要である**

□ 1 回目　　/
□ 2 回目　　/
□ 3 回目　　/

建築基準法に関する次の記述のうち、誤っているものはどれか。

1 防火地域及び準防火地域外において建築物を改築する場合で、その改築に係る部分の床面積の合計が 10㎡以内であるときは、建築確認は不要である。

2 都市計画区域外において高さ 12 m、階数が 3 階の木造建築物を新築する場合、建築確認が必要である。

3 事務所の用途に供する建築物をホテル（その用途に供する部分の床面積の合計が 500㎡）に用途変更する場合、建築確認は不要である。

4 映画館の用途に供する建築物で、その用途に供する部分の床面積の合計が 300㎡であるものの改築をしようとする場合、建築確認が必要である。

2015年 問17

理解を深掘り！　一問一答！

以下の文章について、正しいものには○、誤っているものには×をつけよう。

(1) 共同住宅の用途に供する部分の床面積が 250㎡の建築物を増築しようとする場合、増築部分の床面積が 20㎡であるときは、建築確認が必要である。

(2) 防火地域内において建築物を増築する場合で、その増築に係る部分の床面積の合計が 10㎡以内であるときは、建築確認は不要である。

(3) 防火地域内にある 3 階建ての木造の建築物を増築する場合、その増築に係る部分の床面積の合計が 10㎡以内であれば、その工事が完了した際に、建築主事又は指定確認検査機関の完了検査を受ける必要はない。

建築確認が必要な建築物は次のとおりです。

特殊建築物	いずれかに該当 木造	いずれかに該当 木造以外	修繕・模様替えは不要 左記以外
・床面積 200㎡超	・階数が3以上 ・延べ面積 500㎡超 ・高さ 13m 超 ・軒の高さ9m 超	・階数が2以上 ・延べ面積 200㎡超	・都市計画区域内 ・準都市計画区域内 ・準景観地区内 ・知事指定区域内

1 建築基準法には「防火地域及び準防火地域外において建築物を増築し、改築し、又は移転しようとする場合で、その増築、改築又は移転に係る部分の床面積の合計が10㎡以内であるときについては、適用しない」という定めがあるので、本肢は適切です（防火地域及び準防火地域内ならば10㎡以内でも建築確認が必要です）。 ★【○】

2 建築基準法では、木造の建築物で3階以上、または延べ面積が500㎡、高さが13mもしくは軒の高さが9mを超えるものは建築確認が必要とされています。本肢は、階数が3階の建築物を建築しようとしているので、建築確認が必要な場合に該当します。 ★【○】

3 ホテルは特殊建築物に該当し、用途変更をした結果、200㎡を超える特殊建築物になる場合は、建築確認を受ける必要があります。 ★【×】

4 映画館は、特殊建築物に該当します。本肢では床面積の合計が300㎡（200㎡超）であるものを改築しようとしているので、建築確認を受ける必要があります。★【○】

正解　3

Ken's Point

増改築移転は、10㎡以内の小さなものは建築確認が不要ですが、防火・準防火地域は建物に厳しい地域です。「どんなに小さな増改築移転も建築確認が必要」という点は、確実に覚えましょう。

一問一答！　解答＆解説

(1) ○　(2) ×：防火地域での増築は、面積によらず建築確認が必要となる　(3) ×：防火地域では10㎡以内の増築も建築確認と完了検査が必要となる

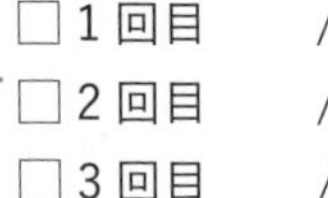

木造3階建（延べ面積300㎡）の住宅を新築する場合に関する次の記述のうち、建築基準法の規定によれば、誤っているものはどれか。

1 建築主は、新築工事に着手する前に建築主事又は指定確認検査機関の確認を受けるとともに、当該住宅を新築する旨を都道府県知事に届け出なければならない。

2 新築工事の施工者は、工事現場の見易い場所に、建築主、設計者、工事施工者及び工事の現場管理者の氏名又は名称並びに当該工事に係る建築主事又は指定確認検査機関の確認があった旨の表示をしなければならない。

3 新築工事が完了した場合は、建築主は、その旨を工事が完了した日から4日以内に到達するように、建築主事又は指定確認検査機関の検査を申請しなければならない。

4 建築主は、検査済証の交付を受けた後でなければ、建築主事又は指定確認検査機関の検査の申請が受理された日から7日を経過したときでも、仮に、当該住宅を使用し、又は使用させてはならない。

1996年 問23

以下の文章について、正しいものには○、誤っているものには×をつけよう。

(1) 木造2階建ての延べ面積が180㎡の共同住宅について、大規模な修繕をしようとする場合、原則として建築確認を受ける必要はない。

(2) 建築主は、3階建ての木造の共同住宅を新築する場合において、特定行政庁が、安全上、防火上及び避難上支障がないと認めたときは、検査済証の交付を受ける前においても、仮に、当該共同住宅を使用することができる。

(3) 新築工事の施工者は、工事現場の見やすい場所に、建築確認を受けた旨の表示をしなければならない。

本問の建築物は、「木造3階建（延べ面積300㎡）の住宅」ですから、**大規模建築物**に該当します。したがって、**新築**するに際しては、**建築確認を受ける必要があります**。

1 建築物を建築しようとする場合、建築主は建築主事を経由して、その旨を**都道府県知事**に**届け出る**必要があります。 ★【○】

2 建築確認の必要な工事において、施工者は工事現場の見やすい場所に、**建築主**、**設計者**、**工事施工者**及び**工事の現場管理者**の氏名又は名称、工事に係る建築確認があった旨の表示をする必要があります。 【○】

3 新築工事が完了した場合、建築主は、その旨を**工事が完了した日から4日以内**に建築主事に到達するように、建築主事又は指定確認検査機関の検査を申請する必要があります。 ★【○】

4 **特殊建築物**や**大規模建築物**において建築確認を受けた場合、建築物は**検査済証**の交付後でなければ使用できません。ただし、以下の①②の場合は、検査済証の交付前に建築物を仮使用することが可能で、本肢は②に該当するため、仮使用ができます。

①**特定行政庁**が、仮使用を承認したとき

②完了検査申請の受理日から**7日経過したとき** ★【×】

正解 4

Ken's Point

大規模建築物は、検査済証の交付後でなければ建物を使用することができませんが、大規模建築物でなければ、建築確認を受けた場合でもこの規制は及ばず、検査済証交付前に使用できます。たとえば、都市計画区域内で小規模の新築をする場合、建築確認は必要ですが、この規制はありません。

一問一答！ 解答&解説

(1) ○ (2) ○ (3) ○

☐ 1回目　／
☐ 2回目　／
☐ 3回目　／

建築基準法に関する次の記述のうち、誤っているものはいくつあるか。

ア 一室の居室で天井の高さが異なる部分がある場合、室の床面から天井の一番低い部分までの高さが2.1m以上でなければならない。

イ 3階建ての共同住宅の各階のバルコニーには、安全上必要な高さが1.1m以上の手すり壁、さく又は金網を設けなければならない。

ウ 石綿以外の物質で居室内において衛生上の支障を生ずるおそれがあるものとして政令で定める物質は、ホルムアルデヒドのみである。

エ 高さが20mを超える建築物には原則として非常用の昇降機を設けなければならない。

1 一つ
2 二つ
3 三つ
4 四つ

2013年 問17

以下の文章について、正しいものには○、誤っているものには×をつけよう。

(1) 居室を有する建築物は、住宅等の特定の用途に供する場合に限って、その居室内においてホルムアルデヒド及びクロルピリホスの発散による衛生上の支障がないよう、建築材料及び換気設備について一定の技術的基準に適合するものとしなければならない。

(2) 居室を有する建築物の建築に際し、飛散又は発散のおそれがある石綿を添加した建築材料を使用するときは、その居室内における衛生上の支障がないようにするため、当該建築物の換気設備を政令で定める技術的基準に適合するものとしなければならない。

(3) 4階建ての事務所の用途に供する建築物において2階以上の階にあるバルコニーその他これに類するものの周囲には、安全上必要な高さが1.1m以上の手すり壁、さく又は金網を設けなければならない。

ア 天井の高さが異なる居室では、その**平均の高さ**が**2.1 m以上**でなければなりません。【×】

イ **各階**のバルコニーではありません。正しくは、**2階以上**の階のバルコニーです。★【×】

ウ ホルムアルデヒドのほか、**クロルピリホス**があります。★【×】

エ 高さが**31 mを超える**建築物には、原則として**非常用の昇降機**を設けなければなりません。本肢は「20 mを超える」としているので誤りです。★【×】

正解 4

Ken's Point

本問にも出題されていますが、下表の内容は必須知識です。ただし、単体規定について深入りするのはやめましょう。合格を目指しているのは、「取引」士の試験です。既に建築士並みの知識を持っているのであれば別ですが、単体規定の難しい知識に時間をかけないほうが無難です。宅建士試験の単体規定は、建物をよく観察していれば覚えていなくても解ける問題も多くあります。勉強の際の優先順位を考えましょう。

建築物の高さ	原則として設けなければならない建築設備
20 m超	避雷設備
31 m超	非常用昇降機

一問一答！ 解答＆解説

(1) ×：住宅等の特定の用途に供する場合に限られず、「居室を有するすべての建築物」である　(2) ×：石綿を添加した建築材料の使用は禁じられており、換気設備の技術的基準に適合していても使用できない　(3) ○

□1回目　　/
□2回目　　/
□3回目　　/

建築基準法に関する次の記述のうち、正しいものはどれか。

1 2階建てで延べ面積が100㎡の鉄骨造の建築物を建築する場合、構造計算は必要としない。

2 5階建てで延べ面積が1,000㎡の共同住宅の所有者は、当該共同住宅の敷地、構造及び建築設備について、定期的に一級建築士等に調査させなければならず、調査を担当した一級建築士等は、その結果を特定行政庁に報告しなければならない。

3 特定行政庁は、建築基準法施行令第9条に規定する建築基準関係規定である都市計画法第29条に違反した建築物について、当該建築物の所有者に対して、違反を是正するための措置を命ずることができる。

4 便所には、採光及び換気のため直接外気に接する窓を設けなければならないが、水洗便所で、これに代わる設備をした場合においては、必ずしも設ける必要はない。

2005年 問21

以下の文章について、正しいものには○、誤っているものには×をつけよう。

(1) 木造の建築物で階数が3であるものは必ず、構造計算によって、その構造が安全であることを確かめなければならない。

(2) 鉄筋造の建築物でも、延べ面積が300㎡のものであれば、その設計図書の作成に当たって、構造計算により構造の安全性を確かめる必要はない。

(3) 特定行政庁は、緊急の必要がある場合でも、建築基準法の規定に違反した建築物の所有者等に対して、仮に、当該建築物の使用禁止又は使用制限の命令をすることができない。

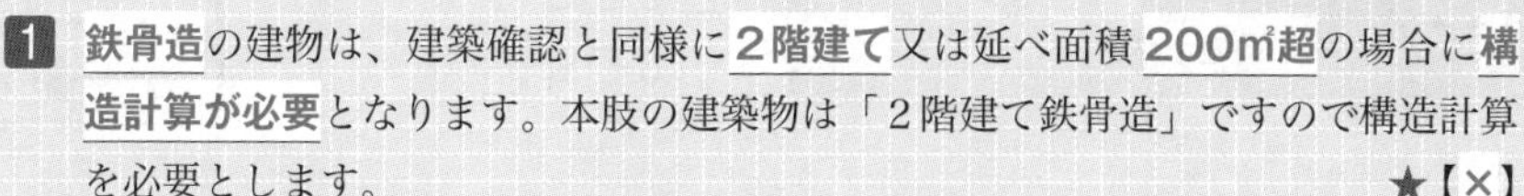

1 **鉄骨造**の建物は、建築確認と同様に**２階建て**又は延べ面積**200㎡超**の場合に**構造計算が必要**となります。本肢の建築物は「２階建て鉄骨造」ですので構造計算を必要とします。

★【×】

2 床面積が200㎡超の一定の**特殊建築物の所有者**（管理者）は、当該建築物の敷地、構造及び建築設備について、定期的に**一級建築士**・**二級建築士**等に調査させ、その結果を特定行政庁に**報告する義務があります**。共同住宅は「定期報告を要する建築物等」に該当しますが、「一級建築士等が報告をする」のではなく、報告はその**所有者**等が行うので誤りです。

【×】

3 特定行政庁は、建築基準法令の規定に違反した建築物について、当該建築物の所有者に対して、**違反を是正するための措置**を命ずることができる場合があります。**都市計画法違反の建築物に対しては措置を命ずることはできません**。建築確認では、敷地、構造、設備、その他法令への適合も確認対象ですが、是正措置では**建築基準法に違反した物件だけ**に命令できるという違いに注意しましょう。 【×】

4 水洗便所において、設備により**採光**及び**換気**が確保できるのであれば、直接外気に接する窓は設ける必要はありません。**照明器具**と**換気設備**があればＯＫです。

★【○】

正解 4

第３章 ①

単体規定

Ken's Point

本問は正答率が非常に悪かった問題です。選択肢1は知っておくべき知識ですが、2・3は知らなくても仕方ない問題、4は難しい問題でした。4は窓のないトイレ、たとえば地下鉄やビルのフロアーの内側にあるようなトイレに一度でも行ったことがあれば4を正解として選べる可能性はあったと思います。過去に出題されたことのないような知識は中途半端になる可能性が高いため、常識や経験などをフル活用して答えましょう。

一問一答！ 解答＆解説

(1) ○ (2) **×：大規模建築物に当たるため、構造計算が必要になる** (3) **×：命令することができる**

□1回目　/
□2回目　/
□3回目　/

建築基準法に関する次の記述のうち、正しいものはどれか。

1. 住宅の地上階における居住のための居室には、採光のための窓その他の開口部を設け、その採光に有効な部分の面積は、国土交通大臣が定める基準に従い、照明設備の設置、有効な採光方法の確保その他これらに準ずる措置が講じられているものを除き、その居室の床面積に対して7分の1以上としなければならない。
2. 建築確認の対象となり得る工事は、建築物の建築、大規模の修繕及び大規模の模様替であり、建築物の移転は対象外である。
3. 高さ15 mの建築物には、周囲の状況によって安全上支障がない場合を除き、有効に避雷設備を設けなければならない。
4. 準防火地域内において建築物の屋上に看板を設ける場合は、その主要な部分を不燃材料で造り、又は覆わなければならない。

2014年 問17

以下の文章について、正しいものには○、誤っているものには×をつけよう。

(1) 住宅は、敷地の周囲の状況によってやむを得ない場合を除き、その1以上の居室の開口部が日照を受けることができるものでなければならない。
(2) 建築基準法によれば、災害危険区域内における建築物の建築に関する制限で災害防止上必要なものは、市町村の規則で定めなければならない。
(3) 住宅の居室、学校の教室又は病院の病室は、防火上支障のない場合を除き、地階に設けることができない。

1 住宅等の居室には、採光目的のためその居室の床面積の**7**分の1以上の窓等を設けなければなりません。 ★【○】

採光のための開口部	居室の床面積の7分の1以上
換気のための開口部	居室の床面積の20分の1以上

2 建築確認は、一定の建築、大規模の修繕、大規模の模様替をしようとする際に必要となります。建築基準法における建築には、新築のほか、**増築**、**改築**、**移転**も含まれるため、**移転**も建築確認の対象となります。 ★【×】

3 **避雷設備**は**高さ20m**を**超える**建築物にのみ必要です。本肢の建築物は高さ15mなので、設置は不要です。 ★【×】

4 本肢は**防火地域内**の規制についての説明です。準防火地域については、このような定めはありません。 ★【×】

正解 **1**

Ken's Point

「細かい規定を覚える必要はない」とお伝えすることがあります。逆に何度も出題されている数字などは、暗記が必須の知識です。上記の選択肢1の開口部の規定も頻出します。過去問で何度も出題されているものは、確実にものにしましょう。

一問一答！ 解答&解説

(1) **×：この規定は現在はない** (2) **×：規則ではなく条例で定める** (3) **×：設けることはできるが、防火上ではなく、壁及び床の防湿の措置等の衛生上必要な技術的基準に適合するものとしなければならない**

□ 1 回目　　/
□ 2 回目　　/
□ 3 回目　　/

建築物の用途規制に関する次の記述のうち、建築基準法の規定によれば、誤っているものはどれか。ただし、用途地域以外の地域地区等の指定及び特定行政庁の許可は考慮しないものとする。

1 建築物の敷地が工業地域と工業専用地域にわたる場合において、当該敷地の過半が工業地域内であるときは、共同住宅を建築することができる。

2 準住居地域内においては、原動機を使用する自動車修理工場で作業場の床面積の合計が150㎡を超えないものを建築することができる。

3 近隣商業地域内において映画館を建築する場合は、客席の部分の床面積の合計が200㎡未満となるようにしなければならない。

4 第一種低層住居専用地域内においては、高等学校を建築することができるが、高等専門学校を建築することはできない。

2010年 問19

以下の文章について、正しいものには○、誤っているものには×をつけよう。

(1) 特定行政庁が許可した場合でも、第二種低層住居専用地域内において病院を建築することができない。

(2) 第一種低層住居専用地域内においては、延べ面積の合計が60㎡であって、居住の用に供する延べ面積が40㎡、クリーニング取次店の用に供する延べ面積が20㎡である兼用住宅は、建築してはならない。

(3) 工業地域内においては、幼保連携型認定こども園を建築することができる。

1 建築物の敷地が複数の用途地域にわたる場合、その**過半を占める**用途地域の規制が適用されます。本肢の土地には、工業地域の用途規制が適用されることになるため、共同住宅を建築することも可能です。 ★【○】

2 自動車修理工場は用途地域によって建築できる面積が細かく分かれていますが、準住居地域内では作業場の床面積が**150㎡以下**のものであれば建築することができます。 ★【○】

	第一種低層	第二種低層	田園住居	第一種中高層	第二種中高層	第一種住居	第二種住居	準住居	近隣商業	商業	準工業	工業	工業専用
自動車修理工場	×	×	×	×	×	①	①	②	③	③	○	○	○

作業場の床面積　① 50㎡以下、② 150㎡以下、③ 300㎡以下

3 近隣商業地域内では、客席の部分の床面積の合計が**200**㎡以上の映画館を建築することも可能です。よって、客席の部分の床面積の合計を200㎡未満となるようにする必要はありません。客席の部分の床面積の合計が200㎡未満となるようにしなければならないのは、**準住居地域**における映画館です。 ★【×】

4 高等学校を建築できるという部分は、適切です。高等専門学校は**大学**と同様に扱われるので、**第一種低層住居専用地域**には建築できません。 ★【○】

正解 3

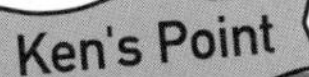

用途規制について、「商業地域」は万能だといえますが、選択肢**3**の大規模集客施設は「商業地域」の両隣にある「近隣商業地域」と「準工業地域」でも建築できるという点は、しっかり覚えておきましょう。なお、用途規制の覚え方は、ゴロあわせなどさまざまな方法があるので、自分にあった覚え方でマスターしましょう。

一問一答！　解答&解説

(1) **×：特定行政庁が許可すれば建築可能である**　(2) **×：住居部分が延べ面積の2分の1以上かつ非住居部分が50㎡以下の兼用住宅は建築できる**　(3) **○**

第3章 ① 用途規制

建築基準法（以下この問において「法」という。）に関する次の記述のうち、正しいものはどれか。ただし、用途地域以外の地域地区等の指定及び特定行政庁の許可は考慮しないものとする。

1 店舗の用途に供する建築物で当該用途に供する部分の床面積の合計が20,000㎡であるものは、準工業地域においては建築することができるが、工業地域においては建築することができない。

2 第一種住居地域において、カラオケボックスで当該用途に供する部分の床面積の合計が500㎡であるものは建築することができる。

3 建築物が第一種中高層住居専用地域と第二種住居地域にわたる場合で、当該建築物の敷地の過半が第二種住居地域内に存するときは、当該建築物に対して法第56条第1項第3号の規定による北側高さ制限は適用されない。

4 第一種中高層住居専用地域において、火葬場を新築しようとする場合には、都市計画により敷地の位置が決定されていれば新築することができる。

2008年 問21

理解を深掘り！　一問一答！

以下の文章について、正しいものには○、誤っているものには×をつけよう。

(1) 特定行政庁が許可した場合、第一種低層住居専用地域内においても飲食店を建築することができる。

(2) 第二種中高層住居専用地域内では、原則として、ホテル又は旅館を建築することができる。

(3) 店舗の用途に供する建築物で当該用途に供する部分の床面積の合計が10,000㎡を超えるものは、原則として工業地域や工業専用地域内では建築することができない。

1 床面積の合計が**10,000㎡を超える店舗**を建築できるのは、**近隣商業**地域、**商業**地域、**準工業**地域の３つの用途地域に限られます。工業地域には建築できません。

★【○】

2 カラオケボックスを建築することができるのは、**第二種住居地域**以降の７つの用途地域に限られます。第一種住居地域にはカラオケボックスを建築できません。

★【×】

3 建築物が第一種中高層住居専用地域および第二種住居地域にわたる場合は、**第一種中高層住居専用地域**内に所在する建築物の**部分に限り**、**北側斜線制限が適用**されます。

★【×】

4 火葬場は、用途地域内の建築物の用途制限により、**第一種低層住居専用**地域、**第二種低層住居専用**地域、**田園住居**地域、**第一種中高層住居専用**地域には建築できません（ただし特定行政庁の許可があればＯＫ）。本肢は「第一種中高層住居専用地域」であり、特定行政庁の許可を受けたという記述はないので原則どおり**建築不可**となります。なお、火葬場および卸売市場、と畜場、汚物処理場、ごみ焼却場等を都市計画区域内に建築する場合には、**用途制限に加えて**都市計画で**敷地の位置**が定められている基準もクリアする必要があります（都市施設としての建築しかできない）。こちらも特定行政庁の許可があれば可能です。

【×】

正解 **1**

Ken's Point

建築の可否判断をする能力と資格がある人のことを「建築主事」といいます。建築主事がいる役所のトップ（市町村長・都道府県知事）を特定行政庁といいます。禁止されている事項を、例外で許可するのが、この特定行政庁です。試験ではほとんどの場合、「特定行政庁の許可（建築審査会の同意を得て）→建築できる」と判断して大丈夫です。

一問一答！ 解答＆解説

(1) ○　(2) ×：原則として建築できない　(3) ○

□1回目　/
□2回目　/
□3回目　/

建築基準法に関する次の記述のうち、正しいものはどれか。

1 建築物の容積率の制限は、都市計画において定められた数値によるものと、建築物の前面道路の幅員に一定の数値を乗じて得た数値によるものがあるが、前面道路の幅員が12 m未満である場合には、当該建築物の容積率は、都市計画において定められた容積率以下でなければならない。

2 建築物の前面道路の幅員に一定の数値を乗じて得た数値による容積率の制限について、前面道路が二つ以上ある場合には、それぞれの前面道路の幅員に応じて容積率を算定し、そのうち最も低い数値とする。

3 建築物の敷地が都市計画に定められた計画道路（建築基準法第42条第1項第4号に該当するものを除く。）に接する場合において、特定行政庁が交通上、安全上、防火上及び衛生上支障がないと認めて許可した建築物については、当該計画道路を前面道路とみなして容積率を算定する。

4 用途地域の指定のない区域内に存する建築物の容積率は、特定行政庁が土地利用の状況等を考慮し、都市計画において定められた数値以下でなければならない。

2005年 問22

理解を深掘り！　一問一答！

以下の文章について、正しいものには○、誤っているものには×をつけよう。

(1) 前面道路の幅員による容積率制限は、前面道路の幅員が12 m以上ある場合は適用されない。

(2) 工業地域又は工業専用地域内にある建築物は、幅員による容積率の制限を受けない。

(3) 建築基準法上の接道義務を満たさなくても、特定行政庁が交通上、安全上、防火上及び衛生上支障がないと認めて利害関係者の同意を得て許可した場合には、建築物を建築してもよい。

1 前面道路の幅員が12 m未満である場合の容積率は、「**都市計画**において定められた数値（指定容積率）」以下、かつ「**前面道路の幅員**×法定乗数」以下でなければなりません。 ★【×】

2 建築物の敷地が2つ以上の道路に接する場合は、**幅員が最も広い道路**を前面道路とみなして計算します。 ★【×】

3 建築物の敷地が**都市計画**に定められた一定の計画道路に接しており、**特定行政庁**が諸般の事情を考慮し、許可した建築物については、当該計画道路を前面道路とみなして容積率を計算することが可能です。 【○】

4 用途地域の指定のない区域内に存する建築物の容積率は、**都道府県都市計画審議会**の議を経て定める数値（**50**%～**400**%）以下でなければなりません。 【×】

正解 **3**

用途地域別の容積率の最高限度

用途地域	①原則	②前面道路の幅員が12m未満の場合に前面道路の幅員に乗じる数値
第一種低層住居専用地域 第二種低層住居専用地域 田園住居地域	5・6・8・10・15・20 / 10	4/10（住居系）
第一種中高層住居専用地域 第二種中高層住居専用地域 第一種住居地域 第二種住居地域 準住居地域	10・15・20・30・40・50 / 10	4/10（住居系） 特定行政庁が都道府県都市計画審議会の議を経て指定する区域内 ⇒前面道路の幅員に6/10を乗じる
近隣商業地域 準工業地域	10・15・20・30・40・50 / 10	6/10（住居系以外） 特定行政庁が都道府県都市計画審議会の議を経て指定する区域内 ⇒前面道路の幅員に4/10または8/10を乗じる
工業地域 工業専用地域	10・15・20・30・40 / 10	
商業地域	20・30・40・50・60・70・80・90・100・110・120・130 / 10	

※①と②を比較して小さいほうが容積率の最高限度となる

一問一答！ 解答&解説

(1) ○ (2) ×：制限を受ける (3) ×：建築できるのは特定行政庁が建築審査会の同意を得て許可した場合である

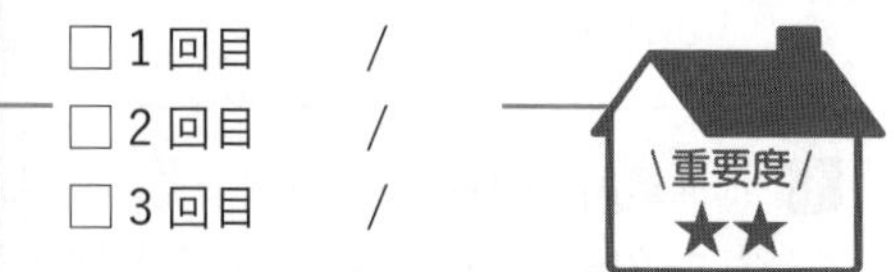

建築物の容積率（延べ面積の敷地面積に対する割合）に関する次の記述のうち、建築基準法の規定によれば、正しいものはどれか。

1 容積率の算定に当たり、建築物の延べ面積の1/3を限度として、地下室の床面積を建築物の延べ面積に算入しないとする特例は、住宅以外の用途に供する部分を有する建築物には適用されない。

2 容積率の算定に当たっては、共同住宅の共用の廊下又は階段の用に供する部分の床面積は、その建築物の延べ面積には算入しない。

3 高度地区内においては、容積率は、高度地区に関する都市計画で定められた内容に適合しなければならない。

4 商業地域内で、かつ、防火地域内にある耐火建築物については、容積率制限は適用されない。

1999年 問21

理解を深掘り！　一問一答！

以下の文章について、正しいものには○、誤っているものには×をつけよう。

(1) 容積率の算定に当たり、建築物の延べ面積の1/3を限度として、地下室の床面積を建築物の延べ面積に算入しないとする特例は、店舗の用途に供する建築物には適用されない。

(2) 高層住居誘導地区は、住居と住居以外の用途を適正に配分し、利便性の高い高層住宅の建設を誘導するために定められる地区であり、近隣商業地域及び商業地域においても定めることができる。

(3) 第一種低層住居専用地域内の建築物については、建蔽率に係る制限は、適用されない。

1 容積率の算定に当たり、建築物のうち同じ用途に供する部分の延べ面積の**3**分の1を限度として、地下室の床面積を建築物の延べ面積に算入しないとする特例は、住宅以外に、**老人ホーム**や**福祉ホーム**などにも適用されます。 ★【×】

2 共同住宅の共用の**廊下**や**階段**部分の床面積は、そのすべてを建築物の延べ面積に算入しません。 ★【○】

3 **高度**地区は、用途地域内において市街地の環境を維持し、又は土地利用の増進を図るため、**建築物の高さ**の最高限度又は最低限度を定める地区です。容積率に関する定めはありません。 ★【×】

4 商業地域内で、かつ、防火地域内にある耐火建築物について制限の適用がないのは、**建蔽率**であって容積率ではありません。 ★【×】

正解 **2**

容積率緩和の知識のまとめ

昇降機の昇降路	すべて算入しない
共同住宅・老人ホームの共用廊下と階段	
住宅・老人ホーム等の機械室で特定行政庁が認めるもの	
住宅・老人ホーム等の用途に供する地階	限度：住宅部分の床面積の3分の1
自動車車庫など（誘導車路、操車場所、乗降場含む）	限度：延べ面積の5分の1
備蓄倉庫、蓄電池	限度：延べ面積の50分の1
貯水槽、宅配ボックス、自家発電設備	限度：延べ面積の100分の1

一問一答！ 解答&解説

(1) ○ (2) ×：商業地域には定めることはできない (3) ×：建蔽率に係る制限は適用される

□ 1 回目　　/
□ 2 回目　　/
□ 3 回目　　/

建築物の建築面積の敷地面積に対する割合（以下この問において「建蔽率」という。）及び建築物の延べ面積の敷地面積に対する割合（以下この問において「容積率」という。）に関する次の記述のうち、建築基準法の規定によれば、誤っているものはどれか。

1 建蔽率の限度が80％とされている防火地域内にある耐火建築物については、建蔽率による制限は適用されない。

2 建築物の敷地が、幅員 15 m以上の道路（以下「特定道路」という。）に接続する幅員 6 m以上 12 m未満の前面道路のうち、当該特定道路からの延長が 70 m以内の部分において接する場合における当該敷地の容積率の限度の算定に当たっては、当該敷地の前面道路の幅員は、当該延長及び前面道路の幅員を基に一定の計算により算定した数値だけ広いものとみなす。

3 容積率を算定する上では、共同住宅の共用の廊下及び階段部分は、当該共同住宅の延べ面積の 3 分の 1 を限度として、当該共同住宅の延べ面積に算入しない。

4 隣地境界線から後退して壁面線の指定がある場合において、当該壁面線を越えない建築物で、特定行政庁が安全上、防火上及び衛生上支障がないと認めて許可したものの建蔽率は、当該許可の範囲内において建蔽率による制限が緩和される。

2008年 問20

理解を深掘り！　一問一答！

以下の文章について、正しいものには○、誤っているものには×をつけよう。

(1) 防火地域内で、かつ、準工業地域内にある耐火建築物については、建蔽率制限は適用されない。

(2) 建築物の敷地が 2 以上の道路に接する場合、最も狭い道路が前面道路となる。

(3) 第一種低層住居専用地域において、特定行政庁は、街区内における建築物の位置を整えその環境の向上を図るために必要があると認める場合においては建築審査会の同意を得て、壁面線を指定して、建築を制限することができる。

1 建蔽率の限度が**80%**とされている**防火地域内**に**耐火建築物**を建築する場合は、建蔽率による制限は適用されません。 ★【○】

2 建築物の敷地が、幅員**15**m以上の道路（特定道路）に接続する幅員**6**m以上**12**m未満の道路に面し、特定道路からの延長が70m以内の部分において接する場合、前面道路の幅員は次の式により算出した分だけ広いものとして容積率を計算します。 【○】

$$\text{前面道路に加算される数値} = \frac{(12-\text{前面道路の幅員})\times(70-\text{特定道路までの距離})}{70}$$

※単位はメートル

3 容積率の算定の基礎となる延べ面積に、昇降機の昇降路部分と共同住宅の共用の廊下又は階段の用に供するすべての部分は床面積に算入されません。3分の1を限度に算入しないのは**住宅等の地下室**です。 ★【×】

4 隣地境界線から後退して壁面線の指定がある場合、当該壁面線を越えない建築物で、特定行政庁が安全上、防火上及び衛生上支障がないと認め、許可した建築物は、**建蔽率**による制限が緩和されます。 【○】

正解 3

建蔽率緩和の知識のまとめ

	建蔽率80%の地域	左記以外
防火地域内にある耐火建築物等（①）	制限なし（100%）	＋10%
準防火地域内にある耐火建築物等または準耐火建築物等（②）	＋10%	＋10%
特定行政庁が指定する角地・準角地の建築物（③）	＋10%	＋10%
上記の①+③または②+③の場合	制限なし（100%）	＋20%

一問一答！ 解答&解説

(1) **×：準工業地域内では建蔽率が10分の8とは限らないので、適用されないとは言い切れない** (2) **×：広いほうが前面道路となる** (3) **○**

□1回目　／
□2回目　／
□3回目　／

建築基準法（以下この問において「法」という。）に関する次の記述のうち、正しいものはどれか。

1 第二種中高層住居専用地域内における建築物については、法第56条第1項第3号の規定による北側斜線制限は適用されない。

2 第一種低層住居専用地域及び第二種低層住居専用地域内における建築物については、法第56条第1項第2号の規定による隣地斜線制限が適用される。

3 隣地境界線上で確保される採光、通風等と同程度以上の採光、通風等が当該位置において確保されるものとして一定の基準に適合する建築物については、法第56条第1項第2号の規定による隣地斜線制限は適用されない。

4 法第56条の2第1項の規定による日影規制の対象区域は地方公共団体が条例で指定することとされているが、商業地域、工業地域及び工業専用地域においては、日影規制の対象区域として指定することができない。

2006年 問22

以下の文章について、正しいものには○、誤っているものには×をつけよう。

(1) 田園住居地域内の建築物に対しては、建築基準法第56条第1項第3号の規定（北側斜線制限）は適用されない。
(2) 第二種低層住居専用地域では、隣地斜線制限の適用はない。
(3) 日影規制の適用のない商業地域内の建築物であっても、冬至日において日影規制の対象区域内の土地に日影を生じさせる、高さ10mを超える建築物については、日影規制が適用される。

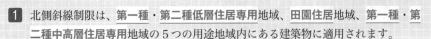

1 北側斜線制限は、**第一種**・**第二種低層住居専用**地域、**田園住居**地域、**第一種**・**第二種中高層住居専用**地域の５つの用途地域内にある建築物に適用されます。

★【×】

2 第一種低層住居専用地域及び第二種低層住居専用地域内では、より厳しく高さが制限される、**絶対高さ制限**が適用されるため、隣地斜線制限は適用されません。

★【×】

3 本肢は、**天空率**による隣地斜線制限の緩和についての規定です。**天空率**とは、天空を見上げたときの全天の面積に占める空の面積の割合で、一定以上の天空率が確保されている建築物については、**道路斜線**制限、**隣地斜線**制限、**北側斜線**制限が適用されません。**天空率**の算定位置は斜線制限ごとに定められていて、隣地斜線制限では、隣地境界線から水平に**16** m又は**12.4** mだけ外側に離れた位置で測定します。「隣地境界線上」ではありません。

【×】

4 商業地域、工業地域及び工業専用地域を**日影規制の対象区域に指定**することはできません。

★【○】

正解 4

区域別の斜線制限の適用の有無

都市計画区域および準都市計画区域内	道路斜線制限	隣地斜線制限	北側斜線制限
第一種低層住居専用地域 第二種低層住居専用地域 田園住居地域	○	×	○
第一種中高層住居専用地域 第二種中高層住居専用地域	○	○	○ 日影規制の対象区域を除く
第一種住居地域 第二種住居地域 準住居地域 近隣商業地域 商業地域 準工業地域 工業地域 工業専用地域 用途地域の指定のない区域	○	○	×

○ 適用される　× 適用されない

(1) ×：規定は適用される　(2) ○　(3) ○

□1回目　/
□2回目　/
□3回目　/

建築基準法に関する次の記述のうち、正しいものはどれか。

1 道路法による道路は、すべて建築基準法上の道路に該当する。
2 建築物の敷地は、必ず幅員４m以上の道路に２m以上接しなければならない。
3 地方公共団体は、土地の状況等により必要な場合は、建築物の敷地と道路との関係について建築基準法に規定された制限を、条例で緩和することができる。
4 地盤面下に設ける建築物については、道路内に建築することができる。

2000年 問24

理解を深掘り！　一問一答！

以下の文章について、正しいものには○、誤っているものには×をつけよう。

(1) 建築物の敷地は、原則として幅員６m以上の道路に接していなければならない。
(2) 建築基準法第68条の９第１項の規定に基づく条例の制定の際、現に建築物が立ち並んでいる道は、法上の道路とみなされる。
(3) 地方公共団体は、道路と敷地との関係について必要があると認めるときは、条例でその制限を緩和することができる。

1 建築基準法では道路を幅員４m以上のものと定めているので、道路法上の道路のうち**幅員４m未満**のものは、**建築基準法の道路ではありません**。 ★【×】

2 建築物の敷地は、必ず幅員**４**m以上の道路に**２**m以上接しなければならないという規定は**接道義務**と呼ばれ、**都市計画**区域及び**準都市計画**区域内に限り、適用されます。都市計画区域及び準都市計画区域以外には適用されず、特定行政庁の許認可により適用除外となる場合もあるので、必ずしも幅員**４**m以上の道路に**２**m以上接しなければならないわけではありません。 ★【×】

3 地方公共団体は、一定の建築物について接道義務によっても安全性を確保できない場合、敷地又は建築物と道路との関係に関して必要な制限を**付加**することができます。制限を**緩和することはできません**。また、２項道路について特定行政庁がセットバックの水平距離を別に定めた場合も、必要に応じて制限を付加することができますが、緩和はできません。 ★【×】

4 原則として道路内に突き出して建築することはできませんが、**地盤面下**に設ける建築物については、道路内に建築することができます。例としては地下商店街や地下駐車場などです。 ★【○】

正解 **4**

道路規制のまとめ

原則	道路内には、建築物を建築したり、敷地を造成するための擁壁を築造したりしてはならない
例外	①地盤面下に設ける建築物
	②公衆便所や巡査派出所その他これらに類する公益上必要な建築物で、特定行政庁が通行上支障がないと認めて、建築審査会の同意を得て許可したもの
	③公共用歩廊その他政令で定める建築物で、特定行政庁が安全上、防火上及び衛生上他の建築物の利便を妨げ、その他周囲の環境を害するおそれがないと認めて、建築審査会の同意を得て許可したもの

一問一答！ 解答＆解説

(1) **×：原則は幅員４m 以上** (2) **×：「現に建築物が立ち並んでいる」というだけで、「特定行政庁の指定」に触れていないため誤り** (3) **×：地方公共団体は、条例で接道義務の制限を付加することは認められているが、緩和することはできない**

□1回目　　/
□2回目　　/
□3回目　　/

建築基準法（以下この問において「法」という。）に関する次の記述のうち、正しいものはどれか。

1 法第3章の規定が適用されるに至った際、現に建築物が立ち並んでいる幅員4m未満の道路法による道路は、特定行政庁の指定がなくとも法上の道路とみなされる。

2 法第42条第2項の規定により道路の境界線とみなされる線と道との間の部分の敷地が私有地である場合は、敷地面積に算入される。

3 法第42条第2項の規定により道路とみなされた道は、実際は幅員が4m未満であるが、建築物が当該道路に接道している場合には、法第52条第2項の規定による前面道路の幅員による容積率の制限を受ける。

4 敷地が法第42条に規定する道路に2m以上接道していなくても、特定行政庁が交通上、安全上、防火上及び衛生上支障がないと認めて利害関係者の同意を得て許可した場合には、建築物を建築してもよい。

2006年 問21

以下の文章について、正しいものには○、誤っているものには×をつけよう。

(1) 自動車専用道路は、接道義務の対象となる道路には含まれない。

(2) 敷地の周囲に広い空地を有する建築物は、特定行政庁が交通上、安全上、防火上及び衛生上支障がないと認めて建築審査会の同意を得て許可していなくても、道路に2m以上接する必要はない。

(3) 既存の住宅を取り壊して、同一敷地に同一規模の住宅を建て替えるのであれば、前面道路の幅員がいかほどであっても、建築基準法に違反することはない。

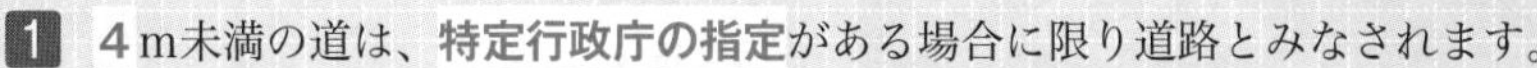

1 4m未満の道は、特定行政庁の指定がある場合に限り道路とみなされます。 ★【×】

2 道路の中心線から2m離れた線までが道路で、中心線と道との間の部分の敷地が私有地の場合、その私有地は道路となり、敷地面積に算入できません。 ★【×】

3 前面道路の幅員が12m未満である敷地の容積率は、①指定容積率と②前面道路の幅員×法定乗数のいずれか小さいほうとなります。前面道路が2項道路の場合には、実際には4m未満だったとしても幅員4mとして計算します。 ★【○】

4 接道義務の例外の許可をする際に、特定行政庁が得なければならないのは、利害関係者ではなく建築審査会の同意です。 ★【×】

正解 3

Ken's Point

建築審査会とは、建築指導について適正かつ円滑に運用するための第三者機関で、建築基準法の例外的な取扱いを行う場合に必要な同意を与えたりしています。建築基準法などで認められていない建築物については、特定行政庁に特例として許可を得なければなりません。例外的に建築を認める場合、個別具体的な解釈や判断が求められるため、第三者機関である建築審査会がこれを認めるか認めないかの審査をしています。

一問一答！ 解答＆解説

(1) ○ (2) ×：建築審査会の同意を得て特定行政庁の許可が必要である (3) ×：既存建築物の前面道路の幅員が4m未満の場合、建て替えに当たっては道路の中心線から水平距離2mの線が道路の境界線とみなされる可能性がある

問題 033

□1回目　/
□2回目　/
□3回目　/

防火地域又は準防火地域に関する次の記述のうち、建築基準法の規定によれば、正しいものはどれか。

1 防火地域内にある建築物に附属する高さ1.5 mの門は、必ず延焼防止上支障のない構造としなければならない。

2 準防火地域内にある木造建築物の外壁及びその軒裏で延焼のおそれのある部分は、防火性能に関する技術的基準に適合しなければならない。

3 建築物が防火地域及び準防火地域にわたる場合においては、その全部について準防火地域内の建築物に関する規定が適用される。

4 防火地域又は準防火地域以外においても、建築物の高さが15 mを超える建築物は、必ず耐火建築物等又は準耐火建築物等としなければならない。

2001年 問20（改題）

理解を深掘り！　一問一答！

以下の文章について、正しいものには○、誤っているものには×をつけよう。

(1) 防火地域内においては、地上2階地下1階建て、延べ面積が100㎡の住宅は耐火建築物等又は準耐火建築物等としなければならない。

(2) 準防火地域内においては、延べ面積が2,000㎡の共同住宅は準耐火建築物等としなければならない。

(3) 建築物が防火地域及び準防火地域にわたる場合においては、その全部について、敷地の属する面積が大きい方の地域内の建築物に関する規定を適用する。

1 防火地域内にあるものでも、高さ2m以下の門や塀については、防火構造としなくても問題ありません。【×】

2 準防火地域内にある木造建築物の外壁及び軒裏(のきうら)で延焼のおそれのある部分は、防火性能に関する技術的基準に適合するものでなければなりません。★【○】

3 防火地域と準防火地域にわたる建物の場合、その全部について厳しいほうの防火地域の規定が適用されます。★【×】

4 防火地域又は準防火地域以外の区域において、主要構造部を耐火構造又は準耐火構造としなければいけない建物は、階数が4以上、高さ16m超、延べ面積3,000㎡超などの大規模建築物に限られます。【×】

正解 2

Ken's Point

建物が「防火地域」と「準防火地域」にまたがっている場合には、「厳しいほうの規制となる」という点は重要なので、しっかり覚えてください。

防火地域	⊕ 準防火地域	→	防火地域の規制
防火地域	⊕ 指定なしの地域	→	防火地域の規制
準防火地域	⊕ 指定なしの地域	→	準防火地域の規制

一問一答！ 解答&解説

(1) ×：防火地域で3階建てなので、耐火建築物等にする必要がある (2) ×：準防火地域で延べ面積が1,500㎡を超える建築物は耐火建築物等としなければならない (3) ×：敷地の属する面積にかかわらず、より規制が厳しい防火地域の規制が適用される

□1回目　/
□2回目　/
□3回目　/

建築基準法に関する次の記述のうち、正しいものはどれか。

1 建築物が防火地域及び準防火地域にわたる場合、原則として、当該建築物の全部について防火地域内の建築物に関する規定が適用される。

2 防火地域内においては、3階建て、延べ面積が200㎡の住宅は耐火建築物等又は準耐火建築物等としなければならない。

3 防火地域内において建築物の屋上に看板を設ける場合には、その主要な部分を難燃材料で造り、又はおおわなければならない。

4 防火地域にある建築物は、外壁が耐火構造であっても、その外壁を隣地境界線に接して設けることはできない。

2011年 問18

以下の文章について、正しいものには○、誤っているものには×をつけよう。

(1) 防火地域内にある高さ2mの看板でも、建築物の屋上に設けるものであれば、その主要な部分を不燃材料で造り、又は覆わなければならない。

(2) 防火地域又は準防火地域内にある建築物で、外壁が防火構造であるものについては、その外壁を隣地境界線に接して設けることができる。

(3) 防火地域内又は準防火地域内において、高さ2m以下の門・塀については、耐火建築物等又は準耐火建築物等とする必要はない。

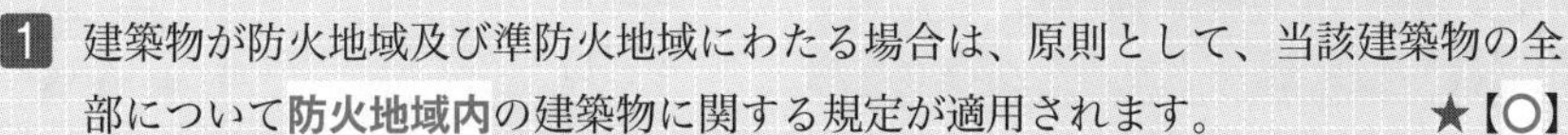

1 建築物が防火地域及び準防火地域にわたる場合は、原則として、当該建築物の全部について**防火地域内**の建築物に関する規定が適用されます。 ★【○】

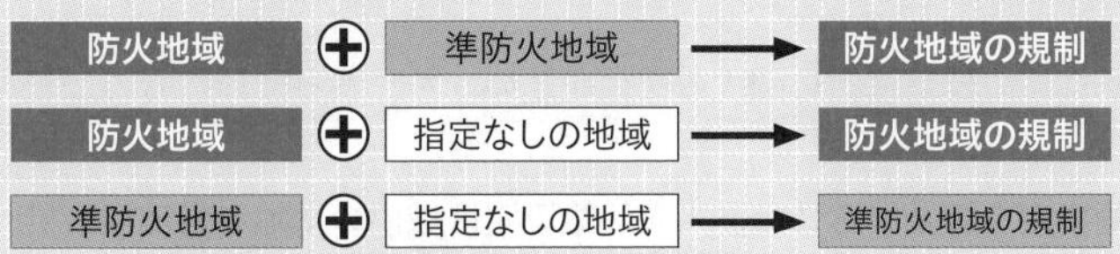

2 防火地域内にある3階以上、又は延べ面積が100㎡を超える建築物は、**耐火建築物等**としなければなりません。本肢の場合、3階建であり、かつ延べ面積が100㎡を超えているため、**耐火建築物等**とする必要があります。 ★【×】

3 防火地域内の建築物の屋上に設ける看板等は、その主要な部分を**不燃**材料で造り、又は覆わなければなりません。「難燃」ではなく「**不燃**」です。 ★【×】

4 防火地域又は準防火地域内の建築物であり、外壁が**耐火構造**ならば、その外壁を隣地境界線に接して設けることができます。 ★【×】

正解 1

防火地域内の建築制限

防火地域内		延べ面積	
		100㎡以下	100㎡超
階数（地階を含む）	3以上	耐火建築物等	耐火建築物等
	2以下	耐火建築物等または準耐火建築物等	耐火建築物等

第3章 ① 防火・準防火地域

一問一答！ 解答&解説

(1) ○ (2) ×：外壁が「耐火構造」のものはできる。「防火構造」では設置不可
(3) ○

□ 1回目　　/
□ 2回目　　/
□ 3回目　　/

建築基準法の建築協定に関する次の記述のうち、誤っているものはどれか。

1 建築協定を締結するには、当該建築協定区域内の土地（借地権の目的となっている土地はないものとする。）の所有者の、全員の合意が必要である。

2 建築協定は、当該建築協定区域内の土地の所有者が１人の場合でも、定めることができる。

3 建築協定は、建築物の敷地、位置及び構造に関して定めることができるが、用途に関しては定めることができない。

4 建築協定は、特定行政庁の認可を受ければ、その認可の公告の日以後新たに当該建築協定区域内の土地の所有者となった者に対しても、その効力が及ぶ。

1993年 問24

以下の文章について、正しいものには○、誤っているものには×をつけよう。

(1) 建築協定の目的となっている建築物に関する基準が建築物の借主の権限に係る場合においては、その建築協定については、当該建築物の借主は、土地の所有者等とみなす。

(2) 建築協定を廃止する場合には、当該土地所有者等の過半数の合意が必要である。

(3) 建築協定は、土地所有者の全員の合意があればどの地域でも締結できる。

1 建築協定を締結・変更する場合には、**土地所有者等全員**の合意が必要です。ただし、建築協定を廃止する場合には、**過半数**の合意で足ります。 ★【○】

2 1人の所有者以外に土地の所有者等が存しない場合、その所有者は、当該土地の区域を**建築協定区域**とする**建築協定**を定めることができます。 ★【○】

3 建築協定とは、建築物の**敷地**、**位置**、**構造**、**用途**、**形態**、**意匠**又は**建築設備に関する基準**についての協定なので、建築物の**用途**に関する基準も定めることができます。 ★【×】

4 建築協定について認可の**公告**があった場合には、その**公告の日**以後に新たにその建築協定区域内の土地の所有者等となった者に対しても、**建築協定**の効力が及びます。 ★【○】

正解 3

建築協定のまとめ

建築協定とは	地域住民の申合せによる、建築物の敷地、位置、構造、用途、形態、意匠、建築設備に関する基準 ⇒ 認可の公告後に土地所有者・借地権者になった者に対しても効力が及ぶ
建築協定を締結できる区域	市町村が条例で定めた一定の区域
協定の主体	土地所有者・借地権者
手続き	締結：全員の合意 変更：全員の合意 } ⇒ 申請 ⇒ 特定行政庁の認可 ⇒ 公告 廃止：過半数の合意
1人協定	認可の日から3年以内に、協定区域内の土地に2以上の土地所有者・借地権者が存することとなった時からその効力が生じる

一問一答！ 解答&解説

(1) **○：建築物の借主も、土地所有者同様に建築協定を守る必要がある** (2) **○**
(3) **×：市町村が条例で定めた一定の区域のみ**

問題 036

□ 1 回目　/
□ 2 回目　/
□ 3 回目　/

次の記述のうち、建築基準法の規定によれば、誤っているものはどれか。

1 都市計画により建蔽率の限度が 10 分の 6 と定められている近隣商業地域において、準防火地域内にある耐火建築物で、街区の角にある敷地又はこれに準ずる敷地で特定行政庁が指定するものの内にある建築物については、建蔽率の限度が 10 分の 8 となる。

2 市町村は、集落地区計画の区域において、用途地域における用途の制限を補完し、当該区域の特性にふさわしい土地利用の増進等の目的を達成するため必要と認める場合においては、国土交通大臣の承認を得て、当該区域における用途制限を緩和することができる。

3 居住環境向上用途誘導地区内においては、公益上必要な一定の建築物を除き、建築物の建蔽率は、居住環境向上用途誘導地区に関する都市計画において建築物の建蔽率の最高限度が定められたときは、当該最高限度以下でなければならない。

4 都市計画区域内のごみ焼却場の用途に供する建築物について、特定行政庁が建築基準法第 51 条に規定する都市計画審議会の議を経てその敷地の位置が都市計画上支障がないと認めて許可した場合においては、都市計画においてその敷地の位置が決定しているものでなくても、新築することができる。

2021年10月 問18

理解を深掘り！　一問一答！

以下の文章について、正しいものには○、誤っているものには×をつけよう。

(1) 都市計画において定められた建蔽率の限度が 10 分の 8 とされている地域外で、かつ、防火地域内にある耐火建築物の建蔽率については、都市計画において定められた建蔽率の数値に 10 分の 1 を加えた数値が限度となる。

(2) 商業地域で防火地域内にある耐火建築物にも、建蔽率制限が適用される。

(3) 延べ面積が 1,000㎡を超える耐火建築物は、防火上有効な構造の防火壁又は防火床によって有効に区画し、かつ、各区画の床面積の合計をそれぞれ 1,000㎡以内としなければならない。

1 指定建蔽率60%から、準防火地域内の耐火建築物で+10%、さらに指定角地で+10%になるので、建蔽率の限度は80%、つまり10分の8となります。★【○】

2 集落地区計画については、市町村の条例で用途制限を緩和することができません。集落地区計画の目的が、良好な居住環境の整備や無秩序な建築活動を防止することなどであり、用途制限の緩和がこれと逆行する措置であるためです。★【×】

3 居住環境向上用途誘導地区は、居住環境向上施設に限定して用途制限や容積率の緩和を行い、居住環境向上施設を有する建築物の建築を誘導することを目的とする地域地区です。コワーキング施設、医療施設、小規模なスーパーマーケットやドラッグストア、習い事教室、保育所等からなる複合施設などの立地を誘導するための活用が想定されています。居住環境向上用途誘導地区に関する都市計画に建蔽率の最高限度の定めがあれば、原則としてその最高限度以下でなければなりません。【○】

4 ごみ焼却場等は、原則として敷地の位置を都市計画で定めていなければ建築できませんが、特定行政庁が都市計画審議会の審議を経て許可した場合には、例外的に上記の制限なく建築することができます。★【○】

正解 2

Ken's Point

建築基準法は、テキストに解説がない問題が出ることがあります。それが難問だと消去法でも解くのは難しいですが、そういう問題は正答率が50%を割るので、できなくてもよい問題といえます。ただ、難問でも正解肢になったものは再び出題される可能性が高く、本問だと選択肢**2**が該当します。「集落=昔ながらの古い建物があるような田舎」のイメージをもったうえで、「その集落を計画的に整備しているのだから、用途制限を緩和すると都市化して古き良き風景が損なわれるかも」との認識を持っておくとよいですね。

一問一答! 解答&解説

(1) ○ (2) ×:商業地域や指定建蔽率が10分の8の場所において、防火地域内の耐火建築物であれば建蔽率制限の適用はない (3) ×:1,000㎡以内にしなければならない規定はあるが、耐火建築物・準耐火建築物は除く

建築基準法（以下この問において「法」という。）に関する次の記述のうち、誤っているものはどれか。

1 田園住居地域内においては、建築物の高さは、一定の場合を除き、10 m又は 12 mのうち当該地域に関する都市計画において定められた建築物の高さの限度を超えてはならない。

2 一の敷地で、その敷地面積の 40％が第二種低層住居専用地域に、60％が第一種中高層住居専用地域にある場合は、原則として、当該敷地内には大学を建築することができない。

3 都市計画区域の変更等によって法第３章の規定が適用されるに至った際、現に建築物が立ち並んでいる幅員２mの道で、特定行政庁の指定したものは、同章の規定における道路とみなされる。

4 容積率規制を適用するに当たっては、前面道路の境界線又はその反対側の境界線からそれぞれ後退して壁面線の指定がある場合において、特定行政庁が一定の基準に適合すると認めて許可した建築物については、当該前面道路の境界線又はその反対側の境界線は、それぞれ当該壁面線にあるものとみなす。

2018年 問19

以下の文章について、正しいものには〇、誤っているものには×をつけよう。

(1) 第一種住居地域内においては、建築物の高さは、10 m又は 12 mのうち当該地域に関する都市計画において定められた建築物の高さの限度を超えてはならない。

(2) 建築物の敷地が工業地域と工業専用地域にわたり、その過半が工業地域にある場合、博物館を建築することができる。

(3) 特定行政庁が許可しない場合でも、第二種住居地域内においてダンスホールを建築することができる。

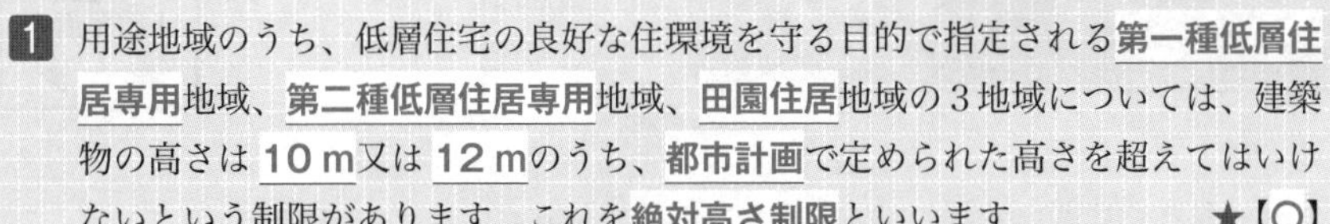

1 用途地域のうち、低層住宅の良好な住環境を守る目的で指定される**第一種低層住居専用**地域、**第二種低層住居専用**地域、**田園住居**地域の3地域については、建築物の高さは**10m**又は**12m**のうち、**都市計画**で定められた高さを超えてはいけないという制限があります。これを**絶対高さ制限**といいます。 ★【○】

2 敷地が**2つの用途地域**に属する場合には、**過半の属する地域**の建築物に関する用途制限が適用されます。本肢は敷地全体について**第一種中高層住居専用**地域の用途制限が適用されるため、大学の建築が可能です。 ★【×】

3 都市計画区域の変更等によって建築基準法の集団規定が適用されるに至った際、現に建築物が立ち並んでいる幅員**4**m未満の道で、**特定行政庁**の指定したものは道路とみなされます。 ★【○】

4 **壁面線**とは、道路境界線から敷地側に一定距離後退したところに引かれる線で、街の環境を整えるために必要がある場合に**特定行政庁**が指定します。**壁面線**の指定が道路の両側にある場合、特定行政庁が許可した建築物について容積率規制を適用するにあたり、**壁面線同士**の間を前面道路の幅員とみなして容積率を算定し、道路と**壁面線**の間の敷地は、敷地面積から除かれます。 【○】

正解 **2**

敷地がまたがった際の用途規制と防火地域などの違い

①用途規制

建築物の敷地が複数の用途地域にまたがる場合
⇒敷地面積が大きいほうの用途規制が適用

②防火地域・準防火地域での建築規制

建築物が複数の区域（防火地域・準防火地域・これら以外の指定区域）にまたがる場合
⇒最も厳しい地域の建築規制を適用

例外：最も厳しい建築規制がおよぶ区域外で建築物が防火壁で区画されている場合
⇒防火壁外の部分は、その防火壁外の部分の地域の建築規制を適用

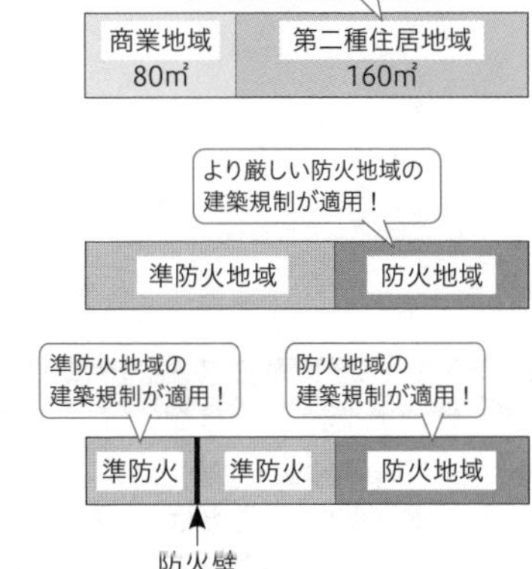

一問一答！ 解答&解説

(1) ×：第一種住居地域の建築物には、この高さ制限はない (2) ○ (3) ○

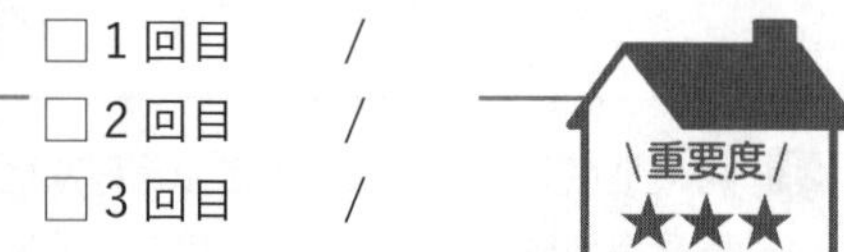

建築基準法に関する次の記述のうち、誤っているものはどれか。

1 建築物の敷地が第一種住居地域と近隣商業地域にわたる場合、当該敷地の過半が近隣商業地域であるときは、その用途について特定行政庁の許可を受けなくとも、カラオケボックスを建築することができる。

2 建築物が第二種低層住居専用地域と第一種住居地域にわたる場合、当該建築物の敷地の過半が第一種住居地域であるときは、北側斜線制限が適用されることはない。

3 建築物の敷地が、都市計画により定められた建築物の容積率の限度が異なる地域にまたがる場合、建築物が一方の地域内のみに建築される場合であっても、その容積率の限度は、それぞれの地域に属する敷地の部分の割合に応じて按分計算により算出された数値となる。

4 建築物が防火地域及び準防火地域にわたる場合、建築物が防火地域外で防火壁により区画されているときは、その防火壁外の部分については、準防火地域の規制に適合させればよい。

2004年 問20

理解を深掘り！ 一問一答！

以下の文章について、正しいものには○、誤っているものには×をつけよう。

(1) 近隣商業地域 120㎡と第二種住居地域 80㎡にまたがる敷地に、倉庫業を営む倉庫を建築することはできない。

(2) 建築物が第一種中高層住居専用地域と準住居地域にわたって存し、その過半が準住居地域に存する場合、北側斜線制限は適用されない。

(3) 都市計画区域内において、木造 2 階建ての事務所を新築する場合には、建築確認が必要である。

1 建築物の敷地が異なる複数の用途地域にわたる場合、**過半**が属する用途地域の制限を受けることとなります。よって、本肢の敷地は、**近隣商業地域**の用途規制が適用されます。**近隣商業地域**では、特定行政庁の許可を受けなくとも、カラオケボックスを建築することができます。 ★【○】

2 斜線制限は、その過半が斜線制限を受けない地域にあっても、斜線制限を受ける敷地の部分には当該制限が適用されます。**第二種低層住居専用地域**は北側斜線制限の適用対象であり、**第一種住居地域**は適用対象外です。よって、**第二種低層住居専用地域**の部分についてのみ北側斜線制限が適用されます。 ★【×】

3 建築物の敷地が容積率の異なる複数の地域にわたる場合、各地域に属する**敷地の部分の割合**に応じて按分(あんぶん)計算により算出された数値が適用されます。 ★【○】

4 建築物が防火地域及び準防火地域にわたる場合、その建築物の全部につき、より**厳しいほう**の防火地域の規定が適用されます。ただし、建築物が防火地域外で防火壁により区画されているときは、その防火壁外の部分については、**準防火地域**の規制に適合させればよいこととなっています。 ★【○】

正解 2

Ken's Point

建築物の敷地が容積率・建蔽率の異なる地域にまたがった場合の考え方です。昔は計算問題が出題されていましたが、最近は出題されていません。解き方がわかればそれほど難しくはないのですが、計算が苦手な人は後回しにするのもよいと思います。

⇒建物の敷地が建蔽率・容積率の規制数値の異なる複数地域にわたる場合
それぞれの地域の建蔽率・容積率の最高限度の数値に、
その地域に係る敷地の敷地全体に占める割合を乗じた数値の合計が、
その敷地全体の建蔽率・容積率の最高限度となる

一問一答！ 解答&解説

(1) ×：倉庫を建築できる (2) ×：第一種中高層専用地域の部分は北側斜線制限が適用される (3) ○

□ 1回目　/
□ 2回目　/
□ 3回目　/

建築基準法（以下この問において「法」という。）に関する次の記述のうち、誤っているものはどれか。

1. 地方公共団体は、延べ面積が1,000㎡を超える建築物の敷地が接しなければならない道路の幅員について、条例で、避難又は通行の安全の目的を達するために必要な制限を付加することができる。
2. 建蔽率の限度が10分の8とされている地域内で、かつ、防火地域内にある耐火建築物については、建蔽率の制限は適用されない。
3. 建築物が第二種中高層住居専用地域及び近隣商業地域にわたって存する場合で、当該建築物の過半が近隣商業地域に存する場合には、当該建築物に対して法第56条第1項第3号の規定（北側斜線制限）は適用されない。
4. 建築物の敷地が第一種低層住居専用地域及び準住居地域にわたる場合で、当該敷地の過半が準住居地域に存する場合には、作業場の床面積の合計が100㎡の自動車修理工場は建築可能である。

2013年 問18

以下の文章について、正しいものには○、誤っているものには×をつけよう。

(1) 地方公共団体は、その敷地が袋路状道路にのみ接する一戸建ての住宅について、条例で、その敷地が接しなければならない道路の幅員に関して必要な制限を付加することができる。

(2) 街区の角にある敷地で特定行政庁が指定するものの内にある耐火建築物については、建蔽率制限は適用されない。

(3) 一の敷地で、その敷地面積の60％が第一種低層住居専用地域に、40％が第一種中高層住居専用地域にある場合は、原則として、当該敷地内には病院を建築することができない。

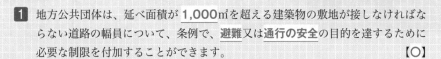

1 地方公共団体は、延べ面積が**1,000㎡**を超える建築物の敷地が接しなければならない道路の幅員について、条例で、**避難**又は**通行の安全**の目的を達するために必要な制限を付加することができます。 【○】

2 建蔽率の限度が**10分の8**とされている地域内、かつ、**防火地域内**にある耐火建築物については、建蔽率の制限は適用されません。 ★【○】

3 建築物が異なる用途地域にまたがるときは、斜線制限は**建築物の各部分ごと**に適用されます。このため、第二種中高層住居専用地域の建物部分については、北側斜線制限が適用されます。 ★【×】

4 用途規制は、異なる地域にまたがるときは、その**過半**が属する地域の規定が適用されます。本肢は、敷地の過半が準住居地域に存しており、敷地全体について準住居地域の用途規制が適用されるため、作業場の床面積の合計が100㎡の自動車修理工場の建築が可能です。 ★【○】

正解 3

Ken's Point

建築基準法は安全の最低基準なので、地方公共団体が条例で「付加（厳しく）はできるが、緩和（甘く）はできない」ものが多いです。個々に覚えるのが大変であれば、この原則論を覚えておくのも有効な手段です。

一問一答！ 解答&解説

(1) **×：袋路状道路にのみ接する一戸建ての住宅は、条例で必要な制限を付加できるものから除かれる** (2) **×：街区の角にある敷地で特定行政庁が指定するものは10%の緩和となるが、建蔽率制限が適用されないわけではない** (3) **○**

建築基準法（以下この問において「法」という。）に関する次の記述のうち、正しいものはどれか。ただし、他の地域地区等の指定及び特定行政庁の許可については考慮しないものとする。

1 第二種住居地域内において、工場に併設した倉庫であれば倉庫業を営む倉庫の用途に供してもよい。

2 法が施行された時点で現に建築物が並んでいる幅員4m未満の道路は、特定行政庁の指定がなくとも法上の道路となる。

3 容積率の制限は、都市計画において定められた数値によるが、建築物の前面道路（前面道路が二以上あるときは、その幅員の最大のもの。）の幅員が12m未満である場合には、当該前面道路の幅員のメートルの数値に法第52条第2項各号に定められた数値を乗じたもの以下でなければならない。

4 建蔽率の限度が10分の8とされている地域内で、かつ、防火地域内にある耐火建築物については、建蔽率の限度が10分の9に緩和される。

2011年 問19

以下の文章について、正しいものには○、誤っているものには×をつけよう。

(1) 建築基準法第3章の規定が適用されるに至った際、現に建築物が立ち並んでいる幅員1.8m未満の道で、あらかじめ、建築審査会の同意を得て特定行政庁が指定したものは、同章の規定における道路とみなされる。

(2) 建蔽率は、前面道路の幅員により制限される。

(3) 公園内にある建築物で、特定行政庁が、安全上、防火上及び衛生上支障がないと認めて許可したものについては、建蔽率制限は適用されない。

1 倉庫業の倉庫は、**第二種住居地域内**には建築することはできません。 ★【×】

2 都市計画区域や準都市計画区域の指定や条例制定により集団規定の対象となった時点において、現に建築物が立ち並んでいる幅員4m未満の道は、**特定行政庁が指定したものに限り**道路とみなされます。 ★【×】

3 容積率の限度は、原則として都市計画において定められた数値（指定容積率）によります。ただし、前面道路の幅員が**12**m未満である建築物の容積率は、**指定容積率**以下であるとともに、その**前面道路の幅員**に法定乗数を乗じた値以下でなければならないという制限があります。たとえば、指定容積率が300%、前面道路の幅員が6m、法定乗数が10分の4である場合、容積率は300%と「6m×0.4＝240%」を比べて小さい240%以下にしなければなりません。なお、法定乗数は住居系用途地域が原則として**10分の4**、それ以外は**10分の6**です。★【○】

4 建蔽率の限度が10分の8とされている防火地域内にある耐火建築物については、建蔽率の制限が適用されません。これにより敷地面積の**100%**まで建築可能になるため「10分の9」とする本肢は誤りです。 ★【×】

正解 3

2項道路の考え方

2項道路とは？
①建築基準法の集団規定が適用されるに至った際 ②現に存在し、既に建築物が立ち並んでいるもののうち ③**特定行政庁の指定があるもの** ⇒ 幅員4m未満の道でも「道路」とみなされる

一方が崖や水路などの場合、崖などと道路との境界線から道路側に水平距離4mの線

・この場合、原則として、道路の**中心線から水平距離2mの線**が、**道路と敷地の境界線とみなされる**

▼

・建て替えるときは、道路の中心線から**2**m以上後退したところに建物を建てなければならない（**セットバック**）

▼

・向かい合うお互いの敷地が**セットバック**すれば、幅員**4**m以上の道路ができあがる

一問一答！ 解答&解説

(1) ○ (2) **×：前面道路の幅員によって制限されるのは容積率。建蔽率とは無関係である** (3) ○

第3章①
建築基準法総合

□1回目　　/
□2回目　　/
□3回目　　/

建築基準法に関する次の記述のうち、正しいものはどれか。

1 街区の角にある敷地又はこれに準ずる敷地内にある建物の建蔽率については、特定行政庁の指定がなくとも都市計画において定められた建蔽率の数値に10分の1を加えた数値が限度となる。

2 第一種低層住居専用地域又は第二種低層住居専用地域内においては、建築物の高さは、12 m又は15 mのうち、当該地域に関する都市計画において定められた建築物の高さの限度を超えてはならない。

3 用途地域に関する都市計画において建築物の敷地面積の最低限度を定める場合においては、その最低限度は200㎡を超えてはならない。

4 建築協定区域内の土地の所有者等は、特定行政庁から認可を受けた建築協定を変更又は廃止しようとする場合においては、土地所有者等の過半数の合意をもってその旨を定め、特定行政庁の認可を受けなければならない。

2012年 問19

理解を深掘り！　一問一答！

以下の文章について、正しいものには○、誤っているものには×をつけよう。

(1) 第一種中高層住居専用地域内で防火地域内にある耐火建築物にも、建蔽率制限が適用される。

(2) 近隣商業地域内で、かつ、防火地域内にある耐火建築物の建蔽率は、8/10を超えてはならない。

(3) 建築協定区域内の土地の所有者等は、特定行政庁から認可を受けた建築協定を変更しようとする場合においては、土地所有者等の過半数の合意をもってその旨を定め、特定行政庁の認可を受けなければならない。

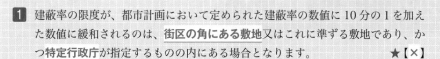

1 建蔽率の限度が、都市計画において定められた建蔽率の数値に10分の1を加えた数値に緩和されるのは、**街区の角にある敷地**又はこれに準ずる敷地であり、かつ**特定行政庁**が指定するものの内にある場合となります。 ★【×】

2 第一種低層住居専用地域、第二種低層住居専用地域内、田園住居地域内においては、建築物の高さは、**10** m又は **12** mのうち当該地域に関する都市計画において定められた建築物の高さの限度を超えてはなりません。 ★【×】

3 建築物の敷地面積の最低限度を定める場合、その最低限度は **200㎡**を超えてはなりません。 ★【○】

4 建築協定の締結及び変更には土地所有者等の**全員**の合意が必要です。廃止には**過半数**の合意で足ります。 ★【×】

正解 3

Ken's Point

都市計画法と建築基準法は連動しています。都市計画と絡めて理解しておくと頭に入りやすいです。

必ず都市計画で定められるもの	必要なときに都市計画で定められるもの
①容積率 ②建蔽率（商業地域を除く） ⇒建築基準法 ③高さ制限（第一種・第二種低層住居専用・田園住居のみ） ⇒10mまたは12mのうちいずれかの数値を選んで、建築物の高さの限度を定めなければならない	①敷地面積の最低限度 ⇒敷地面積の最低限度は、200㎡を超えない範囲で定められる ②外壁の後退距離（第一種・第二種低層住居専用・田園住居のみ） ⇒外壁の後退距離は、1.5mまたは1mのうち、いずれかの数値を選んで定められる

一問一答！ 解答&解説

(1) **○：第一種中高層住居専用地域の指定建蔽率は、10分の6が最高値なので建蔽率制限が適用されなくなることはない** (2) **×：近隣商業地域で建蔽率を10分の8と定めた際に耐火建築物だと建蔽率の規制がなくなるので10分の8を超えることもありえる** (3) **×：「過半数」ではなく「全員」の合意である**

建築基準法に関する次の記述のうち、正しいものはどれか。

1 公衆便所及び巡査派出所については、特定行政庁の許可を得ないで、道路に突き出して建築することができる。

2 近隣商業地域内において、客席の部分の床面積の合計が200㎡以上の映画館は建築することができない。

3 建築物の容積率の算定の基礎となる延べ面積には、老人ホームの共用の廊下又は階段の用に供する部分の床面積は、算入しないものとされている。

4 日影による中高層の建築物の高さの制限に係る日影時間の測定は、夏至日の真太陽時の午前8時から午後4時までの間について行われる。

2020年10月 問18

以下の文章について、正しいものには○、誤っているものには×をつけよう。

(1) 地盤面下に設ける建築物については、道路内に建築することができる。

(2) 病院や学校は、建築基準法第48条の規定による用途制限に適合するとともに、都市計画により敷地の位置が決定されていなければ新築することができない。

(3) 同一の敷地内に2以上の建築物がある場合においては、これらの建築物を一の建築物とみなして、日影規制が適用される。

1 公衆便所及び巡査派出所等の公益上必要な建築物であっても、道路に突き出して建築する場合には、**特定行政庁**の許可が必要です。 ★【×】

2 近隣商業地域では、床面積の広さにかかわらず映画館を建築することができます。200㎡以上の映画館が建築できないのは、**準住居地域**です。 ★【×】

3 昇降機（エレベーター・エスカレーター等）の**昇降路**、共同住宅の共用の**廊下**と**階段**部分の床面積は、容積率の算定の基礎となる延べ面積に算入しません。 ★【○】

4 日影制限に係る日影時間の測定は、**冬至日**の午前8時から午後4時（北海道のみ午前9時から午後3時）までの間について行われます。冬至日を基準にするのは、この日が1年で最も影が長くなる日だからです。この時間帯に一定時間以上、影を生じさせないような高さにしなければなりません。 ★【×】

正解 3

Ken's Point

「道路内に突き出して」という表現は、「道路内」と同じ意味です。道路内とは道路上だけでなく、「道路の空中も地下も全部道路内」という意味であることを前提に理解しましょう。

道路内における建築規制

原則	道路内には、建築物を建築したり、敷地を造成するための擁壁（かこい壁）を築造したりしてはならない
例外	①地盤面下に設ける建築物 ②公衆便所、派出所など公益上必要な建築物で、特定行政庁が通行上支障がないと認めて、建築審査会の同意を得て許可したもの ③公共用歩廊など特定行政庁が安全上、防火上および衛生上ほかの建築物の利便を妨げ、その他周囲の環境を害するおそれがないと認めて、建築審査会の同意を得て許可したもの

第3章 ① 建築基準法総合

一問一答！ 解答&解説

(1) ○ (2) **×：都市計画による敷地の位置の決定が必要なのは、卸売市場、火葬場、と畜場、汚物処理場、ゴミ焼却場などの特殊建築物に限られる** (3) ○

問題 043

□ 1回目　　/
□ 2回目　　/
□ 3回目　　/

国土利用計画法第23条の都道府県知事への届出（以下この問において「事後届出」という。）に関する次の記述のうち、正しいものはどれか。

1 宅地建物取引業者Aが、自ら所有する市街化区域内の5,000㎡の土地について、宅地建物取引業者Bに売却する契約を締結した場合、Bが契約締結日から起算して2週間以内に事後届出を行わなかったときは、A及びBは6月以下の懲役又は100万円以下の罰金に処せられる場合がある。

2 事後届出に係る土地の利用目的について、甲県知事から勧告を受けた宅地建物取引業Cは、甲県知事に対し、当該土地に関する権利を買い取るべきことを請求することができる。

3 乙市が所有する市街化調整区域内の10,000㎡の土地と丙市が所有する市街化区域内の2,500㎡の土地について、宅地建物取引業者Dが購入する契約を締結した場合、Dは事後届出を行う必要はない。

4 事後届出に係る土地の利用目的について、丁県知事から勧告を受けた宅地建物取引業者Eが勧告に従わなかった場合、丁県知事は、その旨及びその勧告の内容を公表しなければならない。

2010年 問15

理解を深掘り！　一問一答！

以下の文章について、正しいものには〇、誤っているものには×をつけよう。

(1) 市街化区域内に所在する、国が所有する一団の土地である4,500㎡の土地と宅地建物取引業者Aの所有する500㎡の土地を個人Bが購入する契約を締結した場合、Bは事後届出を行う必要がある。

(2) 市街化区域においてAが所有する面積3,000㎡の土地について、Bが購入した場合、A及びBは事後届出を行わなければならない。

(3) 事後届出が必要な土地売買等の契約により権利設定者が事後届出を行わなかった場合、都道府県知事から当該届出を行うよう勧告され、罰則の適用もある。

1 事後届出の義務は**買主**のみにあります。売主であるAは罰金刑に処せられません。 ★【×】

2 買取りを請求することはできません。事後届出に係る土地の利用目的について、都道府県知事が勧告をした場合、その都道府県知事は**あっせん等の措置**を講じるよう努めなければならないと規定されています。 【×】

3 契約当事者の一方又は双方が、**国**や**地方公共団体**その他政令で定める法人である場合は、事後届出は不要となります。 ★【○】

4 事後届出に係る土地の利用目的について、都道府県知事から勧告を受けた者が勧告に従わなかった場合、都道府県知事はその旨と勧告の内容を**公表することができます**。 【×】

正解 **3**

Ken's Point

国土利用計画法の届出の要否のまとめです。規制区域は、一度も指定されたことも試験での出題もないので覚える必要はありません。

	事後届出制	注視区域（事前届出制）	監視区域（事前届出制）	規制区域（許可制）
届出義務者	権利取得者（買主）	買主と売主（権利設定者）双方		
届出時期	契約締結後2週間以内に届出	契約締結前に届出		契約締結前に許可
「一団の」土地の判断基準	買主	買主と売主双方		－
届出をしない場合の契約の効力	有効			無効
例外的に届出が不要な場合	①国・地方公共団体等が取引した場合 ②民事調停法による調停に基づく場合 ③農地法3条1項の許可を受けた場合			－
審査対象	利用目的のみ	価額および利用目的		

一問一答！ 解答&解説

(1) ×：契約当事者の一方または双方が国や地方公共団体等の場合、事後届出は不要であり、市街化区域でAの500㎡の土地だけでは届出不要である (2) ×：権利取得者である買主Bのみ事後届出が必要である (3) ×：権利設定者（売主、賃貸人等）には事後届出義務はなく罰則が適用されることもない

第3章 ① 国土利用計画法

□１回目　／
□２回目　／
□３回目　／

国土利用計画法第23条の届出（以下この問において「事後届出」という。）に関する次の記述のうち、正しいものはどれか。なお、この問において「都道府県知事」とは、地方自治法に基づく指定都市にあってはその長をいうものとする。

1 都道府県知事は、事後届出に係る土地の利用目的及び対価の額について、届出をした宅地建物取引業者に対し勧告することができ、都道府県知事から勧告を受けた当該業者が勧告に従わなかった場合、その旨及びその勧告の内容を公表することができる。

2 事後届出が必要な土地売買等の契約により権利取得者となった者が事後届出を行わなかった場合、都道府県知事から当該届出を行うよう勧告されるが、罰則の適用はない。

3 国が所有する市街化区域内の一団の土地である1,500㎡の土地と500㎡の土地を個人Aが購入する契約を締結した場合、Aは事後届出を行う必要がある。

4 個人Bが所有する都市計画区域外の11,000㎡の土地について、個人CがBとの間で対価を支払って地上権設定契約を締結した場合、Cは事後届出を行う必要がある。

2020年12月 問22

理解を深掘り！　一問一答！

以下の文章について、正しいものには○、誤っているものには×をつけよう。

(1) 事後届出において、土地売買等の契約に係る土地の土地に関する権利の移転又は設定の対価の額については届出事項ではない。

(2) 都道府県知事は、事後届出があった日から起算して３週間以内に勧告をすることができない合理的な理由があるときは、３週間の範囲内において、当該期間を延長することができる。

(3) Aが所有する市街化区域内の1,500㎡の土地をBが購入した場合には、Bは事後届出を行う必要はないが、Cが所有する準都市計画区域内の6,000㎡の土地についてDと売買に係る予約契約を締結した場合には、Dは事後届出を行う必要がある。

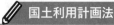

1 都道府県知事は、事後届出があった場合、その届出から3週間以内に届出者に対して「土地の利用目的を変更すべきこと」を勧告できます。対価の額は、事後届出では審査しないので、勧告の対象となることはありません。 ★【×】

2 事後届出を怠った場合、国土利用計画法違反となり、罰則（6か月以下の懲役又は100万円以下の罰金）が適用されます。 ★【×】

3 契約当事者の一方又は双方が国、地方公共団体その他政令で定める法人である場合には、事後届出は不要です。 ★【×】

4 対価を伴う地上権の設定契約は、権利性・対価性・契約性があるので事後届出の対象取引です。また、都市計画区域外では10,000㎡以上の場合に事後届出をしなければなりません。事後届出が不要な場合を下表で確認しましょう。★【○】

事後届出が不要な場合

都市計画区域			都市計画区域外 準都市計画区域
市街化区域	市街化調整区域	非線引き区域	
2,000㎡未満	5,000㎡未満		10,000㎡未満

- 権利性がない場合：抵当権、永小作権、地役権等の設定 ◀ 所有権の移転、地上権・賃借権の設定は要届出
- 対価性がない場合：贈与、信託の引受け等。下記の相続等も対価性がない ◀ 交換は対価性がある
- 契約性がない場合：相続・遺産分割、法人の合併、時効取得、土地収用等 ◀ 予約・停止条件付契約も契約日から2週間以内に届出が必要
- 当事者の少なくとも一方が国や地方公共団体である場合
- その他：法律に基づく調停・和解、農地法の3条許可を受ける場合、注視区域、監視区域内の場合など

正解 4

第3章 ①

国土利用計画法

Ken's Point

事後届出の際に利用目的と対価の額が届出内容になっていますが、対価の額については審査しません。売買代金は、契約で自由に決められるのが原則だからです。「審査しない以上は勧告されることもない」という点を連動して理解しておきましょう。ただし、値上がりが大きい注視区域や監視区域では、審査する点も重要です。

一問一答！ 解答&解説

(1) ×：対価の額は審査はしないが、届出事項である (2) ○ (3) ×：準都市計画区域は10,000㎡以上で届出が必要となる

□ 1回目　/
□ 2回目　/
□ 3回目　/

国土利用計画法第23条の届出（以下この問において「事後届出」という。）及び同法第27条の7の届出（以下この問において「事前届出」という。）に関する次の記述のうち、正しいものはどれか。

1 監視区域内の市街化調整区域に所在する面積6,000㎡の一団の土地について、所有者Aが当該土地を分割し、4,000㎡をBに、2,000㎡をCに売却する契約をB、Cと締結した場合、当該土地の売買契約についてA、B及びCは事前届出をする必要はない。

2 事後届出においては、土地の所有権移転後における土地利用目的について届け出ることとされているが、土地の売買価額については届け出る必要はない。

3 Dが所有する都市計画法第5条の2に規定する準都市計画区域内に所在する面積7,000㎡の土地について、Eに売却する契約を締結した場合、Eは事後届出をする必要がある。

4 Fが所有する市街化区域内に所在する面積4,500㎡の甲地とGが所有する市街化調整区域内に所在する面積5,500㎡の乙地を金銭の授受を伴わずに交換する契約を締結した場合、F、Gともに事後届出をする必要がある。

2004年 問16

理解を深掘り！　一問一答！

以下の文章について、正しいものには○、誤っているものには×をつけよう。

(1) 準都市計画区域内の10,000㎡の土地を購入する契約を締結した場合、売主及び買主は事後届出を行わなければならない。

(2) 個人Aが所有する都市計画区域外の11,000㎡の土地について、個人BがAとの間で権利金の授受を伴う賃借権設定契約を締結した場合でも、Bは事後届出を行う必要はない。

(3) Aが所有する市街化区域内の3,000㎡の土地をBに贈与又は安価で売買した場合、Bは事後届出を行う必要がある。

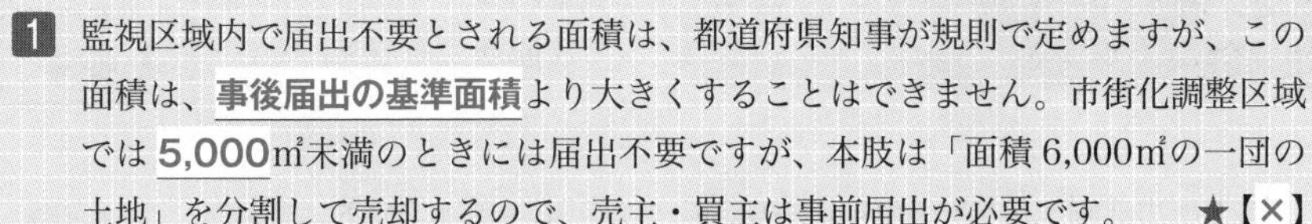

1 監視区域内で届出不要とされる面積は、都道府県知事が規則で定めますが、この面積は、**事後届出の基準面積**より大きくすることはできません。市街化調整区域では**5,000**㎡未満のときには届出不要ですが、本肢は「面積6,000㎡の一団の土地」を分割して売却するので、売主・買主は事前届出が必要です。 ★【×】

2 事後届出においては、土地の所有権移転後における土地の利用目的に加え、**土地の売買価額**についても届け出る必要があります。 ★【×】

3 都市計画区域外（準都市計画区域及び無指定区域）においては、面積**10,000**㎡以上の売買契約等において事後届出が**必要**となります。本肢の土地は7,000㎡なので事後届出は不要です。 ★【×】

4 本肢は売買ではなく交換ですが、交換は**事後届出**の対象取引となります。市街化区域においては**2,000**㎡以上の場合、市街化調整区域においては**5,000**㎡以上の場合、届出が必要となりますが、両者が交換により取得した土地はともに基準面積以上（市街化区域内4,500㎡、市街化調整区域内5,500㎡）であるため、F・Gともに事後届出をする必要があります。 ★【〇】

正解 4

Ken's Point

準都市計画区域は、都市計画区域外に定めるので、10,000㎡以上で届出が必要となります。開発許可が不要の例外として「準都市計画区域が3,000㎡未満で不要」というのがあります。1,000㎡・3,000㎡・10,000㎡の真ん中の数字なので、国土利用計画法も「5,000㎡以上は必要」と考え、引っかかってしまう人は多いです。数字はしっかり覚えましょう。

一問一答！ 解答&解説

(1) **×：買主のみ事後届出が必要である** (2) **×：設定の対価があれば賃貸借も届出義務がある** (3) **×：贈与による取得には対価性がないので、面積にかかわらず事後届出は不要である**

国土利用計画法第23条の都道府県知事への届出（以下この問において「事後届出」という。）に関する次の記述のうち、正しいものはどれか。

1 宅地建物取引業者Aが都市計画区域外の10,000㎡の土地を時効取得した場合、Aは、その日から起算して2週間以内に事後届出を行わなければならない。

2 宅地建物取引業者Bが行った事後届出に係る土地の利用目的について、都道府県知事が適正かつ合理的な土地利用を図るために必要な助言をした場合、Bがその助言に従わないときは、当該知事は、その旨及び助言の内容を公表しなければならない。

3 宅地建物取引業者Cが所有する市街化調整区域内の6,000㎡の土地について、宅地建物取引業者Dが購入する旨の予約をした場合、Dは当該予約をした日から起算して2週間以内に事後届出を行わなければならない。

4 宅地建物取引業者Eが所有する都市計画区域外の13,000㎡の土地について、4,000㎡を宅地建物取引業者Fに、9,000㎡を宅地建物取引業者Gに売却する契約を締結した場合、F及びGはそれぞれ、その契約を締結した日から起算して2週間以内に事後届出を行わなければならない。

2009年 問15

以下の文章について、正しいものには○、誤っているものには×をつけよう。

(1) 個人Aが所有する市街化区域内の3,000㎡の土地を、個人Bが相続により取得した場合、Bは事後届出を行わなければならない。

(2) 宅地建物取引業者Aが所有する市街化調整区域内の6,000㎡の土地について、宅地建物取引業者Bが購入する旨の予約をした場合、Bは当該予約をした日から起算して3週間以内に事後届出を行わなければならない。

(3) 事後届出が必要な面積の停止条件付土地売買等の契約を締結した場合には、停止条件が成就した日から起算して2週間以内に事後届出をしなければならない。

1 国土利用計画法における土地売買等の契約とは、権利性・契約性・対価性を備えるものです。時効取得の場合には**契約性**がないため、事後届出は不要です。★【×】

2 都道府県知事は、適正かつ合理的な土地利用を図るために必要な**助言**をすることができますが、その**助言**に従わなくても公表されることはありません。ただし、**勧告**の場合は公表されることがあります。★【×】

3 国土利用計画法における土地売買等の契約には、**契約の予約**も含みます。市街化調整区域では**5,000㎡**以上の場合に事後届出が必要となるので、本肢の場合には**予約の日**から起算して**２週間以内**に事後届出をしなければなりません。★【○】

4 事後届出が必要な面積か否かの判断は、**取得者**を基準とします。都市計画区域外では**10,000㎡**以上の場合に事後届出が必要ですが、本肢の場合、両買主が取得する面積はそれぞれ基準未満であるため、事後届出は不要です。★【×】

正解 3

Ken's Point

助言（アドバイス）は、勧告（怒られる）とは違います。助言されて従わなくても契約は有効で、罰則もありません。さらに公表されることもありません。

一問一答！　解答＆解説

(1) ×：相続による取得の場合には契約性がないため、事後届出は不要である
(2) ×：予約契約から２週間以内に届出をしなければならない　(3) ×：「条件が成就した日」ではなく、「契約の日」から起算して２週間以内である

□1回目　／
□2回目　／
□3回目　／

国土利用計画法第23条の届出（以下この問において「事後届出」という。）に関する次の記述のうち、正しいものはどれか。

1 Aが所有する市街化区域内の1,500㎡の土地をBが購入した場合には、Bは事後届出を行う必要はないが、Cが所有する市街化調整区域内の6,000㎡の土地についてDと売買に係る予約契約を締結した場合には、Dは事後届出を行う必要がある。

2 Eが所有する市街化区域内の2,000㎡の土地をFが購入した場合、Fは当該土地の所有権移転登記を完了した日から起算して2週間以内に事後届出を行う必要がある。

3 Gが所有する都市計画区域外の15,000㎡の土地をHに贈与した場合、Hは事後届出を行う必要がある。

4 Iが所有する都市計画区域外の10,000㎡の土地とJが所有する市街化調整区域内の10,000㎡の土地を交換した場合、I及びJは事後届出を行う必要はない。

2020年10月 問22

理解を深掘り！　一問一答！

以下の文章について、正しいものには○、誤っているものには×をつけよう。

(1) 市街化区域内の土地（面積2,500㎡）を購入する契約を締結した者は、その契約を締結した日から起算して3週間以内に事後届出を行わなければならない。

(2) Aが所有する市街化区域に所在する面積5,000㎡の一団の土地を分割して、1,500㎡をBに、3,500㎡をCに売却する契約をAがそれぞれB及びCと締結した場合、Bは事後届出を行う必要はないが、Cは事後届出を行う必要がある。

(3) 土地を交換する契約を締結した場合、金銭の授受がなければ、事後届出が必要となることはない。

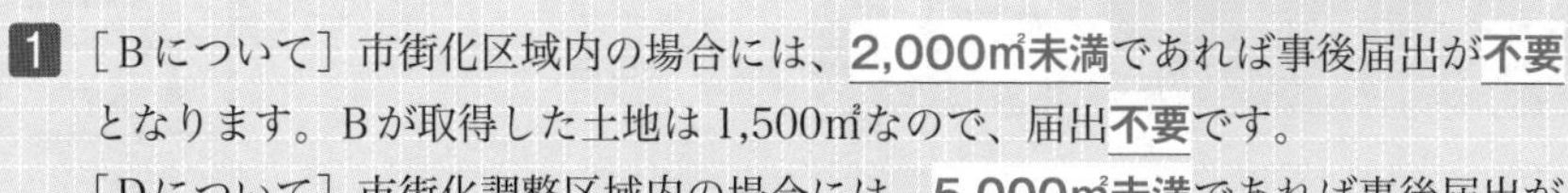

1 ［Bについて］市街化区域内の場合には、**2,000㎡未満**であれば事後届出が**不要**となります。Bが取得した土地は1,500㎡なので、届出**不要**です。
［Dについて］市街化調整区域内の場合には、**5,000㎡未満**であれば事後届出が**不要**となります。Dが取得した土地は6,000㎡なので、届出が**必要**です。予約契約でも効力発生日ではなく、**予約契約**から起算して**2週間以内**が届出の期限となります。 ★【○】

2 事後届出の期限は、**契約締結日**から起算して**2週間**です。よって、Fは所有権移転登記を完了した日からではなく、**売買契約日**から起算して**2週間以内**に事後届出を行う必要があります。 ★【×】

3 贈与による取得には対価性がないので、**面積**にかかわらず**事後届出は不要**です。似た論点として、**相続**も事後届出が**不要**なので覚えておきましょう。 ★【×】

4 交換は事後届出の対象取引です。市街化調整区域では**5,000㎡未満**、都市計画区域外では**10,000㎡未満**の場合に届出不要ですが、本肢の土地は両方とも10,000㎡なので、I及びJともに事後届出を行う必要があります。 ★【×】

正解 1

Ken's Point

届出が必要か不要かだけでなく、期限の問題もよく出題されます。契約締結日から起算して2週間以内に、市町村長を経由して都道府県知事に届け出る必要があります。2週間という期間はもとより、「契約締結日から」という点も重要です。「条件成就の日から」「予約完結権行使の日から」「所有権移転登記の日から」といった引っかけ問題もあります。さらに「市町村長を経由」という点にも気をつけてください。

一問一答！ 解答&解説

(1) ×：2週間以内に事後届出を行う (2) ○ (3) ×：土地の交換は面積によっては事後届出が必要となる

問題 048

□ 1 回目　　/
□ 2 回目　　/
□ 3 回目　　/

国土利用計画法第 23 条の届出（以下この問において「事後届出」という。）に関する次の記述のうち、正しいものはどれか。

1 事後届出に係る土地の利用目的について、甲県知事から勧告を受けた宅地建物取引業者 A がその勧告に従わないときは、甲県知事は、その旨及びその勧告の内容を公表することができる。

2 乙県が所有する都市計画区域内の土地（面積 6,000㎡）を買い受けた者は、売買契約を締結した日から起算して 2 週間以内に、事後届出を行わなければならない。

3 指定都市（地方自治法に基づく指定都市をいう。）の区域以外に所在する土地について、事後届出を行うに当たっては、市町村の長を経由しないで、直接都道府県知事に届け出なければならない。

4 宅地建物取引業者 B が所有する市街化区域内の土地（面積 2,500㎡）について、宅地建物取引業者 C が購入する契約を締結した場合、C は事後届出を行う必要はない。

2018年 問15

以下の文章について、正しいものには○、誤っているものには×をつけよう。

(1) 事後届出に係る土地の利用目的について、乙県知事から勧告を受けた A が勧告に従わなかった場合、乙県知事は、当該届出に係る土地売買の契約を無効にすることができる。

(2) A 及び B が、C 市が所有する都市計画区域外の 24,000㎡の土地について共有持分 50% ずつと定めて共同で購入した場合、A 及び B は、それぞれ事後届出を行わなければならない。

(3) 事後届出が必要な場合において、契約締結後 1 週間以内であれば市町村長を経由して、1 週間を超えた場合には直接、都道府県知事に事後届出を行うことができる。

1 **都道府県知事**は、事後届出に係る土地の利用目的について勧告をしたにもかかわらず、勧告に従わない場合は、その旨及びその勧告の内容を**公表**することができます。 ★【○】

2 当事者の一方または双方が**国・地方公共団体等**であるときには、事後届出の必要はありません。本肢は売主が乙県なので、事後届出は**不要**です。 ★【×】

3 事後届出は、当該土地が所在する**市町村の長**を経由し、都道府県知事に届け出る必要があります。本肢は「市町村の長を経由しないで」と説明しているので、誤りです。 【×】

4 市街化区域における面積**2,000**㎡以上の土地取引は、**事後届出**の対象です。本肢の土地は2,500㎡ですので、**事後届出**を行わなくてはなりません。また、当事者が宅地建物取引業者であっても、**事後届出**は必要です。 ★【×】

正解 1

Ken's Point

国土利用計画法では「宅建業者」が登場することがありますが、問題を解くうえで影響はありません。宅建業法の自ら売主制限に引っ張られないようにしましょう。

一問一答！ 解答&解説

(1) **×：無効にすることはできない** (2) **×：当事者の一方又は双方が国又は地方公共団体である場合、その土地の面積にかかわらず、事後届出は不要** (3) **×：事後届出が必要な場合、土地所在地の市町村長を経由して、都道府県知事に届け出る**

□ 1回目　　/
□ 2回目　　/
□ 3回目　　/

農地法（以下この問において「法」という。）に関する次の記述のうち、正しいものはどれか。

1 農地の賃貸借について法第3条第1項の許可を得て農地の引渡しを受けても、土地登記簿に登記をしなかった場合、その後、その農地について所有権を取得した第三者に対抗することができない。

2 雑種地を開墾し、現に畑として耕作されている土地であっても、土地登記簿上の地目が雑種地である限り、法の適用を受ける農地には当たらない。

3 国又は都道府県が市街化調整区域内の農地（1ヘクタール）を取得して学校を建設する場合、都道府県知事との協議が成立しても法第5条第1項の許可を受ける必要がある。

4 農業者が相続により取得した市街化調整区域内の農地を自己の住宅用地として転用する場合でも、法第4条第1項の許可を受ける必要がある。

2013年 問21

以下の文章について、正しいものには○、誤っているものには×をつけよう。

(1) 農地の賃貸借の解除については、農地の所有者が、賃借人に対して一方的に解約の申入れを行う場合には、農地法第18条第1項の許可を受ける必要がない。

(2) 山林を開墾し、農地として耕作している土地であっても、土地登記簿上の地目が山林であれば、法の適用を受ける農地に該当しない。

(3) 市町村が農地を農地以外のものにするため所有権を取得する場合、5条許可は不要である。

1 農地の賃貸借については、登記がなくても農地の引渡しがあれば、その後、その農地について所有権を取得した第三者に対抗することが可能です。★【×】

2 農地であるか否かは、現況により判断されます。よって、現に畑として耕作されている土地であれば、農地法の適用を受ける農地に当たります。★【×】

3 国又は都道府県が転用目的で農地を取得する場合、都道府県知事等との協議の成立をもって農地法の許可があったものとみなされます。【×】

4 相続により農地を取得した場合には、3条許可は必要ありません。しかし、農地を住宅用地に転用しようとしているので、4条許可を受ける必要があります。★【○】

正解 4

Ken's Point

農地の賃貸借の場合、借主保護があります。借地借家法の借家に似ており、引渡しを受けていれば、借主は対抗できます。これに対して使用貸借の場合は、無料で借りた借主なので民法の場合と同様、借りている人は引渡しを受けていても、当然に保護は受けられません。

一問一答！ 解答&解説

(1) ×：農地の賃貸借の解除には原則として都道府県知事の許可が必要である
(2) ×：農地として耕作している土地であれば、農地に当たる (3) ×：市町村でも許可は必要である

農地に関する次の記述のうち、農地法（以下この問において「法」という。）の規定によれば、正しいものはどれか。

1. 耕作目的で原野を農地に転用しようとする場合、法第４条第１項の許可は不要である。
2. 金融機関からの資金借入れのために農地に抵当権を設定する場合、法第３条第１項の許可が必要である。
3. 市街化区域内の農地を自家用駐車場に転用する場合、法第４条第１項の許可が必要である。
4. 砂利採取法による認可を受けた採取計画に従って砂利採取のために農地を一時的に貸し付ける場合、法第５条第１項の許可は不要である。

2019年 問21

以下の文章について、正しいものには○、誤っているものには×をつけよう。

(1) 土地区画整理法に基づく土地区画整理事業により道路又は公園を建設するために、農地を転用しようとする者は、農地法第４条第１項の許可を受けなければならない。
(2) 市街化調整区域内の農地を転用目的で取得する場合には、あらかじめ農業委員会に届け出れば、農地法第５条第１項の許可を受ける必要はない。
(3) 建設業者が、工事終了後農地に復元して返還する条件で、市街化調整区域内の農地を６カ月間資材置場として借り受けた場合、農地法第５条の許可を受ける必要はない。

1 農地を農地以外にする場合、**農地法の許可**が必要となりますが、本肢の場合その逆（農地以外を農地に）であるため、**４条許可**は不要です。 ★【○】

2 農地法に定める**権利移動**とは、所有権の移転のほか、地上権、永小作権、質権、使用貸借、賃借権等の使用収益権の設定です。抵当権設定は、**権利移動**には該当しないため、３条許可は**不要**です。 ★【×】

3 **市街化区域内**に所在する農地の**転用**については、都道府県知事の許可を受けなくても**あらかじめ農業委員会に届け出る**ことで足ります。必ずしも都道府県知事の４条許可を受ける必要はないので、「必要である」としている本肢は誤りです。 ★【×】

4 賃借権の設定と転用なので**５条許可**の対象となります。一時的な貸付であっても**許可**は必要であり、砂利採取法による認可を受けた採取計画は、法に定める除外要件となっていないので、許可が必要です。 ★【×】

正解 1

Ken's Point

市街化区域の農地を転用や転用目的で権利移動する際は、あらかじめ農業委員会に届出すれば、許可は不要です。市街化区域は市街化していく区域なので、農地が潰れるのは好ましいと考えてください。したがって、市街化区域の農地を耕作目的で農地のまま売却するときは、市街化区域のメリットにはならないので、通常どおり農業適格を確認するために許可が必要となるのです。

一問一答！ 解答＆解説

(1) **×：土地区画整理事業の施行により道路や公園等の公共施設を建設する場合、農地法４条の許可は不要である** (2) **×：市街化調整区域内では５条許可が必要である** (3) **×：許可が必要である**

□1回目　／
□2回目　／
□3回目　／

農地法（以下この問において「法」という。）に関する次の記述のうち、正しいものはどれか。

1 相続により農地を取得する場合は、法第3条第1項の許可を要しないが、遺産の分割により農地を取得する場合は、同項の許可を受ける必要がある。

2 競売により市街化調整区域内にある農地を取得する場合は、法第3条第1項又は法第5条第1項の許可を受ける必要はない。

3 農業者が、自らの養畜の事業のための畜舎を建設する目的で、市街化調整区域内にある150㎡の農地を購入する場合は、第5条第1項の許可を受ける必要がある。

4 市街化区域内にある農地を取得して住宅を建設する場合は、工事完了後遅滞なく農業委員会に届け出れば、法第5条第1項の許可を受ける必要はない。

2011年 問22

以下の文章について、正しいものには○、誤っているものには×をつけよう。

(1) 相続により農地の所有権を取得した者は、遅滞なく、その農地の存する市町村の農業委員会にその旨を届け出なければならない。

(2) 農業者が市街化区域外の農地に抵当権を設定し、競売により第三者が当該農地を取得する場合であっても、農地法3条又は5条の許可が必要である。

(3) 農地所有適格法人とは、農業を営む法人が一定の要件を満たすことで農地を取得できる法人をいう。

1 相続により農地を取得する場合のみならず、**遺産分割**により農地を取得する場合も、農地法３条の許可を受ける必要はありません。ただし、相続・遺産分割で取得した場合は、その旨を**農業委員会**に遅滞なく**届け出る必要**があるので覚えておきましょう。
★【×】

2 競売による取得は許可の除外要件ではないので、農地法**３条**又は**５条**の許可が必要です。
★【×】

3 **２アール**未満の農地を、**耕作者が自身の農作物の育成や養畜事業のための農業用施設に転用**する場合、4条許可が不要となります（**２アール未満**の特例）。しかし、本肢は単なる転用ではなく「購入＋転用」なので、５条許可を受けなければなりません。
★【○】

4 市街化区域内にある農地について５条許可が不要となるのは、**あらかじめ農業委員会**に届け出て権利を取得した場合に限られます。よって、工事完了後では、遅すぎます。
★【×】

正解 3

農地法における許可不要の例外のまとめ

		権利移動（3条許可）	転用（4条許可）	転用目的権利移動（5条許可）
適用除外（許可不要）	共通	①土地収用法により収用（転用）される場合 ②農林水産省令で定める場合		
適用除外（許可不要）	非共通	・国または都道府県が権利を取得する場合 ・遺産分割・相続による取得 ・民事調停法による農事調停による取得	国または都道府県が道路、農業用用排水施設等の地域振興上または農業振興上の必要性が高いと認められる施設の用に供するために転用（取得）する場合	
			①採草放牧地の転用 ②耕作の事業を行う者（農家）がその農地（2アール未満のものに限る）をその者の農作物の育成もしくは養畜の事業のための農業用施設に供する場合	採草放牧地を農地にする場合（ただし、3条で規制）
市街化区域内の特則		特則なし（許可必要）	あらかじめ農業委員会へ届出	

一問一答！ 解答&解説

(1) ○ (2) ○ (3) ○

□１回目　　／
□２回目　　／
□３回目　　／

農地に関する次の記述のうち、農地法（以下この問において「法」という。）の規定によれば、正しいものはどれか。

1. 法第３条第１項の許可が必要な農地の売買については、この許可を受けずに売買契約を締結しても所有権移転の効力は生じない。
2. 市街化区域内の自己の農地を駐車場に転用する場合には、農地転用した後に農業委員会に届け出ればよい。
3. 相続により農地を取得することとなった場合には、法第３条第１項の許可を受ける必要がある。
4. 農地に抵当権を設定する場合には、法第３条第１項の許可を受ける必要がある。

2020年10月 問21

以下の文章について、正しいものには○、誤っているものには×をつけよう。

(1) 農地法上必要な許可を受けないで農地の賃貸借をした場合は、その賃貸借の効力が生じないから、賃借人は、その農地を利用する権利を有することにならない。
(2) 農業者が住宅の改築に必要な資金を銀行から借りるため、市街化区域外の農地に抵当権の設定が行われ、その後、返済が滞ったため当該抵当権に基づき競売が行われ第三者が当該農地を取得する場合であっても、農地法第３条第１項又は農地法第５条第１項の許可を受ける必要がある。
(3) 市街化区域内の2,000㎡の農地を宅地に転用する目的で取得する場合、工事完了後に農業委員会に届け出れば許可不要である。

1 3条許可又は5条許可が必要な農地の権利移動について、これらの許可を受けずに売買契約を締結した場合、**所有権移転**の効力は生じません。 ★【○】

2 市街化区域内の農地を農地以外に転用する場合は、農業委員会への届出で足ります。この届出は**転用の前**にあらかじめ行う必要があります。本肢は「農地転用した後に」としているので誤りです。 ★【×】

3 相続や遺産分割により農地を取得することとなった場合には、3条許可は不要です。ただし、取得後に遅滞なくその旨を**農業委員会**に届け出なければなりません。この届出は実務上、被相続人の死亡を知った時からおおむね**10か月**以内にすることとされています。 ★【×】

4 農地法における権利移動に該当するのは、所有権の移転のほか、地上権、永小作権、質権、使用貸借、賃借権等の使用収益権の設定がある場合です。**使用収益権**が抵当権設定者に残る抵当権の設定は、権利移動に該当しないので、3条許可は不要です。 ★【×】

正解 1

Ken's Point

権利移動は、売買だけで起きるものではありません。賃貸借や地上権、質権のように使う人が変わる場面では、権利移動が発生します。「使う人が変わるのが権利移動」のイメージを持っておきましょう。

一問一答！ 解答&解説

(1) ○　(2) ○　(3) ×：あらかじめ農業委員会に届け出なければならない

農地法（以下この問において「法」という。）に関する次の記述のうち、正しいものはどれか。

1 山林を開墾し現に水田として耕作している土地であっても、土地登記簿上の地目が山林である限り、法の適用を受ける農地には当たらない。

2 農業者が、住宅を建設するために法第4条第1項の許可を受けた農地をその後住宅建設の工事着工前に宅地として売却する場合、改めて法第5条第1項の許可を受ける必要はない。

3 耕作目的で農地の売買契約を締結し、代金の支払をした場合でも、法第3条第1項の許可を受けていなければその所有権の移転の効力は生じない。

4 農業者が、自ら農業用倉庫として利用する目的で自己の所有する農地を転用する場合には、転用する農地の面積の規模にかかわらず、法第4条第1項の許可を受ける必要がある。

2006年 問25

理解を深掘り！ 一問一答！

以下の文章について、正しいものには○、誤っているものには×をつけよう。

(1) 市街化調整区域内の農地を駐車場に転用するに当たって、当該農地が既に利用されておらず遊休化している場合には、農地法第4条第1項の許可を受ける必要はない。

(2) 農業者が自己所有の市街化区域外の農地を、自己の居住用の住宅を建設するために転用する場合は、農地法第4条第1項の許可を受ける必要はない。

(3) 農家が農業用施設に転用する目的で1アールの農地を取得する場合には、農地法第5条の許可を受ける必要がある。

1 農地法上の農地であるか否かは、**現況で判断**されます。地目が山林であっても、現に水田として耕作されている場合は、農地に当たります。 ★【×】

2 本肢は「住宅建設の工事着工前に宅地として売却する場合」と記述されています。農地法の農地であるかどうかは現況によって判断されるので、宅地という名目で売却する場合でも、現況が農地なら**農地法**の規制対象となります。よって、転用目的の権利移動がある場合には４条許可では足りず、改めて**５条許可**を受ける必要があります。 ★【×】

3 ３条許可又は５条許可が必要な農地の権利移動について、これらの許可を受けずに売買契約を締結した場合、**所有権移転**の効力は生じません。 ★【○】

4 耕作者自ら**２アール未満**の農地を農業用施設に転用する場合は、４条許可を受ける必要はありません。本肢は「面積の規模にかかわらず、……許可を受ける必要がある」としているため誤りです。 ★【×】

正解 **3**

Ken's Point

農地法は、許可がなければ契約は無効※と考えてください。「契約の効力が生じない」「所有権移転の効力は生じない」といった表現も、同じ意味です。

※法律的には許可がない契約でも有効ですが、効力は生じないという状況です

一問一答！ 解答＆解説

(1) **×：農地法上の農地とは、耕作の目的に供される土地のことをいう。現在遊休化していても農地であり、許可が必要である** (2) **×：自己の居住用住宅の建設でも４条許可は必要である** (3) **○**

□ 1回目　　/
□ 2回目　　/
□ 3回目　　/

農地法（以下この問において「法」という。）に関する次の記述のうち、正しいものはどれか。

1 土地区画整理法に基づく土地区画整理事業により道路を建設するために、農地を転用しようとする者は、法第4条第1項の許可を受けなければならない。

2 農業者が住宅の改築に必要な資金を銀行から借りるため、自己所有の農地に抵当権を設定する場合には、法第3条第1項の許可を受けなければならない。

3 市街化区域内において2ha（ヘクタール）の農地を住宅建設のために取得する者は、法第5条第1項の都道府県知事の許可を受けなければならない。

4 都道府県知事は、法第5条第1項の許可を要する農地取得について、その許可を受けずに農地の転用を行った者に対して、必要な限度において原状回復を命ずることができる。

2009年 問22

以下の文章について、正しいものには○、誤っているものには×をつけよう。

(1) 農家が自己所有の農地に抵当権を設定する場合、農地法3条許可は不要である。
(2) 市街化区域内の4 ha 超の農地を転用目的で取得する場合、農林水産大臣への届出が必要である。
(3) 現況は農地であるが、土地登記簿上の地目が原野である市街化調整区域内の土地を駐車場にするために取得する場合は、農地法第5条第1項の許可を受ける必要はない。

1 土地区画整理法に基づく**土地区画整理事業**により道路を建設するために農地を転用しようとする場合、農地法4条の許可は不要です。 ★【×】

2 農地法における権利移動に該当するのは、**所有権**の移転のほか、地上権、永小作権、質権、使用貸借、賃借権等の**使用収益権**の設定がある場合です。**使用収益権**が抵当権設定者に残る抵当権の設定は、権利移動に該当しないので、3条許可は不要です。 ★【×】

3 市街化区域内の農地を転用のために取得する場合は、**面積**にかかわらず、**あらかじめ農業委員会に届け出る**ことにより農地法5条の許可が**不要**となります。 ★【×】

4 許可を受けずに転用する等の違反転用があった場合、都道府県知事等は、必要の限度において**原状回復措置**を命ずることができます。 ★【○】

正解 4

Ken's Point

抵当権の設定については、国土利用計画法では届出が不要です。農地法でも許可は不要です。国土利用計画法で届出不要なのは値上がりしないから、農地法で許可不要なのは使う人も使い方も変わるわけではないから、というのが理由です。試験で理由は不要ですが、理由も一緒に覚えておくと理解が深まります。

一問一答！ 解答＆解説

(1) ○ (2) ×：市街化区域内において、農地を転用のために取得する場合は、農業委員会への届出である (3) ×：農地法上の農地なので、5条許可を受ける必要がある

□１回目　　/
□２回目　　/
□３回目　　/

農地に関する次の記述のうち、農地法（以下この問において「法」という。）の規定によれば、正しいものはどれか。

1 農地の賃貸借及び使用貸借は、その登記がなくても農地の引渡しがあったときは、これをもってその後にその農地について所有権を取得した第三者に対抗することができる。

2 法第２条第３項の農地所有適格法人の要件を満たしていない株式会社は、耕作目的で農地を借り入れることはできない。

3 法第４条第１項、第５条第１項の違反について原状回復等の措置に係る命令の対象となる者（違反転用者等）には、当該規定に違反した者又はその一般承継人は含まれるが、当該違反に係る土地について工事を請け負った者は含まれない。

4 法の適用については、土地の面積は、登記簿の地積によることとしているが、登記簿の地積が著しく事実と相違する場合及び登記簿の地積がない場合には、実測に基づき農業委員会が認定したところによる。

2022年 問21

以下の文章について、正しいものには○、誤っているものには×をつけよう。

(1) 賃貸借の存続期間については、民法上は50年を超えることができないこととされているが、農地の賃貸借についても、50年までの存続期間が認められる。

(2) 市街化区域内の農地を耕作目的で取得する場合には、あらかじめ農業委員会に届け出れば、農地法第３条第１項の許可を受ける必要はない。

(3) 都道府県知事等は、農地法第５条第１項の許可を要する農地取得について、その許可を受けずに農地の転用を請け負った者に対しても、必要な限度において原状回復を命ずることができる。

1 **使用貸借**では対抗要件を備えることにならないので誤りです。農地と採草放牧地の賃貸借では、引渡しがあれば、登記がなくても第三者に対してその賃借権を対抗することができます。借地借家法でも賃貸借のみが保護されているのと同じで、タダで借りている人をそこまで保護する必要はないということです。 ★【×】

2 **農地所有適格法人**以外の法人は、原則として、所有権や地上権など農地を使用収益する権利を取得することはできません。ただし、**耕作目的**であり、一定の条件を満たせば農地を借り入れることはできます。 【×】

3 農地の違反転用があった場合、都道府県知事等は、土地の**原状回復措置**を命じることができます。違反者から違反に係る土地について、**工事等を請け負った者**に対しても原状回復措置を命じることができるので、本肢は誤りです。 【×】

4 農地法における土地の面積は、原則として登記簿の地積ですが、登記簿の地積が著しく事実と相違する場合や登記簿に地積が記録されていない場合には、**農業委員会が認定した実測値**を面積として使うことになっています。 【○】

正解 4

Ken's Point

選択肢2の「農地所有適格法人」は聞き慣れない言葉ですが、農地の所有の適格性がある＝農地を所有できる会社だろう、と推測できるくらいになればよいです。ですから「農地所有適格法人以外の法人は、所有はできなくても借りるのは許可があればできるかな？」程度には理解しておきましょう。

一問一答！ 解答＆解説

(1) ○ (2) ×：権利移動の場合は、通常どおり３条許可が必要である (3) ○

土地区画整理法に関する次の記述のうち、誤っているものはどれか。なお、この問において「組合」とは、土地区画整理組合をいう。

1 組合は、事業の完成により解散しようとする場合においては、都道府県知事の認可を受けなければならない。

2 施行地区内の宅地について組合員の有する所有権の全部又は一部を承継した者がある場合においては、その組合員がその所有権の全部又は一部について組合に対して有する権利義務は、その承継した者に移転する。

3 組合を設立しようとする者は、事業計画の決定に先立って組合を設立する必要があると認める場合においては、7人以上共同して、定款及び事業基本方針を定め、その組合の設立について都道府県知事の認可を受けることができる。

4 組合が施行する土地区画整理事業に係る施行地区内の宅地について借地権のみを有する者は、その組合の組合員とはならない。

2017年 問21

以下の文章について、正しいものには○、誤っているものには×をつけよう。

(1) 組合の施行する土地区画整理事業に参加することを希望する者のうち、当該土地区画整理事業に参加するのに必要な資力及び信用を有する者であって定款で定められた者は、参加組合員として組合員となる。

(2) 組合施行事業にあっては、施行地区内の宅地について所有権又は借地権を有する者は、すべてその土地区画整理組合の組合員とされるが、未登記の借地権については、申告又は届出が必要である。

(3) 土地区画整理組合は、その事業に要する経費に充てるため、賦課金として参加組合員以外の組合員に対して金銭を賦課徴収することができるが、当該組合に対する債権を有する参加組合員以外の組合員は、賦課金の納付について、相殺をもって組合に対抗することができる。

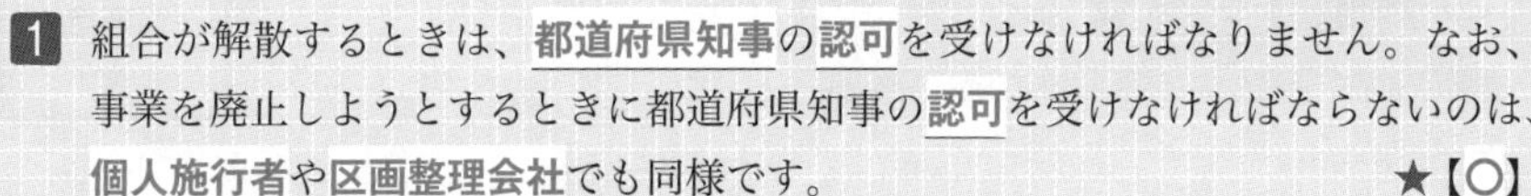

1 組合が解散するときは、**都道府県知事**の**認可**を受けなければなりません。なお、事業を廃止しようとするときに都道府県知事の**認可**を受けなければならないのは、**個人施行者**や**区画整理会社**でも同様です。 ★【○】

2 施行地区内の宅地の所有権の全部又は一部が組合員から第三者に承継された場合、権利義務は、**宅地の所有権を取得した者**に移転します。 ★【○】

3 組合の設立は、**7**人以上が共同して定款（ていかん）と事業計画を定めたうえで、**都道府県知事**の認可を受けるのが原則です。しかし、事業計画を作る前に組合を設立する必要があるときは、**7**人以上が共同して**定款**と**事業基本方針**を定めることで、設立について都道府県知事の認可を受けることができます。人数が**7**人以上の理由は、組合では理事**5**人以上、監事**2**人以上を組合員の中から選ぶことになっているため、最低人数が**7**人だからです。 ★【○】

4 組合施行の土地区画整理事業に係る施行地区内の宅地について所有権又は借地権を有する者は、**すべてその組合の組合員**となります。事業開始後に宅地に係る所有権や借地権を取得した者についても同様です。 ★【×】

正解 4

Ken's Point

民法で学んだ「売主の権利義務は、原則買主に移転する」という考え方は法令上の制限でも当てはまるので、選択肢2・4もそれを踏まえて判断できると暗記量が減ります。暗記しなくても考え方で解ける問題を増やすと忘れるリスクが減少し、合格できる確率が上がります。試験なので暗記も必要ですが、なるべく考え方を理解し、どうしても覚えなければいけない事項に絞って暗記しましょう。

一問一答！ 解答＆解説

(1) **×：参加組合員の資格は土地の所有者等以外の者で、地方公共団体、独立行政法人都市再生機構、地方住宅供給公社等に限られている** (2) **○** (3) **×：組合に債権を有していても、賦課金納付について相殺できない**

□ 1回目　/
□ 2回目　/
□ 3回目　/

土地区画整理法における土地区画整理組合に関する次の記述のうち、正しいものはどれか。

1 土地区画整理組合を設立しようとする者は、事業計画の決定に先立って組合を設立する必要があると認める場合においては、5人以上共同して、定款及び事業基本方針を定め、その組合の設立について都道府県知事の認可を受けることができる。

2 土地区画整理組合は、当該組合が行う土地区画整理事業に要する経費に充てるため、賦課金として参加組合員以外の組合員に対して金銭を賦課徴収することができるが、その場合、都道府県知事の認可を受けなければならない。

3 宅地について所有権又は借地権を有する者が設立する土地区画整理組合は、当該権利の目的である宅地を含む一定の区域の土地について土地区画整理事業を施行することができる。

4 土地区画整理組合の設立の認可の公告があった日から当該組合が行う土地区画整理事業に係る換地処分の公告がある日までは、施行地区内において、事業の施行の障害となるおそれがある土地の形質の変更や建築物の新築等を行おうとする者は、当該組合の許可を受けなければならない。

2007年 問24

理解を深掘り！　一問一答！

以下の文章について、正しいものには○、誤っているものには×をつけよう。

(1) 土地区画整理組合は、当該組合が行う土地区画整理事業に要する経費に充てるため、賦課金として参加組合員以外の組合員に対して地積等にかかわらず一律に金銭を賦課徴収することができるが、その場合、都道府県知事の認可は不要である。

(2) 換地処分前に、施行地区内の宅地の所有権を譲り受けた者は、総会の議決に基づき、賦課金の納付義務を負う。

(3) 宅地について所有権を有する者は、1人で、又は数人共同して、当該権利の目的である宅地及び一定の区域の宅地以外の土地について土地区画整理事業を施行することができる。

1 土地区画整理組合の設立は、**7**人以上が共同して定款と事業計画を定めたうえで、**都道府県知事**の認可を受けるのが原則です。 ★【×】

2 土地区画整理組合は、土地区画整理事業に要する経費に充てるため、賦課金として**参加組合員以外の組合員**に対して**金銭を賦課徴収することができます**。賦課金の徴収については**組合の総会**で決議されることになっており、この措置に関して都道府県知事の認可は不要です。 【×】

3 土地区画整理組合は、組合員が所有権や借地権を有する宅地を含む一定の区域について土地区画整理事業を施行することができます。組合設立に同意しなかった者が所有権や借地権を有する宅地についても、**施行地区に含めることができる**ということです。 ★【○】

4 土地区画整理事業の認可の公告があった後は、換地（かんち）処分の公告がある日まで、事業の施行の障害のおそれのある土地の形質変更、建築物や工作物の新築、改築、増築、移動が容易ではない物件の設置が制限されます。組合施行の土地区画整理事業において、それらの建築行為を行おうとする者は、土地区画整理組合ではなく、**都道府県知事**の許可を受けなければなりません。 ★【×】

Ken's Point

参加組合員は、都市再生機構等で組合から「事業に参加してください」と頼まれて参加する団体のことです。サポートしてもらう団体から賦課金を徴収するのは失礼です。それに対して、参加組合員以外の組合員は、通常の組合員で、組合を設立した人や施行地区内の宅地に所有権・借地権を有する者をいいます。設立者や地権者は区画整理の恩恵を得るので、組合員から賦課金を徴収するのは当然できると考えます。土地区画整理法は言葉を理解しないと難しいですね。

一問一答！ 解答&解説

(1) **×：「地積等にかかわらず一律」ではなく、賦課金の額は地積等を考慮して公平に定める必要がある**　(2) ○　(3) ○

土地区画整理法における仮換地指定に関する次の記述のうち、誤っているものはどれか。

1 土地区画整理事業の施行者である土地区画整理組合が、施行地区内の宅地について仮換地を指定する場合、あらかじめ、土地区画整理審議会の意見を聴かなければならない。

2 土地区画整理事業の施行者は、仮換地を指定した場合において、必要があると認めるときは、仮清算金を徴収し、又は交付することができる。

3 仮換地が指定された場合においては、従前の宅地について権原に基づき使用し、又は収益することができる者は、仮換地の指定の効力発生の日から換地処分の公告がある日まで、仮換地について、従前の宅地について有する権利の内容である使用又は収益と同じ使用又は収益をすることができる。

4 仮換地の指定を受けた場合、その処分により使用し、又は収益することができる者のなくなった従前の宅地は、当該処分により当該宅地を使用し、又は収益することができる者のなくなった時から、換地処分の公告がある日までは、施行者が管理するものとされている。

2008年 問23

以下の文章について、正しいものには○、誤っているものには×をつけよう。

(1) 換地計画において定められた清算金は、換地処分に係る公告があった日の翌日において確定する。

(2) 施行者は、仮換地を指定した場合において、特別の事情があるときは、その仮換地について使用又は収益を開始することができる日を仮換地の指定の効力発生日と別に定めることができる。

(3) 仮換地の指定を受けた者は、その使用収益を開始できる日が仮換地指定の効力発生日と別に定められている場合、その使用収益を開始できる日まで従前の宅地を使用収益することができる。

1 土地区画整理組合が仮換地（かりかんち）の指定をする場合は、**総会で同意**を得る必要がありますが、土地区画整理審議会の意見を聴く必要はありません。土地区画整理審議会の意見を聴かなければならないのは、施行者が**都道府県**又は**市町村**、**国土交通大臣**、**独立行政法人都市再生機構**、**地方住宅供給公社**である場合です。★【×】

2 土地区画整理事業の施行者は、仮換地を指定した場合において、必要があると認めるときは、**仮清算金**を徴収し、又は交付することができます。【○】

3 仮換地が指定された場合、従前の土地の使用者は、**仮換地指定の効力発生日**から**換地処分の公告日**まで、仮換地を使用収益することができます。★【○】

4 仮換地指定を行った結果、使用者がなくなった宅地は、換地処分の公告がある日まで**施行者**が管理することとなります。★【○】

正解 1

Ken's Point

土地区画整理審議会は、地方公共団体等が施行する土地区画整理事業において、施行地区内の宅地の所有者、借地権者、土地区画整理事業について学識経験を有する者で構成されます。目的は地権者の意見が事業に反映され、公正を確保することです。民間施行の場合は地権者たちで決定するので、土地区画整理審議会は設置しません。

一問一答！　解答&解説

(1) ○　(2) ○　(3) ×：使用収益開始日までの間は、仮換地も従前の宅地も使用収益することはできない

問題 059

□1回目　／
□2回目　／
□3回目　／

土地区画整理法に関する次の記述のうち、正しいものはどれか。

1 個人施行者は、規準又は規約に別段の定めがある場合においては、換地計画に係る区域の全部について土地区画整理事業の工事が完了する以前においても換地処分をすることができる。

2 換地処分は、施行者が換地計画において定められた関係事項を公告して行うものとする。

3 個人施行者は、換地計画において、保留地を定めようとする場合においては、土地区画整理審議会の同意を得なければならない。

4 個人施行者は、仮換地を指定しようとする場合においては、あらかじめ、その指定について、従前の宅地の所有者の同意を得なければならないが、仮換地となるべき宅地の所有者の同意を得る必要はない。

2013年 問20

以下の文章について、正しいものには○、誤っているものには×をつけよう。

(1) 換地処分は、換地計画に係る区域の全部について土地区画整理事業の工事がすべて完了した場合でなければ、することができない。

(2) 個人施行者以外の施行者は、換地計画を定めようとする場合においては、その換地計画を2週間公衆の縦覧に供しなければならない。

(3) 市町村が施行する土地区画整理事業では、事業ごとに、市町村に土地区画整理審議会が設置され、換地計画、仮換地の指定及び減価補償金の交付に関する事項について法に定める権限を行使する。

1 規準又は規約に**別段の定めがある場合**においては、換地計画に係る区域の全部について土地区画整理事業の**工事が完了する**以前においても換地処分をすることができます。 ★【○】

2 換地処分は、施行者が関係権利者に換地計画に**定められた事項**を**通知**して行います。公告ではありません。公告は、施行者からの換地処分の届出を受けて都道府県知事が行うことです。 ★【×】

3 土地区画整理審議会が置かれるのは、**公的施行**（施行者が、都道府県又は市町村、国土交通大臣、独立行政法人都市再生機構、地方住宅供給公社のいずれかに該当するもの）の場合のみです。本肢は個人施行者ですから、**土地区画整理審議会は設置されず**、また、同意を得る必要もありません。 ★【×】

4 個人施行の場合、①**従前の宅地の所有者**の同意、②**仮換地となるべき宅地の所有者**の同意、③これらの宅地について**施行者に対抗できる使用収益権を有する者**の同意が必要となります。 【×】

正解 1

Ken's Point

土地区画整理法は言葉が難解で、テキストを読んでも難しいため、無理やりの暗記に頼りがちです。理解を深める方法として、私（筆者）のブログや YouTube にて無料動画などをアップしていますので、そちらも参考にしてください。

一問一答！　解答&解説

(1) ×：規準又は規約に別段の定めがある場合はできる　(2) ○　(3) ○

□1回目　/
□2回目　/
□3回目　/

\重要度/ ★★★

土地区画整理法に関する次の記述のうち、誤っているものはどれか。

1 土地区画整理事業の施行者は、換地処分を行う前において、換地計画に基づき換地処分を行うため必要がある場合においては、施行地区内の宅地について仮換地を指定することができる。

2 仮換地が指定された場合においては、従前の宅地について権原に基づき使用し、又は収益することができる者は、仮換地の指定の効力発生の日から換地処分の公告がある日まで、仮換地について、従前の宅地について有する権利の内容である使用又は収益と同じ使用又は収益をすることができる。

3 土地区画整理事業の施行者は、施行地区内の宅地について換地処分を行うため、換地計画を定めなければならない。この場合において、当該施行者が土地区画整理組合であるときは、その換地計画について都道府県知事及び市町村長の認可を受けなければならない。

4 換地処分の公告があった場合においては、換地計画において定められた換地は、その公告があった日の翌日から従前の宅地とみなされ、換地計画において換地を定めなかった従前の宅地について存する権利は、その公告があった日が終了した時において消滅する。

2009年 問21

理解を深掘り！　一問一答！

以下の文章について、正しいものには○、誤っているものには×をつけよう。

(1) 仮換地が指定されても、土地区画整理事業の施行地区内の宅地を売買により取得した者は、その仮換地を使用することができない。

(2) 組合が施行する土地区画整理事業に係る施行地区内の宅地について所有権又は借地権を有する者は、すべてその組合の組合員となり、施行地区内に未登記の借地権を有する者は、施行者に申告しなければならないが、申告がない場合、施行者は、この借地権がないものとみなして換地処分を行うことができる。

(3) 換地計画において参加組合員に対して与えるべきものとして定められた宅地は、換地処分の公告があった日の翌日において、当該宅地の所有者となるべきものとして換地計画において定められた参加組合員が取得する。

1 土地区画整理事業の施行者が換地処分を行う前において、換地計画に基づき換地処分を行うため、必要がある場合には、施行地区内の宅地について**仮換地**を指定することができます。 ★【○】

2 仮換地が指定され、その効力が発生した場合、従前の宅地については使用又は収益できなくなりますが、その後**換地処分の公告がある日**までは、従前の宅地の権原に基づき仮換地を使用又は収益をすることができます。 ★【○】

3 土地区画整理事業の施行者は、施行地区内の宅地について換地処分を行うため、換地計画を定める必要があります。定めた換地計画は**都道府県知事**の認可を受ける必要があります。市町村長の認可は**不要**です。 ★【×】

4 換地計画において定められた換地は、**公告日の翌日**から従前の宅地とみなされます。換地計画を定めなかった従前の土地について存する権利は、**公告があった日が終了する時**に消滅します。 ★【○】

正解 3

Ken's Point

換地処分については、消えるものは「公告の日の終了時」、発生するものは「公告の日の翌日」と覚えましょう。得点しやすいポイントなので頭に入れておいてください。

換地処分に係る公告の日の終了時（消滅するもの）	換地処分に係る公告の日の翌日（発生するもの）
①仮換地の指定の効力の消滅 ②建築行為等の制限の消滅 ③換地を定めなかった従前の宅地に存する権利の消滅 ④事業の施行により行使の利益のなくなった地役権の消滅	①換地計画で定められた換地が従前の宅地とみなされること ②換地計画で定められた清算金の確定 ③施行者が保留地を取得 ④土地区画整理事業の施行により設置された公共施設が、原則としてその所在する市町村の管理に属すること

一問一答！ 解答&解説

(1) ×：権利取得の対象となるのは従前の宅地であるが、仮換地を使用することができる (2) ○ (3) ○

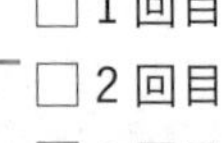

□1回目　　/
□2回目　　/
□3回目　　/

土地区画整理法における土地区画整理組合に関する次の記述のうち、誤っているものはどれか。

1 土地区画整理組合は、総会の議決により解散しようとする場合において、その解散について、認可権者の認可を受けなければならない。

2 土地区画整理組合は、土地区画整理事業について都市計画に定められた施行区域外において、土地区画整理事業を施行することはできない。

3 土地区画整理組合が施行する土地区画整理事業の換地計画においては、土地区画整理事業の施行の費用に充てるため、一定の土地を換地として定めないで、その土地を保留地として定めることができる。

4 土地区画整理組合が施行する土地区画整理事業に係る施行地区内の宅地について所有権又は借地権を有する者は、すべてその組合の組合員とする。

2012年 問21

理解を深掘り！　一問一答！

以下の文章について、正しいものには○、誤っているものには×をつけよう。

(1) 土地区画整理組合が施行する土地区画整理事業は、市街化調整区域内において施行されることはない。

(2) 保留地を購入した者は、土地区画整理事業の施行者の承諾を得ることなく、当該保留地において建築物の新築を行うことができる。

(3) 土地区画整理組合が成立した場合において、施行地区内の宅地について所有権又は借地権を有する者はすべて組合員となるが、施行地区内の借家人は組合員とはならない。

1 土地区画整理組合が、総会の議決により**解散**しようとする場合は、解散について**都道府県知事**の**認可**を受けなければなりません。 ★【○】

2 「土地区画整理事業について都市計画に定められた施行区域」というのは、都市計画の中で土地区画整理事業を行うことになっている区域のことです。都道府県や市町村、都市再生機構、地方住宅供給公社が施行する土地区画整理事業は、**都市計画で定めた施行区域内**でしか実施できませんが、組合施行は地権者が集まって任意で実施する民間の土地区画整理事業なので、都市計画の内容を問わず**都市計画区域内ならどこでも**施行することができます。 ★【×】

3 土地区画整理組合が施行する土地区画整理事業の換地計画においては、土地区画整理事業の施行の費用に充てるため、一定の土地を換地として定めないで、その土地を**保留地**として定めることができます。 ★【○】

4 土地区画整理組合が施行する土地区画整理事業に係る施行地区内の宅地について所有権又は借地権を有する者は、**すべてその組合の組合員**となります。組合設立の認可の後に施行地区内の土地の所有権・借地権を譲渡された者も、元の組合員の**権利義務を承継**する形で組合員となります。 ★【○】

正解 **2**

Ken's Point

土地区画整理事業は、都市計画区域で行います。「公的施行」は都市計画で定めた施行区域に限定されますが、「民間施行」は地権者の話し合いで決めるので、都市計画区域内ならどこでも実施できます。たとえば、市街化調整区域でも都市計画事業としてでなければ実施できます。公的施行と民間施行のこうした違いはポイントなので、理解しておきましょう。

一問一答！ 解答&解説

(1) ×：都市計画事業としてでなければ施行することができる (2) ○ (3) ○

問題 062

□1回目　/
□2回目　/
□3回目　/

宅地造成及び特定盛土等規制法（以下この問において「法」という。）に関する次の記述のうち、誤っているものはどれか。なお、この問において「都道府県知事」とは、地方自治法に基づく指定都市、中核市及び施行時特例市にあってはその長をいうものとする。

1 宅地造成等工事規制区域外に盛土によって造成された一団の造成宅地の区域において、造成された盛土の高さが5m未満の場合は、都道府県知事は、当該区域を造成宅地防災区域として指定することができない。

2 宅地造成等工事規制区域内において、切土又は盛土をする土地の面積が600㎡である場合、その土地における排水施設は、政令で定める資格を有する者によって設計される必要はない。

3 宅地造成等工事規制区域内の土地（公共施設用地を除く。）において、高さが2mを超える擁壁を除却する工事を行おうとする者は、一定の場合を除き、その工事に着手する日の14日前までにその旨を都道府県知事に届け出なければならない。

4 宅地造成等工事規制区域内において、公共施設用地を宅地又は農地等に転用した者は、一定の場合を除き、その転用した日から14日以内にその旨を都道府県知事に届け出なければならない。

2016年 問20

理解を深掘り！　一問一答！

以下の文章について、正しいものには○、誤っているものには×をつけよう。

(1) 都道府県知事は、関係市町村長の意見を聴いて、宅地造成等工事規制区域内で、宅地造成又は宅地において行う特定盛土等に伴う災害で相当数の居住者等に危害を生ずるものの発生のおそれが大きい一団の造成宅地の区域であって一定の基準に該当するものを、造成宅地防災区域として指定することができる。

(2) 工事主は、宅地造成等工事規制区域内において行われる宅地造成等に関する工事について許可の申請をするときは、あらかじめ、主務省令で定めるところにより、宅地造成等に関する工事の施行に係る土地の周辺地域の住民に対し、説明会の開催その他の当該宅地造成等に関する工事の内容を周知させるため必要な措置を講じなければならない。

(3) 宅地造成等工事規制区域内の土地（公共施設用地を除く。）において、地表水等を排除するための排水施設の除却の工事を行おうとする者は、宅地造成等に関する工事の許可又は変更の許可を受けた場合を除き、工事に着手する日までに、その旨を都道府県知事に届け出なければならない。

1 造成宅地防災区域として指定できる区域は、宅地造成等工事規制区域外で、一定要件を満たした区域ですが、盛土の高さが５ｍ未満でも、造成宅地防災区域として指定できる場合もあります。
【×】

2 宅地造成等工事規制区域内において、高さが５ｍを超える擁壁の設置又は切土・盛土をする土地の面積が 1,500㎡を超える土地における排水施設の設置は、政令で定める資格を有する者の設計によらなければなりませんが、対象面積が600㎡の場合は、資格者による必要はありません。
★【○】

3 宅地造成等工事規制区域内で、高さが２ｍを超える擁壁を除却する工事を行おうとする者は、工事に着手する日の 14 日前までにその旨を都道府県知事に届け出なければなりません。
★【○】

4 宅地造成等工事規制区域内において、公共施設用地を宅地又は農地等に転用した者は、その転用した日から 14 日以内に、その旨を都道府県知事に届け出なければなりません。
★【○】

正解 1

Ken's Point

造成宅地防災区域として指定できる区域は、以下の２つです。
①盛土をした土地の面積が 3,000㎡以上であり、かつ、盛土をしたことにより、当該盛土をした土地の地下水位が盛土をする前の地盤面の高さを超え、盛土の内部に浸入しているもの
②盛土をする前の地盤面が水平面に対し 20 度以上の角度をなし、かつ、盛土の高さが５ｍ以上であるもの
正確に覚えるのは大変ですが、「５ｍ未満でも指定できる場合がある」ことが本問の正解肢になっている点も覚えておきましょう。

一問一答！ 解答＆解説

(1) ×：宅地造成等工事規制区域内には指定することはできない (2) ○ (3) ×：工事に着手する日の 14 日前までに、都道府県知事に届け出なければならない

宅地造成及び特定盛土等規制法に関する次の記述のうち、正しいものはどれか。なお、この問において「都道府県知事」とは、地方自治法に基づく指定都市、中核市及び施行時特例市にあってはその長をいうものとする。

1 宅地造成等工事規制区域外において行われる宅地造成等に関する工事については、工事主は、工事に着手する日の14日前までに都道府県知事に届け出なければならない。

2 宅地造成等工事規制区域内において行われる宅地造成等に関する工事の許可を受けた者は、主務省令で定める軽微な変更を除き、当該許可に係る工事の計画の変更をしようとするときは、遅滞なくその旨を都道府県知事に届け出なければならない。

3 宅地造成等工事規制区域の指定の際に、当該宅地造成等工事規制区域内において宅地造成工事を行っている者は、当該工事について都道府県知事の許可を受ける必要はない。

4 都道府県知事は、宅地造成等に伴い災害が生ずるおそれが大きい市街地等区域であって、宅地造成等に関する工事について規制を行う必要があるものを、造成宅地防災区域として指定することができる。

2019年 問19

理解を深掘り！ 一問一答！

以下の文章について、正しいものには○、誤っているものには×をつけよう。

(1) 宅地造成に関する工事の許可を受けた者が、工事の着手・完了の予定日を変更する場合には、遅滞なくその旨を都道府県知事に届け出ればよく、改めて許可を受ける必要はない。

(2) 新たに指定された宅地造成等工事規制区域において、指定の前に既に着手されていた宅地造成等に関する工事については、その工事主はその指定があった日から21日以内に、都道府県知事の許可を受けなければならない。

(3) 都道府県知事は、造成宅地防災区域において、災害の防止のため必要な措置を講ずることで当該区域の指定の事由がなくなったと認めるときは、その指定を解除するものとする。

1 本肢の工事は**宅地造成等工事規制区域外**で行われるため、都道府県知事への届出は不要です。また、宅地造成等工事規制区域内であっても、14日前までの届出ではなく、**工事に着手する**までに都道府県知事の許可が必要です。 ★【×】

2 原則として、宅地造成等に関する工事の計画の変更をしようとするときは、**都道府県知事の許可が必要**です。ただし、**主務省令で定める軽微な変更**の場合は、届出で足ります。本肢は、「計画変更→届出」としているので誤りです。 ★【×】

3 宅地造成等工事規制区域の指定の際に、既に宅地造成工事を行っている者は、**指定日から21日以内**に**都道府県知事**に届け出る必要があります。許可は必要ありません。 ★【○】

4 **造成宅地防災区域**は、「宅地造成又は宅地において行う特定盛土等に伴う災害で相当数の居住者等に危害を生ずるものの発生のおそれが大きい一団の**造成宅地**」です。本肢の説明は**宅地造成等工事規制区域**についてのものです。 【×】

正解 3

Ken's Point

選択肢1では「宅地造成等工事規制区域『外』なので許可や届出が不要」としていますが、このように区域の「内」なのか「外」なのかで答えが変わる問題は、ほかの項目でも出題されます。注意して問題文を読まないと引っかけのワナにはまるので、気をつけましょう。

一問一答！ 解答&解説

(1) ○ (2) **×：指定があった日から21日以内に、都道府県知事に届け出なければならない。許可ではない** (3) ○

□１回目　／
□２回目　／
□３回目　／

宅地造成及び特定盛土等規制法に関する次の記述のうち、誤っているものはどれか。なお、この問における都道府県知事とは、地方自治法に基づく指定都市、中核市、特例市にあってはその長をいうものとする。

1 宅地造成とは、宅地以外の土地を宅地にするために行う盛土その他の土地の形質の変更で政令で定めるものをいう。

2 都道府県知事は、宅地造成等工事規制区域内において行われる宅地造成等に関する工事についての許可に、当該工事の施行に伴う災害の防止その他良好な都市環境の形成のために必要と認める場合にあっては、条件を付することができる。

3 宅地以外の土地を宅地にするための切土であって、当該切土を行う土地の面積が400㎡であり、かつ、高さが１ｍのがけを生ずることとなる土地の形質の変更は、宅地造成に該当しない。

4 宅地以外の土地を宅地にするための盛土であって、当該盛土を行う土地の面積が1,000㎡であり、かつ、高さが80cmのがけを生ずることとなる土地の形質の変更は、宅地造成に該当する。

2004年 問23

理解を深掘り！　一問一答！

以下の文章について、正しいものには○、誤っているものには×をつけよう。

(1) 宅地造成等工事規制区域内の農地に高さ３ｍの盛土をする場合、引き続き農地として利用するときは、都道府県知事の許可を受ける必要はないが、宅地に転用するときは、その旨を届け出なければならない。

(2) 都道府県知事は、基本方針に基づき、かつ、基礎調査の結果を踏まえ、宅地造成等工事規制区域内の土地の区域であって、土地の傾斜度、渓流の位置その他の自然的条件及び周辺地域における土地利用の状況その他の社会的条件からみて、当該区域内の土地において特定盛土等又は土石の堆積が行われた場合には、これに伴う災害により市街地等区域その他の区域の居住者その他の者の生命又は身体に危害を生ずるおそれが特に大きいと認められる区域を、特定盛土等規制区域として指定することができる。

(3) 宅地造成等工事規制区域内において、宅地を造成するために切土をする土地の面積が500㎡であって盛土が生じない場合、切土をした部分に生じる崖の高さが1.5mであれば、都道府県知事の許可は必要ない。

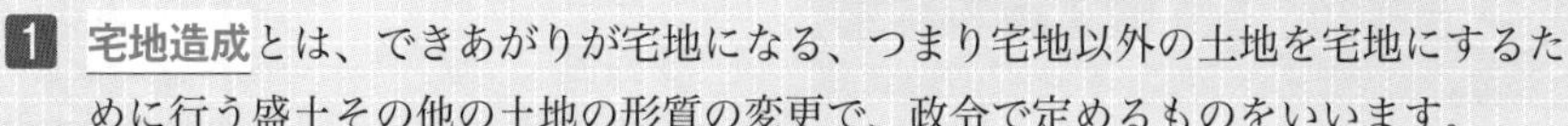

1 宅地造成とは、できあがりが宅地になる、つまり宅地以外の土地を宅地にするために行う盛土その他の土地の形質の変更で、政令で定めるものをいいます。
★【○】

2 条件を付すことができるのは、工事の施行に伴う災害を防止するため必要な場合に限定されています。よって、良好な都市環境の形成のために必要な条件を付すことはできません。
★【×】

3 許可が必要となる宅地造成及び特定盛土等の工事は次の５種類です。
①切土で２m超の崖を生じるもの
②盛土で１m超の崖を生じるもの
③切土・盛土をあわせて２m超の崖を生じるもの
④高さが２m超の盛土
⑤切土・盛土をする土地面積が500㎡超
切土の高さは２m以下に、面積は500㎡以下に収まっているため、宅地造成には該当しません。
★【○】

4 盛土の高さは１m以内に収まっていますが、面積が500㎡超なので、宅地造成に該当します。
★【○】

正解　2

Ken's Point

許可や免許に「条件を付す」ことができるケースは多いです。もちろん、なんでもよいわけではなく、その法律の制度趣旨に沿ったものだけです。宅地造成及び特定盛土等規制法は災害防止の法律なので、災害防止に必要な条件であれば付すことができますが、良好な環境形成のための条件を付すことはできません。

一問一答！　解答＆解説

(1) ×：都道府県知事の許可を受ける必要がある。届出では足りない　(2) ×：宅地造成等工事規制区域以外の土地に指定することができる　(3) ○

□1回目　　/
□2回目　　/
□3回目　　/

宅地造成及び特定盛土等規制法に関する次の記述のうち、誤っているものはどれか。なお、この問において「都道府県知事」とは、地方自治法に基づく指定都市、中核市及び特例市にあってはその長をいうものとする。

1 宅地造成等工事規制区域内において宅地造成等に関する工事を行う場合、宅地造成等に伴う災害を防止するために行う高さ４ｍの擁壁の設置に係る工事については、政令で定める資格を有する者の設計によらなければならない。

2 宅地造成等工事規制区域内において行われる切土であって、当該切土をする土地の面積が600㎡で、かつ、高さ1.5ｍの崖を生ずることとなるものに関する工事については、都道府県知事の許可が必要である。

3 宅地造成等工事規制区域内において行われる盛土であって、当該盛土をする土地の面積が300㎡で、かつ、高さ1.5ｍの崖を生ずることとなるものに関する工事については、都道府県知事の許可が必要である。

4 都道府県知事は、宅地造成等工事規制区域内の土地について、宅地造成等に伴う災害の防止のため必要があると認める場合においては、その土地の所有者、管理者、占有者、工事主又は工事施行者に対し、擁壁の設置等の措置をとることを勧告することができる。

2013年 問19

以下の文章について、正しいものには○、誤っているものには×をつけよう。

(1) 宅地造成等工事規制区域内において宅地造成等に関する工事を行う場合、宅地造成等に伴う災害を防止するために行う高さが５ｍを超える擁壁の設置に係る工事については、政令で定める資格を有する者の設計によらなければならない。

(2) 都道府県知事は、宅地造成等工事規制区域内において、許可を受けないで宅地造成工事が行われているときは、いつでも直ちに、当該工事主に対して、工事の施行の停止を命ずることができる。

(3) 宅地造成等工事規制区域内において行われる盛土であって、当該盛土をする土地の面積が500㎡で、かつ、高さ２ｍの崖を生ずることとなるものに関する工事については、都道府県知事の許可が必要である。

1 **有資格者による設計**が求められるのは、①高さ**5**mを超える**擁壁**の設置、②切土・盛土をする土地の面積が**1,500**㎡を超える土地における**排水施設**の設置のみです。よって、本肢の場合、有資格者の設計による必要はありません。★【×】

2 許可が必要となる宅地造成及び特定盛土等の工事は次の５種類です。

①切土で**2**m超の崖を生じるもの
②盛土で**1**m超の崖を生じるもの
③切土・盛土をあわせて**2**m超の崖を生じるもの
④高さが**2**m超の盛土
⑤切土・盛土をする土地面積が**500**㎡超

本肢の場合、切土をする面積が500㎡を超えるので許可が必要です。★【○】

3 盛土で生じる崖の高さが**1**mを超えるので、許可が必要です。★【○】

4 都道府県知事は、宅地造成等工事規制区域内の土地について、宅地造成等に伴う災害の防止のため必要があると認める場合においては、その土地の所有者、管理者、占有者、工事主又は工事施行者に対し、**擁壁の設置**等の措置をとることを勧告することができます。【○】

正解 **1**

Ken's Point

有資格者による設計が必要なのは次の２つです。
①高さ５mを超える擁壁の設置
②切土・盛土をする土地の面積が1500㎡を超える土地の排水施設の設置
これはよく正解肢にもなる知識なので、確実に覚えましょう。

一問一答！　解答＆解説

(1) ○　(2) ○　(3) ○

宅地造成及び特定盛土等規制法に関する次の記述のうち、誤っているものはどれか。なお、この問において「都道府県知事」とは、地方自治法に基づく指定都市、中核市及び施行時特例市にあってはその長をいうものとする。

1 土地の占有者は、都道府県知事又はその命じた者若しくは委任した者が、基礎調査のために当該土地に立ち入って測量又は調査を行う場合、正当な理由がない限り、立入りを拒み、又は妨げてはならない。

2 宅地造成とは、宅地以外の土地を宅地にするために行う盛土その他の土地の形質の変更で政令で定めるものをいう。

3 宅地造成等工事規制区域内において、公共施設用地を宅地又は農地等に転用する者は、宅地造成に関する工事を行わない場合でも、都道府県知事の許可を受けなければならない。

4 宅地造成等に関する工事の許可を受けた者が、工事施行者を変更する場合には、遅滞なくその旨を都道府県知事に届け出ればよく、改めて許可を受ける必要はない。

2020年10月 問19

以下の文章について、正しいものには○、誤っているものには×をつけよう。

(1) 宅地造成等工事規制区域内の宅地を宅地以外の土地にするために行う土地の形質の変更を伴う工事は、政令で定める特定盛土等に該当する場合を除き、都道府県知事の許可を受ける必要はない。

(2) 宅地造成等工事規制区域内の宅地に盛土をして高さ 1.5 mの崖を生じる場合、都道府県知事の許可を受ける必要はない。

(3) 宅地造成等工事規制区域内において行われる宅地造成等に関する工事の許可を受けた者は、主務省令で定める軽微な変更を含め、当該許可に係る工事の計画の変更をしようとするときは、都道府県知事の許可が必要である。

1 基礎調査のために行われる測量や調査では、必要の限度において**他人の土地に立ち入る**ことが認められています。土地の占有者は、正当な理由がない限り、この立入りを拒んだり妨げたりすることができません。 ★【○】

2 **宅地造成**とは、できあがりが宅地になる、つまり宅地以外の土地を宅地にするために行う盛土その他の土地の形質の変更で、政令で定めるものをいいます。 ★【○】

3 宅地造成等工事規制区域内で、宅地造成に関する工事を行わない転用をした場合、転用の日から **14** 日以内に都道府県知事に**届出**をすれば足ります。よって、許可が必要とする本肢は誤りです。 ★【×】

4 宅地造成等に関する工事の計画を変更しようとするときは、一定の軽微な変更を除いて**都道府県知事**に変更の許可を受ける必要があります。例外である「軽微な変更」に該当するのは、①**工事主**、**設計者**、**工事施行者**の変更と②工事の**着手予定**年月日、工事の**完了予定**年月日の変更です。この軽微な変更は、**遅滞なく届出**をすれば許可不要です。 【○】

正解 3

Ken's Point

宅地造成及び特定盛土等規制法では許可の要否が重要なのはもちろんですが、近年は届出の出題が多くなっています。忘れずに覚えておきましょう。

都道府県知事への届出が必要な場合	時期
①宅地造成等工事規制区域指定の際、既に工事が行われている場合	指定があった日から21日以内
②高さが2mを超える擁壁または排水施設の全部または一部の除却工事を行おうとする場合	工事に着手する日の14日前まで
③公共施設用地を宅地または農地などに転用した場合	転用した日から14日以内

一問一答！ 解答&解説

(1) ○ (2) ×：盛土による崖が 1m を超えるので許可が必要である (3) ×：軽微な変更であれば「許可」ではなく「届出」である

□ 1回目　　/
□ 2回目　　/
□ 3回目　　/

宅地造成及び特定盛土等規制法に関する次の記述のうち、誤っているものはどれか。なお、この問において「都道府県知事」とは、地方自治法に基づく指定都市、中核市及び特例市にあってはその長をいうものとする。

1 宅地造成等工事規制区域内において行われる宅地造成等に関する工事が完了した場合、工事主は、都道府県知事の検査を受けなければならない。

2 宅地造成等工事規制区域内において行われる宅地造成等に関する工事について許可をする都道府県知事は、当該許可に、工事の施工に伴う災害を防止するために必要な条件を付することができる。

3 都道府県知事は、特定盛土等規制区域内の土地の所有者、管理者又は占有者に対して、当該土地又は当該土地において行われている工事の状況について報告を求めることができる。

4 都道府県知事は、関係市町村長の意見を聴いて、宅地造成等工事規制区域内で、宅地造成又は宅地において行う特定盛土等に伴う災害で相当数の居住者等に危害を生ずるものの発生のおそれが大きい一団の造成宅地の区域であって一定の基準に該当するものを、造成宅地防災区域として指定することができる。

2012年 問20

理解を深掘り！　一問一答！

以下の文章について、正しいものには○、誤っているものには×をつけよう。

(1) 工事主は、宅地造成及び特定盛土等規制法第 12 条第 1 項の許可を受けた宅地造成等に関する工事を完了した場合、都道府県知事の検査を受けなければならないが、その前に建築物の建築を行おうとする場合、あらかじめ都道府県知事の同意を得なければならない。

(2) 宅地造成等工事規制区域内において、ゴルフ場の造成のため 10 万㎡の土地について切土又は盛土を行う場合、宅地造成及び特定盛土等規制法の許可を要しない。

(3) 都道府県知事は、宅地造成等に関する工事の許可をしたときは、速やかに、主務省令で定めるところにより、工事主の氏名又は名称、宅地造成等に関する工事が施行される土地の所在地その他主務省令で定める事項を公表するとともに、関係市町村長に通知しなければならない。

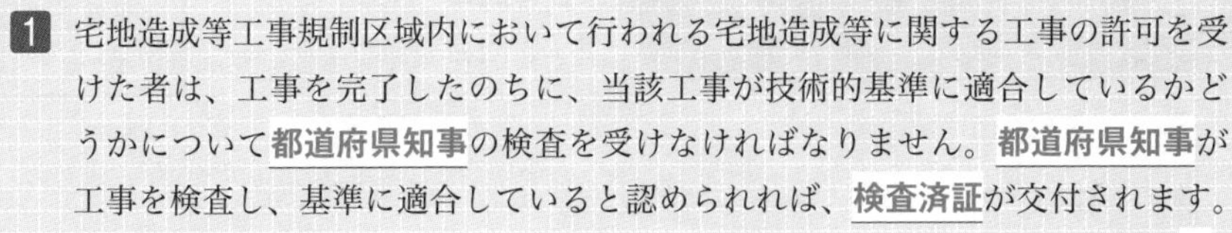

1 宅地造成等工事規制区域内において行われる宅地造成等に関する工事の許可を受けた者は、工事を完了したのちに、当該工事が技術的基準に適合しているかどうかについて**都道府県知事**の検査を受けなければなりません。**都道府県知事**が工事を検査し、基準に適合していると認められれば、**検査済証**が交付されます。

★【○】

2 宅地造成等工事規制区域内において行われる宅地造成等に関する工事の許可について、都道府県知事は工事の施行に伴う**災害を防止する**ために必要な条件を付すことができます。

★【○】

3 都道府県知事は、特定盛土等規制区域内の土地の**所有者**、**管理者**又は**占有者**に対して、当該土地又は当該土地において行われている**工事の状況**について**報告**を求めることができます。

★【○】

4 造成宅地防災区域は、**宅地造成等工事規制区域外**の既に造成済の一団の宅地について指定されます。よって、「宅地造成等工事規制区域内で……指定できる」とする本肢は誤りです。

★【×】

正解 4

Ken's Point

次の2つは趣旨が違うので同じ場所に指定することはありません。

①宅地造成等工事規制区域：宅地造成をすると危ないので新規の造成を許可で規制、または届出で規制する区域

②造成宅地防災区域：災害等で崩落等の危険のある既存の宅地を規制する区域

一問一答！ 解答＆解説

(1) ×：都道府県知事の同意を得ても検査前の土地に建物を建築できない　(2) ×：宅地造成及び特定盛土等規制法では、ゴルフ場は宅地に当たる　(3) ○

□1回目　/
□2回目　/
□3回目　/

次の記述のうち、誤っているものはどれか。

1 生産緑地法によれば、生産緑地地区内において土地の形質の変更を行おうとする者は、原則として市町村長の許可を受けなければならない。

2 宅地造成及び特定盛土等規制法によれば、宅地造成等工事規制区域内において宅地造成等に関する工事を行おうとする工事主は、原則として都道府県知事の許可を受けなければならない。

3 急傾斜地の崩壊による災害の防止に関する法律によれば、急傾斜地崩壊危険区域内において、工作物の設置を行おうとする者は、原則として市町村長の許可を受けなければならない。

4 自然公園法によれば、国定公園の特別地域内において工作物の新築を行おうとする者は、原則として都道府県知事の許可を受けなければならない。

1999年 問25

理解を深掘り！　一問一答！

以下の文章について、正しいものには○、誤っているものには×をつけよう。

(1) 宅地造成等工事規制区域内において行われる宅地造成等に関する工事については、工事施行者は、工事に着手する前に、都道府県知事の許可が必要である。

(2) 文化財保護法によれば、史跡名勝天然記念物の保存に重大な影響を及ぼす行為をしようとする者は、原則として市町村長の許可を受けなければならない。

(3) 流通業務市街地の整備に関する法律によれば、流通業務地区において住宅を建設しようとする者は、原則として都道府県知事の許可を受けなければならない。

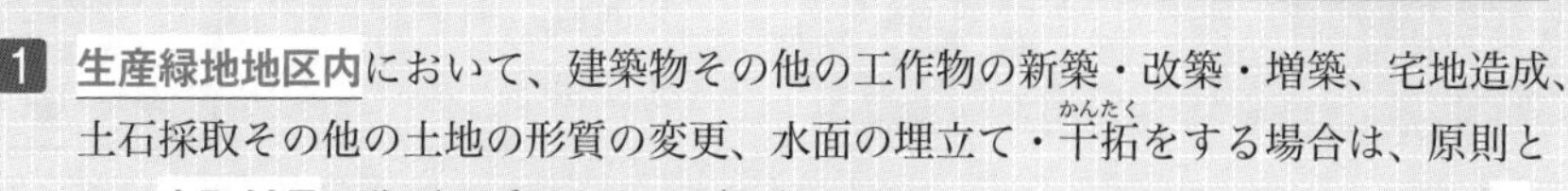

1 生産緑地地区内において、建築物その他の工作物の新築・改築・増築、宅地造成、土石採取その他の土地の形質の変更、水面の埋立て・干拓（かんたく）をする場合は、原則として市町村長の許可を受けなければなりません。 ★【○】

2 宅地造成等工事規制区域内において宅地造成等に関する工事を行おうとする工事主は、原則として都道府県知事の許可を受けなければなりません。 ★【○】

3 急傾斜地崩壊危険区域内において、工作物の設置又は改造を行おうとする者は、原則として都道府県知事の許可を受けなければなりません。 ★【×】

4 特別地域内において工作物の新築を行おうとする場合、国立公園にあっては環境大臣、国定公園にあっては都道府県知事の許可をそれぞれ受けなければなりません。 ★【○】

正解 3

Ken's Point

都市計画法、建築基準法、宅地造成及び特定盛土等規制法、国土利用計画法が選択肢に出た際は、内容まで判断する必要がありますが、それ以外の法令が出題されたら「法律の許可権者が誰なのか」という視点を持ちましょう。都道府県知事の許可以外の許可権者を覚えると、効率的です。

一問一答！ 解答&解説

(1) ×：工事の施行者ではなく、工事主が許可をもらう (2) ×：文化庁長官の許可である (3) ○

□ 1 回目　　/
□ 2 回目　　/
□ 3 回目　　/

次の記述のうち、誤っているものはどれか。

1 国土利用計画法によれば、同法第 23 条の届出に当たっては、土地売買等の対価の額についても都道府県知事（地方自治法に基づく指定都市にあっては、当該指定都市の長）に届け出なければならない。

2 森林法によれば、保安林において立木を伐採しようとする者は、一定の場合を除き、都道府県知事の許可を受けなければならない。

3 海岸法によれば、海岸保全区域内において土地の掘削、盛土又は切土を行おうとする者は、一定の場合を除き、海岸管理者の許可を受けなければならない。

4 都市緑地法によれば、特別緑地保全地区内において建築物の新築、改築又は増築を行おうとする者は、一定の場合を除き、公園管理者の許可を受けなければならない。

2014年 問22

以下の文章について、正しいものには○、誤っているものには×をつけよう。

(1) 自然公園法によれば、風景地保護協定は、当該協定の公告がなされた後に当該協定の区域内の土地の所有者となった者に対しても、その効力が及ぶ。

(2) 海岸法によれば、海岸保全区域内において土石の採取等の行為をしようとする者は、原則として海岸管理者と協議をしなければならない。

(3) 土壌汚染対策法によれば、形質変更時要届出区域が指定された際、当該区域内で既に土地の形質の変更に着手している者は、その指定の日から起算して 14 日以内に、都道府県知事にその旨を届け出なければならない。

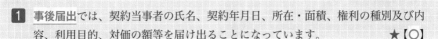

1 **事後届出**では、契約当事者の氏名、契約年月日、所在・面積、権利の種別及び内容、利用目的、対価の額等を届け出ることになっています。 ★【○】

2 森林法によれば、保安林において立木を伐採しようとする者は、一定の場合を除き、**都道府県知事**の許可を受けなければなりません。 ★【○】

3 海岸法によれば、海岸保全区域内において土地の掘削（くっさく）、盛土又は切土を行おうとする者は、一定の場合を除き、**海岸管理者**の許可を受けなければなりません。 ★【○】

4 都市緑地法によれば、特別緑地保全地区内において建築物の新築、改築又は増築を行おうとする者は、一定の場合を除き、**都道府県知事**等の許可を受けなければなりません。 ★【×】

正解 4

Ken's Point

都道府県知事以外の許可で覚えておいたほうがよいものは、「○○管理者」のほかは過去に出題実績がある以下のものに絞りましょう。

生産緑地法	市町村長の許可
文化財保護法	文化庁長官の許可
都市緑地法	緑地保全地域内　⇒都道府県知事に届出 特別緑地保全地区内⇒都道府県知事の許可
土壌汚染対策法	都道府県知事へ行為着手14日前までに届出
景観法	景観行政団体の長へあらかじめ届出

一問一答！　解答＆解説

(1) ○　(2) ×：海岸管理者の許可が必要である　(3) ○

次の記述のうち、正しいものはどれか。

1 地すべり等防止法によれば、地すべり防止区域内において、地表水を放流し、又は停滞させる行為をしようとする者は、一定の場合を除き、市町村長の許可を受けなければならない。

2 国土利用計画法によれば、甲県が所有する都市計画区域内の7,000㎡の土地を甲県から買い受けた者は、事後届出を行う必要はない。

3 土壌汚染対策法によれば、形質変更時要届出区域内において土地の形質の変更をしようとする者は、非常災害のために必要な応急措置として行う行為であっても、都道府県知事に届け出なければならない。

4 河川法によれば、河川区域内の土地において工作物を新築し、改築し、又は除却しようとする者は、河川管理者と協議をしなければばらない。

2013年 問22

以下の文章について、正しいものには○、誤っているものには×をつけよう。

(1) ぼた山崩壊防止区域内において、土石の採取を行おうとする者は、原則として都道府県知事の許可を受けなければならない。

(2) 道路法によれば、道路の区域が決定された後、道路の供用が開始されるまでの間であって、道路管理者が当該区域についての権原を取得する前でも、当該区域内において工作物の新築を行おうとする者は、都道府県知事の許可を受けなければならない。

(3) 土壌汚染対策法によれば、形質変更時要届出区域内において土地の形質の変更をしようとする者は、非常災害のために必要な応急措置として行う行為等の例外を除き、都道府県知事に届け出なければならない。

1 地すべり等防止法によれば、地すべり防止区域内において、地表水を放流し、又は停滞させる行為をしようとする者は、一定の場合を除き、**都道府県知事**の許可が必要となります。市町村長ではありません。 ★【×】

2 契約当事者の一方又は双方が、**国**、**地方公共団体**、**地方住宅供給公社**等である場合は、事後届出は**不要**です。 ★【○】

3 形質変更時要届出区域内における土地の形質変更であっても、**非常災害**のために必要な応急措置として行う行為の場合、例外的に届出は**不要**とされています。 ★【×】

4 河川法によれば、河川区域内の土地において工作物を新築し、改築し、又は除却しようとする者は、**河川管理者**の**許可**を受けなければいけません。 ★【×】

正解 2

Ken's Point

「○○管理者」が許可権者になるのは、「管理する者が複数の都道府県にまたがっている場合」というイメージを持つと覚えやすいです。下表のように「水系は管理者」というイメージでもよいでしょう。

海岸法	海岸管理者
河川法	河川管理者
港湾法	港湾管理者
津波防災地域に関する法律	津波防護施設管理者
道路法	道路管理者
文化財保護法	文化庁長官
生産緑地法	市町村長
上記以外	原則として都道府県知事

水系は管理者

一問一答！ 解答&解説

(1) ○ (2) ×：道路管理者の許可が必要である (3) ○

column Ken's Advice

街づくりをイメージしながら用語を理解して覚える！

法令上の制限などの科目は、**暗記できるか否かが勝負の分かれ目**です。覚えていれば解けるし、覚えていなければ解けない、ある意味でわかりやすい科目といえます。

覚える科目でありながら日常的に使わない言葉が多く出てきますので、なかなか覚えにくいのが実際のところです。権利関係の民法などでも難しい言葉が出てきますが、詐欺とか強迫といった言葉は日常的に耳にすることがあるので親しみやすいと思います。でも、この科目は耳慣れない言葉が多いので、そこが受験者を悩ませるところです。

暗記するうえでは、**街づくり全体をイメージしながら進めてみる**のがよいと思います。

どうやって街づくりがされているか、街づくりのためにどんなルールがあるか、バックボーンにはどんなものがあるか、などをイメージしながら言葉や法令を覚えていくと、それぞれの意味がつながりやすいので記憶にも残りやすいと思います。

また、税金の分野も暗記になりますが、税金には特例があり、支払いなどが安くなる制度であることが大半です。**安くなる＝お客さんや自分にとってもよいこと**ですから、知っておいて損はありません。そうした意味でも、単に暗記するだけではなく、興味を持って学んでみましょう。

こうしたイメージもなかなか持ちにくい場合には、どんどん問題を解いてしまい、**とにかく覚えることに徹してみましょう**。

暗記の仕方は、人それぞれです。声に出して覚える、紙に書いて覚える、ゴロあわせで覚える、などいろいろな覚え方があると思います。それぞれ試してみて、**自分にあった暗記法を見つけて１つひとつ確実にインプット**していきましょう。

②価格・税・免除科目

「価格・税」と「免除科目」の合計で例年８問程度が出題されます。固定資産税や所得税といった基本的な問題をまずは確実に得点できるようになりましょう。科目免除者でない方は、住宅金融支援機構法以降の問題にも取り組み、理解を深めましょう。

価格・税	
不動産取得税	問題 071 ～問題 074
固定資産税	問題 075 ～問題 078
所得税	問題 079 ～問題 081
印紙税	問題 082 ～問題 086
登録免許税	問題 087 ～問題 089
贈与税	問題 090
地価公示	問題 091 ～問題 096
不動産鑑定評価基準	問題 097 ～問題 102

免除科目	
①住宅金融支援機構法	問題 103 ～問題 107
②不当景品類及び不当表示防止法	問題 108 ～問題 112
③土地	問題 113 ～問題 117
④建物	問題 118 ～問題 122

□1回目　　/
□2回目　　/
□3回目　　/

不動産取得税に関する次の記述のうち、正しいものはどれか。

1 生計を一にする親族から不動産を取得した場合、不動産取得税は課されない。
2 交換により不動産を取得した場合、不動産取得税は課されない。
3 法人が合併により不動産を取得した場合、不動産取得税は課されない。
4 販売用に中古住宅を取得した場合、不動産取得税は課されない。

2010年 問24

以下の文章について、正しいものには○、誤っているものには×をつけよう。

(1) 不動産取得税は、相続、贈与、交換及び法人の合併により不動産を取得した場合には課せられない。
(2) 不動産取得税は、不動産を取得すれば、登記をしていなくても課税される。
(3) 相続、包括遺贈及び合併による不動産の取得については、不動産取得税は課されない。

不動産取得税は、不動産を取得した人に対し、**都道府県**から課される税です。取得には、**売買**による取得、**新築**、価値の向上を伴う**改築**などを含みます。しかし、取得であっても、不動産取得税が非課税となるケースがあります。主なものは、**相続**による不動産の取得、法人の**合併**又は政令で定める**会社分割**による不動産の取得、委託者から受託者に**信託財産**を移す場合における不動産の取得です。

1 生計を一にする**親族**から不動産を取得した場合でも、不動産取得税は課されます。
★【×】

2 **交換**により取得した場合も、不動産取得税は課されます。 ★【×】

3 相続や**法人の合併**により取得した場合は、不動産取得税は課されません。★【○】

4 **販売目的の中古住宅**の取得であっても、不動産取得税は課されます。 ★【×】

正解 3

不動産取得税の基本事項のまとめ

課税主体	取得した不動産が所在する都道府県（地方税） ◀住所地ではない！
課税客体 （税金が課されるもの）	不動産の取得（登記の有無は関係しない） 具体例：売買、贈与、交換、新築、改築（価格が増加した場合に限る）、増築、特定遺贈 ◀相続、包括遺贈、合併は課税されない！
納税義務者	不動産を取得した者
課税標準 （税額の計算の基礎となる金額）	固定資産課税台帳の登録価格
標準税率	土地・住宅　　：3%（100分の3） 住宅以外の家屋：4%（100分の4）
納付方法	普通徴収（納税通知書が届く）
免税点 （税金がかからない場合）	土地：課税標準額が10万円未満 建物：建築（新築・増改築など）による取得 = 課税標準額が23万円未満 その他による取得 = 課税標準額が12万円未満

一問一答！ 解答&解説

(1) ×：贈与や交換については、課税の対象となる　(2) ○　(3) ○

不動産取得税に関する次の記述のうち、正しいものはどれか。

1 令和６年４月に個人が取得した住宅及び住宅用地に係る不動産取得税の税率は3% であるが、住宅用以外の土地に係る不動産取得税の税率は 4% である。

2 一定の面積に満たない土地の取得に対しては、狭小な不動産の取得者に対する税負担の排除の観点から、不動産取得税を課することができない。

3 不動産取得税は、不動産の取得に対して課される税であるので、家屋を改築したことにより、当該家屋の価格が増加したとしても、不動産取得税は課されない。

4 共有物の分割による不動産の取得については、当該不動産の取得者の分割前の当該共有物に係る持分の割合を超えない部分の取得であれば、不動産取得税は課されない。

2020年10月 問24

理解を深掘り！　一問一答！

以下の文章について、正しいものには○、誤っているものには×をつけよう。

(1) 不動産取得税は、独立行政法人及び地方独立行政法人に対しては、課することができない。

(2) 商業ビルの敷地を取得した場合の不動産取得税の標準税率は、100 分の 3 である。

(3) 不動産取得税は、不動産の取得に対し、当該取得者の住所地である都道府県において、当該不動産の取得者に課される。

1 不動産取得税の税率は本則**4**％ですが、土地と住宅は**3**％に軽減する特例措置が継続されています（下表）。**4**％で計算するのは**住宅用以外の建物**だけで、本肢の「住宅用以外の土地」は**3**％なので誤りです。 ★【×】

	土地	建物
住宅用	3％※	3％※
住宅用以外	3％※	4％（本則）

※特例

2 不動産取得税の土地の免税点は、**面積**の大小は関係なく、課税標準額が**10**万円未満の土地について課税しないことになっています（下表）。 ★【×】

土地	10万円
建物（建築）	一戸につき23万円
建物（その他）	一戸につき12万円

3 家屋の改築により家屋の価値が増加した場合は、**家屋の取得**とみなされます。この場合の不動産取得税の課税標準は、改築により**増加した価格**となります。

★【×】

4 共有物である不動産を分割して各共有者が取得する場合、**分割前の共有持分を超えない**範囲の取得については、不動産取得税は課されません。たとえば、A・Bの共有持分が各2分の1である土地を、分筆して各人が半分ずつ取得する場合などです。 ★【○】

正解 4

Ken's Point

選択肢**4**は「共有物分割が課税される・されない」で覚えるのではなく、自己の不動産の価値が「上がれば課税される」「下がる又は横ばいであれば課税されない」という不動産取得税の趣旨を理解すれば、暗記は不要です。

一問一答！ 解答&解説

(1) ×：独立行政法人は、一律に非課税団体と扱うわけではなく一定の場合だけである　(2) ○　(3) ×：取得者の住所地ではなく、不動産の所在地の都道府県において課される

□1回目　　/
□2回目　　/
□3回目　　/

不動産取得税に関する次の記述のうち、正しいものはどれか。

1 不動産取得税の課税標準となるべき額が、土地の取得にあっては10万円、家屋の取得のうち建築に係るものにあっては1戸につき23万円、その他のものにあっては1戸につき12万円に満たない場合においては、不動産取得税が課されない。

2 令和6年4月に取得した床面積250㎡である新築住宅に係る不動産取得税の課税標準の算定については、当該新築住宅の価格から1,200万円が控除される。

3 宅地の取得に係る不動産取得税の課税標準は、当該宅地の価格の4分の1の額とされる。

4 家屋が新築された日から2年を経過して、なお、当該家屋について最初の使用又は譲渡が行われない場合においては、当該家屋が新築された日から2年を経過した日において家屋の取得がなされたものとみなし、当該家屋の所有者を取得者とみなして、これに対して不動産取得税を課する。

2012年 問24

以下の文章について、正しいものには○、誤っているものには×をつけよう。

(1) 土地を取得した場合に、不動産取得税の課税標準となるべき額が30万円に満たないときには不動産取得税は課税されない。

(2) 令和6年4月に宅地を取得した場合、当該取得に係る不動産取得税の課税標準は、当該宅地の価格の2分の1の額とされる。

(3) 家屋が新築された日から3年を経過して、なお、当該家屋について最初の使用又は譲渡が行われない場合においては、当該家屋が新築された日から3年を経過した日において家屋の取得がなされたものとみなし、当該家屋の所有者を取得者とみなして、これに対して不動産取得税を課する。

1 課税標準となるべき額が、土地 10 万円、建物(建築)一戸につき 23 万円、建物(その他) 12 万円に満たない場合は、不動産取得税は課されません。 ★【○】

2 床面積が 50㎡(戸建て以外の貸家住宅では1戸当たり40㎡)以上 240㎡以下など一定の条件に該当する住宅を新築した場合、不動産取得税の課税標準の算定に当たり一戸につき 1,200 万円(認定長期優良住宅は1,300万円)を控除することができます。本肢の住宅は「250㎡」なので、本特例の適用外です。★【×】

3 宅地に係る不動産取得税の課税標準は、当該宅地の価格の2分の1の額になります。 ★【×】

4 家屋が新築された場合は、原則として、最初の使用又は譲渡が行われた日に当該家屋の取得がなされたものとみなされます。しかし、新築の日から6月を経過しても、最初の使用又は譲渡が行われない場合は、6か月(宅地建物取引業者が売り渡す住宅については1年)を経過した日に取得がなされたものとみなして、その時の所有者に対して不動産取得税が課されます。 【×】

正解 1

不動産取得税の特例措置の重要ポイントのまとめ

		課税標準 (税額の計算の基礎となる金額)	税額
原則		固定資産課税台帳の登録価格	−
特例	住宅	<新築住宅> 床面積 50㎡以上(一戸建て以外の貸家住宅の場合、1戸当たり40㎡以上)240㎡以下という適用要件を満たす場合 ⇒ 1,200 万円控除 <個人が取得した自己居住用の中古住宅> 床面積 50㎡以上 240㎡以下で、昭和57年1月1日以降に新築又は新耐震基準に適合している場合 ⇒最高 1,200 万円控除	−
	宅地等	固定資産課税台帳の登録価格×2分の1	一定の要件を満たす住宅用地の税額控除

一問一答! 解答&解説

(1) ×:土地の免税点は10万円未満なので課税される (2) ○ (3) ×:新築後6月を経過しても最初の使用または譲渡がない場合には、不動産所得税が課される。「3年」とする点が誤り

問題 074

□1回目　　/
□2回目　　/
□3回目　　/

不動産取得税に関する次の記述のうち、正しいものはどれか。

1 不動産取得税は、不動産の取得があった日の翌日から起算して３月以内に当該不動産が所在する都道府県に申告納付しなければならない。
2 不動産取得税は不動産の取得に対して課される税であるので、家屋を改築したことにより当該家屋の価格が増加したとしても、新たな不動産の取得とはみなされないため、不動産取得税は課されない。
3 相続による不動産の取得については、不動産取得税は課されない。
4 一定の面積に満たない土地の取得については、不動産取得税は課されない。

2018年 問24

理解を深掘り！　一問一答！

以下の文章について、正しいものには○、誤っているものには×をつけよう。

(1) 不動産取得税は、不動産の取得に対して、当該不動産の所在する市町村において課する税であり、その徴収は普通徴収の方法によらなければならない。
(2) 家屋を改築したことにより、当該家屋の価格が増加した場合には、当該改築により増加した価格を課税標準として課税される。
(3) 共有物の分割による不動産の取得については、当該不動産の取得者の分割前の当該共有物に係る持分の割合を超えなければ不動産取得税が課されない。

1 不動産取得税の徴収方法は、納税者自身が納めるべき税額を計算する申告納税方式ではなく、国や地方公共団体が納付税額を計算し通知する**賦課課税方式**（普通徴収）です。納税者は、**都道府県**から送られてくる納税通知書に基づいて納付することになります。 ★【×】

2 家屋の改築によって当該家屋の**価格が増加した場合**は、当該改築をもって**家屋の取得**とみなされ、不動産取得税が課されます。 ★【×】

3 **相続**によって不動産を取得したときには、不動産取得税が課されません。★【○】

4 不動産取得税は、課税標準額が一定未満の土地については**免税点**が設定されていますが、「面積が小さいから不動産取得税が課されない」とする規定はありません。 ★【×】

正解 3

Ken's Point

不動産取得税の免税点は「金額が小さいから税金がかからない」というイメージとあわせて、次のゴロあわせ（ジュニアサイズ）で覚えましょう。

10万・23万・12万
ジュ　ニアサ　イ ズ

土地	10万円
建物（建築）	一戸につき23万円
建物（その他）	一戸につき12万円

一問一答！　解答&解説

(1) ×：不動産取得税は、不動産の所在する「都道府県」が課す税（都道府県税）
(2) ○　(3) ○

□ 1 回目　/
□ 2 回目　/
□ 3 回目　/

固定資産税に関する次の記述のうち、正しいものはどれか。

1 年度の途中において土地の売買があった場合の当該年度の固定資産税は、売主と買主がそれぞれその所有していた日数に応じて納付しなければならない。

2 固定資産税における土地の価格は、地目の変換がない限り、必ず基準年度の価格を３年間据え置くこととされている。

3 固定資産税の納税義務者は、常に固定資産課税台帳に記載されている当該納税義務者の固定資産に係る事項の証明を求めることができる。

4 固定資産税の徴収方法は、申告納付によるので、納税義務者は、固定資産を登記した際に、その事実を市町村長に申告又は報告しなければならない。

2003年 問28

理解を深掘り！　一問一答！

以下の文章について、正しいものには○、誤っているものには×をつけよう。

(1) 固定資産税の賦課期日は、市町村の条例で定めることとされている。

(2) 土地又は家屋に対して課する固定資産税の課税標準は、地目の変換、家屋の改築等特別の事情がない限り、基準年度以後３年度間据え置かれる。

(3) 納税義務者又はその同意を受けた者以外の者は、固定資産課税台帳の記載事項の証明書の交付を受けることはできない。

1 固定資産税の納付義務者は、原則として**1月1日**現在の所有者です。よって、年度の途中で土地の売買があった場合でも、**1月1日**現在の所有者に納付義務があります。実務上は日数で按分計算し、買主が売主に残り期間分の金額を支払う方法がとられていますが、**法律上の規定**ではありません。 ★【×】

2 固定資産税における土地の価格は、**原則として基準年度の価格を3年間据え置く**こととされています。ただし、**地目**の変換のほかこれらに類する特別の事情、又は固定資産税の課税上著しく均衡を失すると市町村長が認める場合は、変更されることもあります。 ★【×】

3 **市町村長**は、固定資産税の納税義務者等から請求があったときは、固定資産課税台帳の記載事項についての証明書を交付しなければなりません。 ★【○】

4 固定資産税は**普通徴収**です。市町村が納付税額を計算し、納税者に通知するので、納税者は、固定資産の登記事実を**申告・報告**する必要はありません。 ★【×】

正解 3

固定資産税の基本事項のまとめ

住所地ではない！

課税主体	固定資産が所在する市町村（地方税）
課税客体 （税金が課されるもの）	1月1日（賦課期日）現在の固定資産（土地、家屋、償却資産）
納税義務者	原則：登記簿または固定資産課税台帳に登記・登録されている者 例外：質権者、100年より永い存続期間の定めのある地上権者
課税標準 （税額の計算の基礎となる金額）	固定資産課税台帳の登録価格（3年に一度見直し）
標準税率	1.4%（100分の1.4）
納付方法	普通徴収（都市計画税とあわせて賦課徴収することができる）
納付期日	4月、7月、12月および2月中において市町村の条例で定める
免税点 （税金がかからない場合）	土地：課税標準額が30万円未満の場合 家屋：20万円未満の場合

一問一答！　解答&解説

(1) ×：賦課期日は、地方税法で当該年度の初日の属する年の1月1日と決まっており、市町村の条例で定めるのではない　(2) ○　(3) ×：借主などもできる

□１回目　／
□２回目　／
□３回目　／

固定資産税に関する次の記述のうち、地方税法の規定によれば、正しいものはどれか。

1 居住用超高層建築物（いわゆるタワーマンション）に対して課する固定資産税は、当該居住用超高層建築物に係る固定資産税額を、各専有部分の取引価格の当該居住用超高層建築物の全ての専有部分の取引価格の合計額に対する割合により按分した額を、各専有部分の所有者に対して課する。

2 住宅用地のうち、小規模住宅用地に対して課する固定資産税の課税標準は、当該小規模住宅用地に係る固定資産税の課税標準となるべき価格の３分の１の額とされている。

3 固定資産税の納期は、他の税目の納期と重複しないようにとの配慮から、４月、７月、12月、２月と定められており、市町村はこれと異なる納期を定めることはできない。

4 固定資産税は、固定資産の所有者に対して課されるが、質権又は100年より永い存続期間の定めのある地上権が設定されている土地については、所有者ではなくその質権者又は地上権者が固定資産税の納税義務者となる。

2019年 問24

以下の文章について、正しいものには○、誤っているものには×をつけよう。

(1) 固定資産税を既に全納した者が、年度の途中において土地の譲渡を行った場合には、その所有の月数に応じて税額の還付を受けることができる。
(2) 固定資産税の徴収は、申告納付の方法による。
(3) 質権者は、その土地についての使用収益の実質を有していることから、登記簿にその質権が登記されている場合には、固定資産税が課される。

1 タワーマンションと呼ばれる高さ60mを超える「居住用超高層建築物」については、2018年に固定資産税の算定方法の見直しがありました。マンション全体の固定資産税額を各専有部分の床面積で按分する点は従前と同じですが、新たに補正率を乗じることで高層階では高く、低層階では安くなるようにし、取引単価の傾向が反映されるようになりました。【×】

2 住宅用地のうち小規模住宅用地（住戸1戸当たり200㎡以下の部分）については、固定資産税の課税標準を6分の1にして税額を計算します。小規模住宅用地以外の一般住宅用地（200㎡超の部分）については3分の1です。★【×】

3 固定資産税の納期は、他の税目の納期と重複しないようにとの配慮から、4月、7月、12月、2月と定められています。ただし、特別の事情がある場合はこれと異なる納期を定めることもできます。★【×】

4 原則として固定資産税は、固定資産の所有者に対して課されます。ただし、質権又は100年より永い存続期間の定めのある地上権が設定されている土地については、所有者ではなくその質権者又は地上権者が固定資産税の納税義務者となります。★【○】

正解 4

固定資産税の特例措置のまとめ

	課税標準	標準税率
原則	固定資産課税台帳の登録価格	1.4%（100分の1.4）

特例	宅地等	**課税標準** ・小規模住宅用地（200㎡以下の部分）＝課税標準×1/6 ・一般住宅用地（200㎡を超える部分）＝課税標準×1/3 ・負担調整措置
特例	住宅	**税額** 居住用部分の床面積50㎡（一戸建て以外の貸家は1戸当たり40㎡）以上280㎡以下の新築住宅 ⇒3年間、税額を1/2に減額（床面積のうち、120㎡までの住宅部分に限る） ・一定の新築住宅は3年間（認定長期優良住宅は5年間） ・3階建て以上の中高層耐火建築物は5年間（認定長期優良住宅は7年間）

一問一答！ 解答＆解説

(1) ×：1月1日現在において、固定資産課税台帳に所有者として登録されている者が1年分を払うので、月割で還付を受けることはできない（当事者の合意で固定資産税の精算をすることは多い） (2) ×：固定資産税は賦課課税（普通徴収） (3) ○

□1回目　／
□2回目　／
□3回目　／

固定資産税に関する次の記述のうち、正しいものはどれか。

1 令和6年1月15日に新築された家屋に対する令和6年度分の固定資産税は、新築住宅に係る特例措置により税額の2分の1が減額される。
2 固定資産税の税率は、1.7%を超えることができない。
3 区分所有家屋の土地に対して課される固定資産税は、各区分所有者が連帯して納税義務を負う。
4 市町村は、財政上その他特別の必要がある場合を除き、当該市町村の区域内において同一のものが所有する土地に係る固定資産税の課税標準額が30万円未満の場合には課税できない。

2015年 問24

以下の文章について、正しいものには○、誤っているものには×をつけよう。

(1) 土地価格等縦覧帳簿及び家屋価格等縦覧帳簿の縦覧期間は、毎年4月1日から、4月20日又は当該年度の最初の納期限の日のいずれか遅い日以後の日までの間である。
(2) 固定資産税の標準税率は、1.4%である。
(3) 土地・家屋に対して課する固定資産税の免税点は、それぞれ30万円、20万円である。

1 固定資産税の賦課期日は**1月1日**です。したがって、1月2日以降に新築された家屋については、その年度の課税はなく**翌年分**からの課税になります。 ★【×】

2 固定資産税の税率は**1.4**%と定められていますが、これは標準税率なので、課税主体である市町村は、これとは別の税率を条例で定めることができます。**制限税率（上限）**は設定されていないので、1.7%を超える税率も定められます。

★【×】

3 各区分所有者は、原則として**所有する専有部分の床面積**の割合で按分した額にだけ納税義務を負います。よって、連帯して納税義務を負う必要はありません。高さ60 m以上の居住用マンションについては階層に応じて補正され、同じ床面積であっても**上層階**に行くほど固定資産税が高くなる仕組みになっています。【×】

4 本肢のとおり、課税標準額が**30**万円未満の土地については、課税されません。また、課税標準額が**20**万円未満の家屋、課税標準額が**150**万円未満の償却資産についても同様です。

★【○】

正解 4

Ken's Point

固定資産税の免税点は「金額が小さいから税金がかからない」というイメージとあわせて、ゴロあわせ（ミニ）で覚えましょう。

土地　家屋
30万・20万
ミ　ニ

土地	30万円
家屋	20万円
償却資産	150万円

一問一答！ 解答&解説

(1) ○　(2) ○　(3) ○

固定資産税に関する次の記述のうち、正しいものはどれか。

1 固定資産の所有者の所在が震災、風水害、火災等によって不明である場合には、その使用者を所有者とみなして固定資産課税台帳に登録し、その者に固定資産税を課することができる。

2 市町村長は、一筆ごとの土地に対して課する固定資産税の課税標準となるべき額が、財政上その他特別の必要があるとして市町村の条例で定める場合を除き、30万円に満たない場合には、固定資産税を課することができない。

3 固定資産税の課税標準は、原則として固定資産の価格であるが、この価格とは「適正な時価」をいうものとされており、固定資産の価格の具体的な求め方については、都道府県知事が告示した固定資産評価基準に定められている。

4 市町村長は、毎年3月31日までに固定資産課税台帳を作成し、毎年4月1日から4月20日又は当該年度の最初の納期限の日のいずれか遅い日以後の日までの間、納税義務者の縦覧に供しなければならない。

2008年 問28

理解を深掘り！ 一問一答！

以下の文章について、正しいものには○、誤っているものには×をつけよう。

(1) 固定資産税は、固定資産の所有者に対して課されるが、質権又は100年より永い存続期間の定めのある地上権が設定されている土地についても、所有者が納税義務者となる。

(2) 市町村は、財政上その他特別の必要がある場合を除き、当該市町村の区域内において同一の者が所有する建物に係る固定資産税の課税標準額が30万円未満の場合には課税できない。

(3) 固定資産税の課税客体は、土地、家屋及び償却資産である。

1 震災、風水害、火災等によって所有者が不明の場合は、**固定資産の使用者**を所有者とみなして固定資産課税台帳に登録し、その者に固定資産税を課することが可能です。 【○】

2 免税点に該当するかどうかは、一筆（いっぴつ）ごとの土地（登記上の土地の単位）」ではなく、**同一市町村内に所有する**土地を基準として判定します。たとえば、A市内に25万円の土地と20万円の土地2つを所有している場合、土地ごとでは免税点である30万円未満ですが、合計は45万円なので免税点には該当しないことになります。 ★【×】

3 **固定資産評価基準**とは、固定資産の評価の基準並びに評価の実施の方法及び手続を定めたものです。都道府県知事ではなく**総務大臣**が定めて告示します。なお、前半部分の固定資産の価格が「**適正な時価**」という部分は適切です。 【×】

4 **固定資産課税台帳**は、**自分の土地・家屋の登録価格**について**閲覧することはいつでもできます**。納税者は自分の土地・家屋の価格と他を比較することで、登録された価格が適切かつ公平であることを確認できます。**縦覧**（じゅうらん）されるのは、土地価格縦覧帳簿及び家屋価格等縦覧帳簿で、本肢の説明のように、毎年4月1日から4月20日又は当該年度の最初の納期限の日のいずれか遅い日以後の日までが、縦覧期間となっています。 ★【×】

正解 1

Ken's Point

固定資産課税台帳は、所有者（借主等）が自分の土地建物の登録価格についていつでも閲覧できるのに対して、縦覧帳簿は他の人の台帳価格と比較するためのもので、毎年4月くらいに期間限定で縦覧できるものです。その違いは押さえておきましょう。

一問一答！ 解答&解説

(1) ×：質権者、地上権者が納税義務者となる (2) ×：建物の免税点は20万円未満である (3) ○

□ 1回目　/
□ 2回目　/
□ 3回目　/

令和６年中に、個人が居住用財産を譲渡した場合における譲渡所得の課税に関する次の記述のうち、正しいものはどれか。

1. 令和６年１月１日において所有期間が10年以下の居住用財産については、居住用財産の譲渡所得の3,000万円特別控除（租税特別措置法第35条第１項）を適用することができない。
2. 令和６年１月１日において所有期間が10年を超える居住用財産について、収用交換等の場合の譲渡所得等の5,000万円特別控除（租税特別措置法第33条の４第１項）の適用を受ける場合であっても、特別控除後の譲渡益について、居住用財産を譲渡した場合の軽減税率の特例（同法第31条の３第１項）を適用することができる。
3. 令和６年１月１日において所有期間が10年を超える居住用財産について、その譲渡した時にその居住用財産を自己の居住の用に供していなければ、居住用財産を譲渡した場合の軽減税率の特例を適用することができない。
4. 令和６年１月１日において所有期間が10年を超える居住用財産について、その者と生計を一にしていない孫に譲渡した場合には、居住用財産の譲渡所得の3,000万円特別控除を適用することができる。

2012年 問23

以下の文章について、正しいものには○、誤っているものには×をつけよう。

(1) 本年中に居住用家屋を居住の用に供した場合において、その前年において居住用財産を譲渡した場合の3,000万円特別控除の適用を受けているときであっても、本年分以後の所得税について住宅ローン控除の適用を受けることができる。

(2) 3,000万円特別控除の適用を受けるときでも、居住用財産に該当するなど所定の要件を満たせば、特別控除後の譲渡益について居住用財産を譲渡した場合の軽減税率の特例の適用を受けることができる。

(3) 収用等に伴い代替資産を取得した場合の課税の特例の適用を受ける場合において、その対価の額がその代替資産の取得価額を超えるときは、その超える部分については、その資産（土地等）の所有期間が何年であるかを問わず、優良住宅地の造成等のために土地等を譲渡した場合の軽減税率の特例の適用を受けることができる。

1 「居住用財産の譲渡所得の 3,000 万円特別控除」は、**所有期間の長短**にかかわらず適用を受けることができます。 ★【×】

2 「収用交換等の場合の譲渡所得等の 5,000 万円特別控除」と「居住用財産を譲渡した場合の軽減税率の特例」は、それぞれの要件を満たせば**併用して適用**を受けることができます。 ★【○】

3 「居住用財産を譲渡した場合の軽減税率の特例」は、所有期間が **10** 年超であり、**居住しなくなった日から3年後の 12 月 31 日まで**に譲渡すれば、適用を受けることができます。 ★【×】

4 配偶者・直系血族・親族で**生計を一にしている者**などの特別な関係がある者に譲渡した場合は、3,000 万円特別控除を受けることができません。 ★【×】

正解 **2**

併用適用できる組合せについては、住宅ローン控除との組合せもありますが、下表の課税標準の特例と軽減税率の組合せの知識の出題実績が圧倒的に多いので、覚えてしまいましょう。

課税標準の特例（税率を掛ける元からカット）		軽減税率（税率を低くする）
(1) 3,000 万円控除	↔ ○ 併用適用 ↔	①居住用財産の軽減税率（所有期間 10 年以上）
(2) 5,000 万円控除		
(3) 買換え特例	買換え特例と併用適用は不可！	②優良住宅地の軽減税率（所有期間5年以上）
(4) 課税の繰延べ		

一問一答！ 解答&解説

(1) **×：居住用財産を譲渡した場合の 3,000 万円特別控除の適用を受けているときには、住宅ローン控除を受けることができない** (2) ○ (3) **×：収用等に伴い代替資産を取得した場合の課税の特例（課税の繰延べ）と優良住宅地の造成等のために土地等を譲渡した場合の軽減税率の特例は併用できない**

□1回目　　/
□2回目　　/
□3回目　　/

所得税法に関する次の記述のうち、正しいものはどれか。

1 譲渡所得の長期・短期の区分について、総合課税とされる譲渡所得の基因となる機械の譲渡は、譲渡のあった年の1月1日において所有期間が5年を超えているか否かで判定する。

2 譲渡所得の金額の計算上、資産の譲渡に係る総収入金額から控除する資産の取得費には、その資産の取得時に支出した購入代金や購入手数料等の金額は含まれるが、その資産の取得後に支出した設備費、改良費の額は含まれない。

3 総合課税の譲渡所得の特別控除額（50万円）は、譲渡益のうちまず長期譲渡に該当する部分の金額から控除し、なお控除しきれない特別控除額がある場合には、短期譲渡に該当する部分の金額から控除する。

4 個人に対して、譲渡所得の基因となる資産をその譲渡の時における価額の2分の1に満たない金額で譲渡した場合において、その譲渡により生じた損失の金額については、譲渡所得の金額の計算上、なかったものとみなされる。

2008年 問26

理解を深掘り！　一問一答！

以下の文章について、正しいものには○、誤っているものには×をつけよう。

(1) 譲渡所得の基因となる資産をその譲渡の時における価額の1/2に満たない金額で個人に対して譲渡した場合には、その譲渡の時における価額に相当する金額によりその資産の譲渡があったものとみなされる。

(2) 譲渡所得とは資産の譲渡による所得をいうので、個人の宅地建物取引業者が販売の目的で所有している土地を譲渡した場合には、譲渡所得として課税される。

(3) 譲渡年の1月1日において所有期間が10年を超える居住用財産である建物とその敷地の譲渡による譲渡所得については、他の所得と分離して、10%と15%の二段階の税率で、所得税が課税される。

1 譲渡所得は**長期譲渡所得**と**短期譲渡所得**に区分され、適用される税率が異なります。短期・長期の区分は所有期間が**5**年を超えるかどうかで決まりますが、この**5**年の所有期間は、土地建物（分離課税）では譲渡のあった年の**1月1日**時点における所有期間で、総合課税の譲渡所得では**譲渡のあった日**における所有期間で判定します。機械の譲渡所得は**総合課税**なので、譲渡のあった年の1月1日ではなく、譲渡があった日の所有期間が**5**年を超えているか否かで判定します。【**×**】

2 譲渡所得は、「**譲渡収入－（取得費＋譲渡費用）**」の式で算出します。取得費は「その資産の取得に要した**金額**・**設備費**・**改良費**の合計額」なので、売った土地・建物の購入代金、建築代金、購入手数料のほか、設備費や改良費なども含まれます。
【**×**】

3 総合課税の譲渡所得では、特別控除額（最高50万円）を譲渡益から差し引いて所得を計算します。短期・長期の両方がある場合には、特別控除額をまず**短期譲渡所得**から控除し、その後に**長期譲渡所得**から控除します。本肢は控除の順序が逆です。【**×**】

4 個人に対して、譲渡所得の基因となる資産を時価の**2**分の1未満の額で譲渡して譲渡損失が生じた場合、その損失額はなかったものとみなされます。このため、譲渡損失を他の所得と**損益通算**することはできません。【**○**】

4

Ken's Point

本問は重要だからという理由ではなく、「所得税は難問も出題される」というサンプルのために載せています。この問題の知識が試験で出されると確実に正答率50%を下回り、正解できなくてもよい問題といえます。もしかすると20年後には何度か出題されて重要問題になっている可能性はありますが、今の段階では覚える必要はありません。何をやらないかを決めるのも大切な視点です。

一問一答！ 解答＆解説

(1) **×：個人間の低額譲渡では時価によるみなし譲渡課税はない** (2) **×：譲渡所得は個人が自宅を売却したような場合であり、設問のケースでは事業所得として課税される** (3) **○**

□ 1 回目　　/
□ 2 回目　　/
□ 3 回目　　/

居住用財産を譲渡した場合における所得税の課税に関する次の記述のうち、正しいものはどれか。

1 譲渡した年の１月１日において所有期間が 10 年以下の居住用財産を譲渡した場合には、居住用財産の譲渡所得の特別控除を適用することはできない。
2 譲渡した年の１月１日において所有期間が 10 年を超える居住用財産を譲渡した場合において、居住用財産を譲渡した場合の軽減税率の特例を適用するときには、居住用財産の譲渡所得の特別控除を適用することはできない。
3 居住用財産を配偶者に譲渡した場合には、居住用財産の譲渡所得の特別控除を適用することはできない。
4 居住用財産の譲渡所得の特別控除の適用については、居住用財産をその譲渡する時において自己の居住の用に供している場合に限り適用することができる。

2003年 問26

理解を深掘り！　一問一答！

以下の文章について、正しいものには○、誤っているものには×をつけよう。

(1) 譲渡した年の１月１日において所有期間も居住期間も 10 年未満の居住用財産であっても、居住用財産の譲渡所得の 3,000 万円特別控除を適用することができる。
(2) 居住用財産の譲渡所得の特別控除は、居住用財産を居住の用に供しなくなった日から３年経過する日までに譲渡しなければ適用できない。
(3) 居住用財産を譲渡した場合の軽減税率の特例は、その個人が令和４年において既にその特例の適用を受けている場合であっても、令和６年中の譲渡による譲渡益について適用を受けることができる。

1 居住用財産の譲渡所得の特別控除（以下、「3,000万円特別控除」）は、**所有期間の長短**を問わず譲渡所得から3,000万円を控除できる特例です。よって、所有期間が10年以下でもこの特別控除を受けることができます。 ★【×】

2 軽減税率の特例は、譲渡した年の1月1日における所有期間が**10**年超の居住用財産の譲渡について、課税譲渡所得**6,000**万円以下の部分につき所得税と住民税が軽減されます。この特例は3,000万円特別控除と**併用可能**です。 ★【×】

3 3,000万円特別控除は、親子・夫婦などの**近親者**への譲渡の場合には適用を受けることができません。 ★【○】

4 3,000万円特別控除は、住んでいるマイホームを売るか、住まなくなってから**3**年後の年の**12月31日**までに譲渡すれば適用を受けられます。 ★【×】

正解 **3**

Ken's Point

居住用財産の譲渡所得の特別控除（3,000万円控除）の適用要件のポイントです。丸暗記は難しいので、自分の言葉で噛み砕いて覚えると覚えやすいです。

①**居住用財産**（下記A、B）を譲渡した場合
　A. 現に住んでいる居住用家屋とその敷地
　B. 以前住んでいた居住用家屋などで、その居住の用に供されなくなった日から3年を経過する日の属する年の12月31日までに譲渡したもの

所有期間は関係なし

②**配偶者等の身近の者**への譲渡ではない

3,000万円控除は多くても3年に1回しか使えない

③**前年**または**前々年**に、3,000万円控除の適用を受けていない（3年に1回）

④**本年**、**前年**、**前々年**に居住用財産の買換えの特例の適用を受けていない

※**特別控除**（3,000万円控除、5,000万円控除など）は、所有期間を問わず適用される

一問一答！ 解答&解説

(1) ○　(2) ×：居住の用に供しなくなった日から3年経過する日の属する年の12月31日までに譲渡した場合である　(3) ×：前年、前々年に適用を受けている場合には適用を受けられない

□１回目　／
□２回目　／
□３回目　／

印紙税に関する次の記述のうち、正しいものはどれか。

1 後日、本契約書を作成することを文書上で明らかにした、土地を１億円で譲渡することを証した仮契約書には、印紙税は課されない。

2 宅地建物取引業を営むＡ社が、「Ａ社は、売主Ｂの代理人として、土地代金 5,000 万円を受領した」旨を記載した領収書を作成した場合、当該領収書の納税義務者はＡ社である。

3 建物の賃貸借契約に際して貸主であるＣ社が作成した、「敷金として 30 万円を受領した。当該敷金は賃借人が退去する際に全額返還する」旨を明らかにした敷金の領収書には、印紙税は課されない。

4 「甲土地を 5,000 万円、乙土地を 4,000 万円、丙建物を 3,000 万円で譲渡する」旨を記載した契約書を作成した場合、印紙税の課税標準となる当該契約書の記載金額は、9,000 万円である。

2004年 問28

以下の文章について、正しいものには○、誤っているものには×をつけよう。

(1) 本契約書を後日作成することを文書上で明らかにした、土地を 8,000 万円で譲渡することを証した仮契約書には、印紙税は課されない。

(2) 当初作成した土地の賃貸借契約書において記載がされていなかった「契約期間」を補充するために「契約期間は 10 年とする」旨が記載された覚書を作成したが、当該覚書にも印紙税が課される。

(3) 不動産の売買契約書を２通作成し、１通には正本、他の１通には副本と表示した場合、副本には印紙税は課されない。

1 **予約契約書**や**仮契約書**も、契約内容を証する書面として課税対象となります。複数回にわたって契約書が作成される場合にも、それぞれの契約書に印紙税が課されます。
★【×】

2 印紙税は、当該課税される**文書の作成者**が納付義務者となります。本肢の領収書は、代理人A社名義の文書なので、作成者はA社になります。よって、当該領収書に課される印紙税の納税義務者は、A社です。
★【○】

3 敷金の領収書には**印紙税**が課されます。建物の賃貸借契約書に**印紙税**が課されない点と比較して注意しましょう。
★【×】

4 1つの文書に**同じ区分**である記載金額が複数存在する場合、その合計額が文書の記載金額となります。本肢の場合、3件とも**不動産の譲渡**に関する事項なので、記載金額は「5,000万円＋4,000万円＋3,000万円＝1億2,000万円」です。
★【×】

正解 2

Ken's Point

下表（課税文書と非課税文書のまとめ）を整理するとともに、予約契約書や仮契約書、覚書、念書も契約内容を証する書面として課税対象になり得る点を意識してください。

課税される文書	課税されない文書
・土地の賃貸借契約書 ・地上権設定契約書 ・売買・交換・贈与の契約書 （予約契約書含む） ・金銭の受取書 （契約金額5万円未満は非課税）	・建物の賃貸借契約書 ・委任状または委任に関する契約書 （不動産の媒介契約書など） ・永小作権・地役権・質権・抵当権の設定または譲渡の契約書 ・使用貸借の契約書 ・営業に関しない金銭の受取書（会社員がマイホームを売却した際の領収書など）

一問一答！ 解答＆解説

（1）×：印紙税が課される　（2）○　（3）×：印紙税が課される

□1回目　　/
□2回目　　/
□3回目　　/

印紙税に関する次の記述のうち、正しいものはどれか。

1 土地譲渡契約書に課税される印紙税を納付するため当該契約書に印紙をはり付けた場合には、課税文書と印紙の彩紋とにかけて判明に消印しなければならないが、契約当事者の従業者の印章又は署名で消印しても、消印したことにはならない。

2 土地の売買契約書（記載金額 2,000 万円）を 3 通作成し、売主 A、買主 B 及び媒介した宅地建物取引業者 C がそれぞれ 1 通ずつ保存する場合、C が保存する契約書には、印紙税は課されない。

3 一の契約書に土地の譲渡契約（譲渡金額 4,000 万円）と建物の建築請負契約（請負金額 5,000 万円）をそれぞれ区分して記載した場合、印紙税の課税標準となる当該契約書の記載金額は、5,000 万円である。

4 「建物の電気工事に係る請負金額は 2,200 万円（うち消費税額及び地方消費税額が 200 万円）とする」旨を記載した工事請負契約書について、印紙税の課税標準となる当該契約書の記載金額は、2,200 万円である。

2013年 問23（改題）

以下の文章について、正しいものには○、誤っているものには×をつけよう。

(1) A 社の発行する「土地の賃貸借契約に係る権利金として、B 社振出しの令和 6 年 4 月 1 日付 No.1234 の手形を受領した。」旨が記載された領収書は、記載金額のない売上代金に係る有価証券の受取書として印紙税が課される。

(2) 給与所得者が自宅の土地建物を譲渡し、代金 8,000 万円を受け取った際に作成した領収書には、金銭の受取書として印紙税が課される。

(3) 「甲土地を 6,000 万円、乙建物を 3,500 万円、丙建物を 1,500 万円で譲渡する」旨を記載した契約書を作成した場合、印紙税の課税標準となる当該契約書の記載金額は、6,000 万円である。

1 従業者による**印章**又は**署名**でも、有効な消印となります。 ★【×】

2 作成した**3通すべて**に印紙税が課されます。宅地建物取引業者Cが保存する契約書にも印紙税は課されます。 ★【×】

3 1つの契約書に土地の譲渡契約と建物の建築請負契約をそれぞれ区分して記載した場合、**高いほう**の金額が印紙税の課税標準となります。「4,000万円＜5,000万円」なので、当該契約書の記載金額は**5,000**万円です。 ★【○】

4 ①**不動産の譲渡**等に関する契約書、②**請負**に関する契約書、③**金銭**又は**有価証券**の受取書の３つの文書について**消費税額が明らかである場合**、契約書の記載金額に**消費税額を含めない**とされています。本肢は、請負の契約書ですので、記載金額は消費税額を除いた**2,000**万円となります。 ★【×】

正解 3

Ken's Point

土地・建物の両方購入での売買契約書の記載金額は、土地と建物の金額の合計額ですが、土地の売買と建物の請負契約を１つの契約書に区分して記載した場合は、高いほうが記載金額になります。この点は複数回出題されていますので、しっかり覚えましょう。

区分		記載金額
不動産の譲渡に関する契約書	売買	売買金額
	交換	双方の金額が記載 ⇒ 高いほうの金額 交換差金のみが記載 ⇒ 交換差金の額
	贈与	記載金額のない契約書として扱われる（印紙税額は一律200円）
土地の賃貸借契約書		契約に際し貸主に交付し、後日返還予定がない金額 （権利金・礼金・更新料等。賃料・地代は含まれない）
地上権の設定・譲渡に関する契約書		

一問一答！ 解答&解説

(1) **×：手形の発行日や記号、番号の記載で、当事者間において当該売上代金に係る受取金額が明らかなときは、受取金額を記載金額とする** (2) **×：給与所得者の自宅を譲渡した際の領収書は営業に関しない受取書となり、印紙は不要である** (3) **×：甲乙丙３つの不動産の譲渡金額を合計した１億1,000万円**

□ 1 回目　　/
□ 2 回目　　/
□ 3 回目　　/

印紙税に関する次の記述のうち、正しいものはどれか。

1 建物の賃貸借契約に際して敷金を受け取り、「敷金として20万円を領収し、当該敷金は賃借人が退去する際に全額返還する」旨を記載した敷金の領収証を作成した場合、印紙税は課税されない。

2 土地譲渡契約書に課税される印紙税を納付するため当該契約書に印紙をはり付けた場合には、課税文書と印紙の彩紋とにかけて判明に消印しなければならないが、契約当事者の代理人又は従業者の印章又は署名で消印しても、消印をしたことにはならない。

3 当初作成の「土地を1億円で譲渡する」旨を記載した土地譲渡契約書の契約金額を変更するために作成する契約書で、「当初の契約書の契約金額を2,000万円減額し、8,000万円とする」旨を記載した変更契約書は、契約金額を減額するものであることから、印紙税は課税されない。

4 国を売主、株式会社A社を買主とする土地の譲渡契約において、双方が署名押印して共同で土地譲渡契約書を2通作成し、国とA社がそれぞれ1通ずつ保存することとした場合、A社が保存する契約書には印紙税は課税されない。

2008年 問27

理解を深掘り！　一問一答！

以下の文章について、正しいものには○、誤っているものには×をつけよう。

(1) 建物の賃貸借契約に際して敷金を受け取り、敷金の領収書（記載金額100万円）を作成した場合、その領収書に「賃借人が退去する際に返還する」旨が記載されているときでも、印紙税は課税される。

(2) 不動産の売買契約書に印紙をはり付ける場合には、その文書と印紙の彩紋とにかけて判明に消印しなければならないが、その消印は必ず文書の作成者の印章又は署名により行わなければならない。

(3) 売上代金に係る金銭の受取書（領収書）は記載された受取金額が3万円未満の場合、印紙税が課されないことから、不動産売買の仲介手数料として、現金49,500円（消費税及び地方消費税を含む）を受け取り、それを受領した旨の領収書を作成した場合、受取金額に応じた印紙税が課される。

1 敷金の領収書（預かり証）は、金銭又は有価証券の受取書として**課税対象の文書**に該当します。よって、**印紙税**が課されます。 ★【×】

2 土地譲渡契約書に課税される印紙税を納付するため、当該契約書に印紙をはり付けた場合には、課税文書と印紙の彩紋とにかけて判明に消印しなければなりません。ただし、この消印は自己のみならず、**代理人**または**従業者**であっても有効に行うことができます。 ★【×】

3 契約金額を減額する変更契約書は、**記載金額がないもの**として課税されます。非課税文書として扱われるわけではありません。 ★【×】

4 国や地方公共団体等が作成したもので、かつ、**国**や**地方公共団体**等以外が保存するものは、**非課税文書**となります。 ★【○】

正解 4

第3章 ② 印紙税

記載金額を変更する場合の比較

①契約金額を増加させる場合

⇒増加金額を記載金額とする
例：契約金額 6,000 万円
⇒ 6,500 万円（500 万円↑）
＝記載金額は 500 万円

②契約金額を減少させる場合

⇒契約金額の記載がないものとして扱う
例：契約金額 6,500 万円
⇒ 6,000 万円（500 万円↓）
＝記載金額のないものとして扱う
（印紙税額は 200 円）

一問一答！ 解答＆解説

(1) ○ (2) ×：作成者の印章又は署名でなくてもよい (3) ×：受取金額が５万円未満の場合に非課税である

□ 1 回目　　/
□ 2 回目　　/
□ 3 回目　　/

印紙税に係る次の記述のうち、正しいものはどれか。

1 「令和 6 年 10 月 1 日付建設工事請負契約書の契約金額 3,000 万円を 5,000 万円に増額する」旨を記載した変更契約書は、記載金額 2,000 万円の建設工事の請負に関する契約書として印紙税が課される。

2 「時価 3,000 万円の土地を無償で譲渡する」旨を記載した贈与契約書は、記載金額 3,000 万円の不動産の譲渡に関する契約書として印紙税が課される。

3 土地の売却の代理を行った A 社が「A 社は、売主 B の代理人として、土地代金 5,000 万円を受領した」旨を記載した領収書を作成した場合、当該領収書は、売主 B を納税義務者として印紙税が課される。

4 印紙をはり付けることにより印紙税を納付すべき契約書について、印紙税を納付せず、その事実が税務調査により判明した場合には、納付しなかった印紙税額と同額に相当する過怠税が徴収される。

2009年 問24

以下の文章について、正しいものには○、誤っているものには×をつけよう。

(1) 土地の譲渡金額の変更契約書で、「既作成の譲渡契約書に記載の譲渡金額 1 億円を 1 億 1,000 万円に変更する」旨が記載されている場合、その契約書の記載金額は 1 億 1,000 万円である。

(2) 印紙により印紙税を納付すべき文書について印紙税を納付しなかった課税文書の作成者が、自主的に所轄税務署長に対し、印紙税を納付していない旨の申出をした場合、過怠税は、納付しなかった印紙税額の 3 倍の金額である。

(3) 印紙税の課税文書である不動産譲渡契約書を作成したが、印紙税を納付せず、その事実が税務調査により判明した場合は、納付しなかった印紙税額と納付しなかった印紙税額の 10％に相当する金額の合計額が過怠税として徴収される。

1 金額を増加する旨を記載した変更契約書の場合、**増加金額**が記載金額となります。よって、本肢の記載金額は、増額分の **2,000** 万円です。 ★【○】

2 贈与契約書は、**契約金額の記載のない契約書**として課税されます。契約金額の記載のない契約書の印紙税額は、１通につき **200** 円です。 ★【×】

3 納税義務者は、課税文書の**作成者**となります。よって、領収書を代理人名義で作成した場合は、**代理人**が納税義務者となります。 ★【×】

4 印紙税を納付していないことが発覚した場合は、本来納付すべき印紙税額に加えて、その２倍の過怠税をあわせた **3** 倍相当額が徴収されることとなります。なお、自ら申告した場合は **1.1** 倍の徴収となります。 ★【×】

正解 1

印紙税の基本事項のポイント

納税義務者	課税文書の作成者 ※委任に基づく代理人が代理人名義で作成する場合は代理人が納税義務者
納付方法	印紙を貼り付けて消印 消印をする場合、印章または署名で消さなければならない ※代理人や使用人の印章または署名でもよい ※印紙を間違えて貼り付け消印した場合には、所定の手続きをすれば還付を受けられる
過怠税	印紙を貼っていない場合 ⇒ 本来の印紙税額の3倍（自己申告なら 1.1 倍） 消印のない場合 ⇒ 消印していない印紙の額面金額

一問一答！ 解答＆解説

(1) ×：記載金額は増加額の 1,000 万円となる　(2) ×：自主的に申告した場合には、過怠税は 1.1 倍である　(3) ×：印紙税の額と、その２倍に相当する金額との合計額（印紙税額の３倍）が過怠税として徴収される

□ 1 回目　　/
□ 2 回目　　/
□ 3 回目　　/

印紙税に関する次の記述のうち、正しいものはどれか。

1 「建物の電気工事に係る請負代金は 1,100 万円（うち消費税額及び地方消費税額 100 万円）とする」旨を記載した工事請負契約書について、印紙税の課税標準となる当該契約書の記載金額は 1,100 万円である。

2 「A の所有する土地（価額 5,000 万円）と B の所有する土地（価額 4,000 万円）とを交換する」旨の土地交換契約書を作成した場合、印紙税の課税標準となる当該契約書の記載金額は 4,000 万円である。

3 国を売主、株式会社 C を買主とする土地の売買契約において、共同で売買契約書を 2 通作成し、国と C 社がそれぞれ 1 通ずつ保存することとした場合、C 社が保存する契約書には印紙税は課されない。

4 「契約期間は 10 年間、賃料は月額 10 万円、権利金の額は 100 万円とする」旨が記載された土地の賃貸借契約書は、記載金額 1,300 万円の土地の賃借権の設定に関する契約書として印紙税が課される。

2020年10月 問23

以下の文章について、正しいものには○、誤っているものには×をつけよう。

(1) 「A の所有する土地（価額 1 億 7,000 万円）と B の所有する土地（価額 2 億円）とを交換し、A は B に差額 3,000 万円を支払う」旨を記載した土地交換契約書を作成した場合、印紙税の課税標準となる当該契約書の記載金額は、2 億円である。

(2) 地方公共団体である A 市を売主、株式会社である B 社を買主とする土地の譲渡契約書 2 通に双方が署名押印のうえ、1 通ずつ保存することとした場合、B 社が保存する契約書には印紙税が課されない。

(3) 「月額家賃 10 万円、契約期間 2 年間、権利金 60 万円、敷金 30 万円とする」旨を記載した建物の賃貸借契約書については、印紙税は課税されない。

1 次の３つの文書について消費税額が明らかである場合、契約書の記載金額に消費税額を含めないとされています。

①**不動産の譲渡**等に関する契約書

②**請負**に関する契約書

③**金銭**又は**有価証券**の受取書

本肢は、請負の契約書ですので、記載金額は消費税額を除いた1,000万円となります。
★【×】

2 **交換契約書**に交換対象物の双方の価額が記載されているときは、いずれか**高いほう**の金額が契約書の記載金額となります。本肢では「5,000万円＞4,000万円」なので、印紙税の課税標準は**5,000**万円となります。
★【×】

3 国や地方公共団体等が作成したもので、かつ、**国**や**地方公共団体**等以外が保存するものは非課税文書となります。C社が保存する契約書は印紙税の課税対象外となります。
★【○】

4 地上権又は土地の賃借権の設定又は譲渡に関する契約書の記載金額は、賃料を除き、権利金等の**後日返還**が予定されていないものの金額となります。よって、**記載金額は権利金の額**である**100万円**となります。
★【×】

正解 3

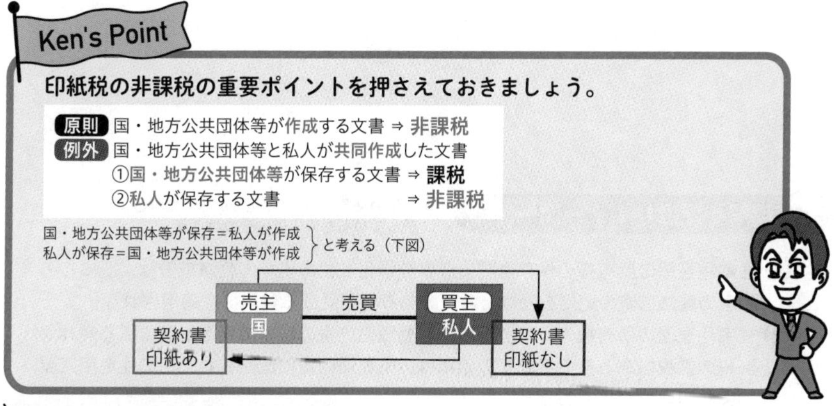

Ken's Point
印紙税の非課税の重要ポイントを押さえておきましょう。
原則 国・地方公共団体等が作成する文書 ⇒ 非課税
例外 国・地方公共団体等と私人が共同作成した文書
①国・地方公共団体等が保存する文書 ⇒ 課税
②私人が保存する文書 ⇒ 非課税
国・地方公共団体等が保存＝私人が作成
私人が保存＝国・地方公共団体等が作成
と考える（下図）
売主
国
売買
買主
私人
契約書
印紙あり
契約書
印紙なし

一問一答！ 解答&解説

(1) ○ (2) ○ (3) ○

□1回目　　/
□2回目　　/
□3回目　　/

不動産登記に係る登録免許税に関する次の記述のうち、正しいものはどれか。

1 土地の所有権の移転登記に係る登録免許税の税率は、移転の原因にかかわらず一律である。
2 土地の売買に係る登録免許税の課税標準は、売買契約書に記載されたその土地の実際の取引価格である。
3 土地の所有権の移転登記に係る登録免許税の納期限は、登記を受ける時である。
4 土地の売買に係る登録免許税の納税義務は、土地を取得した者にはなく、土地を譲渡した者にある。

2002年 問27

以下の文章について、正しいものには○、誤っているものには×をつけよう。

(1) 住宅用家屋の所有権の保存登記に係る登録免許税の税率の軽減措置は、既にこの税率の軽減措置の適用を受けたことのある者が受ける登記には適用されない。
(2) 住宅用家屋の所有権の移転登記に係る登録免許税の税率の軽減措置に係る登録免許税の課税標準となる不動産の価額は、売買契約書に記載されたその住宅用家屋の実際の取引価格である。
(3) A（個人）が、自己を権利者とする地上権の設定の登記がされている土地をその土地の所有者であるBから売買により取得する場合、登録免許税の納税義務を負うのは、Aのみである。

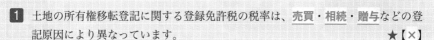

1 土地の所有権移転登記に関する登録免許税の税率は、**売買**・**相続**・**贈与**などの登記原因により異なっています。 ★【×】

2 不動産に係る登録免許税の課税標準は、**固定資産課税台帳**に登録された当該不動産の価格を基礎として政令で定める価額で、売買契約書の金額ではありません。 ★【×】

3 登録免許税の納期限は、登記の場合には**登記を受ける時**、となります。よって、所有権移転登記に係る登録免許税は、**登記を受ける時**までに納付しなければなりません。 ★【○】

4 登録免許税の納付義務者は、**登記を受ける者**です。売買による移転登記の場合、売主が登記義務者、買主が登記権利者となり共同で登記するので、いずれも登記を受ける者に該当し、**双方が連帯して納税義務**を負います。取引慣行上では取得した者が納税することが多いですが、**法律上の納税義務は双方**にあります。 ★【×】

正解 3

Ken's Point

登録免許税は、登記の原因・目的によって税率が異なります。そして、住宅用家屋の場合は、軽減税率の特例があります。下表にまとめましたが、宅建試験において税率を暗記する必要はありません。

		本則税率	軽減税率
所有権保存		0.4%	0.15%
所有権移転	売買・競落	2.0%	0.3%
	相続・合併・共有物の分割	0.4%	−
	贈与・交換・収用等	2.0%	−
抵当権設定		0.4%	0.1%

一問一答！ 解答&解説

(1) ×：回数の制限はないので要件を満たせば適用される　(2) ×：固定資産税評価額であって「実際の取引価格」ではない　(3) ×：AとBが連帯して納税義務を負う

住宅用家屋の所有権の移転登記に係る登録免許税の税率の軽減措置に関する次の記述のうち、正しいものはどれか。

1 個人が他の個人と共有で住宅用の家屋を購入した場合、当該個人は、その住宅用の家屋の所有権の移転登記について、床面積に自己が有する共有持分の割合を乗じたものが50㎡以上でなければ、この税率の軽減措置の適用を受けることができない。

2 この税率の軽減措置は、登記の対象となる住宅用の家屋の取得原因を限定しており、交換を原因として取得した住宅用の家屋について受ける所有権の移転登記には適用されない。

3 所有権の移転登記に係る住宅用の家屋が昭和57年1月1日以後に建築されたものであっても、耐震基準適合証明書により一定の耐震基準を満たしていることが証明されないときは、この税率の軽減措置の適用を受けることができない。

4 この税率の軽減措置の適用を受けるためには、登記の申請書に、その家屋が一定の要件を満たす住宅用の家屋であることについての税務署長の証明書を添付しなければならない。

2018年 問23（改題）

以下の文章について、正しいものには○、誤っているものには×をつけよう。

(1) 住宅用家屋の所有権の移転登記に係る登録免許税の税率の軽減措置は、床面積が40㎡の住宅用家屋の登記に対しては、適用されない。

(2) 住宅用家屋の所有権の移転登記に係る登録免許税の税率の軽減措置は、贈与により取得した住宅用家屋について受ける所有権の移転の登記にも適用される。

(3) 住宅用家屋の所有権の移転登記に係る登録免許税の税率の軽減措置の適用を受けるためには、登記の申請書に、一定の要件を満たす住宅用家屋であることの都道府県知事の証明書を添付しなければならない。

1 取得した家屋が複数人の共有に属する場合でも、その家屋全体で住宅用部分の床面積が**50㎡**以上あれば、**共有者全員**が軽減措置の適用を受けることが可能です。たとえば床面積70㎡の住宅を２人が持分２分の１ずつ共有していた場合、「床面積に自己が有する共有持分の割合を乗じたものが50㎡以上」という条件だと「70㎡× 1/2 ＝ 35㎡」になってしまい、適用が受けられなくなってしまいます。自己の共有持分に関係なく、床面積**50㎡**以上ならばよいということです。★【×】

2 所有権移転登記の原因は、**売買**又は**競落**である必要があります。**交換**が原因で取得した住宅用の家屋について受ける所有権の移転登記には、適用されません。★【○】

3 昭和**57**年１月１日以後に建築されたもの又は一定の耐震基準に適合していることに適合する場合、適用を受けることができます。昭和**57**年１月１日以後に建築された住宅用家屋であれば、**耐震基準適合証明書**の有無にかかわらず軽減措置の適用を受けることが可能です。★【×】

4 本問の税率軽減措置の適用を受ける場合には、税務署長の証明書は不要ですが、要件に該当する家屋であることについて**市町村長**（東京23区は**区長**）の証明書が必要です。【×】

正解 **2**

住宅用家屋の軽減税率のまとめ

	軽減税率	共通条件	非共通条件
所有権の保存登記	1.5/1,000	①家屋の床面積が50㎡以上 ②個人が自己の居住用に供すること ③新築（取得）後１年以内に登記を受けること	新築住宅のみ
売買・競売所有権の移転登記	3/1,000		既存住宅にあっては、一定の耐震基準を満たす住宅
抵当権の設定登記	1/1,000		

※個人が自分で使用する家屋のみで土地への適用はない

一問一答！　解答＆解説

(1) ○　(2) ×：売買または競落の時のみであり、贈与では適用されない　(3) ×：市区町村長の証明書を添付する必要がある

住宅用家屋の所有権の移転登記に係る登録免許税の税率の軽減措置（以下この問において「軽減措置」という。）に関する次の記述のうち、正しいものはどれか。

1 軽減措置の適用対象となる住宅用家屋は、床面積が100㎡以上で、その住宅用家屋を取得した個人の居住の用に供されるものに限られる。

2 軽減措置は、贈与により取得した住宅用家屋に係る所有権の移転登記には適用されない。

3 軽減措置に係る登録免許税の課税標準となる不動産の価額は、売買契約書に記載された住宅用家屋の実際の取引価格である。

4 軽減措置の適用を受けるためには、その住宅用家屋の取得後6か月以内に所有権の移転登記をしなければならない。

2009年 問23

理解を深掘り！　一問一答！

以下の文章について、正しいものには○、誤っているものには×をつけよう。

(1) 住宅用家屋の所有権の移転登記に係る登録免許税の税率の軽減措置は、従業員の社宅として新築した住宅用家屋について法人が受ける登記には適用されない。

(2) 住宅用家屋の所有権の移転登記に係る登録免許税の税率の軽減措置は、一定の要件を満たせばその住宅用家屋の敷地の用に供されている土地の所有権の移転登記についても適用される。

(3) 登録免許税の住宅用家屋の軽減措置は、住宅用家屋を相続により取得した場合に受ける所有権の移転登記についても要件を満たせば適用される。

1 軽減措置の適用対象となる住宅用家屋は、**床面積が50㎡以上**であり、かつ、**個人の居住**用であることが必要です。 ★【×】

2 税率の軽減措置を受けることができるのは、**売買**又は**競売**による取得に限られています。よって、贈与により取得した場合は、適用を受けることができません。 ★【○】

3 登録免許税の課税標準は、**固定資産課税台帳に登録**されている価格となります。実際の取引価格ではありません。 ★【×】

4 軽減措置の適用を受けるためには、その住宅用家屋の取得後**1年**以内に所有権の**移転登記**をしなければなりません。6か月以内ではありません。 ★【×】

正解 2

Ken's Point

登録免許税の基本事項をまとめました。登録免許税は出題されると得点しやすいので頑張って覚えましょう。

納税義務者	登記を受ける者 ⇒売買による所有権の移転登記の場合、売主と買主が連帯して登録免許税を納付する義務を負う
課税標準	原則：固定資産課税台帳の登録価格（登録がなければ認定価格） ・登記する不動産の上に地上権等がある場合 ⇒その権利等がないものとした場合の価格 ・抵当権の設定登記 ⇒ 課税標準は債権金額 ・課税標準が1,000円未満 ⇒ 1,000円として計算
納付方法	現金納付（3万円以下のときは印紙納付も可能）
納付期限	不動産の登記を受けるとき
納付地	登記を受ける登記所

一問一答！ 解答＆解説

(1) ○ (2) ×：土地には適用されない (3) ×：売買と競売のときのみ適用される

□ 1回目　　/
□ 2回目　　/
□ 3回目　　/

「直系尊属から住宅取得等資金の贈与を受けた場合の贈与税の非課税」に関する次の記述のうち、正しいものはどれか。

1 直系尊属から住宅用の家屋の贈与を受けた場合でも、この特例の適用を受けることができる。

2 日本国外に住宅用の家屋を新築した場合でも、この特例の適用を受けることができる。

3 贈与者が住宅取得等資金の贈与をした年の1月1日において60歳未満の場合でも、この特例の適用を受けることができる。

4 受贈者について、住宅取得等資金の贈与を受けた年の所得税法に定める合計所得金額が2,000万円を超える場合でも、この特例の適用を受けることができる。

2015年 問23

理解を深掘り！　一問一答！

以下の文章について、正しいものには○、誤っているものには×をつけよう。

(1) 住宅取得のための資金の贈与を受けた者について、その年の所得税法に定める合計所得金額が2,000万円を超えている場合でも、相続時精算課税制度の特例の適用を受けることができる。

(2) 父母双方から住宅取得のための資金の贈与を受けた場合において、父母のいずれかが60歳以上であるときには、双方の贈与とも相続時精算課税制度の特例の適用を受けることはできない。

(3) 相続時精算課税制度の特例の適用を受けた贈与財産の合計額が2,500万円以内であれば、贈与時には贈与税は課されないが、相続時には一律20%の税率で相続税が課される。

1 直系尊属から住宅取得等資金の贈与を受けた場合の贈与税の非課税は、直系尊属（親や祖父母）から**資金**の贈与を受けた場合に適用されます。住宅用家屋そのものの贈与を受けた場合には、適用されません。 ★【×】

2 この特例の対象となるのは、相続税法の**施行地（日本）**にある家屋を取得する場合に限られます。 【×】

3 **贈与者の年齢に関しては**、**定めがありません**。直系尊属からの贈与であれば、適用を受けることができます。一方、受贈者は、贈与年の１月１日時点で**18**歳以上である必要があります。 ★【○】

4 贈与を受けた年の合計所得金額が**2,000**万円を超える受贈者は、適用を受けることができません。 ★【×】

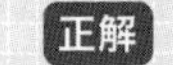

Ken's Point

宅建試験において、贈与税を網羅しようとするのは、やめたほうがよいでしょう。住宅取得資金の贈与を受けた場合の非課税と相続時精算課税制度の違いのみを攻略すれば、十分です。

一問一答！　解答＆解説

(1) ○：相続時精算課税制度には所得制限がない　(2) ×：相続時精算課税の特例は、贈与者の年齢を問わず適用されるので、父母双方の贈与について、特例の適用を受けることができる　(3) ×：相続時に課される相続税の税率は、相続財産の額により違うので、一律20%の税率ではない

□１回目　／
□２回目　／
□３回目　／

地価公示法に関する次の記述のうち、誤っているものはどれか。

1 地価公示は、土地鑑定委員会が、一定の都市計画区域その他の土地取引が相当程度見込まれるものとして国土交通省令で定める区域内の標準地について、毎年１月１日における単位面積当たりの正常な価格を判定し、公示することにより行われる。

2 地価公示の標準地は、自然的及び社会的条件からみて類似の利用価値を有すると認められる地域において、土地の利用状況、環境等が通常と認められる一団の土地について選定される。

3 標準地の鑑定評価は、近傍類地の取引価格から算定される推定の価格、近傍類地の地代等から算定される推定の価格及び同等の効用を有する土地の造成に要する推定の費用の額を勘案して行われる。

4 都道府県知事は、土地鑑定委員会が公示した事項のうち、当該都道府県に存する標準地に係る部分を記載した書面及び当該標準地の所在を表示する図面を、当該都道府県の事務所において一般の閲覧に供しなければならない。

2000年 問29（改題）

以下の文章について、正しいものには〇、誤っているものには×をつけよう。

(1) 土地鑑定委員会は、公示区域内の標準地について、毎年１回、一定の基準日における当該標準地の単位面積当たりの正常な価格を判定し、公示する。

(2) 土地鑑定委員会は、自然的及び社会的条件からみて類似の利用価値を有すると認められる地域において、土地の利用状況、環境等が特に良好と認められる一団の土地について標準地を選定する。

(3) 都市及びその周辺の地域等で土地の取引を行う者は、公示価格を規準として取引を行うよう努めなければならない。

1 **地価公示**は、土地鑑定委員会が都市計画区域または国土交通省令で定める区域内の**標準地**について、毎年**1月1日**における単位面積当たりの正常な価格を判定し、公示することにより行われます。 ★【○】

2 地価公示の**標準地**は、自然的及び社会的条件からみて類似の利用価値を有すると認められる地域において、土地の利用状況、環境等が**通常**と認められる一団の土地について選定されます。 ★【○】

3 標準地の**鑑定評価**は、①近傍類地の取引価格から算定される推定の価格、②近傍類地の地代等から算定される推定の価格、③同等の効用を有する土地の造成に要する推定の費用の額を**3つとも勘案**して行われます。 ★【○】

4 **市町村長**は、土地鑑定委員会が公示した事項のうち、当該市町村に属する都道府県に存する標準地に係る部分を記載した書面及び当該標準地の所在を表示する図面を、当該**市町村の事務所**において**一般の閲覧**に供する必要があります。 ★【×】

正解 4

土地鑑定委員会の仕事

標準地の選定	①都市計画区域その他の土地取引が相当程度見込まれる一定の区域内（国土法の規制区域を除く） ②土地の利用状況、環境等が通常と認められる一団の土地
鑑定評価（2人以上の不動産鑑定士）	①土地鑑定委員会の求めにより、標準地の鑑定評価をする ②標準地上に建物等が存在し、または、地上権等が設定されている場合には、これらが存しないものとして鑑定評価する
正常な価格の判定	①不動産鑑定士の鑑定評価結果を審査・必要な調整などを行う。 ②1月1日現在の標準地の単位面積当たりの正常な価格を判定
公示	年1回官報にて公示 ①所在する市町村・地番（住居表示を含む） ②単位面積当たりの価格・その価格判定基準日 ③地積・形状 ④土地利用の現況（周辺・前面道路を含む）
送付	関係市町村の長に対し、その市町村が所在する都道府県の標準地の公示価格が記載された書面と図面を送付

一問一答！ 解答＆解説

(1) ○ (2) ×：「特に良好」と認められる土地から選定するわけではない (3) ×：規準ではなく指標である

□ 1回目　/
□ 2回目　/
□ 3回目　/

地価公示法に関する次の記述のうち、正しいものはどれか。

1 土地鑑定委員会は、標準地の単位面積当たりの価格及び当該標準地の前回の公示価格からの変化率等一定の事項を官報により公示しなければならないとされている。

2 土地鑑定委員会は、公示区域内の標準地について、毎年２回、２人以上の不動産鑑定士の鑑定評価を求め、その結果を審査し、必要な調整を行って、一定の基準日における当該標準地の単位面積当たりの正常な価格を判定し、これを公示するものとされている。

3 標準地は、土地鑑定委員会が、自然的及び社会的条件からみて類似の利用価値を有すると認められる地域において、土地の利用状況、環境等が通常であると認められる一団の土地について選定するものとされている。

4 土地の取引を行なう者は、取引の対象となる土地が標準地である場合には、当該標準地について公示された価格により取引を行なう義務を有する。

2017年 問25

以下の文章について、正しいものには○、誤っているものには×をつけよう。

(1) 土地鑑定委員会が標準地の単位面積当たりの正常な価格を判定したときは、標準地の形状についても公示しなければならない。

(2) 土地鑑定委員会は、標準地について、２人以上の不動産鑑定士の鑑定評価を求めるものとし、当該２人以上の不動産鑑定士は、土地鑑定委員会に対し、鑑定評価書を連名で提出しなければならない。

(3) 土地鑑定委員会は、その土地に地上権が存する場合であっても、標準地として選定することができる。

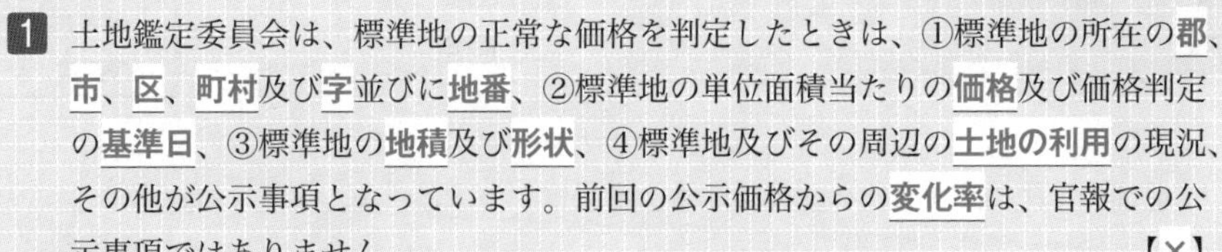

1 土地鑑定委員会は、標準地の正常な価格を判定したときは、①標準地の所在の**郡**、**市**、**区**、**町村**及び**字**並びに**地番**、②標準地の単位面積当たりの**価格**及び価格判定の**基準日**、③標準地の**地積**及び**形状**、④標準地及びその周辺の**土地の利用**の現況、その他が公示事項となっています。前回の公示価格からの**変化率**は、官報での公示事項ではありません。 【×】

2 土地鑑定委員会が、**２人以上の不動産鑑定士**に標準地の鑑定評価を求め、その結果を公示するのは**毎年１回**です。本肢は「毎年２回」としているので誤りです。 ★【×】

3 標準地は、土地鑑定委員会が、自然的及び社会的条件からみて類似の利用価値を有すると認められる地域において、土地の利用状況、環境等が**通常**であると認められる一団の土地について選定されます。 ★【○】

4 地価公示法では、土地の取引を行うものに対して、公示価格を指標として取引を行うよう**努力義務**を課しているだけで、その価格で取引を行う義務まではありません。 ★【×】

正解 3

Ken's Point

公示価格について整理しておきましょう。取引の際は努力義務で任意なのに対して、補償金などは規準として公示価格を考慮する義務がある点に注意しましょう。

①一般の土地の取引価格の目安（指標）を与える
「取引」　⇒指標として努めなければならない（努力義務）
②公共用地等の取得価格の算定等に資する
「取引以外」⇒規準としなければならない（義務）

一問一答！ 解答＆解説

(1) ○　(2) ×：鑑定した不動産鑑定士ごとに提出する必要があり、「連名で」提出するわけではない　(3) ○

□1回目　　/
□2回目　　/
□3回目　　/

地価公示法に関する次の記述のうち、正しいものはどれか。

1 公示区域とは、土地鑑定委員会が都市計画法第4条第2項に規定する都市計画区域内において定める区域である。

2 土地収用法その他の法律によって土地を収用することができる事業を行う者は、公示区域内の土地を当該事業の用に供するため取得する場合において、当該土地の取得価格を定めるときは、公示価格を規準としなければならない。

3 土地の取引を行う者は、取引の対象土地に類似する利用価値を有すると認められる標準地について公示された価格を指標として取引を行わなければならない。

4 土地鑑定委員会が標準地の単位面積当たりの正常な価格を判定したときは、当該価格については官報で公示する必要があるが、標準地及びその周辺の土地の利用の現況については官報で公示しなくてもよい。

2011年 問25

以下の文章について、正しいものには○、誤っているものには×をつけよう。

(1) 標準地は、都市計画区域外や国土利用計画法の規定により指定された規制区域内からは選定されない。

(2) 公示価格は、標準地の単位面積当たりの正常な価格、すなわち、土地について、自由な取引が行われるとした場合におけるその取引において通常成立すると認められる価格を示すものであり、公共事業の用に供する土地の取得価格の算定の規準ともなるものである。

(3) 公示価格は、一般の土地の取引価格に対する指標となるものであり、国又は地方公共団体がその所有する土地の取引を行う場合においても、公示価格を指標として取引を行うよう努めなければならない。

1 公示区域とは、都市計画法に規定する都市計画区域その他の土地取引が相当程度見込まれるものとして**国土交通省令**で定める区域です。都市計画区域に限定しておらず、**都市計画区域外**にも定めることができます。 ★【×】

2 土地収用法その他の法律によって土地を収用することができる事業を行う者は、公示区域内の土地を当該事業の用に供するため取得する場合において、当該土地の取得価格を定めるときは、**公示価格**を規準としなければなりません。 ★【○】

3 土地の取引を行う者は、取引の対象土地に類似する利用価値を有すると認められる標準地について、公示された価格を指標として取引を行うよう、**努めなければなりません**。これはあくまでも**努力義務**です。 ★【×】

4 土地鑑定委員会は、標準地の正常な価格を判定したときは、以下の①〜⑤を官報で公示することになっています。**標準地**及びその周辺の**土地の利用の現況**も公示事項となっています。

①標準地の所在の**郡**、**市**、**区**、**町村**及び**字**並びに**地番**
②標準地の**単位面積当たりの価格**及び価格判定の基準日
③標準地の**地積**及び**形状**
④標準地及びその周辺の**土地の利用**の現況
⑤その他国土交通省令で定める事項 ★【×】

正解 2

Ken's Point

公示価格は、取引の指標とするために価格を公示するので、都市計画区域だけでなく、取引が相当程度見込まれるところであれば、公示区域として指定することになります。

一問一答！ 解答&解説

(1) **×：都市計画区域外から選定されることもあり得る** (2) **○** (3) **○：国・地方公共団体も取引を行う場合は指標とする努力義務がある**

□１回目　／
□２回目　／
□３回目　／

地価公示法に関する次の記述のうち、誤っているものはどれか。

1 都市及びその周辺の地域等において、土地の取引を行う者は、取引の対象土地に類似する利用価値を有すると認められる標準地について公示された価格を指標として取引を行うよう努めなければならない。

2 地価公示は、土地鑑定委員会が、毎年１回、２人以上の不動産鑑定士の鑑定評価を求め、その結果を審査し、必要な調整を行って、標準地の正常な価格を判定し、これを公示するものである。

3 標準地の正常な価格とは、土地について、自由な取引が行われるとした場合に通常成立すると認められる価格をいい、当該土地に地上権がある場合には、その地上権が存するものとして通常成立すると認められる価格をいう。

4 標準地の鑑定評価は、近傍類地の取引価格から算定される推定の価格、近傍類地の地代等から算定される推定の価格及び同等の効用を有する土地の造成に要する推定の費用の額を勘案して行われる。

2002年 問29（改題）

以下の文章について、正しいものには○、誤っているものには×をつけよう。

(1) 公示価格は、一般の土地の取引価格に対する指標となるものであり、標準地の鑑定評価を行うに当たっては、近傍類地の地代等から算定される推定の価格、いわゆる収益価格を勘案する必要はない。

(2) 標準地の正常な価格は、土地鑑定委員会が各標準地について２人以上の不動産鑑定士の鑑定評価を求め、その結果を審査し、必要な調整を行って判定される。

(3) 標準地の正常な価格とは、土地について、自由な取引が行われるとした場合におけるその取引において通常成立すると認められる価格をいう。

1 都市及びその周辺の地域等において、土地の取引を行う者は、取引の対象土地に類似する利用価値を有すると認められる標準地について、公示された価格を指標として取引を行うよう、努めなければなりません。この規定は**努力義務**であり、公示価格を指標として取引をしなければならないわけではないことに注意しましょう。

★【○】

2 地価公示は、土地鑑定委員会が、**毎年１回**、**２人以上の不動産鑑定士**の鑑定評価を求め、その結果を審査し必要な調整を行って、標準地の正常な価格を判定し公示するものです。地価公示の**基準日は毎年１月１日**、公示は同年**３月下旬**頃に行われます。

★【○】

3 地価公示では**更地**と仮定して土地の価格を判定します。土地に建物等が建っている場合、または地上権等の使用収益を制限する権利が設定されている場合は、それらをないものとした価格が、**正常な価格**となります。

★【×】

4 標準地の鑑定評価は、①近傍類地の取引価格から算定される推定の価格、②近傍類地の地代等から算定される推定の価格、③同等の効用を有する土地の造成に要する推定の費用の額を**３つとも勘案**して行われます。

★【○】

正解 **3**

Ken's Point

不動産鑑定士は、標準地の鑑定評価を行うに当たっては、①近傍類地の取引価格から算定される推定の価格、②近傍類地の地代等から算定される推定の価格、③同等の効用を有する土地の造成に要する推定の費用の額を勘案して行わなければなりません。これは地価公示法で頻出のフレーズです。①は取引事例比較法、②は収益還元法、③は原価法を指します。これらは「いずれかを勘案」ではなく原則すべて勘案します。「平均する」でもありません。

一問一答！ 解答＆解説

(1) **×：収益価格も勘案する必要がある**　(2) **○**　(3) **○**

□1回目　　/
□2回目　　/
□3回目　　/

地価公示法に係る次の記述のうち、正しいものはどれか。

1 公示区域内の土地を対象とする鑑定評価については、公示価格を規準とする必要があり、その際には、当該対象土地に最も近接する標準地との間に均衡をもたせる必要がある。

2 標準地の鑑定評価は、近傍類地の取引価格から算定される推定の価格、近傍類地の地代等から算定される推定の価格及び同等の効用を有する土地の造成に要する推定の費用の額を勘案して行われる。

3 地価公示において判定を行う標準地の正常な価格とは、土地について、自由な取引が行われるとした場合において通常成立すると認められる価格をいい、当該土地に、当該土地の使用収益を制限する権利が存する場合には、これらの権利が存するものとして通常成立すると認められる価格をいう。

4 地価公示の標準地は、自然的及び社会的条件からみて類似の利用価値を有すると認められる地域において、土地の利用状況、環境等が最も優れていると認められる一団の土地について選定するものとする。

2009年 問25

理解を深掘り！　一問一答！

以下の文章について、正しいものには〇、誤っているものには×をつけよう。

(1) 地価公示の標準地は、土地の利用状況、環境等が通常と認められる一団の土地について、国土交通大臣が選定する。

(2) 地価公示は、土地鑑定委員会が、公示区域内の標準地について、毎年１月１日における単位面積当たりの正常な価格を判定し、公示することにより行われる。

(3) 土地鑑定委員会が標準地の単位面積当たりの正常な価格を判定したときは、標準地の単位面積当たりの価格のほか、標準地の価格の総額及び標準地の形状についても公示しなければならない。

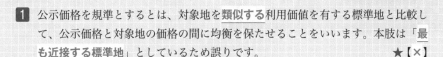

1 公示価格を規準とするとは、対象地を**類似する**利用価値を有する標準地と比較して、公示価格と対象地の価格の間に均衡を保たせることをいいます。本肢は「**最も近接する標準地**」としているため誤りです。 ★【×】

2 不動産鑑定士が標準地の鑑定評価を行う際は、①近傍類地の取引価格から算定される**推定の価格**、②近傍類地の地代等から算定される推定の価格、③同等の効用を有する土地の造成に要する**推定の費用**の額を**3つとも勘案**して行います。 ★【○】

3 土地の使用収益を制限する権利が存する場合、その**権利が存しないもの**とした価格を求めます。本肢は「権利が存するものとして」としているため誤りです。 ★【×】

4 地価公示の標準地は、自然的及び社会的条件からみて類似の利用価値を有すると認められる地域において、土地の利用状況、環境等が**通常**と認められる一団の土地について選定されます。本肢は「最も優れている土地」としているため、誤りです。 ★【×】

正解 2

Ken's Point

鑑定評価は、なるべく高く鑑定しようという流れがあります。権利が存するものではなく、更地評価の権利が存しないものとして考えます。また、「標準地＝標準の土地＝通常の土地」というイメージを持ちましょう。優良な土地ではありません。

一問一答！　解答&解説

(1) ×：土地鑑定委員会が選定する　(2) ○　(3) ×：総額は公示不要である

□1回目　／
□2回目　／
□3回目　／

地価公示法に関する次の記述のうち、正しいものはどれか。

1 土地鑑定委員会は、標準地の価格の総額を官報で公示する必要はない。

2 土地の使用収益を制限する権利が存する土地を標準地として選定することはできない。

3 不動産鑑定士が土地鑑定委員会の求めに応じて標準地の鑑定評価を行うに当たっては、標準地の鑑定評価額が前年の鑑定評価額と変わらない場合は、その旨を土地鑑定委員会に申告することにより、鑑定評価書の提出に代えることができる。

4 不動産鑑定士は、土地鑑定委員会の求めに応じて標準地の鑑定評価を行うに当たっては、近傍類地の取引価格から算定される推定の価格を基本とし、必要に応じて、近傍類地の地代等から算定される推定の価格及び同等の効用を有する土地の造成に要する推定の費用の額を勘案しなければならない。

2014年 問25

理解を深掘り！　一問一答！

以下の文章について、正しいものには○、誤っているものには×をつけよう。

(1) 土地収用法その他の法律によって土地を収用することができる事業を行う者は、標準地として選定されている土地を取得する場合において、当該土地の取得価格を定めるときは、公示価格と同額としなければならない。

(2) 標準地の正常な価格は、当該土地に建物があるときは、建物があるものとして、判定される。

(3) 標準地の鑑定評価を行う際は、近傍類地の取引価格から算定される推定の価格、近傍類地の地代等から算定される推定の価格又は同等の効用を有する土地の造成に要する推定の費用の額の平均を求めることにより行われる。

1 土地鑑定委員会は、標準地の正常な価格を判定したときは、官報で公示することになっています。土地鑑定委員会が公示するのは、標準地の**単位面積当たり**の価格であり、総額ではありません。 ★【○】

2 地上権、賃借権などの土地の使用収益を制限する権利や建物が**存する土地を標準地**として選定することも可能です。その場合、不動産鑑定評価基準に基づき、**権利**や**建物**が**存在しないもの**として算定します。 ★【×】

3 本肢のような規定は存在しません。鑑定評価を行った不動産鑑定士は、土地鑑定委員会に対して**鑑定評価書**を提出しなければならないと定められています。 【×】

4 不動産鑑定士は、標準地の鑑定評価を行うに当たっては、近傍類地の取引価格から算定される推定の価格だけでなく、近傍類地の地代等から算定される**推定の価格**及び同等の効用を有する土地の造成に要する**推定の費用の額**を**すべて勘案**して行わなければなりません。必要に応じてではありません。 ★【×】

正解 1

Ken's Point

官報で公示する内容は、しっかり確認しましょう。特に以下の①～④は重要です。

年1回官報にて**公示**すべき事項
①所在する**市町村**・**地番**（住居表示を含む）
②**単位面積当たりの価格**・その価格判定**基準日**
③**地積**・**形状**
④標準地及びその周辺の土地利用の**現況**
⑤その他国土交通省令で定める事項

一問一答！ 解答＆解説

(1) ×：公示価格を規準とするのであり、公示価格と同額で取得する必要はない
(2) ×：建物がないものとして判定する (3) ×：「又は」ではなく「及び」であり、「平均」ではなく「勘案」する

□1回目　　/
□2回目　　/
□3回目　　/

不動産の鑑定評価に関する次の記述のうち、不動産鑑定評価基準によれば、正しいものはどれか。

1 不動産の鑑定評価によって求める価格は、基本的には正常価格であるが、市場性を有しない不動産については、鑑定評価の依頼目的及び条件に応じて限定価格、特定価格又は特殊価格を求める場合がある。

2 同一需給圏とは、一般に対象不動産と代替関係が成立して、その価格の形成について相互に影響を及ぼすような関係にある他の不動産の存する圏域をいうが、不動産の種類、性格及び規模に応じた需要者の選好性によって、その地域的範囲は狭められる場合もあれば、広域的に形成される場合もある。

3 鑑定評価の各手法の適用に当たって必要とされる取引事例等については、取引等の事情が正常なものと認められるものから選択すべきであり、売り急ぎ、買い進み等の特殊な事情が存在する事例を用いてはならない。

4 収益還元法は、対象不動産が将来生み出すであろうと期待される純収益の現在価値の総和を求めることにより対象不動産の試算価格を求める手法であるが、市場における土地の取引価格の上昇が著しいときは、その価格と収益価格との乖離が増大するものであるため、この手法の適用は避けるべきである。

2016年 問25

理解を深掘り！　一問一答！

以下の文章について、正しいものには○、誤っているものには×をつけよう。

(1) 正常価格とは、市場性を有する不動産について、現実の社会経済情勢の下で合理的と考えられる条件を満たす市場で形成されるであろう市場価値を表示する適正な価格をいう。

(2) 市場性を有する不動産について、法令等による社会的要請を背景とする評価目的の下で、正常価格の前提となる諸条件を満たさない場合における不動産の経済価値を適正に表示する価格を限定価格という。

(3) 資産の流動化に関する法律に基づく評価目的の下で、投資家に示すための投資採算価値を表す価格を求める場合は、正常価格ではなく、特定価格として求めなければならない。

1 不動産の鑑定評価で求める価格は4つあり、①**正常**価格・②**限定**価格・③**特定**価格は市場性を有する不動産についての価格、④**特殊**価格のみが市場性を有しない不動産についての価格となっています。よって、市場性を有しない不動産について、限定価格と特定価格を求めることはありません。 ★【×】

2 **同一需給圏**とは、一般に対象不動産と代替関係が成立して、その価格の形成について相互に影響を及ぼすような関係にある他の不動産の存する圏域をいいます。また、不動産の種類、性格及び規模に応じた需要者の選好性によって、その地域的範囲は狭められる場合もあれば、広域的に形成される場合もあります。 【○】

3 取引事例比較法で用いる取引事例等については、売り急ぎ、買い進み等の特殊な事情が存在する場合でも、事情補正により**正常なものに補正**することができる場合には、取引事例等として選択することができます。 ★【×】

4 収益還元法は、対象不動産が将来生み出すであろうと期待される純収益の現在価値の総和を求めることにより対象不動産の試算価格を求める手法で、①**直接還元法**と② **DCF 法**の2つがあります。**市場における不動産の取引価格の上昇が著しいとき**は、取引価格と収益価格との乖離が増大するので、適正な価格を評価するために**収益還元法の適用が有効**です。 ★【×】

正解 2

不動産の鑑定評価における4つの価格のキーワード

①正常価格	市場性を有する不動産が合理的と考えられる条件を満たす市場で成立する価格
②限定価格	市場性を有する不動産市場が相対的に限定
③特定価格	市場性を有する不動産について正常価格の前提となる条件を満たさない
④特殊価格	市場性を有しない

一問一答！ 解答&解説

(1) ○ (2) ×：本問は「特定価格」の説明文である (3) ○

□1回目　/
□2回目　/
□3回目　/

不動産の鑑定評価に関する次の記述のうち、不動産鑑定評価基準によれば、正しいものはどれか。

1 不動産の価格は、その不動産の効用が最高度に発揮される可能性に最も富む使用を前提として把握される価格を標準として形成されるが、これを最有効使用の原則という。

2 収益還元法は、賃貸用不動産又は賃貸以外の事業の用に供する不動産の価格を求める場合に特に有効な手法であるが、事業の用に供さない自用の不動産の鑑定評価には適用すべきではない。

3 鑑定評価の基本的な手法は、原価法、取引事例比較法及び収益還元法に大別され、実際の鑑定評価に際しては、地域分析及び個別分析により把握した対象不動産に係る市場の特性等を適切に反映した手法をいずれか1つ選択して、適用すべきである。

4 限定価格とは、市場性を有する不動産について、法令等による社会的要請を背景とする鑑定評価目的の下で、正常価格の前提となる諸条件を満たさないことにより正常価格と同一の市場概念の下において形成されるであろう市場価値と乖離することとなる場合における不動産の経済価値を適正に表示する価格のことをいい、民事再生法に基づく鑑定評価目的の下で、早期売却を前提として求められる価格が例としてあげられる。

2018年 問25

理解を深掘り！　一問一答！

以下の文章について、正しいものには○、誤っているものには×をつけよう。

(1) 収益価格を求める方法には、直接還元法とDCF（Discounted Cash Flow）法とがあるが、不動産の証券化に係る鑑定評価で毎期の純収益の見通し等について詳細な説明が求められる場合には、直接還元法の適用を原則とする。

(2) 不動産の価格を求める鑑定評価の手法は、不動産の再調達原価に着目する原価法、不動産の取引事例に着目する取引事例比較法及び不動産から生み出される収益に着目する収益還元法に大別される。

(3) 鑑定評価の手法は、不動産の再調達に要する原価に着目する原価法、不動産の取引事例に着目する取引事例比較法及び不動産から生み出される収益に着目する収益還元法があり、原則として、複数の鑑定評価の手法を適用すべきである。

1 **最有効使用の原則**とは、不動産鑑定評価をするうえでの価格原則の一つで、その不動産を実現可能な範囲内で**最も有効的に活用**したことを前提として把握される価格を標準として土地の価格を決定するというものです。 ★【○】

2 収益還元法は、対象不動産が将来生み出すであろうと期待される**純収益**の現在価値の総和を求めることにより対象不動産の試算価格を求める手法で、①**直接還元**法と② **DCF** 法の２つがあります。収益還元法は、**賃貸物件**の価格を求める際に特に有効ですが、**自用の不動産の場合であっても、賃貸を想定することにより適用**できます。 ★【×】

3 不動産の鑑定評価の手法には、①**原価**法、②**取引事例比較**法、③**収益還元**法の３つがあり、不動産鑑定評価基準では、対象不動産の市場の特性等を適切に反映した**複数の手法を併用**して適用すべきであるとしています。 ★【×】

4 本肢は**特定価格**についての説明なので誤りです。**限定価格**とは、市場性を有する不動産について、不動産と取得する他の不動産との併合又は不動産の一部を取得する際の分割等に基づき正常価格と同一の市場概念の下において形成されるであろう市場価値と乖離することにより、市場が相対的に**限定**される場合における取得部分の当該市場限定に基づく市場価値を**適正に表示する価格**をいいます。 ★【×】

正解 **1**

Ken's Point

直接還元法と DCF 法は、収益還元法の内容に関する問題の選択肢によく出る言葉ですが、期間のキーワードで判断してしまうのも一つの方法です。

- **直接還元法⇒一期間**
- **DCF 法　⇒複数の期間**

一問一答！　解答＆解説

(1) ×：DCF 法が原則である　(2) ○　(3) ○

不動産の鑑定評価に関する次の記述のうち、不動産鑑定評価基準によれば、誤っているものはどれか。

1 不動産の価格を形成する要因とは、不動産の効用及び相対的稀少性並びに不動産に対する有効需要の三者に対する影響を与える要因をいう。不動産の鑑定評価を行うに当たっては、不動産の価格を形成する要因を明確に把握し、かつ、その推移及び動向並びに諸要因間の相互関係を十分に分析すること等が必要である。

2 不動産の鑑定評価における各手法の適用に当たって必要とされる事例は、鑑定評価の各手法に即応し、適切にして合理的な計画に基づき、豊富に秩序正しく収集、選択されるべきであり、例えば、投機的取引と認められる事例は用いることができない。

3 取引事例比較法においては、時点修正が可能である等の要件をすべて満たした取引事例について、近隣地域又は同一需給圏内の類似地域に存する不動産に係るもののうちから選択するものとするが、必要やむを得ない場合においては、近隣地域の周辺の地域に存する不動産に係るもののうちから選択することができる。

4 原価法における減価修正の方法としては、耐用年数に基づく方法と、観察減価法の二つの方法があるが、これらを併用することはできない。

2012年 問25

理解を深掘り！ 一問一答！

以下の文章について、正しいものには○、誤っているものには×をつけよう。

(1) 価格形成要因のうち一般的要因とは、一般経済社会における不動産のあり方及びその価格の水準に影響を与える要因をいい、自然的要因、人為的要因及び経済的要因に大別される。

(2) 価格形成要因のうち地域要因とは、一般的要因の相関結合によって規模、構成の内容、機能等にわたる各地域の特性を形成し、その地域に属する不動産の価格の形成に全般的な影響を与える要因をいう。

(3) 価格形成要因のうち個別的要因とは、不動産に個別性を生じさせ、その価格を個別的に形成する要因をいい、土地、建物等の区分に応じて分析する必要がある。

1 不動産の価格を形成する要因とは、不動産の**効用**及び**相対的稀少性**並びに不動産に対する**有効需要**の三者に影響を与える要因をいいます。不動産の価格は、これらの要因により決定されますが、これらの要因も常に**変動**します。鑑定評価を行う際には、価格形成要因を市場参加者の観点から明確に把握し、かつ、その推移及び動向並びに諸要因間の相互関係を十分に分析し、先の三者に及ぼすその影響を判定することが必要です。【○】

2 取引事例等は、鑑定評価の各手法に即応し、適切にして合理的な計画に基づき、豊富に秩序正しく収集し、選択すべきであり、**投機的取引**であると認められる事例等、**適正さを欠くものであってはなりません**。★【○】

3 取引事例比較法においては、時点修正や事情補正が可能である等の要件をすべて満たした取引事例について、**近隣地域**又は**同一需給圏内の類似地域**に存する不動産を選択するのが原則ですが、必要やむを得ない場合には、**近隣地域の周辺の地域**に存する不動産から選択できます。★【○】

4 原価法は、価格時点における対象不動産の再調達原価を求め、この再調達原価について減価修正を行って対象不動産の試算価格を求める手法です。原価法において再調達価格から控除する減価額を求める方法には、①**耐用年数に基づく方法**と②**観察減価法**の２つがあり、これらを必ず併用しなければいけません。【×】

第3章 ②

不動産鑑定評価基準

Ken's Point

不動産鑑定評価基準の問題で「～できない」「～すべきではない」という選択肢は、誤りの可能性が高いです。なるべくいろいろな考え方を参酌すべきだからです。ただ、投機的取引は、さすがに普通の取引ではないので、考慮すべきではありません。

一問一答！ 解答＆解説

(1) **×：一般的要因には、自然的要因、社会的要因、経済的要因、行政的要因があり、人為的要因は入っていない** (2) ○ (3) ○

□1回目　　/
□2回目　　/
□3回目　　/

不動産の鑑定評価に関する次の記述のうち、正しいものはどれか。

1 不動産の価格を求める鑑定評価の手法は、原価法、取引事例比較法及び収益還元法に大別されるが、鑑定評価に当たっては、案件に即してこれらの三手法のいずれか１つを適用することが原則である。

2 取引事例比較法とは、まず多数の取引事例を収集して適切な事例の選択を行い、これらに係る取引価格に必要に応じて事情補正及び時点修正を行い、かつ、地域要因の比較及び個別的要因の比較を行って求められた価格を比較考量し、これによって対象不動産の試算価格を求める手法である。

3 収益還元法は、学校、公園等公共又は公益の目的に供されている不動産も含めすべての不動産に適用すべきものであり、自用の住宅地といえども賃貸を想定することにより適用されるものである。

4 賃料の鑑定評価において、支払賃料とは、賃料の種類の如何を問わず貸主に支払われる賃料の算定の期間に対応する適正なすべての経済的対価をいい、純賃料及び不動産の賃貸借等を継続するために通常必要とされる諸経費等から成り立つものである。

2001年 問29

理解を深掘り！　一問一答！

以下の文章について、正しいものには〇、誤っているものには×をつけよう。

(1) 取引事例等に係る取引が特殊な事情を含み、これが当該取引事例等に係る価格等に影響を及ぼしている場合に、適切に補正することを時点修正という。

(2) 原価法は、求めた再調達原価について減価修正を行って対象物件の価格を求める手法であるが、建設費の把握が可能な建物のみに適用でき、土地には適用できない。

(3) 市場における土地の取引価格の上昇が著しいときは、その価格と収益価格の乖離が増大するものであるので、土地の鑑定評価に収益還元法が適用できなくなることに留意すべきである。

1 不動産の鑑定評価の手法には、①**原価**法、②**取引事例比較**法、③**収益還元**法の3つがあり、対象不動産の市場の特性等を適切に反映した**複数の手法を併用**して適用すべきであるとしています。 ★【×】

2 **取引事例比較法**は、多数の取引事例を収集して適切な事例の選択を行い、これらに係る取引価格に必要に応じて事情補正及び時点修正を行い、かつ、地域要因の比較及び個別的要因の比較を行って求められた価格を比較考量し、対象不動産の試算価格を求める手法です。 ★【○】

3 **収益還元法**は、文化財の指定を受けた建造物等の一般的に市場性を有しない不動産以外のものには基本的にすべて適用すべきものであり、自用の不動産といえども賃貸を想定することにより適用されるものです。**学校、公園**等公共又は公益の目的に供されている不動産は、市場性を有しないので、文化財等と同じく収益還元法を適用すべきではありません。 【×】

4 本肢の記述は**実質賃料**の定義なので誤りです。**支払賃料**とは、各支払時期に支払われる賃料をいい、契約に当たって、権利金、敷金、保証金等の一時金が授受される場合においては、当該一時金の運用益及び償却額とあわせて実質賃料を構成するものと定義されています。少しわかりにくいですが、「実質賃料＝支払賃料＋**一時金の運用益及び償却額**」ということです。 ★【×】

正解 2

Ken's Point

支払賃料と実質賃料は、次のようなイメージで理解しておけば十分です。

- **支払賃料＝毎月払う賃料**
- **実質賃料＝権利金、敷金等の他にも大家さんに払う合計**

一問一答！ 解答＆解説

(1) **×：時点修正ではなく事情補正である** (2) **×：土地でも、造成などで再調達原価を考慮できるときであれば原価法の適用が可能である** (3) **×：収益還元法を適用すべきである**

□1回目　／
□2回目　／
□3回目　／

不動産の鑑定評価に関する次の記述のうち、不動産鑑定評価基準によれば、正しいものはどれか。

1 不動産の価格を求める鑑定評価の手法は、原価法、取引事例比較法及び収益還元法に大別され、鑑定評価に当たっては、原則として三方式のいずれか1つを適用すべきである。

2 土地についての原価法の適用において、宅地造成直後と価格時点とを比べ、公共施設等の整備等による環境の変化が価格水準に影響を与えていると認められる場合には、地域要因の変化の程度に応じた増加額を熟成度として加算できる。

3 特殊価格とは、市場性を有する不動産について、法令等による社会的要請を背景とする評価目的の下で、正常価格の前提となる諸条件を満たさない場合における不動産の経済価値を適正に表示する価格をいう。

4 収益還元法は、対象不動産が将来生み出すであろうと期待される純収益の現在価値の総和を求めることにより対象不動産の試算価格を求める手法であることから、賃貸用不動産の価格を求める場合に有効であり、自用の住宅地には適用すべきでない。

2008年 問29（改題）

以下の文章について、正しいものには○、誤っているものには×をつけよう。

(1) 不動産の鑑定評価によって求める価格は、基本的には正常価格であり、正常価格とは、市場性を有する不動産について、現実の社会経済情勢の下で合理的と考えられる条件を満たす市場で形成されるであろう市場価値を表示する適正な価格をいう。

(2) 限定価格とは、市場性を有する不動産について、法令等による社会的要請を背景とする評価目的の下で、正常価格の前提となる諸条件を満たさない場合における不動産の経済価値を適正に表示する価格をいう。

(3) 資産の流動化に関する法律に基づく評価目的の下で、投資家に示すための投資採算価値を表す価格を求める場合は、特殊価格として求めなければならない。

1 不動産鑑定評価基準では、対象不動産の市場の特性等を適切に反映した**複数の手法**を併用して適用すべきであるとしています。 ★【×】

2 土地について原価法を適用する場合に、宅地造成直後と価格時点とを比べ、公共施設等の整備等による**環境の変化**が価格水準に影響を与えていると認められる場合には、地域要因の変化の程度に応じた増加額を**熟成度**として**再調達原価**に加算することができます。 【○】

3 本肢は**特定価格**の説明なので誤りです。**特殊価格**とは、文化財等の一般的に市場性を有しない不動産について、その利用現況を前提とした不動産の経済価値を適正に表示する価格のことを指します。 ★【×】

4 収益還元法は、**賃貸物件**の価格を求める際に有効ですが、自用の不動産の場合でも、賃貸を想定することにより適用できます。 ★【×】

正解 2

鑑定評価の３手法のまとめ

手法		内容
①原価法		価格時点における対象不動産の再調達原価を求め、これを減価修正して対象不動産の試算価格（積算価格）を求める手法
	特徴	対象不動産が土地のみである場合においても、再調達原価を適切に求められるときは適用可
②取引事例比較法		多数の取引事例を収集して適切な事例の選択を行い、これらに係る取引価格に必要に応じて事情補正および時点修正を行い、かつ、地域要因の比較および個別的要因の比較を行って求められた価格を比較考量し、対象不動産の試算価格（比準価格）を求める手法
	特徴	近隣地域もしくは同一需給圏内の類似地域等において対象不動産と類似の不動産の取引が行われている場合または同一需給圏内の代替競争不動産の取引が行われている場合に有効
③収益還元法		対象不動産が将来生み出すであろうと期待される純収益の現在価値の総和を求めることにより、対象不動産の試算価格（収益価格）を求める手法
	特徴	・賃貸用不動産または賃貸以外の事業の用に供する不動産の価格を求める場合に特に有効 ・文化財の指定を受けた建造物等の一般的に市場性を有しない不動産以外のものには、すべて適用すべきものであり、自用の住宅地といえども賃貸を想定することにより適用される ・市場における土地の取引価格の上昇が著しいときは、その価格と収益価格との乖離が増大するものであるので、先走りがちな取引価格に対する有力な験証手段として活用される

一問一答！ 解答＆解説

(1) ○ (2) ×：本問は「特定価格」の説明である (3) ×：「特定価格」で求める

問題 102

□1回目　/
□2回目　/
□3回目　/

不動産の鑑定評価に関する次の記述のうち、不動産鑑定評価基準によれば、正しいものはどれか。

1 不動産鑑定評価基準にいう「特定価格」とは、市場性を有する不動産について、法令等による社会的要請を背景とする鑑定評価目的の下で、正常価格の前提となる諸条件を満たさないことにより正常価格と同一の市場概念の下において形成されるであろう市場価値と乖離することとなる場合における不動産の経済価値を適正に表示する価格をいう。

2 鑑定評価は、対象不動産の現況を所与の条件としなければならず、依頼目的に応じて想定上の条件を付すことはできない。

3 鑑定評価に当たって必要とされる取引事例は、当該事例に係る取引の事情が正常なものでなければならず、特殊な事情の事例を補正して用いることはできない。

4 収益還元法は、対象不動産が将来生み出すであろうと期待される純収益の現在価値の総和を求めることにより対象不動産の試算価格を求める手法であるため、自用の住宅地には適用することはできない。

2004年 問29

理解を深掘り！　一問一答！

以下の文章について、正しいものには○、誤っているものには×をつけよう。

(1) 不動産鑑定評価基準にいう「特定価格」とは、市場性を有しない不動産について、法令等による社会的要請を背景とする評価目的の下、正常価格の前提となる諸条件を満たさない場合における不動産の経済価値を適正に表示する価格をいう。

(2) 取引事例等に係る取引の時点が価格時点と異なり、その間に価格水準に変動があると認められる場合に、当該取引事例等の価格を価格時点の価格に修正することを事情補正という。

(3) 収益還元法は、文化財の指定を受けた建造物等の、一般的に市場性を有しない不動産を除き、あらゆる不動産に適用すべきものであり、自用の住宅地については賃貸を想定することにより適用できる。

1 **特定価格**とは、市場性を有する不動産について、**法令等**による社会的要請を背景とする鑑定評価目的の下で、正常価格の前提となる諸条件を満たさないことにより正常価格と同一の市場概念の下において形成されるであろう市場価値と乖離することとなる場合における不動産の経済価値を適正に表示する価格をいいます。 ★【○】

2 依頼目的や依頼者の事情による制約がある場合、**依頼者の同意**を得て、想定上の条件を設定して鑑定評価を行うことができるとしています。 【×】

3 鑑定評価に当たって必要とされる取引事例は、特殊な事情の事例であっても、これを補正することが可能であれば、**事情補正**および**時点修正**を行った後の事例を用いることが可能です。 ★【×】

4 **収益還元法**は、賃貸不動産の価格を求める場合に特に有効な方法ですが、それに限らず文化財等一般的に市場性を有しないと認められる不動産以外のものには、適用すべきとされています。自用の住宅地であっても**賃貸**を想定することにより適用することが可能です。 ★【×】

1

Ken's Point

鑑定評価は、なるべくさまざまな方向から考えたいので、マイホームでも賃貸に出したらどのくらいの家賃になるかを想定して考慮します。ただし、さすがに文化財のような建物は誰も借りないため、想定不可能で適用できない、と理解しておきましょう。

一問一答！　解答&解説

(1) ×：「市場性を有する不動産」である　(2) ×：事情補正ではなく時点修正である　(3) ○

□ 1回目　/
□ 2回目　/
□ 3回目　/

独立行政法人住宅金融支援機構（以下この問において「機構」という。）に関する次の記述のうち、誤っているものはどれか。

1 機構は、証券化支援事業（買取型）において、金融機関から買い取った住宅ローン債権を担保としてMBS（資産担保証券）を発行している。

2 機構は、災害により住宅が滅失した場合におけるその住宅に代わるべき住宅の建設又は購入に係る貸付金については、元金据置期間を設けることができない。

3 機構は、証券化支援事業（買取型）において、賃貸住宅の建設又は購入に必要な資金の貸付けに係る金融機関の貸付債権については譲受けの対象としていない。

4 機構は、貸付けを受けた者とあらかじめ契約を締結して、その者が死亡した場合に支払われる生命保険の保険金を当該貸付けに係る債務の弁済に充当する団体信用生命保険を業務として行っている。

2020年10月 問46

以下の文章について、正しいものには○、誤っているものには×をつけよう。

(1) 独立行政法人住宅金融支援機構は、証券化支援事業（買取型）において、MBS（資産担保証券）を発行することにより、債券市場（投資家）から資金を調達している。

(2) 独立行政法人住宅金融支援機構は、経済事情の変動に伴い、貸付けを受けた者の住宅ローンの元利金の支払が著しく困難になった場合に、償還期間の延長等の貸付条件の変更を行っている。

(3) 独立行政法人住宅金融支援機構は、証券化支援事業（買取型）において、中古住宅を購入するための貸付債権を買取りの対象としていない。

1 証券化支援事業（買取型）において、金融機関から買い取った住宅ローン債権を担保として**ＭＢＳ**（**資産担保証券**）を発行し、債券市場（投資家）から資金を調達しています。 ★【○】

2 災害により住宅が滅失した場合、その住宅に代わるべき住宅の建設又は購入に係る貸付金については主務大臣と協議の上、**元金据置**期間を設けることができます。 ★【×】

3 証券化支援事業（買取型）の対象は、**自ら居住する**住宅または**親族が居住**する住宅の購入・建築である必要があります。**賃貸住宅**の建設・購入のための住宅ローンについては、**譲受けの対象としていません**。 ★【○】

4 貸付けを受けた者が死亡した場合に支払われる生命保険の保険金を当該貸付けに係る債務の弁済に充当する**団体信用生命保険**を業務として行っています。利用者が住宅ローンの返済を終える前に死亡又は重度障害となった場合も、団体信用生命保険により住宅ローンの返済は終了することとなります。 ★【○】

正解 2

Ken's Point

住宅金融支援機構法の目的は次の３つです。

①	一般の金融機関による住宅の建設等に必要な資金の融通を**支援**
②	良質な住宅の建設等に必要な資金の調達等に関する**情報の提供**
③	一般の金融機関による融通を補完するための災害復興建築物の建設等に必要な資金の**貸付けの業務**（直接融資）

あくまでも支援が目的ですが、直接融資できる場合の知識も大切です。まずは直接融資ができるキーワードである「災害・高齢者・子ども・マンションの共用部分・合理的土地利用・勤労者」を押さえましょう。

一問一答！ 解答＆解説

(1) ○ (2) ○ (3) **×：証券化支援事業（買取型）の対象となる貸付債権に中古住宅購入のための貸付債権も含まれる**

□1回目　／
□2回目　／
□3回目　／

独立行政法人住宅金融支援機構（以下この問において「機構」という。）に関する次の記述のうち、誤っているものはどれか。

1 機構は、住宅の建設又は購入に必要な資金の貸付けに係る金融機関の貸付債権の譲受けを業務として行っているが、当該住宅の建設又は購入に付随する土地又は借地権の取得に必要な資金の貸付けに係る貸付債権については、譲受けの対象としていない。

2 機構は、災害により、住宅が滅失した場合において、それに代わるべき建築物の建設又は購入に必要な資金の貸付けを業務として行っている。

3 機構は、貸付けを受けた者とあらかじめ契約を締結して、その者が死亡した場合に支払われる生命保険の保険金を当該貸付けに係る債務の弁済に充当する団体信用生命保険に関する業務を行っている。

4 機構が証券化支援事業（買取型）により譲り受ける貸付債権は、自ら居住する住宅又は自ら居住する住宅以外の親族の居住の用に供する住宅を建設し、又は購入する者に対する貸付けに係るものでなければならない。

2013年 問46

理解を深掘り！　一問一答！

以下の文章について、正しいものには○、誤っているものには×をつけよう。

(1) 独立行政法人住宅金融支援機構は、証券化支援事業（買取型）において、省エネルギー性に優れた住宅を取得する場合について、貸付金の利率を一定期間引き下げる制度を設けている。

(2) 独立行政法人住宅金融支援機構は、市街地の土地の合理的な利用に寄与する一定の建築物の建設、地震に対する安全性の向上を主たる目的とする住宅の改良に必要な資金の貸付けを業務として行っている。

(3) 独立行政法人住宅金融支援機構は、マンション管理組合や区分所有者に対するマンション共用部分の改良に必要な資金の貸付けを業務として行っている。

1 機構は、自ら居住する住宅もしくは親族が居住する住宅の建設・購入に必要な資金の貸付けに係る金融機関の**貸付債権の譲受け**を業務として行っています。当該**住宅に付随する土地**又は**借地権**の取得に必要な資金の貸付けに係る金融機関の貸付債権も、この対象です。 ★【×】

2 機構は、**災害により住宅が滅失**した場合において、それに代わるべき建築物の建設又は購入に必要な資金の貸付けを業務として行っています。 ★【○】

3 機構は、貸付けを受けた者とあらかじめ契約を締結して、その者が死亡した場合に支払われる生命保険の保険金を当該貸付けに係る債務の弁済に充当する**団体信用生命保険**に関する業務を行っています。 ★【○】

4 機構が**証券化支援事業**（買取型）により譲り受ける貸付債権は、**自ら居住**する住宅または**親族の居住**の用に供する住宅を建設・購入する者に対する貸付けに係るものでなければなりません。 ★【○】

正解 1

Ken's Point

住宅金融支援機構の支援事業の対象は、建物だけでなく土地の権利も含みますが、自ら居住する、または親族の居住に供する住宅を建設・購入するための貸付けでなくてはならない点は重要です。

**一問一答！　解答＆解説**

(1) ○　(2) ○　(3) ○

□ 1回目　　/
□ 2回目　　/
□ 3回目　　/

独立行政法人住宅金融支援機構（以下この問において「機構」という。）に関する次の記述のうち、誤っているものはどれか。

1 機構は、地震に対する安全性の向上を主たる目的とする住宅の改良に必要な資金の貸付けを業務として行っている。

2 機構は、証券化支援事業（買取型）において、住宅の改良に必要な資金の貸付けに係る貸付債権について譲受けの対象としている。

3 機構は、高齢者の家庭に適した良好な居住性能及び居住環境を有する住宅とすることを主たる目的とする住宅の改良（高齢者が自ら居住する住宅について行うものに限る。）に必要な資金の貸付けを業務として行っている。

4 機構は、市街地の土地の合理的な利用に寄与する一定の建築物の建設に必要な資金の貸付けを業務として行っている。

2014年 問46

以下の文章について、正しいものには○、誤っているものには×をつけよう。

(1) 独立行政法人住宅金融支援機構は、事業主又は事業主団体から独立行政法人勤労者退職金共済機構の行う転貸貸付に係る住宅資金の貸付けを受けることができない勤労者に対し、財形住宅貸付業務を行う。

(2) 独立行政法人住宅金融支援機構は、子どもを育成する家庭又は高齢者の家庭に適した良好な居住性能及び居住環境を有する賃貸住宅の建設に必要な資金の貸付けを業務として行っていない。

(3) 独立行政法人住宅金融支援機構は、貸付けを受けた者が景況の悪化や消費者物価の上昇により元利金の支払が困難になった場合には、元利金の支払の免除をすることができる。

1 機構は、**地震**に強い住宅とするための**耐震改修**工事のほか、地方公共団体から勧告等を受けて土砂災害から住宅を守るために行う宅地の**補強**工事などに対して、融資を行っています。 ★【○】

2 証券化支援事業（買取型）において譲受けの対象となる貸付債権は、住宅の**建設**又は**購入**に必要な資金の貸付けに係るものに限られます。**購入に付随する住宅の改良**は必要な資金に含まれますが、**単なる改良に係る貸付債権は対象外**です。 ★【×】

3 機構は、**高齢者**の家庭に適した良好な居住性能及び居住環境を有する住宅とすることを主たる目的とする**住宅の改良**に必要な資金の貸付けを業務として行っています。 ★【○】

4 機構は、市街地の土地の**合理的な利用に寄与**する一定の建築物の建設に必要な資金の貸付けを業務として行っています。 ★【○】

2

Ken's Point

改良（リフォーム）は支援の対象ではありませんが、購入と同時に行う改良は支援の対象になっている点を、しっかりと比較して覚えておきましょう。

一問一答！　解答＆解説

(1) ○　(2) ×：本問における資金の貸付け業務を行っている　(3) ×：元利金の支払いの免除はできない

問題 106

□1回目　/
□2回目　/
□3回目　/

重要度 ★★★

独立行政法人住宅金融支援機構（以下この問において「機構」という。）に関する次の記述のうち、誤っているものはどれか。

1 機構は、証券化支援事業（買取型）において、民間金融機関から買い取った住宅ローン債権を担保としてMBS（資産担保証券）を発行している。

2 証券化支援事業（買取型）における民間金融機関の住宅ローン金利は、金融機関によって異なる場合がある。

3 機構は、証券化支援事業（買取型）における民間金融機関の住宅ローンについて、借入金の元金の返済を債務者本人の死亡時に一括して行う高齢者向け返済特例制度を設けている。

4 機構は、証券化支援事業（買取型）において、住宅の建設や新築住宅の購入に係る貸付債権のほか、中古住宅を購入するための貸付債権も買取りの対象としている。

2012年 問46

以下の文章について、正しいものには○、誤っているものには×をつけよう。

(1) 独立行政法人住宅金融支援機構は、証券化支援事業（保証型）における民間金融機関の住宅ローンについて、借入金の元金の返済を債務者本人の死亡時に一括して行う高齢者向け返済特例制度を設けている。

(2) 独立行政法人住宅金融支援機構は、証券化支援事業（買取型）において、住宅の建設や新築住宅の購入に係る貸付債権を買い取り対象としているのみで、中古住宅を購入するための貸付債権は対象としていない。

(3) 独立行政法人住宅金融支援機構は、証券化支援事業（買取型）において、民間金融機関が貸付ける長期・固定金利の住宅ローン債権を買取りの対象としている。

1 住宅金融支援機構は、住宅の建設などに必要な資金の貸付けに係る金融機関の貸付債権の譲受けを行い、その債権を担保として**MBS**（**資産担保証券**）を発行して投資家から資金の調達を行っています。 ★【○】

2 全期間**固定金利**という条件はありますが、**住宅ローン金利**は金融機関によって異なります。 ★【○】

3 **高齢者向け返済特例制度**は、住宅金融支援機構から高齢者に直接貸し付けた場合に利用できる制度です。証券化支援事業（買取型）で譲り受けた貸付債権に、高齢者向け返済特例制度を適用することはできません。 ★【×】

4 **証券化支援事業**（買取型）の対象となる貸付債権には、**中古住宅購入**のための貸付債権**も含まれます**。 【○】

正解 **3**

Ken's Point

直接融資業務の中で、高齢者が自ら居住する住宅に対して行うバリアフリー工事または耐震改修工事について、毎月の返済は利息のみとして、元金は死亡時に一括返済する高齢者向け返済特例制度は、証券化支援事業（買取型）や証券化支援事業（保証型）では利用できません。この点は大切なポイントです。

一問一答！ 解答＆解説

(1) ×：高齢者向け返済特例制度は、証券化支援事業（保証型）では利用できない
(2) ×：中古住宅も対象である　(3) ○

□1回目　／
□2回目　／
□3回目　／

独立行政法人住宅金融支援機構（以下この問において「機構」という。）が行う証券化支援事業（買取型）に関する次の記述のうち、誤っているものはどれか。

1 証券化支援事業（買取型）において、機構による買取りの対象となる貸付債権には、中古住宅の購入のための貸付債権も含まれる。
2 証券化支援事業（買取型）において、銀行、保険会社、農業協同組合、信用金庫、信用組合などが貸し付けた住宅ローンの債権を買い取ることができる。
3 証券化支援事業（買取型）の住宅ローン金利は全期間固定金利が適用され、どの取扱金融機関に申し込んでも必ず同一の金利になる。
4 証券化支援事業（買取型）において、機構は買い取った住宅ローン債権を担保としてMBS（資産担保証券）を発行することにより、債券市場（投資家）から資金を調達している。

2010年 問46

以下の文章について、正しいものには○、誤っているものには×をつけよう。

(1) 独立行政法人住宅金融支援機構は、災害復興融資、財形住宅融資、子育て世帯向け・高齢者世帯向け賃貸住宅融資など、政策上重要で一般の金融機関による貸付けを補完するための融資業務を行っている。
(2) 独立行政法人住宅金融支援機構は、証券化支援事業（買取型）において、債務者又は債務者の親族が居住する住宅のみならず、賃貸住宅の建設又は購入に必要な資金の貸付けに係る金融機関の貸付債権についても譲受けの対象としている。
(3) 証券化支援事業（買取型）において独立行政法人住宅金融支援機構による譲受けの対象となる貸付債権は、償還方法が毎月払いの元利均等の方法であるものに加え、毎月払いの元金均等の方法であるものもあり、金利は、金融機関によって異なる場合がある。

1 機構による買取りの対象となる貸付債権には、新築住宅のみならず、**中古住宅**の購入のための貸付債権も含まれます。 ★【○】

2 証券化支援事業（買取型）において、銀行、保険会社、農業協同組合、信用金庫、信用組合などが貸し付けた**住宅ローンの債権**を買い取ることができます。★【○】

3 証券化支援事業（買取型）の住宅ローン金利は、全期間**固定金利**が適用されますが、適用金利は**取扱金融機関**により異なります。 ★【×】

4 証券化支援事業（買取型）において、機構は買い取った住宅ローン債権を担保として**MBS**（**資産担保証券**）を発行することにより、債券市場（投資家）から資金を調達しています。 ★【○】

正解 3

Ken's Point

証券化支援事業では、住宅ローンの金利は全期間固定金利が適用されます。金利は金融機関ごとに異なる点や、元利金の支払いが困難になった際に、貸付条件の変更や延滞元利金の支払い方法の変更をすることができますが、**元利金の支払い免除はできません**。

一問一答！ 解答&解説

(1) ○ (2) ×：証券化支援事業（買取型）の対象は、自ら居住する住宅または親族が居住する住宅の購入、新築に係る住宅ローンであり、賃貸住宅は対象外である
(3) ○

問題 108

□1回目　/
□2回目　/
□3回目　/

宅地建物取引業者が行う広告に関する次の記述のうち、不当景品類及び不当表示防止法（不動産の表示に関する公正競争規約を含む。）の規定によれば、正しいものはどれか。

1 新築分譲住宅について、価格Ａで販売を開始してから２か月以上経過したため、価格Ａから価格Ｂに値下げをすることとし、価格Ａと価格Ｂを併記して、値下げをした旨を表示する場合、値下げ金額が明確になっていれば、価格Ａの公表日や値下げの日を表示する必要はない。

2 土地上に古家が存在する場合に、当該古家が、住宅として使用することが可能な状態と認められる場合であっても、古家がある旨を表示すれば、売地と表示して販売しても不当表示に問われることはない。

3 新築分譲マンションの広告において、当該マンションの完成図を掲載する際に、敷地内にある電柱及び電線を消去する加工を施した場合であっても、当該マンションの外観を消費者に対し明確に示すためであれば、不当表示に問われることはない。

4 複数の売買物件を１枚の広告に掲載するに当たり、取引態様が複数混在している場合には、広告の下部にまとめて表示すれば、どの物件がどの取引態様かを明示していなくても不当表示に問われることはない。

2018年 問47

理解を深掘り！　一問一答！

以下の文章について、正しいものには○、誤っているものには×をつけよう。

(1) 新築分譲住宅の販売に当たって行う二重価格表示は、実際に過去において販売価格として公表していた価格を比較対照価格として用いて行うのであれば、値下げの時期から１年以内の期間は表示することができる。

(2) 取引態様については、「売主」、「貸主」、「代理」又は「媒介（仲介）」の別を表示しなければならず、これらの用語以外の「直販」、「委託」等の用語による表示は、取引態様の表示とは認められない。

(3) 宅地建物取引業者が自ら所有する不動産を販売する場合の広告には、取引態様の別として「直販」と表示すればよい。

免除科目②：不当景品類及び不当表示防止法

1 二重価格表示をするための条件として、値下げ前**2か月**以上にわたり実際に販売のために公表していた価格であること等に加え、過去の**販売価格の公表日**及び**値下げの日を明示**したものであることが必要です。 ★【×】

2 当該土地上に、**古家**・**廃屋**がある旨を明示すれば、売地として表示しても不当表示には当たりません。 ★【○】

3 周囲の状況について表示するときには、**現況に反する表示**をしてはいけません。敷地内にある**電柱及び電線を消去する加工を施すこと**は、この規約に違反する行為になります。 ★【×】

4 宅地建物取引業者が広告をするときには、**取引態様**を明示する義務があります。取引態様の違いによって宅地建物取引業者の権限や報酬額が変わってくるため、たとえ取引態様が複数混在している場合でも、まとめて表示してはいけません。**物件ごとに**表示する必要があります。 ★【×】

正解 2

第3章②

Ken's Point

選択肢3について、現実には電線などは見苦しいという理由で、写真を加工して広告に載せている宅建業者はありますが、本来はありのままを載せないといけません。

免除科目②：不当景品類及び不当表示防止法

一問一答！ 解答&解説

(1) ×：二重価格表示ができるのは、値下げの日から6か月以内に限られる　(2) ○
(3) ×：取引態様の別としては、「売主」「貸主」「代理」「媒介（仲介）」のいずれかを用いて表示しなければならない

問題 109

□ 1回目　／
□ 2回目　／
□ 3回目　／

宅地建物取引業者が行う広告に関する次の記述のうち、不当景品類及び不当表示防止法（不動産の表示に関する公正競争規約を含む。）の規定によれば、正しいものはどれか。

1. 新築分譲マンションの販売広告で完成予想図により周囲の状況を表示する場合、完成予想図である旨及び周囲の状況はイメージであり実際とは異なる旨を表示すれば、実際に所在しない箇所に商業施設を表示するなど現況と異なる表示をしてもよい。
2. 宅地の販売広告における地目の表示は、登記簿に記載されている地目と現況の地目が異なる場合には、登記簿上の地目のみを表示すればよい。
3. 住戸により管理費が異なる分譲マンションの販売広告を行う場合、全ての住戸の管理費を示すことが広告スペースの関係で困難なときには、1住戸当たりの月額の最低額及び最高額を表示すればよい。
4. 完成後8か月しか経過していない分譲住宅については、入居の有無にかかわらず新築分譲住宅と表示してもよい。

2013年 問47

理解を深掘り！　一問一答！

以下の文章について、正しいものには○、誤っているものには×をつけよう。

(1) 新築分譲住宅の広告において物件及びその周辺を写した写真を掲載する際に、当該物件の至近に所在する高圧電線の鉄塔を消去する加工を施した場合には、不当表示に該当する。
(2) 新築分譲マンションの完成予想図を販売広告に掲載するに当たり、実際には工場が所在する箇所に公園を記載するなど、周囲の状況について現況に反する表示を行う場合は、「周囲の状況はイメージであって、実際の状況とは異なる」旨を表示しなければならない。
(3) 工事中の建物をインターネットを利用する方法で販売広告するに当たり、他の建物の写真であっても当該建物と外観が類似するものであれば、他の建物の写真である旨を明示することなく使用してもよい。

1 宅地又は建物のコンピュータグラフィックス・見取図・完成図または完成予想図は、**現況**に反する表示をしてはいけません。実際には**存在しない施設**を表示することは、許されません。 ★【×】

2 現況の地目が異なるときは、登記簿上の地目とともに**現況の地目**を併記する必要があります。 ★【×】

3 住戸により**管理費**が異なる分譲マンションの販売広告を行う場合、すべての住戸の管理費を示すことが広告スペースの関係で困難なときには、**1住戸当たり**の月額の**最低額**及び**最高額**を表示すれば足ります。 ★【〇】

4 新築とは、**建築後1年未満**であって、**居住の用に供されたことがない**ものをいいます。よって、「入居の有無にかかわらず」としている点が誤りです。 ★【×】

正解 **3**

Ken's Point

不当景品類及び不当表示防止法は、テキストを読んで覚えるよりも、いきなり問題を解いてみましょう。常識的に「それはそうだろう」という感覚で解けるなら覚える必要はありません。「えっ？」と感じるような知識や、解説を読んで「そうなんだ」と意外に思ったところを中心に覚えましょう。

一問一答！　解答＆解説

(1) 〇　(2) ×：物件のCG，見取図，完成図，完成予想図は，その旨を明らかにして用い、当該物件の周囲の状況について表示するときは、現況に反する表示をしてはならない　(3) ×：他の建物の写真である場合、写真内にその旨の明示をしたうえで使用しなければならない

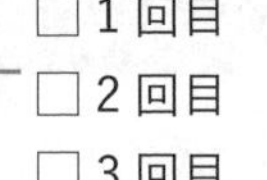

宅地建物取引業者が行う広告等に関する次の記述のうち、不当景品類及び不当表示防止法（不動産の表示に関する公正競争規約を含む。）の規定によれば、正しいものはどれか。

1 分譲宅地（50 区画）の販売広告を新聞折込チラシに掲載する場合、1 区画当たりの最低価格、最高価格及び最多価格帯並びにその価格帯に属する販売区画数を表示すれば足りる。

2 新築分譲マンションの販売において、モデル・ルームは、不当景品類及び不当表示防止法の規制対象となる「表示」には当たらないため、実際の居室には付属しない豪華な設備や家具等を設置した場合であっても、当該家具等は実際の居室には付属しない旨を明示する必要はない。

3 建売住宅の販売広告において、実際に当該物件から最寄駅まで歩いたときの所要時間が15分であれば、物件から最寄駅までの道路距離にかかわらず、広告中に「最寄駅まで徒歩 15 分」と表示することができる。

4 分譲住宅の販売広告において、当該物件周辺の地元住民が鉄道会社に駅の新設を要請している事実が報道されていれば、広告中に地元住民が要請している新設予定時期を明示して、新駅として表示することができる。

2011年 問47

以下の文章について、正しいものには○、誤っているものには×をつけよう。

(1) 新聞折込広告で分譲マンションの販売広告を行う場合、すべての住宅について1戸当たりの表示が困難なときは、価格については最低価格及び最高価格のみを表示し、管理費については契約時に説明を行えば、不当表示となるおそれはない。

(2) 新築分譲共同住宅の広告について、広告スペースの関係からすべての住宅の価格を表示することが困難であるときは、最低価格、最高価格、最多価格帯及びそれらの戸数をその価格区分を明らかにして表示してあれば、不当表示となることはない。

(3) 新聞折込チラシにおいて新築賃貸マンションの賃料を表示するに当たり、すべての住戸の賃料を表示することがスペース上困難な場合は、標準的な1住戸1か月当たりの賃料を表示すれば、不当表示に問われることはない。

1 分譲宅地の価格について、すべての区画の価格を表示することが困難であるときは、1区画当たりの**最低価格**、**最高価格**及び**最多価格帯**並びに**その価格帯に属する販売区画数**を表示すれば足ります。 ★【○】

2 モデル・ルームは、不当景品類及び不当表示防止法の規制対象となる表示に該当します。実際の居室には付属しない**豪華な設備や家具等**を設置した場合は、その旨を表示する必要があります。 ★【×】

3 徒歩による所要時間は、**道路距離 80 mにつき1分間**を要するものとして算出した数値（**1分未満の端数は切り上げ**）を表示しなければなりません。よって、実際に歩いた所要時間で表示することはできません。 ★【×】

4 新設予定の鉄道の駅については、当該路線の**運行主体**が公表したものに限り、その**新設予定時期**を明示して表示することができます。よって、地元住民が鉄道会社に駅の新設を要請している事実の報道を基にした表示はできません。 ★【×】

正解 **1**

Ken's Point

表示の基準で大切なものは次の3つです。

①新設予定の駅などは、当該路線の運行主体が公表したものに限り、その新設予定時期を明示して表示することができる

②団地と駅その他の施設との間の距離又は所要時間は、(1) 取引する区画のうちその施設から最も近い区画を起点として算出した数値とともに、(2) 最も遠い区画を起点として算出した数値を表示すること

③徒歩による所要時間は、道路距離 80m につき1分間を要するものとして算出した値を表示する。この場合において、1分未満の端数が生じたときは、1分として算出する

一問一答！ 解答＆解説

(1) **×：管理費を表示していない、最多価格帯についての表示がないことにより不当表示となる可能性がある** (2) **○** (3) **×：すべての住戸の資料を表示することが困難な場合、1住戸当たりの最低賃料および最高賃料を表示する**

問題 111

□1回目　／
□2回目　／
□3回目　／

宅地建物取引業者が行う広告等に関する次の記述のうち、不当景品類及び不当表示防止法（不動産の表示に関する公正競争規約を含む。）の規定によれば、正しいものはどれか。

1 路地状部分のみで道路に接する土地を取引する場合は、その路地状部分の面積が当該土地面積の50％以上を占めていなければ、路地状部分を含む旨及び路地状部分の割合又は面積を明示せずに表示してもよい。

2 不動産物件について表示する場合、当該物件の近隣に、現に利用できるデパートやスーパーマーケット等の商業施設が存在することを表示する場合は、当該施設までの徒歩所要時間を明示するだけでは足りず、道路距離も明示して表示しなければならない。

3 傾斜地を含むことにより当該土地の有効な利用が著しく阻害される場合は、原則として、傾斜地を含む旨及び傾斜地の割合又は面積を明示しなければならないが、マンションについては、これを明示せずに表示してもよい。

4 温泉法による温泉が付いたマンションであることを表示する場合、それが温泉に加温したものである場合であっても、その旨は明示せずに表示してもよい。

2010年 問47

理解を深掘り！　一問一答！

以下の文章について、正しいものには○、誤っているものには×をつけよう。

(1) 路地状部分（敷地延長部分）のみで道路に接する土地であって、その路地状部分の面積が当該土地面積のおおむね30％以上を占める場合には、路地状部分を含む旨及び路地状部分の割合又は面積を明示しなければならない。

(2) リフォーム済みの中古住宅については、リフォーム済みである旨を表示する必要はないが、リフォーム済みである旨を表示して販売する場合、広告中には改装した時期及び改装の内容を明示しなければならない。

(3) 急傾斜地にある分譲地について、新聞折込ビラに急傾斜地である旨を表示しなくても不当表示となるおそれはない。

免除科目②：不当景品類及び不当表示防止法

1 路地状部分のみで道路に接する土地を取引する場合、**当該路地状部分の面積が概ね 30%以上ある**ときには、その旨及び路地状部分の割合又は面積を明示しなければなりません。 ★【×】

2 現に利用できるデパートやスーパーマーケット等の商業施設が存在することを表示する場合は、当該施設までの徒歩所要時間又は**道路距離を明示**しなければなりません。どちらか一方のみ表示すれば足ります。 ★【×】

3 傾斜地を含むことにより当該土地の有効な利用が著しく阻害される場合は、その旨及び傾斜地の**割合**又は**面積**を明示しなければいけません。なお、**マンション**については、明示しなくてもかまいません。 ★【○】

4 温泉法による温泉が付いたマンションであることを表示する場合、その温泉が**加温したもの**であるときは、その旨を明示しなければいけません。 ★【×】

正解 **3**

Ken's Point

マンションについては、傾斜していても、既に完成しているもので、それほど大きな影響もないので明示しなくてもかまいません。また、路地状部分の面積が当該土地面積のおおむね 30%以上を占めるときは、路地状部分を含む旨および路地状部分の割合または面積を明示しなければなりません。「30%以上」という点も注意してください。

第3章② 免除科目②：不当景品類及び不当表示防止法

一問一答！　解答&解説

(1) ○　(2) ○　(3) ×：不当表示となるおそれがある

問題 112

□1回目　/
□2回目　/
□3回目　/

宅地建物取引業者が行う広告等に関する次の記述のうち、不当景品類及び不当表示防止法（不動産の表示に関する公正競争規約を含む。）の規定によれば、正しいものはどれか。

1 土地上に廃屋が存在する自己所有の土地を販売する場合、売買契約が成立した後に、売主である宅地建物取引業者自らが費用を負担して撤去する予定のときは、広告においては、廃屋が存在している旨を表示しなくてもよい。

2 新築分譲マンションを販売するに当たり、契約者全員が四つの選択肢の中から景品を選ぶことができる総付景品のキャンペーンを企画している場合、選択肢の一つを現金200万円とし、他の選択肢を海外旅行として実施することができる。

3 建売住宅を販売するに当たり、当該住宅の壁に遮音性能が優れている壁材を使用している場合、完成した住宅としての遮音性能を裏付ける試験結果やデータがなくても、広告において、住宅としての遮音性能が優れているかのような表示をすることが、不当表示に該当することはない。

4 取引しようとする物件の周辺に、現在工事中で、将来確実に利用できると認められるスーパーマーケットが存在する場合、整備予定時期及び物件からの道路距離又は徒歩所要時間を明らかにすることにより、広告において表示することができる。

2005年 問47

理解を深掘り！　一問一答！

以下の文章について、正しいものには○、誤っているものには×をつけよう。

(1) 土地及び建物の売買に際し、購入者に景品類を提供するときは、その旨をあらかじめ内閣総理大臣に届け出なければならない。

(2) 不動産の購入者に対してもれなく景品類を提供する場合、その景品類の価額が取引価額の1/10または100万円のいずれか低い価額の範囲内であれば、景品類の提供に関する制限に該当するおそれはない。

(3) 朽廃した建物が存在する土地について、新聞折込ビラに「売地」とのみ表示し、朽廃した建物の存在を表示しなくても、不当表示となるおそれはない。

1 土地上に古屋・廃屋が存在する物件を売地として表示する場合は、広告において明示する必要があります。この表示は、撤去予定であったとしても免除されません。
★【×】

2 景品類の提供は以下のように制限されています。

懸賞による場合：取引価額の 20 倍以下または 10 万円以下のいずれか低い額。
また、景品類の総額が当該懸賞に係る取引予定総額の2%以内であること

全員に提供する場合：取引価額の 10%以下または 100 万円以下のいずれか低い額

総付景品の限度額は、取引額の 10%以下または 100 万円以下のいずれか低い額である必要があります。本肢の場合、100 万円を超えているため実施できません。
★【×】

3 建物の保温・断熱性、遮音性、健康・安全性その他の居住性能について、実際のものよりも優良であると誤認されるおそれのある表示は、不当表示に該当する可能性があります。
★【×】

4 商業施設については、現に利用できる物件のみ道路距離又は徒歩所要時間を示して表示することが原則です。ただし、将来確実に利用できると認められるスーパーマーケットが存在する場合、整備予定時期を明示することで広告表示することが可能です。
★【○】

正解 4

景品規約のまとめ

一般的な規制	公正取引委員会は、不当な顧客の誘引を防止するために必要があると認めるときは、景品類の提供に関する事項を制限し、または、景品類の提供を禁止することができる	
景品規約上の例外	不動産業において提供が許されている景品類	
	懸賞により提供する場合	取引価額の 20 倍または 10 万円のいずれか低い額の範囲内（取引予定総額の2%以内）
	懸賞によらないで提供する場合（総付景品）	取引価額の 10 分の1または 100 万円のいずれか低い額の範囲内

一問一答！ 解答&解説

(1) ×：内閣総理大臣に届出というルールはない (2) ○ (3) ×：土地売買で土地上に廃屋があれば表示しなくてはならない

造成された宅地及び擁壁に関する次の記述のうち、誤っているものはどれか。

1 盛土をする場合には、地表水の浸透により、地盤にゆるみ、沈下又は崩壊が生じないように締め固める。

2 切土又は盛土したがけ面の擁壁は、鉄筋コンクリート造、無筋コンクリート造又は練積み造とする。

3 擁壁の背面の排水をよくするために、耐水材料での水抜き穴を設け、その周辺には砂利等の透水層を設ける。

4 造成して平坦にした宅地では、一般に盛土部分に比べて切土部分で地盤沈下量が大きくなる。

2005年 問50

以下の文章について、正しいものには○、誤っているものには×をつけよう。

(1) 切土斜面は、掘削後時間とともに安定化が進むので、切土掘削直後の斜面安定が確認できれば以後は安心である。

(2) 河川近傍の低平地で盛土を施した古い家屋が周辺に多いのは、洪水常習地帯である可能性が高い。

(3) 丘陵地を切土と盛土により造成した地盤の場合は、その境目では地盤の強度が異なるため、不同沈下が起こりやすい。

1 盛土をする場合には、地表水の浸透により、地盤にゆるみ、沈下又は崩壊が生じないように**締め固め**ます。 ★【○】

2 切土又は盛土したがけ面の擁壁は、**鉄筋コンクリート**造、**無筋コンクリート**造又は**練積み**造とします。 【○】

3 擁壁の背面の排水をよくするために、耐水材料での**水抜き穴**を設け、その周辺には、砂利等の**透水層**を設けます。 【○】

4 造成して平坦にした宅地では、一般に切土部分に比べて**盛土**部分で**地盤沈下量**が大きくなります。 ★【×】

正解 4

のり面の保護と不同沈下のポイント

のり面	切土または盛土により造成した宅地ののり面は、原則として一体の擁壁で覆わなければならない
擁壁	水抜き穴などの排水処理を行わなければならない
不同沈下	丘陵地を切り盛りして平坦化した宅地で、切土部と盛土部にまたがる区域で生じやすい。盛土部分のほうが沈下量は大きい

一問一答！ 解答＆解説

(1) ×：切土斜面は、切土掘削後、斜面安定が確認できたとしても不安定になる可能性がある (2) ○ (3) ○

□1回目　/
□2回目　/
□3回目　/

土地に関する次の記述のうち、最も不適当なものはどれか。

1 扇状地は、山地から河川により運ばれてきた砂礫等が堆積して形成された地盤である。

2 三角州は、河川の河口付近に見られる軟弱な地盤である。

3 台地は、一般に地盤が安定しており、低地に比べ、自然災害に対して安全度は高い。

4 埋立地は、一般に海面に対して比高を持ち、干拓地に比べ、水害に対して危険である。

2017年 問49

以下の文章について、正しいものには○、誤っているものには×をつけよう。

(1) 扇状地については、大縮尺の地形図や空中写真によって、土石流や洪水流の危険度をある程度判別できることが多い。

(2) 地形や地質的な条件については、宅地に適しているか調査する必要があるが、周辺住民の意見は聴かなくてよい。

(3) 扇状地は、砂礫層からなるので、構造物の基礎について十分な支持力を得にくい。

1 **扇状地**は、山地から河川により運ばれてきた砂礫(されき)等が堆積して形成された地盤です。 ★【○】

2 **三角州**は、河川が運搬してきた砂泥が河口付近に堆積したもので、河川の河口付近に見られる軟弱な地盤です。 ★【○】

3 **台地**は、一般に地盤が安定しており、低地に比べ、自然災害に対しての安全度は高くなります。 ★【○】

4 **干拓地**は、海面以下や海面と同等の比高(ひこう)しかありません。よって、**埋立地**のほうが干拓地より水害に対して安全です。 ★【×】

正解 4

Ken's Point

宅地としての適否について整理しておきましょう。基本的に「高いところは適する」「低いところは適さない」という知識を前提に個別に確認してください。

場所		適否
山麓部		○
	急傾斜地	×
	崖錐・谷の出口	×
	地すべり地・崩落跡地	×
	断層	×
丘陵地・台地・段丘		○
	縁辺部	×
	台地上の浅い谷・広い谷	×

場所		適否
低地		×
	旧河道	×
	天井川の廃川敷	○
	自然堤防	○
	自然堤防に囲まれた後背低地	×
	扇状地	○
	埋立地	○
	干拓地	×

第3章② 免除科目③：土地

一問一答！ 解答＆解説

(1) ○ (2) ×：宅地に適否の調査は、当然に必要で、その際に周辺住民の意見を聴くべきである (3) ×：砂礫で構成されていて建築物の基礎として十分な支持力を持つ

□1回目　　/
□2回目　　/
□3回目　　/

日本の土地に関する次の記述のうち、最も不適当なものはどれか。

1 国土を山地と平地に大別すると、山地の占める比率は、国土面積の約75%である。
2 火山地は、国土面積の約7%を占め、山林や原野のままの所も多く、水利に乏しい。
3 台地・段丘は、国土面積の約12%で、地盤も安定し、土地利用に適した土地である。
4 低地は、国土面積の約25%であり、洪水や地震による液状化などの災害危険度は低い。

2013年 問49

理解を深掘り！　一問一答！

以下の文章について、正しいものには○、誤っているものには×をつけよう。

(1) 台地や段丘上の浅い谷に見られる小さな池沼を埋め立てた所では、地震の際に液状化が生じる可能性がある。
(2) 丘陵地や台地内の小さな谷間は、軟弱地盤であることが多く、これを埋土して造成された宅地では、地盤沈下や排水不良を生じることが多い。
(3) 台地の縁辺部は、集中豪雨の際、がけ崩れによる被害を受けることが多い。

1 国土を山地と平地に大別すると、山地の占める比率は、国土面積の約75%です。

★【○】

2 火山地は、国土面積の約7%を占め、山林や原野のままの所も多く、水利に乏しい傾向にあります。

【○】

3 台地・段丘は、国土面積の約12%で、地盤が安定し、土地利用に適した土地です。

【○】

4 低地は、洪水や地震による液状化などの災害危険度が高いとされています。

★【×】

正解 4

Ken's Point

土地に関しては、勉強していなくても感覚的に正解できる可能性のある問題が多くあります。選択肢**4**は、「低地は洪水や地震の液状化に関して高地より危険度が高いだろう」と想像できる人も多いと思います。感覚で解けた問題はとりあえずそのままにして、感覚で当たらない問題で、なおかつ過去出題されたものを中心に覚えましょう。

一問一答！ 解答&解説

(1) ○ (2) ○ (3) ○

問題 116

□ 1回目　/
□ 2回目　/
□ 3回目　/

地盤の特徴に関する次の記述のうち、誤っているものはどれか。

1 谷底平野は、底辺が山に囲まれ、小川や水路が多く、ローム、砂礫等が堆積した良質な地盤であり、宅地に適している。

2 後背湿地は、自然堤防や砂丘の背後に形成される軟弱な地盤であり、水田に利用されることが多く、宅地としての利用は少ない。

3 三角州は、河川の河口付近に見られる軟弱な地盤であり、地震時の液状化現象の発生に注意が必要である。

4 旧河道は、沖積平野の蛇行帯に分布する軟弱な地盤であり、建物の不同沈下が発生しやすい。

2007年 問49

以下の文章について、正しいものには○、誤っているものには×をつけよう。

(1) 高含水性の粘性土等が堆積している軟弱地盤は、盛土や建物の荷重によって大きな沈下を生じたり、側方に滑動したりすることがあるので、開発事業に当たっては、十分注意しなければならない。

(2) 産業廃棄物の処分場跡地を宅地に利用する場合は、あらかじめ、長時間をかけて、ガス抜き、浸出水の浄化、地盤沈下等の観測等を行わなければならない。

(3) 建物や構造物の不同沈下は、一般に切土部よりも盛土部で起こりやすい。

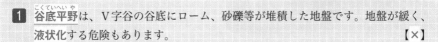

1 **谷底平野**(こくていへいや)は、V字谷の谷底にローム、砂礫等が堆積した地盤です。地盤が緩く、**液状化**する危険もあります。【×】

2 **後背湿地**(こうはいしっち)は、水田に利用されることが多く、宅地としての利用はあまりありません。★【〇】

3 **三角州**(さんかくす)は、河川の河口付近において土砂が堆積してできる土地のことです。地震時の液状化現象の発生に注意が必要となります。★【〇】

4 **旧河道**は、かつて川が流れていた場所になります。軟弱な地盤であるため、建物の**不同沈下**が発生しやすいです。★【〇】

正解 1

Ken's Point

わからない用語が出てきたら、インターネットでの検索もしてみましょう。わからない用語をまったくイメージがわからないまま覚えても、使える知識にならない可能性が高いです。スマートフォンやパソコンで検索し、画像や映像などと一緒にイメージを持ったほうが知識が定着しやすいので、ぜひ実践してみてください。

一問一答！ 解答&解説

(1) 〇　(2) 〇　(3) 〇

□1回目　/
□2回目　/
□3回目　/

土地の形質に関する次の記述のうち、誤っているものはどれか。

1 地表面の傾斜は、等高線の密度で読み取ることができ、等高線の密度が高い所は傾斜が急である。

2 扇状地は山地から平野部の出口で、勾配が急に緩やかになる所に見られ、等高線が同心円状になるのが特徴的である。

3 等高線が山頂に向かって高い方に弧を描いている部分は尾根で、山頂から見て等高線が張り出している部分は谷である。

4 等高線の間隔の大きい河口付近では、河川の氾濫により河川より離れた場所でも浸水する可能性が高くなる。

2008年 問49

以下の文章について、正しいものには○、誤っているものには×をつけよう。

(1) 扇状地とは、山地から河川により運ばれてきた砂礫等が堆積し、平坦地になった地盤である。

(2) 谷出口に広がる扇状地は、土砂・礫が堆積してできたものであるため、地盤は堅固でないが、土石流災害に対しては安全であることが多い。

(3) 地すべり地の多くは、地すべり地形と呼ばれる独特の地形を呈し、宅地としても適するが棚田などの水田として利用されることがある。

1 **等高線**は、高度が同じ地点を線でつなげたものです。等高線の密度が**高い**（等高線同士の間隔が狭い）所は、傾斜が**急**であると読み取ることができます。★【○】

2 **扇状地**とは、河川が運んできた土砂などが山地と平地の境に堆積してできた地形です。勾配は急に緩やかになり、等高線は**同心円状**になります。【○】

3 尾根と谷の説明が逆です。等高線が山頂に向かって高いほうに弧を描いている部分は**谷**であり、山頂から見て等高線が張り出している部分は**尾根**です。★【×】

4 等高線の間隔が広いことから、高低差が**少ない**ということが読み取れます。河川が氾濫した場合、河川より離れた場所でも**浸水**する可能性は高くなります。【○】

正解 3

等高線のイメージ

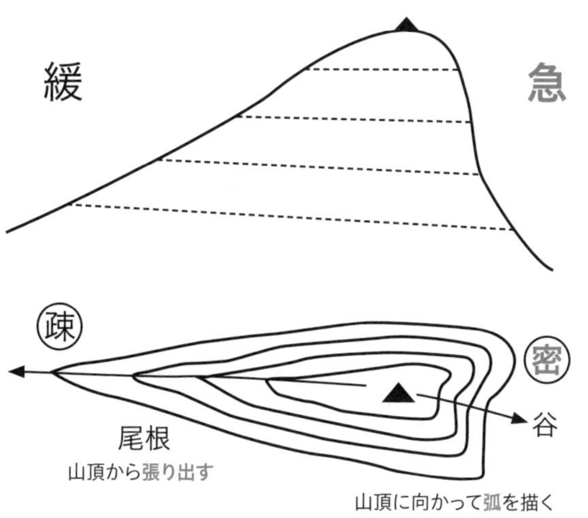

第3章 ② 免除科目③：土地

一問一答！ 解答&解説

(1) ○ (2) ×：谷出口に広がる扇状地は、繰り返し流されてきた土砂が堆積していることから、将来的に土砂が流れてくる土石流災害の可能性もある (3) ×：宅地として適さない

問題 118

□1回目　　/
□2回目　　/
□3回目　　/

建築の構造に関する次の記述のうち、最も不適当なものはどれか。

1 耐震構造は、建物の柱、はり、耐震壁などで剛性を高め、地震に対して十分耐えられるようにした構造である。

2 免震構造は、建物の下部構造と上部構造との間に積層ゴムなどを設置し、揺れを減らす構造である。

3 制震構造は、制震ダンパーなどを設置し、揺れを制御する構造である。

4 既存不適格建築物の耐震補強として、制震構造や免震構造を用いることは適していない。

2013年 問50

以下の文章について、正しいものには○、誤っているものには×をつけよう。

(1) 地震に対する建物の安全確保においては、耐震、制震、免震という考え方がある。

(2) 制震は制振ダンパーなどの制振装置を設置し、地震等の周期に建物が共振することで起きる大きな揺れを制御する技術である。

(3) 軸組に仕上げを施した壁には、真壁と大壁があり、真壁のみで構成する洋風構造と、大壁のみで構成する和風構造があるが、これらを併用する場合はない。

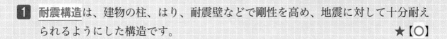

1 **耐震構造**は、建物の柱、はり、耐震壁などで剛性を高め、地震に対して十分耐えられるようにした構造です。 ★【○】

2 **免震構造**は、建物の下部構造と上部構造との間に積層ゴムなどを設置し、揺れを**減らす**構造です。 ★【○】

3 **制震構造**は、制震ダンパーなどを設置し、揺れを**制御**する構造です。 ★【○】

4 既存不適格建築物の耐震補強として、**制震構造**や**免震構造**を用いることは適しています。 ★【×】

正解 4

耐震・免震・制震の違い

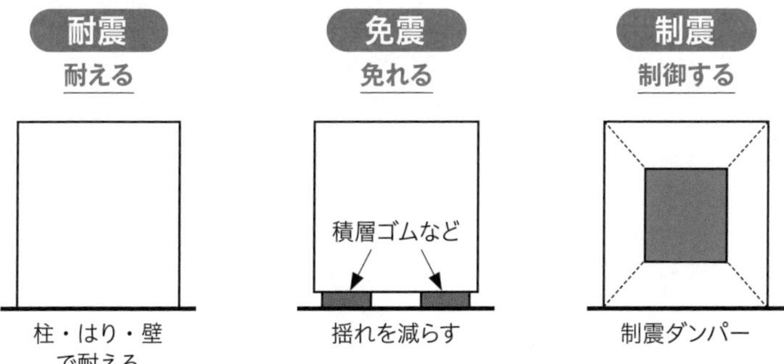

一問一答！ 解答&解説

(1) ○ (2) ○ (3) **×：真壁のみで構成する洋風構造と、大壁のみで構成する和風構造とする点が逆であり、真壁と大壁を併用することも可能である**

問題 119

□1回目　/
□2回目　/
□3回目　/

重要度 ★★

建築物の構造に関する次の記述のうち、最も不適当なものはどれか。

1 鉄骨造は、自重が大きく、靱性が小さいことから、大空間の建築や高層建築にはあまり使用されない。

2 鉄筋コンクリート造においては、骨組の形式はラーメン式の構造が一般に用いられる。

3 鉄骨鉄筋コンクリート造は、鉄筋コンクリート造にさらに強度と靱性を高めた構造である。

4 ブロック造を耐震的な構造にするためには、鉄筋コンクリートの布基礎及び臥梁により壁体の底部と頂部を固めることが必要である。

2016年 問50

理解を深掘り！　一問一答！

以下の文章について、正しいものには○、誤っているものには×をつけよう。

(1) 鉄骨構造は、主要構造の構造形式にトラス、ラーメン、アーチ等が用いられ、高層建築の骨組に適している。
(2) 鉄筋コンクリート造に使用される鉄筋は、コンクリートの表面にできる限り近づけて設けるのがよい。
(3) 鉄骨構造は、耐火被覆や鋼材の加工性の問題があり、現在は住宅、店舗等の建物には用いられていない。

1 鉄骨造は、自重が小さく、靭性が大きいことから、**大空間**の建築や**高層**建築に使用されます。 ★【×】

2 鉄筋コンクリート造においては、骨組の形式は**ラーメン式**の構造が一般に用いられます。 ★【○】

3 鉄骨鉄筋コンクリート造は、鉄筋コンクリート造と比べてさらに**強度**と**靭性**を高めた構造です。 【○】

4 ブロック造を耐震的な構造にするためには、鉄筋コンクリートの布基礎及び臥梁により**壁体**の底部と頂部を固めることが必要です。 【○】

正解 1

Ken's Point

下の図は鉄筋とコンクリートの関係です。鉄とコンクリートは相互の弱みを補完しており、相性が良いです。

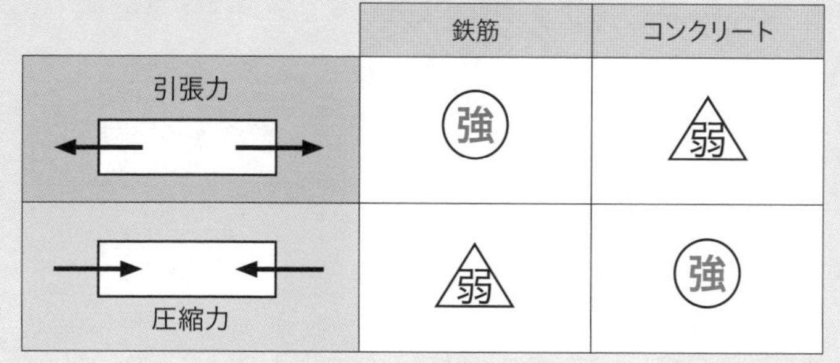

	鉄筋	コンクリート
引張力	強	弱
圧縮力	弱	強

一問一答！ 解答＆解説

(1) ○ (2) ×：鉄筋とコンクリート表面が近いと中性化が進行し、鉄筋が早くさびるため、かぶり厚さを保たなければならない (3) ×：鉄骨構造の加工性は高く、住宅や店舗などの小規模な建物にも用いられる

建築物の構造と材料に関する次の記述のうち、不適当なものはどれか。

1 常温において鉄筋と普通コンクリートの熱膨張率は、ほぼ等しい。
2 コンクリートの引張強度は、圧縮強度より大きい。
3 木材の強度は、含水率が大きい状態のほうが小さくなる。
4 集成材は、単板などを積層したもので、大規模な木造建築物に使用される。

2010年 問50

以下の文章について、正しいものには○、誤っているものには×をつけよう。

(1) 鉄骨構造は、不燃構造であるが、火熱に遭うと耐力が減少するので、耐火構造にするためには、耐火材料で被覆する必要がある。
(2) コンクリートの引張強度は、一般に圧縮強度の1/10程度である。
(3) 鉄筋コンクリート構造の中性化は、構造体の耐久性や建物の寿命に影響する。

1 常温において鉄筋と普通コンクリートの**熱膨張率**は、ほぼ等しくなります。 ★【○】

2 コンクリートは、引張強度より**圧縮強度**のほうが強いです。 ★【×】

3 木材は、**乾燥**しているほど（含水率が低いほど）強度が大きくなります。★【○】

4 **集成材**は、単板などを積層したもので、体育館などの大規模な木造建築物に使用されています。 ★【○】

正解 2

Ken's Point

「木材は濡れているものより乾燥しているもののほうが強度は高い」といった知識は、これまでの経験やイメージから思い出せると思います。以下は集成材のイメージです。言葉だけでなく、イメージで覚えると知識が定着しやすくなります。

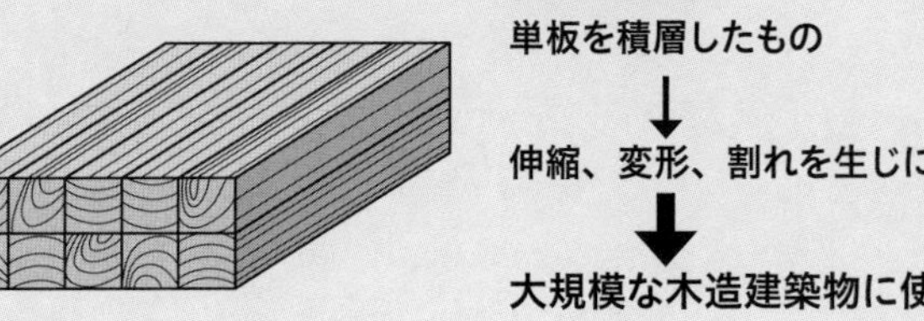

集成材

単板を積層したもの

↓

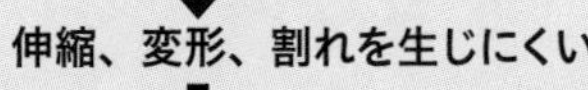

↓

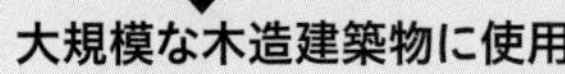

一問一答！ 解答&解説

(1) ○ (2) ○ (3) ○

□1回目　／
□2回目　／
□3回目　／

建築物の構造に関する次の記述のうち、最も不適当なものはどれか。

1 ラーメン構造は、柱とはりを組み合わせた直方体で構成する骨組である。
2 トラス式構造は、細長い部材を三角形に組み合わせた構成の構造である。
3 アーチ式構造は、スポーツ施設のような大空間を構成するには適していない構造である。
4 壁式構造は、柱とはりではなく、壁板により構成する構造である。

2011年 問50

理解を深掘り！　一問一答！

以下の文章について、正しいものには○、誤っているものには×をつけよう。

(1) 在来軸組工法の軸組は、通常、水平材である土台、桁、胴差と、垂直材の柱及び耐力壁からなる。
(2) 枠組壁工法（ツーバイフォー工法）は、木材で組まれた枠組みに構造用合板をくぎ打ちした壁及び床により構造体が形成されており、枠組みを耐力壁として使うため、一般に、軸組によるものよりも耐震性は劣る。
(3) 枠組壁工法は、主に柱の耐力によって地震などの外力に抵抗する方式であるため耐震性が高い。

1 **ラーメン構造**は、柱とはりを組み合わせた直方体で構成する骨組です。**ラーメン構造**により、外力に強くなります。 ★【○】

2 **トラス式構造**は、細長い部材を三角形に組み合わせた構成の構造です。主に鉄骨造などで使われています。 【○】

3 **アーチ式構造**は、スポーツ施設のような大空間の構成に適しています。ただし、水平力には、比較的弱い傾向にあります。 ★【×】

4 **壁式構造**は、柱とはりではなく、壁板により建物を支える構造です。ツーバイフォー工法なども壁式構造です。 ★【○】

正解 **3**

Ken's Point

構造の主なものはイメージで覚えましょう。

- ラーメン構造：柱・はりを骨組とする構造。イメージはジャングルジム
- 壁式構造　　：柱・はりを用いず、壁板と床によって構成する構造で、枠組壁工法と呼ぶ。ダンボールの箱を積むようなイメージ
- アーチ式構造：円弧型で構成する構造で、体育館などのスポーツ施設のように、大空間を必要とする建築物に適している

一問一答！　解答&解説

(1) ○　(2) ×：耐震性に優れる　(3) ×：枠組壁工法は、壁全体で建物を支える工法である

問題 122

□ 1 回目　　/
□ 2 回目　　/
□ 3 回目　　/

建築物の構造に関する次の記述のうち、誤っているものはどれか。

1 建築物の高さが 60m を超える場合、必ずその構造方法について国土交通大臣の認定を受けなければならない。

2 階数が 2 以上又は延べ面積が 50㎡を超える木造の建築物においては、必ず構造計算を行わなければならない。

3 建築物に異なる構造方法による基礎を併用した場合は、構造計算によって構造耐力上安全であることを確かめなければならない。

4 高さが 20 m以下の鉄筋コンクリート造の建築物の構造方法を国土交通大臣の認定を受けたプログラムによってその安全性を確認した場合、必ず構造計算適合性判定が必要となる。

2008年 問50

理解を深掘り！　一問一答！

以下の文章について、正しいものには○、誤っているものには×をつけよう。

(1) 2 階建ての木造建築物の土台は、例外なく、基礎に緊結しなければならない。
(2) 杭基礎には、木杭、既製コンクリート杭、鋼杭等がある。
(3) 免震構造は、建物の骨組に取り付けた制震ダンパーなどにより、地震の揺れを吸収して、揺れを小さくする構造である。

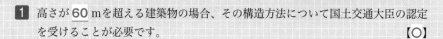

1 高さが**60** mを超える建築物の場合、その構造方法について国土交通大臣の認定を受けることが必要です。 【○】

2 木造建築物の場合、**3**階以上、延べ面積が**500**㎡、高さが**13** m、軒の高さが**9** mのいずれかを超えるものであれば、**構造計算**が必要です。よって、本肢のケースでは、構造計算は不要です。 ★【×】

3 原則として、建築物に異なる構造の基礎を併用してはいけません。ただし、**構造計算**によって構造耐力上安全であることが確かめられた場合には、基礎の併用が認められています。 【○】

4 建築物の構造計算又は許容応力度計算について**国土交通大臣**の認定を受けたプログラムによりその安全性を確認した場合、建築主は構造計算適合性判定を**都道府県知事**等に求める必要があります。 【○】

正解 **2**

Ken's Point

建物の分野では、建築基準法の知識が出題されることもあります。だからといって、建築基準法で覚えなくてよい知識へ深入りするのは禁物ですが、基本知識はしっかり押さえておきましょう。

一問一答！　解答&解説

(1) **×：延べ面積10㎡以内の物置など、2階建てであっても土台を基礎に緊結しなくてもよい木造建築がある**　(2) **○**　(3) **×：本問は「制震構造」の説明である**

column Ken's Advice

年度ごとの過去問にもチャレンジ！

本書では、頻出テーマごとに問題を厳選して掲載していますが、本試験では科目ごとに順番に問題が出されます。そのため、**本試験で出題される形式でも問題を解いておくと、試験本番にも落ち着いて取り組むことができます**。

本書の問題と解説のベースになっている過去問サイト「宅建試験ドットコム」では、本書のような分野別での問題を解くことができるだけでなく、過去 20 年以上の年度ごとの問題を 1 問目から順に解くことができます。本書で問題を解き、実力が上がってきたら、**年度ごとの過去問にもチャレンジ**してみましょう。

過去問を解き続けていると答えまで覚えてしまって、問題を見た時点で答えがわかってしまうことがあります。しかし本来は、問題を読み、1 つひとつの選択肢を見て○×をつけ、そのうえで正解できるようになるべきです。まっさらな状態で過去問に取り組めるという点でも、宅建試験ドットコムを活用してみるとよいと思います。

なお、宅建試験ドットコムでは、読者への無料特典として、以下に**過去問解説の PDF を掲載**しています。解説を読むだけでも学習効果がありますので、ダウンロードしてご活用ください。

【収録過去問解説】

・令和 4 年度分
・令和 3 年度 12 月分
・令和 3 年度 10 月分
・令和 2 年度 12 月分
・令和 2 年度 10 月分

● 本書の過去問解説ダウンロード先
(https://takken-siken.com/pdf/download/)

※本サービスは予告なく終了することがあります。「宅建試験ドットコム」の利用などに関する問い合わせは、上記サイトの「お問い合わせ」からお願いします。